365 이벤트

이기적 홈페이지 & 스터디 카페

❶ 기출문제 복원 이벤트

이기적 수험서로 열심히 공부하고
시험에 응시하신 독자님들,
기억나는 문제를 공유해 주세요.

응시일로부터
7일 이내의
복원 제보만
인정됩니다

세부 내용

침어 혜틱

📖 영진닷컴 도서(최대 30,000원 상당)
🎁 이벤트 선물(영진닷컴 쇼핑몰 포인트, N페이
  포인트 등 다양한 혜택 제공)

❷ 리뷰 참여 이벤트

온라인 서점 또는 개인 SNS에
도서리뷰와 합격 후기를 작성해 주세요.

YES 24
인터파크 도서   알라딘
교보문고

세부 내용   당첨자 확인

세부 내용

❸ 정오표 이벤트

⚠️ 이기적 수험서의 오타 및 오류를 영진닷컴에
제보해 주세요.

book2@youngjin.com으로 [도서명], [페이지],
[수정사항], [이름], [연락처]를 보내주세요.

이기적 스터디 카페

1:1 질문답변

집에서도, 카페에서도, 도서관에서도!
전문가 선생님의 1대1 맞춤 과외!

온라인 스터디

서로 당겨주고, 밀어주고, 합격을 함께 할
스터디 파트너를 구해 보세요!

구매자 한정 혜택

시험장까지 함께 가는 핵심요약

최신 기출문제

구매자 한정 혜택

FINAL 모의고사

마인드맵

벼락치기 노트

용어&명령어 100선 등

오직 스터디 카페에서만
제공하는 추가 자료를 받아 보세요!

* 제공되는 혜택은 도서별로 상이합니다. 각 도서의 혜택을 확인해 주세요.

NAVER 이기적 스터디 카페

나만의 합격 키트

캘린더 & 스터디 플래너 & 오답노트

PDF 다운로드 후
태블릿 PC에서
사용 가능합니다.

캘린더

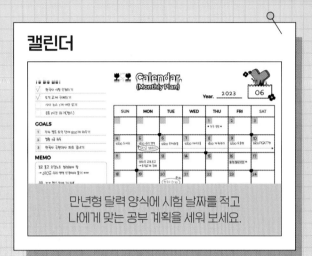

만년형 달력 양식에 시험 날짜를 적고
나에게 맞는 공부 계획을 세워 보세요.

스터디 플래너

학습에 필요한 사항을 꼼꼼하게
체크해 가면서 공부하세요.

오답노트

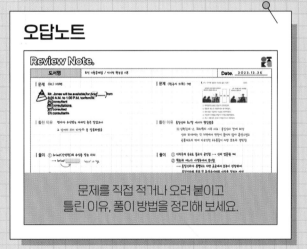

문제를 직접 적거나 오려 붙이고
틀린 이유, 풀이 방법을 정리해 보세요.

다꾸 스티커 패키지

추가 증정
이벤트

스티커1   스티커2   스티커3

명품 강사진

전산회계 1급
이론+실무+기출문제

★

1권·이론+실무

"이" 한 권으로 합격의 "기적"을 경험하세요!

구매자 혜택 BIG 6

이기적 독자에게 모두 드리는 자료!

CBT 온라인 문제집

인터넷만 가능하다면, 온라인으로 언제 어디서나 시험에 응시할 수 있습니다. 스마트폰, 태블릿, PC 모두 이용 가능합니다. 자투리 시간마다 꾸준히 랜덤 모의고사에 응시해 보세요.

합격 강의 무료

이기적이 수험생들의 합격을 위해 동영상 서비스를 제공합니다. 도서만 구매하면 동영상을 무료로 시청할 수 있습니다.

* 도서에 따라 동영상 제공 범위가 다를 수 있습니다.
* 강의 시청은 1판 1쇄 기준 2년까지 유효합니다.

이기적 스터디 카페

이기적 스터디 카페에서 함께 전산회계 시험을 준비하세요. 스터디 모집 외에도 다양한 시험 정보와 이벤트가 준비되어 있습니다.

* 이기적 스터디 카페 : cafe.naver.com/yjbooks

자료실

이기적 홈페이지에서 전산회계 1급 실무 학습에 필요한 백데이터를 다운로드 받으세요.

* 자세한 방법은 도서 1-14~17p를 참고하시기 바랍니다.

추가 기출문제 PDF

도서에 수록되지 않은 기출문제 5회분을 추가로 제공합니다. 이기적 홈페이지 자료실에서 파일을 다운받아 이용해 주세요.

* 암호 : js6869

정오표

출간된 도서에는 오류가 있을 수 있습니다. 출간 후 발견되는 오류는 정오표를 확인해 주세요.

* 도서의 오류는 교환, 환불의 사유에 해당하지 않습니다.

이기적 200% 활용 가이드

완벽 합격을 위한 사용 설명서

STEP 1

핵심이론

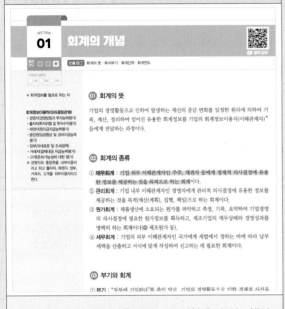

다년간 분석한 데이터를 바탕으로 시험에 나오는 핵심 이론을 엄선하여 담았습니다.

① **[출제빈도] [상][중][하]**

각 Section을 출제 빈도에 따라 상/중/하 등급으로 나누었습니다.

② **[빈출 태그]**

자주 출제되는 중요 단어를 정리했습니다. 해당 단어가 나오는 부분은 집중해서 보세요.

③ **▶ 합격 강의**

동영상 강의를 무료로 제공합니다. QR 코드를 스캔하여 편리하게 이용하세요.

④ **기적의 Tip**

출제 경향이나 학습 노하우를 알려주는 Tip을 제시하였습니다.

STEP 2

이론을 확인하는 기출문제

이론 학습 후 '이론을 확인하는 기출문제'로 자신의 실력을 체크하세요.

① **19년 8월, 16년 8월, 07년 8월**

출제 연도를 통해 최신 출제 경향을 알 수 있습니다.

② **① 선입선출법**

정답 지문을 색으로 표현하여 빠르게 정답을 체크할 수 있습니다.

③ **오답 피하기**

오답에 대한 해설을 제공하여 옳지 않은 보기는 왜 정답이 아닌지 확실하게 정리할 수 있습니다.

STEP 3

최신 기출문제

2021~2023년 기출문제 15회분을 수록하였습니다. 이론과 실무 학습 후 기출문제를 풀어보며 실전 감각을 키워보세요.

①

2023년 최신 기출문제 5회분의 이론시험과 실무시험 동영상 강의를 무료로 제공합니다.

② ▶ 정답 및 해설 2~164p

회차에 맞는 정답 및 해설은 어느 페이지에 있는지 바로 확인할 수 있습니다.

STEP 4

정답 및 해설

최신 기출문제의 이론시험과 실무시험의 정답 및 해설을 꼼꼼하고 자세하게 수록하였습니다. 틀린 문제나 헷갈리는 문제는 해설을 보며 확실하게 정리하세요.

① **합격률 : 30.02%**

합격률을 통해 해당 회차 시험의 난이도를 파악할 수 있습니다.

② **오답 피하기**

오답에 대한 해설을 제공하여 옳지 않은 보기는 왜 정답이 아닌지 확실하게 정리할 수 있습니다.

차례

1권

PART 01 이론편

• NCS 능력단위 : 전표관리, 자금관리, 결산처리, 부가가치세 신고, 원가계산

각 섹션을 출제 빈도에 따라
상 > 중 > 하로 분류하였습니다.

상 : 반드시 보고 가야 하는 내용
중 : 보편적으로 다루어지는 내용
하 : 잘 나오지는 않지만 알면 좋은 내용

▶ **기적의 합격 강의 제공**

※ 영진닷컴 이기적 수험서 사이트
(license.youngjin.com)에 접속하여
해당 강의를 시청하세요.

▶ 본 도서에서 제공하는 동영상 시청은 1판 1쇄
기준 2년간 유효합니다.
단, 출제기준안에 따라 동영상 내용은 변경될
수 있습니다.

시험 출제 경향

시험은 이렇게 출제된다!

전산회계 1급은 100점 만점에 70점 이상만 맞으면 합격입니다. 백날 천날 공부해도 이해 안 되는 어려운 과목은 힘을 빼고 자신 있는 과목에 집중하세요. 그게 합격의 지름길입니다. 마무리 체크를 원하는 수험생, 시간이 없어서 중요한 것만 공부하고 싶은 수험생은 자주 출제되는 빈출 태그만이라도 꼭 짚고 넘어가세요. 우리의 목표는 100점이 아니라 합격이니까요.

이론편 · Chapter 01 회계의 기초

빈출 태그

항목	비율	빈출 태그
1. 회계의 개념	2%	회계의 뜻, 복식부기, 회계단위, 회계연도
2. 거래와 계정	5%	거래, 계정, 재무상태표, 손익계산서, 거래의 8요소, 대차평균
3. 기업의 재무상태와 재무상태표계정	15%	재무상태, 재무상태표계정, 당좌자산, 유형자산, 유동부채
4. 기업의 경영성과와 손익계산서계정	15%	손익계산서의 뜻과 작성기준, 손익계산서 계정과목
5. 분개와 전기	10%	분개, 전기
6. 회계의 순환과정과 재무제표	3%	재무제표의 종류
7. 기초 분개연습	25%	자산, 부채, 자본, 수익, 비용의 계정과목, 거래의 8요소
8. 시험에 잘 나오는 분개문제 100선	25%	자산, 부채, 자본, 수익, 비용의 계정과목, 거래의 8요소

이론편 · Chapter 02 재무회계

빈출 태그

항목	비율	빈출 태그
1. 유동자산	25%	현금및현금성자산, 단기투자자산, 매출채권, 대손충당금, 재고자산의 취득원가, 재고자산 수량·원가결정방법
2. 비유동자산	20%	퇴직연금, 유형자산의 취득원가, 자본적 지출, 수익적 지출, 감가상각방법, 유형자산처분, 개발비
3. 부채	22%	매입채무, 미지급금, 예수금, 선수금, 단기차입금, 미지급비용, 선수수익, 장기차입금과 임대보증금, 퇴직급여충당부채
4. 자본	5%	주식발행방법, 발행비, 자본잉여금, 이익잉여금
5. 수익과 비용	20%	순매출액, 매출원가, 판매비와일반관리비, 영업외수익, 영업외비용, 손익계산서 구조
6. 결산 및 재무제표	8%	시산표, 결산정리사항, 재무제표

빈출 태그

1. 부가가치세법 총론	5%	부가가치세, 간주공급, 과세기간, 신고기간, 납세지
2. 재화와 용역의 공급시기와 세금계산서	20%	공급시기, 세금계산서 기재사항, 전자세금계산서
3. 영세율과 면세	10%	영세율제도, 면세제도, 면세되는 재화와 용역
4. 과세표준과 세액	35%	과세표준, 세액
5. 매입세액공제와 납부세액의 계산	30%	매입세액, 납부세액

빈출 태그

1. 원가의 개념	20%	변동비, 고정비, 준변동비, 매몰원가, 직접비, 간접비, 제조원가명세서
2. 요소별 원가계산과 부문별 원가계산	40%	원가계산, 배부기준, 노무비
3. 제조간접비의 배부와 제품별 원가계산	40%	실제배부법, 예정배부법, 개별원가계산, 선입선출법, 평균법

빈출 태그

1. 회사등록	2%	회사등록, 사업자등록번호
2. 거래처등록	18%	거래처, 거래처원장
3. 계정과목 및 적요등록	16%	계정과목, 현금적요, 대체적요
4. 전기분재무상태표	12%	재무상태표, 전기분재무상태표, 전기분재무제표
5. 전기분원가명세서	12%	전기분원가명세서
6. 전기분손익계산서	12%	선기분손익계산시, 선기분재부제표
7. 전기분잉여금처분계산서	12%	이익잉여금처분계산서, 전기분재무제표
8. 거래처별초기이월	16%	계정과목, 거래처원장, 거래처별계정과목별원장, 거래처별초기이월

실무편 · Chapter 02 　일반전표입력

빈출 태그

1. 유동자산　　30%　　당좌자산, 재고자산

2. 비유동자산　　20%　　투자자산, 유형자산, 무형자산, 기타비유동자산

3. 부채　　20%　　유동부채, 비유동부채

4. 자본　　10%　　차액과 발행비, 자본잉여금, 이익잉여금, 자본조정, 기타포괄손익누계액

5. 수익과 비용　　20%　　판매비와관리비, 제조원가, 매출할인, 영업외수익, 영업외비용

실무편 · Chapter 03 　매입매출전표입력

빈출 태그

1. 거래 유형별 특성　　10%　　매출거래, 매입거래

2. 거래자료 입력　　90%　　매입매출전표, 매출거래, 매입거래

실무편 · Chapter 04 　고정자산 및 감가상각

빈출 태그

1. 고정자산 및 감가상각　　100%　　고정자산 및 감가상각

실무편 · Chapter 05 　결산 및 재무제표

빈출 태그

1. 결산정리사항　　45%　　자동결산과 수동결산분개사항, 수동결산분개

2. 결산자료입력　　50%　　기말재고자산, 감가상각비, 대손충당금, 퇴직급여충당부채, 법인세등

3. 재무제표 작성 및 마감　　5%　　재무제표, 손익계산서, 재무상태표

실무편 · Chapter 06 　제장부조회

빈출 태그

1. 제장부조회　　100%　　이익잉여금처분계산서 자료 입력 방법, 제손이재

저자의 말

회계는 기업의 설립과 더불어 모든 장부를 기록하고 관리함으로써 기업의 흐름을 정확하게 분석 및 예측하는 데 사용하고 있습니다. 과거에 회계처리가 수기로 하는 장부 중심이었다면 현재는 전산화된 프로그램을 이용하여 빠르고 정확하게 회계데이터를 만들 수 있는 기술을 요구하고 있습니다.

회계는 쉽게 말해서 기업에서 하는 말(언어)인데 그 말을 계정과목이라는 단어를 사용하여 일정한 원리에 맞게 처리(분개)한 결과물(장부)을 만들고, 결산이라는 절차를 거쳐 재무제표(보고서)로 보고합니다. 따라서 관련 공부를 한다는 것만으로도 인내와 끈기를 요구하고 있습니다.

한국세무사회가 1999년부터 시행하고 있는 전산세무회계자격시험은 현재 가장 많은 인원이 응시하고 있는 전산세무회계자격시험으로, 2002년에 국가공인을 받아서 현재까지 시행하고 있습니다. 전산회계 1급 자격시험은 이론(30점)과 실무(70점)로 구성되어 시행하고 있으며 과락 없이 70점을 취득하면 합격하는 시험입니다.

또한 전산세무회계프로그램은 실제 실무에서 사용하는 실무용 프로그램으로서 회사 및 기장대리인(세무회계 사무소)들의 회계 관리를 간단하면서도 정교하게 처리 및 관리할 수 있고, 세무신고를 직접 할 수 있도록 되어 있어 관련 업종에서 반드시 갖추어야 할 프로그램입니다.

본 교재의 특성은 다음과 같이 되어 있습니다.

첫째, 기출문제를 분석하여 쉽게 학습할 수 있도록 이론편과 실무편으로 전개하였으며, 관련 문제와 상세한 해설을 달았습니다. 또한 회계를 처음 접하는 분을 위해서 회계기초 부분을 실었고 일반기업회계기준과 최신 세법을 반영하였습니다.

둘째, 실무편에선 한국세무사회 전산회계자격시험 프로그램인 케이렙을 메뉴별로 상세히 설명하였습니다.

셋째, 최신 기출문제를 수록하여 실제 시험 유형을 파악할 수 있도록 했으며 해당 문항의 모든 정답을 자세히 기술하여 본인의 수준을 측정하도록 하였습니다. 또한 학습이 완료된 후 시험 직전에 한눈에 볼 수 있는 핵심정리를 수록했습니다.

넷째, 본 교재는 무료 동영상 서비스를 제공함으로써 혼자서 학습하기 어려운 부분이 있거나 회계 초보자들, 단기간에 마스터하기 원하시는 분에게 최적의 교재가 되도록 했습니다.

본서가 단기간에 최소의 노력으로 전산회계 1급 자격 취득을 희망하는 여러분에게 좋은 책이 되기를 바라며 수험생 여러분의 합격의 영광과 회계 관련 업무에 큰 보탬이 되기를 기원합니다.

저자 정창화 씀

시험의 모든 것

01 시험 일정

회차	종목 및 등급	원서접수	시험일자	합격자 발표
제112회		01.04 ~ 01.10	02.04(일)	02.22(목)
제113회		02.28 ~ 03.05	04.06(토)	04.25(목)
제114회	전산세무 1, 2급	05.02 ~ 05.08	06.01(토)	06.20(목)
제115회	전산회계 1, 2급	07.04 ~ 07.10	08.03(토)	08.22(목)
제116회		08.29 ~ 09.04	10.06(일)	10.24(목)
제117회		10.31 ~ 11.06	12.07(토)	12.26(목)

02 시험 시간

등급	전산세무 1급	전산세무 2급	전산회계 1급	전산회계 2급
시험 시간	15:00 ~ 16:30	12:30 ~ 14:00	15:00 ~ 16:00	12:30 ~ 13:30
	90분	90분	60분	60분

03 시험 종목 및 평가 범위

종목	등급		평가 범위
전산회계	1급	이론	회계원리(15%), 원가회계(10%), 세무회계(5%)
		실무	기초정보 등록 · 수정(15%), 거래자료 입력(30%), 부가가치세(15%), 입력자료 및 제장부 조회(10%)

• 세부적인 평가 범위는 한국세무사회자격시험 홈페이지 "시험안내"의 "시험개요"란을 참고하기 바람

04 시험 장소

서울, 부산, 대구, 광주, 대전, 인천, 울산, 강릉, 춘천, 원주, 안양, 안산, 수원, 평택, 성남, 고양, 의정부, 청주, 충주, 제천, 천안, 당진, 포항, 경주, 구미, 안동, 창원, 김해, 진주, 전주, 익산, 순천, 목포, 제주 등

• 상기 지역은 상설시험장이 설치된 지역이나 응시 인원이 일정 인원에 미달할 때는 인근 지역을 통합하여 실시함
• 상기 지역 내에서의 시험장 위치는 응시원서 접수 결과에 따라 시험 시행일 일주일 전부터 한국세무사회 홈페이지에 공고함

05   시험 방법

이론(30%)은 객관식 4지 선다형 필기시험으로, 실무(70%)는 PC에 설치된 전산세무회계프로그램(케이렙 : KcLep)을 이용한 실기시험으로 함

06   합격자 결정기준

100점 만점에 70점 이상

07   응시 자격

제한 없음

08   원서접수

- 접수기간 : 각 회별 원서접수 기간 내 접수
- 접수방법 : 한국세무사회 자격시험 사이트(license.kacpta.or.kr)로 접속하여 단체 및 개인별 접수(회원가입 및 사진등록)
- 접수수수료 납부방법 : 원서접수 시 금융기관을 통한 온라인 계좌이체 및 신용카드 결제

등급	전산세무 1급	전산세무 2급	전산회계 1급	전산회계 2급
접수수수료	30,000원	30,000원	30,000원	30,000원

09   합격자 발표 및 자격증 신청

- 합격자 발표 : 해당 종목의 합격자 발표일에 한국세무사회 자격시험 홈페이지를 통해 확인할 수 있음
- 자격증 신청 : 자격증은 홈페이지의 [자격증발급] 메뉴에서 신청 가능함
- 모바일 자격증 : 모바일 홈페이지의 [자격증신청] – [자격조회] 메뉴에서 "모바일 자격증"을 선택하여 무료로 이용할 수 있음

10   기타 사항

- 궁금한 사항은 한국세무사회 자격시험 홈페이지를 참고하거나 전화로 문의바람
- 문의 : TEL Ⅰ 02-521-8398   FAX Ⅰ 0508-118-1858

프로그램 설치 및 사용 방법

실무시험 관련 프로그램(케이렙) 설치 방법

1. 한국세무사회 국가공인자격시험 홈페이지(license.kacpta.or.kr)에 접속하여 하단에 있는 「케이렙(수험용) 다운로드」를 클릭하여 저장한 후 해당 파일을 더블 클릭한다(「케이렙(수험용) 다운로드」를 클릭하여 바로 설치해도 됨).

2. KcLep 인스톨 마법사 화면에서 [다음]을 클릭하고 사용권 계약서 화면에서 "사용권 계약의 조항에 동의합니다"를 선택하고 [다음]을 클릭한다.

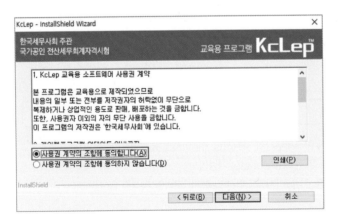

3. 설치 위치 선택 화면에서 [다음]을 클릭한다.

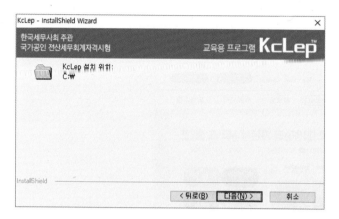

4. 설치 상태 화면이 나타나며 설치가 진행된다. 완료 화면이 나타난 후 [확인]을 클릭하면 바탕화면에
KcLep 교육용 아이콘이 생성된다.

1. 영진닷컴 수험서 홈페이지(license.youngjin.com)에 접속한다.

2. [자료실] - [기타]에서 전산회계 1급 DATA를 다운로드 받은 후에 압축을 풀고 더블 클릭하면 [C:₩KcLepDB₩KcLep]에 자동으로 복사되면서 회사가 생성된다.

3. 바탕화면의 [KcLep교육용] 아이콘을 실행하고 [종목선택]란에서 '3.전산회계1급'을 선택하고, [드라이브]란에서 [C:₩KcLepDB]를 확인한다.

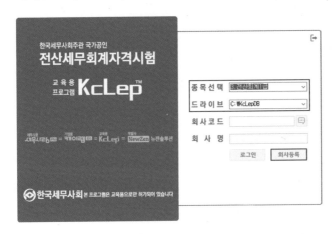

4. 우측 하단 회사등록을 눌러서 나타나는 [회사등록]창에서 상단 툴바의 F4 회사코드재생성 을 클릭한다.

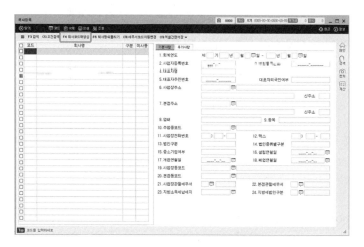

5. "회사 코드를 재생성 하시겠습니까?"라는 메시지가 뜨면 [예(Y)]를 클릭한다. "회사코드 재생성 작업 이 완료되었습니다."라는 메시지가 뜨고 [확인]을 누르면 다운받은 회사가 나타난다. [회사등록]창을 닫는다.

6. [회사코드]란에서 0301.영진상사를 선택하고 [확인]을 누른다.

7. 기출문제를 풀고자 하는 경우에는 메인화면으로 돌아와서 우측 상단의 [회사변경]을 클릭하여 나오 는 [회사등록]창에서 기출문제의 회차에 맞는 회사코드번호 및 회사명을 선택하고 학습한다(데이터 를 재설치하는 경우 기존 데이터를 덮어쓰므로 주의해야 함).

자주 질문하는 Q&A

Q 전산회계 자격시험은 어떻게 접수하나요?

한국세무사회 국가공인자격시험 홈페이지(license.kacpta.or.kr)에서 인터넷 접수가 가능합니다. 시험 일정을 확인한 후 응시를 원하는 회차의 원서접수 기간 내에 접수하여야 합니다.

Q 전산회계 자격시험은 필기 시험(1차)을 보고 실기 시험(2차)을 보나요?

한국세무사회 전산회계자격시험은 1차, 2차의 응시 절차가 없으며, 이론(30%)과 실무(70%)를 정해진 시험시간 동안 동시에 평가합니다. 따라서 시험지에도 이론문제와 실무문제가 모두 인쇄되어 있으며, 답안은 시험장에서 나눠주는 수험용 USB메모리에 저장하여 제출하면 됩니다.

Q 전산회계 자격시험을 응시할 때 준비물은 무엇인가요?

준비물로는 신분증, 수험표, 필기도구(흑색 또는 청색 볼펜), 계산기가 있습니다. 계산기는 일반 사칙연산이 가능한 단순 기능의 계산기만 가능하며, 공학용 · 재무용 계산기 및 전자수첩, 핸드폰 사용은 절대 불가합니다.

Q 신분증으로 인정되는 것은 무엇이 있나요?

신분증으로는 주민등록증(분실 시 주민등록증발급확인서), 운전면허증, 여권(만료일 이내), 사진이 부착된 중 · 고등학생의 생활기록부 사본(학교 직인이 있어야 함), 사진이 부착된 본인 확인이 가능한 중 · 고등학생의 학생증, 사진이 부착된 중 · 고등학생의 재학증명서(생년월일과 직인이 명시되어야 함), 청소년증(분실 시 임시발급확인서), 장애인복지카드가 인정됩니다. 시험에 응시하는 수험자는 시험 당일 본인의 신분증을 반드시 지참하여야 합니다.

Q 확정답안 발표 및 점수 확인기간은 어떻게 되나요?

통상 시험 당일 오후 8시경 한국세무사회 국가공인자격시험 홈페이지(license.kacpta.or.kr)에 1차적으로 (가)답안을 공개합니다. (가)답안 발표일로부터 3일간 [답안이의신청]을 접수받은 후, 접수된 이의신청 문항은 출제위원회에서 면밀히 검토 · 심사를 거치게 됩니다. 통상 2~3주 후에 최종확정답안을 발표하고 [기출문제] 메뉴란에 게시합니다. 채점은 (가)답안이 아닌 최종확정답안을 기초로 진행하며, 합격자 발표일로부터 30일간 [합격자발표] 메뉴에서 합격 여부와 점수를 확인할 수 있습니다.

Q 자격증 발급 방법과 비용은 어떻게 되나요?

자격증은 본인 필요에 따라 언제든 발급 신청이 가능하며, 자격증 발급에 따른 비용은 개당 5,000원(인터넷 신청 시 결제수수료 400원 별도)입니다. 인터넷 신청 시 한국세무사회 국가공인자격시험 홈페이지(license.kacpta.or.kr) 상단 메뉴 중 [자격증신청] – [발급신청] – [신청] 버튼을 클릭 후 수령인, 주소(건물 명칭 꼭 기입), 신청종목을 정확히 작성합니다. 자격증은 직접 입력한 수령지 주소로 우체국 등기우편으로 발송됩니다. 직접 방문하여 신청 시 발급 비용과 신분증을 지참하여 한국세무사회(서울 서초동)로 근무시간 내 내방하면 현장에서 즉시 자격증 발급이 가능합니다.

※ 시험에 관한 내용은 시행처 사정에 따라 변경될 수 있으니 자세한 사항은 한국세무사회 국가공인자격시험 홈페이지(license. kacpta.or.kr)에서 확인하시기 바랍니다.

핵심정리(이론+실무)

01 당좌자산

(1) 현금 : 통화, 타인(동점)발행당좌수표, 자기앞수표, 송금수표, 가계수표, 배당금지급통지표, 사채이자지급표, 우편환증서 등

(2) 당좌예금 : 대금 결제 수단으로 당좌수표 발행 시에는 당좌예금(대변)으로 처리하고 타인발행당좌수표 수취 시에는 현금(차변)으로 처리

(3) 보통예금 : 입출금이 자유로운 예금

(4) 현금성자산 : 금융상품으로서 취득당시 만기(또는 상환일)가 3개월 이내에 도래하는 것
   ※ 현금및현금성자산 : 현금(통화 및 통화대용증권), 예금(당좌예금, 보통예금, 저축예금), 현금성자산

(5) 정기예금(정기적금) : 정기예금 · 정기적금으로 보고기간 종료일로부터 1년 이내에 만기가 도래하는 것

(6) 단기매매증권 : 단기간 매매차익을 얻을 목적으로 취득한 유가증권[지분증권(주식), 채무증권(사채 · 국채 · 공채)]
   ① 취득원가 : 매입가(공정가치)
      ※ 취득과 관련되는 거래원가(수수료 등)는 당기 비용(수수료비용 : 비금융업은 영업외비용)으로 처리함
   ② 결산평가 시 : 공정가치로 평가하며, 변동분(장부금액과 공정가치의 차액)은 단기매매증권평가이익(손실)(영업외수익(비용))으로 처리
   ③ 처분 시 : 처분금액과 장부금액을 비교하여 그 차액을 단기매매증권처분이익(손실)(영업외수익(비용))으로 처리

(7) 외상매출금 : 상품 · 제품을 외상으로 매출하고 회수하지 못한 대금으로 보고기간 종료일로부터 1년 이내에 회수될 금액

(8) 받을어음 : 상품 · 제품을 매출하고 발생한 어음상의 권리로서 보고기간 종료일로부터 1년 내에 도래하는 어음
   ① 어음할인 : 매출채권처분손실(영업외비용, 매각거래)
   ② 어음의 배서양도 : 차변에 있던 받을어음을 대변으로(거래처명에 어음발행사 입력)
      ※ 매출채권 : 외상매출금, 받을어음

(9) 단기대여금 : 회수기한이 보고기간 종료일로부터 1년 이내에 도래하는 대여금
   ※ 단기투자자산 : 단기대여금 + 단기금융상품(정기예적금) + 단기매매증권

(10) 미수금 : 상품 · 제품이 아닌 것을 처분하고 보고기간 종료일로부터 1년 이내에 받기로 한 금액(상품매출 · 제품매출이 아닌 경우이므로 수취한 어음도 미수금으로 처리함)

(11) 선급금 : 상품 · 원재료 등을 매입하기 위해 착수금이나 계약금을 미리 지급한 금액

(12) 가지급금 : 현금 지출은 있었으나 계정과목이나 금액을 확정할 수 없을 때 일시적으로 처리하는 자산으로 추후에 계정과목이나 금액이 확정되면 해당 계정으로 대체

(13) 선납세금 : 기중에 원천징수된 법인세나 중간예납한 법인세 등이 처리되는 계정

(14) 현금과부족 : 현금의 실제 잔액과 장부상 잔액이 일치하지 않을 경우에 사용. 원인이 판명되면 해당 계정으로 대체하고, 결산 시까지 원인이 판명되지 않으면 부족액은 잡손실로, 초과액은 잡이익으로 대체함

(15) 외화채권 · 채무 : 외화환산이익(손실)(평가 시), 외환차익(차손)(완결거래 시)

(16) 미수수익 : 보고기간 종료일(결산일, 기말)까지 발생된 수익이나, 회수일이 다음 연도일 경우(수익의 발생)

(17) 선급비용 : 보고기간 종료일 현재 당기에 지급된 비용 중 다음 연도 비용이 있을 경우(기간미경과분)(비용의 이연)

(18) 대손충당금 : 수취채권의 잔액 중 회수불능채권의 추정금액을 나타내며, 수취채권의 평가계정으로서 수취채권의 장부금액(또는 순실현가능금액)을 나타내기 위해 수취채권으로부터 차감하는 형식으로 표시하는 계정

　※ 기말 대손충당금설정액 = 기말채권잔액 × 대손추정율(%) − 기말대손충당금잔액

　※ 전기에 발생된 대손금을 당기에 회수 시 해당 채권의 대손충당금에 전입함

　※ 대손충당금환입 : 전기에 설정한 대손충당금잔액이 당기 결산 시 설정할 대손충당금보다 많아 남은 차액을 환입하는 경우에 사용하는 계정으로 매출채권의 경우 판관비에서 부(−)로 표시하기 위하여 800번대 대손충당금환입을 사용하며, 기타채권은 900번대 대손충당금환입(영업외수익)을 사용함

02　재고자산

(1) 상품 : 기업이 정상적인 영업활동을 통하여 판매할 목적으로 구입한 상품

(2) 제품 : 판매를 목적으로 제조한 생산품 · 부산물 등

(3) 원재료(부재료) : 제품의 생산에 소비할 목적으로 구입한 주원료 · 재료, 부원료 · 재료 등

(4) 재공품, 반제품, 저장품, 시송품, 적송품, 미착품

　※ 재고자산의 취득원가 : 매입금액(공정가치) + 제비용(매입운임,하역료 및 보험료 등) − 매입환출및에누리 − 매입할인

(5) 매입환출및에누리, 매입할인 : 재고자산에서 차감하므로 대변에 기입함

　※ 타계정대체 : 재고자산이 본래의 목적이 아닌 다른 목적(예 광고선전, 연구용)으로 사용하는 경우(적요 8번)

(6) 재고자산감모손실 : 도난, 파손, 부패, 증발 등의 사유로 장부상 수량보다 실제수량이 부족한 경우의 손실액

　① 정상적(경상적, 원가성이 있는 경우) 원인 : 매출원가에 가산. (차) 제품매출원가 ×××　(대) 제품 ×××

　② 비정상적(비경상적, 원가성이 없는 경우) 원인 : 재고자산감모손실(영업외비용)로 처리 후 타계정으로 대체하여 매출원가에서 제외시킴

　　(차) 재고자산감모손실 ×××　(대) 제품 ×××(적요 8. 타계정으로 대체액)

　※ 재고자산 단가 결정(평가)방법 : 개별법, 선입선출법, 후입선출법, 가중평균법(이동평균법, 총평균법), 소매재고법(유통업종에서 사용), 표준원가법

　※ 재고자산 수량 결정방법 : 계속기록법, 실지재고조사법, 혼합법

(7) 재고자산평가손실(기말평가 : 저가법)

　외부환경의 영향으로 재고자산의 시가가 장부금액보다 하락하여 발생된 손실(매출원가에 가산)

　(차) 재고자산평가손실 ×××　(대) 재고자산평가충당금 ×××

(8) 기말재고자산에 포함될 항목 결정

① 선적지 인도조건 : 선적 시 매입자 자산에 포함(미착(상)품)

② 목적지(도착지) 인도조건 : 도착 시 매입자 자산에 포함

③ 적송품 : 수탁자가 매출 시 위탁자는 자산에서 제외

④ 시송품 : 고객이 구매의사를 표시한 날 자산에서 제외

⑤ 할부판매 : 고객에게 인도한 날 자산에서 제외(인도일 기준)

⑥ 상품권 : 상품권 회수일에 자산에서 제외

---

03 투자자산

(1) 장기성예금 : 금융기관이 취급하는 정기예금적금·기타 정형화된 상품 등이 보고기간 종료일로부터 1년 이후에 만기가 도래하는 것

(2) 특정현금과예금 : 사용이 제한되어 있는 예금으로 당좌거래를 개설한 은행에 예치한 당좌개설보증금 등

(3) 장기투자증권 : 만기보유증권(만기까지 보유할 적극적인 의도와 능력이 있는 경우), 매도가능증권(단기매매 증권·만기보유증권이 아닌 것)

(4) 장기대여금 : 회수기한이 보고기간 종료일로부터 1년 이후에 도래하는 대여금

(5) 투자부동산 : 고유 영업활동과는 직접 관련 없이 투자의 목적 또는 비영업용으로 소유하는 토지, 건물 및 기타의 부동산

(6) 퇴직연금 : 확정급여형(DB) 퇴직연금 불입 시 → 퇴직연금운용자산(투자자산)

※ 운용사로부터 이자를 받으면 : (차) 퇴직연금운용자산 ××× (대) 퇴직연금운용수익(이자수익) ×××

확정기여형(DC) 퇴직연금 불입 시 → 퇴직급여(비용)

---

04 유형자산

(1) 토지, 건물, 구축물, 기계장치, 건설중인자산, 차량운반구, 비품

(2) 취득원가 : 매입가(공정가치) + 제비용(취득세, 국공채차액(액면금액과 현재가치의 차액), 자본화대상차입원가 (⑩ 건물 신축 시 차입금에 대한 이자로 건설중인자산으로 처리))

① 무상취득 시 : 취득한 자산의 공정가치로 취득원가 처리(상대계정 자산수증이익)

② 현물출자 시 : 취득한 자산의 공정가치로 취득원가 처리(상대계정 자본금)

③ 구건물철거 시(즉, 구건물이 있는 토지 일괄 구입 시) 취득원가 : 토지 + 제비용(구건물철거비용, 토지정 지비용, 취득세 등)

※ 기존건물철거 시에는 기존 건물과 철거비용을 비용(⑩ 유형자산처분손실) 처리함

④ 이종자산 간의 교환 시 취득원가 : 당사가 제공한 자산의 공정가치

동종자산 간의 교환 시 취득원가 : 당사가 제공한 자산의 장부금액(가액)

(3) 취득 이후의 지출

① 자본적 지출 : 가장 최근에 평가된 성능수준을 초과하여 미래 경제적 효익을 증가시키는 경우 → 자산처리

② 수익적 지출 : 단순 능률회복, 원상복구 등의 지출 → 비용처리

(4) 감가상각

① 감가상각방법 : 정액법, 정률법, 생산량비례법, 연수합계법, 이중체감법

② 정액법 연감가상각비 = {(취득)원가 − 잔존가치} ÷ 내용연수

정률법 연감가상각비 = 미상각잔액(취득원가 − 감가상각누계액) × 정률(상각률, %)

연수합계법 연감가상각비 = {(취득)원가 − 잔존가치} × 연수의 역순 ÷ 내용연수의 합계

※ 감가상각비의 3요소 : 원가, 잔존가치, 내용연수

※ 토지와 건설중인자산은 감가상각을 하지 않음

(5) 유형자산 처분 분개

(차) 감가상각누계액	×××	(대) 유형자산	×××(취득원가)
받은(을)돈	×××	유형자산처분이익	××× ← 처분이익 발생 시
유형자산처분손실	×××		← 처분손실 발생 시

(6) 감가상각누계액 : 감가상각자산의 감가상각비 누적액(유형자산에서 차감하는 평가계정)

(7) 유형자산의 장부금액 : 취득원가 − 감가상각누계액

---

05   무형자산

(1) 영업권 : 일정한 거래관계, 종업원의 자질, 신용, 지리적 조건 및 법률적 · 경제적 우위조건 등에 의하여 발생된 정상적인 수익력을 초과하는 초과 수익력(매입영업권(기업결합 시)만 자산으로 계상)

(2) 산업재산권 : 일정기간 독점적 · 배타적으로 이용할 수 있는 권리로서 특허권, 실용신안권, 의장권 및 상표권

(3) 개발비 : 신제품 · 기술 등의 개발과 관련한 비용으로 개별적으로 식별가능하고 미래의 경제적 효익이 기업에 유입될 가능성이 매우 높은 경우

(4) 소프트웨어

(5) 감가상각회계처리(직접법) : (차) 무형자산상각비 ××× (대) 무형자산 ×××

※ 무형자산의 잔존가치는 없는 것을 원칙으로 하며, 상각기간은 20년을 초과할 수 없음. 감가상각은 자산이 사용 가능한 때부터 시작하며, 합리적인 상각방법을 정할 수 없을 경우 정액법을 사용함

---

06   기타 비유동자산

(1) 임차보증금 : 타인의 부동산 · 동산을 월세 등의 조건으로 사용하기 위하여 지급하는 보증금(↔임대보증금)

(2) 부도어음과수표 : 정상적인 어음과 구분하기 위해 어음의 부도가 발생하면 임시계정인 부도어음과수표로 처리

(1) 외상매입금 : 상품·원재료를 매입하고 대금은 보고기간 종료일로부터 1년 이내 지급하기로 한 금액

(2) 지급어음 : 상품·원재료를 매입하고 발생한 어음상의 의무로서 보고기간 종료일로부터 1년 이내에 두래하는 어음

　　※매입채무 : 외상매입금, 지급어음

(3) 단기차입금 : 금융기관 등으로부터 차입한 당좌차월액과 보고기간 종료일로부터 1년 이내에 상환될 차입금

(4) 미지급금 : 상품·원재료가 아닌 것을 매입하고 보고기간 종료일로부터 1년 이내에 상환하기로 한 금액(상품·원재료 매입이 아닌 경우이므로 발행한 어음도 미지급금으로 처리함)

(5) 선수금 : 상품, 제품 등을 주문 받고 미리 받은 착수금이나 계약금 등의 선수액

(6) 예수금 : 급여, 강사료, 이자 등의 소득지급 시 발생한 일시적 제 예수액(예 소득세예수금, 국민연금예수금 등)

(7) 유동성장기부채 : 비유동부채 중에서 보고기간 종료일로부터 1년 이내에 상환될 것(예 장기차입금 중 보고기간 종료일 현재 1년 이내에 만기가 도래하는 유동성 장기차입금은 기말 결산 시 유동성장기부채로 대체함)

(8) 가수금 : 현금을 받았으나 계정과목이나 금액을 확정할 수 없을 때에 일시적으로 처리하는 부채로, 추후에 계정과목이나 금액이 확정되면 해당 계정으로 대체

(9) 미지급배당금 : 배당결의일 현재 미지급된 현금배당액

(10) 미지급세금 : 회사가 납부하여야 할 법인세부담액 중 아직 납부하지 못한 금액이나 미지급한 부가가치세

(11) 미지급비용 : 보고기간 종료일까지 발생된 비용이나, 지급일이 다음 연도일 경우(비용의 발생)

(12) 선수수익 : 보고기간 종료일 현재 이미 받은 수익 중 다음 연도의 수익이 있을 경우(수익의 이연)

(1) 사채 : 회사가 거액의 장기자금을 조달하기 위하여 발행하는 것으로 액면발행, 할인발행, 할증발행이 있음

　① 할인발행 시 차액은 사채할인발행차금(사채액면금액에서 차감)으로, 할증발행 시 차액은 사채할증발행차금(사채액면금액에 부가)으로 처리

　② 사채발행비 : 액면, 할인발행의 경우 사채할인발행차금으로 처리하며, 할증발행의 경우 사채할증발행차금에서 차감함

　③ 할인액(할증액) 상각방법 : 유효이자율법을 적용하여 할인액은 이자비용에 가산하고 할증액은 이자비용에서 차감시킴(따라서 상각에 따른 이자비용은 매년 증가하고 환입에 따른 이자비용은 매년 감소함)

(2) 장기차입금 : 기업이 필요한 운용자금소날을 위하여 금융기관 등으로부터 금전 등을 1년 후에 상환할 조건으로 차입한 경우

(3) 퇴직급여충당부채 : 장래에 종업원이 퇴직할 때 지급하게 될 퇴직금에 대비하여 설정한 준비액. 종업원이 노동력을 제공한 기간에 발생된 퇴직금이라는 비용을 인식함에 따라 발생한부채(기말 퇴직급여충당부채 전입액 = 기말퇴직금추계액 − 기말퇴직급여충당부채잔액)

(4) 임대보증금 : 부동산, 동산을 월세 등의 조건으로 임대하고 받은 보증금

09　자본

(1) 자본금 : 발행주식 총수×주당 액면금액(액면발행, 할인발행, 할증발행이 있음), 보통주자본금, 우선주자본금

　① 할인발행 시 차액은 주식할인발행차금(자본조정, 자본에서 차감)으로 처리하며, 할증발행 시 차액은 주식
발행초과금(자본잉여금, 자본전입 또는 결손보전 이외에는 처분하지 못함)으로 처리

　② 신주발행비 : 액면, 할인발행의 경우 주식할인발행차금으로 처리하며, 할증발행의 경우 주식발행초과금
에서 차감함

(2) 자본잉여금 : 주식발행초과금, 기타자본잉여금(감자차익, 자기주식처분이익)

(3) 자본조정 : 주식할인발행차금, 감자차손, 자기주식처분손실, 자기주식, 미교부주식배당금

　※ 주식발행초과금과 주식할인발행차금, 감자차익과 감자차손, 자기주식처분이익과 처분손실은 회계처리
시 해당 범위 내에서 상계함

(4) 기타 포괄손익누계액 : 매도가능증권평가이익(손실), 해외사업환산이익(손실) 등

(5) 이익잉여금 : 이익준비금(금전배당의 1/10 이상 적립), 임의적립금(사업확장적립금 등), 미처분이익잉여금

　※ 배당결의일 회계처리

(차) 미처분이익잉여금	×××	(대) 이익준비금	×××
(케이렙 : 이월이익잉여금)		미지급배당금	×××
		미교부주식배당금	×××

　※ 배당지급일 회계처리

(차) 미지급배당금	×××	(대) 현금	×××(금전배당)
(차) 미교부주식배당금	×××	(대) 자본금	×××(주식배당)

10　수익 · 비용

(1) 매출액 : 상품매출, 제품매출

총매출액 − 매출환입및에누리 − 매출할인 = 순매출액

(2) 매출원가 : 매출액에 대응하는 원가

상품매출원가, 제품매출원가 = [기초재고액 + 당기매입(제조)액(+ 제비용 − 매입환출및에누리 − 매입할인) −
기말재고액]

(3) 판매비와관리비 : 급여, 잡급, 퇴직급여, 복리후생비, 여비교통비, 기업업무추진비, 통신비, 수도광열비, 세금
과공과, 감가상각비, 임차료, 수선비, 보험료, 차량유지비, 운반비, 교육훈련비, 도서인쇄비, 소모품비, 수수료
비용, 광고선전비, 대손상각비

　※ 제조원가에선 급여 → 임금, 수도광열비 → 가스수도료, 전력비 사용

(4) 영업외수익 : 이자수익, 배당금수익, 수수료수익, 단기매매증권평가이익, 단기매매증권처분이익, 외환차익,
외화환산이익, 유형자산처분이익, 무형자산처분이익, 투자자산처분이익, 자산수증이익, 채무면제이익, 보험
금수익, 잡이익, 전기오류수정이익

(5) 영업외비용 : 이자비용, 외환차손, 외화환산손실, 기부금, 매출채권처분손실, 단기매매증권평가손실, 단기매매증권처분손실, 기타의대손상각비, 재해손실, 유형자산처분손실, 무형자산처분손실, 투자자산처분손실, 재고자산감모손실, 잡손실, 전기오류수정손실

(6) 손익계산서 구조

    ① 매출액 − 매출원가 = 매출총손익

    ② 매출총손익 − 판매비와관리비 = 영업손익

    ③ 영업손익 + 영업외수익 − 영업외비용 = 법인세차감전순손익

    ④ 법인세차감전순손익 − 법인세비용 = 당기순손익

---

11   결산정리분개

자동분개로 표시된 것은 [결산/재무제표]−[결산자료입력] 메뉴에 전부 입력한 후 상단 툴바의 F3 전표추가를 클릭하여 나타나는 메시지 창에서 「예」를 클릭해야 [일반전표입력] 메뉴에 4.결차, 5.결대로 하여 자동으로 입력된다.

(1) 기말재고자산(상품, 원재료, 재공품, 제품) 정리 분개(자동분개) : 결산자료입력 → 기말상품재고액, 기말원재료재고액, 기말재공품재고액, 기말제품재고액란에 입력

(2) 유형자산과 무형자산의 감가상각(자동분개) : 결산자료입력 → (일반)감가상각비, 무형자산상각비란에 입력

(3) 매출채권 등에 대한 대손충당금 설정(자동분개) : 결산자료입력 → 상단 F8 대손상각을 눌러 확인 → 대손율(%)을 지문과 확인하고 결산반영 클릭

    ※ 대손충당금환입(수동분개) : 일반전표입력 → 12/31일자 회계처리

       (차) 대손충당금　　　　×××　　　　(대) 대손충당금환입　　　　×××

(4) 퇴직급여충당부채 설정(자동분개) : 결산자료입력 → 퇴직급여(전입액)란에 입력

(5) 단기매매증권평가(수동분개) : 일반전표입력 → 12/31일자 회계처리

    ① (차) 단기매매증권　　　　×××　　　　(대) 단기매매증권평가이익　　××× : 이익 시

    ② (차) 단기매매증권평가손실 ×××　　　　(대) 단기매매증권　　　　××× : 손실 시

    ※ 시장성 있는 매도가능증권은 결산 시 공정가치로 평가함(매도가능증권평가이익(손실))

(6) 외화자산 · 부채의 평가(수동분개) : 일반전표입력 → 12/31일자 회계처리

    ① (차) 외화자산 · 부채　　×××　　　　(대) 외화환산이익　　　　××× : 이익 시

    ② (차) 외화환산손실　　　×××　　　　(대) 외화자산 · 부채　　　××× : 손실 시

(7) 수익 · 비용의 발생(수동분개) : 일반전표입력 → 12/31일자 회계처리

    ① (차) 미수수익　　　　×××　　　　(대) 이자수익　　　　××× : 수익의 발생

    ② (차) 이자비용　　　　×××　　　　(대) 미지급비용　　　　××× : 비용의 발생

(8) 수익 · 비용의 이연(수동분개) : 일반전표입력 → 12/31일자 회계처리

① (차) 이자수익	×××	(대) 선수수익	××× : 수익의 이연(차기분까지
				받은 이자를 전부 수익처
				리한 경우)
② (차) 선급비용	×××	(대) 이자비용	××× : 비용의 이연(차기분까지
				지급한 이자를 전부 비용
				처리한 경우)

(9) 현금과부족의 정리(수동분개) : 일반전표입력 → 12/31일자 회계처리

① (차) 잡손실	×××	(대) 현금과부족	××× : 부족 시
② (차) 현금과부족	×××	(대) 잡이익	××× : 과다 시

(10) 소모품의 정리(수동분개) : 일반전표입력 → 12/31일자 회계처리

① (차) 소모품	×××	(대) 소모품비	××× : 구입 시 비용처리한 경우
② (차) 소모품비	×××	(대) 소모품	××× : 구입 시 자산처리한 경우

(11) 장기차입금 유동성 대체 분개 : 일반전표입력 → 12/31일자 회계처리

(차) 장기차입금	×××	(대) 유동성장기부채	×××

(12) 가지급금과 가수금의 정리(수동분개) : 일반전표입력 → 12/31일자 회계처리

① (차) 해당 계정과목	×××	(대) 가지급금	×××
② (차) 가수금	×××	(대) 해당 계정과목	×××

(13) 법인세비용(법인세등) 추산(자동분개) : 결산자료입력 → 법인세등 1).선납세금 2).추가계상액란에 입력

(차) 법인세비용	×××	(대) 선납세금	×××(선납세금란)
		(대) 미지급세금	×××(추가계상액란)

---

12 재무회계의 개념체계, 재무제표의 기본가정

(1) 회계정보의 질적 특성 : 회계정보가 정보이용자의 의사결정에 유용한 정보를 제공하기 위하여 갖추어야 할 주요 속성

(2) 주요 질적 특성
  ① 목적 적합성 : 예측가치, 피드백가치, 적시성
  ② 신뢰성 : 표현의 충실성, 검증가능성, 중립성

(3) 기타의 질적 특성 : 비교가능성

(4) 재무제표의 기본가정(회계공준) : 기업실체, 계속기업, 기간별 보고

13 부가가치세법 기초

(1) 부가가치세법의 특징 : 국세, 일반소비세, 다단계거래세, 간접세, 물세, 전단계세액공제법(매출세액−매입세액), 소비지국과세원칙, 신고납세제도

(2) 과세대상 : 재화 또는 용역이 공급거래, 재화의 수입 거래

(3) 사업자의 요건 : 재화 또는 용역의 공급, 사업성, 사업상 독립성, 영리목적 유무와 무관

(4) 사업자의 분류 : 과세사업자만이 부가가치세법상의 사업자이며 과세사업자는 업종과 매출규모에 따라 일반 과세자와 간이과세자로 구분함

```
            ┌ 과세 사업자 ┌ 일반 과세자 : 납세의무자(세금계산서, 영수증)
사                       └ 간이 과세자 : 납세의무자(세금계산서, 영수증)
업
자          └ 면세 사업자 : 납세의무 없음(계산서, 영수증)
```

(5) 간이과세자의 특징 : 직전 연도의 공급대가의 합계액이 8,000만 원에 미달, 납부세액 − 공급대가×해당업종의 부가가치율×10%, 해당 과세기간(1년)에 대한 공급대가가 4,800만 원 미만인 경우 납부 의무 면제, 간이과세가 적용되지 않는 다른 사업장을 보유하고 있는 사업자는 간이과세적용배제, 세금계산서를 발급하는 간이과세자는 예정신고 의무

(6) 과세기간(단, 간이과세자는 1.1~12.31)

① 제1기 − 1월 1일부터 6월 30일까지

② 제2기 − 7월 1일부터 12월 31일까지

※ 신고기간

- 법인
  - 제1기 예정신고(1~3) : 4.1~25   − 제1기 확정신고(4~6) : 7.1~25
  - 제2기 예정신고(7~9) : 10.1~25   − 제2기 확정신고(10~12) : 차기 1.1~25
- 개인
  - 제1기 과세신고 : 7.1~25   − 제2기 과세신고 : 차기 1.1~25

※ 개인사업자와 직전 과세기간 공급가액의 합계액이 1억 5천만 원 미만인 법인사업자에 대하여는 각 예정신고기간마다 직전 과세기간에 대한 납부세액에 50%를 곱한 금액을 결정하여 당해 예정신고 기한 내에 징수(예정고지)한다. 다만, 징수하여야 할 금액이 50만 원 미만, 간이과세자에서 일반과세자로 변경, 재난 등 경우 이를 징수하지 아니한다. 또한 휴업 또는 사업부진 등으로 인하여 각 예정신고기간의 공급가액(또는 납부세액)이 직전과세기간의 공급가액(또는 납부세액)의 3분의 1에 미달하는 자, 각 예정신고기간분에 대하여 조기 환급을 받으려는 자는 예정신고 납부를 할 수 있다.

(7) 사업자등록의 신청 : 사업장마다 사업 개시일부터 20일 이내에 사업자등록신청서를 작성하고 등록함

(8) 재화공급의 특례(간주공급) : 자가공급(면세사업에의 전용, 비영업용(개별소비세과세대상) 소형승용자동차 또는 그 유지에의 비용, 판매목적 타사업장 반출), 개인적 공급, 사업상 증여, 폐업할 때 남아 있는 재화

(9) 재화의 공급으로 보지 않는 경우 : 담보의 제공, 사업의 양도, 법률에 의한 조세의 물납, 법에 따른 공매 · 경매, 신탁재산의 소유권이전

(10) 재화의 공급시기 : 재화의 이동이 필요한 경우(재화가 인도되는 때), 재화의 이동이 필요하지 아니한 경우(재화가 이용가능하게 되는 때)

(11) 거래 형태별 재화의 공급시기

① 현금판매 · 외상판매 · 할부판매 : 재화가 인도되거나 이용가능하게 되는 때

② 장기할부판매 · 완성도기준지급 · 중간지급조건부공급 : 대가의 각 부분을 받기로 한 때

③ 자가공급(판매목적 타사업장 반출 제외) 개인적 공급 : 재화가 사용 또는 소비되는 때

④ 사업상증여 : 재화를 증여하는 때

⑤ 폐업시 잔존재화 : 폐업하는 때

⑥ 무인판매기에 의한 재화공급 : 무인판매기에서 현금을 꺼내는 때

(12) 거래 형태별 용역의 공급시기

① 통상적인 공급 : 역무의 제공이 완료되는 때, 시설물 · 권리 등 재화가 사용되는 때

② 간주임대료(전세금 · 임대보증금에 대한 이자), 2과세기간에 걸친 부동산임대용역의 대가를 선불 또는 후불로 받을 경우 : 예정신고기간의 종료일 또는 과세기간의 종료일

(13) 면세제도(부분면세)(참고 : 영세 − 완전면세)

① 미가공식료품(식용에 공하는 농산물 · 축산물 · 수산물과 임산물을 포함), 식용에 공하지 아니하는 미가공 농산물 · 축산물 · 수산물과 임산물 ② 수돗물 ③ 연탄과 무연탄 ④ 여성용 생리처리 위생용품, 영유아용 기저귀와 분유 ⑤ 의료보건용역(수의사의 용역 포함, 미용목적 성형수술 · 피부관련시술 및 수의사 애완동물 진료용역은 과세)과 혈액 ⑥ 교육용역(무도학원 · 자동차운전학원 과세) ⑦ 여객운송용역(항공기 · 우등고속버스 · 전세버스 · 택시 · 특수자동차 · 특종선박 또는 고속철도에 의한 여객운송용역은 과세) ⑧ 우표 · 인지 · 증지 · 복권과 공중전화(수집용 우표는 과세) ⑨ 주택과 이에 부수되는 토지의 임대용역 ⑩ 예술창작품 · 예술행사 · 문화행사와 비직업운동경기 ⑪ 도서(실내도서열람 및 도서대여용역 포함) · 신문 · 잡지 · 관보 · 뉴스통신 및 방송(광고는 과세) ⑫ 도서관 · 과학관 · 박물관 · 미술관 · 동물원, 식물원에의 입장 ⑬ 토지의 공급 ⑭ 금융 · 보험용역, 종교 · 자선 · 학술 · 국가 · 지방자치단체 공급하는 재화 또는 용역

(14) 과세표준 : 납세의무자가 납부해야 할 세액 산출의 기준이 되는 과세대상(공급가액)

① 금전으로 대가를 받는 경우 : 그 대가

② 금전 이외의 대가를 받는 경우 : 자기가 공급한 재화 또는 용역의 시가

③ 자가공급(판매목적 타사업장반출의 경우는 취득가액) · 개인적 공급 · 사업상 증여 및 폐업할 때 남아 있는 재화의 경우 : 당해 재화의 시가

④ 재화의 공급에 대하여 부당하게 낮은 대가를 받거나 대가를 받지 아니하는 경우 : 자기가 공급한 재화의 시가

⑤ 용역의 공급에 대하여 부당하게 낮은 대가를 받는 경우 : 자기가 공급한 용역의 시가

⑥ 대가를 외국통화 기타 외국환으로 받는 때에는 다음과 같은 금액을 그 대가로 함

• 공급시기 도래 전에 원화로 환가한 경우 : 그 환가한 금액

• 공급시기 이후에 외국통화 기타 외국환 상태로 보유하거나 지급받은 경우 : 공급시기의 기준환율 또는 재정환율에 의하여 계산한 금액

⑦ 재화의 수입에 대한 과세표준 : 관세의 과세가격과 관세, 개별소비세, 주세, 교통·에너지·환경세, 교육세·농어촌특별세의 합계액

(15) 과세표준에 포함되지 않는 금액 : 에누리액, 환입, 할인액, 공급받는 자에게 도달하기 전에 파손·훼손·멸실된 재화의 가액, 재화 또는 용역의 공급과 직접 관련되지 아니하는 국고보조금, 계약 등에 의하여 확정된 대가의 지급지연으로 인하여 지급받는 연체이자

(16) 과세표준에 포함되는 금액 : 장기할부판매 또는 할부판매 경우의 이자상당액, 대가의 일부로 받는 운송비·포장비·하역비·운송보험료 등

(17) 과세표준에서 공제하지 않는 금액 : 대손금, (판매)장려금, 하자보증금

(18) 세금계산서

① 필요적 기재사항 : 공급하는 사업자의 등록번호와 성명 또는 명칭, 공급받는 자의 등록번호, 공급가액과 부가가치세액, 작성연월일

② 발급시기 특례 : 공급시기 전(공급 전 세금계산서 교부 후 7일 이내 대가를 받은 경우), 공급시기 후(1역월, 1역월 이내의 공급가액을 말일자, 1월 이내 기간의 종료일자로 하여 다음 달 10일까지 교부한 경우)

③ 전자세금계산서 : 법인사업자, 직전연도 사업장별 재화 및 용역의 과·면세 공급가액의 합계액이 1억 원(24.7.1 이후 8천만 원) 이상인 개인사업자는 전자세금계산서를 발급하여야 하며 그 다음 날까지 전자세금계산서 발급명세를 국세청장에게 전송하여야 함

④ 매입자세금계산서 : 일반과세자가 세금계산서를 발급하지 않는 경우 공급받는자(매입자)가 거래 건당 5만 원 이상의 거래가 있을 경우 관할 세무서장의 확인을 받아 발행하는 세금계산서

(19) 공제불가능 매입세액 : 사업과 직접 관련이 없는 지출에 대한 매입세액, 비영업용(개별소비세과세대상) 소형승용자동차의 구입과 임차 및 유지에 관한 매입세액, 기업업무추진비 및 이와 유사한 비용의 지출에 관련된 매입세액, 면세사업에 관련된 매입세액과 토지관련 매입세액

(20) 매입매출전표 입력 시 유의사항

매출	입력내용	매입	입력내용
11:과세	일반세금계산서(10% 과세) 발급 시	51:과세	일반세금계산서(10% 과세) 수령 시
12:영세	영세율세금계산서(0% 과세) 발급(수출업자) 시	52:영세	영세율세금계산서(0% 과세) 수령 시
13:면세	계산서 발급 시	53:면세	면세품 매입하고 계산서 수령 시
14:건별	일반영수증 교부 및 무증빙(증빙 발행 안 할 경우) 시	54:불공	세금계산서를 수령했으나 공제 받지 못할 때(불공사유)
16:수출	직수출 시	55:수입	수입세금계산서(10% 과세) 수령 시
17:카과	과세품 매출하고 카드매출전표 발급 시	57:카과	과세품 매입하고 카드전표 수령(일반과세자 발행) 시
18:카면	면세품 매출하고 카드매출전표 발급 시	58:카면	면세품 매입하고 카드전표 수령 시
19:카영	영세율 적용대상 카드매출전표 발급 시	59:카영	영세율 적용대상 카드전표 수령 시
22:현과	과세품 매출하고 현금영수증(10% 과세) 발급 시	60:면건	계산서가 아닌 일반 영수증을 수령하거나 무증빙 시
23:현면	면세품 매출하고 현금영수증 발급 시	61:현과	과세품 매입하고 현금영수증(10% 과세) 수령(일반과세자 발행) 시
24:현영	영세율 적용대상 현금영수증 발급 시	62:현면	면세품 매입하고 현금영수증 수령 시

※ 11.과세, 12.영세, 14.건별, 16.수출, 17.카과, 22.현과, 51.과세, 52.영세, 53.면세, 54.불공, 55.수입, 57.카과, 58.카면, 61.현과, 62.현면 관련 거래의 입력을 숙지할 것

(1) 현금 입출금에 관하여 자세히(일자, 적요까지) 알고자 하는 경우 : 현금출납장

(2) 현금이외의 계정과목에 관하여 자세히(일자, 적요까지) 알고자 하는 경우 : 계정별원장

(3) 계정과목에 관한 질문 중 월별로 가장 많고 적음에 관하여 알고자 하는 경우 : 총계정원장(월별)

(4) 계정과목과 거래처를 동시에 알고자 하는 경우 : 거래처원장, 거래처별계정과목별원장

(5) 계정과목이 아닌 통합명칭(예 판관비, 제조경비 등)에 관하여 묻거나 계정과목이나 통합명칭의 지출이 현금으로 지출한 금액 및 현금이 아닌(대체) 경우로 지출한 금액에 관하여 묻는 경우

① 한 달 이내(예 2.1~2.5)의 금액에 관하여 묻는 경우 : 일계표

② 한 달(예 2월, 3월) 또는 2월 이상(예 2월~3월)의 금액에 관하여 묻는 경우 : 월계표

③ 누계(6월까지) 금액에 관하여 묻는 경우 : 합계잔액시산표(대손충당금, 감가상각누계액 조회 시에도 사용하면 편리함)

(6) 재무제표와 관련하여 알고자 하는 경우(예 전기말대비 자산, 부채, 자본 변동액과 외상매출금·받을어음의 장부금액(채권잔액 − 대손충당금), 유형자산의 장부금액(취득원가 − 감가상각누계액) 등) : [결산/재무제표]의 재무상태표, 손익계산서 등

(7) 부가가치세에 관하여 과세유형별로 알고자 하는 경우(예 카드판매액, 현금영수증판매액 등) : 매입매출장

(8) 부가가치세의 신고와 관련하여 알고자 하는 경우(예 과세표준, 매출세액, 매입세액, 공제받지못할세액 등) : 부가가치세신고서

(9) 매출, 매입 세금계산서에 관하여 알고자 하는 경우(예 세금계산서 매수, 거래처에 발행한 매수와 금액 등) : 세금계산서합계표, 세금계산서(계산서)현황

(1) 원가회계의 목적(▶ 제조원가명세서)

① 재무제표의 작성에 필요한 원가정보의 제공 : 당기제품제조원가는 손익계산서의 매출원가 계산에 필요하며 원재료와 재공품은 재무상태표를 작성하는 데 필요함

② 원가통제에 필요한 원가정보의 제공 : 원가가 과대 또는 과소하게 발생하거나 또는 불필요하게 낭비되는 것을 통제, 관리하는 데 필요한 정보를 제공함

③ 경영의사결정에 필요한 원가정보의 제공 : 경영자의 가격결정, 예산편성(계획) 등 경영의사결정을 하는 데 필요한 정보를 제공함

(2) 원가와 비용

① (제조)원가 : 제품을 만드는 데 소비하는 경제적 가치

② 비용(기간비용) : 제품의 수익을 내기 위하여 소비하는 경제적 가치

(3) 원가의 분류

① 원가의 3요소 : 재료비, 노무비, 제조경비

② 원가의 행태(변화정도)에 따른 분류 : 고정비, 변동비, 준변동비(혼합비), 준고정비(계단원가)

③ 추적 가능성에 따른 분류 : 직접비, 간접비(공통비)

④ 기초원가(기본원가, 직접비), 가공비

⑤ 관련원가, 비관련원가

⑥ 매몰원가 : 과거의 의사결정으로부터 이미 발생한 원가

⑦ 기회원가 : 둘 이상의 선택 가능한 방법 중에서 한 가지를 선택함으로써 포기한 것(최대의 경제적 효익)이
   이에 해당함. 따라서 회계장부에는 기록되지 않지만 의사결정 시에는 고려해야 하는 원가임

(4) 제조원가와 가공비

① 제조원가(당기총제조원가)

   = 직접비(추적가능) + 간접비(추적불가능 → 인위적 배분)

   = 직접재료비 + 직접노무비 + 직접제조경비 + 간접재료비 + 간접노무비 + 간접제조경비

   = 직접재료비 + 직접노무비 + 제조간접비

② 가공비(전환원가, 직접재료비를 뺀 나머지) : 직접노무비 + (직접제조경비) + 제조간접비

(5) 원가의 행태에 따른 분류

① 고정비 : 임차료, 보험료, 감가상각비, 세금과공과(재산세) 등

② 변동비 : 직접재료비, 직접노무비, 변동제조간접비

③ 준변동비(혼합비) : 전력비, 통신비 등

④ 준고정비(계단원가) : 공장면적 증가에 따른 임차료 등

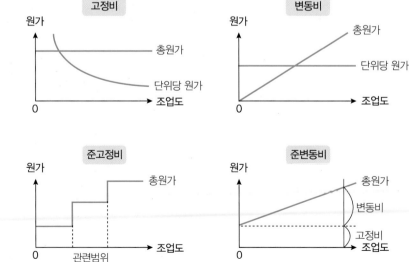

※ 고정비 = 고정원가
　변동비 = 변동원가
　가공비 = 가공원가

(6) 원가계산의 절차(요소별 원가계산 → 부문별 원가계산 → 제품별 원가계산)

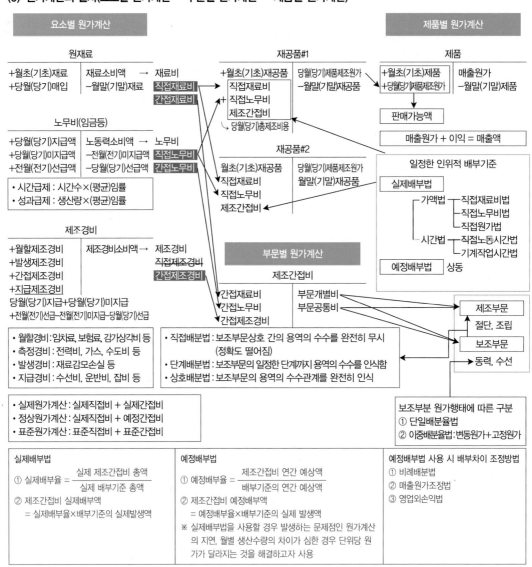

※ 원가계산을 월단위로 계산할 경우 월초, 당월, 월말로 표시하며, 연단위로 계산할 경우 기초, 당기, 기말로 표시한다.

(7) 제품별 원가계산

다품종소량생산	항공기, 조선, 주문가구, 주문인쇄, 건설, 기계장치 등 직접비 + 간접비, 제조지시서 → 작업원가표, 각 제품별로 제조원가 산정	→ 개별원가계산
소품종대량생산	연속적으로 동일한 제품 대량생산 (직접)재료비 + 가공비, 전체총제조비용/전체총생산량(한산량고함) = 단위당 원가 ※ 환산량 = 완성도(%)×미완성수량, 정확도 떨어짐, 제조원가보고서	→ 종합원가계산

(8) 종합원가 계산방법

선입선출법	평균법
① 완성품환산량 　= 당월(당기)완성품수량 − 월초(기초)재공품환산량 + 월말(기말)재공품환산량 ② 단위당 원가 = $\dfrac{당월(당기)제조비용}{완성품환산량}$ ③ 월말(기말)재공품원가 　= 단위당 원가 × 월말(기말)재공품환산량	① 완성품환산량 　= 당월(당기)완성품수량 + 월말(기말)재공품환산량 ② 단위당 원가 　= $\dfrac{월초(기초)재공품제조비용 + 당월(당기)제조비용}{완성품환산량}$ ③ 월말(기말)재공품원가 　= 단위당 원가 × 월말(기말)재공품환산량

※ 종합원가계산에서 재료비와 가공비로 구분하는 이유는 재료비와 가공비의 투입시점이 다르기 때문이다.

(9) 종합원가계산의 종류

① 단일종합원가계산 : 1종류 1공정(소금, 얼음 등)

② 공정별종합원가계산 : 1종류 2공정 이상(화학, 제지 등)

③ 조별종합원가계산 : 2종류 이상 2공정 이상(식료품, 통조림 등)

④ 등급별종합원가계산 : 동일공정에서 유사제품(등급품)(제분, 양조, 제화 등)

⑤ 연산품종합원가계산 : 동일공정에서 다른제품(낙농업, 정유업, 정육업 등)

(10) 공손품과 작업폐물

① 공손품 : 품질이나 규격이 회사에서 정한 일정수준에 미달하는 불합격품

　• 정상공손 : 제조과정에서 불가피하게 발생하는 공손으로 재공품 및 제품의 원가에 포함시킴

　• 비정상공손 : 영업외비용으로 처리함

② 작업폐물 : 제조과정에서 발생하는 부스러기로 발생하면 폐물의 평가액 만큼 제조원가를 감소시킴

PART 01

이론편

CHAPTER **01**

회계의 기초

학습 방향

해당 내용은 전산회계 2급에서 배운 내용으로, 회계를 처음으로 접하는 수험자는 반드시 학습해야 하는 내용입니다. 회계의 개념, 회계단위 및 회계기간, 거래, 계정과목, 거래의 8요소, 분개, 재무제표에 관한 정확한 이해가 필요합니다. 전체적으로 읽어 본 후 계정과목과 거래의 8요소, 분개하는 방법, 재무제표 양식을 암기하기 바랍니다.

● **NCS능력단위(분류번호) : 전표관리(0203020101_20v4)**

회계상 거래를 인식하고, 전표 작성 및 이에 따른 증빙서류를 처리 및 관리하는 능력을 함양

● **NCS능력단위(분류번호) : 결산처리(0203020104_20v4)**

재고조사표, 시산표 및 정산표를 작성하는 결산예비절차와 각 계정을 정리하여 집합계정과 자본계정에 대체하고, 장부를 마감하는 능력을 함양

출제 빈도

Section 01	하	2%
Section 02	하	5%
Section 03	중	15%
Section 04	중	15%
Section 05	중	10%

Section 06	하	3%
Section 07	상	25%
Section 08	상	25%

회계의 개념

빈출 태그 회계의 뜻 · 복식부기 · 회계단위 · 회계연도

★ 회계정보를 필요로 하는 자

회계정보이용자(의사결정관계)
- 경영자(경영방침과 투자능력평가)
- 출자자(투자위험 및 투자수익평가)
- 채권자(원리금지급능력평가)
- 종업원(임금협상 및 급여지급능력
  평가)
- 정부(과세표준 및 조세정책)
- 거래처(결제대금 지급능력평가)
- 고객(존속가능성에 대한 평가)
※ 경영자와 종업원을 내부이용자
  라고 하고 출자자, 채권자, 정부,
  거래처, 고객을 외부이용자라고
  한다.

01 회계의 뜻

기업의 경영활동으로 인하여 발생하는 재산의 증감 변화를 일정한 원리에 의하여 기록, 계산, 정리하여 얻어진 유용한 회계정보를 기업의 회계정보이용자(이해관계자)★들에게 전달하는 과정이다.

02 회계의 종류

① **재무회계** : 기업 외부 이해관계자인 주주, 채권자 등에게 경제적 의사결정에 유용한 정보를 제공하는 것을 목적으로 하는 회계이다.

② **관리회계** : 기업 내부 이해관계자인 경영자에게 관리적 의사결정에 유용한 정보를 제공하는 것을 목적(예산(계획), 집행, 책임)으로 하는 회계이다.

③ **원가회계** : 제품생산에 소요되는 원가를 파악하고 측정, 기록, 요약하여 기업경영의 의사결정에 필요한 원가정보를 획득하고, 제조기업의 재무상태와 경영성과를 명백히 하는 회계이다(예 제조원가 등).

④ **세무회계** : 기업의 외부 이해관계자인 국가에게 세법에서 정하는 바에 따라 납부세액을 산출하고 서식에 맞게 작성하여 신고하는 데 필요한 회계이다.

03 부기와 회계

① **부기** : "장부에 기입하다"를 줄인 말로, 기업의 경영활동으로 인한 경제적 사건을 일정한 원리원칙에 따라 장부에 기록, 계산, 정리하여 그 원인과 결과를 명백히 밝히는 것을 말한다.

② **회계** : 부기가 기업의 경영활동으로 발생하는 경제적 사건을 단순히 기록, 계산, 정리하는 과정을 중요시한 반면에, 회계는 부기의 기술적 측면을 바탕으로 산출된 유용한 회계정보를 기업의 이해관계자들에게 식별, 측정, 전달하는 과정이다. 즉, 부기는 회계정보를 산출하는 기법으로서 회계의 일부분에 속한다.

04 부기의 종류

1) 기록계산하는 방법에 따른 분류

① **단식부기** : 일정한 원리원칙 없이 상식적으로 현금이나 재화의 증감변화를 기록, 계산하는 불완전한 부기이다.

② **복식부기** : 일정한 원리원칙에 따라 재화의 증감변화나 손익의 발생을 조직적으로 기록, 계산하는 완전한 부기로 대부분의 기업들이 적용하는 방법(1494. 루카파치올리)이며, 자기검증기능을 가진다.

2) 이용자의 영리성 유무에 따른 분류

① **영리부기** : 영리를 목적으로 하는 기업에서 사용하는 부기이다(예 상업부기, 공업부기, 은행부기, 건설부기 등).

② **비영리부기** : 영리를 목적으로 하지 않는 가계나 학교, 관공서 등에서 사용하는 부기이다(예 가계부, 학교부기, 재단부기, 관청부기 등).

🎓 **기적의 Tip**

단식부기, 복식부기를 단식회계, 복식회계라고도 한다.

🎓 **기적의 Tip**

거래를 두 곳(차변, 대변)에 기록하므로 복식부기(=복식회계)라 한다.

05 회계단위 및 회계연도(회계기간)

기록, 계산을 위한 장소적 범위(예 본점과 지점, 본사와 공장 등. 1기업 1회계단위)를 회계단위라 하며, 시간적 범위를 회계연도(또는 회계기간)라 한다(1회계연도는 상법상 1년을 초과할 수 없음).

🎓 **기적의 Tip**

거래를 발생시키는 사업장(회사)을 회계단위라 하며, 그 거래를 기록하는 기간을 회계연도라 한다.

기초	회계연도의 첫 날	차기	다음 회계연도
기말	회계연도의 마지막 날	전기이월	전기에서 당기로 넘어오는 것
전기	앞 회계연도	차기이월	당기에서 차기로 넘기는 것
당기	현재 회계연도		

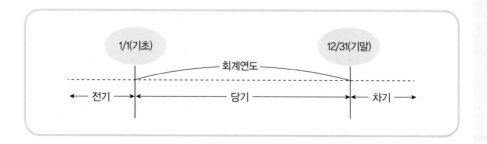

거래와 계정

빈출 태그 거래 · 계정 · 재무상태표 · 손익계산서 · 거래의 8요소 · 대차평균

· **자산** : 재화와 채권(재산)
· **부채** : 채무, 갚을 돈
· **자본** : 출자금
· **수익** : 번 돈
· **비용** : 쓴 돈

01 거래의 뜻

기업의 경영활동에 의하여 자산, 부채, 자본, 수익, 비용에 증감 변화를 일으키는 모든 현상을 말한다.

일상생활의 거래는 상품의 주문, 직원채용계약서, 토지 · 건물의 임대차계약 등도 거래(회계상 거래가 아님)로 보며 화재, 도난, 대손, 감가상각 등(회계상 거래)에 대해서는 거래로 보지 않아서 회계상의 거래와 차이가 있다. 즉, 회계상의 거래와 중복되는 부분도 있고 그렇지 않은 부분도 있다.

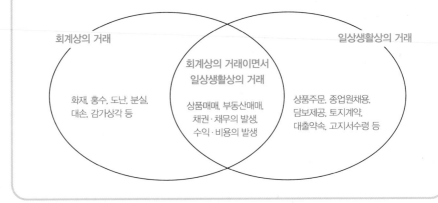

02 계정의 뜻과 계정과목

🐣 기적의 Tip

· 계정은 유사한 성질의 종류를 말하므로 같은 자산이라도 구체적인 이름이 필요하게 되는데, 이를 계정과목이라 한다.
· 모든 거래는 구체적인 이름인 계정과목으로 기록하므로 자산, 부채, 자본, 수익, 비용의 계정과목을 알아야 한다.

거래의 변동내역을 장부에 기록하기 위하여 구체적인 항목을 세워 기록할 필요가 있는데, 이때 같은 종류와 성질을 가진 것을 항목별(자산, 부채, 자본, 수익, 비용의 5가지 항목)로 나누어 기록, 계산, 정리하기 위하여 설정된 단위를 계정이라 하고, 해당 계정의 구체적인 이름을 계정과목(예 자산계정의 현금, 외상매출금, 상품, 건물 등)이라 한다.

03 계정의 분류

회사는 결산 시 자산, 부채, 자본은 "재무상태표"라는 보고서에 표시하며 수익, 비용은 "손익계산서"라는 보고서에 표시하는데, 그래서 계정을 재무상태표계정과 손익계산서계정으로 분류하게 된다.

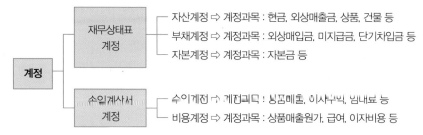

04 계정의 형식

계정의 형식에는 표준식과 잔액식이 있으나 학습 시에는 T자형 계정을 사용한다.

① **표준식 계정(원장)** : 기록계산이 용이하다.

날짜	적요	분면	금액	날짜	적요	분면	금액

기적의 Tip

계정의 형식에 맞추어 거래를 기록하면 그 내용이 장부가 된다.

② **잔액식 계정(원장)** : 각 계정의 현재 잔액을 즉시 알 수 있다.

날짜	적요	분면	차변	대변	차 · 대	잔액

※ 계정의 왼쪽을 "차변"이라 하고 오른쪽을 "대변"이라 한다.

■ T자형 계정

학습 시 "표준식"계정을 약식으로 표현한 T자형을 주로 사용하는데, 이는 학습 시 모든 내용을 계정의 형식에 기록하기가 불편하므로 가장 중요한 차변과 대변의 금액을 기록하면서 숙달하기 위함이다. "잔액식"계정으로 볼 때는 굵게 표시된 부분을 보면 된다.

날짜	적요란	거래처명	차변	대변	잔액

(차변)	계정과목	(대변)
날짜 ×××		날짜 ×××
계정계좌		계정계좌

기적의 Tip

계정계좌
계정을 기록하기 위한 장소를 말한다.

기적의 Tip

거래의 8요소
복식부기의 기본원리로 차변
거래가 발생하면 동시에 대
변거래가 발생하며, 이를 '거
래의 이중성'이라 한다.

기업의 재무상태에 변동을 가져오는 사항인 거래는 자산의 증가와 자산의 감소, 부채의 증가와 부채의 감소, 자본의 증가와 자본의 감소, 수익의 발생과 비용의 발생이라는 8개의 요소로 구성되어 있는데, 이를 "거래의 8요소"라 하며 거래의 8요소가 서로 결합되어 여러 가지의 조합을 이루는 관계를 거래요소의 결합관계라고 한다.

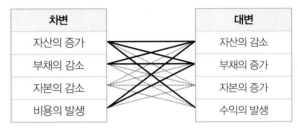

※ 굵은 선은 거래가 빈번한 것을 표시함

거래의 8요소와 결합관계의 사례(자산의 증가와 결합관계)를 일부 보면 다음과 같다.

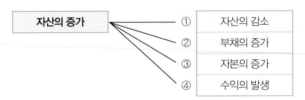

① 상품 10,000원을 매입하고, 대금은 현금으로 지급하다.

(차) 자산의 증가(상품)	10,000	(대) 자산의 감소(현금)	10,000

② 상품 10,000원을 외상으로 매입하다.

(차) 자산의 증가(상품)	10,000	(대) 부채의 증가(외상매입금)	10,000

③ 현금 10,000원을 출자하여 영업을 개시하다.

(차) 자산의 증가(현금)	10,000	(대) 자본의 증가(자본금)	10,000

④ 대여금에 대한 이자 10,000원을 현금으로 받다.

(차) 자산의 증가(현금)	10,000	(대) 수익의 발생(이자수익)	10,000

06 거래의 종류

① **교환거래** : 자산, 부채, 자본의 증가와 감소만 발생하는 거래이다.
　　⑩ 상품을 매입하고 현금으로 지급하다.
② **손익거래** : 한쪽(차변 또는 대변)이 수익과 비용만 발생하는 거래이다.
　　⑩ 급여를 현금으로 지급하다.
③ **혼합거래** : 교환거래와 손익거래가 동시에 발생하는 거래이다.
　　⑩ 단기차입금과 그에 따른 이자를 현금으로 지급하다.

 기적의 Tip

손익거래와 혼합거래 구분
· 차변과 대변 중에 수익 또
　는 비용이 있는 쪽에 자
　산·부채·자본이 같이 있
　으면 혼합거래이고 그렇지
　않으면 손익거래이다.
· 혼합거래 예시
　(차) 단기차입금　×××
　　　 이자비용　　×××
　(대) 현금　　　　×××
　※ 차변에 비용과 부채가
　　 같이 나옴

07 계정의 기입방법

① 자산의 증가는 차변에, 자산의 감소는 대변에 기입한다.
② 부채의 증가는 대변에, 부채의 감소는 차변에 기입한다.
③ 자본의 증가는 대변에, 자본의 감소는 차변에 기입한다.
④ 비용의 발생은 차변에, 비용의 소멸은 대변에 기입한다.
⑤ 수익의 발생은 대변에, 수익의 소멸은 차변에 기입한다.

차변요소		자산계정		대변요소	잔액
자산의 증가	⇨	증가(+) 잔액	감소(−)	⇦ 자산의 감소	차변
		부채계정			
부채의 감소	⇨	감소(−)	증가(+) 잔액	⇦ 부채의 증가	대변
		자본계정			
자본의 감소	⇨	감소(−)	증가(+) 잔액	⇦ 자본의 증가	대변
		비용계정			
비용의 발생	⇨	발생(+) 잔액	소멸(−)	⇦ 비용의 소멸	차변
		수익계정			
수익의 소멸	⇨	소멸(−)	발생(+) 잔액	⇦ 수익의 발생	대변

자산은 차변에서 생겨서 대변에서 감소(차변 − 대변)하므로 잔액은 차변에 남으며, 부채·자본은 대변에서 생겨서 차변에시 감소(대변 − 차변)이므로 잔액은 대변에 남는다. 수익과 비용은 각각 대변, 차변에서 발생하여 잔액으로 존재하다가 결산 시 손익계정으로 대체되어 소멸한다.

기적의 Tip

손익계정
결산 시 수익가 비용을 소멸
(마감)하고 그 차액을 자본으
로 대체하기 위하여 사용하
는 임시계정이다.

08 거래의 이중성과 대차평균의 원리

모든 거래는 반드시 어떤 계정의 차변과 다른 계정의 대변에 같은 금액을 기입(거래의 이중성)하므로 아무리 많은 거래가 기입되더라도 계정 전체를 보면 차변금액의 합계와 대변금액의 합계는 반드시 일치하게 되는데, 이것을 대차평균의 원리라 한다(복식부기의 자기검증기능).

거래
↓
차변기입액 = 대변기입액 → 거래는 원인과 결과로 이루어지며 차변과 대변에 그 내용이 동일한 금액으로 두 번 기입됨(거래의 이중성)

차변총액 = 대변총액 → 거래의 이중성의 결과 차변금액의 합계와 대변금액의 합계는 반드시 일치됨(대차평균의 원리)

09 계정의 기록과 계정의 마감

🎓 기적의 Tip

결산 시 수익, 비용계정은 소멸하고 자산, 부채, 자본계정은 차기로 이월된다.
결산 시 수익과 비용은 잔액을 (집합)손익계정으로 대체(대체 시 수익, 비용계정 소멸)하고 (집합)손익계정의 잔액은 자본으로 대체한다. 그리고 자산, 부채, 자본의 잔액은 차기로 이월한다. 따라서 모든 거래가 다음연도로 넘어가게 된다.

거래의 8요소에 의거하여 자산, 부채, 자본, 수익, 비용계정을 해당란에 기입하면 일반적으로 결산 시 차변금액과 대변금액이 다르게 된다. 즉, 증가금액이 감소금액보다 크게 되는데 계정 마감 시에 이 잔액(증가−감소의 차액)을 금액이 적은 쪽에 기입하여 차변과 대변을 일치시킨다. 그리고 자산, 부채, 자본은 그 차액을 "차기이월"로, 수익, 비용은 그 차액을 "손익"이라는 이름으로 기입한다(∵자산, 부채, 자본은 차기로 이월하며 수익과 비용은 1년간 사용하는 임의계정이므로 (집합)손익이라는 임시계정을 설정하여 소멸시키고 수익과 비용의 차액을 자본계정으로 대체하여 이월시켜야 하기 때문).

따라서 다음연도 자산, 부채, 자본 장부는 차기이월된 금액을 "전기이월"로 기재하면서 시작한다.

기업의 재무상태와 재무상태표계정

빈출 태그 재무상태 · 재무상태표계정 · 당좌자산 · 유형자산 · 유동부채

01 기업의 재무상태(재무상태표)

기업의 재무상태란 일정시점 현재 기업이 보유하고 있는 경제적 자원인 자산과 경제적 의무인 부채, 그리고 자본을 말하며, 이를 나타낸 보고서를 재무상태표라 한다.

1) 자산

기업이 보유하고 있는 각종 재화와 채권(받을 권리)이다.

유동자산	보고기간 종료일로부터 1년 이내에 현금화 또는 실현될 것으로 예상되는 자산
① 당좌자산	판매과정을 거치지 않고 보고기간 종료일로부터 1년 이내에 현금화할 수 있는 자산
② 재고자산	판매과정을 거쳐 보고기간 종료일로부터 1년 이내에 현금화할 수 있는 자산

비유동자산	장기간 투자수익을 얻을 목적이나 영업활동에 사용할 목적으로 보유하고 있는 자산
① 투자자산	장기적인 투자수익을 얻을 목적으로 보유하고 있는 자산
② 유형자산	장기간 영업활동에 사용할 목적으로 보유하고 있는 물리적인 형태가 있는 자산
③ 무형자산	장기간 영업활동에 사용할 목적으로 보유하고 있는 물리적인 형태가 없는 자산
④ 기타비유동자산	비유동자산 중 투자자산, 유형자산, 무형자산에 속하지 않는 자산

2) 부채

기업이 미래에 타인에게 지급해야 할 경제적 의무(채무, 타인자본)이다.

유동부채	보고기간 종료일로부터 1년 이내에 상환하는 부채
비유동부채	보고기간 종료일로부터 1년 이후에 상환하는 부채

3) 자본

기업이 소유하고 있는 자산총액에서 부채종액을 차감한 잔액으로, 법인 주식회사는 자본을 자본금, 자본잉여금, 자본조정, 기타포괄손익누계액 및 이익잉여금으로 분류하며 개인기업은 자본을 자본금으로 처리한다.

기적의 Tip

개인기업은 자본에 자본금만 존재하며 당기 중 사업주가 가사 등의 개인적인 목적으로 돈을 인출할 경우 '인출금'으로 처리한 후 결산 시까지 인입이 안 될 경우 자본금에서 차감한다.

자본금	주주가 납입한 법정자본금
자본잉여금	주주와의 거래에서 발생하여 자본을 증가시키는 잉여금
자본조정	자본거래에 해당하나 자본금이나 자본잉여금으로 분류할 수 없는 임시적인 자본항목
기타포괄손익누계액	손익계산서의 당기손익으로 분류하기 어려운 손익항목의 잔액
이익잉여금 (또는 결손금)	기업의 영업활동에 의해 축적된 이익으로서 사외로 유출되지 않고 기업 내부에 유보된 금액

※ 자본 등식 : 자산 – 부채(타인자본) = 자본(순재산, 자기자본)

4) 재무상태표(재무상태표 등식 : 자산 = 부채＋자본)

① **계정식** : 재무상태표를 왼쪽과 오른쪽으로 구분하여 왼쪽(차변)에는 자산을, 오른쪽(대변)에는 부채와 자본을 기입하는 형식을 말한다.

재무상태표

회사명 : (주)영진   제×기 20××년 ×월 ×일 현재   (단위 : 원)

자산	₩100,000	부채	₩20,000
		자본	₩80,000

② **보고식** : 자산, 부채, 자본의 순으로 위에서 아래로 기입하는 형식을 말한다.

재무상태표

회사명 : (주)영진   제×기 20××년 ×월 ×일 현재   (단위 : 원)

자산	₩100,000
부채	₩20,000
자본	₩80,000

③ **재무상태표의 작성기준**

• **구분표시** : 자산은 유동자산과 비유동자산으로 구분한다. 또한 유동자산은 당좌자산과 재고자산으로 구분하고, 비유동자산은 투자자산, 유형자산, 무형자산, 기타 비유동자산으로 구분한다. 부채는 유동부채와 비유동부채로 구분하며 자본은 자본금, 자본잉여금, 자본조정, 기타포괄손익누계액, 이익잉여금으로 구분한다.

• **유동성 배열법** : 자산과 부채는 유동성이 큰 항목부터 배열하는 것을 원칙으로 한다(유동자산 → 비유동자산, 유동부채 → 비유동부채).

✔ **개념 체크**

1 다음 중 유동성 배열법에 따라 재무상태표에 표시할 경우 가장 상단에 표시되는 계정과목은?
(건물, 투자부동산, 상품, 보통예금)

1 보통예금

- **자산과 부채의 유동성과 비유동성 구분** : 자산은 보고기간 종료일로부터 1년 또는 정상적인 영업주기 안에 현금화되면 유동자산으로, 그렇지 않으면 비유동자산으로 구분한다. 또한 부채는 정상적인 영업주기 안에 상환되거나 결제되어야 하는 경우는 유동부채로, 그렇지 않으면 비유동부채로 구분한다. 정상적인 영업주기를 식별할 수 없을 경우에는 1년으로 추정한다.
- **재무상태표 항목의 구분과 통합표시** : 자산, 부채, 자본 중 중요한 항목은 재무상태표 본문에 별도 항목으로 구분하여 표시하며 중요하지 않은 항목은 성격 또는 기능이 유사한 항목에 통합하여 표시할 수 있으며, 통합할 적절한 항목이 없는 경우에는 기타 항목으로 통합할 수 있다.
- **자산과 부채의 총액표시** : 자산과 부채는 원칙적으로 상계하여 표시하지 않는다. 다만 다른 일반기업회계기준에서 요구하거나 허용하는 경우에는 예외로 한다.

🎓 기적의 Tip

자산과 부채를 총액으로 표시하지 않고 상계하게 되면 상계된 자산 또는 부채가 보고되지 않아 정확한 정보를 제공하지 않게 되기 때문이다.

02 재무상태표계정(자산, 부채, 자본)

1) 당좌자산 : 판매과정 없이 1년 이내 현금화할 자산이다.

🎓 기적의 Tip

전산회계 1급 시험 범위에 해당하는 계정과목이므로 반드시 이해하고 암기한다.

계정과목	내용
현금	한국은행에서 발행한 지폐와 주화 및 통화대용증권(자기앞수표, 타인발행당좌수표, 가계수표 등)
당좌예금	당좌수표를 사용할 목적으로 은행에 돈을 예입한 무이자예금
보통예금	입출금이 자유로운 예금
※ 현금및현금성자산 : 현금(통화 및 통화대용증권)+예금(당좌예금, 보통예금, 기타예금)+현금성자산(취득 당시부터 만기가 3개월 이내인 금융상품)	
정기예금 정기적금	금융기관이 취급하는 정기예금, 정기적금으로 만기가 1년 이내에 도래하는 것
단기매매증권	단기간 매매차익을 얻을 목적으로 취득한 유가증권(주식, 사채 등) ※ 취득원가 : 매입가(취득과 관련되는 수수료는 당기 비용처리 함 → 수수료비용)
외상매출금	상품, 제품을 매출(일반적 상거래라고 함)하고 대금은 외상(1년 이내)으로 한 경우
받을어음	상품, 제품을 매출(일반적 상거래라고 함)하고 대금은 약속어음(만기 : 1년 이내)으로 받은 경우 ※ 매각거래의 어음할인 : 매출채권처분손실(영업외비용)
※ 매출채권 : 외상매출금, 받을어음	
미수금	상품, 제품이 아닌 물건(토지, 건물 등)을 매각처분하고 대금을 1년 이내에 받기로 한 경우
단기대여금	금전을 타인에게 빌려주면서 1년 이내 회수하기로 하고 차용증서를 받은 경우
※ 단기투자자산 : 단기대여금+단기금융상품+단기매매증권	
선급금	상품 등을 매입하기로 하고 계약금조로 대금의 일부를 미리 지급한 금액

🎓 기적의 Tip

현금및현금성자산, 매출채권, 단기투자자산, 매입채무는 통합계정으로 결산 시 제출용 재무제표 작성 시 사용한다.

현금과부족	현금실제잔액과 장부잔액이 일치하지 않을 경우 원인이 확인될 때까지 일시적으로 사용하는 계정
가지급금	현금지출은 있었으나 계정과목이나 금액을 확정할 수 없을 때 일시적으로 처리하는 계정과 대표이사 임의 지출액 ※ 개인기업주 임의 지출액(자본 : 인출금)
선납세금	기중에 원천징수된 법인세나 중간 예납한 법인세비용이 처리되는 계정
미수수익	보고기간말까지 발생된 수익이나 회수일이 다음 연도일 경우 사용(수익의 발생)
선급비용	보고기간말 당기 지급된 비용 중 내년분 비용을 이연시키기 위해 사용(비용의 이연)
대손충당금	보고기간말 채권 잔액 중 회수불능채권의 추정금액(채권에서 차감하는 평가계정)

※ 회계상 1년이라 함은 보고기간말로부터 다음연도 보고기간말까지이다.

2) 재고자산 : 판매과정을 거쳐 1년 이내 현금화할 자산이다.

(취득원가 : 매입가액＋제비용★(운임 등)－매입환출및에누리－매입할인)

★ 제비용
취득 시 발생되는 모든 비용을 의미한다. 부대비용이라고도 한다.

계정과목	내용
상품	판매를 목적으로 외부로부터 매입한 물품
제품	판매를 목적으로 제조한 생산품, 부산물 등
원재료	제품의 생산에 소비할 목적으로 구입한 원료, 재료 등
재공품	제품의 제조를 위하여 재공과정에 있는 것

※ 재고자산감모손실 : 장부상 수량보다 실제 수량이 부족하여 발생한 손실(비정상적인 원인)
※ 재고자산평가손실 : 외부환경의 영향으로 시가가 장부금액보다 하락하여 발생한 손실
※ 타계정대체 : 재고자산이 본래의 목적(판매, 제조)이 아닌 다른 목적(복리후생, 수선, 기부 등)으로 사용될 경우 표시

3) 투자자산 : 장기간 투자의 목적으로 보유한 자산이다.

계정과목	내용
장기투자증권	매도가능증권, 만기보유증권(만기까지 보유할 적극적인 의도와 능력이 있을 때)
장기성예금	회수기한이 1년 이후에 도래하는 정기예금·적금
장기대여금	회수기한이 1년 이후에 도래하는 대여금
투자부동산	장기간 투자의 목적으로 소유하는 토지, 건물 및 기타의 부동산
퇴직연금운용자산	기업이 사외 금융기관에 일정금액을 적립하고 근로자는 퇴직한 뒤 연금 또는 일시금으로 수령하는 금액. 확정급여형(DB)과 확정기여형(DC)이 있으며, 확정급여형(회사계좌)은 '퇴직연금운용자산'으로 처리하며 확정기여형(개인계좌)은 '퇴직급여'(비용)로 처리함

4) 유형자산 : 장기간 보유하며 영업활동에 사용할 형체가 있는 자산이다.
(취득원가 : 매입가(공정가치)+제비용(취득세 등))

계정과목	내용
토지	영업용으로 사용하는 땅을 구입한 것(운동장, 주차장 등)
건물	영업용으로 사용하는 사무실, 창고, 기숙사, 점포 등을 구입한 것
건설중인자산	유형자산의 건설을 위하여 직접 또는 간접으로 소요된 재료비 · 노무비 및 경비
기계장치	제품 등의 제조, 생산을 위해 사용하는 기계장치, 운송설비와 기타의 부속설비 등
차량운반구	영업용으로 사용하는 트럭, 승용차, 오토바이 등을 구입한 것
비품	영업용으로 사용하는 책상, 의자, 금고, 응접세트, 컴퓨터 등을 구입한 것
감가상각누계액	감가상각자산의 감가상각비 누적액(유형자산에서 차감하는 평가계정)

※ 취득 이후의 지출(원가, 비용)
- 자본적 지출 : 취득 이후 발생된 지출이 자산의 경제적 가치를 상승하게 하는 것(자산처리)
- 수익적 지출 : 취득 이후 발생된 지출이 자산의 단순 능률회복, 원상복구로 발생된 것(비용처리)

5) 무형자산 : 장기간 보유하며 영업활동에 사용할 형체가 없는 자산이다.

계정과목	내용
영업권	일정한 거래관계, 종업원의 자질, 신용, 지리적 조건 및 법률적 · 경제적 우위조건 등에 의하여 발생된 정상적인 수익력을 초과하는 초과수익력(인수합병 등 기업결합 시 발생된 것만 됨)
산업재산권	일정기간 독점적 · 배타적으로 이용할 수 있는 권리로서 특허권, 실용신안권, 의장권 및 상표권
개발비	신제품, 기술 등의 개발과 관련한 비용으로 개별적으로 식별가능하고 미래의 경제적 효익이 확실하게 기대되는 것
소프트웨어	컴퓨터 소프트웨어 등

6) 기타비유동자산

계정과목	내용
임차보증금	타인의 부동산, 동산을 월세 등의 조건으로 사용하기 위하여 지급하는 보증금
부도어음과수표	정상적인 어음과 구분하기 위해 실무에서 어음의 부도가 발생하면 임시계정인 부도어음계정으로 처리함(기말에 회수가능성을 판단하여 매출채권계정으로 재분류하거나 회수 불능 시 대손처리)

7) 유동부채 : 1년 이내 상환할 의무가 있는 부채(갚을 의무)이다.

계정과목	내용
외상매입금	상품, 원재료를 매입(일반적 상거래라고 함)하고 대금은 외상(1년 이내)으로 한 경우
지급어음	상품, 원재료를 매입(일반적 상거래라고 함)하고 대금은 약속어음(만기 : 1년 이내)을 발행한 경우
※ 매입채무 : 외상매입금, 지급어음	
미지급금	상품, 원재료가 아닌 물건(토지, 건물 등)을 구입하고 대금은 1년 이내에 주기로 한 경우
단기차입금	타인으로부터 현금을 빌리면서 1년 이내 상환하기로 하고 차용증서를 써 준 경우
선수금	상품, 제품을 매출하기로 하고 계약금조로 대금의 일부를 미리 받은 금액
예수금	일반적인 상거래 이외에서 발생한 일시적 제예수액. 소득세예수금, 건강보험료예수금 등
유동성장기부채	비유동부채 중에서 보고기간 종료일로부터 1년 이내에 상환될 것(장기차입금 중 보고기간 종료일 현재 1년 이내에 만기가 도래하는 유동성장기차입금은 유동성장기부채로 대체함)
가수금	현금을 받았으나 계정과목이나 금액을 확정할 수 없을 때 일시적으로 사용하는 계정
미지급세금	회사가 납부해야 할 미지급 법인세나 미지급 부가가치세
미지급배당금	배당결의일 현재 미지급된 현금 배당액
미지급비용	보고기간말까지 발생된 비용이나 지급일이 다음 연도일 경우 사용(비용의 발생)
선수수익	보고기간말 당기에 받은 수익 중 내년분 수익을 이연시키기 위해 사용(수익의 이연)

8) 비유동부채 : 장기간 상환할 의무가 있는 부채이다.

계정과목	내용
사채	회사가 거액의 장기자금을 조달하기 위하여 발행하는 유가증권
※ 사채할인발행차금 : 사채의 발행금액이 액면금액보다 적은 경우의 차액	
사채할증발행차금 : 사채의 발행금액이 액면금액보다 큰 경우의 차액	
장기차입금	기업이 필요한 운용자금 조달을 위하여 차입한 경우로서 상환기한이 1년 후에 도래하는 것
임대보증금	부동산, 동산을 월세 등의 조건으로 임대하고 받은 보증금
퇴직급여충당부채	장래에 종업원이 퇴직할 때 지급하게 될 퇴직금에 대비하여 설정한 준비액

✓ **개념 체크**

1 이자를 받을 때 원천징수된 세금은 예수금이다. (O, X)

1 ×

9) 자본

개인기업의 자본은 자본금만 존재하지만 주식회사 법인은 다음과 같이 자본을 분류한다.

자본금	발행주식 총수×주당액면금액(주식회사), 보통주자본금, 우선주자본금 개인기업(출자금)
자본잉여금	주식발행초과금, 기타자본잉여금(감자차익, 자기주식처분이익)
자본조정	주식할인발행차금, 감자차손, 자기주식처분손실, 자기주식, 미교부주식배당금
기타포괄손익누계액	매도가능증권평가이익(손실) 등
이익잉여금	이익준비금(금전배당 1/10 이상 적립), 임의적립금(사업확장적립금 등), 미처분이익잉여금

10) 재무상태표

계정식

재무상태표

회사명 : (주)영진   제×기 20××년 ×월 ×일 현재   (단위 : 원)

과목	금액		과목	금액	
자산			부채		
유동자산			유동부채		
당좌자산			외상매입금		
현금			⋮		
외상매출금			비유동부채		
대손충당금			장기차입금		
⋮			⋮		
재고자산			부채총계		
상품					
⋮			자본		
비유동자산			자본금		
투자자산			자본잉여금		
투자부동산			자본조정		
⋮			기타포괄손익누계액		
유형자산			이익잉여금		
건물			자본총계		
감가상각누계액					
⋮					
무형자산					
특허권					
⋮					
기타비유동자산					
임차보증금					
⋮					
자산 총계			**부채와 자본 총계**		

✓ 개념 체크

1 미지급배당금, 미교부주식배당금은 자본조정이다. (O, X)

1 ×

01 기업의 경영성과(손익계산서)

경영성과란 일정기간 동안 기업이 경영활동을 수행한 결과 나타난 경제적 성과를 말하며, 이를 나타내는 보고서를 손익계산서라 한다.

1) 수익

기업이 일정기간 동안 경영활동을 수행하는 과정에서 획득한 대가로 인하여 발생하는 자산의 유입 또는 부채의 감소로 자본의 증가를 가져오는 원인을 말한다.

영업수익(매출액)	기업의 주된 영업활동으로부터 발생한 상품, 제품 등의 순매출액
영업외수익	기업의 주된 영업활동이 아닌 활동으로부터 발생한 수익과 차익

2) 비용

기업이 일정기간 동안 수익을 획득하기 위하여 발생한 자산의 유출이나 사용 또는 부채의 증가로 자본의 감소를 가져오는 원인을 말한다.

영업비용	**매출원가** : 매출액에 대응하는 원가로서 판매된 상품이나 제품 등에 대한 매입원가 또는 제조원가
	판매비와관리비 : 판매와 관리활동에서 발생하는 비용으로 매출원가에 속하지 아니하는 모든 영업비용
영업외비용	기업의 주된 영업활동이 아닌 활동으로부터 발생한 비용과 차손

3) 손익계산서(손익계산서 등식 : 총비용+순이익=총수익, 총비용=총수익+순손실)*

★ 총수익-총비용 = 순이익
   총비용-총수익 = 순손실

① **계정식** : 손익계산서를 왼쪽과 오른쪽으로 구분하여 왼쪽(차변)에는 비용을, 오른 쪽(대변)에는 수익을 기입하는 형식이다.

손익계산서

회사명 : (주)영진   제×기 20××년 ×월 ×일부터 ×월 ×일까지   (단위 : 원)

비 용	₩70,000	수 익	₩200,000
순이익	₩130,000		

② **보고식** : 보고식은 수익, 비용의 순으로 위에서 아래로 기입하는 형식이다.

손익계산서

회사명 : (주)영진   제×기 20××년 ×월 ×일부터 ×월 ×일까지   (단위 : 원)

수 익	₩200,000
비 용	₩70,000
순이익	₩130,000

4) 손익계산서의 작성기준

① **구분표시** : 손익계산서는 중단사업손익이 있는 경우 매출액, 매출원가, 매출총손 익, 판매비와관리비, 영업손익, 영업외수익, 영업외비용, 법인세비용차감전계속사 업손익, 계속사업손익법인세비용, 계속사업손익, 중단사업손익, 당기순손익으로 구분하여 표시하며 중단사업손익이 없는 경우에는 계속사업손익을 별도로 표시하 지 않는다.

② **수익과 비용의 총액표시** : 수익과 비용은 각각 총액으로 보고하는 것을 원칙으로 하므로 수익과 비용항목을 직접 상계하여 그 전부 또는 일부를 제외해서는 안 된 다. 다만, 다른 일반기업회계기준에서 요구하거나 허용하는 경우에는 수익과 비용 을 상계하여 표시할 수 있다.

기적의 Tip

결산 시 자산, 부채, 자본은 이월되며 수익과 비용은 소 멸된다.

02 손익계산서계정

1) 영업수익(매출액) : 총매출액에서 매출에누리, 환입, 매출할인을 차감한 금액

계정과목	내용
상품매출	상품을 판매한 금액
제품매출	제품을 판매한 금액

※ 총매출액 − 매출환입및에누리 − 매출할인 = 순매출액

2) 영업외수익

계정과목	내용
이자수익	단기대여금 또는 은행예금에서 생기는 이자를 받으면 생기는 이익
배당금수익	주식 등의 투자자산과 관련하여 피투자회사의 이익 또는 잉여금의 분배로 받는 금전배당금
임대료	건물, 토지 등을 빌려주고 사용료를 받으면 생기는 이익
수수료수익	용역 등을 제공하거나 상품판매 중개역할을 하고 수수료를 받으면 생기는 이익
단기매매증권 처분이익	주식, 사채 등의 단기매매증권을 장부금액보다 크게 처분하여 생기는 이익
단기매매증권 평가이익	주식, 사채 등의 단기매매증권이 보고기간말 장부금액보다 상승하여 발생한 이익
유형자산처분이익	건물, 비품, 토지 등의 유형자산을 장부금액보다 크게 처분하여 생기는 이익
투자자산처분이익	투자자산의 매각 시 장부금액보다 처분금액이 더 큰 경우에 생기는 차액
외화환산이익	외화자산, 부채가 보고기간말 환율 상승, 하락으로 발생한 이익
외환차익	외화자산, 부채를 수령 및 상환하여 거래가 완결될 때 발생한 환율 상승, 하락으로 발생한 이익
보험금수익	보험 가입 후 보험금 지급사유가 발생하여 지급받은 실제 보험금
자산수증이익	주주, 채권자 등 타인으로부터 무상으로 자산을 증여받을 경우에 발생되는 이익
채무면제이익	회사가 주주, 채권자 및 제3자로부터 회사의 채무를 면제받은 경우 발생하는 이익
잡이익	영업활동 이외에서 생기는 금액이 적은 이익(폐품처분 시 생긴 이익)

3) 매출원가(영업비용) : 기초재고+당기매입(제조)−기말재고

계정과목	내용
상품매출원가	매출액에 대응하는 원가로 판매된 상품에 대한 원가
제품매출원가	매출액에 대응하는 원가로 판매된 제품에 대한 원가

4) 판매비와관리비(영업비용)

계정과목	내용
임차료	건물, 토지 등을 빌리고 사용료를 지급할 경우
수수료비용	용역을 제공받고 수수료를 지급한 경우
급여	종업원에게 월급을 지급할 경우(제조업 : 임금, 일용직 : 잡급)
여비교통비	택시요금, 버스요금, 시내출장비를 지급할 경우
통신비	전화, 우편, 등기, 인터넷 등을 이용한 비용
수도광열비	수도, 전기, 가스 등에 사용되는 비용(제조업 : 가스수도료, 전력비)
소모품비	문구 구입비(사무용품비로도 처리), 소모공구 구입비, 주방용품 구입비 등을 지급할 경우
세금과공과(금)	재산세, 자동차세, 상공회의소회비, 적십자회비 등을 지급할 경우
복리후생비	임직원의 복리와 후생을 위하여 지급한 비용으로 식대보조금, 경조금, 축의금, 회식비 등
기업업무추진비	회사의 업무와 관련하여 고객이나 거래처를 접대한 경우 이와 관련된 제반 비용
보험료	화재 보험료 및 자동차 보험료를 지급할 경우
광고선전비	상품, 제품 판매를 위하여 지급되는 TV, 신문의 광고선전비용을 지급할 경우
운반비	상품이나 제품을 고객이나 대리점 기타 보관소로 운송하는 데 지출된 비용
차량유지비	영업용차량의 유류대금, 수선비 등을 지급할 경우
도서인쇄비	신문구독료, 잡지, 명함 대금 등을 지급할 경우
교육훈련비	임직원의 직무능력 향상을 위한 교육 및 훈련에 관계된 비용
수선비	건물, 기계장치 등의 수리비를 지급한 경우
대손상각비	거래처의 파산 등으로 매출채권을 회수할 수 없게 되어 발생한 손실
감가상각비	건물, 비품, 차량운반구 등이 시간의 경과에 따라 발생된 노후화에 따른 가치 감소액

기적의 Tip

계정과목 변경
접대비 → 기업업무추진비

5) 영업외비용

계정과목	내용
매출채권처분손실	받을어음 등을 만기 이전에 매각 시 발생되는 손실
재고자산감모손실	재고자산이 비정상적(비경상적)인 원인에 의하여 장부금액보다 부족한 손실
단기매매증권 처분손실	주식, 사채 등의 단기매매증권을 장부금액보다 작게 처분하였을 때 생기는 손실
단기매매증권 평가손실	주식, 사채 등의 단기매매증권이 보고기간말 장부금액보다 하락하여 발생한 손실
유형자산처분손실	건물, 비품, 토지 등의 유형자산을 장부금액보다 작게 처분하였을 때 생기는 손실
투자자산처분손실	투자자산을 장부금액보다 작게 처분하여 생기는 손실
외화환산손실	외화자산, 부채가 보고기간말 환율 상승, 하락으로 발생한 손실
외환차손	외화자산, 부채를 수령 및 상환하여 거래가 완결될 때 발생한 환율의 상승 또는 하락으로 발생한 손실
이자비용	차입금에 대한 이자를 지급할 경우
기타의대손상각비	매출채권이 아닌 기타채권이 거래처 파산 등으로 받을 수 없게 되어 발생한 손실
기부금	업무와 관련 없이 무상으로 기증하는 금전, 기타의 자산금액
재해손실	화재, 풍수해, 지진 등 천재지변 또는 돌발적인 사건으로 인하여 발생한 손실액
잡손실	영업활동과 관계없이 생기는 적은 손실(도난손실 등)

6) 손익계산서

보고식

<u>손익계산서</u>

회사명 : (주)영진　　　　　제×기 20××년 ×월 ×일부터 ×월 ×일까지　　　　　　(단위 : 원)

매출액[−매출환입및에누리−매출할인]	⇨ 영업수익
(−) **매출원가**(제품매출원가, 상품매출원가)	⇨ 영업비용
기초재고	
+당기매입(제조)[+제비용(운임등)−매입환출및에누리−매입할인]	
−기말재고	
매출총이익(손실)	
(−) **판매비와관리비**	⇨ 영업비용
영업이익(손실)	
(+) **영업외수익**	⇨ 영업외수익
(−) **영업외비용**	⇨ 영업외비용
법인세비용차감전순이익(손실)	
(−) **법인세비용**(법인세등)	
당기순이익(손실)	

■ 계정과 재무상태표, 손익계산서의 관계

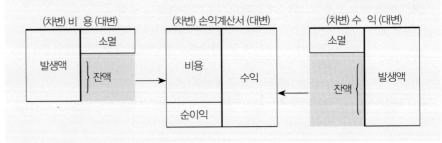

분개와 전기

▶ 합격 강의

빈출 태그 분개 · 전기

01 분개

분개란 회계상의 거래가 발생하면 차변과 대변요로 구분하고 해당 계정과목과 금액을 기입하는 절차를 말한다. 분개를 잘 하려면 거래 관련 계정을 파악하고 거래의 8요소와 결합관계를 충분히 숙지해야 한다. 분개는 회계처리의 첫 절차이고 전기를 통해 장부에 옮겨 적으므로 분개에 오류가 생길 경우 모든 장부의 오류가 발생하므로 분개는 매우 중요하다. 전산세무회계프로그램이 보편화된 현재에도 프로그램이 분개를 스스로 하지 못하므로 분개가 얼마나 중요한지 알 수 있다.

다음은 분개 순서이다.

① 발생한 거래가 회계상의 거래인가를 확인한다.
② 거래에 대한 구체적인 계정과목을 정한다. ➡ **계정과목 암기**
③ 거래내용을 분석하여 차변요소와 대변요소로 나눈다. ➡ **거래의 8요소 암기**
④ 각 계정에 기입될 금액을 결정한다.

※ 「SECTION 07 기초 분개연습」을 통하여 확실히 분개가 되도록 하자.

> 🎓 **기적의 Tip**
>
> 결국, 분개를 잘 하기 위해서는 계정과목과 거래의 8요소를 정확히 알아야 한다.

> 🎓 **기적의 Tip**
>
> 차변과 대변으로 나누어 끼워 넣는다고 해서 분개라고 한다.

02 전기

분개를 하여 전표(또는 분개장)에 기록한 후 기록된 계정별로 별도의 장부에 다시 집계하는데, 이 장부를 원장(총계정원장)이라 하며 이 원장의 각 계정계좌에 옮겨 적는 것을 전기라 한다. 전기를 하는 이유는 특정 계정의 증감액과 거래내역을 손쉽게 파악하기 위해서이다.

다음은 전기 순서이다.

① 날짜를 기입하고 분개의 왼쪽 금액은 해당 계정의 차변으로 오른쪽 금액은 해당계정의 대변으로 옮겨 기입한다.
② 해당 계정계좌의 상대편 계정과목을 기입하여 추정을 가능하게 한다(상대편 계정과복이 2 이상이면 제좌라고 기입). ➡ **T자형 계정으로 학습할 경우**

※ 전산세무회계프로그램 사용 시 전표를 입력하면 자동으로 해당 「계정별원장」에 반영된다.

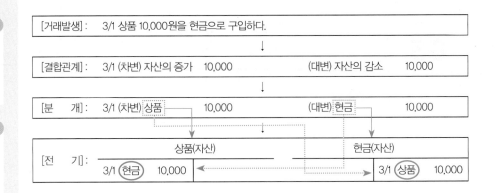

[거래발생] : 3/1 상품 10,000원을 현금으로 구입하다.

↓

[결합관계] : 3/1 (차변) 자산의 증가   10,000   (대변) 자산의 감소   10,000

↓

[분　개] : 3/1 (차변) 상품   10,000   (대변) 현금   10,000

[전　기] :

상품(자산)	현금(자산)
3/1 현금 10,000	3/1 상품 10,000

03 전표(입금전표, 출금전표, 대체전표)

① **전표** : 일정한 양식에 따라 거래 내용을 기입하는 쪽지를 의미하며, 전표를 사용하여 회계처리하는 것을 전표회계라 한다. 분개장 대신 전표를 사용하여 회계처리하므로 장부조직을 간소화하며 기장사무분담 및 책임소재를 명확하게 할 수 있다.

② **3전표제도** : 3전표제란 전표를 입금전표, 출금전표, 대체전표로 구분하여 사용하는 제도를 말한다.

- **입금거래** : 현금의 수입이 있는 거래(입금전표)
- **출금거래** : 현금의 지출이 있는 거래(출금전표)
- **대체거래** : 현금의 수입과 지출이 없는 거래(대체전표)

입 금 전 표

부장	과장	대리	계

No.　　　년 월 일

과 목		거래처	

적　　　　　요	금　　액
합　　　　계	

출 금 전 표

부장	과장	대리	계

No.　　　년 월 일

과 목		거래처	

적　　　　　요	금　　액
합　　　　계	

대 체 전 표

부장	과장	대리	계

No.　　　　　년 월 일

계정과목	차　변	계정과목	대　변
합　계		합　계	
적　요			

회계의 순환과정과 재무제표

01 회계의 순환과정

사건의 발생(거래식별) ⇨ 분개(분개장 또는 전표 작성) ⤳ 전기(원장, 보조부에 기입)
⇨ 결산(예비절차 → 본절차 → 재무제표(보고서) 작성)

02 재무제표(결산 시 외부로 보고하는 보고서)

① **재무상태표** : 일정 시점 현재 기업이 보유하고 있는 경제적 자원인 자산과 경제적
　의무인 부채, 그리고 자본에 대한 정보를 제공하는 재무보고서이다.
② **손익계산서** : 일정 기간 동안 기업의 경영성과에 대한 정보를 제공하는 재무보고
　서이다.
③ **현금흐름표** : 기업의 현금의 변동내용을 명확하게 보고하기 위하여 당해 회계기간
　에 속하는 현금의 유입과 유출내용을 적정하게 표시하는 재무보고서이다.
④ **자본변동표** : 기업의 자본의 크기와 그 변동에 관한 정보를 제공하는 재무보고서
　이다.
⑤ **주석** : 재무제표를 이해하는 데 필요한 추가적인 정보를 기술한 것으로서, 재무제
　표의 본문과 별도로 작성되며 추가적 설명이 필요하거나 동일한 내용으로 둘 이상
　의 계정과목에 대하여 설명을 하게 되는 경우에 사용된다.

 배념 체크

1 일정 기간의 기업의 재무상태
　를 나타낸 보고서는 재무상태
　표이다. (O, ×)

1 ×(일정 시점)

SECTION 07 기초 분개연습

출제
빈도 상 중 하

핵심 포인트 자산, 부채, 자본, 수익, 비용의 계정과목과 거래의 8요소를 반드시 알아야 분개를 잘 할 수 있다. 또한 계정과목은 각각 따로 거래의 8요소를 생각하며 분개해야 혼동이 되지 않는다.

기적의 3회독
☐ 1회 ☐ 2회 ☐ 3회

연습문제 1

1. 현금 ₩500,000을 출자하여 상품매매업을 시작하다.

(차)	(대)

※ 현금, 자본금 → 현금(자산), 자본금(자본) → 현금(자산의 증가), 자본금(자본의 증가) → 현금(자산의 증가 : 차변), 자본금(자본의 증 가 : 대변) ▶ 교환거래
※ 현금 500,000원을 회사 금고에 넣고 사업을 시작했다는 내용이다.

2. 현금 ₩200,000을 1년 이내 갚기로 하고 나홀로 금융에서 차입하다.

(차)	(대)

※ 현금, 단기차입금 → 현금(자산), 단기차입금(부채) → 현금(자산의 증가), 단기차입금(부채의 증가) → 현금(자산의 증가 : 차변), 단기 차입금(부채의 증가 : 대변) ▶ 교환거래

3. 수나라에서 상품 ₩400,000을 구입하고 대금은 9개월 후에 지급하기로 하다.

(차)	(대)

※ 상품, 외상매입금 → 상품(자산), 외상매입금(부채) → 상품(자산의 증가), 외상매입금(부채의 증가) → 상품(자산의 증가 : 차변), 외상 매입금(부채의 증가 : 대변) ▶ 교환거래

4. 상품 ₩550,000을 매입하고 대금 중 ₩300,000은 현금으로 지급하고 잔액은 외상으로 하다.

(차)	(대)

※ 상품, 현금, 외상매입금 → 상품(자산), 현금(자산), 외상매입금(부채) → 상품(자산의 증가), 현금(자산의 감소), 외상매입금(부채의 증 가) → 상품(자산의 증가 : 차변), 현금(자산의 감소 : 대변), 외상매입금(부채의 증가 : 대변) ▶ 교환거래

5. 영택스에서 원재료 ₩6,000,000을 매입하기로 약정하고 대금 중 ₩2,000,000을 현금으로 미리 지급하였다.

(차)	(대)

※ 선급금, 현금 → 선급금(자산), 현금(자산) → 선급금(자산의 증가), 현금(자산의 감소) → 선급금(자산의 증가 : 차변), 현금(자산의 감소 : 대변) ▶ 교환거래
※ 원재료는 받지 않고 계약금만 지급한 것이므로 미리 지급한 계약금만 회계처리를 한다. 선급금은 미리 지급한 돈으로 나중에 물건을 받을 권리가 생기는 것이므로 자산 중 채권에 해당된다.

6. (주)즐거운날로부터 외상매출금 ₩2,500,000을 현금으로 회수하다.

(차)	(대)

※ 외상매출금, 현금 → 외상매출금(자산), 현금(자산) → 외상매출금(자산의 감소), 현금(자산의 증가) → 외상매출금(자산의 감소 : 대변), 현금(자산의 증가 : 차변) ▶ 교환거래
※ 이전에 외상으로 매출을 했다는 것이므로 현금으로 회수 시 외상매출금을 감소시켜야 한다.

7. 정도컴퓨터에서 영업용 컴퓨터 1대 ₩1,500,000을 구입하고, 대금은 익월에 지급하기로 하다.

(차)	(대)

※ 비품, 미지급금 → 비품(자산), 미지급금(부채) → 비품(자산의 증가), 미지급금(부채의 증가) → 비품(자산의 증가 : 차변), 미지급금(부채의 증가 : 대변) ▶ 교환거래

8. 현금 ₩500,000, 자기앞수표 ₩1,000,000을 부자은행에 당좌예입하다.

(차)	(대)

※ 현금, 당좌예금 → 현금(자산), 당좌예금(자산) → 현금(자산의 감소), 당좌예금(자산의 증가) → 현금(자산의 감소 : 대변), 당좌예금(자산의 증가 : 차변) ▶ 교환거래
※ 자기앞수표는 주고받을 때 현금으로 처리한다. 학습 시 현금이라는 단어는 한국은행이 발행한 통화(지폐와 주화)를 말한다.

9. 유달상사에서 외상매출금 ₩300,000을 현금으로 회수하여 즉시 보통예금통장에 예입하다.

(차)	(대)

※ 외상매출금, 보통예금 → 외상매출금(자산), 보통예금(자산) → 외상매출금(자산의 감소), 보통예금(자산의 증가) → 외상매출금(자산의 감소 : 대변), 보통예금(자산의 증가 : 차변) ▶ 교환거래
※ 회계 처리의 단위는 하루이므로 현금으로 회수하여 보통예금통장에 입금한 것은 보통예금으로 처리한다.

10. 본사건물 전기요금 ₩30,000과 수도요금 ₩20,000을 현금으로 지급하다.

(차)	(대)

※ 수도광열비, 현금 → 수도광열비(비용), 현금(자산) → 수도광열비(비용의 발생), 현금(자산의 감소) → 수도광열비(비용의 발생 : 차변), 현금(자산의 감소 : 대변) ▶ 손익거래

11. 무서운공장에 대여한 단기대여금 ₩500,000과 이에 대한 이자 ₩50,000 중 원천징수세액 ₩5,000을 차감한 잔액을 보통예금 통장으로 받다.

(차)	(대)

※ 단기대여금, 이자수익, 선납세금, 보통예금 → 단기대여금(자산), 이자수익(수익), 선납세금(자산), 보통예금(자산) → 단기대여금(자산의 감소), 이자수익(수익의 발생), 선납세금(자산의 증가), 보통예금(자산의 증가) → 단기대여금(자산의 감소 : 대변), 이자수익(수익의 발생 : 대변), 선납세금(자산의 증가 : 차변), 보통예금(자산의 증가 : 차변) ▶ 혼합거래
※ 원천징수세액은 이자소득을 받으면서 떼인 세금으로 다음연도 소득 신고 시 차감되므로 선납세금으로 처리한다.

12. 진짜신문의 구독료 ₩9,000을 현금으로 지급하다.

(차)	(대)

※ 도서인쇄비, 현금 → 도서인쇄비(비용), 현금(자산) → 도서인쇄비(비용의 발생), 현금(자산의 감소) → 도서인쇄비(비용의 발생 : 차변), 현금(자산의 감소 : 대변) ▶ 손익거래

13. 조은문구점에서 문방구용품 ₩30,000을 구입하고 대금은 외상으로 하다(비용처리).

(차)	(대)

※ 사무용품비, 미지급금 → 사무용품비(비용), 미지급금(부채) → 사무용품비(비용의 발생), 미지급금(부채의 증가) → 사무용품비(비용의 발생 : 차변), 미지급금(부채의 증가 : 대변) ▶ 손익거래
※ 사무용품비를 소모품비로 처리해도 된다. 소모품비 중 문구 관련하여 지출이 클 경우 사무용품비로 처리하면 관리하기 편하다.

14. 나나가구에서 영업용 책상, 의자 1조 ₩80,000을 구입하고 대금은 법인카드인 국민카드(신용카드)로 결제하다.

(차)	(대)

※ 비품, 미지급금 → 비품(자산), 미지급금(부채) → 비품(자산의 증가), 미지급금(부채의 증가) → 비품(자산의 증가 : 차변), 미지급금(부채의 증가 : 대변) ▶ 교환거래
※ 카드결제 시 거래처는 카드사가 된다.

15. 배달용 화물트럭의 유류대금 ₩500,000을 당좌수표를 발행하여 지급하다.

(차)	(대)

※ 차량유지비, 당좌예금 → 차량유지비(비용), 당좌예금(자산) → 차량유지비(비용의 발생), 당좌예금(자산의 감소) → 차량유지비(비용의 발생 : 차변), 당좌예금(자산의 감소 : 대변) ▶ 손익거래

16. 개영에서 상품 500개 @₩600을 매입하고, 대금 중 반액은 외상으로 하고 나머지는 현금으로 지급하다.

(차)	(대)

※ 상품, 외상매입금, 현금 → 상품(자산), 외상매입금(부채), 현금(자산의 감소) → 상품(자산의 증가), 외상매입금(부채의 증가), 현금(자산이 감소) → 상품(자산의 증가 : 차변), 외상매입금(부채의 증가 : 대변), 현금(자산의 감소 : 대변) ▶ 교환거래

17. 영업사원 김혜수를 월급 ₩1,000,000을 지급하기로 하고 채용하다.

(차)	(대)

※ 근로계약서를 작성하고 채용한 것은 회계상 거래에 해당하지 않는다(∵자산, 부채, 자본, 수익, 비용에 변화가 없음).

18. 우표 및 엽서 구입대금 ₩30,000을 현금으로 지급하다.

(차)	(대)

※ 통신비, 현금 → 통신비(비용), 현금(자산) → 통신비(비용의 발생), 현금(자산의 감소) → 통신비(비용의 발생 : 차변), 현금(자산의 감소 : 대변) ▶ 손익거래

19. 태풍 "제비"로 인한 수재민 돕기 성금으로 현금 ₩900,000을 문화방송에 기탁하다.

(차)	(대)

※ 기부금, 현금 → 기부금(비용), 현금(자산) → 기부금(비용의 발생), 현금(자산의 감소) → 기부금(비용의 발생 : 차변), 현금(자산의 감소 : 대변) ▶ 손익거래

20. 생각보다 맛있는 집에서 직원회식을 하고 회식대 ₩550,000을 법인카드인 BC카드(신용카드)로 결제하다.

(차)	(대)

※ 복리후생비, 미지급금 → 복리후생비(비용), 미지급금(부채) → 복리후생비(비용의 발생), 미지급금(부채의 증가) → 복리후생비(비용의 발생 : 차변), 미지급금(부채의 증가 : 대변) ▶ 손익거래

21. 금나라에서 빌린 단기차입금 ₩400,000과 그 이자 ₩15,000을 현금으로 지급하다.

(차)	(대)

※ 단기차입금, 이자비용, 현금 → 단기차입금(부채), 이자비용(비용), 현금(자산) → 단기차입금(부채의 감소), 이자비용(비용의 발생), 현금(자산의 감소) → 단기차입금(부채의 감소 : 차변), 이자비용(비용의 발생 : 차변), 현금(자산의 감소 : 대변) ▶ 혼합거래

22. 당사 이달분 불뿜는 건물의 사무실 집세 ₩300,000을 당좌예금통장에서 계좌이체하다.

(차)	(대)

※ 임차료, 당좌예금 → 임차료(비용), 당좌예금(자산) → 임차료(비용의 발생), 당좌예금(자산의 감소) → 임차료(비용의 발생 : 차변), 당좌예금(자산의 감소 : 대변) ▶ 손익거래

23. 사용 중이던 영업용 승용차 ₩240,000을 ₩200,000에 중고좋아에 매각처분하고 대금은 월말에 받기로 하다.

(차)	(대)

※ 차량운반구, 미수금, 유형자산처분손실 → 차량운반구(자산의 감소), 미수금(자산의 증가), 유형자산처분손실(비용의 발생) → 차량운반구(자산의 감소 : 대변), 미수금(자산의 증가 : 차변), 유형자산처분손실(비용의 발생 : 차변) ▶ 혼합거래

24. 판매원 거치러의 이달분 급여 ₩1,000,000을 현금으로 지급하다.

(차)	(대)

※ 급여, 현금 → 급여(비용), 현금(자산) → 급여(비용의 발생), 현금(자산의 감소) → 급여(비용의 발생 : 차변), 현금(자산의 감소 : 대변) ▶ 손익거래

25. 거래처 삼공에 전달할 선물용 홍삼셋트를 L백화점에서 구입하고 대금 ₩500,000은 외상으로 하다.

(차)	(대)

※ 기업업무추진비, 미지급금 → 기업업무추진비(비용), 미지급금(부채) → 기업업무추진비(비용의 발생), 미지급금(부채의 증가) → 기업업무추진비(비용의 발생 : 차변), 미지급금(부채의 증가 : 대변) ▶ 손익거래

26. 거래처 아부(주)에 줄 게임기 ₩480,000을 H백화점에서 구입하고 법인카드인 국민카드(신용카드)로 결제하다.

(차)	(대)

※ 기업업무추진비, 미지급금 → 기업업무추진비(비용), 미지급금(부채) → 기업업무추진비(비용의 발생), 미지급금(부채의 증가) → 기업업무추진비(비용의 발생 : 차변), 미지급금(부채의 증가 : 대변) ▶ 손익거래

27. 경리사원 우울해는 장부상 현금잔액보다 현금시재액이 ₩500,000이 부족하다는 것을 발견하였으나 원인을 알 수가 없었다.

(차)	(대)

※ 현금, 현금과부족 → 현금(자산의 감소), 현금과부족(자산의 증가) → 현금(자산의 감소 : 대변), 현금과부족(자산의 증가 : 차변) ▶ 교환거래
※ 현금부족 시 현금과부족 계정과목은 차변에 기입하며 현금과잉 시 대변에 기입한다.

28. 단기간 내의 매매차익을 목적으로 매입하였던 (주)더조은의 주식 10주(장부금액 @₩31,000)를 한국증권에 1주당 ₩40,000에 처분하고 대금은 전액 동사의 당좌수표로 받다.

(차)	(대)

※ 단기매매증권, 현금, 단기매매증권처분이익 → 단기매매증권(자산), 현금(자산), 단기매매증권처분이익(수익) → 단기매매증권(자산의 감소), 현금(자산의 증가), 단기매매증권처분이익(수익의 발생) → 단기매매증권(자산의 감소 : 대변), 현금(자산의 증가 : 차변), 단기매매증권처분이익(수익의 발생 : 대변) ▶ 혼합거래
※ 동사의 당좌수표는 타인발행 당좌수표이므로 은행에 요구 시 즉시 현금으로 전환되므로 현금으로 처리한다.

29. (주)토이에게 제품 ₩2,000,000을 판매하기로 계약하고 10%의 계약금을 당좌예금계좌로 이체받다.

(차)	(대)

※ 선수금, 당좌예금 → 선수금(부채), 당좌예금(자산) → 선수금(부채의 증가), 당좌예금(자산의 증가) → 선수금(부채의 증가 : 대변), 당좌예금(자산의 증가 : 차변) ▶ 교환거래
※ 제품은 아직 주지 않았으므로 거래가 아니고 계약금 받은 것만 거래이다.

30. 기동찬세무사 사무소에 장부기장을 의뢰하고 기장대행수수료 ₩150,000을 현금으로 지급하다.

(차)	(대)

※ 수수료비용, 현금 → 수수료비용(비용), 현금(자산) → 수수료비용(비용의 발생 : 차변), 현금(자산의 감소 : 대변) ▶ 손익거래

31. 본사 제품을 홍보하기 위하여 생활정보지에 광고를 게재하고 대금 ₩100,000은 2개월 후에 지급하기로 하다.

(차)	(대)

※ 광고선전비, 미지급금 → 광고선전비(비용), 미지급금(부채) → 광고선전비(비용의 발생), 미지급금(부채의 증가) → 광고선전비(비용의 발생 : 차변), 미지급금(부채의 증가 : 대변) ▶ 손익거래

32. 당사 대주주 돈만하로부터 영업에 사용할 목적으로 시가 ₩1,000,000의 건물(원가 ₩500,000)을 증여받다.

(차)	(대)

※ 건물, 자산수증이익 → 건물(자산), 자산수증이익(수익) → 건물(자산의 증가), 자산수증이익(수익의 발생) → 건물(자산의 증가 : 차변), 자산수증이익(수익의 발생 : 대변) ▶ 손익거래
※ 건물을 무상으로 취득 시 시가를 취득원가로 한다.

33. 회사 운영자금에 사용할 목적으로 IBK에서 2026년 9월 10일에 상환하기로 하고 ₩15,000,000을 당사 보통예금계좌로 입금받다.

(차)	(대)

※ 장기차입금, 보통예금 → 장기차입금(부채), 보통예금(자산) → 장기차입금(부채의 증가), 보통예금(자산의 증가) → 장기차입금(부채의 증가 : 대변), 보통예금(자산의 증가 : 차변) ▶ 교환거래
※ 상환일이 1년 이후이므로 장기차입금으로 처리한다.

34. 대주주 이태백에 대한 단기차입금(₩50,000,000)을 전액 면제받았다.

(차)	(대)

※ 단기차입금, 채무면제이익 → 단기차입금(부채), 채무면제이익(수익) → 단기차입금(부채의 감소), 채무면제이익(수익의 발생) → 단기차입금(부채의 감소 : 차변), 채무면제이익(수익의 발생 : 대변) ▶ 손익거래

35. 종업원 2월분 급여를 다음과 같이 현금으로 지급하였다.

구분	사원명	급여	소득세	지방소득세	국민연금	건강보험료	고용보험료	차가감지급액
생산직	이몽룡	2,500,000	30,000	3,000	9,000	5,000	1,000	2,452,000
사무직	성춘향	1,500,000	20,000	2,000	9,000	5,000	1,000	1,463,000
계		4,000,000	50,000	5,000	18,000	10,000	2,000	3,915,000

(차)	(대)

※ 임금, 급여, 예수금, 현금 → 임금(비용), 급여(비용), 예수금(부채), 현금(자산) → 임금(비용의 발생), 급여(비용의 발생), 예수금(부채의 증가), 현금(자산의 감소) → 임금(비용의 발생 : 차변), 급여(비용의 발생 : 차변), 예수금(부채의 증가 : 대변), 현금(자산의 감소 : 대변) ▶ 손익거래

36. 회사의 건물 취득 시 취득원가 ₩30,000,000과 취득세 ₩900,000을 전액 현금으로 지급하다.

(차)	(대)

※ 건물, 현금 → 건물(자산), 현금(자산) → 건물(자산의 증가), 현금(자산의 감소) → 건물(자산의 증가 : 차변), 현금(자산의 감소 : 대변)
  ▶ 교환거래
※ 건물 취득 시 발생되는 취득세는 건물의 취득원가에 가산한다.

- 위와 같은 방법으로 여러 번 반복하면 자연스럽게 계정과목이 생각나고 해당 위치(차변, 대변)가 쉽게 파악되어 갈수록 분개를 잘 할 수 있다.
- 분개는 회계에서 아주 중요하므로 반드시 할 수 있어야 한다는 것을 잊어서는 안 된다.

번호	차변	금액	대변	금액
1	현금	500,000	자본금	500,000
2	현금	200,000	단기차입금	200,000
3	상품	400,000	외상매입금	400,000

※ 케이렙은 상품계정을 2분법으로 처리함(상품, 상품매출) [참고] 3분법(매입, 매출, 이월상품)

번호	차변	금액	대변	금액
4	상품	550,000	현금	300,000
			외상매입금	250,000
5	선급금	2,000,000	현금	2,000,000
6	현금	2,500,000	외상매출금	2,500,000
7	비품	1,500,000	미지급금	1,500,000
8	당좌예금	1,500,000	현금	1,500,000
9	보통예금	300,000	외상매출금	300,000
10	수도광열비	50,000	현금	50,000
11	보통예금	545,000	단기대여금	500,000
	선납세금	5,000	이자수익	50,000
12	도서인쇄비	9,000	현금	9,000
13	사무용품비(소모품비)	30,000	미지급금	30,000
14	비품	80,000	미지급금	80,000
15	차량유지비	500,000	당좌예금	500,000
16	상품	300,000	외상매입금	150,000
			현금	150,000
17	거래 아님(회계처리 없음)			
18	통신비	30,000	현금	30,000
19	기부금	900,000	현금	900,000
20	복리후생비	550,000	미지급금	550,000
21	단기차입금	400,000	현금	415,000
	이자비용	15,000		
22	임차료	300,000	당좌예금	300,000
23	미수금	200,000	차량운반구	240,000
	유형자산처분손실	40,000		
24	급여	1,000,000	현금	1,000,000
25	기업업무추진비	500,000	미지급금	500,000
26	기업업무추진비	480,000	미지급금	480,000
27	현금과부족	500,000	현금	500,000

28	현금	400,000	단기매매증권	310,000
			단기매매증권처분이익	90,000
29	당좌예금	200,000	선수금	200,000
30	수수료비용	150,000	현금	150,000
31	광고선전비	100,000	미지급금	100,000
32	건물	1,000,000	자산수증이익	1,000,000
33	보통예금	15,000,000	장기차입금	15,000,000
34	단기차입금	50,000,000	채무면제이익	50,000,000
35	임금	2,500,000	예수금	85,000
	급여	1,500,000	현금	3,915,000
36	건물	30,900,000	현금	30,900,000

※ 답안은 KcLep 시험용 프로그램에 등록된 계정과목을 기준으로 하였다.

도소매업을 하는 한국상사(주)의 다음 거래를 분개하고 총계정원장에 기입한 후, 마감분개를 하고 손익계산서, 재무상태표를 작성하시오(본 내용은 회계 기초 학습자를 위한 문제로 거래를 분개하고 해당 장부에 전기한 후 결산까지 하는 과정을 다룬 문제이므로, 회계 기초가 된 사용자는 다음 단원으로 넘어가도 됨).

1. 1월 1일 현금 1,000,000원을 출자하여 영업을 개시하다.

(차)	(대)

2. 3월 12일 상품 200,000원을 매입하고 현금을 지급하다.

(차)	(대)

3. 3월 13일 책상 및 집기일체를 150,000원에 구입하고 대금은 현금으로 지급하다.

(차)	(대)

4. 5월 14일 기업은행으로부터 현금 500,000원을 단기차입하다.

(차)	(대)

5. 6월 6일 대한에서 상품 150,000원을 외상으로 매입하다.

(차)	(대)

6. 7월 20일 한국에 상품을 300,000원에 외상으로 매출하다.

(차)	(대)

7. 8월 30일 정도에 현금 80,000원을 3개월간 대여하다.

(차)	(대)

8. 9월 5일 상품을 350,000원에 매입하고 대금 중 200,000원은 현금으로 지급하고 잔액은 외상으로 하다.

(차)	(대)

9. 10월 9일 외상매입금 100,000원을 현금으로 지급하다.

(차)	(대)

10. 10월 12일 현금 250,000원을 기업은행에 당좌예입하다.

(차)	(대)

11. 10월 19일 사무직 월급 100,000원을 현금으로 지급하다.

(차)	(대)

12. 11월 1일 외상매출금 120,000원을 현금으로 회수하다.

(차)	(대)

13. 11월 12일 단기차입금의 일부인 300,000원과 그 이자 5,000원을 현금으로 지급하다.

(차)	(대) .

14. 12월 31일 기말 재고를 조사한 바 상품은 550,000원 남아 있어 재고정리 분개를 하였다.

(차)	(대)

15. 총계정원장 작성

현금

1/1	(	)	3/12	(	)
5/14	(	)	3/13	(	)
11/1	(	)	8/30	(	)
			9/5	(	)
			10/9	(	)
			10/12	(	)
			10/19	(	)
			11/12	(	)
			12/31 차기이월	(	)
	(	)		(	)

당좌예금

10/12	(	)	12/31 차기이월	(	)

외상매출금

7/20	(	)	11/1	(	)
			12/31 차기이월	(	)
	(	)		(	)

상품

3/12	(	)	12/31	(	)
6/6	(	)	12/31 차기이월	(	)
9/5	(	)			
	(	)		(	)

비품

3/13	(	)	12/31 차기이월	(	)

단기대여금

8/30	(	)	12/31 차기이월	(	)

외상매입금

10/9	(	)	6/6	(	)
12/31 차기이월	(	)	9/5	(	)
	(	)		(	)

단기차입금

11/12	( )	5/14	( )
12/31 차기이월	( )		
	( )		( )

자본금

12/31 차기이월	( )	1/1	( )
		12/31 손익	( )
	( )		( )

상품매출

12/31 ( )	( )	7/20	( )

상품매출원가

12/31	( )	12/31 손익	( )

급여

10/19	( )	12/31 손익	( )

이자비용

11/12	( )	12/31 손익	( )

(집합)손익

12/31 상품매출원가	( )	12/31 상품매출	( )
( )	( )		
( )	( )		
12/31 자본금	( )		
	( )		( )

16. 손익계정 대체 분개

(1) 수익계정대체분개

(차)	(대)

(2) 비용계정대체분개

(차)	(대)

(3) 당기순이익대체분개

(차)	(대)

17. 손익계산서 작성과 재무상태표 작성

손익계산서

한국상사(주)   20××.1.1.~20××.12.31.   단위 : 원

계정과목	금액
Ⅰ.매출액	( )
상품매출	300,000
Ⅱ.(−)매출원가	( )
상품매출원가	( )
기초상품	0
(+)당기상품매입액	700,000
(−)기말상품	( )
Ⅲ.매출총이익	( )
Ⅳ.(−)판매비와관리비	( )
급여	( )
Ⅴ.영업이익	( )
Ⅵ.(+)영업외수익	( )
Ⅶ.(−)영업외비용	( )
이자비용	( )
Ⅷ.법인세차감전순이익	( )
Ⅸ.(−)법인세비용	0
Ⅹ.( )	( )

재무상태표

한국상사(주)   20××년 12월 31일 현재   단위 : 원

계정과목	금액
자산	
Ⅰ.유동자산	( )
1.당좌자산	745,000
현금	( )
당좌예금	( )
외상매출금	( )
단기대여금	( )
2.재고자산	550,000
상품	( )
Ⅱ.비유동자산	( )
1.투자자산	0
2.유형자산	( )
비품	( )
3.무형자산	0
4.기타비유동자산	0
자산총계	( )
부채	
Ⅰ.유동부채	( )
외상매입금	( )
단기차입금	( )
Ⅱ.비유동부채	0
부채총계	( )
자본	
Ⅰ.자본금	( )
(당기순이익( ))	
자본총계	( )
부채·자본총계	( )

번호	차변	금액	대변	금액
1	현금	1,000,000	자본금	1,000,000
2	상품	200,000	현금	200,000
3	비품	150,000	현금	150,000
4	현금	500,000	단기차입금	500,000
5	상품	150,000	외상매입금	150,000
6	외상매출금	300,000	상품매출	300,000
7	단기대여금	80,000	현금	80,000
8	상품	350,000	현금	200,000
			외상매입금	150,000
9	외상매입금	100,000	현금	100,000
10	당좌예금	250,000	현금	250,000
11	급여	100,000	현금	100,000
12	현금	120,000	외상매출금	120,000
13	단기차입금	300,000	현금	305,000
	이자비용	5,000		
14	상품매출원가	150,000	상품	150,000

※ 기말에 재고조사를 하여 재고장을 정리하는 방법을 실지재고조사법(실사법)이라 한다.

※ 답안은 KcLep 시험용 프로그램에 등록된 계정과목을 기준으로 하였다.

15. 총계정원장 작성

현금

1/1	1,000,000	3/12	200,000
5/14	500,000	3/13	150,000
11/1	120,000	8/30	80,000
		9/5	200,000
		10/9	100,000
		10/12	250,000
		10/19	100,000
		11/12	305,000
		12/31 차기이월	235,000
	1,620,000		1,620,000

당좌예금

10/12	250,000	12/31 차기이월	250,000

외상매출금

7/20	300,000	11/1	120,000
		12/31 차기이월	180,000
	300,000		300,000

상품

3/12	200,000	12/31	150,000
6/6	150,000	12/31 차기이월	550,000
9/5	350,000		
	700,000		700,000

비품			
3/13	150,000	12/31 차기이월	150,000

단기대여금			
8/30	80,000	12/31 차기이월	80,000

외상매입금			
10/9	100,000	6/6	150,000
12/31 차기이월	200,000	9/5	150,000
	300,000		300,000

단기차입금			
11/12	300,000	5/14	500,000
12/31 차기이월	200,000		
	500,000		500,000

자본금			
12/31 차기이월	1,045,000	1/1	1,000,000
		12/31 손익	45,000
	1,045,000		1,045,000

상품매출			
12/31 손익	300,000	7/20	300,000

상품매출원가			
12/31	150,000	12/31 손익	150,000

급여			
10/19	100,000	12/31 손익	100,000

이자비용			
11/12	5,000	12/31 손익	5,000

(집합)손익			
12/31 상품매출원가	150,000	12/31 상품매출	300,000
급여	100,000		
이자비용	5,000		
12/31 자본금	45,000		
(당기순이익)			
	300,000		300,000

※ (집합)손익계정의 차액 45,000원을 자본금계정에 대체한다.

16. 손익계정대체분개

(1) 수익계정대체분개

(차) 상품매출	300,000	(대) 손익	300,000

(2) 비용계정대체분개

(차) 손익	255,000	(대) 상품매출원가	150,000
		급여	100,000
		이자비용	5,000

(3) 당기순이익대체분개

(차) 손익	45,000	(대) 자본금	45,000

17. 손익계산서와 재무상태표 작성

손익계산서

한국상사(주)　　20××.1.1.~20××.12.31.　　단위 : 원

계정과목	금액
Ⅰ.매출액	300,000
상품매출	300,000
Ⅱ.(-)매출원가	150,000
상품매출원가	150,000
기초상품	0
(+)당기상품매입액	700,000
(-)기말상품	550,000
Ⅲ.매출총이익	150,000
Ⅳ.(-)판매비와관리비	100,000
급여	100,000
Ⅴ.영업이익	50,000
Ⅵ.(+)영업외수익	0
Ⅶ.(-)영업외비용	5,000
이자비용	5,000
Ⅷ.법인세차감전순이익	45,000
Ⅸ.(-)법인세비용	0
Ⅹ.(당기순이익)	45,000

재무상태표

한국상사(주)　　20××년 12월 31일 현재　　단위 : 원

계정과목	금액
자산	
Ⅰ.유동자산	1,295,000
1.당좌자산	745,000
현금	235,000
당좌예금	250,000
외상매출금	180,000
단기대여금	80,000
2.재고자산	550,000
상품	550,000
Ⅱ.비유동자산	150,000
1.투자자산	0
2.유형자산	150,000
비품	150,000
3.무형자산	0
4.기타비유동자산	0
자산총계	1,445,000
부채	
Ⅰ.유동부채	400,000
외상매입금	200,000
단기차입금	200,000
Ⅱ.비유동부채	0
부채총계	400,000
자본	
Ⅰ.자본금	1,045,000
(당기순이익(45,000))	
자본총계	1,045,000
부채·자본총계	1,445,000

핵심 포인트 재무회계 공부가 끝난 후 다음 문제를 자주 반복해서 풀어본다. 분개는 빠른 시간 안에 잘 안 되니 마음을 편히 가지고 천천히 생각하면서 반복해야 하며 기초분개 연습문제의 해설대로 [계정과목 → 자산, 부채, 자본, 수익, 비용 → 거래의 8요소]를 생각하며 분개한다. 시험 직전에 최종적으로 다시 한 번 확인한다.

 분개 연습문제

다음 거래를 보고 분개하시오(재고자산의 타계정대체 거래를 해당 계정과목 옆에 표시하고, 채권·채무 계정과목에는 거래처를 표시할 것).

1. 사업확장을 위해 제일신용금고에서 50,000,000원을 차입하여 즉시 당사 당좌예금에 이체하다(상환예정일 2028년 8월 20일, 이자지급일 매월 말일, 이율 연 6%).

(차)	(대)

2. 당점 거래은행의 보통예금계좌에 이자 127,000원이 소득세 7,000원을 제외하고 입금됨을 확인하고 회계처리하다.

(차)	(대)

기적의 Tip

소득을 받을 경우 원천징수된 세금은 선납세금으로 처리한다.

3. 광고용 전단을 인쇄하여 배포하고 인쇄대금 50,000원을 현금으로 지급하였다.

(차)	(대)

기적의 Tip

재고자산 취득 시 부대비용은 재고자산의 취득원가에 가산한다.

4. 유일상사에서 매입 계약한 상품 1,000,000원을 인수하고, 계약금 200,000원을 차감한 잔액을 2개월 후에 지급하기로 하다. 단, 인수운임 20,000원은 현금으로 지급하였다.

(차)	(대)

5. 3개월 전에 상품 700,000원 매입대금으로 거래처 강남에 발행하였던 약속어음이 만기가 되어 당좌수표를 발행하여 지급하였다.

(차)	(대)

6. 당월분 인터넷 통신요금 50,000원이 당사 보통예금계좌에서 자동이체됨을 확인하고 회계처리하다.

(차)	(대)

7. 매장을 신축하기 위해 토지를 한국부동산(주)로부터 10,000,000원에 구입하고, 대금 중 2,000,000원은 현금으로 지급하고 잔액은 2개월 후에 지급하기로 하다. 또한 토지에 대한 취득세 200,000원을 현금으로 지급하였다.

(차)	(대)

기적의 Tip

유형자산 취득 시 부대비용은 유형자산의 취득원가에 가산한다.

8. 외환카드사의 청구에 의해 전월 회사의 외환카드 사용금액 300,000원을 현금으로 지급하다(단, 전월 신용카드 사용 시 미지급금으로 회계처리하였음).

(차)	(대)

9. 당사에서 생산한 제품(원가 5,000,000원, 시가 6,500,000원)을 관할 구청에 불우이웃돕기 목적으로 기탁하였다.

(차)	(대)

기적의 Tip

재고자산을 다른 목적으로 사용할 경우 원가로 처리한다.

10. 매출거래처 호수산업의 상품 외상대금 6,400,000원을 회수하면서 약정기일보다 10일 빠르게 회수되어 2%를 할인해 주고, 대금은 당좌예금계좌로 입금되었다.

(차)	(대)

기적의 Tip

재고자산 매입 시 할인은 매입할인, 매출 시 할인은 매출할인으로 처리한다.

11. 만기가 2027년 6월 30일인 정기적금에 이달분 1,000,000원을 예금하기 위해 보통예금통장에서 이체하다.

(차)	(대)

12. 장기투자목적으로 토지를 38,000,000원에 취득하고 대금은 당좌수표를 발행하여 지급하였다.

(차)	(대)

13. 8월분 건강보험료를 현금으로 납부하였다(종업원부담분 : 126,000원, 회사부담분 : 126,000원, 종업원은 모두 영업사원으로 급여지급 시 건강보험료는 정확하게 공제 후 지급하였음).

(차)	(대)

기적의 Tip

임대차 계약 시 보증금은 임차인은 임차보증금, 임대인은 임대보증금으로 처리한다.

14. 사무실을 임차하고 임차보증금 20,000,000원을 당좌수표 발행하여 지급하다.

(차)	(대)

15. 남문상사의 외상매입금 500,000원을 지급하기 위하여, 동문전기로부터 매출대금으로 받은 약속어음을 배서양도하였다.

(차)	(대)

기적의 Tip

기중에 현금 부족 시에는 현금과부족계정 차변에 기입하고 과잉 시에는 대변에 기입한다.

16. 기중 현금의 실제잔액이 장부잔액보다 200,000원이 많은 것을 발견하였는데, 현재로서 그 차이의 원인을 알 수 없다.

(차)	(대)

17. (주)성일에 대한 외상매출금 2,700,000원과 외상매입금 3,800,000원을 상계처리하고 나머지 잔액은 당좌수표를 발행하여 (주)성일에 지급하였다.

(차)	(대)

18. 동문전기에 제품 1,000,000원을 판매하고 선수금 100,000원을 제외한 900,000원을 현금으로 받다.

(차)	(대)

19. 영업부 사원에 대하여 새로이 명함을 인쇄하여 배부하고 그 대금 30,000원을 현금으로 지급하였다.

(차)	(대)

20. 1월의 종업원 급여 1,200,000원 중에서 소득세 70,000원, 건강보험료 30,000원을 제외한 1,100,000원을 현금으로 지급하다.

(차)	(대)

기적의 Tip

소득을 지급할 경우 원천징수한 세금 등은 예수금으로 처리한다.

21. (주)대한부품에 대한 외상매입금과 (주)대한상사에 대한 받을어음이 각각 1,000,000원이 있었는데, (주)대한부품의 외상매입금을 (주)대한상사의 받을어음으로 배서양도하였다.

(차)	(대)

22. 거래처 대박상사에 당사의 상품인 컴퓨터 2,500,000원을 외상으로 판매하다.

(차)	(대)

23. 거래처 직원의 방문으로 식사를 대접하고, 식대 30,000원을 현금으로 지급하다.

(차)	(대)

24. 영백빌딩의 8월분 임차료 1,000,000원 중 700,000원은 현금으로 지급하고 나머지는 다음 달에 주기로 하다.

(차)	(대)

25. (주)상주에 대한 지급어음 10,000,000원을 결제하기 위하여 당사가 제품매출 대가로 받아 보유하고 있던 (주)영주의 약속어음(만기 : 1년 이내) 10,000,000원을 배서하여 지급하였다.

(차)	(대)

26. 현대자동차에서 업무용승용차 1대(20,000,000원)를 구입하고, 15,000,000원은 현대캐피탈의 할부금융에서 10개월 상환약정을 하고 차입하여 지급하고 5,000,000원은 현금으로 지급하다. 그리고 차량구입에 따른 취득세 1,100,000원도 현금으로 지급하다.

(차)	(대)

27. 영업용화물차의 타이어와 엔진오일을 스피드 카센타에서 교체하고 250,000원을 현금으로 지급하다.

(차)	(대)

기적의 Tip

현금 지출은 있었으나 계정 과목이나 금액이 확정되지 않을 경우 가지급금으로 처리한다.

28. 직원 김수철씨의 제주도 출장경비(3박 4일)로 500,000원을 개산하여 현금으로 선지급하다.

(차)	(대)

29. 당사는 이사회의 결의로 신주 1,000주(액면금액 5,000원)를 주당 6,000원에 발행하고 대금은 주식발행비 100,000원을 차감한 잔액을 보통예금계좌로 입금받다.

(차)	(대)

주식발행 시 액면금액으로 자본금 처리하고 발행비는 발행금액에서 차감한다.

30. 본사의 영업부 직원들의 영업능력 향상을 위하여 외부 전문강사를 초빙하여 마케팅 교육을 실시하고 강의료 300,000원 중 원천징수세액 9,900원을 차감한 잔액은 현금으로 지급하다

(차)	(대)

31. 매입처 동국상사(주)로부터 매입하였던 원재료에 대한 외상매입대금 8,200,000원 중 품질불량으로 인하여 에누리 받은 700,000원을 제외한 잔액을 당좌수표 발행하여 지급하다.

(차)	(대)

32. ABC사로부터 차입한 장기차입금 $40,000(48,000,000원) 중 일부인 $20,000를 현금으로 상환하였다(현재의 환율은 1$당 1,100원임).

(차)	(대)

외화 평가 시에는 외화환산 이익(손실)으로 처리하고 종결 시에는 외환차익(차손)으로 처리한다.

33. 새로운 공장을 짓기 위하여 건물이 있는 부지를 구입하고 동시에 건물을 철거하였다. 건물이 있는 부지의 구입비로 100,000,000원을 보통예금계좌에서 이체하고, 철거비용 5,000,000원은 당좌수표로 지불하였다.

(차)	(대)

신축하기 위하여 구건물 매입 후 철거할 경우 매입비와 부대비용은 토지로 처리한다.

34. 신입사원 채용을 위하여 생활정보지 「가로등」에 신입사원 채용광고를 게재하고 대금 100,000원은 당점 발행 당좌수표로 지급하였다.

(차)	(대)

35. (주)덕산과 사무실 임대차계약을 맺고 임대보증금 15,000,000원 중 5,000,000원은 (주)덕산 발행 당좌수표로 받고 나머지는 월말에 지급받기로 하였다.

(차)	(대)

🎓 기적의 Tip

소모품비로 처리한 경우 결산 시 미사용분은 소모품비에서 차감하고 소모품으로 대체한다.

36. 3월 1일에 구입하여 소모품비계정으로 회계 처리한 1,000,000원 중 결산일 (12/31) 현재 미사용된 소모품금액은 300,000원이다.

(차)	(대)

37. 8월 31일에 당해 사업연도 법인세의 중간예납세액 24,000,000원을 현금으로 납부하였다(단, 법인세납부액은 자산계정으로 처리할 것).

(차)	(대)

🎓 기적의 Tip

보험료 지급 시 전부 보험료(비용)로 처리한 경우 결산 시 미경과분은 보험료에서 차감하고 선급비용으로 대체한다.

38. 1년분 보험료 120,000원을 9월 1일에 현금으로 지급하고 전부 비용(보험료) 처리했으나 결산일 현재 기간이 경과되지 않는 것에 대한 것을 확인하고 이연시키는 회계처리를 하다(기간 2024.9.1~2025.8.31, 월할 계산할 것).

(차)	(대)

39. 장부상 현금보다 실제 현금이 부족하여 현금과부족으로 계상하였던 금액 50,000원에 대하여 결산일 현재에도 그 원인을 알 수 없어 당기 비용(영업외비용)으로 처리하다.

(차)	(대)

40. 기말 당기분 비품 감가상각비는 500,000원이고, 건물 감가상각비는 2,500,000원이다.

(차)	(대)

41. 출장갔던 생산직 사원 이익동이 복귀하여 3일 전에 가지급금으로 처리하였던 출장비 150,000원을 정산하고, 초과지출분 16,000원을 추가로 현금지급하였다.

(차)	(대)

42. 당사 영업부 신상용 대리(6년 근속)의 퇴직으로 퇴직금 9,000,000원 중 소득세 및 지방소득세로 230,000원을 원천징수한 후 차인지급액을 전액 믿음은행 보통예금계좌에서 이체하였다. 장부상 퇴직급여충당부채 잔액은 3,000,000원이다.

(차)	(대)

43. 대표이사로부터 토지 300,000,000원을 무상으로 수증받았다.

(차)	(대)

44. 보통예금계좌에서 300,000원의 이자수익이 발생하였으며, 원천징수세를 제외한 나머지 금액이 보통예금계좌로 입금되었다(원천징수법인세율은 14%로 가정하여 계산함).

(차)	(대)

45. 당사의 신제품 개발을 위해 보통예금에서 인출된 개발비 2,000,000원에 대하여 자산계정을 사용하여 회계처리하시오.

(차)	(대)

46. 공장근로자 급여와 관련된 원천징수금액 중 국민연금(회사부담분 포함)과 근로소득세, 지방소득세를 현금으로 납부하였다.

> • **국민연금** : 324,000원 납부(회사부담분 : 162,000원, 근로자부담분 : 162,000원)
> • **근로소득세** : 200,000원 납부, 지방소득세 : 20,000원 납부

(차)	(대)

47. 건물에 대한 재산세 2,500,000원을 현금납부하였다.

(차)	(대)

48. 파손된 본사 영업팀 건물의 유리를 교체하고, 대금 1,500,000원을 당좌수표로 발행하여 지급하였다.

(차)	(대)

49. 지난달 도시가스공사에 대한 가스수도료 54,000원(미지급금)을 보통예금에서 이체지급하였다.

(차)	(대)

50. 거래처인 (주)인성상사에 1년 이내 회수 목적으로 100,000,000원을 대여하기로 하여 80,000,000원은 보통예금에서 지급하였고, 나머지 20,000,000원은 (주)인성상사에 대한 외상매출금을 대여금으로 전환하기로 약정하였다.

(차)	(대)

🎓 기적의 Tip

단기매매증권 취득 시 부대비용은 비용으로 처리한다.

51. 단기매매차익을 목적으로 상장회사인 (주)삼한의 주식 1,000주를 주당 6,000원(액면금액 5,000원)에 구입하고 대금은 매입수수료 8,000원을 포함하여 총 6,008,000원을 보통예금계좌에서 이체하였다.

(차)	(대)

52. 개인 김돈아씨로부터 차입한 자금에 대한 이자비용 1,500,000원이 발생하여 원천징수세액 412,500원을 차감한 나머지 금액 1,087,500원을 자기앞수표로 지급하였다.

(차)	(대)

53. 매출처인 (주)흥국제조로부터 수취한 약속어음(만기 : 1년 이내) 5,000,000원이 거래처 파산으로 회수불능하게 되어 대손처리하였다. 장부상 대손충당금 잔액은 3,000,000원이다.

(차)	(대)

기적의 Tip

대손발생 시 해당 채권의 대손충당금으로 처리한 후 부족분은 대손상각비(매출채권)로 처리한다.

54. 업무용 승용차를 1,000,000원에 구입하면서 공채를 200,000원(액면금액)에 강제매입하였다. 대금은 전액 현금으로 지급하였으며(공채의 현재가치는 160,000원이다.) 회사는 공채를 단기매매증권으로 처리하고 있다.

(차)	(대)

55. 확정급여형(DB) 퇴직연금제도를 설정하고 있는 (주)대한은 퇴직연금부담금 1,500,000원을 은행에 현금으로 불입하다.

(차)	(대)

기적의 Tip

확정급여형 퇴직연금은 퇴직연금운용자산으로, 확정기여형 퇴직연금은 퇴직급여로 처리한다.

56. 미국기업인 벤카에 수출(3월 5일)하였던 상품에 대한 외상매출금(20,000달러, 환율 1,500/달러)이 4월 5일(환율 1,600원/달러)인 당일 보통예금계좌에 입금되었다.

(차)	(대)

57. 이공일에 제품 5,000,000원을 판매하고 대금 중 3,000,000원은 이공일에 대한 외상매입금과 상계하고 나머지는 외상으로 하다.

(차)	(대)

58. 거래처인 저스트에 미지급금 25,000,000원 중 23,000,000원은 당좌수표로 지급하고 나머지는 면제받았다.

(차)	(대)

59. 당기 10월 1일자로 회계처리한 이자비용(10,000,000원) 중 결산일 현재 당기에 속하는 이자분은 4,000,000원이며 나머지는 다음 연도분이다. 결산일자로 회계처리하시오.

(차)	(대)

60. 결산일 현재 2019년 우리은행으로부터 차입한 장기차입금(100,000,000원, 만기 2025년 4월 30일)이 있다. 동 차입금은 만기에 상환할 예정이다.

(차)	(대)

🎓 기적의 Tip

결산 시까지 발생된 수익은 회수일이 아닐 경우라도 수익처리하고 상대계정에 미수수익으로 처리한다.

61. 12월 31일까지 발생된 정기예금(만기 2025.6.30.)에 대한 이자는 300,000원이다 (이자는 당기분(30만 원)과 차기분을 2025년 6월 30일 정기예금 만기일에 원금과 같이 받을 예정임). 결산일자로 회계처리하시오.

(차)	(대)

62. 단기차입금 중에는 외화단기차입금 9,900,000원(미화 $9,000)이 포함되어 있다 (12/31일 현재 적용환율 : 미화 $1당 1,200원). 결산일자로 회계처리하시오.

(차)	(대)

63. 기말 현재 당사가 단기매매차익을 목적으로 보유하고 있는 주식현황과 기말 현재 공정가치는 다음과 같다.

주식명	보유주식 수	주당 취득원가	기말 공정가치
(주)한국보통주	1,000주	15,000원	주당 16,000원

(차)	(대)

64. 가수금 500,000원의 내역이 유진산업에 대한 제품매출 계약금 300,000원과 외상매출금 회수액 200,000원으로 확인되있다.

(차)	(대)

65. 금일 전기분에 대해 처분 확정된 미지급 금전배당금(10,000,000원)을 현금으로 지급하였다.

(차)	(대)

66. 본사에서는 한국대학교 소비자학과 주관으로 열린 전시회에 방문객 선물을 후원 하기로 하고 현금 300,000원을 지급하였다. 회사를 홍보하기 위해 선물에는 회사마크를 표시하였다.

(차)	(대)

67. 김부자씨로부터 토지를 구입하고, 토지대금 300,000,000원 중 100,000,000 원은 보통예금에서 이체하고 나머지는 신한은행으로부터 대출(대출기간 10년)을 받아 지불하였다.

(차)	(대)

68. 한사람으로부터 받은 받을어음(만기 : 1년 이내) 중 30,000,000원을 만기일에 발행인의 거래은행에 지급제시를 하였으나 부도로 확인되었다.

(차)	(대)

69. 업무에 사용할 오토바이 3대를 15,000,000원에 기린상회에서 구입하고 미리 지급한 계약금 1,000,000원을 제외한 나머지 금액은 6개월 후 지급하기로 하였다.

(차)	(대)

70. 사용 중이던 업무용화물차(취득가액 6,000,000원, 감가상각누계액 4,200,000원)를 종로에 1,500,000원에 매각하고 대금은 월말에 받기로 하다.

(차)	(대)

71. 결산일 현재 원재료의 장부상 재고는 42,000,000원이나 실제 창고에는 30,000,000원만 남은 것으로 확인되었다. 차액은 운반 중 파손된 금액으로 원가성이 없는 것(비정상적)으로 파악되었다. 결산일자로 감모손실분에 대한 회계처리를 하시오.

(차)	(대)

72. 투자 목적으로 보유 중인 건물(취득금액 50,000,000원) 1동을 광동상사에 51,000,000원에 매각하고 대금은 약속어음(만기 : 1년 이내)으로 받았다.

(차)	(대)

73. 단기간 매매차익 목적으로 구입하였던 상장회사 (주)한솔기구의 주식 800주를 다음과 같이 처분하고 거래수수료 100,000원을 제외한 대금은 모두 현금으로 받았다(장부금액 : @30,000원, 처분금액 : @32,000원).

(차)	(대)

🎓 기적의 Tip

단기매매증권 처분 시 거래수수료는 처분금액에서 차감한다. 즉, 장부금액 이하로 처분할 경우 단기매매증권처분손실로, 장부금액 초과하여 처분할 경우 단기매매증권처분이익에서 차감한다.

74. 미정가구의 단기대여금 1,500,000원과 이자 86,000원(원천징수 14,000원 제외 금액)을 당좌예금계좌로 입금받았다.

(차)	(대)

75. 전기에 대손처리하였던 외상매출금 500,000원을 전액 회수하여 당사 보통예금계좌에 입금하였다.

(차)	(대)

76. 상품보관을 위해 임차하고 있던 창고를 임대인에게 돌려주고 임차보증금 1,000,000원을 보통예금으로 돌려받다.

(차)	(대)

77. 산업은행에 공장건물 신축에 직접 사용된 대출금에 대한 이자 1,000,000원이 보통예금계좌에서 이체되었다. 현재 공장건물의 착공일은 금년 1월 1일이며 준공일은 내년 5월 31일이다. 대출금에 대한 이자는 자산(자본화)처리하시오.

(차)	(대)

🎓 기적의 Tip

건물 신축 시 발생되는 이자를 자본화할 경우 자산으로 처리하므로 건설중인자산계정을 사용한다.

78. 장부상 현금보다 실제 현금이 부족하여 현금과부족계정으로 처리해 두었던 금액 40,000원 중 32,000원은 판매직원의 시내교통비 누락분으로 밝혀졌으며, 잔액은 업무상 사용되었으나 결산일까지 그 내역을 알 수 없는 상황이다. 결산일자로 회계처리하시오.

(차)	(대)

79. 이자수익으로 계상한 금액 중에는 차기에 속하는 금액이 30,000원이 포함되어 있다. 결산일자로 회계처리하시오.

(차)	(대)

80. 결산일 현재 당기분 법인세비용은 10,000,000원이며 선납세금은 3,000,000원이 있다. 나머지 법인세는 다음연도 3월에 법인세 신고 시 납부할 것이다(법인세 비용은 법인세등으로 처리하며 다음연도에 납부할 세금은 미지급세금으로 처리함).

(차)	(대)

81. 거래처 인계에 대한 받을어음 30,000,000원이 만기가 도래하여 추심수수료 60,000원을 차감하고 당좌예금계좌에 입금되었다.

(차)	(대)

82. 영업부에서 사용하는 차량(취득원가 30,000,000원, 감가상각누계액 18,000,000원)이 사고로 완파되어 동일자로 보험사에 보험금을 청구하여 20,000,000원을 보통예금계좌로 송금받았다(차량사고에 대하여 유형자산처분손실로 처리할 것).

(차)	(대)

83. 당사의 최대주주인 정유담씨로부터 제품 창고를 건설할 토지를 기증받았다. 본 토지에 대한 이전비용 5,000,000원은 당좌수표를 발행하여 지급하였으며 기증받을 시 토지의 공정가치는 150,000,000원이었다.

(차)	(대)

🎓 기적의 Tip

당기 이전에 발생된 대손금이 회수된 경우 해당 채권의 대손충당금에 전입한다.

84. 전기에 대손이 확정되어 대손충당금과 상계 처리한 외상매출금 500,000원이 당사의 보통예금계좌에 입금된 것을 확인한다.

(차)	(대)

85. 균등분 주민세 55,000원이 구청으로부터 부과되었으며 법인카드인 국민카드(신용카드)로 납부하였다.

(차)	(대)

86. 전기요금 800,000원(본사 400,000원, 공장 400,000원)이 보통예금통장에서 자동으로 인출되었다.

(차)	(대)

87. 창고에 보관 중인 제품(원가 3,000,000원, 시가 5,000,000원)이 화재로 소실되었다. 당사는 화재보험에 가입되어 있지 않다.

(차)	(대)

88. 회사는 사채(액면금액 50,000,000원, 만기 3년)를 현재가치(48,000,000원)로 발행하였으며 대금은 보통예금계좌로 입금받았다.

(차)	(대)

89. 지난 달에 미지급비용으로 회계처리한 직원급여 18,000,000원을 지급하면서 근로소득세 등 1,200,000원을 원천징수하고 보통예금계좌에서 이체하다.

(차)	(대)

90. 제2기 부가가치세 예정신고분에 대한 부가가치세 예수금 37,000,000원과 부가가치세 대급금 20,000,000원을 상계처리하고 잔액을 10월 25일 납부할 예정이다. 9월 30일 기준으로 적절한 회계처리를 하시오(미지급세금계정을 사용할 것).

(차)	(대)

기적의 Tip

부가가치세 정산 시 부가세예수금과 부가세대급금을 상계하여 처리하고 부가세예수금이 클 경우 그 차액은 미지급세금으로, 부가세대급금이 클 경우 그 차액은 미수금으로 처리한다.

91. 12월 31일 하나은행의 보통예금계좌는 마이너스통장(-82,000,000원)이며 기말 현재 잔액은 단기차입금으로 대체하였다.

(차)	(대)

92. 당사는 원재료 매입처인 (주)영진전자로부터 전월 원재료 매입 시 발생하였던 외상매입금을 보유 중인 (주)영진전자에서 발행한 어음(만기 : 1년 이내) 5,000,000원과 상계처리하였다.

(차)	(대)

93. 매출거래처인 (주)명동에 선물을 하기 위해 이마트에서 양주세트를 300,000원에 구입하고 전액 당사의 신용카드인 비씨카드로 결제하였다.

(차)	(대)

94. 국민카드 매출대금 2,500,000원에서 수수료 3%를 제외하고 당사의 보통예금계좌에 입금되었다. 단, 당사는 카드매출 시 매출대금을 외상매출금계정으로 처리하고 있다.

(차)	(대)

95. 7월 1일 사무실을 임대(임대기간 2024.7.1~2025.6.30)하면서 1년분 임대료 12,000,000원을 자기앞수표로 받고 전액 선수수익으로 회계처리하였다. 월할계산하여 기말 수정분개를 하시오.

(차)	(대)

96. 대손충당금은 기말 매출채권(외상매출금(28,630,000원), 받을어음(84,400,000원)) 잔액에 대하여 1%를 설정하다(보충법. 외상매출금 대손충당금 기말잔액(259,600원), 받을어음 대손충당금 기말잔액(40,000원)).

(차)	(대)

97. 거래처인 수원주유소로부터 받은 받을어음 30,000,000원을 거래은행인 국민은행에서 할인하고 할인료 300,000원을 제외한 금액은 보통예금통장에 입금하였다.

(차)	(대)

기적의 Tip

어음 할인 시 할인료는 매각 거래 시 매출채권처분손실로 처리한다.

98. 인천세관으로부터 수입한 원재료에 대한 통관수수료 160,000원을 현금으로 지급하다(수수료는 전액 자산처리할 것).

(차)	(대)

99. 금년 3월 28일에 열린 주주총회의 결의에 따라 현금배당 5,000,000원과 주식배당 10,000,000원(액면금액)을 실시하고 각각 현금과 주식으로 주었다.

(차)	(대)

100. 12월 31일 영업부문의 자동차보험료 720,000원(2024.7.1~2025.6.30)을 현금으로 납부하면서 모두 자산으로 처리하였다. 단, 보험료는 월할계산하는 것으로 가정한다.

(차)	(대)

번호	차변	금액	대변	금액
1	당좌예금	50,000,000	장기차입금(제일신용금고)	50,000,000
2	선납세금	7,000	이자수익	127,000
	보통예금	120,000		
3	광고선전비	50,000	현금	50,000
4	상품	1,020,000	선급금(유일상사)	200,000
			외상매입금(유일상사)	800,000
			현금	20,000
5	지급어음(강남)	700,000	당좌예금	700,000
6	통신비	50,000	보통예금	50,000
7	토지	10,200,000	현금	2,200,000
			미지급금(한국부동산(주))	8,000,000
8	미지급금(외환카드사)	300,000	현금	300,000
9	기부금	5,000,000	제품(타계정대체)	5,000,000
10	매출할인	128,000	외상매출금(호수산업)	6,400,000
	당좌예금	6,272,000		
11	장기성예금	1,000,000	보통예금	1,000,000
12	투자부동산	38,000,000	당좌예금	38,000,000
13	예수금	126,000	현금	252,000
	복리후생비	126,000		
14	임차보증금	20,000,000	당좌예금	20,000,000
15	외상매입금(남문상사)	500,000	받을어음(동문전기)	500,000
16	현금	200,000	현금과부족	200,000
17	외상매입금((주)성일)	3,800,000	외상매출금((주)성일)	2,700,000
			당좌예금	1,100,000
18	선수금(동문전기)	100,000	제품매출	1,000,000
	현금	900,000		
19	도서인쇄비	30,000	현금	30,000
20	급여	1,200,000	예수금	100,000
			현금	1,100,000
21	외상매입금((주)대한부품)	1,000,000	받을어음((주)대한상사)	1,000,000
22	외상매출금(대박상사)	2,500,000	상품매출	2,500,000
23	기업업무추진비	30,000	현금	30,000
24	임차료	1,000,000	현금	700,000
			미지급금(영백빌딩)	300,000

25	지급어음((주)상주)	10,000,000	받을어음((주)영주)	10,000,000
26	차량운반구	21,100,000	단기차입금(현대캐피탈)	15,000,000
			현금	6,100,000
27	차량유지비	250,000	현금	250,000
28	가지급금	500,000	현금	500,000
29	보통예금	5,900,000	자본금	5,000,000
			주식발행초과금	900,000
30	교육훈련비	300,000	예수금	9,900
			현금	290,100
31	외상매입금(동국상사(주))	8,200,000	매입환출및에누리	700,000
			당좌예금	7,500,000
32	장기차입금(ABC사)	24,000,000	현금	22,000,000
			외환차익	2,000,000
33	토지	105,000,000	보통예금	100,000,000
			당좌예금	5,000,000
34	광고선전비	100,000	당좌예금	100,000
35	현금	5,000,000	임대보증금((주)덕산)	15,000,000
	미수금((주)덕산)	10,000,000		
36	소모품	300,000	소모품비	300,000
37	선납세금	24,000,000	현금	24,000,000
38	선급비용	80,000	보험료	80,000
39	잡손실	50,000	현금과부족	50,000
40	감가상각비	3,000,000	감가상각누계액(비품)	500,000
			감가상각누계액(건물)	2,500,000
41	여비교통비	166,000	가지급금	150,000
			현금	16,000
42	퇴직급여충당부채	3,000,000	예수금	230,000
	퇴직급여	6,000,000	보통예금	8,770,000
43	토지	300,000,000	자산수증이익	300,000,000
44	선납세금	42,000	이자수익	300,000
	보통예금	258,000		
45	개발비	2,000,000	보통예금	2,000,000
46	예수금	382,000	현금	544,000
	세금과공과	162,000		
47	세금과공과	2,500,000	현금	2,500,000
48	수선비	1,500,000	당좌예금	1,500,000
49	미지급금(도시가스공사)	54,000	보통예금	54,000
50	단기대여금((주)인성상사)	100,000,000	보통예금	80,000,000
			외상매출금((주)인성상사)	20,000,000

51	단기매매증권	6,000,000	보통예금	6,008,000
	수수료비용	8,000		
52	이자비용	1,500,000	예수금	412,500
			현금	1,087,500
53	대손충당금	3,000,000	받을어음((주)흥국제조)	5,000,000
	대손상각비	2,000,000		
54	차량운반구	1,040,000	현금	1,200,000
	단기매매증권	160,000		
55	퇴직연금운용자산	1,500,000	현금	1,500,000
56	보통예금	32,000,000	외상매출금(벤카)	30,000,000
			외환차익	2,000,000
57	외상매입금(이공일)	3,000,000	제품매출	5,000,000
	외상매출금(이공일)	2,000,000		
58	미지급금(저스트)	25,000,000	당좌예금	23,000,000
			채무면제이익	2,000,000
59	선급비용	6,000,000	이자비용	6,000,000
60	장기차입금(우리은행)	100,000,000	유동성장기부채(우리은행)	100,000,000
61	미수수익(당좌자산)	300,000	이자수익	300,000
62	외화환산손실	900,000	단기차입금	900,000
63	단기매매증권	1,000,000	단기매매증권평가이익	1,000,000
64	가수금	500,000	선수금(유진산업)	300,000
			외상매출금(유진산업)	200,000
65	미지급배당금	10,000,000	현금	10,000,000
66	광고선전비	300,000	현금	300,000
67	토지	300,000,000	보통예금	100,000,000
			장기차입금(신한은행)	200,000,000
68	부도어음과수표(한사람)	30,000,000	받을어음(한사람)	30,000,000
69	차량운반구	15,000,000	선급금(기린상회)	1,000,000
			미지급금(기린상회)	14,000,000
70	감가상각누계액	4,200,000	차량운반구	6,000,000
	미수금(종로)	1,500,000		
	유형자산처분손실	300,000		
71	재고자산감모손실	12,000,000	원재료(타계정대체)	12,000,000
72	미수금(광동상사)	51,000,000	투자부동산	50,000,000
			투자자산처분이익	1,000,000
73	현금	25,500,000	단기매매증권	24,000,000
			단기매매증권처분이익	1,500,000

74	당좌예금	1,586,000	단기대여금(미정가구)	1,500,000	
	선납세금	14,000	이자수익	100,000	
75	보통예금	500,000	대손충당금	500,000	
76	보통예금	1,000,000	임차보증금	1,000,000	
77	건설중인자산	1,000,000	보통예금	1,000,000	
78	여비교통비	32,000	현금과부족	40,000	
	잡손실	8,000			
79	이자수익	30,000	선수수익(유동부채)	30,000	
80	법인세등	10,000,000	선납세금	3,000,000	
			미지급세금	7,000,000	
81	수수료비용	60,000	받을어음(인계)	30,000,000	
	당좌예금	29,940,000			
82	감가상각누계액	18,000,000	차량운반구	30,000,000	
	유형자산처분손실	12,000,000	보험금수익	20,000,000	
	보통예금	20,000,000			
83	토지	155,000,000	당좌예금	5,000,000	
			자산수증이익	150,000,000	
84	보통예금	500,000	대손충당금	500,000	
85	세금과공과	55,000	미지급금(국민카드)	55,000	
86	수도광열비	400,000	보통예금	800,000	
	전력비	400,000			
87	재해손실	3,000,000	제품(타계정대체)	3,000,000	
88	보통예금	48,000,000	사채	50,000,000	
	사채할인발행차금	2,000,000			
89	미지급비용	18,000,000	예수금	1,200,000	
			보통예금	16,800,000	
90	부가세예수금	37,000,000	부가세대급금	20,000,000	
			미지급세금	17,000,000	
91	보통예금	82,000,000	단기차입금(하나은행)	82,000,000	
92	외상매입금((주)영진전자)	5,000,000	받을어음((주)영진전자)	5,000,000	
93	기업업무추진비	300,000	미지급금(비씨카드)	300,000	
94	수수료비용	75,000	외상매출금(국민카드)	2,500,000	
	보통예금	2,425,000			
95	선수수익	6,000,000	임대료	6,000,000	
96	대손상각비	830,700	대손충당금(외상매출금)	26,700	
			대손충당금(받을어음)	804,000	

97	매출채권처분손실	300,000	받을어음(수원주유소)	30,000,000
	보통예금	29,700,000		
98	원재료	160,000	현금	160,000
99	미지급배당금	5,000,000	현금	5,000,000
	미교부주식배당금	10,000,000	자본금	10,000,000
100	보험료	360,000	선급비용	360,000

※ 답안은 KcLep 시험용 프로그램에 등록된 계정과목을 기준으로 하였다.

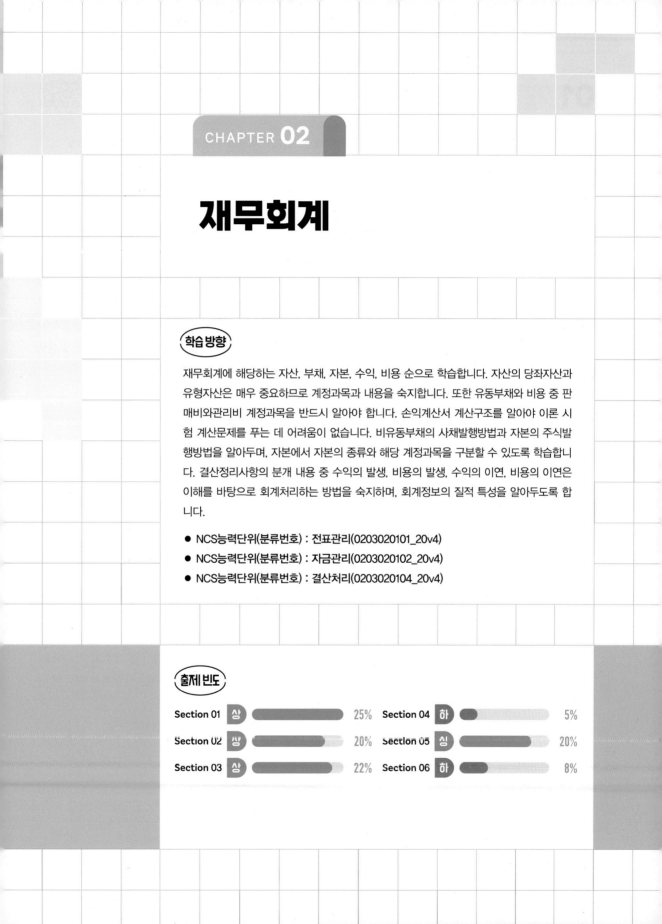

CHAPTER **02**

재무회계

(학습 방향)

재무회계에 해당하는 자산, 부채, 자본, 수익, 비용 순으로 학습합니다. 자산의 당좌자산과 유형자산은 매우 중요하므로 계정과목과 내용을 숙지합니다. 또한 유동부채와 비용 중 판매비와관리비 계정과목을 반드시 알아야 합니다. 손익계산서 계산구조를 알아야 이론 시험 계산문제를 푸는 데 어려움이 없습니다. 비유동부채의 사채발행방법과 자본의 주식발행방법을 알아두며, 자본에서 자본의 종류와 해당 계정과목을 구분할 수 있도록 학습합니다. 결산정리사항의 분개 내용 중 수익의 발생, 비용의 발생, 수익의 이연, 비용의 이연은 이해를 바탕으로 회계처리하는 방법을 숙지하며, 회계정보의 질적 특성을 알아두도록 합니다.

- NCS능력단위(분류번호) : 전표관리(0203020101_20v4)
- NCS능력단위(분류번호) : 자금관리(0203020102_20v4)
- NCS능력단위(분류번호) : 결산처리(0203020104_20v4)

(출제 빈도)

Section 01	상	25%	Section 04	하	5%
Section 02	상	20%	Section 05	상	20%
Section 03	상	22%	Section 06	하	8%

출제
빈도 　상　중　하

빈출 태그 ▸ 현금및현금성자산 · 단기투자자산 · 매출채권 · 대손충당금 · 재고자산의 취득원가 · 재고자산 수량 · 원가결정방법

기적의 3회독

□1회 □2회 □3회

🎓 기적의 Tip

효율적인 학습을 하기 위하여 PART 02 실무편 「일반전표 입력」의 문제를 병행 학습하도록 한다.

사용의 제한이 없는 현금및현금성자산, 기업의 정상적인 영업주기 내에 실현될 것으로 예상되거나 판매목적 또는 소비목적으로 보유하고 있는 재고자산, 단기매매 목적으로 보유하는 자산, 그 외에 보고기간종료일로부터 1년 이내에 현금화 또는 실현될 것으로 예상되는 자산이다. 다만, 정상적인 영업주기 내에 판매되거나 사용되는 재고자산과 회수되는 매출채권 등은 보고기간종료일로부터 1년 이내에 실현되지 않더라도 유동자산으로 분류하고 그 금액을 주석으로 기재한다. 또한 장기미수금이나 투자자산에 속하는 매도가능증권 또는 만기보유증권 등의 비유동자산 중 1년 이내에 실현되는 부분은 유동자산으로 분류한다.

01 당좌자산

★ 보고기간종료일
= 보고기간말, 기말

판매과정을 거치지 않고 보고기간종료일★로부터 1년 이내에 현금화할 수 있는 자산이다.

1) 현금및현금성자산(현금＋요구불예금＋현금성자산)

🎓 기적의 Tip

회계상 1년이라 함은 보고기간말(기말)로부터이므로 기말이 12/31일 경우 다음 연도 말까지임에 유의한다.

① **현금** : 통화(지폐, 동전), 통화대용증권(자기앞수표, 타인발행당좌수표, 가계수표, 송금수표, 여행자수표, 배당금지급통지표, 사채이자지급표, 송금환, 우편환증서, 일람출급어음★ 등)

🎓 기적의 Tip

선일자수표(받을어음 · 미수금), 수입인자, 우표 등은 현금에 포함하지 않는다.

② **(요구불)예금(당좌예금, 보통예금, 저축예금)** : 당좌예금은 당좌수표를 발행할 목적의 예금으로 발행인은 당좌수표를 발행한 시점에서 당좌예금의 감소로 처리하고, 당좌수표소지인은 타인발행당좌수표(통화대용증권)를 수취한 시점에서 현금의 증가로 처리★한다. 보통예금은 입출금이 자유로운 예금이다.

※ 현금및현금성자산이라고 할 때 ①과 ②는 현금에 해당하고 ③은 현금성자산에 해당한다.

★ 일람출급어음
어음 소지인이 어음을 제시하는 날이 지급일이 되는 어음이다.

★ 당좌수표 발행 시 대변에 당좌예금으로, 타인발행 당좌수표 수취 시 차변에 현금으로 처리한다.

③ **현금성자산** : 큰 거래비용 없이 현금으로 전환이 용이하고 이자율변동에 따른 가치변동의 위험이 경미한 금융상품(채권(공·사채), 상환우선주, 양도성예금증서, 환매체 등)으로서 취득당시 만기(또는 상환일)가 3개월 이내에 도래하는 것을 말한다.

> **예제》** 나라상사에 제품 100,000원을 매출하고 대금은 동사발행당좌수표로 받았다.

(차) 현금	100,000	(대) 제품매출	100,000

> **해설》** 동사발행당좌수표는 타인발행당좌수표이므로 현금으로 처리한다.
> 제품매출(↑익의 발생), 현금(자산의 증가)   제품매출(↑익의 발생 ; 대변), 현금(자산의 증가 : 차변)
>
> ※ 기초 분개연습에서 공부한 대로 계정과목과 거래의 8요소를 반드시 숙지하자

2) 단기투자자산(단기금융상품＋단기매매증권＋단기대여금)

① **단기금융상품(단기예금)** : 금융기관이 취급하는 정기예금, 정기적금 및 기타 정형화된 상품으로 만기가 보고기간종료일로부터 1년 이내에 도래하는 것을 말한다.

② **단기매매증권**

• 단기간 매매차익을 얻을 목적으로 취득한 유가증권(주식, 사채 등)을 말한다.

• **단기매매증권의 취득원가** : 인식(취득) 시 공정가치*로 측정하며 취득 시 발생되는 부대비용*은 당기비용(❶ 수수료비용 : 영업외비용(비금융권))으로 처리한다.

> ■ 유가증권(주식(지분증권), 사채(채무증권))의 분류
>
> ① 단기매매증권(지분증권, 채무증권), ② 만기보유증권(채무증권),
> ③ 매도가능증권(지분증권, 채무증권), ④ 지분법적용투자주식(지분증권)
> • **만기보유증권** : 만기까지 보유할 적극적인 의도와 능력이 있는 경우 만기보유증권으로 분류한다.
> • **매도가능증권** : 단기매매증권이나 만기보유증권으로 분류되지 아니하는 유가증권은 매도가능증권으로 분류한다.
> ※ 투자회사가 피투자회사의 지배력을 행사할 목적으로 매입한 주식은 "지분법적용투자주식"(투자자산)이라고 한다.

• **배당금수익과 이자수익** : 지분증권(주식)에 투자한 경우 금전배당을 받을 경우 "배당금수익"으로 처리하며 채무증권(사채 등)에 투자한 경우 이자를 받을 경우 "이자수익"으로 처리한다.

> 주식배당의 경우 자본변동이 없으므로 수익을 인식하지 아니하고 보유주식의 수량, 단가를 비망기록한다. 그러므로 주식수 증가로 평균단가 하락하며 처분 시 또는 평가 시 손익에 반영한다.

기적의 Tip

공정가치의 변동분은 미실현 손익으로 장부금액과 공정가치의 차액이다.

❶ **영업외손익**
영업외수익과 영업외비용을 한꺼번에 말하고자 할 때
❷ 단기매매증권 처분 시 발생되는 수수료 등의 비용은 장부금액을 초과하여 처분할 경우 단기매매증권처분이익에서 차감하고, 장부금액 이하로 처분할 경우 단기매매증권처분손실로 처리한다.
❸ **장부금액**
= 장부가액

기적의 Tip

단기매매증권 취득 시 수수료비용은 금융업의 경우 판매비와관리비로 처리하지만 그 외 기업은 영업외비용(자격시험 시)으로 처리한다.

기적의 Tip

선일자수표
발행일을 미래의 일자로 기재하여 발행하는 수표로 어음과 동일한 성격이므로 받을어음 또는 미수금으로 처리한다.

★ 주된 영업활동거래 = 재고자산 거래

외상매출금 계산
기초외상매출금잔액 + 당기외상매출금 − 외상매출금회수액 − 매출환입및에누리 − 매출할인 − 대손처리된 금액 = 기말외상매출금잔액

- **단기매매증권의 기말평가(후속 측정·공정가치의 변동)** : 단기매매증권을 결산일 현재 보유하고 있는 경우 공정가치로 평가하여, 공정가치의 변동분은 "단기매매증권평가이익" 또는 "단기매매증권평가손실"(영업외손익❶)로 처리한다. 평가이익과 평가손실이 동시에 발생한 경우에는 평가손익을 서로 상계하지 않고 각각 총액으로 보고하는 것이 원칙이지만, 그 금액이 중요하지 않은 경우에는 이를 상계하여 순액으로 표시할 수 있다.

- **단기매매증권의 양도(처분)** : 처분금액(수수료 등이 발생하면 차감)❷과 장부금액❸의 차이금액을 "단기매매증권처분이익" 또는 "단기매매증권처분손실"(영업외손익)로 처리한다. 동일한 유가증권을 여러 번에 걸쳐 각각 서로 다른 가격으로 구입한 경우 이를 양도하는 시점에서 단가를 산정해야 하는데, 단가 산정은 개별법, 총평균법, 이동평균법 또는 다른 합리적인 방법을 사용한다.

> **예제** 단기매매를 목적으로 (주)한국의 주식 10주를 @5,000원에 구입하고 거래수수료 1,000원과 함께 현금으로 지급하였다.
>
> | (차) 단기매매증권 | 50,000 | (대) 현금 | 51,000 |
> |---|---|---|---|
> | 수수료비용 | 1,000 | | |
>
> **해설** 단기매매증권 취득 시 발생되는 제비용은 당기비용(수수료비용)으로 처리하며, 매도가능증권과 만기보유증권은 취득원가에 가산한다.
>
> ※ 자산의 취득 시 발생되는 제비용은 자산의 취득원가에 가산하지만 단기매매증권의 경우에는 비용처리한다.

③ **단기대여금** : 회수기한이 보고기간종료일로부터 1년 이내에 도래하는 대여금을 말한다.

3) 매출채권(외상매출금＋받을어음)

① **외상매출금** : 상품, 제품을 외상으로 판매(일반적인 상거래★라 함)하고 아직 그 대금을 회수하지 않은 미수액으로, 보고기간종료일로부터 1년 이내에 회수될 금액을 말한다.

② **받을어음** : 상품, 제품을 판매(일반적인 상거래라 함)하고 받은 어음상의 권리로 지급기일이 보고기간종료일로부터 1년 내에 도래하는 어음을 말한다.

③ **어음의 배서**

- **대금추심위임배서** : 금융기관에 어음을 회수할 목적으로 배서하는 것으로 어음상의 채권은 소멸되지 않으므로 배서 시에는 회계처리하지 않고 추심료 지급에 대한 것만 "수수료비용"으로 회계처리한다. 만기일에 어음대금 입금 시 어음상의 권리를 소멸시킨다.

- **어음의 배서양도** : 어음소지인이 어음의 만기일 이전에 상품 등의 매입대금이나 외상매입금 등의 부채를 지급하기 위하여 어음을 타인에게 양도하는 것을 어음의 배서양도라고 하며 어음에 대한 소유권이 이전되므로 배서양도하는 시점에서 어음상의 권리를 소멸시킨다.
- **어음의 할인**★ : 자금을 융통할 목적으로 만기일 이전에 금융기관에 배서하고 할인료를 차감한 잔액을 회수하는 것을 어음의 할인이라 한다. 일반적으로 받을어음을 금융기관 등에서 할인하는 거래에 대하여는 해당 금융자산의 미래 경제적 효익에 대한 양수인의 통제권에 특정한 제약이 없는 한 매각거래로 회계처리하며 할인료는 "매출채권처분손실"로 처리한다.

> **예제 »** 나라상사에 제품 100,000원을 매출하고 대금은 동사발행약속어음(만기 1년 이내)으로 받았다.

(차) 받을어음	100,000	(대) 제품매출	100,000

> **예제 »** 나라상사에서 받은 받을어음(만기 1년 이내) 100,000원을 거래은행에 할인하고 할인료 1,000원을 차감한 잔액을 보통예금계좌로 입금받았다(매각거래로 처리할 것).

(차) 매출채권처분손실	1,000	(대) 받을어음	100,000
보통예금	99,000		

4) 나머지 당좌자산

① **미수금** : 상품, 제품이 아닌 것을 처분(일반적인 상거래 이외의 거래)하고 보고기간말로부터 1년 이내 받기로 한 채권이다. 즉, 상품·제품이 아닌 차량, 비품 등의 매각대금이 입금되지 않은 경우를 말한다.

② **선급금** : 상품·원재료 등의 확실한 구입을 위하여 미리 지급한 계약금으로 차후 상품, 원재료 등 매입 시 해당 계정으로 대체되는 임시계정이다.

> **예제 »** 나라상사에 원재료 100,000원을 매입하기로 하고 계약금 10%를 당좌수표를 발행하여 지급하였다.

(차) 선급금	10,000	(대) 당좌예금	10,000

③ **미수수익** : 당기에 속하는 수익 중 미수된 금액으로 보고기간말(결산일)까지 발생한 수익을 예상한 금액으로 보고기간말 현재 미수된 금액을 말한다.

④ **선급비용** : 미리 지급된 비용 중 1년 내에 비용으로 되는 것으로 결산일 현재 기간미경과분이다. 즉 보험료, 이자비용 등의 비용 중 결산일 현재 기간미경과분을 말한다.

> **예제 »** 보고기간말 단기대여금에 대한 미수이자 100,000원을 계상하였다.

(차) 미수수익	100,000	(대) 이자수익	100,000

> **예제 »** 당기에 지급한 보험료 900,000원 중 기말 현재 100,000원은 기간미경과분이다.

(차) 선급비용	100,000	(대) 보험료	100,000

⑤ 가지급금 : 실제로 현금지출은 있었으나, 계정과목이나 금액을 확정할 수 없을 때 일시적으로 처리하는 자산계정이다. 추후에 계정과목이나 금액이 확정되면 해당 계정으로 대체한다.

<aside>
🎓 **기적의 Tip**

가지급금은 어림잡아 지급하는 대여금 성격의 금액이므로 자산에 해당한다.
</aside>

> **예제 »** 영업부 직원 김영민의 2박 3일간의 제주출장비로 300,000원을 개산하여 현금지급하였다.

(차) 가지급금	300,000	(대) 현금	300,000

> **예제 »** 영업부 직원 김영민이 복귀하여 출장비 사용명세서(250,000원)를 보고받고 잔액은 현금으로 회수하였다.

(차) 여비교통비	250,000	(대) 가지급금	300,000
현금	50,000		

⑥ 선납세금 : 기중에 원천징수된 법인세 또는 중간예납한 법인세비용을 처리하는 계정으로 결산 시 법인세비용(법인세등)으로 대체된다.

<aside>
부가세대급금
과세 재화나 용역을 공급받은 경우 공제받거나 환급받을 매입세액 계정(부가가치세 자료 입력 시 사용 : 매입매출전표)
</aside>

> **예제 »** 정기예금통장이 만기가 되어 원금 10,000,000원과 이자 100,000원 중 원천징수세액 14,000원이 차감된 금액이 보통예금통장에 입금되었다.

(차) 선납세금	14,000	(대) 정기예금	10,000,000
보통예금	10,086,000	이자수익	100,000

> **예제 »** 당사의 법인세 중간예납액 300,000원을 현금으로 납부하였다.

(차) 선납세금	300,000	(대) 현금	300,000

⑦ 전도금(소액현금) : 특정 부서의 업무, 공장, 대리점 등에게 대금의 일부를 미리 지급하는 경우에 처리하는 계정이다. 실무상 현장이나 지점 등에서 본점으로부터 월 또는 분기 단위로 사용할 경비를 지급받고 이를 정산할 때 사용한다.

⑧ 현금과부족 : 현금 실제잔액과 장부 잔액이 일치하지 않을 경우 그 원인이 판명될 때까지 임시적으로 사용하는 계정으로 그 원인이 판명되면 해당 계정으로 대체하고, 결산 시까지 그 원인이 판명되지 않으면 부족액은 잡손실로, 초과액은 잡이익으로 대체한다.★

<aside>
★ 만약 결산 시 현금 실제잔액이 장부 잔액보다 부족하거나 초과되면 즉시, 잡손실 또는 잡이익으로 처리해야 한다.
</aside>

5) 외화채권·채무

• 외화평가 시 : 외화환산이익(손실)
• 외화거래종료 시 : 외환차익(차손)

① **최초 거래 발생(인식) 시** : 거래에서 사용하는 환율의 외화금액으로 처리한다.
   예 (외화)외상매출금, (외화)외상매입금

② **기말평가(보고기간말의 보고)** : 기말 현재 화폐성 외화항목이 있는 경우에 보고기간말 마감환율로 환산하고, 환율변동으로 인한 차액은 "외화환산이익" 또는 "외화환산손실"로 영업외손익으로 처리한다.

③ **외화거래 종료(외환차이의 인식)** : 화폐성 항목의 대금결제시점이나 전기 장부상 평가한 환율과 다르기 때문에 발생하는 외환차손익은 그 외환차이가 발생하는 회계기간에 "외환차익" 또는 "외환차손"으로 영업외손익으로 인식한다.

> **예제 ≫** 아메리카의 외상매출금 $1,000(1,200,000원)에 대하여 기말평가를 하시오(기말환율 $1 = 1,000원).

(차) 외화환산손실	200,000	(대) 외상매출금	200,000

> **예제 ≫** 아메리카의 외상매출금 $1,000(1,000,000원)를 당사 보통예금계좌로 입금받았다 (입금시 환율 $1 = 1,100원).

(차) 보통예금	1,100,000	(대) 외상매출금	1,000,000
		외환차익	100,000

6) 대손에 관한 회계처리

대손이란 거래처의 파산, 폐업, 행방불명, 사망 등의 사유로 채권 등의 회수가 불가능하게 된 경우를 말한다.

① **대손상각비, 기타의대손상각비** : 회수불능채권에 대한 손실을 계상하는 계정으로 매출채권에 대한 대손비용은 판매비와관리비의 "대손상각비"로, 기타채권에 대한 대손비용은 영업외비용의 "기타의대손상각비"로 처리한다.

② **대손충당금** : 충당금 설정법에 의하여 설정되는 것으로 수취채권의 잔액 중 회수불능채권의 추정금액을 말한다. 대손충당금은 수취채권의 평가계정으로서 수취채권의 장부금액(또는 순실현가능가치)을 나타내기 위해 수취채권으로부터 차감하는 형식으로 표시한다.

③ **대손충당금환입**★ : 충당금설정법에 의하여 대손충당금을 설정하였으나 전기에 설정한 대손충당금잔액이 당기에 새로 설정할 대손충당금보다 많아 차액을 환입하는 경우에 사용한다.

④ **대손처리 방법 및 충당금 설정법**
• 대손발생 시 대손충당금 잔액을 조회하여 대손충당금으로 회계처리하며, 부족하거나 없을 경우에는 당기 비용(대손상각비, 기타의대손상각비)으로 처리한다.

🎓 **기적의 Tip**

대손충당금 표시
채권에서 차감(대변)하는 평가계정이므로 재무상태표 자산에 다음과 같이 표시된다.

외상매출금	xxx	
대손충당금	xxx	xxx
		장부금액

★ 매출채권에 대해서는 판매관리비의 부(−)인 대손충당금환입으로 처리하며 기타채권에 대해서는 영업외수익의 대손충당금환입으로 처리한다.

✓ **개념 체크**

1 단기대여금 대손처리 시 대손상각비로 처리한다. (O, X)

1 ✕

예제 ▶ 거래처 나라상사의 파산으로 외상매출금 1,000,000원이 회수불가능하게 되어 대손처리하다(단, 대손충당금 잔액은 600,000원임).

(차) 대손충당금	600,000	(대) 외상매출금	1,000,000
대손상각비	400,000		

- 충당금설정금액 및 회계처리 방법

기말 대손충당금설정액(보충법) = 기말채권잔액×대손추정률(%) − 대손충당금잔액
↳ (대손예상액)

- **대손충당금 잔액이 없을 경우** : 전액 비용처리한다.

(차) 대손상각비*	×××	(대) 대손충당금	×××

- **대손예상액 > 대손충당금잔액** : 예상액−잔액 = 보충액만큼 비용처리한다.

(차) 대손상각비	×××	(대) 대손충당금	×××

- **대손예상액 < 대손충당금 잔액** : 잔액−예상액 = 환입액만큼 환입처리한다.

(차) 대손충당금	×××	(대) 대손충당금환입	×××

- **대손예상액 = 대손충당금 잔액** : 회계처리 없다.

기말 외상매출금 잔액 10,000,000원에 대하여 1%의 대손충당금을 설정하다.
(기말 대손충당금 설정액 = 10,000,000원×1%−대손충당금잔액)

① 대손충당금 잔액이 없을 경우

(차) 대손상각비	100,000	(대) 대손충당금	100,000

② 대손충당금 잔액이 50,000원 남아 있을 경우

(차) 대손상각비	50,000	(대) 대손충당금	50,000

③ 대손충당금 잔액이 120,000원 남아 있을 경우

(차) 대손충당금	20,000	(대) 대손충당금환입	20,000

⑤ **대손금 회수 시** : 당기 이전에 대손처리된 대손금이 회수되면 회수액은 해당 채권의 대손충당금에 전입한다.

예제 ▶ 전기에 대손처리한 금액 100,000원이 회수되어 보통예금 통장에 입금되었다.

(차) 보통예금	100,000	(대) 대손충당금	100,000

20년 10월, 17년 4월, 16년 6월, 11년 6월

01 다음 중 재무상태표의 현금및현금성자산에 포함되지 **않는** 것은?

① 통화 및 타인발행수표 등 통화대용증권

② 단기매매증권

③ 취득 당시 만기일(또는 상환일)이 3개월 이내 인 금융상품

④ 당좌예금과 보통예금

단기예금(단기금융상품 : 정기예금, 적금), 단기매매증권, 단기대여금, 유동자산 으로 분류되는 매도가능증권과 만기보유증권은 기업이 여유자금의 활용 목적으로 보유하는 단기투자자산이다.

오답 피하기

현금및현금성자산
- **현금** : 통화(지폐, 주화), 통화대용증권(자기앞수표, 타인발행당좌수표, 가계수 표, 우편환증서, 배당금지급통지표, 사채이자표 등)
- **(요구불)예금** : 당좌예금, 보통예금
- **현금성자산** : 취득일로부터 만기가 3개월 이내인 금융상품

23년 4월, 22년 10월, 21년 4월

02 다음 자료에 의하여 결산시 재무상태표에 표시되는 현금및현금성자산금액은 얼마인가?

- 국세환급통지서 : 200,000원
- 선일자수표 : 300,000원
- 우편환증서 : 10,000원
- 직원가불금 : 100,000원
- 자기앞수표 : 30,000원
- 취득당시에 만기가 3개월 이내에 도래하는 정기적금 : 500,000원

① 540,000원

② 640,000원

③ 740,000원

④ 1,140,000원

현금및현금성자산 = 국세환급통지서 200,000 + 우편환증서 10,000 + 자기앞 수표 30,000 + 취득당시에 만기가 3개월 이내에 도래하는 정기적금 500,000 = 740,000원

09년 4월

03 매출채권에 대한 설명이다. 다음 중 가장 **틀린** 것은?

① 기업의 일반적인 상거래에서 발생하는 외상대 금을 처리하는 계정이다.

② 제품을 매출한 후 제품의 파손, 부패 등의 사유 로 값을 깎아 주는 것을 매출할인이라 한다.

③ 제품의 하자로 인하여 반품된 매출환입은 제품 의 총매출액에서 차감한다.

④ 매출채권을 매각할 경우 매출채권처분손실 계 정이 발생할 수 있다.

제품을 매출한 후 제품의 파손, 부패 등의 사유로 값을 깎아 주는 것을 매출에누 리라 하며 물건의 하자가 아닌 약정에 따라 물건대금을 조기에 회수하는 경우 깎아 주는 것을 매출할인이라 한다.

18년 2월, 06년 4월

04 일반적인 상거래와 관련해서 발생하는 채권에 대해서 는 외상매출금이나 받을어음과 같은 매출채권 계정을 사용하나 그 이외의 거래에서 발생하는 채권에 대하 여는 ( )계정을 사용한다.

① 가수금

② 미수금

③ 미수수익

④ 가지급금

- 일반적인 상거래와 관련해서 발생하는 채권 : 매출채권(외상매출금, 받을어음)
- 일반적인 상거래 외(기타의 거래)에서 발생하는 채권 : 미수금

07년 6월

05 다음 계정과목 중 당좌자산에 해당하지 **않는** 것은?

① 현금및현금성자산

② 외상매출금

③ 선급비용

④ 단기차입금

단기차입금은 유동부채에 해당한다.

06 다음 중 일반기업회계기준상 단기투자자산이 아닌 것은?

① 단기매매증권
② 보통예금
③ 단기대여금
④ 단기금융상품(단기예금)

단기투자자산 : 단기예금(단기금융상품−정기예금 · 적금), 단기매매증권, 단기대여금. 유동자산으로 분류되는 매도가능증권과 만기보유증권

07 다음은 기말자산과 기말부채의 일부분이다. 기말재무상태표에 표시될 계정과목과 금액이 틀린 것은?

> • 지급어음 : 10,000,000원
> • 타인발행당좌수표 : 25,000,000원
> • 받을어음 : 10,000,000원
> • 외상매입금 : 50,000,000원
> • 외상매출금 : 40,000,000원
> • 우편환증서 : 5,000,000원

① 매입채무 60,000,000원
② 현금및현금성자산 30,000,000원
③ 매출채권 50,000,000원
④ 당좌자산 75,000,000원

- 매입채무 : 지급어음+외상매입금
- 현금및현금성자산 : 타인발행당좌수표+우편환증서
- 매출채권 : 받을어음+외상매출금
- 당좌자산 : 타인발행당좌수표+외상매출금+받을어음+우편환증서
  = 80,000,000원

08 다음 중 유가증권에 대한 설명으로 틀린 것은?

① 단기매매증권과 매도가능증권은 원칙적으로 공정가치로 평가한다.
② 매도가능증권은 보유목적에 따라 유동자산이나 투자자산으로 분류된다.
③ 단기매매증권과 매도가능증권의 미실현보유이익은 당기순이익항목으로 처리한다.
④ 단기매매증권이 시장성을 상실한 경우에는 매도가능증권으로 분류하여야 한다.

매도가능증권에 대한 미실현보유손익은 기타포괄손익누계액으로 처리한다.

09 유가증권의 취득과 관련된 직접 거래원가에 관한 설명이다. 틀린 것은?

① 기타의 금융부채로 분류하는 경우에는 공정가치에 가산
② 만기보유증권으로 분류하는 경우에는 공정가치에 가산
③ 매도가능증권으로 분류하는 경우에는 공정가치에 가산
④ 단기매매증권으로 분류하는 경우에는 공정가치에 가산

유가증권을 단기매매증권으로 분류하는 경우 취득 시 발생하는 비용(거래원가)은 당기비용으로 처리하며, 나머지(만기보유증권, 매도가능증권)는 취득원가에 가산한다.

오답 피하기

금융자산이나 금융부채는 최초 인식 시 공정가치로 측정한다. 다만, 최초인식 이후 공정가치로 측정하고 공정가치의 변동을 당기손익으로 인식하는 금융자산(예 단기매매증권)이 아닌 경우 당해 금융자산의 취득과 직접 관련되는 거래원가(비용)는 최초 인식하는 공정가치에 가산한다.

10 시장성 있는 (주)A의 주식 10주를 1주당 56,000원에 구입하고, 거래수수료 5,600원을 포함하여 보통예금계좌에서 결제하였다. 당해 주식은 단기매매차익을 목적으로 보유하는 경우이며, 일반기업회계기준에 따라 회계처리하는 경우 발생하는 계정과목으로 적절치 않은 것은?

① 단기매매증권
② 만기보유증권
③ 지급수수료
④ 보통예금

| (차) 단기매매증권 | 560,000 | (대) 보통예금 | 565,600 |
| 수수료비용 | 5,600 | | |

11 다음 중 유가증권에 대한 내용으로 옳지 <u>않은</u> 것은?

① 유가증권은 취득 후에 만기보유증권, 단기매매증권, 매도가능증권, 지분법적용투자주식 중의 하나로 분류한다.

② 유가증권의 분류는 취득 시 결정되면 그 후에 변동되지 않는다.

③ 주로 단기간 내의 매매차익을 목적으로 취득한 유가증권으로서 매수와 매도가 적극적이고 빈번하게 이루어지는 것은 단기매매증권이다.

④ 만기가 확정된 채무증권으로서 상환금액이 확정되었거나 확정이 가능한 채무증권을 만기까지 보유할 적극적인 의도와 능력이 있는 경우에는 만기보유증권이다.

유가증권의 보유의도와 보유능력에 변화가 있으면 재분류할 수 있다.

오답 피하기

유가증권의 보유의도와 보유능력에 변화가 있어 재분류가 필요한 경우에는 다음과 같이 처리한다.

• 단기매매증권은 다른 범주로 재분류할 수 없으며, 다른 범주의 유가증권의 경우에도 단기매매증권으로 재분류할 수 없다. 다만, 드문 상황에서 더 이상 단기간 내의 매매차익을 목적으로 보유하지 않는 단기매매증권은 매도가능증권이나 만기보유증권으로 분류할 수 있으며, 단기매매증권이 시장성을 상실한 경우에는 매도가능증권으로 분류하여야 한다.

• 매도가능증권은 만기보유증권으로 재분류할 수 있으며 만기보유증권은 매도가능증권으로 재분류할 수 있다.

• 유가증권과목의 분류를 변경할 때에는 재분류일 현재의 공정가치로 평가한 후 변경한다.

---

12 다음 중 유가증권의 후속측정에 대해 바르게 설명하지 <u>않은</u> 것은?

① 단기매매증권과 매도가능증권은 원칙적으로 공정가치로 평가한다.

② 매도가능증권 중 시장성이 없는 지분증권의 공정가치를 신뢰성 있게 측정할 수 없는 경우에는 취득원가로 평가한다.

③ 만기보유증권을 상각후원가로 측정할 때에는 장부금액과 만기액면금액의 차이를 상환기간에 걸쳐 유효이자율법에 의하여 상각하여 취득원가와 이자수익에 가감한다.

④ 만기보유증권은 공정가치와 상각후원가 중 선택하여 평가한다.

단기매매증권과 매도가능증권은 공정가치로 평가하며 만기보유증권은 평가하지 않는다. 다만 매도가능증권 중 시장성이 없는 지분증권(주식)의 공정가치를 신뢰성 있게 측정할 수 없는 경우(⑩ 비상장 주식)에는 취득원가로 평가한다.

---

13 (주)영광은 제1기(1.1~12.31)의 1월 2일에 단기적인 시세차익 목적으로 상장주식 100주(주당 20,000원)를 현금으로 취득하였다. 12월 31일의 1주당 시가는 25,000원이었다. (주)영광은 제2기(1.1~12.31) 1월 1일에 1주당 30,000원에 50주를 매각하였다. 제2기 12월 31일의 1주당 시가는 20,000원이었다. 일련의 회계처리 중 <u>잘못된</u> 것을 고르면?

① 주식 취득 시

(차) 단기매매증권   (대) 현금
    2,000,000원   2,000,000원

② 제1기 12월 31일

(차) 단기매매증권   (대) 단기매매증권평가이익
    500,000원   500,000원

③ 제2기 1월 1일

(차) 현금   (대) 단기매매증권
    1,500,000원   1,000,000원
                단기매매증권처분이익
                500,000원

④ 제2기 12월 31일

(차) 단기매매증권평가손실 (대) 단기매매증권
    250,000원   250,000원

• 단기매매증권 취득 시 취득원가는 공정가치(시가)로 하며, 결산 시 장부금액과 공정가치(결산일의 시가)의 차액을 평가하여 당기손익(단기매매증권평가손익)에 반영한다. 또한 처분 시에는 장부금액과 처분금액의 차액(단기매매증권처분손익)을 당기손익에 반영한다.

• 제2기 처분 시

(차) 현금   1,500,000 (대) 단기매매증권   1,250,000
                      단기매매증권   250,000
                      처분이익

14 기말 현재 단기매매증권 보유현황은 다음과 같다. 다음 중 일반기업회계기준에 따른 기말 평가를 하는 경우 올바른 분개로 가장 타당한 것은?

- A사 주식의 취득원가는 200,000원이고 기말공정가액은 300,000원이다.
- B사 주식의 취득원가는 150,000원이고 기말공정가액은 120,000원이다.

① (차) 단기매매증권   (대) 단기매매증권평가이익
       100,000원   100,000원

② (차) 단기매매증권   (대) 단기매매증권평가이익
       70,000원   70,000원

③ (차) 단기매매증권   (대)단기매매증권평가이익
       420,000원   420,000원

④ (차) 단기매매증권   (대)단기매매증권평가이익
       350,000원   350,000원

- A사 주식 :
  공정가치(300,000) − 취득원가(200,000) = 평가이익(100,000원)
- B사 주식 :
  공정가치(120,000) − 취득원가(150,000) = 평가손실(−30,000원)
  ∴ 보기가 순액으로 되어 있으므로 계산하면 단기매매증권평가이익은 70,000원이다.

---

15 다음은 (주)고려개발이 단기매매목적으로 매매한 (주)삼성가전 주식의 거래내역이다. 기말에 (주)삼성가전의 공정가치가 주당 20,000원인 경우 손익계산서상의 단기매매증권평가손익과 단기매매증권처분손익은 각각 얼마인가? 단, 취득원가의 산정은 이동평균법을 사용한다.

거래 일자	매입 수량	매도(판매) 수량	단위당 매입금액	단위당 매도금액
6월 1일	200주		20,000원	
7월 6일	200주		18,000원	
7월 20일		150주		22,000원
8월 10일	100주		19,000원	

① 단기매매증권평가손실 450,000원, 단기매매증권처분이익 350,000원
② 단기매매증권평가이익 450,000원, 단기매매증권처분이익 350,000원
③ 단기매매증권평가이익 350,000원, 단기매매증권처분손실 450,000원
④ 단기매매증권평가이익 350,000원, 단기매매증권처분이익 450,000원

이동평균법은 기중에는 처분할 때마다, 기말에는 평가할 때마다 취득한 주식의 평균단가로 처리하는 방법이다.
- 취득한 주식의 평균단가 :
  {(200주×@20,000) + (200주×@18,000)} ÷ 400주 = @19,000원
  처분손익 : (22,000 − @19,000)×150주 = 450,000원(처분이익)
- 기말 평가전 평균단가 :
  {(250주×@19,000) + (100주×19,000)} ÷ 350주 = @19,000원
  평가손익 : (@20,000 − @19,000)×350주 = 350,000원(평가이익)

---

16 유가증권을 보유함에 따라 무상으로 주식을 배정받은 경우 회계처리방법은?

① 배당금수익(영업외수익)으로 처리한다.
② 장부금액을 증가시켜주는 회계처리는 하지 않고, 수량과 단가를 새로이 계산한다.
③ 장부금액을 증가시켜주는 회계처리를 하고, 수량과 단가를 새로이 계산한다.
④ 장부금액을 증가시켜주는 회계처리를 하고, 수량과 단가를 새로이 계산하지 않는다.

주식배당의 경우에는 순자산 변동 없이 이익잉여금을 자본에 전입하고 무상주를 교부한 거래이므로 수익을 인식하지 아니하고 보유주식의 수량과 단가의 변동을 주식장부에 비망기록한다(발행회사에 대한 투자회사의 몫은 변동이 없기 때문임).

17 다음의 자료로 2024년 5월 5일 현재 주식수와 주당 금액을 계산한 것으로 맞는 것은?

> • (주)갑의 주식을 2023년 8월 5일 100주를 주당 10,000원(액면가액 5,000원)에 취득하였다. 회계처리 시 계정과목은 단기매매증권을 사용하였다.
> • (주)갑의 주식을 2023년 12월 31일 주당 공정가치는 7,700원이었다.
> • (주)갑으로부터 2024년 5월 5일에 무상으로 주식 10주를 수령하였다.

① 100주, 7,000원/주
② 100주, 7,700원/주
③ 110주, 7,000원/주
④ 110주, 7,700원/주

110주, 7,000원 2023.8.5.   단기매매증권 1,000,000원(100주, 10,000원/주)
　　　　　　　 2023.12.31. 단기매매증권 770,000원(100주, 7,700원/주)
　　　　　　　 2024.5.5.   단기매매증권 770,000원(110주, 7,000원/주)

18 다음은 (주)알파의 2024년 거래 중 단기매매증권과 관련된 것이다. 2024년 (주)알파의 재무제표에 표시될 단기매매증권 및 영업외수익은 각각 얼마인가?

> • 4월 8일 : (주)오메가전자의 보통주 100주를 5,000,000원에 취득하였다.
> • 8월 1일 : (주)오메가전자로부터 200,000원의 중간배당금을 수령하였다.
> • 12월 31일 : (주)오메가전자의 보통주 시가는 5,450,000원이다.

① 5,000,000원, 200,000원
② 5,000,000원, 450,000원
③ 5,450,000원, 650,000원
④ 5,450,000원, 450,000원

• 4월 8일 :
(차) 단기매매증권　5,000,000　(대) 계정과목　5,000,000
• 8월 1일 :
(차) 계정과목　200,000　(대) 배당금수익　200,000
• 12월 31일 :
(차) 단기매매증권　450,000　(대) 단기매매증권 평가이익　450,000

∴ 단기매매증권의 기말 장부금액은 5,450,000원이며, 영업외수익은 650,000원(배당금수익+단기매매증권평가이익)이다.

19 다음은 재무상태표의 기본구조에 대한 설명이다. 틀린 것은?

① 유동자산은 당좌자산과 재고자산으로 구분한다.
② 비유동자산은 투자자산, 유형자산, 무형자산, 기타비유동자산으로 구분한다.
③ 자산과 부채는 유동성이 작은 항목부터 배열하는 것을 원칙으로 한다.
④ 자본은 자본금, 자본잉여금, 자본조정, 기타포괄손익누계액 및 이익잉여금으로 구분한다.

자산과 부채는 유동성 배열의 원칙에 따라 유동성이 큰 항목부터 배열한다.

20 다음 중 대손처리할 수 <u>없는</u> 계정과목은 어느 것인가?

① 받을어음
② 미수금
③ 외상매출금
④ 선수금

대손이란 거래처로부터 받을 수 없게 된 수취채권이므로 대손처리할 수 있는 것은 채권만 가능하다. 따라서 선수금은 채무(부채)여서 대손처리할 수 없다.

21 다음 중에서 대손충당금 설정대상 자산으로 적합한 것은?

① 미지급금
② 미수금
③ 선수금
④ 예수금

대손충당금 설정대상 자산은 채권(매출채권, 기타채권)에 한한다.

22 다음은 결산 시 매출채권에 대한 대손충당금을 계산하는 경우의 예이다. 틀린 것은?

	결산 전 대손충당금잔액	기말 매출채권잔액 (대손율 1%)	회계처리의 일부
①	10,000원	100,000원	(대) 대손충당금환입 9,000원
②	10,000원	1,000,000원	회계처리 없음
③	10,000원	1,100,000원	(차) 대손상각비 1,000원
④	10,000원	1,100,000원	(차) 기타의대손상각비 1,000원

"기타의대손상각비"는 기타채권(비매출채권, 매출채권이 아닌 채권)의 대손비용을 처리하는 계정과목이다.

23 결산 시 대손충당금을 과소설정하였다. 정상적으로 설정한 경우와 비교할 때, 어떠한 차이가 있는가?

① 당기순이익이 많아진다.

② 당기순이익이 적어진다.

③ 자본이 과소표시된다.

④ 자산이 과소표시된다.

대손충당금설정 분개가 (차변) 대손상각비(비용) ×××(대변) 대손충당금(자산에서 차감) ×××이므로 대손충당금을 과소설정하였다는 것은 비용이 적게 계상되었다는 것이므로 당기순이익이 많아지며(자본이 과대표시) 대손충당금이 과소설정되었으므로 자산이 과대표시된다.

24 (주)서울은 유형자산 처분에 따른 미수금 기말잔액 45,000,000원에 대하여 2%의 대손충당금을 설정하려 한다. 기초 대손충당금 400,000원이 있었고 당기 중 320,000원 대손이 발생되었다면 보충법에 의하여 기말 대손충당금 설정 분개로 올바른 것은?

① (차) 대손상각비　　　820,000원　(대) 대손충당금 820,000원

② (차) 기타의대손상각비　820,000원　(대) 대손충당금 820,000원

③ (차) 대손상각비　　　900,000원　(대) 대손충당금 900,000원

④ (차) 기타의대손상각비 900,000원　(대) 대손충당금 900,000원

유형자산처분에 따른 미수금은 기타채권이므로 기타의대손상각비로 처리하여야 하며 기말 대손충당금 설정 방법은 채권(미수금)잔액×대손추정율(%) − 대손충당금잔액이므로 45,000,000원×2% − 80,000원 = 820,000원이다.

25 다음의 거래에 대한 분개로 맞는 것은?

> 8월 31일 : 거래처의 파산으로 외상매출금 100,000원이 회수불능이 되다(단, 8월 31일 이전에 설정된 대손충당금 잔액은 40,000원이 있음).

① (차) 대손상각비　　100,000원　(대) 외상매출금 100,000원

② (차) 대손충당금　　40,000원　(대) 외상매출금 100,000원
　　　대손상각비　　60,000원

③ (차) 대손충당금　　60,000원　(대)외상매출금 100,000원
　　　대손상각비　　40,000원

④ (차) 대손충당금환입 40,000원　(대) 외상매출금 100,000원
　　　대손상각비　　60,000원

대손발생 시 대손충당금 잔액을 먼저 가져다 처리하고 부족할 경우에는 비용(대손상각비)처리한다.

26 (주)세원은 대손충당금을 보충법에 의해 설정하고 있으며, 매출채권 잔액의 1%로 설정하고 있다. 기말 재무상태표상 매출채권의 순장부금액은 얼마인가?

매출채권			(단위 : 원)
기초	50,000	회수 등	200,000
발생	500,000		

대손충당금			(단위 : 원)
대손	8,000	기초	10,000

① 346,500원　　　　② 347,000원

③ 347,500원　　　　④ 348,000원

기말 매출채권의 장부금액 = 기말 매출채권의 잔액 − 기말 대손충당금
　　　　　　　　　　 = 350,000 − 3,500 = 346,500원
• 기말 매출채권 잔액 = 기초 50,000 + 발생 500,000 − 회수 200,000
　　　　　　　　　 = 350,000원
• 기말 대손충당금 = 기말 매출채권잔액 × 1% = 3,500원
매출채권의 장부금액(회수가능액)을 물어보고 있다. 대손충당금 설정액과 혼동하지 않도록 한다.
• 결산 시 기말 대손충당금 설정액 = 3,500 − (기초 10,000 − 8,000) = 1,500원

02 재고자산

정상적인 영업과정에서 판매를 위하여 보유하거나 생산과정에 있는 자산(상품, 제품) 및 생산 또는 서비스 제공과정에 투입될 원재료나 소모품의 형태로 존재하는 자산이다.

1) 재고자산의 종류

① **상품** : 정상적인 영업활동을 통하여 판매할 목적으로 구입한 것을 말하며 부동산 매매업에 있어서 판매를 목적으로 소유하는 토지, 건물 등이 상품에 포함된다.

② **제품** : 판매를 목적으로 제조한 생산품 · 부산물 등

③ **원재료** : 제품의 생산에 소비할 목적으로 구입한 원료 · 재료 등

④ **재공품** : 제품의 제조를 위하여 재공과정에 있는 것을 말하며 반제품(현재 상태로 판매가능한 재공품)을 포함한다.

⑤ **저장품** : 소모품, 소모공구기구, 비품 및 수선용 부분품 등

> **더알기 Tip**
>
> 상품을 몇 개의 계정으로 분할하는가에 따라 2분법, 3분법, 5분법 등으로 구분하나 어떠한 방법을 사용해도 결과는 동일하다.
> - 전산세무회계프로그램은 2분법(상품, 상품매출)을 사용한다.
> - **3분법(이월상품, 매입, 매출)**
>   - **이월상품** : 상품의 재고액을 기입하는 자산계정
>   - **매입** : 상품의 매입(제비용포함), 환출및에누리, 매입할인을 기입하여 매출원가를 산출하는 비용계정
>   - **매출** : 상품의 매출, 환입, 매출에누리, 매출할인을 기입하여 순매출액(순액법일 경우에는 상품 매출손익)을 계산하는 수익계정

2) 재고자산의 취득원가

매입원가 또는 제조원가를 말하며 취득에 직접적으로 관련되어 있으며, 정상적으로 발생되는 부대비용(기타원가)을 포함하며 매입환출, 매입에누리, 매입할인은 차감한다.

재고자산의 순매입액 = 매입가+부대비용(운반비등)－매입환출및에누리－매입할인

① **매입환출및에누리** : 매입환출은 매입한 상품의 하자, 파손 등의 사유로 판매자에게 반품 처리한 것이며, 매입에누리는 매입한 상품의 불량, 파손, 결함 등의 이유로 결제금액을 깎는 것을 말한다.

② **매입할인** : 외상대금을 약정(1/20, n/30★ 등)된 할인기간 내에 지급하고 대금의 일부를 깎는 것을 말한다.

★ 20일 이내 상환 시 1% 할인, 30일 이내에 상환할 것

매입환출및에누리, 매입할
인은 재고자산에서 차감(자산
의 감소)하므로 대변에 기입
한다.

> **예제 ▷** 상품 100,000원을 외상으로 매입하면서 운임 10,000원을 당사가 부담하기로 하였
> 다. 결제는 상품 대금은 외상으로 하고 운임은 현금으로 지급하였다.

(차) 상품	110,000	(대) 외상매입금	100,000
		현금	10,000

> **예제 ▷** 매입한 상품의 일부에서 불량이 발생하여 30,000원을 외상매입금에서 차감하기로
> 하였다.

(차) 외상매입금	30,000	(대) 매입환출및에누리	30,000

3) 재고자산의 수량 파악방법

• 재고자산 수량 파악방법
 = 재고자산 수량 결정방법
• 재고자산 원가 파악방법
 = 재고자산 원가 결정방법
 = 재고자산 평가방법

① **실지재고조사법(실사법)** : 재고자산의 입고수량만을 기록하고 출고수량은 기록 하
지 않고 기말에 실지재고를 조사하여 기말재고수량을 파악하는 방법이다. 따라서
당기 판매가능수량(기초재고수량+당기매입수량)에서 기말실지재고수량을 차감
하여 당기판매수량을 파악한다. 단위당 원가가 적고, 입출고가 빈번한 상품을 취
급하는 업종에 적용가능하며 감모 시 판매수량이 과대계상된다.
② **계속기록법** : 입고와 출고가 이루어질 때마다 장부에 계속적으로 수량을 기록하여
재고수량을 장부에서 언제든지 파악할 수 있는 방법으로 실지재고조사는 하지 않
는다. 고가의 상품을 소량으로 취급하는 업종에 적용가능하며 감모 시 기말재고수
량이 과대계상된다.
③ **혼합법(병행법)** : 계속기록법과 실지재고조사법을 병행하여 사용하면, 장부상재고량
과 실지재고량을 모두 알 수 있기 때문에 감모가 자주 발생하는 경우에 사용한다.

4) 재고자산의 원가(단가) 파악방법

그 외의 일반기업회계기준에서 인
정하는 원가 파악방법
• **소매재고법** : 판매가격기준으로
 평가한 기말재고금액에 원가율
 을 적용하여 기말재고자산의 원
 가를 결정하는 방법으로 유통업
 종에서만 사용
• **표준원가법** : 재료원가, 소모품
 원가, 노무원가 및 효율성과 생
 산능력 활용도를 반영

통상적으로 상호 교환될 수 없는 재고항목이나 특정 프로젝트별로 생산되는 제품 또
는 서비스의 원가는 개별법을 사용하여 파악하며, 개별법이 적용되지 않는 재고자산
의 원가는 선입선출법, 후입선출법, 가중평균법(이동평균법, 총평균법)을 사용하여
파악한다. 성격과 용도 면에서 유사한 재고자산에는 동일한 원가 파악방법을 적용하
여야 하며, 성격이나 용도 면에서 차이가 있는 재고자산에는 서로 다른 원가 파악방
법을 적용할 수 있다.

① **개별법** : 매입상품별로 매입가격을 알 수 있도록 개별적으로 관리하여 판매된 부
분에 대한 원가와 기말에 남아 있는 재고자산의 원가를 개별적으로 파악하여 매출
원가와 기말재고액을 파악하는 방법이다.

✓ **개념 체크**

1 계속기록법, 실지재고조사법
 은 재고자산 원가계산방법이
 다. (O, X)

1 ×

장점	이론상 가장 이상적인 방법으로 수익과 비용이 정확히 대응되어 정확한 이익 측정
단점	종류와 수량이 많고 거래가 빈번한 경우 적용 불가

② **선입선출법** : 먼저 매입한 재고자산이 먼저 판매되는 것으로 가정하여 매출원가와 기말재고원가를 파악하는 방법이다.

장점	물량의 흐름과 일치함. 물가상승 시에는 순이익이 높게 계상되고 기말재고원가는 최근의 원가로 계상되므로 재무상태표상 재고자산은 시가에 가까움
단점	먼저 매입한 재고자산이 먼저 판매되므로 매출시점 현재의 매출액(수익)과 과거의 매출원가(비용)가 대응되므로 수익과 비용의 대응이 정확하지 않음

③ **후입선출법** : 가장 나중(최근)에 매입한 재고자산이 먼저 판매되는 것으로 가정하여 매출원가와 기말재고원가를 파악하는 방법이다. 한국채택국제회계기준에서는 인정하지 않는다.

장점	나중에 매입한 재고자산이 먼저 판매되므로 매출시점 현재의 매출액(수익)과 현재의 매출원가(비용)가 대응되므로 수익과 비용의 대응이 적절히 이루어짐. 물가상승 시에는 순이익이 낮게 계상되고 기말재고자산원가는 과거의 원가로 계상되므로 기말재고원가가 낮게 계상됨
단점	물량의 흐름과 일치하지 않음

④ **이동평균법** : 매입할 때마다 평균원가를 계산한 후 재고자산이 출고되는 시점에서의 평균원가로 매출원가와 기말재고원가를 결정하는 방법이다.

(매입직전재고액+금번매입액)÷(매입직전재고수량+금번매입수량) = 이동평균원가

⑤ **총평균법** : 당기에 판매된 재고자산은 모두 동일한 원가라는 가정하에 매출원가와 기말재고원가를 결정하는 방법이다.

(기초재고액+당기매입액)÷(기초재고수량+당기매입수량) = 총평균원가

5) 재고자산의 기말평가(저가법)

재고자산의 시가가 장부금액보다 하락한 경우에 발생한 손실로 시가를 장부금액으로 조정하는 방법이다. 차액을 (차변) 재고자산평가손실(매출원가에 가산 : 영업비용) ×
×× (대변) 재고자산평가충당금(재고자산차감) ×××으로 회계처리한다. 평가손실을 초래했던 상황이 해소되어 새로운 시가가 장부금액보다 상승한 경우에는 최초의 장부금액을 초과하지 않는 범위 내에서 평가손실을 환입(재고자산평가손실환입 : 매출원가에서 차감)한다.

6) 재고자산의 감모손실

도난, 분실, 파손, 증발, 마모 등에 의한 수량부족으로 장부상 수량에 비하여 실제 수량이 부족한 경우에 발생하는 손실((장부수량−실제수량)×단위당 원가)을 말한다.
① **정상적인 경우** : 원가성을 인정하여 매출원가(영업비용)에 가산한다. ❶
② **비정상적인 경우** : 원가성이 인정되지 않으므로 영업외비용으로 처리하고 손익계산서상의 매출원가란에 "타계정으로 대체액"으로 하여 매출원가에서 제외시킨다. ❷

물가상승 시 각 방법의 비교
- **기말재고금액** : 선입선출법 > 이동평균법 > 총평균법 > 후입선출법
- **매출원가** : 후입선출법 > 총평균법 > 이동평균법 > 선입선출법
- **당기순이익** : 선입선출법 > 이동평균법 > 총평균법 > 후입선출법

재고자산평가손실(저가법)
- 원인 : 손상, 진부화, 장기체화, 원가상승 등
- 하락 시에만 인식하고, 상승 시는 인식 안 함
- 시가는 상품·제품·재공품은 순실현가치(추정판매가격−추정판매비용)로, 원재료는 현행대체원가로 함
- 종목별로 평가함

❶ (차) 상품(제품)매출원가 ×××/
　 (대) 상품(제품)　　　×××

❷ (차) 재고자산감모손실 ×××/
　 (대) 상품(제품)　　　×××

상품이 화재 등의 재해로 소실될 경우

(차) 재해손실 ×××
(대) 상품 ×××(적요 8. 타계정으로 대체액)

7) 타계정 대체★

재고자산을 본래의 목적이 아닌(광고선전, 시험연구용 등) 다른 목적으로 사용하는 경우가 있는데 이 경우 사용된 제품이나 상품의 원가를 손익계산서상의 매출원가란에 "매출 이외의 상품감소액(타계정으로 대체액)"이라는 과목으로 하여 매출원가에서 제외시킨다.

> **예제 >>** 상품(원가 200,000원, 시가 300,000원)을 국군 위문금품으로 전달하였다.
>
> | (차) 기부금 | 200,000 | (대) 상품 | 200,000 |
> |---|---|---|---|
> | | | (적요 8.타계정으로 대체액) | |

8) 기말재고자산의 포함 여부 결정

① **미착상품** : 운송 중에 있어 아직 도착하지 않은 상품으로 선적지 인도조건과 목적지(도착지) 인도조건이 있다. 선적지 인도조건인 경우에는 상품이 선적된 시점에 소유권이 매입자에게 이전되기 때문에 미착상품은 매입자의 재고자산에 포함되나 목적지(도착지) 인도조건인 경우에는 상품이 목적지(도착지)에 도착하여 매입자가 인수한 시점에 소유권이 매입자에게 이전되기 때문에 매입자의 재고자산에 포함하지 않는다.

② **시송품** : 매입자가 일정기간 사용한 후 매입 여부를 결정하는 조건으로 판매한 상품을 말하며 매입자가 매입의사표시를 하기 전까지는 매출자의 재고자산에 포함한다.

③ **적송품** : 위탁자가 수탁자에게 판매를 위탁하기 위하여 보낸 상품으로 수탁자가 제3자에게 판매하기 전까지는 위탁자의 재고자산에 포함한다.

④ **저당상품** : 저당권이 실행되어 소유권이 이전되기 전에는 단순히 저당만 잡힌 상태이므로 담보제공자의 재고자산에 속한다.

⑤ **반품률이 높은 재고자산** : 반품률을 과거의 경험 등에 의하여 합리적으로 추정 가능한 경우에는 상품 인도 시에 반품률을 적절히 반영하여 판매된 것으로 보아 판매자의 재고자산에서 제외한다.

⑥ **할부판매상품** : 대금이 모두 회수되지 않았다고 하더라도 상품의 판매시점에서 매출자의 재고자산에서 제외한다.

⑦ **상품권 판매** : 상품권을 발행한 시점에선 매출자의 재고자산에 포함하며 상품권을 회수한 시점에서 재고자산에서 제외한다.★

🎓 **기적의 Tip**

할부판매 시 이자는 판매시점에서 인식하지 않고 유효이자율법을 적용하여 가득하는 시점에 수익으로 인식한다.

★ 상품권 발행 시(상품권) 선수금으로 처리한다.

✓ **개념 체크**

1 위탁판매 시 위탁자가 수탁자에게 상품을 매도한 날이 수익인식시점이다. (O, X)

1 ×

12년 10월

01 다음 중 재고자산의 취득원가에 포함시켜야 하는 항목으로 가장 맞는 것은?

① 판매수수료
② 판매 시의 운송비용
③ 재고자산 매입 시 수입관세
④ 인수 후 판매까지의 보관료

재고자산의 취득원가 : 매입금액＋취득 시 발생되는 제비용(매입운임, 하역료, 보험료 등)－매입환출－매입에누리－매입할인
따라서 취득 이후에 발생되는 비용은 발생기간의 비용(판매비와관리비)으로 인식해야 한다.

11년 6월

02 다음 중 재고자산의 원가에 대한 설명으로 옳지 <u>않은</u> 것은?

① 매입원가는 매입가액에 취득과정에서 정상적으로 발생한 부대비용을 가산한 금액이다.
② 제조원가는 보고기간 종료일까지 제조과정에서 발생한 직접재료비, 직접노무비, 제조와 관련된 변동제조간접비 및 고정제조간접비의 체계적인 배부액을 포함한다.
③ 매입원가에서 매입과 관련된 에누리는 차감하나 할인은 차감하지 않는다.
④ 제조원가 중 비정상적으로 낭비된 부분은 원가에 포함될 수 없다.

매입에 관련된 할인도 차감해야 한다. 비정상적으로 낭비된 부분은 영업외비용으로 처리한다.

22년 10월, 12년 12월

03 다음 중 재고자산 평가방법이 <u>아닌</u> 것은?

① 실지재고조사법
② 후입선출법
③ 가중평균법
④ 선입선출법

• 재고자산 평가(단가결정)방법 : 개별법, 선입선출법, 후입선출법, 가중평균법(이동평균법, 총평균법)
• 재고자산 수량결정방법 : 계속기록법, 실지재고조사법(실사법), 혼합법

19년 2월, 13년 9월

04 다음 중 재고자산의 수량결정방법에 해당하는 것은 어느 것인가?

① 선입선출법   ② 이동평균법
③ 후입선출법   ④ 계속기록법

계속기록법, 실지재고조사법은 재고자산의 수량결정방법이고, 선입선출법, 이동평균법, 후입선출법, 총평균법, 개별법은 재고자산의 단가결정방법(평가방법)이다.

19년 8월, 16년 8월, 07년 10월

05 물가가 지속적으로 상승하는 경우로서 재고자산의 수량이 일정하게 유지된다면 매출총이익이 가장 크게 나타나는 재고자산 평가방법은 무엇인가?

① 선입선출법   ② 후입선출법
③ 이동평균법   ④ 총평균법

물가가 상승하는 경우에는 선입선출법이 매출원가를 가장 적게 계상하게 되므로 매출총이익이 가장 크게 나타난다.

오답 피하기

물가가 계속적으로 상승하는 경우(인플레이션)
• 재고자산의 크기 : 선입선출법＞이동평균법＞총평균법＞후입선출법
• 매출원가의 크기 : 후입선출법＞총평균법＞이동평균법＞선입선출법
• 당기순이익 크기 : 선입선출법＞이동평균법＞총평균법＞후입선출법

20년 10월, 15년 4월

06 물가가 상승하는 시기에 있어 재고자산의 기초재고수량과 기말재고수량이 같을 경우에, 매출원가, 당기순이익과 법인세비용을 가장 높게 하는 재고자산 원가 결정방법으로 묶어진 것은?

	매출원가	당기순이익	법인세비용
①	선입선출법	평균법	평균법
②	후입선출법	선입선출법	선입선출법
③	평균법	후입선출법	후입선출법
④	선입선출법	선입선출법	선입선출법

물가상승 시 재고자산 원가 결정방법의 비교
• 매출원가 : 후입선출법 〉 총평균법 〉 이동평균법 〉 선입선출법
• 당기순이익 : 선입선출법 〉 이동평균법 〉 총평균법 〉 후입선출법
• 법인세비용 : 선입선출법 〉 이동평균법 〉 총평균법 〉 후입선출법
※ 법인세비용은 당기순이익이 크면 많이 부담하게 된다.

07 다음은 재고자산의 원가배분에 관한 내용이다. 선입선출법의 특징이 **아닌** 것은?

① 일반적인 물량흐름은 먼저 매입한 것이 먼저 판매되므로 물량흐름과 원가흐름이 일치한다.

② 기말재고는 최근에 구입한 것이므로 기말재고자산은 공정가치에 가깝게 보고된다.

③ 물가상승 시 현재의 매출수익에 오래된 원가가 대응되므로 수익·비용대응이 잘 이루어지지 않는다.

④ 물가상승 시 이익을 가장 적게 계상하므로 가장 보수적인 평가방법이다.

• 물가상승 시 이익을 가장 적게 계상하는 방법은 후입선출법이다.
• **보수적인 평가방법** : 자산, 자본, 수익은 적게 계상하고, 부채나 비용은 크게 계상하는 방법이다.

08 기말재고자산금액을 실제보다 높게 계상한 경우 재무제표에 미치는 영향으로 **잘못된** 것은?

① 매출원가가 실제보다 감소한다.

② 매출총이익이 실제보다 증가한다.

③ 당기순이익이 실제보다 증가한다.

④ 자본총계가 실제보다 감소한다.

기말재고자산을 실제보다 높게 계상한 경우에는 매출원가는 실제보다 감소하고, 그 결과 매출총이익과 당기순이익은 증가한다. 또한 당기순이익이 증가하면 자본도 증가하게 된다(∵기초자본＋수익－비용 = 기말자본).

09 다음 중 물가가 상승하는 경우 재무상태표에 재고자산을 가장 최근의 원가, 즉 시가나 공정가치로 표현할 수 있는 재고자산의 원가결정방법은 무엇인가?

① 개별법

② 선입선출법

③ 후입선출법

④ 이동평균법

개별법은 실물흐름에 따른 방법이고 후입선출법은 기말재고자산이 과거에 매입된 가격으로 표시되고, 이동평균법은 상품을 취득할 때마다 새로운 단가를 계산하는 방법으로 취득가격이 서로 섞이게 된다.

10 다음은 청솔상회의 재고자산과 관련된 문제이다. 선입선출법에 의하여 평가할 경우 매출총이익과 기말재고자산은 얼마인가? (다른 원가는 없다고 가정함)

일자	매입매출구분	수량	단가
10월 1일	기초재고	10개	개당 100원
10월 8일	매입	30개	개당 110원
10월 15일	매출	25개	개당 140원
10월 30일	매입	15개	개당 120원

	매출총이익	기말재고자산
①	850원	3,450원
②	2,650원	1,800원
③	3,500원	199,800원
④	6,100원	1,650원

선입선출법은 먼저 매입한 재고자산이 먼저 판매되는 것으로 가정하여 매출원가와 기말재고액을 결정하는 방법이다.

• **매출액** : 25개×140원 = 3,500원
• **매출원가** : 10개×100원＋15×110원 = 2,650원
• **매출총이익** : 매출액－매출원가 = 3,500원－2,650원 = 850원
• **기말재고자산** : 15개×110원＋15개×120원 = 1,650원＋1,800원 = 3,450원

11 다음은 장비상사의 제1기(1.1.~12.31.) 재고자산 내역이다. 이를 통하여 이동평균법에 의한 기말재고자산의 단가를 계산하면 얼마인가?

일자	적요	수량	단가
1월 4일	매입	200	1,000원
3월 6일	매출	100	1,200원
5월 7일	매입	200	1,300원
7월 10일	매입	300	1,100원

① 1,150원   ② 1,200원

③ 1,250원   ④ 1,270원

• 이동평균법은 매입할 때마다 평균단가를 계산한 후 출고되는 시점에 평균원가로 매출원가와 기말재고원가를 결정하는 방법이므로, 3월 6일 이전의 평균원가는 1,000원이나 3월 6일 매출 후부터 기말까지 평균원가는 1월 4일의 남은 수량 100개와 단가 1,000원부터 기말까지 매입한 재고자산의 수량과 단가로 평균원가를 구하게 된다.

• **3월 6일 매출 후부터 기말까지 평균단가** : (100×1,000원＋200×1,300원＋300×1,100)÷600 = 1,150원

12 재고자산 평가방법에 대하여 <u>잘못</u> 설명한 것은?

① 개별법은 실제수익과 실제원가가 대응되어 이론적으로 가장 우수하다고 할 수 있으나 실무에서 적용하는 데는 어려움이 있다.

② 재고수량이 동일할 때 물가가 지속적으로 상승하는 경우에는 선입선출법을 적용하면 다른 평가방법을 적용하는 경우보다 상대적으로 이익이 크게 표시된다.

③ 이동평균법은 매입거래가 발생할 때마다 단가를 재산정해야 하는 번거로움이 있다.

④ 후입선출법은 일반적인 물량흐름과 일치한다.

⋯⋯⋯⋯⋯⋯⋯⋯⋯⋯⋯⋯⋯⋯⋯⋯⋯⋯⋯⋯⋯⋯⋯⋯⋯

후입선출법은 가장 최근에 매입한 재고자산부터 먼저 판매하는 것으로 가정하여 매출원가와 기말재고액을 결정하는 방법이므로 물량흐름과 일치하지 않는다.

13 다음 재고자산의 단위원가 결정방법에 대한 설명 중 <u>옳지 않은</u> 것은?

① 선입선출법은 가장 최근에 매입한 상품이 기말재고로 남아있다.

② 가중평균법에는 총평균법과 이동평균법이 있다.

③ 성격 또는 용도면에서 차이가 있는 재고자산이더라도 모두 같은 방법을 적용하여야만 한다.

④ 기초재고와 기말재고의 수량이 동일하다는 전제하에 인플레이션 발생 시 당기순이익이 가장 적게 나타나는 방법은 후입선출법이다.

⋯⋯⋯⋯⋯⋯⋯⋯⋯⋯⋯⋯⋯⋯⋯⋯⋯⋯⋯⋯⋯⋯⋯⋯⋯

성격 또는 용도 면에서 차이가 있는 재고자산에 대하여는 서로 다른 단위원가 결정방법을 적용할 수 있다.

14 재고자산의 단가 결정 방법 중 매출 시점에서 해당 재고자산의 실제 취득원가를 기록하여 매출원가로 대응시킴으로써 가장 정확하게 원가 흐름을 파악할 수 있는 재고자산의 단가 결정 방법은 무엇인가?

① 개별법   ② 선입선출법

③ 후입선출법   ④ 총평균법

⋯⋯⋯⋯⋯⋯⋯⋯⋯⋯⋯⋯⋯⋯⋯⋯⋯⋯⋯⋯⋯⋯⋯⋯⋯

매출 시점에 실제 취득원가를 기록하여 매출원가로 대응시켜 원가 흐름을 가장 정확하게 파악할 수 있는 재고자산의 단가 결정 방법은 개별법이다.

15 정상적인 원인으로 원재료에 대한 재고감모손실이 발생했을 경우 올바른 회계처리는?

① 매출원가에 가산한다.

② 매출원가에서 차감한다.

③ 판매비와관리비로 분류한다.

④ 영업외비용으로 분류한다.

⋯⋯⋯⋯⋯⋯⋯⋯⋯⋯⋯⋯⋯⋯⋯⋯⋯⋯⋯⋯⋯⋯⋯⋯⋯

재고자산감모손실이란 재고자산의 실제수량이 장부상 수량보다 부족한 경우를 말하며 장부상의 기말재고액을 감소시키고 감모손실만큼 비용으로 처리해야 한다.

오답 피하기

재고자산감모손실의 회계처리

- 정상적인 원인인 경우(원가성이 있는 경우) : 원가성이 인정되는 경우이므로 매출원가에 가산한다.

(차) 매출원가	×××	(대) 재고자산	×××

- 비정상적인 원인인 경우(원가성이 없는 경우) : 해당 재고자산의 매출원가에 타계정으로 대체액이라는 과목으로 하여 매출원가에서 제외시키고 이를 영업외비용으로 처리한다.

(차) 재고자산감모손실	×××	(대) 재고자산	×××
		(타계정으로 대체액)	

16 다음 중 재고자산의 평가에 대한 설명으로 <u>옳지 않은</u> 것은?

① 성격이 상이한 재고자산을 일괄 구입하는 경우에는 공정가치 비율에 따라 안분하여 취득원가를 결정한다.

② 재고자산의 취득원가에는 취득과정에서 발생한 할인, 에누리는 반영하지 않으며 판매와 관련된 비용은 원가에 포함한다.

③ 저가법을 적용할 경우 시가가 취득원가보다 낮아지면 시가를 장부금액으로 한다.

④ 저가법을 적용할 경우 발생한 차액은 영업비용인 매출원가로 처리한다.

⋯⋯⋯⋯⋯⋯⋯⋯⋯⋯⋯⋯⋯⋯⋯⋯⋯⋯⋯⋯⋯⋯⋯⋯⋯

재고자산의 취득원가에는 매입금액에 매입운임, 하역료 및 보험료 등을 가산하고 매입과 관련된 할인, 에누리 및 기타 유사한 항목은 매입원가에서 차감한다. 판매와 관련된 비용은 판매비와관리비로 처리한다.

17 다음은 재고자산의 평가에 대한 설명이다. **틀린** 것은?

① 재고자산의 평가손실누계액(평가충당금)은 재고자산의 차감계정으로 표시한다.

② 재고자산의 평가손실은 영업외비용으로 처리한다.

③ 재고자산의 감모손실이 정상적인 범위 내에 해당하는 경우에는 매출원가에 가산한다.

④ 재고자산의 감모손실이 비정상적인 것으로 판단되는 경우에는 영업외비용으로 처리한다.

기말 재고자산의 시가가 장부금액 이하로 하락한 경우 시가를 장부금액으로 변경하고 해당 금액을 재고자산평가손실(영업비용)로 처리해야 한다(저가법). 또한, 상대계정은 재고자산평가충당금(재고자산차감)으로 처리한다.

오답 피하기

재고자산평가손실 분개

(차) 재고자산평가손실 ××× (매출원가)	(대) 재고자산평가충당금 ××× (재고자산차감)

18 다음은 재고자산의 인식시점에 대한 설명이다. 다음 중 가장 **틀린** 것은?

① 적송품은 수탁자가 판매하기 전까지 위탁자의 재고자산에 포함한다.

② 시송품은 매입자가 매입의사표시를 하기 전까지 판매자의 재고자산에 포함한다.

③ 할부판매상품은 인도기준으로 매출을 인식하므로 대금회수와 관계없이 인도시점에서 판매자의 재고자산에서 제외한다.

④ 미착품은 도착지 인도조건인 경우 선적시점에서 매입자의 재고자산에 포함한다.

도착지(목적지) 인도조건인 경우 미착품은 도착시점에서 매입자의 재고자산에 포함한다.

19 다음 중 일반기업회계기준에 의한 수익인식기준으로 올바른 것은?

① 위탁판매 – 수탁자에게 상품을 인도한 날

② 상품권판매 – 상품권을 회수한 날

③ 정기간행물(금액이 매 기간 동일) 판매 – 구독금액을 일시에 수령한 날

④ 할부판매 – 매회 할부금을 회수하는 날

위탁판매는 수탁자가 제3자에게 판매하는 날 수익을 인식하며, 출판물 및 이와 유사한 품목의 구독의 경우 해당 품목의 금액이 매기 비슷한 경우에는 발송기간에 걸쳐 정액기준으로 수익을 인식한다. 또한 할부판매는 판매시점에서 수익을 인식한다.

20 다음은 기말재고자산에 포함될 항목의 결정에 대한 설명이다. 가장 **틀린** 것은?

① 적송품은 수탁자가 판매한 경우 위탁자의 재고자산에서 제외한다.

② 시송품은 매입자가 매입의사표시를 한 경우 판매자의 재고자산에서 제외한다.

③ 할부판매상품은 인도기준으로 매출을 인식하므로 대금회수와 관계없이 인도시점에서 판매자의 재고자산에서 제외한다.

④ 미착품이 도착지 인도조건인 경우 도착시점에서 판매자의 재고자산에 포함한다.

미착품이 도착지(목적지) 인도조건인 경우 도착시점에 매입자의 재고자산에 포함한다.

21 다음 중 재고자산의 기말평가 시 저가법을 적용하는 경우, 그 내용으로 **틀린** 것은?

① 가격하락 시 :

(차) 재고자산평가손실 ××× (대) 재고자산평가충당금 ×××

② 가격회복 시 :

(차) 재고자산평가충당금 ××× (대) 재고자산평가충당금환입 ×××

③ 재고자산평가충당금환입은 영업외수익으로 분류한다.

④ 재고자산평가충당금은 해당 재고자산에서 차감하는 형식으로 기재한다.

재고자산평가충당금환입은 매출원가에서 차감한다.

오답 피하기

재고자산의 기말평가(저가법)

재고자산의 시가가 장부금액보다 하락하여 발생한 손실은 재고자산평가손실로 처리하여 매출원가에 가산하며 상대계정은 재고자산평가충당금으로 처리하여 재고자산의 차감계정으로 표시한다. 시가는 매 회계기간 말에 추정한다. 또한 평가손실을 초래했던 상황이 해소되어 새로운 시가가 장부금액보다 상승한 경우에는, 최초의 장부금액을 초과하지 않는 범위 내에서 평가손실을 환입한다. 재고자산평가손실의 환입은 매출원가에서 차감한다.

02 비유동자산

출제
빈도 상 중 하

기적의 3회독 □1회 □2회 □3회

빈출 태그 퇴직연금 · 유형자산의 취득원가 · 자본적 지출 · 수익적 지출 · 감가상각방법 · 유형자산처분 · 개발비

유동자산이 아닌 모든 자산은 비유동자산으로 분류한다.

01 투자자산

기업이 장기적인 투자수익이나 타기업 지배목적 등의 부수적인 기업활동의 결과로 보유하는 자산이다.

1) 장기금융상품

① **장기성예금** : 금융기관이 취급하는 정기예금 · 적금 및 기타 정형화된 상품 등으로 보고기간말로부터 1년 이후에 만기가 도래하는 것을 말한다.

② **특정현금과예금** : 장기금융상품 중 사용이 제한되어 있는 예금(예 당좌개설보증금 등)으로 실무상 관리 목적으로 사용하는 계정이다. 전산세무회계 프로그램의 재무상태표(제출용)에는 장기금융상품이라는 계정으로 통합 표시된다.

> **예제 ≫** 정기예금(만기 : 2년) 통장을 개설하고 1,000,000원을 자기앞수표로 입금하였다.

(차) 장기성예금	1,000,000	(대) 현금	1,000,000

> **예제 ≫** 당사 주거래 은행과 당좌거래계약(3년 계약)을 체결하고 당좌거래개설보증금 500,000원과 당좌 예금계좌에 1,000,000원을 현금으로 입금하였다.

(차) 특정현금과예금	500,000	(대) 현금	1,500,000
당좌예금	1,000,000		

기적의 Tip

효율적인 학습을 하기 위하여 PART 02 실무편 「일반전표입력」의 문제를 병행 학습하도록 한다.

2) 장기투자증권

① **만기보유증권** : 만기까지 보유할 적극적인 의도와 능력이 있는 채무증권(만기확정, 상환금액이 확정되었거나 확정이 가능한 것)을 말한다.

② **매도가능증권** : 단기매매증권이나 만기보유증권으로 분류되지 아니하는 유가증권은 매도가능증권으로 분류한다. 결산 시 시장성이 있거나 공정가치를 신뢰성 있게 측정할 수 있을 경우에는 공정가치로 평가하며 이때 미실현 보유손익인 "매도가능증권평가이익" 또는 "매도가능증권평가손실"은 기타포괄손익누계액(자본)으로 분류한다.

※ 매도가능증권과 만기보유증권은 투자자산으로 분류한다. 다만, 보고기간말로부터 1년 내에 만기가 도래하거나 또는 매도 등에 의하여 처분할 것이 거의 확실한 매도가능증권과 보고기간말로부터 1년 내에 만기가 도래하는 만기보유증권은 유동자산(이런 이유로 프로그램에선 만기보유증권과 매도가능증권의 계정과목이 각각 2개씩 있음)으로 분류한다. 단기매매증권이 시장성을 상실한 경우에는 매도가능증권으로 분류하여야 한다.

3) 나머지 투자자산

① **장기대여금** : 회수기한이 보고기간말로부터 1년 이후에 도래하는 대여금이다.

② **투자부동산** : 장기투자의 목적으로 시세차익을 얻기 위하여 보유하고 있는 부동산을 말한다.

③ **퇴직연금운용자산** : 퇴직연금은 기업이 사외 금융기관에 일정금액을 적립하고 근로자는 퇴직한 뒤 연금 또는 일시금으로 수령하는 금액으로 확정기여형과 확정급여형이 있다.

- **확정급여형(DB) 퇴직연금(회사 계좌)** : 운용수익은 회사가 가져가므로 투자자산인 "퇴직연금운용자산"으로 처리하고 운용수익이 발생하면 퇴직연금운용수익(이자수익)계정으로 처리한다.

- **확정기여형(DC) 퇴직연금(근로자 개인계좌)** : 불입 시 즉시 직원퇴직연금계좌로 입금되므로 "퇴직급여"로 비용처리를 한다.

17년 6월

01 다음 (주)세무의 매도가능증권 거래로 인하여 당기손익에 미치는 영향으로 옳은 것은?

> (주)세무는 당기 1월 16일에 (주)회계의 주식 100주를 주당 10,000원에 취득(매도가능증권으로 회계처리함)하고, 취득 관련 수수료비용 20,000원을 포함하여 현금을 지급하였다. 그리고 다음날인 1월 17일에 (주)회계의 주식 50주를 주당 9,000원에 현금 처분하였다.

① 당기순이익 40,000원 감소한다.
② 당기순이익 50,000원 감소한다.
③ 당기순이익 60,000원 감소한다.
④ 당기순이익 70,000원 감소한다.

• 1월 16일
| (차) 매도가능증권 | 1,020,000 | (대) 현금 | 1,020,000 |
• 1월 17일
| (차) 현금 | 450,000 | (대) 매도가능증권 | 510,000 |
| 매도가능증권 처분손실 | 60,000 | | |

20년 8월, 15년 6월

02 유가증권과 관련한 다음의 설명 중 적절치 **않은** 것은?

① 유가증권에는 지분증권과 채무증권이 포함된다.
② 만기가 확정된 채무증권을 만기까지 보유할 적극적인 의도와 능력이 있는 경우에는 만기보유증권으로 분류한다.
③ 만기보유증권으로 분류되지 아니하는 채무증권은 매도가능증권으로만 분류된다.
④ 주로 단기간 내의 매매차익을 목적으로 취득한 유가증권으로서 매수와 매도가 적극적이고 빈번하게 이루어지는 것은 단기매매증권으로 분류한다.

만기보유증권으로 분류되지 아니하는 채무증권은 단기매매증권과 매도가능증권 중의 하나로 분류한다.

02 유형자산

재화의 생산, 용역의 제공, 타인에 대한 임대 또는 자체적으로 사용할 목적으로 보유하는 물리적 형체가 있는 자산으로서, 1년을 초과하여 사용할 것이 예상되는 자산이다.

1) 유형자산의 분류

① **토지** : 대지, 임야, 전답 등으로 하며, 매매목적으로 보유하는 토지와 비업무용 토지는 제외된다.

② **건물** : 회사의 영업활동에 사용되고 있는 점포, 창고, 사무소, 공장 등의 건물과 냉난방, 전기, 통신 및 기타의 건물부속설비 등을 말한다.

③ **구축물** : 자기의 영업활동을 위해 사용하는 토지 위에 정착한 건물 이외의 교량, 궤도, 갱도, 정원설비 및 기타의 토목설비 또는 공작물 등을 말한다.

④ **기계장치** : 제품 등의 제조·생산을 위해 사용하는 기계장치, 운송설비(콘베어, 호이스트, 기중기 등)와 기타의 부속설비 등을 말한다.

⑤ **건설중인자산** : 유형자산의 건설을 위하여 직접 또는 간접으로 소요된 재료비, 노무비, 경비로 하되, 건설을 위하여 지출한 도급금액 등을 포함한다. 건설중인자산은 유형자산의 취득을 위하여 취득 완료 시까지 지출한 금액을 처리하는 임시계정으로서 취득 완료 시에 해당 계정으로 대체된다.

⑥ **기타자산** : 차량운반구, 비품 등

2) 유형자산의 취득원가

최초에는 취득원가로 측정하며, 현물출자, 증여, 기타 무상으로 취득한 자산은 공정가치를 취득원가로 한다.

① **취득원가의 구성** : 구입원가 또는 제작원가 및 경영진이 의도하는 방식으로 자산을 가동하는 데 필요한 장소와 상태에 이르게 하는 데 직접 관련되는 비용(원가) 등으로 구성되며 매입할인 등이 있는 경우에는 이를 차감한다.

> 예 설치장소 준비를 위한 지출, 외부 운송 및 취급비, 설치비, 취득세, 국·공채 매입 시 매입금액과 현재가치의 차액, 자본화* 대상인 차입원가(건설 시 차입이자로 건설중인자산으로 처리) 등

② **일괄구입** : 각 자산의 취득원가는 상대적 공정가치에 따라 안분하여 취득원가를 산정한다.

🎓 **기적의 Tip**

건물과 기계장치를 설비자산 이라고 한다.

유형자산의 취득원가가 아닌 경우

- 새로운 시설을 개설하는 데 소요되는 원가
- 새로운 지역에서 또는 새로운 고객층을 대상으로 영업교육을 하는 데 소요되는 원가
- 관리 및 기타 일반 간접원가
- 유형자산이 경영진이 의도하는 방식으로 가동될 수 있으나 아직 실제로 사용되지 않고 있는 경우
- 유형자산의 산출물에 수요가 형성되는 과정에서 발생하는 가동손실
- 기업이 영업 전부 또는 일부를 재배치하거나 재편성하는 과정에서 발생하는 원가

★ **자본화**
= 자산처리

③ **건물철거** : 건물을 신축하기 위하여 구건물이 있는 토지를 취득하고 그 건물을 철거하는 경우 철거 관련 비용(⑩ 철거비용, 토지정지비용)은 취득원가에 가산하고 (토지로 처리함) 철거건물의 부산물 판매수익은 취득원가에서 차감한다. 또한 건물을 신축하기 위하여 기존 당사 건물을 철거하는 경우에는 건물의 장부금액을 제거하여 유형자산처분손실로 반영하고, 철거비용은 당기 영업외비용(유형자산처분손실이나 수수료비용)으로 처리한다.

④ **증여, 기타 무상취득** : 유형자산을 증여, 기타 무상으로 취득하는 경우에는 취득한 자산의 공정가치를 취득원가로 한다. 이 경우 자산의 상대계정은 자산수증이익(영업외수익)으로 처리한다.

건물을 신축하기 위하여
- **구건물을 취득하여 철거하는 경우** : 토지로 처리, 취득원가 = 매입금액 + 철거비용 등 - 부산물 판매수익
- **사용 중인 건물을 철거하는 경우** : 철거비용 등은 영업외비용 처리(유형자산처분손실)

> **예제 ≫** 당사는 본사 건물을 신축하고자 건물이 세워져 있는 부지를 1,000,000원에 구입하고 대금은 당좌수표를 발행하여 지급하였다. 또한 건물의 철거비용으로 10,000원을 보통예금계좌로 이체하였으며 철거 시 나온 고철을 처분하면서 5,000원을 현금으로 받았다.

(차) 토지	1,005,000	(대) 당좌예금	1,000,000
현금	5,000	보통예금	10,000

> **예제 ≫** 신축사옥을 짓기 위하여 당사의 구사옥(취득원가 1,000,000원, 감가상각누계액 700,000원)을 철거하고 철거비 10,000원을 현금으로 지급하였다.

(차) 감가상각누계액	700,000	(대) 건물	1,000,000
유형자산처분손실	310,000	현금	10,000

※ 철거비를 수수료비용으로 처리할 경우 유형자산처분손실 300,000원, 수수료비용 10,000원으로 처리하며 둘 다 영업외비용으로 처리해야 한다.

⑤ **교환에 의한 취득**

- **이종자산 간의 교환** : 자산의 취득원가는 교환을 위하여 제공한 자산의 공정가치★로 한다.

- **동종자산 간의 교환** : 자산의 취득원가는 교환으로 제공한 자산의 장부금액으로 한다.

  (∵ 동일한 업종 내에서 유사한 용도로 사용되고 공정가치가 비슷한 동종자산과의 교환으로 유형자산을 취득하는 경우에는 제공된 유형자산으로부터의 수익창출과정이 아직 완료되지 않았기 때문에 교환에 따른 거래 손익을 인식하지 않아야 하므로)

★ 교환을 위하여 제공한 자산의 공정가치가 불확실한 경우에는 교환으로 취득한 자산의 공정가치를 취득원가로 한다. 자산의 교환에 현금수수액이 있는 경우에는 받을 경우 취득원가에 차감하며 지급할 경우 취득원가에 가산한다.

✔ **개념 체크**

1 토지 취득 시 발생되는 공인중개사 수수료는 수수료비용으로 처리한다. (O, X)

1 ×

3) 취득 후의 지출(원가)

① **자본적 지출(자산처리)** : 유형자산의 인식기준(미래 경제적 효익의 유입가능성이 매우 높고 원가를 신뢰성 있게 측정할 수 있음)을 충족하는 경우를 말한다.

> **예** 개조·개량·증설·확장, 엘리베이터·에스컬레이터 설치, 피난시설, 냉난방 장치 설치, 생산능력 증대, 내용연수 연장, 상당한 원가절감 또는 품질향상을 가져오는 경우

② **수익적 지출(비용처리)** : 자산의 원상을 회복시키거나 능률유지를 위한 지출을 말한다.

> **예** 건물도색, 파손된 유리교체, 자동차 배터리·타이어교체, 건물조명기구 교체 등 수선유지를 위한 지출

4) 감가상각

유형자산은 사용에 의한 소모, 시간의 경과와 기술의 변화에 따른 진부화 등에 의해 경제적 효익이 감소하며 장부금액은 일반적으로 이러한 경제적 효익의 소멸을 반영할 수 있는 감가상각액의 인식을 통하여 감소한다. 감가상각의 주목적은 원가의 배분이며 자산의 재평가는 아니다. 따라서 감가상각액은 유형자산의 장부금액이 공정가치에 미달하더라도 계속하여 인식한다. 유형자산의 감가상각은 자산이 사용가능한 때부터 시작하며 토지와 건설중인자산은 감가상각을 하지 않는다.

① **감가상각비계산의 3요소** : (취득)원가★, 내용연수, 잔존가치
- **(취득)원가** : 취득금액＋취득 시 제비용＋자본적 지출
- **내용연수** : 자산으로부터 기대되는 효용
- **잔존가치** : 내용연수 경과 후 남아 있을 것으로 예상되는 금액

② **감가상각방법(연 감가상각비)**
- **정액법(직선법)** : {(취득)원가－잔존가치} ÷ 내용연수
- **정률법(체감잔액법)** : 미상각잔액((취득)원가－감가상각누계액) × 정률(상각률, %, $1 - \sqrt[내용연수]{\dfrac{잔존가치}{취득원가}}$)
- **생산량비례법(또는 작업시간비례법)** : {(취득)원가－잔존가치} × 당기실제생산량 ÷ 총추정생산량
- **연수합계법** : {(취득)원가－잔존가치} × 연수의 역순(잔여내용연수) ÷ 내용연수의 합계
- **이중체감법(정액법의 배법)** : 미상각잔액 × 상각률(2 ÷ 내용연수)

③ **감가상각의 회계처리** : (차) 감가상각비 × × × (대) 감가상각누계액 × × ×

왼쪽 여백 내용

- 자본적 지출을 수익적 지출로 처리 시 : 자산의 과소, 비용의 과대(→ 이익의 과소 → 자본의 과소)
- 수익적 지출을 자본적 지출로 처리 시 : 자산의 과대, 비용의 과소(→ 이익의 과대 → 자본의 과대)

기적의 Tip
토지와 건설중인자산은 감가상각 대상이 아니다.

★ 취득원가에 자본적 지출분이 포함될 수도 있으므로 원가라는 용어가 정확하다.

기적의 Tip
정액법, 정률법의 공식은 암기하도록 하며 초기에 감가상각비를 가장 크게 계상하는 방법은 정률법이다.

초기 감가상각비 크기
정률법(또는 이중체감법) > 연수합계법 > 정액법

기적의 Tip
감가상각누계액 표시
자산에서 차감(대변)하는 평가계정이므로 재무상태표 자산에 다음과 같이 표시된다.

차량운반구	xxx	
감가상각누계액	xxx	xxx

5) 유형자산의 처분, 폐기

유형자산을 처분하는 경우에는 처분시점에서 유형자산의 장부금액(원가−감가상각
누계액)을 제거하는 회계처리를 하고, 장부금액과 처분금액의 차액은 "유형자산처분
이익" 또는 "유형자산처분손실"(영업외손익)로 처리한다.

① 처분이나 폐기 시 회계처리(처분이익 발생 시)

(차) 감가상각누계액	×××	(대) 유형자산	×××(취득원가)
받을 돈(받은 돈)	×××	유형자산처분이익	×××

> **예제 >>** 건물(취득원가 1,000,000원, 감가상각누계액 500,000원)을 600,000원에 처분하
> 고 대금은 1개월 후에 받기로 하였다.

(차) 감가상각누계액	500,000	(대) 건물	1,000,000
미수금	600,000	유형자산처분이익	100,000

② 처분이나 폐기 시 회계처리(처분손실 발생 시)

(차) 감가상각누계액	×××	(대) 유형자산	×××(취득원가)
받을 돈(받은 돈)	×××		
유형자산처분손실	×××		

> **예제 >>** 건물(취득원가 1,000,000원, 감가상각누계액 500,000원)을 400,000원에 처분하
> 고 대금은 1개월 후에 받기로 하였다.

(차) 감가상각누계액	500,000	(대) 건물	1,000,000
미수금	400,000		
유형자산처분손실	100,000		

더 알기 Tip

유형자산 인식시점 이후의 측정

유형자산 취득이후 원가모형이나 재평가모형 중 하나를 회계정책으로 선택하여 유형자산별로 동
일하게 적용한다.

- **원가모형** : 최초 인식 후에 유형자산은 원가에서 감가상각누계액과 손상차손누계액을 차감한
  금액을 장부금액으로 표시하며 공정가치와 차이가 있어도 평가하지 않는다.
- **재평가모형** : 최초 인식 후에 공정가치와 차이가 있을 경우 평가한다. 유형자산은 재평가일의 공
  정가치에서 이후의 감가상각누계액과 이후의 손상차손누계액을 차감한 재평가금액을 장부금액
  으로 표시하며 재평가는 보고기간말에 장부금액이 공정가치와 중요하게 차이가 나지 않도록 주
  기적으로 수행한다. 재평가일의 공정가치가 장부금액보다 크면 재평가이익(기타포괄손익누계액
  : 자본)으로 분류하고, 작으면 재평가손실(당기손실)로 처리한다.

✓ **개념 체크**

1 유형자산의 장부금액은 취득
  원가에서 (   )을 차감한 금액
  이다. (   )에 들어갈 단어는?

1 감가상각누계액

07년 12월

01 다음은 유형자산에 대한 설명이다. 틀린 것은?

① 영업활동을 위하여 보유하고 있는 자산이다.

② 판매를 목적으로 보유하고 있는 자산이다.

③ 물리적인 형체가 있는 자산이다.

④ 1년을 초과하여 사용할 것이 예상되는 자산이다.

판매를 목적으로 보유하고 있는 자산은 재고자산이다.

20년 10월, 17년 6월

02 유형자산의 취득원가 구성으로 틀린 것은?

① 새로운 상품을 소개하는데 발생한 광고선전비

② 자본화대상인 차입원가

③ 취득세 등 유형자산의 취득과 직접 관련된 제세공과금

④ 유형자산의 취득과 관련하여 국·공채 등을 불가피하게 매입하는 경우 당해 채권의 매입금액과 일반기업회계기준에 따라 평가한 현재가치와의 차액

유형자산의 (취득)원가가 아닌 예는 다음과 같다.
• 새로운 시설을 개설하는 데 소요되는 원가
• 새로운 상품과 서비스를 소개하는 데 소요되는 원가(◉ 광고 및 판촉활동과 관련된 원가)
• 새로운 지역에서 또는 새로운 고객층을 대상으로 영업을 하는 데 소요되는 원가(◉ 직원 교육훈련비)
• 관리 및 기타 일반간접원가

08년 4월

03 유형자산의 취득원가 결정에 관한 사항 중 틀린 것은?

① 토지 취득 시 납부한 토지관련 취득세는 토지의 취득원가이다.

② 기계장치 구입 시 발생한 설치비는 기계장치 취득원가이다.

③ 3대의 기계를 일괄구입 시 각 기계의 취득원가는 각 기계의 시가를 기준으로 안분계산한다.

④ 무상으로 증여받은 비품은 취득원가를 계상하지 않는다.

유형자산을 증여, 기타 무상으로 취득하는 경우에는 취득한 자산의 공정가치(시가)를 취득원가로 한다. 이 경우 자산의 상대계정은 자산수증이익(영업외수익)으로 처리한다.

13년 6월

04 다음은 유형자산의 취득원가와 관련된 내용이다. 틀린 것은?

① 유형자산은 최초 취득원가로 측정한다.

② 현물출자, 증여, 기타 무상으로 취득한 자산은 공정가치를 취득원가로 한다.

③ 취득원가는 구입원가 또는 경영진이 의도하는 방식으로 자산을 가동하는 데 필요한 장소와 상태에 이르게 하는 데 지출된 직접원가와 간접원가를 포함한다.

④ 유형자산이 정상적으로 작동되는지 여부를 시험하는 과정에서 발생하는 원가도 취득원가에 포함한다.

유형자산의 취득원가는 구입원가 또는 제작원가 및 경영진이 의도하는 방식으로 자산을 가동하는 데 필요한 장소와 상태에 이르게 하는 데 지출된 직접원가로 구성하며 매입할인이 있는 경우에는 이를 차감한다.

10년 4월

05 다음은 유형자산 취득 시 회계처리를 설명한 것이다. 옳지 않는 것은?

① 유형자산에 대한 건설자금이자는 자본적 지출분에 해당할 경우 취득원가에 포함할 수 있다.

② 무상으로 증여받은 건물은 취득원가를 계상하지 않는다.

③ 이종자산 간의 교환으로 취득한 토지의 취득원가는 교환을 위하여 제공한 자산의 공정가치로 측정한다.

④ 유형자산 취득 시 그 대가로 주식을 발행하는 경우 제공받은 유형자산의 공정가치를 주식의 발행금액으로 한다.

무상으로 증여받은 건물은 건물의 공정가치를 취득원가로 한다.

오답 피하기

교환에 의한 취득
• 이종자산 간의 교환 : 교환 시 취득원가는 교환을 위하여 제공한 자산의 공정가치로 측정한다. 다만, 교환을 위하여 제공한 자산의 공정가치가 불확실한 경우에는 취득한 자산의 공정가치를 취득원가로 한다.
• 동종자산 간의 교환 : 교환 시 취득원가는 교환으로 제공한 자산의 장부금액으로 한다.

06 다음 중 유형자산에 대한 설명 중 잘못된 것은?

① 동일한 업종 내에서 유사한 용도로 사용되고 공정가액이 비슷한 동종자산과의 교환으로 유형자산을 취득하는 경우 당해 자산의 취득원가는 교환으로 제공한 자산의 공정가액으로 한다.
② 현물출자, 증여, 기타 무상으로 취득한 유형자산의 가액은 공정가액을 취득원가로 한다.
③ 건물을 신축하기 위하여 사용 중인 기존 건물을 철거하는 경우 그 건물의 장부가액은 제거하여 처분손실로 반영하고, 철거비용은 전액 당기비용으로 처리한다.
④ 유형자산의 취득과 관련하여 국·공채 등을 불가피하게 매입하는 경우 당해 채권의 매입가액과 기업회계기준에 따라 평가한 현재가치와의 차액은 유형자산의 취득원가로 구성된다.

동종자산 간의 교환 시 취득원가는 제공한 자산의 장부금액으로 한다.

07 다음 중 일반기업회계기준에서 인정하는 유형자산의 감가상각방법이 아닌 것은?

① 자산의 내용연수 동안 일정액의 감가상각비를 계상하는 방법
② 자산의 내용연수 동안 감가상각비가 매 기간 감소하는 방법
③ 자산의 예상조업도 혹은 예상생산량에 근거하여 감가상각비를 계상하는 방법
④ 자산의 원가가 서로 다를 경우에 이를 평균하여 감가상각비를 계상하는 방법

오답 피하기

①은 정액법, ②는 정률법 및 연수합계법, ③은 생산량비례법에 대한 설명이다.

08 다음 중 감가상각대상 자산은?

① 개발비 　　　　② 투자부동산
③ 건설중인자산 　④ 신주발행비

일반기업회계기준에서 영업활동에 사용되지 않는 감가상각은 유형자산(토지와 건설중인자산 제외)과 무형자산만 한다. 따라서 투자부동산, 건설중인자산, 신주발행비는 감가상각대상이 아니다.

09 유형자산의 감가상각과 관련한 다음 설명 중 가장 옳지 않은 것은?

① 감가상각대상금액은 취득원가에서 잔존가치를 차감하여 결정한다.
② 감가상각의 주목적은 취득원가의 배분에 있다.
③ 감가상각비는 다른 자산의 제조와 관련된 경우 관련자산의 제조원가로 계상한다.
④ 정률법은 내용연수 동안 감가상각비를 매 기간 동일하게 계상하는 방법이다.

유형자산의 감가상각방법에는 정액법, 정률법, 연수합계법, 생산량비례법, 이중체감법이 있으며 감가상각방법은 해당 자산으로부터 예상되는 미래 경제적 효익의 소멸형태에 따라 선택하고, 소멸형태가 변하지 않는 한 매기 계속 적용한다.

오답 피하기

감가상각방법
• 정액법 : 자산의 내용연수 동안 매기 일정하게 감가상각액을 인식하는 방법
• 정률법과 연수합계법 : 자산의 내용연수 동안 매기 감가상각액이 감소하는 방법
• 생산량비례법 : 자산의 예상조업도 혹은 예상생산량에 근거하여 감가상각액을 인식하는 방법

10 유형자산에 대한 감가상각을 하는 가장 중요한 목적으로 맞는 것은?

① 유형자산의 정확한 가치평가 목적
② 사용가능한 연수를 매년마다 확인하기 위해서
③ 현재 판매할 경우 예상되는 현금흐름을 측정할 목적으로
④ 자산의 취득원가를 체계적인 방법으로 기간배분하기 위해서

감가상각의 목적은 유형자산 사용에 따른 소모, 시간의 경과와 기술의 변화에 따른 진부화로 경제적 효익이 감소한 (취득)원가를 체계적인 방법으로 사용기간에 따라 비용처리하여 배분하기 위함이다.

11 다음 중 유형자산 감가상각의 3요소가 아닌 것은?

① (취득)원가 　　② 내용연수
③ 잔존가치 　　　④ 장부금액

감가상각의 3요소는 (취득)원가, 잔존가치, 내용연수이다. 장부금액이란 (취득)원가에서 감가상각누계액을 차감한 금액을 말한다.

12 다음은 감가상각방법에 따른 감가상각비와 장부금액을 표현한 것이다. 옳지 <u>않은</u> 것은?

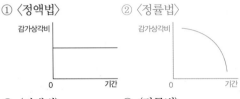

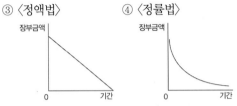

정률법은 초기에 많이 상각하고 갈수록 감가상각이 줄어드는 방법이므로 감가상각비와 장부금액(취득원가 − 감가상각누계액)이 반비례하는 곡선의 형태를 가진다.

오답 피하기

정액법은 매기 동일한 금액으로 감가상각을 하므로 감가상각비는 일정하고 장부금액(취득원가 − 감가상각누계액)은 살수록 줄어드는 형태를 가진다.

13 유형자산의 원가에서 잔존가치를 차감한 금액을 추정 내용연수에 걸쳐 체계적이고 합리적으로 배분하는 절차를 감가상각이라 한다. 일반적으로 보수주의에 의하여 초기에 비용을 많이 계상하는 감가상각 처리방법은?

① 정액법　　　　　② 정률법
③ 생산량비례법　　④ 상각기금법

정률법은 초기에 감가상각비(비용)를 크게 계상하여 순이익(수익 − 비용)을 작게 처리하는 방법이다. 상각기금법이란 유형자산의 내용연수가 끝나는 시점에서 동종의 자산을 구입하기 위하여 매년 기금을 적립할 경우 매년 기금증가액(기금적립액 + 이자)을 감가상각비로 계상하는 방법이다.

14 취득원가 1,000,000원이고 잔존가치 100,000원이며 내용연수 5년인 기계를 정액법으로 감가상각하고 있다. 2년까지 감가상각한 후 감가상각누계액은?

① 300,000원　　　② 360,000원
③ 400,000원　　　④ 200,000원

• 정액법의 연감가상각비 = (취득원가 − 잔존가치)÷내용연수
　　　　　　　　　　 = (1,000,000 − 100,000)÷5년 = 180,000원
• 감가상각누계액(2년) : 180,000×2년 = 360,000원

15 2023년 1월 1일에 취득한 기계의 취득원가는 100,000원이고 잔존가치는 5,000원이며 내용연수는 5년이다. 이 기계를 정률법으로 감가상각하는 경우 2024년 감가상각비는? (단, 감가상각률은 0.45로 가정함)

① 45,000원　　　　② 42,845원
③ 25,770원　　　　④ 24,750원

정률법의 연감가상각비 = 미상각잔액(취득원가 − 감가상각누계액)×정률(%)
• 2023년 감가상각비 : (100,000 − 0)×0.45 = 45,000원
• 2024년 감가상각비 : (100,000 − 45,000)×0.45 = 24,750원

16 내용연수 10년, 잔존가치가 100,000원인 기계장치를 1,000,000원에 구입하여 정액법으로 상각해 왔다. 기계장치 구입 후 3년이 되는 연도 말에 이 기계장치를 800,000원에 처분하였을 경우 처분손익은 얼마인가?

① 100,000원 이익　　② 100,000원 손실
③ 70,000원 이익　　　④ 70,000원 손실

정액법 연감가상각비 = (1,000,000 − 100,000)÷10년 = 90,000원
• 3년간의 감가상각누계액 : 90,000원×3년 = 270,000원
• 3년 후 장부금액 : 취득원가 − 감가상각누계액 = 1,000,000 − 270,000
　　　　　　　　 = 730,000원
∴ 장부금액 730,000원의 기계장치를 800,000원에 처분했으므로 70,000원의 이익이 발생한다.

17 유형자산의 감가상각비를 계산하는 방법으로 옳은 것은?

① 정액법
　: (취득원가 − 감가상각누계액)÷내용연수
② 정률법
　: (취득원가 − 잔존가치)×상각률
③ 연수합계법
　: (취득원가 − 감가상각누계액)×$\dfrac{잔여내용연수}{내용연수의 합계}$
④ 생산량비례법
　: (취득원가 − 잔존가치)×$\dfrac{당기실제생산량}{총추정예정량}$

유형자산의 감가상각방법에는 정액법, 체감잔액법(예 정률법 등), 연수합계법, 생산량비례법, 이중체감법이 있다.

오답 피하기

중요 감가상각방법 공식
• **정액법** : (취득원가 − 잔존가치)÷내용연수
• **정률법** : (취득원가 − 감가상각누계액)×상각률(정률)
• **연수합계법** : (취득원가 − 잔존가치)×$\dfrac{잔여내용연수}{내용연수의 합계}$

18 다음 자료를 이용하여 유형자산에 대한 감가상각을 실시하는 경우에 정액법, 정률법 및 연수합계법 각각에 의한 2차년도 말까지의 감가상각누계액 크기와 관련하여 가장 맞게 표시한 것은?

> • 기계장치 취득원가 : 2,000,000원(1월 1일 취득)
> • 내용연수 : 5년
> • 잔존가치 : 취득원가의 10% • 정률법 상각률 : 0.4

① 연수합계법 〉 정률법 〉 정액법
② 연수합계법 〉 정액법 〉 정률법
③ 정률법 〉 정액법 〉 연수합계법
④ 정률법 〉 연수합계법 〉 정액법

• **정액법** : {취득가 − 잔존가치} ÷ 내용연수
• **정률법** : 미상각잔액(취득원가 − 감가상각누계액)×정률(%)
• **연수합계법** : {취득원가 − 잔존가치}×연수의 역순 ÷ 내용연수의 합계
• **정액법** : 1차년도말 감가상각비 : (2,000,000 − 200,000) ÷ 5 = 360,000원
    2차년도말 감가상각비 : (2,000,000 − 200,000) ÷ 5 = 360,000원
    2차년도말 감가상각누계액 : 360,000 + 360,000 = 720,000원
• **정률법** : 1차년도말 감가상각비 : 2,000,000 × 0.4 = 800,000원
    2차년도말 감가상각비 : (2,000,000 − 800,000) × 0.4 = 480,000원
    2차년도말 감가상각누계액 : 800,000 + 480,000 = 1,280,000원
• **연수합계법** : 1차년도말 감가상각비 : (2,000,000 − 200,000) × 5 ÷ 15
    (1 + 2 + 3 + 4 + 5) = 600,000원
    2차년도말 감가상각비 : (2,000,000 − 200,000) × 4 ÷ 15 = 480,000원
    2차년도말 감가상각누계액 : 600,000 + 480,000 = 1,080,000원

19 다음 중 감가상각에 대한 설명으로 옳지 <u>않은</u> 것은?

① 정액법의 경우 금액이 정해져 있으므로 상각액은 매년 일정하다.
② 정률법의 경우 상각률이 정해져 있으므로 상각액은 매년 일정하다.
③ 연수합계법의 경우 내용연수를 역순으로 적용하므로 상각액은 매년 감소한다.
④ 이중체감법의 경우 매년 미상각잔액에 대하여 상각률을 적용하므로 상각액은 매년 감소한다.

정률법의 경우 매년 미상각잔액에 대하여 정해진 상각률을 적용하므로 상각액은 매년 감소한다.

20 수선비를 비용처리하지 않고 유형자산의 금액을 증가시킨 경우 해당연도의 상황으로 맞는 것은?

① 당기순이익이 증가한다.
② 자산의 장부금액이 과소계상된다.
③ 자기자본이 과소계상된다.
④ 자본의 총액이 과소계상된다.

비용을 자산으로 처리하면 비용이 과소계상되고 자산이 과대계상된다. 따라서 당기순이익이 과대계상되고 자본(= 자기자본)이 과대계상된다(기초자본 + 수익 − 비용 = 기말자본).

오답 피하기
• **자본적 지출** : 가장 최근에 평가된 성능수준을 초과하여 미래 경제적 효익을 증가시키는 지출이므로 자산의 가치를 상승시킨 것이므로 자산처리한다.
• **수익적 지출** : 단순 능률회복, 원상복구 등의 지출로 비용처리한다.

21 유형자산을 취득한 후에 추가의 지출이 발생하는 경우 처리하는 성격이 다른 하나는?

① 파손된 유리 등의 교체비용
② 사용 용도를 변경하기 위한 비용
③ 엘리베이터, 냉난방 장치 설치비
④ 개량, 증설, 확장 등을 위한 비용

---

①은 수익적 지출이기 때문에 수선비로 처리하고, ②, ③, ④는 자본적 지출이므로 건물계정에 기입한다.

22 다음은 유형자산의 자본적 지출을 수익적 지출로 처리한 경우에 대한 설명이다. 맞는 것은?

① 당기순이익이 증가한다.
② 자본이 감소한다.
③ 자기자본이 증가한다.
④ 이익잉여금이 증가한다.

자본적 지출(자산처리)을 수익적 지출(비용처리)로 처리했으므로 자산은 감소되고 비용은 증가된다. 따라서 당기순이익이 감소되어 자본(자기자본)이 감소한다. 이익잉여금은 당기순이익이 자본에 대체된 것이므로 감소한다.

23 유형자산과 무형자산에 대한 설명으로 틀린 것은?

① 유형자산과 무형자산 모두 업무용으로 사용하기 위하여 보유하고 있는 자산이다.
② 유형자산과 무형자산 모두 비용인식방법으로 감가상각방법을 이용한다.
③ 유형자산과 무형자산 모두 자본적 지출을 인식할 수 있다.
④ 유형자산과 무형자산 모두 합리적인 상각방법을 정할 수 없는 경우에는 정액법을 사용한다.

무형자산은 합리적인 상각방법을 정할 수 없는 경우에는 정액법을 사용하지만, 유형자산은 그러한 규정이 없다.

03 무형자산

재화의 생산이나 용역의 제공, 타인에 대한 임대 또는 관리에 사용할 목적으로 기업이 보유하고 있으며, 물리적 형체가 없지만 식별가능하고, 기업이 통제하고 있으며, 미래 경제적 효익이 있는 비화폐성자산을 말한다.

1) 무형자산의 분류

① **영업권** : 개별적으로 식별하여 별도로 인식할 수 없으나, 사업결합에서 획득한 그 밖의 자산에서 발생하는 미래 경제적 효익을 나타내는 자산을 말한다(내부적으로 창출한 영업권은 자산으로 인식하지 않음).

② **산업재산권** : 일정기간 독점적 · 배타적으로 이용할 수 있는 권리로서 특허권, 실용신안권, 의장권 및 상표권, 상호권 및 상품명 등을 포함한다.

③ **개발비** : 제조비법, 공식, 모델, 디자인 및 시작품 등의 개발과 관련하여 발생한 비용으로서 자산에서 발생하는 미래 경제적 효익이 기업에 유입될 가능성이 매우 높고, 자산의 원가를 신뢰성 있게 측정할 수 있는 것을 말한다. 그 이외의 경우는 발생한 기간의 비용으로 인식한다.

④ **기타의 무형자산** : 임차권리금, 소프트웨어, 리이선스, 프랜차이즈, 저작권 등

🎓 **기적의 Tip**

내부적으로 창출한 무형자산이 인식기준에 부합하는지 평가하기 위해 연구단계와 개발단계로 구분하며 개발단계에서 요건 만족 시 무형자산으로 인식한다.

2) 무형자산의 인식과 최초 측정

무형자산을 최초로 인식할 때에는 원가로 측정하며 개별 취득 시 원가는 구입가격(매입할인을 차감하고 수입관세를 포함)과 자산을 의도한 목적에 사용할 수 있도록 준비하는데 직접 관련된 원가를 취득원가에 산입한다.

🎓 **기적의 Tip**

무형자산을 창출하기 위한 내부 프로젝트를 연구단계와 개발단계로 구분할 수 없는 경우에는 그 프로젝트에서 발생한 지출은 모두 연구단계에서 발생한 것으로 본다.

3) 취득 또는 완성 후의 지출

무형자산의 취득 또는 완성 후의 지출로서 다음의 요건을 모두 충족하는 경우에는 자본적 지출로 처리하고, 그렇지 않은 경우에는 발생한 기간의 비용(수익적 지출)으로 인식한다.

① 관련 지출이 무형자산의 미래경제적효익을 실질적으로 증가시킬 가능성이 매우 높다.

② 관련된 지출을 신뢰성 있게 측정할 수 있으며, 무형자산과 직접 관련된다.

✓ **개념 체크**

1 무형자산은 영업활동에 사용할 목적으로 기업이 보유하고 있으며, 물리적 형체가 없지만 식별가능하고 통제가능한 ( )자산이고 감가상각은 ( )년을 초과할 수 없다. ( )에 들어갈 단어는?

1 비화폐성, 20

4) 상각기간과 상각방법

무형자산의 상각기간은 독점적·배타적인 권리를 부여하고 있는 관계 법령이나 계약에 정해진 경우를 제외하고는 20년을 초과할 수 없으며 상각은 자산이 사용가능한 때부터 시작한다. 상각방법에는 정액법, 체감잔액법(정률법 등), 연수합계법, 생산량비례법 등이 있으며 합리적인 상각방법을 정할 수 없는 경우에는 정액법을 사용한다.

5) 내용연수

무형자산의 내용연수는 경제적 요인과 법적 요인의 영향을 받는다. 경제적 요인은 자산의 미래경제적효익이 획득되는 기간을 결정하고, 법적 요인은 기업이 그 효익에 대한 제3자의 접근을 통제할 수 있는 기간을 제한한다. 내용연수는 이러한 요인에 의해 결정된 기간 중 짧은 기간으로 한다.

6) 잔존가치

무형자산의 잔존가치는 없는 것을 원칙으로 하며, 다만 경제적 내용연수보다 짧은 상각기간을 정한 경우에 상각기간이 종료될 때 제3자가 자산을 구입하는 약정이 있거나, 그 자산에 대한 거래시장이 존재하여 상각기간이 종료되는 시점에 자산의 잔존가치가 거래시장에서 결정될 가능성이 매우 높다면 잔존가치를 인식할 수 있다.

7) 감가상각 회계처리(직접법과 간접법)

① 직접법

(차) 무형자산상각비	×××	(대) 무형자산	×××

② 간접법

(차) 무형자산상각비	×××	(대) 무형자산상각누계액	×××

※ 실무시험(실기) 시 직접법으로 처리해야 한다.

가적의 Tip

전산세무회계프로그램은 무형자산 감가상각 회계처리방법으로 직접법을 사용하므로 실무시험 시 직접법으로 상각해야 한다.

무형자산 처분손익
• **장부금액 < 처분금액** : 무형자산처분이익
• **장부금액 > 처분금액** : 무형자산처분손실

이론을 확인하는 기출문제

22년 10월, 21년 8월, 17년 10월

01 다음 중 무형자산에 해당하는 것의 개수는?

- 내부적으로 창출된 영업권
- 특허권
- 컴퓨터소프트웨어
- 상표권
- 임차권리금
- 경상개발비

① 3개
② 4개
③ 5개
④ 6개

산업재산권(특허권, 실용신안권, 의장권, 상표권, 상호권 및 상품명 포함), 컴퓨터소프트웨어, 임차권리금이 무형자산항목이다. 내부적으로 창출된 영업권은 미래 경제적효익을 창출하기 위하여 발생한 지출이라도 인식기준을 충족하지 못하면 무형자산으로 인식할 수 없다. 경상개발비는 당기비용으로 처리한다.

17년 4월

02 다음은 (주)희망이 무형자산을 창출하기 위해 지출한 내부 프로젝트의 경비 항목이다. 이 항목들에 대하여 연구단계와 개발단계를 구분할 수 없는 경우, 무형자산으로 인식할 수 있는 금액은 얼마인가?

- 관련자료 구입비 : 3,000,000원
- 창출관련 행정수수료 : 1,200,000원
- 인건비 : 6,500,000원
- 기타 창출경비 : 800,000원

① 0원
② 3,000,000원
③ 4,200,000원
④ 11,500,000원

무형자산을 창출하기 위한 내부 프로젝트를 연구단계와 개발단계로 구분할 수 없는 경우에는 그 프로젝트에서 발생한 지출은 모두 연구단계에서 발생한 것으로 본다.

23년 10월, 22년 4월, 21년 10월

03 다음 중 무형자산의 인식 및 최초측정에 대한 설명으로 가장 틀린 것은?

① 무형자산을 최초로 인식할 때에는 원가로 측정한다.
② 다른 종류의 무형자산이나 다른 자산과의 교환으로 무형자산을 취득하는 경우에는 무형자산의 원가를 교환으로 제공한 자산의 공정가치로 측정한다.
③ 무형자산을 창출하기 위한 내부 프로젝트를 연구단계와 개발단계로 구분할 수 없는 경우에는 그 프로젝트에서 발생한 지출은 모두 개발단계에서 발생한 것으로 본다.
④ 내부적으로 창출한 무형자산의 원가는 그 자산의 창출, 제조, 사용준비에 직접 관련된 지출과 합리적이고 일관성 있게 배분된 간접 지출을 모두 포함한다.

무형자산을 창출하기 위한 내부 프로젝트를 연구단계와 개발단계로 구분할 수 없는 경우에는 그 프로젝트에서 발생한 지출은 모두 연구단계에서 발생한 것으로 본다.

11년 4월

04 다음은 무형자산과 관련된 내용이다. 가장 올바르지 못한 것은?

① 물리적 형체가 없지만 식별할 수 있다.
② 기업이 통제하고 있어야 한다.
③ 무형자산에는 어업권, 산업재산권, 선수금, 영업권 등이 있다.
④ 미래에 경제적 효익이 있는 비화폐성 자산이다.

선수금은 유동부채이다.

13년 4월

05 무형자산과 관련한 다음의 설명 중 적절치 <u>않은</u> 것은?

① 무형자산으로 인식되기 위해서는 식별 가능하여야 한다.

② 무형자산은 기업이 그 무형자산에 대한 미래경제적 효익을 통제할 수 있어야 한다.

③ 내부적으로 창출한 영업권은 원가를 신뢰성 있게 측정할 수 없을 뿐만 아니라 기업이 통제하고 있는 식별가능한 자원도 아니기 때문에 자산으로 인식하지 않는다.

④ 내부적으로 창출한 모든 무형자산은 무형자산으로 인식할 수 없다.

내부적으로 창출한 무형자산이 인식기준에 부합하는지를 평가하기 위하여 무형자산의 창출과정을 연구단계와 개발단계로 구분하여 개발단계에 해당하는 경우 요건 만족 시 무형자산으로 인식한다.

16년 8월, 16년 6월, 13년 9월

06 다음 중 일반기업회계기준상 무형자산으로 계상할 수 없는 것은?

① 합병 등으로 인하여 유상으로 취득한 영업권

② 기업의 프로젝트 연구단계에서 발생하여 지출한 연구비

③ 일정한 광구에서 부존하는 광물을 독점적 · 배타적으로 채굴하여 취득할 수 있는 광업권

④ 일정기간 동안 독점적 · 배타적으로 이용할 수 있는 산업재산권

기업의 연구개발 활동 중 연구단계에서 발생하여 지출한 연구비는 당기비용으로 처리한다.

11년 6월

07 무형자산을 합리적인 방법으로 상각방법을 정할 수 없는 경우에는 어떤 상각방법을 사용하는가?

① 정액법

② 체감잔액법(정률법 등)

③ 연수합계법

④ 생산량비례법

무형자산의 합리적인 상각방법을 정할 수 없는 경우에는 정액법을 사용한다.

04 기타비유동자산

1) 장기매출채권

장기외상매출금과 장기받을어음을 말한다.

2) 나머지 기타비유동자산

① **임차보증금** : 타인의 부동산·동산을 월세 등의 조건으로 사용하기 위하여 지급하는 보증금을 말한다.
② **부도어음과수표** : 정상적인 어음과 구분하기 위해 실무에서 어음의 부도가 발생하면 임시계정인 부도어음 계정으로 처리하였다가, 기말에 회수가능성을 판단하여 매출채권계정으로 재분류하거나 대손처리한다. 시험 시 부도라는 말이 나오고 대손에 대한 언급이 없으면 부도어음과수표로 처리한다.

> **예제 ▶** 당사가 제품을 매출하고 받은 약속어음(만기 1년 이내) 100,000원을 만기일에 거래은행에 제시한 바 부도로 확인되었다.
>
> | (차) 부도어음과수표 | 100,000 | (대) 받을어음 | 100,000 |
> |---|---|---|---|

③ **장기미수금** : 일반적인 상거래 이외의 거래에서 발생한 채권으로 보고기간 종료일로부터 만기가 1년 이후에 도래하는 것을 말한다.
④ 전세권, 장기선급금, 장기선급비용, 전신전화가입권 등

이론을 확인하는 기출문제

10년 6월

01 다음 항목 중 재무상태표상 기타비유동자산에 속하는 계정과목은?

① 만기보유증권
② 투자부동산
③ 임차보증금
④ 지분법적용투자주식

> 임차보증금은 기타비유동자산에 속하고, 나머지는 투자자산에 속한다.

07년 10월

02 재무상태표의 비유동자산은 투자자산, 유형자산, 무형자산, 기타비유동자산으로 구분한다. 다음 중 계정과목별 구분이 올바르지 <u>않는</u> 것은?

① 이연법인세자산-투자자산
② 건물-유형자산
③ 개발비-무형자산
④ 임차보증금-기타비유동자산

> 이연법인세자산이란 일반기업회계기준과 법인세법의 차이로 인하여 미래에 경감될 법인세부담액을 말하는데 예상소멸 시기에 따라 유동자산(당좌자산) 또는 비유동자산(기타비유동자산)으로 분류된다.

출제
빈도 상 중 하

빈출 태그 매입채무 · 미지급금 · 예수금 · 선수금 · 단기차입금 · 미지급비용 · 선수수익 · 유동성장기부채 · 사채발행방법과 발행비 · 장기차입금과 유동성장기부채 · 퇴직급여충당부채

기적의 3회독
☐ 1회 ☐ 2회 ☐ 3회

01 유동부채

보고기간종료일로부터 1년 이내에 상환되어야 하는 채무를 말한다.

1) 매입채무(외상매입금＋지급어음)

① **외상매입금** : 상품, 원재료를 외상으로 매입(일반적인 상거래라 함)하고 아직 그 대금을 지급하지 않은 미지급액으로 보고기간말로부터 1년 이내에 지급해야 할 금액을 말한다.

② **지급어음** : 상품, 원재료를 매입하고 발생한 어음상의 의무로서, 그 지급기일이 보고기간말로부터 1년 이내에 도래하는 어음을 말한다.

> 예제≫ 나라상사에서 원재료 100,000원에 매입하고 반액은 현금으로 지급하고 나머지는 외상으로 하였다.

(차) 원재료	100,000	(대) 현금	50,000
		외상매입금	50,000

> 예제≫ 나라상사에서 원재료를 매입하고 발행한 약속어음(만기 1년 이내) 100,000원이 만기가 되어 당좌수표를 발행하여 지급하였다.

(차) 지급어음	100,000	(대) 당좌예금	100,000

2) 나머지 유동부채

① **미지급금** : 상품, 원재료가 아닌 것을 매입하거나 계약 등에 의하여 발생한 것(일반적인 상거래 이외의 거래)으로서, 보고기간말로부터 1년 이내에 상환기일이 도래하는 채무(미지급비용 제외)를 말한다.

② **예수금** : 급여, 강사료, 이자 등의 소득 지급 시 발생한 일시적 제 예수액(예 소득세예수금, 국민연금예수금 등)을 말한다.

🎓 **기적의 Tip**

효율적인 학습을 하기 위하여 PART 02 실무편 '일반전표입력'의 문제를 병행 학습하도록 한다.

- 매입채무 ↔ 매출채권
- 외상매입금 ↔ 외상매출금
- 지급어음 ↔ 받을어음
- 미지급금 ↔ 미수금
- 가수금 ↔ 가지급금
- 선수금 ↔ 선급금
- 단기차입금 ↔ 단기대여금
- 미지급세금 ↔ 선납세금
- 미지급비용 ↔ 미수수익
- 선수수익 ↔ 선급비용

🎓 **기적의 Tip**

상품 · 원재료 매입이 아닌 경우이므로 발행한 어음도 미지급금으로 처리한다.

부가세예수금
과세 재화나 용역을 공급한 경우 납부할 매출세액계정(부가가치세 자료 입력 시 사용 : 매입매출전표)

🎓 **기적의 Tip**

예수금은 소득세, 지방소득세, 국민연금 등의 보험료를 국가나 기관에 납부할 의무가 있으므로 채무에 해당한다.

외상매입금 계산
기초외상매입금잔액 ＋ 당기외상매입금 － 외상매입금지급액 － 매입환출및에누리 － 매입할인 ＝ 기말외상매입금잔액

- 미지급금 : 확정부채
- 미지급비용 : 미확정부채

예제 » 나라상사에서 업무용 기계를 100,000원에 매입하고 반액은 약속어음(만기 1년 이내)으로 지급하고 나머지는 2개월 후에 갚기로 하였다.

| (차) 기계장치 | 100,000 | (대) 미지급금 | 100,000 |

해설 » 약속어음을 발행하였어도 상거래가 아니므로(상품, 원재료 매입이 아님) 미지급금으로 처리해야 한다.

예제 » 5월분 급여 1,000,000원 중 소득세 10,000(지방소득세 포함)원을 제외한 나머지 잔액을 보통예금 계좌에서 이체하여 지급하였다.

| (차) 급여 | 1,000,000 | (대) 예수금 | 10,000 |
| | | 보통예금 | 990,000 |

 기적의 Tip

선수금은 계약금을 받은 만큼 미래에 갚을 의무가 생기므로 채무에 해당한다.

기적의 Tip

당좌차월
당좌예금 잔액을 초과하여 수표를 발행한 경우의 초과금액을 말한다.

- 당좌예금 잔액이 음수인 경우 : 당좌차월(단기차입금)
- 보통예금 잔액이 음수인 경우 : 단기차입금

③ **가수금** : 현금을 받았으나 계정과목이나 금액을 확정할 수 없을 때에 사용하며 계정과목이나 금액이 확정되면 해당계정에 대체한다.
④ **선수금** : 상품, 제품 등을 판매하기 위하여 미리 받은 계약금으로 차후 상품, 제품 등의 매출 시 해당 계정으로 대체되는 임시계정이다.
⑤ **단기차입금** : 기업에 필요한 운용자금조달을 위하여 금융기관 등으로부터 차입한 당좌차월액과 보고기간말로부터 1년 이내에 상환될 차입금을 말한다.

예제 » 내용을 알 수 없는 100,000원이 당사 보통예금 계좌로 입금되었다.

| (차) 보통예금 | 100,000 | (대) 가수금 | 100,000 |

예제 » 나라상사에 제품을 100,000원에 판매하기로 계약하고 계약금 10,000원을 현금으로 미리 받았다.

| (차) 현금 | 10,000 | (대) 선수금 | 10,000 |

예제 » 기업은행으로부터 1,000,000원을 대출(상환일 : 내년 10월 25일)받으면서 당사 건물(시가 1천만 원)을 저당으로 제공하고 대출금은 보통예금계좌로 입금받았다.

| (차) 보통예금 | 1,000,000 | (대) 단기차입금 | 1,000,000 |

기적의 Tip

결산 시에 법인세와 지방소득세 및 농어촌특별세를 계산하여 법인세비용(법인세등)으로 처리하고, 기납부한 중간예납세액 및 원천징수세액은 선납세금으로 처리한 후 남은잔액을 미지급세금으로 인식한다.

⑥ **미지급세금** : 회사가 납부하여야 할 법인세부담액 중 아직 납부하지 못한 금액이나 미납한 부가가치세를 말한다.
⑦ **미지급비용** : 발생주의에 의하여 이미 발생된 비용으로서 아직 지급되지 아니한 것을 말한다. 만약 지급기일이 경과된다면 미지급비용은 미지급금계정으로 대체하여야 한다.
⑧ **선수수익** : 이미 받은 수익 중에서 차기 이후에 속하는 금액을 말한다.
⑨ **유동성장기부채** : 비유동부채 중에서 보고기간종료일로부터 1년 이내에 상환될 것으로 한다(장기차입금의 상환일이 1년 이내인 경우에 사용).

- **배당결의일** : 배당확정일로 잉여금처분내역을 회계처리한다.
- **배당지급일** : 배당금지급일로 배당지급내역을 회계처리한다.

예제 ≫ 결산일 현재 단기차입금에 대한 이자비용 중 미지급액이 100,000원이다.

| (차) 이자비용 | 100,000 | (대) 미지급비용 | 100,000 |

예제 ≫ 결산일 현재 사무실 1년분 임대료 1,200,000원 중 미경과분이 100,000원이다.

| (차) 임대료 | 100,000 | (대) 선수수익 | 100,000 |

예제 ≫ 결산일 현재 장기차입금 1,000,000원 중 100,000원은 다음연도 6월 30일이 상환일이다.

| (차) 장기차입금 | 100,000 | (대) 유동성장기부채 | 100,000 |

⑩ **미지급배당금** : 배당결의일 현재 미지급된 현금 배당액을 말한다.

02 비유동부채

보고기간종료일로부터 1년 이후에 상환되어야 하는 장기의 채무를 말한다.

1) 사채

회사가 거액의 장기자금을 조달하기 위하여 발행하는 것으로, 계약에 따라 일정한 이자를 지급하며 일정한 시기에 원금을 상환할 것을 계약하고 차입한 채무를 말한다.

① 사채발행

발행방법	발행조건	발행상황
액면발행	발행금액 = 액면금액	액면이자율 = 시장이자율
할인발행	발행금액<액면금액	액면이자율<시장이자율
할증발행	발행금액>액면금액	액면이자율>시장이자율

- **액면발행** : 사채가 발행될 때 회사가 수령하는 금액(발행금액)이 사채의 액면금액과 같은 경우의 발행을 말한다.

| (차) 현금 | ×× × | (대) 사채 | ×× ×(액면금액) |

- **할인발행** : 발행금액이 사채의 액면금액보다 적은 경우의 발행을 말한다. 만기 시에 지급할 액면금액과 발행 시 발행금액과의 차액은 "사채할인발행차금"으로 처리한다.

| (차) 현금 | ×× × | (대) 사채 | ×× ×(액면금액) |
| 　사채할인발행차금 | ×× × | | |

기적의 Tip

사채할인발행차금 또는 사채할증발행차금은 당해 사채의 액면금액에서 차감 또는 부가하는 형식으로 기재한다.

기적의 Tip

사채할인발행차금 표시
부채에서 차감(차변)하는 평가계정이므로 재무상태표 부채에 다음과 같이 표시된다.

사채		xxx
사채할인발행차금	xxx	xxx
		장부금액

기적의 Tip

사채할증발행차금 표시

부채에서 가산(대변)하는 평
가계정이므로 재무상태표 부
채에 다음과 같이 표시된다.

사채	xxx	
사채할증발행차금	xxx	xxx
		장부금액

- **할증발행** : 발행금액이 사채의 액면금액보다 큰 경우의 발행을 말한다. 만기 시에 지급할 액면금액과 발행금액과의 차액은 "사채할증발행차금"으로 처리한다.

(차) 현금	×××	(대) 사채	×××(액면액)
		사채할증발행차금	×××

※ 사채발행비는 사채를 발행하는 데 발생한 사채권인쇄비, 인수수수료, 안내광고비 등의 비용으로 사채의 발행금액에서 차감한다. 따라서 사채가 액면발행되었거나 할인발행된 경우에는 이를 사채할인발행차금으로 처리하고 사채가 할증발행된 경우에는 사채할증발행차금에서 차감한다.

예제 ≫ 액면총액 100,000원 사채를 90,000원에 발행하고 대금은 보통예금에 입금하였다.

(차) 보통예금	90,000	(대) 사채	100,000
사채할인발행차금	10,000		

예제 ≫ 액면총액 100,000원 사채를 120,000원에 발행하고 대금은 보통예금에 입금하였다.

(차) 보통예금	120,000	(대) 사채	100,000
		사채할증발행차금	20,000

예제 ≫ 액면총액 100,000원 사채를 액면금액으로 발행하고 발행수수료 5,000원을 제외한 대금을 보통예금에 입금하였다.

(차) 보통예금	95,000	(대) 사채	100,000
사채할인발행차금	5,000		

② **할인액의 상각(할증액의 환입)** : 사채 발행 시부터 최종 상환 시까지의 기간에 "유효이자율법"(시장이자율)을 적용하여 상각(환입)하고 동 상각 또는 환입액은 사채이자에 가감한다. 즉, 할인액 상각액은 지급할 이자비용에 가산하고, 할증액 환입액은 지급할 이자비용에서 차감시킨다. 유효이자율법을 적용한다는 것은 사채할인발행차금·사채할증발행차금의 상각(환입)을 시간이 경과하면 할수록 많이 상각(환입)하여 처리한다는 것이므로 할인 시 이자비용은 갈수록 많이 상각하게 되고, 할증 시 이자비용은 갈수록 적게 환입하게 된다.

이를 정리하면 다음과 같다.

시간의 경과에 따른 구분	사채장부금액	사채이자비용	사채발행차금상각액
사채할인발행 시	증가	증가	증가
사채할증발행 시	감소	감소	증가

예제 ≫ 회사가 발행한 사채의 액면이자 10,000원과 사채할인발행차금 상각액 10,000원을 유효이자율에 의거 상각하고 대금은 현금으로 지급하였다.

(차) 이자비용	20,000	(대) 현금	10,000
(유효이자)		사채할인발행차금	10,000

2) 나머지 비유동부채

① **장기차입금** : 기업이 필요한 운용자금조달을 위하여 금융기관 등으로부터 금전 등을 차입한 경우로 상환기한이 보고기간말로부터 1년 후에 도래하는 것을 말한다.

② **임대보증금** : 부동산·동산을 월세 등의 조건으로 임대하고 받은 보증금을 말한다.

③ **퇴직급여충당부채** : 장래에 종업원이 퇴직할 때 지급하게 될 퇴직금에 대비하여 설정한 준비액으로 종업원이 노동력을 제공한 기간에 발생된 퇴직금이라는 비용을 인식함에 따라 발생한 부채이다. 보고기간말 다음의 금액을 설정해야 한다.

• **충당금설정금액 및 회계처리방법**

> 설정할 퇴직급여충당부채 전입액 = 당기말 퇴직금추계액 − (전기말 퇴직금추계액 − 당기중 퇴직금지급액)

(차) 퇴직급여	×××	(대) 퇴직급여충당부채	×××

더 알기 Tip

충당부채와 우발부채

• 충당부채는 과거사건이나 거래의 결과에 의한 현재의무로서, 지출의 시기 또는 금액이 불확실하지만 그 의무를 이행하기 위하여 자원이 유출될 가능성이 매우 높고 또한 당해 금액을 신뢰성 있게 추정할 수 있는 의무를 말한다. 충당부채는 다음의 요건을 모두 충족하는 경우에 부채로 인식한다.

  – 과거사건이나 거래의 결과로 현재의무가 존재한다.
  – 당해 의무를 이행하기 위하여 자원이 유출될 가능성이 매우 높다.
  – 그 의무의 이행에 소요되는 금액을 신뢰성 있게 추정할 수 있다.

• 우발부채는 과거사건은 발생하였으나 기업이 전적으로 통제할 수 없는 하나 또는 그 이상의 불확실한 미래사건의 발생여부에 의하여서만 그 존재여부가 확인되는 잠재적인 의무, 또는 과거사건이나 거래의 결과로 발생한 현재의무이지만 그 의무를 이행하기 위하여 자원이 유출될 가능성이 매우 높지가 않거나 또는 그 가능성은 매우 높으나 당해 의무를 이행하여야 할 금액을 신뢰성 있게 추정할 수 없는 경우에 해당하는 잠재적인 부채를 말한다. 따라서 우발부채는 부채로 인식하지 아니하며 의무를 이행하기 위하여 자원이 유출될 가능성이 아주 낮지 않는 한, 우발부채를 주석에 기재한다.

이론을 확인하는 기출문제

10년 4월

01 다음 중 부채에 대한 설명으로 가장 옳지 <u>않은</u> 것은?

① 부채는 과거의 거래나 사건의 결과로 현재 기업실체가 부담하고 있고 미래에 자원의 유출 또는 사용이 예상되는 의무이다.
② 유동성장기부채는 유동부채로 분류한다.
③ 부채는 1년을 기준으로 유동부채와 비유동부채로 분류한다.
④ 정상적인 영업주기 내에 소멸할 것으로 예상되는 매입채무와 미지급비용 등이 보고기간 종료일로부터 1년 이내에 결제되지 않으면 비유동부채로 분류한다.

05년 10월

02 다음 중 부채에 대한 설명으로 **틀린** 것은?

① 미지급금 중 보고기간 종료일로부터 만기가 1년 이내에 도래하는 것은 유동부채로 표시한다.
② 보고기간 종료일로부터 차입기간이 1년 이상인 경우에는 장기차입금 계정을 사용하여 표시한다.
③ 가수금은 영구적으로 사용하는 부채 계정으로서 결산 시에도 재무제표에 표시된다.
④ 상품을 인도하기 전에 상품대금의 일부를 미리 받았을 때에는 선수금 계정의 대변에 기입한다.

가수금 계정은 일시적으로 사용하는 부채 계정으로 결산 시에는 그 계정의 내역을 밝혀내어 확정된 계정과목으로 재무제표에 표시한다.

07년 4월

03 다음 중에서 일반기업회계기준상 유동부채에 해당하지 **않는** 것은?

① 예수금
② 외상매입금
③ 사채
④ 선수금

예수금, 외상매입금, 선수금은 유동부채에 해당하며, 사채는 비유동부채에 해당한다.

11년 6월

04 다음 중 유동부채에 해당하는 금액을 모두 합하면 얼마인가?

- 외상매입금 : 50,000원
- 미지급비용 : 70,000원
- 단기차입금 : 200,000원
- 퇴직급여충당부채 : 80,000원
- 선수금 : 90,000원
- 장기차입금 : 1,000,000원(유동성장기부채 200,000원 포함)

① 410,000원　　② 520,000원
③ 530,000원　　④ 610,000원

외상매입금＋미지급비용＋단기차입금＋선수금＋유동성장기부채
＝50,000＋70,000＋200,000＋90,000＋200,000＝610,000원

11년 10월

05 재무상태표상 자산, 부채 계정에 대한 분류가 **잘못** 연결된 것은?

① 미수수익 : 당좌자산
② 퇴직급여충당부채 : 유동부채
③ 임차보증금 : 기타비유동자산
④ 장기차입금 : 비유동부채

퇴직급여충당부채는 비유동부채이다.

03년 4월

06 비유동부채 중 보고기간종료일로부터 1년 이내에 상환될 금액을 대체할 경우 이용되는 계정과목은 무엇인가?

① 장기차입금
② 유동성장기부채
③ 단기차입금
④ 외상매입금

비유동부채 중에서 유동성장기부채는 보고기간종료일로부터 1년 이내에 상환될 것으로 한다.

07 다음 자료에 의하여 기말외상매입금 잔액을 계산하면 얼마인가?

> • 기초상품재고액 : 500,000원
> • 기말상품재고액 : 600,000원
> • 기중상품매출 : 1,500,000원
> • 매출총이익률 : 30%
> • 기초외상매입금 : 400,000원
> • 기중외상매입금 지급 : 1,200,000원
> ※ 단, 상품매입은 전부 외상이다.

① 330,000원
② 340,000원
③ 350,000원
④ 360,000원

• 기말외상매입금 잔액
  = 기초외상매입금＋기중외상매입금－기중외상매입금 지급
기중상품매입은 전부 외상이므로 기중외상매입금이 된다.
• 매출원가 = 기초상품재고액＋기중상품매입－기말상품재고액
∴ 기중상품매입 = 매출원가＋기말상품재고액＋기초상품재고액
그런데 매출총이익률(= 매출총이익÷매출액)이 30%라고 했으므로
매출총이익 = 매출액(1,500,000)－매출원가 = 450,000원(1,500,000×30%)
따라서 매출원가는 1,050,000원이다.
결국 기중상품매입은 매출원가－기초상품재고액＋기말상품재고액
= 1,050,000－500,000＋600,000 = 1,150,000원이다.
∴ 기말외상매입금잔액 = 기초외상매입금 400,000＋기중외상매입금 1,150,000
　　　　　　　　　　　－기중외상매입금 지급 1,200,000
　　　　　　　　　　　= 350,000원

08 다음 중 유동성배열법에 의한 재무상태표 작성 시 가장 나중에 배열되는 항목은?

① 장기차입금
② 미지급법인세
③ 미지급비용
④ 매입채무

유동부채(미지급법인세, 미지급비용, 매입채무)가 비유동부채(장기차입금)보다 먼저 배열된다.

09 다음 중 유동부채와 비유동부채의 분류가 올바르게 짝지어진 것은?

	유동부채	비유동부채
①	미지급비용	미지급법인세
②	퇴직급여충당부채	선수수익
③	선수수익	퇴직급여충당부채
④	매입채무	미지급법인세

미지급비용, 미지급법인세, 선수수익, 매입채무는 유동부채이며, 퇴직급여충당부채는 비유동부채이다.

10 다음 중 재무상태표상의 비유동부채로 맞는 것은?

① 퇴직급여충당부채
② 외상매입금
③ 유동성장기부채
④ 단기차입금

퇴직급여충당부채는 비유동부채이고 나머지는 유동부채이다.

11 다음 중 재무상태표상 비유동부채로 분류되는 것은?

① 단기차입금
② 유동성장기부채
③ 미지급비용
④ 장기차입금

단기차입금, 유동성장기부채, 미지급비용은 유동부채이고, 장기차입금은 비유동부채이다.

12 다음 중 사채에 대한 설명으로 **틀린** 것은?

① 사채발행비용은 사채의 발행금액에서 차감한다.

② 유효이자율법 적용 시 사채할증발행차금 상각액은 매년 증가한다.

③ 유효이자율법 적용 시 사채할인발행차금 상각액은 매년 감소한다.

④ 사채할인발행차금은 당해 사채의 액면금액에서 차감하는 형식으로 기재한다.

유효이자율법 적용 시 사채할인발행차금 상각액과 사채할증발행차금 환입액(상각액)은 매년 증가한다.

[오답 피하기]

유효이자율법은 이자계산 시 기간 경과에 따른 이자를 갈수록 많이 계상하는 방법이므로 이자비용이 갈수록 많이 계상하게 되어 사채할인발행차금(이자가 적어 할인 발행된 차액) 상각액은 매년 증가하게 된다.

| (차) 이자비용 | ××× | (대) 현금 | ××× |
| | | 사채할인발행차금 | ××× |

13 다음 중 재무상태표에서 해당 자산이나 부채의 차감적 평가항목이 **아닌** 것은 어느 것인가?

① 감가상각누계액

② 퇴직급여충당부채

③ 대손충당금

④ 사채할인발행차금

퇴직급여충당부채는 부채성 항목으로 비유동부채이다.

[오답 피하기]

차감적 평가항목
- 유형자산 : 감가상각누계액, 국고보조금(정부보조금)
- 채권 : 대손충당금 ・ 재고자산 : 재고자산평가충당금
- 사채 : 사채할인발행차금 ・ 장기연불채권 ・ 채무 : 현재가치할인차금
- 퇴직급여충당부채 : 퇴직보험예치금, 퇴직연금운용자산

14 재무상태표에 표시되는 다음의 항목 중 평가성 항목이 **아닌** 것은?

① 대손충당금

② 감가상각누계액

③ 퇴직급여충당부채

④ 현재가치할인차금

퇴직급여충당부채의 평가성 항목은 퇴직보험예치금, 퇴직연금운용자산이다.

15 다음 중 일반기업회계기준상 충당부채를 부채로 인식하기 위한 요건이다. **틀린** 것은?

① 우발부채도 충당부채와 동일하게 부채로 인식하여야 한다.

② 과거사건이나 거래의 결과로 현재의무가 존재해야 한다.

③ 당해 의무를 이행하기 위하여 자원이 유출될 가능성이 매우 높아야 한다.

④ 그 의무의 이행에 소요되는 금액을 신뢰성 있게 추정할 수 있어야 한다.

우발부채는 다음의 (1) 또는 (2)에 해당하는 잠재적인 부채를 말하며, 부채로 인식하지 아니한다.

(1) 과거사건은 발생하였으나 기업이 전적으로 통제할 수 없는 하나 또는 그 이상의 불확실한 미래사건의 발생 여부에 의하여서만 그 존재여부가 확인되는 잠재적인 의무

(2) 과거사건이나 거래의 결과로 발생한 현재의무이지만 그 의무를 이행하기 위하여 자원이 유출될 가능성이 매우 높지가 않거나, 또는 그 가능성은 매우 높으나 당해 의무를 이행하여야 할 금액을 신뢰성 있게 추정할 수 없는 경우

. SECTION .

04 자본

출제
빈도 상 중 하

빈출 태그 주식발행방법 · 발행비 · 자본잉여금 · 이익잉여금

기적의 3회독
☐ 1회 ☐ 2회 ☐ 3회

자본은 기업의 자산에서 모든 부채를 차감한 후의 잔여지분을 나타내며, 주주로부터의 납입자본에 기업활동을 통하여 획득하고 기업의 활동을 위해 유보된 금액을 가산하고, 기업활동으로부터의 손실 및 소유자에 대한 배당으로 인한 주주 지분 감소액을 차감한 잔액이다.

🎓 **기적의 Tip**

효율적인 학습을 하기 위하여 PART 02 '실무편' '일반전표입력'의 문제를 병행 학습하도록 한다.

01 자본금

주주에 의해 불입된 자본 중 상법규정에 의하여 법정자본으로 계상된 부분을 말하며 발행주식 총수에 주당액면금액을 곱한 것을 말한다. 보통주자본금과 우선주자본금으로 분류한다. 시험 시에는 보통주자본금을 자본금으로 사용한다.

🎓 **기적의 Tip**

개인기업의 자본은 자본금계정만 존재한다. 만약, 기중에 사업주가 개인적으로 사용한 것이 있으면 인출금으로 처리했다가 결산 시 자본금에서 차감한다.

1) 주식의 발행

① **액면발행(액면금액 = 발행금액)** : 주권상의 액면금액과 동일한 금액으로 주식을 발행하는 경우를 말한다.

② **할인발행(액면금액 > 발행금액)** : 주권상의 액면금액보다 낮은 금액으로 주식을 발행하는 경우를 말한다. 주식의 발행금액과는 상관없이 주식의 액면금액을 대변에 자본금 계정으로 기록하고, 차변에 주주로부터 제공받은 자금을 기입하며 액면금액에 미달하는 부분은 "주식할인발행차금"으로 처리한다.

③ **할증발행(액면금액 < 발행금액)** : 주권상의 액면금액보다 높은 금액으로 주식을 발행하는 경우를 말한다. 주식의 발행금액과는 상관없이 주식의 액면금액을 대변에 자본금계정으로 기록하고, 차변에 주주로부터 제공받은 자금을 기입하며 액면금액을 초과하는 부분은 "주식발행초과금"으로 처리한다.

자산 − 부채 = 자본
• 기초자산 − 기초부채
 = 기초자본
• 기말자산 − 기말부채
 = 기말자본
• 기초자본 + 총수익 − 총비용
 = 기말자본

2) 현물출자에 의한 주식발행

주식발행의 대가로 현금 대신에 회사가 필요로 하는 현물로 납입 받는 경우를 말하며 제공받은 현물의 공정가치를 주식의 발행금액으로 한다.

※ 신주발행비는 주식의 발행과 직접 관련하여 발생한 비용(법률비용, 주주모집을 위한 광고비, 주권인쇄비, 증권회사수수료 등)으로 주식발행금액에서 차감한다. 즉, 주식이 액면발행 또는 할인발행된 경우에는 주식할인발행차금으로 처리하고 주식이 할증발행된 경우에는 주식발행초과금에서 차감한다.

02 자본잉여금

증자나 감자 등 주주와의 거래(자본거래)에서 발생하여 자본을 증가시키는 잉여금을 말한다. 자본잉여금은 주식발행초과금과 기타자본잉여금(감자차익, 자기주식처분이익 등)으로 구분하며 주주에 대한 배당금의 재원으로 사용할 수 없고 무상증자를 통한 자본금으로의 전입(자본전입) 및 결손보전을 위하여만 사용될 수 있다.

1) 주식발행초과금

주식을 할증발행하는 경우에 발행금액이 액면금액을 초과하는 부분을 말한다. 다만, 주식발행초과금이 발생할 당시에 장부상 주식할인발행차금 미상각액이 존재하는 경우에는 발생된 주식발행초과금의 범위 내에서 주식할인발행차금 미상각액을 상계처리한 후의 금액으로 한다.

2) 감자차익

자본금이 감소하는 경우에 그 감소액이 주식소각의 대가로 주주에게 반환되는 금액 또는 결손금 보전에 충당한 금액을 초과한 때에 그 초과금액을 말한다. 다만, 감자차손이 있는 경우에는 동 금액을 차감한 후의 금액으로 한다.

🎓 기적의 Tip

주식발행초과금, 감자차익, 자기주식처분이익은 발생 시점에 주식할인발행차금, 감자차손, 자기주식처분손실이 있는 경우 우선 상계한다. 반대의 경우도 마찬가지이다.

상계하는 회계처리

(차) 보통예금	×××
주식할인발행차금	×××
주식발행초과금	×××
(대) 자본금	×××

3) 자기주식처분이익

자기주식은 회사가 이미 발행한 주식을 재취득한 주식으로서 공식적으로 소각되지 않은 주식을 말하는데, 이러한 자기주식을 처분하는 경우 취득원가를 초과하여 처분할 때 발생하는 이익을 자기주식처분이익이라 한다. 자기주식처분이익은 자기주식처분손실이 발생하는 경우 상계한다.

예제 >> 사업을 축소하기 위하여 주식 10주 액면가 @10,000원을 주당 @5,000원에 매입하여 소각하고 대금은 현금으로 지급하였다.

(차) 자본금	100,000	(대) 현금	50,000
		감자차익	50,000

예제 >> 자기주식 10주 취득가 @10,000원을 12,000원에 처분하고 대금은 현금으로 받았다.

(차) 현금	120,000	(대) 자기주식	100,000
		자기주식처분이익	20,000

03 자본조정

당해 항목의 성격으로 보아 자본거래에 해당하지만 최종 납입된 자본으로 볼 수 없거나, 자본의 가감 성격으로 자본금이나 자본잉여금으로 분류할 수 없는 항목을 말한다.

1) 주식할인발행차금

주식발행금액이 액면금액에 미달하는 경우 그 미달금액을 말한다. 발생 시 주식발행초과금의 범위 내에서 상계처리하고 나머지는 자본에서 차감하는 형식으로 기재한다.

2) 자기주식

회사가 이미 발행한 주식을 유상 또는 무상으로 재취득한 주식을 말한다. 자기주식은 자본에서 차감하는 형식으로 기재한다.
① **처분 시** : 처분금액이 장부금액보다 크다면 그 차액을 자기주식처분이익으로 회계처리하고, 작다면 자기주식처분이익의 범위 내에서 상계처리한다.
② **소각 시** : 취득원가와 액면금액을 비교하여 취득원가가 더 큰 경우에는 감자차익에서 우선적으로 차감하고 나머지는 감자차손으로 처리하고, 액면금액이 더 큰 경우에는 감자차익으로 처리한다.

> ✓ **개념 체크**
>
> 1. 자기주식 100주(취득금액 @1,000) 중 50주는 주당 2,000원에 현금 매각하고 나머지 50주는 소각했다. 회계처리 시 차변의 계정과목은?
>
> 1. 현금, 자본금

3) 미교부주식배당금

배당 결의일 현재 미지급된 주식 배당액을 말하며, 배당 지급일에 주식을 교부하면 자본금계정에 대체된다. 미교부주식배당금은 자본에 가산하는 형식으로 기재한다.

4) 감자차손

자본금이 감소하는 경우에 주주에게 환급되는 금액이 소각된 주식의 액면금액을 초과한 때에 그 초과금액을 말한다. 감자차익의 범위 내에서 상계처리하고, 나머지는 자본에서 차감하는 형식으로 기재한다.

5) 자기주식처분손실

자기주식 매각 시 처분금액이 취득원가보다 적은 경우의 차액을 말한다. 자기주식처분 이익의 범위 내에서 상계처리하고 나머지는 자본에서 차감하는 형식으로 기재한다.

예제 ≫ 지난 달 주주총회에서 결의한 주식배당 10주 액면가 @10,000원을 주권을 발행하여 배당을 실시하였다.			
(차) 미교부주식배당금	100,000	(대) 자본금	100,000

예제 ≫ 사업을 축소하기 위하여 주식 10주 액면가 @10,000원을 주당 @12,000원에 매입하여 소각하고 대금은 현금으로 지급하였다.			
(차) 자본금	100,000	(대) 현금	120,000
감자차손	20,000		

예제 ≫ 자기주식 10주 취득가 @10,000원을 5,000원에 처분하고 대금은 현금으로 받았다.			
(차) 현금	50,000	(대) 자기주식	100,000
자기주식처분손실	50,000		

04 기타포괄손익누계액과 이익잉여금

1) 기타포괄손익누계액

손익거래 중 손익계산서의 당기손익으로 분류하기 어려운 손익항목의 잔액으로, 소멸 시 당기손익에 반영된다.

① **매도가능증권평가이익, 매도가능증권평가손실** : 매도가능증권으로 분류된 주식이나 채권을 공정가치(시가법)로 평가함에 따라 발생하는 평가손익을 말한다.

② 해외사업환산이익, 해외사업환산손실, 현금흐름위험회피 파생상품평가이익, 파생상품평가손실, 지분법자본변동

• **자본에서 차감** : 주식할인발행차금, 자기주식, 감자차손, 자기주식처분손실
• **자본에서 가산** : 미교부주식배당금

🎓 **가적의 Tip**

매도가능증권평가 시 평가이익과 평가손실이 있는 경우서로 상계하여 처리한다.

1-148 PART 01 : 이론편

2) 이익잉여금

손익계산서에 보고된 손익과 다른 자본항목에서 이입된 금액의 합계액에서 주주에 대한 배당, 자본금으로의 전입 및 자본조정항목의 상각 등으로 처분된 금액을 차감한 잔액을 말한다.

① **이익준비금** : 상법규정에 따라 적립된 "법정적립금"으로서 자본금의 1/2에 달할 때까지 매 결산기에 금전에 의한 이익배당액의 1/10 이상의 금액을 적립해야 한다.

② **임의적립금** : 법령이 아닌 회사 임의적으로 일정한 목적을 위하여 정관 또는 주주총회의 결의에 의하여 이익의 일부를 적립하는 것으로 사업확장적립금, 감채적립금, 배당평균적립금, 결손보전적립금, 별도적립금이 있다.

③ **미처분이익잉여금(또는 미처리결손금)** : 기업이 벌어들인 이익 중 배당금이나 다른 잉여금으로 처분되지 않고 남아 있는 이익잉여금으로서 당기 이익잉여금처분계산서의 미처분이익잉여금을 말한다. 그리고 미처리결손금이란 기업이 결손을 보고한 경우에 보고된 결손금 중 다른 잉여금으로 보전되지 않고 이월된 부분으로서 당기 결손금처리계산서의 미처리결손금을 말한다.

예제 » 주주총회에서 전기분 이익잉여금처분계산서의 다음 내용과 같이 처분이 확정되었다.
이익준비금 100,000 현금배당 1,000,000 주식배당 500,000 사업확장적립금 100,000

(차) 미처분이익잉여금	1,700,000	(대) 이익준비금	100,000
(이월이익잉여금)*		미지급배당금	1,000,000
		미교부주식배당금	500,000
		사업확장적립금	100,000

더 알기 Tip

자본의 분류

- **자본거래(자본항목)**
  - **자본금** : 보통주자본금, 우선주자본금
  - **자본잉여금** : 주식발행초과금, 감자차익, 자기주식처분이익
  - **자본조정** : 주식할인발행차금, 감자차손, 자기주식처분손실, 자기주식, 미교부주식배당금, 주식매입선택권

- **손익거래(손익항목)**
  - **기타포괄손익누계액** : 매도가능증권평가이익, 매도가능증권평가손실, 해외사업환산이익, 해외사업환산손실
  - **이익잉여금** : 이익준비금, 임의적립금(사업확장적립금 등), 미처분이익잉여금(또는 미처리결손금)
  - ※ 주식발행초과금과 주식할인발행차금, 감자차익과 감자차손, 자기주식처분이익과 자기주식처분손실, 매도가능증권평가이익과 매도가능증권평가손실은 잔액이 있을 경우 서로 상계한다.

가척의 Tip

이익준비금의 적립액을 숙지한다.

★ **이월이익잉여금**

실무시험 시 미처분이익잉여금은 전기 결산 시 이월이익잉여금으로 대체되므로 "이월이익잉여금"으로 처리해야 한다(∵ 전산세무회계프로그램의 특성).

01 19년 2월, 09년 10월

재무상태표상의 자본금에 대한 설명 중 가장 올바른 것은?

① 자본금은 할인발행 혹은 할증발행에 따라 표시되는 금액이 다르다.

② 자본금은 보통주자본금, 우선주자본금 그리고 기타자본금으로 구분된다.

③ 자본금은 총납입금액에서 주식발행에 따른 제 비용을 차감하여 표시된다.

④ 자본금은 반드시 발행주식수×1주당 액면금액으로 표시된다.

자본금은 발행주식 총수에 주당액면금액을 곱한 것으로서 보통주자본금과 우선주자본금으로 분류할 수 있다.

02 11년 4월

다음 중 자본에 대한 내용으로 옳지 않은 것은?

① 현물출자로 인한 주식의 발행금액은 제공받은 현물의 공정가치이다.

② 기말 재무상태표상 미처분이익잉여금은 당기 이익잉여금의 처분사항이 반영된 후의 금액이다.

③ 주식배당과 무상증자는 순자산의 증가가 발생하지 않는다.

④ 주식발행초과금은 주식의 발행가액이 액면금액을 초과하는 경우 그 초과금액을 말한다.

당기 이익잉여금의 처분사항은 차기 주주총회의 처분결의가 있은 후에 회계처리되므로 기말 재무상태표상 미처분이익잉여금은 당기 이익잉여금의 처분사항이 반영되기 전의 금액으로 표시된다.

03 06년 4월

액면금액 10,000원인 주식을 9,000원에 할인발행하면서 주식발행비 500원을 지출한 경우에 재무상태표상에 자본금으로 기록될 금액은 얼마인가?

① 10,000원   ② 9,000원

③ 9,500원   ④ 8,500원

재무상태표상 자본금은 항상 액면금액으로 표시되어야 한다.

04 07년 10월

(주)해성의 당기 1월 1일 자본금은 10,000,000원(주식수 10,000주, 액면가 1,000원)이다. 당기 6월 1일 주당 1,100원에 5,000주를 유상증자하였다. 기말 자본금은 얼마인가?

① 15,500,000원   ② 15,000,000원

③ 10,000,000원   ④ 16,000,000원

자본금은 항상 액면금액으로 표시되어야 하므로 유상증자 시에도 액면금액 만큼 증가시켜야 한다.

- 기초자본금+유상증자로 인한 자본금 증가액 = 기말자본금
- 10,000,000+5,000,000 = 15,000,000원

05 12년 12월

(주)강남스타일의 2024년 1월 1일 자본금은 50,000,000원(주식수 50,000주, 액면가액 1,000원)이다. 2024년 7월 1일에 주당 1,200원에 10,000주를 유상증자하였다. 2024년 기말 자본금은 얼마인가?

① 12,000,000원   ② 50,000,000원

③ 60,000,000원   ④ 62,000,000원

기말 자본금 (50,000주+10,000주)×액면가액 1,000원 = 60,000,000원

06 10년 6월

(주)피제이전자는 주식 1,000주(1주당 액면금액 1,000원)를 1주당 1,500원에 증자하면서 주식발행관련 제비용으로 100,000원을 지출하였다. 이에 대한 결과로 올바른 것은?

① 주식발행초과금 400,000원 증가

② 자본금 1,400,000원 증가

③ 주식발행초과금 500,000원 증가

④ 자본금 1,500,000원 증가

- 지문에 대금에 대한 내용이 없으므로 현금으로 받고 발행비를 현금으로 지급했다고 가정하고 분개하면 다음과 같다.

(차) 현금	1,400,000	(대) 자본금	1,000,000
		주식발행초과금	400,000

- 주식발행 시 발생되는 발행비는 할증발행 시 주식발행초과금에서 감액(차감)한다.

07 주식을 할증발행하는 경우 발행금액이 액면금액을 초과하는 부분은 재무상태표상 자본 항목 중 어디에 표시되는가?

① 자본금

② 자본잉여금

③ 자본조정

④ 기타포괄손익누계액

주식을 할증발행 하는 경우에 발행금액이 액면금액을 초과하는 부분은 주식발행초과금이며, 이는 자본잉여금에 표시된다.

> **오답 피하기**
>
> **자본**
> • **자본금** : 보통주자본금, 우선주자본금
> • **자본잉여금** : 주식발행초과금, 기타자본잉여금(감자차익, 자기주식처분이익)
> • **자본조정** : 주식할인발행차금, 감자차손, 자기주식처분손실, 자기주식, 미교부주식배당금
> • **기타포괄손익누계액** : 매도가능증권평가이익, 매도가능증권평가손실, 해외사업환산차익, 해외사업환산차손 등
> • **이익잉여금** : 이익준비금, 기타법정적립금, 임의적립금, 미처분이익잉여금

08 신주 10,000주(액면금액 1주당 10,000원)를 9,800원에 발행하였다면, 발행차액은 어느 항목에 해당되는가?

① 이익잉여금

② 자본잉여금

③ 자본조정

④ 임의적립금

주식을 할인발행한 경우 액면금액에 미달하는 부분은 주식할인발행차금 계정으로 처리한다. 주식할인발행차금은 자본조정 항목으로 분류되며 자본에서 차감하는 형식으로 기재한다.

09 다음 중 자본 항목의 분류로 틀린 것은?

① 매도가능증권평가이익 – 이익잉여금

② 감자차익 – 자본잉여금

③ 결손보전적립금 – 이익잉여금

④ 감자차손 – 자본조정

매도가능증권평가이익은 기타포괄손익누계액이다.

10 다음은 자본에 대한 설명이다. 옳지 **않은** 것은?

① 이익잉여금을 자본금에 전입하여 무상주를 발행하는 경우에 액면금액을 주식의 발행금액으로 한다.

② 기업이 취득한 자기주식은 취득원가를 자본조정으로 회계처리한다.

③ 자기주식의 처분금액이 장부금액보다 큰 경우 차액은 자기주식처분이익으로 하여 자본잉여금으로 회계처리한다.

④ 기업이 소각을 목적으로 자기주식을 취득하는 경우 주식의 취득원가가 액면금액보다 작다면 그 차액을 감자차익으로 하여 자본조정으로 회계처리한다.

기업이 이미 발행한 주식을 유상으로 재취득하여 소각하는 경우에 주식의 취득원가가 액면금액보다 작다면 그 차액을 감자차익으로 하여 자본잉여금으로 회계처리한다.

11 다음 중 주식회사의 자본 구성 요소에 관한 설명으로 바르게 짝지은 것은?

> ㉠ 은 1주의 액면금액에 발행한 주식수를 곱한 금액이다.
> ㉡ 은 영업활동과 직접적인 관계가 없는 자본거래에서 생긴 잉여금이다.
> ㉢ 은 회사의 영업활동 결과로 발생한 순이익을 원천으로 하는 잉여금이다.

	㉠	㉡	㉢
①	적립금	자본잉여금	이익잉여금
②	자본금	자본잉여금	이익잉여금
③	자본금	이익잉여금	자본잉여금
④	적립금	이익잉여금	자본잉여금

㉠은 자본금이고, ㉡은 자본잉여금이며, ㉢은 이익잉여금이다.

12 자기주식을 구입금액보다 낮게 처분하여 발생하는 부분은 재무상태표상 자본 항목 중 어디에 표시되는가?

① 자본금

② 자본잉여금

③ 자본조정

④ 기타포괄손익누계액

자기주식을 구입금액보다 낮게 처분하는 경우에 그 차이를 자기주식처분손실이라 하며 이는 자본조정 항목이다.

13 다음 자료에 의하여 자본총계를 계산하면 얼마인가?

> • 현금 : 100,000원 　　• 단기대여금 : 150,000원
> • 단기차입금 : 50,000원 　• 비품 : 200,000원
> • 보통예금 : 60,000원 　　• 미지급금 : 80,000원
> • 미수금 : 90,000원 　　　• 지급어음 : 100,000원
> • 감가상각누계액 : 50,000원

① 270,000원
② 300,000원
③ 320,000원
④ 370,000원

지문에 자본관련 내용이 없으므로 자산－부채 = 자본으로 계산한다.
• 자산 : 현금＋단기대여금＋비품－감가상각누계액＋보통예금＋미수금
　　　= 100,000＋150,000＋200,000－50,000＋60,000＋90,000
　　　= 550,000원
• 부채 : 단기차입금＋미지급금＋지급어음
　　　= 50,000＋80,000＋100,000 = 230,000원
∴ 550,000(자산)－230,000(부채) = 320,000원

14 다음의 회계거래 중에서 자본총액에 변화가 없는 것은?

① 주식을 할인발행하다.
② 이익준비금을 계상하다.
③ 당기순손실이 발생하다.
④ 주식을 할증발행 하다.

이익잉여금 중 미처분이익잉여금의 일부를 이익준비금(이익잉여금)으로 계상하는 것은 이익잉여금 종류의 변동이므로 자본총액에 변화가 없다.

15 (주)수원기업의 결산 시 회사자본의 구성내용은 자본금 50,000,000원, 자본잉여금 3,000,000원, 이익준비금 700,000원이었고, 당해 연도의 당기순이익은 500,000원이었다. 현금배당을 300,000원을 할 경우 이익준비금으로 적립해야 할 최소 금액은 얼마인가?

① 30,000원
② 50,000원
③ 70,000원
④ 100,000원

이익준비금은 법정적립금으로서 자본의 1/2에 달할 때까지 매 결산 시에 금전배당액의 1/10 이상의 금액을 이익준비금으로 적립하여야 한다. 따라서 최소금액은 현금배당 300,000원×10% = 30,000원이다.

16 이익잉여금을 자본금에 전입하였을 경우 다음 설명 중 올바른 것은?

① 자본총액이 증가한다.
② 자본총액이 감소한다.
③ 자본금이 증가한다.
④ 자본금이 감소한다.

자본금과 이익잉여금은 모두 자본 항목이므로 이익잉여금을 자본금에 전입하면 이익잉여금은 감소하고 자본금은 증가하지만 자본 총액에는 변함이 없다.

17 주식발행회사가 이익배당을 주식으로 하는 경우(주식배당) 배당 후 상태변화로 가장 옳지 **않은** 것은?

① 배당 후 이익잉여금은 증가한다.
② 배당 후 자본금은 증가한다.
③ 배당 후 총자본은 불변이다.
④ 배당 후 발행주식수는 증가한다.

이익잉여금을 주식배당으로 자본 전입하므로 자본금은 증가하고 이익잉여금은 감소한다. 모두 자본항목이므로 자본총액은 불변이다.

18 (주)재무는 자기주식 200주(1주당 액면금액 5,000원)를 1주당 7,000원에 매입하여 소각하였다. 소각일 현재 자본잉여금에 감차차익 200,000원을 계상하고 있는 경우 주식소각 후 재무상태표상에 계상되는 감자차손익은 얼마인가?

① 감자차손 200,000원
② 감자차손 400,000원
③ 감자차익 200,000원
④ 감자차익 400,000원

• 취득금액 1,400,000(200주 × 주당 7,000) － 액면금액 1,000,000(200주 × 주당 5,000) = 감자차손 400,000
• 감자차익을 먼저 상계하고 나머지를 감자차손으로 인식해야 하므로 감자차손은 200,000원이 된다.

19 다음은 재무상태표 항목의 구분과 통합표시에 대한 설명이다. 가장 **틀린** 것은?

① 중요한 항목은 재무상태표 본문에 별도 항목으로 구분하여 표시한다.

② 현금및현금성자산은 별도 항목으로 구분하여 표시한다.

③ 자본잉여금은 법정적립금, 임의적립금으로 구분하여 표시한다.

④ 자본금은 보통주자본금과 우선주자본금으로 구분하여 표시한다.

자본잉여금 : 주식발행초과금, 기타자본잉여금(감자차익, 자기주식처분이익)

20 자본금이 100,000,000원인 회사가 이월결손금 18,000,000원을 보전하기 위하여 유통 중인 주식 중 1/5에 해당하는 부분을 무상 소각하였다. 이 경우 분개에서 사용하여야 할 자본항목과 금액 중 옳은 것은?

① 감자차손 2,000,000원

② 주식발행초과금 2,000,000원

③ 감자차익 2,000,000원

④ 합병차익 2,000,000원

자본금 감소액(감자) : 100,000,000원×1/5 = 20,000,000원

(차) 자본금	20,000,000	(대) 미처리결손금	18,000,000
		감자차익	2,000,000

21 다음 중 이익잉여금으로 분류하는 항목을 모두 고른 것은?

> ㄱ. 현금배당액의 1/10 이상의 금액을 자본금의 1/2에 달할 때까지 적립해야 하는 금액
> ㄴ. 액면을 초과하여 주식을 발행한 때 그 액면을 초과하는 금액
> ㄷ. 감자를 행한 후 주주에게 반환되지 않고 불입자본으로 남아있는 금액

① ㄱ

② ㄴ

③ ㄱ, ㄷ

④ ㄴ, ㄷ

- ㄱ : 이익준비금(이익잉여금)
- ㄴ : 주식발행초과금(자본잉여금)
- ㄷ : 감자차익(자본잉여금)

출제
빈도

빈출 태그 순매출액 · 매출원가 · 판매비와일반관리비 · 영업외수익과 영업외비용 · 손익계산서 구조

기적의 3회독
1회 2회 3회

 기적의 Tip

효율적인 학습을 하기 위하여
PART 02 실무편 「일반전표입
력」의 문제를 병행 학습하도
록 한다.

01 수익과 비용의 인식

1) 수익의 인식
① 수익은 실현되었거나 또는 실현가능한 시점에서 인식된다.
② 수익은 수익가득과정 동안 점진적이고 계속적으로 창출된다.
③ 수익은 경제적 효익이 유입됨으로써 자산이 증가하거나 부채가 감소하고 그 금액을 신뢰성 있게 측정할 수 있을 때 손익계산서에 인식한다.

2) 수익의 측정
① 수익은 재화의 판매, 용역의 제공이나 자산의 사용에 대하여 받았거나 또는 받을 대가의 공정가치로 측정하며 매출에누리와 할인 및 환입은 수익에서 차감한다.
② 판매대가가 재화의 판매 또는 용역의 제공 이후 장기간에 걸쳐 유입되는 경우에는 그 공정가치가 미래에 받을 금액의 합계액보다 작을 수 있다. 이때 공정가치는 명목금액의 현재가치로 측정하며, 공정가치와 명목금액과의 차액은 현금회수기간에 걸쳐 이자수익으로 인식한다.
③ 성격과 가치가 유사한 재화나 용역 간의 교환은 수익발생거래로 보지 아니하며, 상이한 재화, 용역 간의 교환은 수익발생거래로 본다.

3) 재화의 판매
재화의 판매로 인한 수익은 다음 조건이 모두 충족될 때 인식한다.
① 재화의 소유에 따른 유의적인 위험과 보상이 구매자에게 이전된다.
② 판매자는 판매한 재화에 대하여 소유권이 있을 때 통상적으로 행사하는 정도의 관리나 효과적인 통제를 할 수 없다.
③ 수익금액을 신뢰성 있게 측정할 수 있다.
④ 경제적 효익의 유입 가능성이 매우 높다.
⑤ 거래와 관련하여 발생했거나 발생할 원가를 신뢰성 있게 측정할 수 있다.

기적의 Tip

재화의 판매 시 수익인식기
준을 숙지한다.

4) 용역의 제공

수익은 다음의 조건이 모두 충족되는 경우 용역제공거래의 성과를 신뢰성 있게 추정할 수 있다고 보고 진행기준에 따라 인식한다.

① 거래 전체의 수익금액을 신뢰성 있게 측정할 수 있다.

② 경제적 효익의 유입 가능성이 매우 높다.

③ 진행률을 신뢰성 있게 측정할 수 있다.

④ 이미 발생한 원가 및 거래의 완료를 위하여 투입하여야 할 원가를 신뢰성 있게 측정할 수 있다.

5) 비용의 인식 및 측정

비용은 경제적 효익이 사용 또는 유출됨으로써 자산이 감소하거나 부채가 증가하고 그 금액을 신뢰성 있게 측정할 수 있을 때 인식한다. 비용은 주된 영업활동에서 발생한 비용과 일시적이나 우연적인 거래로부터 발생한 손실로 분류된다.

① **수익비용대응주의** : 매출원가

수익과 관련 비용은 대응하여 인식한다. 즉, 특정 거래와 관련하여 발생한 수익과 비용은 동일한 회계기간에 인식한다.

② **발생기간 비용처리** : 기간대응(판매비와관리비)

수익과 직접 대응할 수 없는 비용은 재화 및 용역의 사용으로 현금이 지출되거나 부채가 발생하는 회계기간에 인식한다.

③ **체계적이고 합리적인 배분절차에 따라 비용배분**

자산으로부터 효익이 여러 회계기간에 걸쳐 기대되는 경우 이와 관련하여 발생한 특정성격의 비용은 체계적이고 합리적인 배분절차에 따라 각 회계기간에 배분하는 과정을 거쳐 인식한다(⑩ 감가상각비 등).

④ **미래의 경제적 효익의 감소, 소멸 시 비용인식**

과거에 인식한 자산의 미래 경제적 효익이 감소 또는 소멸되거나 경제적 효익의 수반없이 부채가 발생 또는 증가한 것이 명백한 경우에는 비용을 인식한다.

6) 거래별 유형별 수익의 인식

① 설치수수료는 재화가 판매되는 시점에 수익을 인식하는 재화의 판매에 부수되는 설치의 경우를 제외하고는 설치의 진행률에 따라 수익으로 인식한다.

② 소프트웨어를 판매 시 판매 후 지원 및 제품개선 용역까지 포함하여 가격이 결정되는 경우처럼, 제품판매가격에 판매 후 제공할 용역에 대한 식별가능한 금액이 포함되어 있는 경우에는, 그 금액을 이연하여 용역수행기간에 걸쳐 수익으로 인식한다.

③ 광고매체수수료는 광고 또는 상업방송이 대중에게 전달될 때 인식하고, 광고제작 수수료는 광고제작의 진행률에 따라 인식한다.

④ 보험대리수수료는 보험대리인이 추가로 용역을 제공할 필요가 없는 경우에 보험 대리인은 대리인이 받았거나 받을 수수료를 해당 보험의 효과적인 개시일 또는 갱신일에 수익으로 인식한다.

⑤ 예술공연, 축하연, 기타 특별공연 등에서 발생하는 입장료 수익은 행사가 개최되는 시점에 인식한다.

⑥ 수강료수익은 강의기간에 걸쳐 수익으로 인식한다.

⑦ 주문개발하는 소프트웨어의 대가로 수취하는 수수료는 진행기준에 따라 수익을 인식한다.

⑧ 건설계약의 경우 기간에 걸쳐 수행의무를 이행하는 경우 수행의무 완료까지의 진행률을 측정하여 기간에 걸쳐 수익을 인식한다.

⑨ 로열티 수익은 발생기준에 따라 인식하며 배당금수익은 배당금을 받을 권리와 금액이 확정되는 시점에 인식한다.

02 수익과 비용계정

1) 매출액(상품매출, 제품매출) : 영업수익

기업의 주된 영업활동으로부터 발생한 상품, 제품 등의 순매출액이다.

① **매출환입및에누리** : 매출환입이란 판매한 상품 · 제품이 반품 처리된 금액을 말하며, 매출에누리란 판매한 상품 · 제품에 파손이나 결함이 있어서 결제금액을 깎아 주는 것을 말한다.

② **매출할인** : 외상대금을 약정된 할인기간 내에 회수하고 대금의 일부를 할인해 주는 것을 말한다.

2) 매출원가(상품매출원가, 제품매출원가) : 영업비용

상품, 제품매출관련 발생되는 원가로 기초재고액+당기매입(제조)액★−기말재고액으로 계산한다.

3) 판매비와관리비 : 영업비용

제품, 상품, 용역 등의 판매활동과 기업의 관리활동에서 발생하는 비용으로서 매출원가에 속하지 아니하는 모든 영업비용을 말한다.

① **급여(임금)**★ : 임직원의 근로제공에 대한 대가로서 지급하는 인건비로 임원급여, 직원의 급료와 임금 및 제수당 등을 말한다. 일용직은 잡급을 사용한다.

기적의 Tip

순매출액 = 총매출액−매출환입−매출에누리−매출할인

기적의 Tip

매출환입및에누리, 매출할인은 매출액에서 차감(수익의 감소)하므로 차변에 기입한다.

★순매입액 = 총매입액+제비용(운임 등)−매입환출−매입에누리−매입할인

기적의 Tip

프로그램 사용 시 동일한 비용이 동시에 나올 경우(예 복리후생비)
500번대는 제품제조관련 제조원가이고 800번대는 판매관리관련 판매비와관리비이다. 따라서 500번대는 제조원가명세서에 800번대는 손익계산서에 반영된다.

★제조원가(500번대) 계정과목

② **퇴직급여** : 당해연도 중 임직원의 퇴직 시 회사의 퇴직금지급규정 또는 근로기준법에 의하여 지급해야 할 퇴직금 중 당해연도 부담분에 속하는 금액. 임직원이 퇴직하는 경우 지급되는 퇴직금은 우선적으로 퇴직급여충당부채와 상계하고, 동 충당부채 잔액 이상으로 퇴직금을 지급하는 경우 동 초과부분은 퇴직급여계정으로 처리한다.

③ **복리후생비** : 임직원의 복리와 후생을 위하여 지급한 비용

④ **여비교통비** : 임직원의 여비와 교통비. 이때의 여비는 통상 기업의 임직원이 업무를 수행하기 위하여 비교적 먼 곳으로 출장 가는 경우에 소요되는 경비로서, 구체적인 내용으로는 철도운임, 항공운임, 숙박료, 식사대 및 기타 출장에 따른 부대비용이며, 교통비는 상기 여비 이외의 시내출장비라든지 시내의 일시적인 주차료 등을 의미한다.

⑤ **기업업무추진비** : 회사의 업무와 관련하여 고객이나 거래처를 접대한 경우, 이와 관련된 제반비용

⑥ **통신비** : 전신, 전화, 팩시밀리, 우편 등

⑦ **수도광열비(가스수도료, 전력비)**★ : 수도료, 전기료, 가스료, 연료대 등

⑧ **세금과공과(금)** : 재산세, 자동차세 등의 세금과 상공회의소회비 등의 공과금

⑨ **감가상각비** : 건물, 기계장치, 차량운반구 등 유형자산의 당해연도 감가상각비

⑩ **임차료** : 사무실, 공장 또는 토지 등의 임차료 및 컴퓨터나 집기비품의 리스료

⑪ **수선비** : 건물, 건물부속설비, 집기, 비품 등의 유형자산의 수선비. 수선비 중 자본적 지출에 해당되는 부분은 해당 자산계정에 가산시켜야 한다.

⑫ **보험료** : 기업이 소유하는 건물 · 기계장치 등의 유형자산, 상품 · 제품 · 원재료 등의 재고자산 등에 대하여 가입한 각종 손해보험(화재보험, 도난보험, 책임보험 등) 등

⑬ **차량유지비** : 차량운반구 유지비용으로 차량유류대, 주차비, 차량수리비 등

⑭ **운반비** : 상품이나 제품을 고객이나 대리점 기타 보관소로 운송하는 데 지출된 비용

⑮ **교육훈련비** : 임직원의 직무능력 향상을 위한 교육 및 훈련에 관련된 비용

⑯ **도서인쇄비** : 도서구입비 및 인쇄와 관련된 비용

⑰ **소모품비** : 소모성 비품 구입에 관한 비용으로서, 사무용 용지, 소모공구 구입비, 주방용품 구입비, 문구구입비(사무용품비로도 처리), 기타 소모자재 등의 구입비

⑱ **수수료비용** : 제공받은 용역의 대가를 지불할 때 사용되는 비용

⑲ **광고선전비** : 상품이나 제품의 판매촉진을 위해 지출한 광고선전비

⑳ **대손상각비** : 회수가 불확실한 매출채권에 대하여 합리적이고 객관적인 기준에 따라 산출한 대손추산액을 처리하는 계정으로 회수가 불가능한 채권은 대손충당금과 상계하고 대손충당금이 부족한 경우에는 그 부족액을 대손상각비로 처리한다.

㉑ **무형자산상각비** : 영업권, 개발비, 특허권 등의 무형자산의 당해연도 상각비

㉒ **잡비** : 이상에서 열거한 비용 이외에 판매 및 관리 활동과 관련되어 지출된 기타의 비용

계정과목 변경
접대비 → 기업업무추진비

★제조원가(500번대) 계정과목

• 임대료 = 수입임대료
• 수수료수익 = 수입수수료

✓ **개념 체크**

1 다음 중 판매비와관리비 계정을 고르시오.
(급여, 복리후생비, 기부금, 세금과공과)

1 급여, 복리후생비, 세금과공과

• 이자수익	↔ 이자비용
• 임대료	↔ 임차료
• 단기매매증권	↔ 단기매매증권
평가이익	평가손실
• 단기매매증권	↔ 단기매매증권
처분이익	처분손실
• 수수료수익	↔ 수수료비용
• 외환차익	↔ 외환차손
• 외화환산이익	↔ 외화환산손실
• 전기오류	↔ 전기오류
수정이익	수정손실
• 유형자산	↔ 유형자산
처분이익	처분손실
• 투자자산	↔ 투자자산
처분이익	처분손실
• 보험금수익	↔ 보험료
• 잡이익	↔ 잡손실

• 임대료　＝ 수입임대료
• 수수료수익 ＝ 수입수수료

• 외화평가 시 : 외화환산이익(손실)
• 외화거래 종결 시 : 외환차익(차손)

4) 영업외수익

기업의 주된 영업활동이 아닌 활동으로부터 발생한 수익과 차익을 말한다.

① **이자수익** : 금융업 이외의 판매업, 제조업 등을 영위하는 기업이 일시적인 유휴자금을 대여하고 받은 이자 및 할인료

② **배당금수익** : 주식, 출자금 등의 장·단기 투자자산과 관련하여 피투자회사의 이익 또는 잉여금의 분배로 받는 금전배당금

③ **임대료** : 타인에게 물건이나 부동산 등을 임대하고 그 대가로 받는 금액

④ **단기매매증권평가이익** : 공정가치로 평가하는 경우 장부금액보다 공정가치가 상승한 경우에 그 차액

⑤ **단기매매증권처분이익** : 장부금액보다 처분금액이 더 큰 경우 차액

⑥ **수수료수익** : 용역 등을 제공하거나 판매중개역할을 하고 수수료를 받을 경우 생기는 이익

⑦ **외환차익** : 외화채권·채무의 대금을 수취하거나 지급하였을 경우에 발생하는 이익, 즉 회수일 및 상환일의 환율과 장부상 환율과의 차이로 인한 이익

⑧ **외화환산이익** : 과거에 발생한 외화거래로 기말 현재 외화로 표시된 채권·채무가 있는 경우에는 이를 보고기간말 현재의 마감환율로 환산하고, 장부상에 표시된 금액과 기말 마감환율로 환산한 금액과의 차액 중 이익

⑨ **전기오류수정이익** : 전기에 발생된 오류 중 수익을 과소 계상한 부분의 오류가 중요하지 않을 경우

⑩ **유형자산처분이익** : 유형자산의 장부금액(취득원가－감가상각누계액)보다 처분금액이 더 큰 경우 차액

⑪ **투자자산처분이익** : 투자자산의 매각 시 장부금액보다 처분금액이 더 큰 경우 차액

⑫ **자산수증이익** : 회사가 주주, 채권자 등 타인으로부터 무상으로 자산을 증여받은 경우에 발생하는 이익

⑬ **채무면제이익** : 회사가 주주, 채권자 및 제3자로부터 회사의 채무를 면제받은 경우 발생하는 이익

⑭ **보험금수익** : 자산에 대하여 보험 가입 후 보험금 지급사유가 발생하여 지급받은 실제 보험금

⑮ **사채상환이익** : 사채상환금액과 사채장부금액의 차이로 인하여 발생한 이익

⑯ **잡이익** : 일반기업회계기준에서 열거된 영업외수익 중 금액적으로 중요하지 않거나 그 항목이 구체적으로 밝혀지지 않은 수익

5) 영업외비용

기업의 주된 영업활동이 아닌 활동으로부터 발생한 비용과 차손을 말한다.

① **이자비용** : 당좌차월, 장·단기차입금 등으로부터 발생하는 지급이자와 사채이자

② **외환차손** : 외화채권·채무의 대금을 수취하거나 지급하였을 경우에 발생하는 손실, 즉 회수일 및 상환일의 환율과 장부상 환율과의 차이로 인한 손실

③ **기부금** : 업무와 관련없이 무상으로 기증하는 금전, 기타의 자산금액

④ **기타의 대손상각비** : 거래처의 파산 등의 사유로 기타채권(기타채권)의 회수가 불가능하게 되어 이를 손실로 계상하는 비용

⑤ **외화환산손실** : 과거에 발생한 외화거래로 기말 현재 외화로 표시된 채권·채무가 있는 경우에는 이를 보고기간말 현재의 환율로 환산하고, 장부상에 표시된 금액과 기말 환율로 환산한 금액과의 차액 중 손실

⑥ **매출채권처분손실** : 매출채권을 타인에게 양도 또는 할인하는 경우 당해 채권에 대하여 권리와 의무가 양도인과 분리되어 실질적으로 이신되는 때에는 동 금액은 매출채권에서 차감하고, 실수령액과의 차액은 매출채권처분손실로 계상한다.

⑦ **단기매매증권평가손실** : 공정가치로 평가하는 경우 장부금액보다 공정가치가 하락한 경우 차액

⑧ **단기매매증권처분손실** : 장부금액보다 처분금액이 더 적은 경우 차액

⑨ **재고자산감모손실** : 재고자산의 도난, 분실, 파손, 증발, 마모 등에 의한 수량부족으로 발생한 손실로 장부상 재고수량에 비하여 실제 재고수량이 부족한 경우에 발생하는 손실

⑩ **재해손실** : 화재, 풍수해, 지진 등 천재지변 또는 돌발적인 사건으로 인하여 발생한 손실액

⑪ **전기오류수정손실** : 전기에 발생된 오류 중 비용을 과소 계상한 부분의 오류가 중요하지 않을 경우

⑫ **유형자산처분손실** : 유형자산의 매각 시 장부금액(취득원가－감가상각누계액)보다 처분금액이 더 적은 경우 차액

⑬ **투자자산처분손실** : 투자자산의 매각 시 장부금액보다 처분금액이 더 적은 경우 차액

⑭ **사채상환손실** : 사채상환금액과 사채장부금액의 차이로 인하여 발생한 손실

⑮ **잡손실** : 일반기업회계기준에서 열거된 영업외비용 중 그 금액이 중요하지 않거나, 그 항목이 구체적으로 밝혀지지 않는 비용

6) 법인세비용(법인세등)

법인세비용은 법인세 비용 차감 전 순손익에 법인세법 등의 법령에 의하여 과세하였거나 과세할 세율을 적용하여 계산한 금액으로 하며 법인세에 부가하는 세액을 포함한다.

03 손익계산서 구조

기적의 Tip

영업이익 도출과정까지 암기
하도록 한다.

매출총이익률(%)
= 매출총이익/매출액 × 100

보고식

손익계산서

회사명 : (주)영진　　　제×기　20××년 ×월 ×일부터 ×월 ×일까지　　　　　(단위 : 원)

매출액 [−매출환입및에누리−매출할인]	⇨ 영업수익
(−) **매출원가** [제품매출원가, 상품매출원가]	⇨ 영업비용
기초재고	
(+) 당기매입(+제비용(운임 등)−매입환출및에누리−매입할인)	
(−) 기말재고	
매출총이익(손실)	⋯ 첫 번째 이익
(−) **판매비와관리비**	⇨ 영업비용
영업이익(손실)	⋯ 두 번째 이익
(+) **영업외수익**	⇨ 영업외수익
(−) **영업외비용**	⇨ 영업외비용
법인세비용차감전순이익(손실)	⋯ 세 번째 이익
(−) **법인세비용(법인세등)**	
당기순이익(손실)	⋯ 네 번째 이익

✓ 개념 체크

1　매출총이익을 계산하시오.
　매출액 500,000원, 매출총이
　익률 25%

　1 125,000원(500,000 − 매출원가
　　　(500,000 × 75%))

21년 6월, 12년 12월

01 재화의 판매에 대한 수익인식기준으로 틀린 것은?

① 비용금액을 신뢰성 있게 측정할 수 있다.

② 경제적 효익의 유입 가능성이 매우 높다.

③ 재화의 소유에 따른 유의적인 위험과 보상이 구매자에게 이전된다.

④ 거래와 관련하여 발생했거나 발생할 원가를 신뢰성 있게 측정할 수 있다.

재화의 판매로 인한 수익은 다음 조건이 모두 충족될 때 인식한다.
• 재화의 소유에 따른 유의적인 위험과 보상이 구매자에게 이전된다.
• 판매자는 판매한 재화에 대하여 소유권이 있을 때 통상적으로 행사하는 정도의 관리나 효과적인 통제를 할 수 없다.
• 수익금액을 신뢰성 있게 측정할 수 있다.
• 경제적 효익의 유입 가능성이 매우 높다.
• 거래와 관련하여 발생했거나 발생할 원가를 신뢰성 있게 측정할 수 있다.

10년 12월

02 일반기업회계기준상 수익에 대한 내용으로 올바르지 않은 것은?

① 경제적효익의 유입가능성이 매우 높고, 그 효익을 신뢰성 있게 측정할 수 있을 때 인식한다.

② 판매대가의 공정가치로 측정하며, 매출에누리·할인·환입은 차감한다.

③ 성격과 가치가 상이한 재화나 용역 간의 교환 시 교환으로 제공한 재화나 용역의 공정가치으로 수익을 측정하는 것이 원칙이다.

④ 성격과 가치가 유사한 재화나 용역 간의 교환 시 제공한 재화나 용역의 공정가치로 수익을 측정하는 것이 원칙이다.

성격과 가치가 유사한 재화나 용역간의 교환은 수익을 발생시키는 거래로 보지 않는다(예 유형자산의 동종자산 간의 교환).

15년 4월

03 (주)오정은 A사로부터 갑상품을 12월 10일에 주문받고, 주문받은 갑상품을 12월 24일에 인도하였다. 갑상품 대금 100원을 다음과 같이 받을 경우, 이 갑상품의 수익인식시점은 언제인가?

날짜	대금(합계 100원)
12월 31일	50원
다음해 1월 2일	50원

① 12월 10일 ② 12월 24일

③ 12월 31일 ④ 다음해 1월 2일

재화의 판매로 인한 수익은 다음 조건이 모두 충족될 때 인식한다.
• 재화의 소유에 따른 유의적인 위험과 보상이 구매자에게 이전된다.
• 판매자는 판매한 재화에 대하여 소유권이 있을 때 통상적으로 행사하는 정도의 관리나 효과적인 통제를 할 수 없다.
• 수익금액을 신뢰성 있게 측정할 수 있다.
• 경제적 효익의 유입 가능성이 매우 높다.
• 거래와 관련하여 발생했거나 발생할 원가를 신뢰성 있게 측정할 수 있다.
∴ 갑상품의 인도시점인 12월 24일에 수익인식 기준을 충족한다.

12년 10월

04 다음 중 수익과 비용의 직접적인 인과관계에 따라 비용을 인식하는 방법으로 가장 적절한 것은?

① 감가상각비 ② 무형자산상각비

③ 매출원가 ④ 사무직원 급여

• **매출원가** : 매출액(영업수익) 대비 매출원가(영업비용)
• **판매비와관리비(영업비용)** : 감가상각비, 무형자산상각비, 사무직원 급여 등은 기간비용처리한다.

12년 6월

05 다음 발생하는 비용 중 영업비용에 해당하지 않는 것은?

① 거래처 사장인 김수현에게 줄 선물을 구입하고 50,000원을 현금 지급하다.

② 회사 상품 홍보에 50,000원을 현금 지급하다.

③ 외상매출금에 내해 50,000원의 대손이 발생하다.

④ 회사에서 국제구호단체에 현금 50,000원을 기부하다.

기부금은 영업외비용이다.

09년 10월

06 다음 중 특정 수익에 직접 관련되어 발생하지는 않지만 일정기간 동안 수익창출활동에 기여할 것으로 판단하여 합리적이고 체계적으로 일정한 기간에 배분하는 원가 또는 비용은 무엇인가?

① 판매수수료
② 광고선전비
③ 감가상각비
④ 매출원가

해당되는 기간 동안에 합리적이고 체계적인 방법으로 배분하여 비용을 인식하는 것은 감가상각비이다. 매출원가와 판매수수료는 수익을 인식하는 시점에서 비용을 인식하고, 광고선전비는 발생 즉시 비용으로 인식한다.

12년 4월

07 다음 중 판매비와관리비에 해당하는 세금과공과 계정과목으로 처리되는 항목은?

① 공장 건물 보유 중 재산세를 납부하는 경우
② 영업부 차량 보유 중 자동차세를 납부하는 경우
③ 본사 직원에 대한 급여를 지급하면서 원천징수세액을 납부하는 경우
④ 법인의 소득에 대하여 부과되는 법인세를 납부하는 경우

자동차세는 세금과공과로 처리한다.

11년 4월

08 다음 주어진 자료로 매출원가를 계산하면 얼마인가?

- 기초상품재고액 : 100,000원
- 기말상품재고액 : 150,000원
- 판매가능상품액 : 530,000원

① 580,000원
② 480,000원
③ 380,000원
④ 280,000원

- 판매가능상품액 : 기초상품재고액＋당기상품매입액
- 매출원가 ＝ 기초상품재고액＋당기상품매입액 － 기말상품재고액
  (판매가능상품액)
  ＝ 530,000 － 150,000 ＝ 380,000원

22년 2월, 18년 10월, 17년 10월, 13년 12월

09 다음 자료를 이용하여 매출총이익을 계산하면 얼마인가?

- 매출액 : 250,000원
- 매출할인 : 30,000원
- 매입할인 : 10,000원
- 기말재고액 : 7,000원
- 매출에누리 : 50,000원
- 매입액 : 190,000원
- 매입환출 : 15,000원
- 타계정으로 대체 : 30,000원

① 42,000원
② 52,000원
③ 62,000원
④ 72,000원

매출액 － 매출원가 ＝ 매출총이익
- 순매출액 ＝ 총매출액 － 매출에누리와환입 － 매출할인
- 순매입액 ＝ 총매입액 － 매입에누리와환출 － 매입할인
- 매출원가 ＝ 기초재고액＋당기순매입액 － 기말재고액 － 타계정으로 대체
∴ (매출액 250,000 － 매출에누리 50,000 － 매출할인 30,000) － (매입액 190,000 － 매입할인 10,000 － 매입환출 15,000 － 기말재고액 7,000 － 타계정으로 대체 30,000) ＝ 42,000원

19년 6월, 10년 10월

10 다음 자료에 의한 매출총이익은 얼마인가?

- 총매출액 : 35,000,000원
- 총매입액 : 18,000,000원
- 매입할인 : 300,000원
- 이자비용 : 200,000원
- 매입에누리와환출 : 250,000원
- 복리후생비 : 1,000,000원
- 매출에누리와환입 : 200,000원
- 매출할인 : 200,000원
- 기초상품재고액 : 500,000원
- 기말상품재고액 : 450,000원

① 17,500,000원
② 17,450,000원
③ 17,100,000원
④ 17,000,000원

- 순매출액 ＝ 35,000,000 － 200,000 － 200,000 ＝ 34,600,000원
- 순매입액 ＝ 18,000,000 － 250,000 － 300,000 ＝ 17,450,000원
- 매출원가 ＝ (500,000＋17,450,000) － 450,000 ＝ 17,500,000원
- 매출총이익 ＝ 34,600,000 － 17,500,000 ＝ 17,100,000원

11 다음 중 회사의 영업이익에 영향을 주는 거래는 어느 것인가?

① 매출채권을 조기회수하면서 1%의 할인 혜택을 주었다.

② 단기매매증권평가손실을 인식하였다.

③ 보험금수익을 계상하였다.

④ 원가성이 없는 재고자산감모손실을 계상하였다.

매출액 − 매출원가 = 매출총이익, 매출총이익 − 판매비와관리비 = 영업이익 매출채권을 조기에 회수하면서 할인의 혜택은 매출할인으로 매출액에서 차감하므로 영업수익이 감소하여 영업이익에 영향을 준다. 단기매매증권평가손실과 원가성 없는 재고자산감모손실은 영업외비용, 보험금수익은 영업외수익으로 영업이익에 영향을 주지 않는다.

12 다음 중 손익계산서 작성에 영향을 주는 거래는?

① 자기주식처분이익

② 감자차익

③ 매도가능증권평가이익

④ 단기매매증권처분이익

손익계산서 작성에 영향을 주는 거래는 수익과 비용 거래이므로 ④ 단기매매증권처분이익(영업외수익)이 이에 해당된다. ①, ②, ③은 재무상태표에 영향을 주는 자본계정이다.

13 다음 자료를 이용하여 영업이익을 계산하면 얼마인가?

- 매출액 : 100,000,000원
- 광고비 : 6,000,000원
- 매출원가 : 60,000,000원
- 기부금 : 1,000,000원
- 본사 총무부 직원 인건비 : 4,000,000원
- 유형자산처분이익 : 2,000,000원

① 40,000,000원

② 30,000,000원

③ 29,000,000원

④ 26,000,000원

- 매출액 − 매출원가 = 매출총이익
- 매출총이익 − 판매비와관리비 = 영업이익
  100,000,000 − 60,000,000 − 4,000,000 − 6,000,000 = 30,000,000원

14 다음 손익계산서 항목 중 영업이익 계산과정에서 포함되지 <u>않는</u> 금액의 합계액은?

- 매출원가 : 1,000원
- 복리후생비 : 500원
- 이자비용 : 300원
- 기업업무추진비 : 100원
- 기부금 : 50원
- 단기매매증권평가손실 : 10원

① 300원

② 350원

③ 360원

④ 460원

영업이익 = 매출액 − 매출원가 − 판매비와관리비(복리후생비, 기업업무추진비) 따라서 영업외비용에 속하는 이자비용, 기부금, 단기매매증권평가손실은 영업이익 계산과정에 포함되지 않는다.

> **오답 피하기**
> - 매출액(영업수익) − 매출원가(영업비용) = 매출총이익
> - 매출총이익 − 판매비와관리비(영업비용) = 영업이익

15 당사의 결산 결과 아래의 내용을 확인하였다. 다음 항목들을 수정하면 당기순이익이 얼마나 변동하는가?

- 손익계산서에 계상된 이자수익 중 28,000원은 차기의 수익이다.
- 손익계산서에 계상된 임차료 중 500,000원은 차기의 비용이다.
- 손익계산서에 계상된 보험료 중 100,000원은 차기의 비용이다.

① 572,000원 감소

② 428,000원 감소

③ 572,000원 증가

④ 428,000원 증가

- 수정 전 당기순이익 + 미수수익 − 미지급비용 − 선수수익 + 선급비용 = 수정 후 당기순이익
- −선수수익(이자수익) 28,000 감소 + 선급비용(임차료 + 보험료) 600,000 증가 = 572,000원 증가

16 다음 중 일반기업회계기준에 의한 수익 인식 시점에 대한 설명으로 옳지 <u>않은</u> 것은?

① 위탁판매의 경우에는 수탁자가 위탁품을 소비자에게 판매한 시점에 수익을 인식한다.

② 시용판매의 경우에는 상품 인도 시점에 수익을 인식한다.

③ 광고 제작 수수료의 경우에는 광고 제작의 진행률에 따라 수익을 인식한다.

④ 수강료의 경우에는 강의기간에 걸쳐 수익으로 인식한다.

시용판매의 경우에는 소비자가 매입의사를 표시하는 시점에 수익을 인식한다.

17 다음 중 당기말의 장부상 재고금액이 실제 재고금액보다 큰 경우 발생할 수 있는 상황으로 옳은 것은? (단, 당기와 차기에 매출총이익이 발생한 경우로 한정한다)

① 당기 매출원가가 과대계상된다.

② 차기 매출원가가 과소 또는 과대계상될지 알 수 없다.

③ 당기 매출총이익이 과대계상된다.

④ 차기 매출총이익이 과소 또는 과대계상될지 알 수 없다.

당기말 장부상 재고금액이 실제 재고금액보다 큰 경우 매출원가(영업비용)가 과소계상되며 따라서 당기 매출총이익은 과대계상된다. 또한 당기말 재고금액은 차기 기초재고금액이 되므로 차기 기초재고금액이 과대계상되어 차기 매출원가가 과대계상되며 그 결과 차기 매출총이익은 과소계상된다.

18 (주)흑룡상사는 거래처와 제품 판매계약을 체결하면서 계약금 명목으로 수령한 2,000,000원에 대하여 이를 수령한 시점에서 미리 제품매출로 회계처리하였다. 이러한 회계처리로 인한 효과로 가장 올바른 것은?

① 자산 과대계상

② 비용 과대계상

③ 자본 과소계상

④ 부채 과소계상

계약금을 수령하면 선수금(부채)으로 처리하나 제품매출(수익)로 처리했으므로 부채는 과소계상하고 수익은 과대계상하게 된다. 수익의 과대계상은 자본을 과대계상하게 된다.

19 대형마트에서 상품권 500,000원을 소비자에게 현금으로 판매하면서 상품권 판매시점에서 상품매출로 회계처리하였을 경우 나타난 효과로 가장 올바른 것은?

① 자본 과소계상

② 자산 과소계상

③ 수익 과소계상

④ 부채 과소계상

상품권을 판매하였을 경우에는 부채(선수금)로 처리하나 상품매출(수익)로 회계처리하였으므로 부채는 과소계상되고 수익(자본)은 과대계상하게 된다. 자산은 변함이 없다.

결산 및 재무제표

빈출 태그 시산표 · 결산정리사항 · 재무제표

기업은 일정기간을 정하여 회계기간을 설정하고 이 기간 중에 매일 발생하는 모든 거래를 분개하고 이를 총계정원장에 전기한다. 그러나 이것만으로는 기업의 정확한 재무상태이 경영성과를 파악할 수 없기 때문에 회계기간말에 기업의 재무상태를 실세 조사하여 장부를 수정 정리하고 마감한 후 정확한 재무상태와 경영성과를 파악하여 재무제표를 작성한다. 이와 같이 회계기간이 종료된 후 일정 시점에 있어서 기업의 재무상태, 일정기간에 있어서 기업의 경영성과를 명확히 하기 위하여 장부를 정리 · 마감하는 일련의 절차를 결산이라 한다.

01 결산의 절차

① 결산의 예비절차 ⇨ ② 결산의 본절차 ⇨ ③ 재무제표의 작성

1) 결산의 예비절차

① 분개장에서 원장으로의 전기를 검증하는 시산표를 작성한다.
② 결산 시 장부수정에 필요한 결산정리사항을 기재한 일람표인 재고조사표를 작성한다.
③ 결산정리분개(결산수정분개)를 한다.
④ 수정후 시산표를 작성한 후 이를 기초로 하여 손익계산서와 재무상태표의 내용을 하나의 표에 모아서 작성하는 일람표인 정산표를 작성한다(정산표 생략 가능).

2) 결산의 본절차

① 집합손익계정을 설정한다.
② 수익, 비용계정을 "집합손익*"으로 대체하여 마감(수익, 비용은 소멸됨)하고, 집합손익계정에서 계산된 당기순손익을 자본계정으로 대체한다.
③ 자산, 부채, 자본계정을 마감한다.
④ 보조장부를 마감하고 자산, 부채, 자본은 차기로 이월한다.

3) 재무제표의 작성

재무상태표, 손익계산서, 현금흐름표, 자본변동표, 주석

회계의 순환과정
① 사건의 발생 → ② 분개 → ③ 전기 → ④ 결산예비절차 → ⑤ 결산본절차 → ⑥ 재무제표의 작성

★ (집합)손익
결산 시 수익과 비용을 소멸하고 그 차액을 자본으로 대체하기 위하여 사용하는 임시계정

 기적의 Tip

재무제표의 종류 5가지를 암기한다.

02 결산의 예비절차

1) 시산표

원장의 전기가 정확한지를 검증하기 위하여 원장의 각 계정금액을 모아 작성하는 표로 원장에 전기할 때 차변금액과 대변금액을 잘못 기록한 경우나 차변, 대변 한쪽만 기록하여 발생되는 대차 차액을 발견하기 위하여 작성하는 표이므로 모든 오류를 찾아내지는 못한다.

① **시산표의 종류** : 합계시산표, 잔액시산표, 합계잔액시산표
② **시산표 등식** : 기말자산+총비용 = 기말부채+기초자본+총수익

2) 재고조사표

보고기간말 결산정리사항을 기재한 일람표로 다음의 내용을 기록한다.

- 기말재고자산 재고액
- 채권에 대한 대손충당금 설정
- 퇴직급여충당부채의 설정
- 비용의 발생(미지급비용)
- 비용의 이연(선급비용)
- 현금과부족 계정의 정리
- 유가증권(단기매매증권, 매도가능증권)의 평가
- 가지급금 · 가수금 계정의 정리
- 법인세비용의 추정

- 유형자산, 무형자산의 감가상각
- 수익의 발생(미수수익)
- 수익의 이연(선수수익)
- 외화자산, 외화부채의 평가
- 소모품의 정리

3) 결산정리(수정)분개

재고조사표에 의거 해당 사항을 정리(수정) 분개한다.

① 기말 재고자산관련 제품매출원가, 상품매출원가 대체분개

| (차) 제품(상품)매출원가 | ××× | (대) 제품(상품) | ××× |

※ 제품매출원가 산출과정은 실무편 「CHAPTER 05 결산 및 재무제표」 참고

② 유형자산과 무형자산의 감가상각비 분개

| (차) 감가상각비 | ××× | (대) 감가상각누계액 | ××× |

| (차) 무형자산상각비 | ××× | (대) 무형자산 | ××× |

✓ 개념 체크

1 다음은 시산표의 등식이다.
( )에 들어갈 용어는?
( )+기초자본+총수익=기말
자산 + 총비용

1 기말부채

③ 채권에 대한 대손충당금 설정 분개

• 대손충당금 잔액이 없을 경우(전액)

| (차) 대손상각비 | ××× | (대) 대손충당금 | ××× |

• 대손충당금 잔액이 부족한 경우(부족분)

| (차) 대손상각비 | ××× | (대) 대손충당금 | ××× |

• 대손충당금 잔액이 많은 경우

| (차) 대손충당금 | ××× | (대) 대손충당금환입 | ××× |

④ 수익과 비용의 발생 분개

• 수익의 발생

| (차) 미수수익 | ××× | (대) 이자수익 | ××× |

• 비용의 발생

| (차) 이자비용 | ××× | (대) 미지급비용 | ××× |

⑤ 수익과 비용의 이연 분개

• 수익의 이연

| (차) 이자수익 | ××× | (대) 선수수익 | ××× |

• 비용의 이연

| (차) 선급비용 | ××× | (대) 이자비용 | ××× |

⑥ 퇴직급여충당부채 설정분개

| (차) 퇴직급여 | ××× | (대) 퇴직급여충당부채 | ××× |

⑦ 현금과부족의 정리 분개

• 현금시재가 부족한 경우

| (차) 잡손실 | ××× | (대) 현금과부족 | ××× |

• 현금시재가 많은 경우

| (차) 현금과부족 | ××× | (대) 잡이익 | ××× |

⑧ 소모품의 정리 분개

• 구입시 비용(소모품비) 처리한 경우

| (차) 소모품 | ××× | (대) 소모품비 | ××× |

• 구입시 자산(소모품) 처리한 경우

| (차) 소모품비 | ××× | (대) 소모품 | ××× |

⑨ 단기매매증권(매도가능증권)평가 분개

| (차) 단기매매증권
　　(매도가능증권) | ××× | (대) 단기매매증권평가이익
　　(매도가능증권평가이익) | ××× |

| (차) 단기매매증권평가손실
　　(매도가능증권평가손실) | ××× | (대) 단기매매증권
　　(매도가능증권) | ××× |

⑩ 외화자산과 외화부채의 평가 분개

| (차) 외화자산 · 부채 | ××× | (대) 외화환산이익 | ××× |

| (차) 외화환산손실 | ××× | (차) 외화자산 · 부채 | ××× |

⑪ 장기차입금 유동성 대체 분개

| (차) 장기차입금 | ××× | (대) 유동성장기부채 | ××× |

⑫ 가지급금과 가수금 정리 분개

| (차) 해당 계정과목 | ××× | (대) 가지급금 | ××× |

| (차) 가수금 | ××× | (대) 해당 계정과목 | ××× |

⑬ 법인세비용(법인세등) 분개

| (차) 법인세비용(법인세등) | ××× | (대) 선납세금
　　미지급세금 | ×××
××× |

손익계정설정 → 수익, 비용계정마감 → 손익계정마감 → 자산, 부채, 자본계정마감

03 결산의 본절차

1) (집합)손익계정의 설정

(집합)손익			
매출원가	×××	매출액	×××
판매비와관리비	×××	영업외수익	×××
영업외비용	×××		
자본금(당기순이익)	×××		

※ 수익 〉비용

(집합)손익			
매출원가	×××	매출액	×××
판매비와관리비	×××	영업외수익	×××
영업외비용	×××		
		자본금(당기순손실)	×××

※ 비용 〉수익

※ 결산 시 법인 주식회사의 손익계정은 당기순이익 발생 시 자본계정의 미처분이익잉여금으로, 당기순손실 발생 시 미처리결손금으로 대체되어 회계처리한다.

2) 수익, 비용계정의 마감 : 수익, 비용계정 소멸 후 손익계정으로 대체

① 수익계정의 마감

(차) 매출액	×××	(대) 손익	×××
영업외수익	×××		

② 비용계정의 마감

(차) 손익	×××	(대) 매출원가	×××
		판매비와관리비	×××
		영업외비용	×××

3) 순순익의 자본계정 대체 : 손익계정 소멸 후 자본계정으로 대체

① 회계처리(손익계정의 잔액이 대변인 경우)

(차) 손익	×××	(대) 미처분이익잉여금	×××

② 회계처리(손익계정의 잔액이 차변인 경우)

(차) 미처리결손금	×××	(대) 손익	×××

4) 재무상태표계정의 마감

① **자산계정의 마감** : 자산에 속하는 계정은 차변에 잔액이 남게 되므로 대변에 차변 잔액 만큼을 차기이월이라 기입하여 차변과 대변을 일치시켜 마감시킨 뒤에 그 잔액만큼을 다음 회계연도에 차변에 기입하여 이월시킨다.

② **부채, 자본계정의 마감** : 부채와 자본에 속하는 계정은 대변에 잔액이 남게 되므로 차변에 대변 잔액만큼을 차기이월이라 기입하여 차변과 대변을 일치시켜 마감시킨 뒤에 그 잔액만큼을 다음 회계연도에 대변에 기입하여 이월시킨다.

04 재무제표의 작성

① **재무상태표** : 일정시점의 기업의 재무상태(재산상태, 자산·부채·자본)를 나타낸 보고서

② **손익계산서** : 일정기간의 기업의 경영성과(수익·비용)를 나타낸 보고서

③ **현금흐름표** : 기업의 현금흐름을 나타내는 표로서 현금의 변동내용을 명확하게 보고하기 위하여 당해 회계기간에 속하는 현금의 유입과 유출내용을 적정하게 표시하는 보고서(발생주의에 따라 작성하지 않음)

④ **자본변동표** : 자본의 크기와 그 변동에 관한 정보를 제공하는 보고서

⑤ **주석** : 재무제표를 이해하는 데 필요한 추가적인 정보를 기술하는 것으로, 재무제표의 본문과 별도로 작성되며 추가적 설명이 필요하거나 동일한 내용으로 둘 이상의 계정과목에 대하여 설명을 하게 되는 경우에 사용(상법등 관련 법규에 따라 이익잉여금처분계산서(또는 결손금처리계산서)를 포함하여 작성은 하지만 이는 주석에 공시하는 것이지 이익잉여금처분계산서(또는 결손금처리계산서)가 재무제표가 되는 것은 아님)

■ 제조기업의 재무제표 작성순서

제조원가명세서 → 손익계산서 → 이익잉여금처분계산서(또는 결손금처리계산서) → 재무상태표

더알기 Tip

장부의 종류

회계장부에서 주요부는 기업에서 발생하는 모든 거래를 기록하는 장부로 복식부기에서 필수적인 장부이며 보조부는 거래의 명세를 기록하여 주요부의 기록을 보충하는 장부로서 분개장과 총계정원장을 보조한다. 보조부는 보조기입장과 보조원장으로 구분할 수 있는데 보조기입장은 거래가 빈번하게 발생하는 특정 계정에 대하여 거래를 발생 순서별로 기입하는 보조부이고 보조원장은 총계정원장의 어떤 계정의 거래내용을 각 계산 단위별로 분해하여 기입하는 보조부이다.

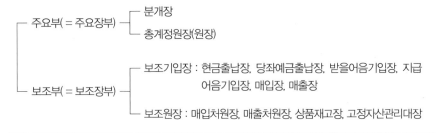

재무회계의 개념체계와 재무제표의 기본가정(기본전제, 회계공준)

1. 재무회계의 개념체계

재무회계의 개념체계란 회계기준을 정함에 있어 근거가 되는 지침으로서 재무보고의 목적, 회계정보의 질적 특성, 재무제표, 재무제표의 기본요소, 재무제표 기본요소의 인식, 재무제표 기본요소의 측정이 있다. 이 중에서 중요한 회계정보의 질적 특성을 알아본다.

- **회계정보의 질적 특성** : 회계정보가 정보이용자의 의사결정에 유용한 정보를 제공하기 위하여 갖추어야 할 주요 속성을 말한다.
- **주요 질적 특성(목적적합성과 신뢰성)**
  - **목적적합성** : 회계정보가 의사결정 목적과 관련되어야 한다.
    - ㉠ **예측가치** : 정보이용자가 기업실체의 미래 재무상태, 경영성과 등을 예측하는 데에 그 정보가 활용될 수 있는 능력을 의미한다.
    - ㉡ **피드백가치** : 제공되는 회계정보가 기업실체의 재무상태, 경영성과 등에 대한 정보이용자의 당초 기대치(예측치)를 확인 또는 수정되게 함으로써 의사결정에 영향을 미칠 수 있는 능력을 말한다.
    - ㉢ **적시성** : 회계정보가 정보이용자에게 유용하기 위해서는 그 정보가 의사결정에 반영될 수 있도록 적시에 제공되어야 한다.
  - **신뢰성** : 회계정보가 신뢰할 수 있는 정보이어야 한다.
    - ㉠ **표현의 충실성** : 회계정보가 신뢰성을 갖기 위해서는 그 정보가 나타내고자 하는 대상 즉, 기업실체의 경제적 자원과 의무, 그리고 이들의 변동을 초래하는 거래나 사건을 충실하게 표현하여야 한다.
    - ㉡ **검증가능성** : 회계정보가 신뢰성을 갖기 위해서는 객관적으로 검증가능하여야 한다. 검증가능성이란 동일한 경제적 사건이나 거래에 대하여 동일한 측정방법을 적용할 경우 다수의 독립적인 측정자가 유사한 결론에 도달할 수 있어야 함을 의미한다.
    - ㉢ **중립성** : 회계정보가 신뢰성을 갖기 위해서는 편의 없이 중립적이어야 한다. 의도적인 결과를 유도할 목적으로 회계기준을 제정하거나 재무제표에 특정 정보를 표시함으로써 정보이용자의 의사결정이나 판단에 영향을 미친다면 그러한 회계정보는 중립적이라 할 수 없다.
- **기타의 질적 특성(비교가능성)** : 회계정보는 기간별 비교가 가능해야 하고 기업실체 간의 비교가능성도 있어야 유용해진다. 즉, 유사한 거래나 사건의 재무적 영향을 측정·보고함에 있어서 기간별로 일관된 회계처리방법을 사용하여야 하며, 기업실체 간에도 동일한 회계처리방법을 사용하는 것이 바람직하다.
- **질적 특성 간의 상충관계(목적적합성과 신뢰성 간의 상충관계)** : 질적 특성 간의 상충관계는 목적적합성과 신뢰성 간에 발생할 수 있으며 주요 질적 특성의 구성요소 간에도 발생할 수 있다. 상충되는 질적 특성 간의 선택은 재무보고의 목적을 최대한 달성할 수 있는 방향으로 이루어져야 하며, 질적 특성 간의 상대적 중요성은 상황에 따라 판단되어야 한다.

구분	목적적합성	신뢰성
자산의 평가방법	공정가치(시가법)	원가법
수익의 인식방법	진행기준	완성기준
재무제표보고	중간재무제표	연차재무제표
개발비용	자산처리	비용처리
대손상각비	충당금설정법	직접차감법

2. 재무제표의 기본 가정(회계공준)

재무제표는 일정한 가정하에서 작성되며, 그러한 기본 가정으로는 기업실체, 계속기업 및 기간별 보고를 들 수 있다.

- **기업실체** : 기업실체의 가정이란 기업을 소유주와는 독립적으로 존재하는 회계단위로 간주하고 이 회계단위의 관점에서 그 경제활동에 대한 재무정보를 측정, 보고하는 것을 말한다. 일반적으로 개별 기업은 하나의 독립된 회계단위로서 재무제표를 작성하는 기업실체에 해당한다. 기업실체의 가정이 도입되는 근본적 이유는 소유주가 투자의 결과로서 당해 기업실체에 대해 갖고 있는 청구권의 크기와 그 변동을 적절히 측정하기 위함이며 소유주와 별도의 회계단위로서 기업실체를 인정하는 것이다.
- **계속기업** : 계속기업의 가정이란 기업실체는 그 목적과 의무를 이행하기에 충분할 정도로 장기간 존속한다고 가정하는 것을 말한다. 즉, 기업실체는 그 경영활동을 청산하거나 중대하게 축소시킬 의도가 없을 뿐 아니라 청산이 요구되는 상황도 없다고 가정된다.
- **기간별 보고** : 기간별 보고의 가정이란 기업실체의 존속기간을 일정한 기간 단위로 분할하여 각 기간별로 재무제표를 작성하는 것을 말한다. 기업실체의 이해관계자는 지속적으로 의사결정을 해야 하므로 적시성이 있는 정보가 필요하게 된다. 이러한 정보수요를 충족시키기 위하여 기간별 보고가 도입될 필요가 있다. 따라서 기업실체의 존속기간을 일정한 회계기간 단위로 구분하고 각 회계기간에 대한 재무제표를 작성하여 기간별로 재무상태, 경영성과, 현금흐름, 자본변동 등에 대한 정보를 제공하게 된다.

이론을 확인하는 기출문제

21년 4월, 19년 10월, 17년 12월, 12년 10월

01 다음 중 이론상 회계순환과정의 순서가 가장 맞는 것은?

① 기말수정분개 → 수정후시산표 → 수익·비용계정 마감 → 집합손익계정 마감 → 자산·부채·자본계정 마감 → 재무제표 작성

② 기말수정분개 → 수정후시산표 → 자산·부채·자본계정 마감 → 집합손익계정 마감 → 수익·비용계정 마감 → 재무제표 작성

③ 수정후시산표 → 기말수정분개 → 수익·비용계정 마감 → 집합손익계정 마감 → 자산·부채·자본계정 마감 → 재무제표 작성

④ 수정후시산표 → 기말수정분개 → 자산·부채·자본계정 마감 → 수익·비용계정 마감 → 집합손익계정 마감 → 재무제표 작성

> 거래발생 → 분개 → 전기 → 수정전시산표 → 기말수정분개 → 수정후시산표 → 수익·비용계정 마감 → 집합손익계정의 마감 → 자산·부채·자본계정 마감 → 재무제표 작성

17년 8월, 15년 6월, 12년 4월

02 다음 중 시산표에서 발견할 수 없는 오류가 아닌 것은?

① 대차 양편에 틀린 금액을 같이 전기
② 대차 반대로 전기한 금액
③ 전기를 누락하거나 이중전기
④ 대차 어느 한쪽의 전기를 누락

> **시산표에서 발견할 수 있는 오류** : 원장에 전기할 때 차변금액을 잘못 기록한 경우, 원장에 전기할 때 대변금액을 잘못 기록한 경우, 원장에 전기할 때 한쪽만을 잘못 기록한 경우

12년 12월

03 다음 중 시산표 등식으로 맞는 것은?

① 기말자산+총비용 = 기말부채+기말자본+총수익
② 기말자산+총비용 = 기말부채+기초자본+총수익
③ 기말자산+총비용
  = 기말부채+기초자본+총수익－순손실
④ 기말자산+총비용+순이익
  = 기말부채+기초자본+총수익

> **시산표 등식** : 기말자산+총비용 = 기말부채+기초자본+총수익

12년 6월

04 발생주의 회계는 발생과 이연의 개념을 포함한다. 이와 관련된 계정과목이 아닌 것은?

① 미수수익   ② 미지급비용
③ 선수금   ④ 선급비용

> 수익의 발생 － 미수수익 비용의 발생 － 미지급비용 수익의 이연 － 선수수익 비용의 이연 － 선급비용

17년 2월, 13년 9월

05 다음 설명의 괄호 안에 들어갈 것으로 옳은 것은?

> 이연이란 (   )과 같이 미래에 수익을 인식하기 위해 현재의 현금유입액을 부채로 인식하거나, (   )과 같이 미래에 비용을 인식하기 위해 현재의 현금유출액을 자산으로 인식하는 회계과정을 의미한다.

① 미수수익, 선급비용
② 선수수익, 선급비용
③ 미수수익, 미지급비용
④ 선수수익, 미지급비용

> • 수익의 이연 : 선수수익
> • 비용의 이연 : 선급비용

19년 8월, 09년 4월

06 다음 중 빈칸의 내용으로 가장 적합한 것은?

> • 선급비용이 (㉠)되어 있다면 당기순이익은 과대계상된다.
> • 미수수익이 (㉡)되어 있다면 당기순이익은 과대계상된다.

	㉠	㉡
①	과대계상	과소계상
②	과소계상	과소계상
③	과소계상	과대계상
④	과대계상	과대계상

> • **선급비용 회계처리** : (차) 선급비용 ××× (대) 이자비용 ×××
>   선급비용이 과대계상되면 그 만큼 취소되는 비용이 커져서 당기비용이 과소계상되며 그 결과 당기순이익은 과대계상된다.
> • **미수수익 회계처리** : (차) 미수수익 ××× (대) 이자수익 ×××
>   미수수익이 과대계상되면 그 만큼 수익이 더 발생되어 커지므로 그 결과 당기순이익은 과대계상된다.

07 재무제표를 통해 제공되는 정보에 관한 내용 중 올바르지 **않은** 것은?

① 화폐단위로 측정된 정보를 주로 제공한다.
② 특정기업실체에 관한 정보를 제공하며, 산업 또는 경제 전반에 관한 정보를 제공하지는 않는다.
③ 대부분 과거에 발생한 거래나 사건에 대한 정보를 나타낸다.
④ 추정에 의한 측정치는 포함하지 않는다.

오답 피하기

재무제표를 통해 제공되는 정보
• 재무제표는 화폐단위로 측정된 정보를 주로 제공한다.
• 재무제표는 대부분 과거에 발생한 거래나 사건에 대한 정보를 나타낸다.
• 재무제표는 추정에 의한 측정치를 포함하고 있다.
• 재무제표는 특정기업실체에 관한 정보를 제공하며 산업 또는 경제 전반에 관한 정보를 제공하지는 않는다.

08 일반기업회계기준을 통하여 작성된 재무제표는 다음과 같은 특성과 한계가 있다. 이에 대한 설명으로 **틀린** 것은?

① 재무제표는 화폐단위로 측정된 정보를 주로 제공한다.
② 재무제표는 미래에 발생할 거래나 사건에 대한 정보도 포함한다.
③ 재무제표는 추정에 의한 측정치를 포함하고 있다.
④ 재무제표는 특정 기업실체에 관한 정보를 제공한다.

재무제표는 대부분 과거에 발생한 거래나 사건에 대한 정보를 나타낸다.

09 이익잉여금처분계산서에서 확인할 수 **없는** 항목은 무엇인가?

① 이익준비금
② 배당금
③ 주식할인발행차금
④ 당기순이익

주식할인발행차금은 자본조정항목으로 재무상태표에서 확인할 수 있다. 이익잉여금처분계산서에서 확인할 수 있는 항목은 주식할인발행차금상각액이다(∵이익잉여금에서 상각하므로).

10 각 재무제표의 명칭과 함께 기재해야 할 사항으로 **틀린** 것은?

① 기업명
② 보고기간종료일
③ 금액단위
④ 기능통화

재무제표는 재무상태표, 손익계산서, 현금흐름표, 자본변동표, 주석으로 구분하며, (1) 기업명 (2) 보고기간종료일 또는 회계기간 (3) 보고통화 및 금액단위를 각 재무제표의 명칭과 함께 기재한다.

11 손익계산서에 대한 설명 중 **잘못된** 것은?

① 제품, 상품 등의 매출액에 대응되는 원가로서 판매된 제품이나 상품 등에 대한 제조원가 또는 매입원가를 매출원가라 한다.
② 판매비와관리비는 제품, 상품, 용역 등의 판매활동과 기업의 관리활동에서 발생하는 비용으로서 매출원가에 속하지 아니하는 모든 영업비용을 포함한다.
③ 판매비와관리비는 당해 비용을 표시하는 적절한 항목으로 구분하여 표시하여야 하며 일괄표시할 수 없다.
④ 기업의 주된 영업활동이 아닌 활동으로부터 발생하는 수익과 차익은 영업외수익에 해당된다.

판매비와관리비는 당해 비용을 표시하는 적절한 항목으로 구분하여 표시하여야 하며 일괄표시하는 경우에는 적절한 항목으로 구분하여 주석으로 기재한다.

12 다음 중 재무회계에 관한 설명으로 가장 적절하지 **않은** 것은?

① 재무제표에는 재무상태표, 손익계산서, 자본변동표, 현금흐름표, 주석이 있다.
② 일정기간 동안 기업의 경영성과에 대한 정보를 제공하는 보고서는 재무상태표이다.
③ 기업의 외부정보이용자에게 유용한 정보를 제공하는 것을 주된 목적으로 한다.
④ 회계연도는 1년을 초과할 수 없다.

일정기간 동안 기업의 경영성과에 대한 정보를 제공하는 보고서는 손익계산서이다.

13 다음은 재무제표의 질적 특성에 관련된 내용이다. 성격이 다른 하나는?

① 표현의 충실성
② 검증가능성
③ 중립성
④ 적시성

회계정보의 질적 특성
• 목적적합성 : 예측가치, 피드백가치, 적시성
• 신뢰성 : 표현의 충실성, 검증가능성, 중립성
비교가능성

14 재무제표의 질적 특성(회계정보의 질적 특성) 간 균형에 대한 설명 중 잘못된 것은?

① 신뢰성과 목적적합성은 서로 상충관계가 발생될 수 있다.
② 수익 인식과 관련하여 완성기준을 적용하면 목적적합성은 향상되는 반면 신뢰성은 저하될 수 있다.
③ 자산 평가와 관련하여 현행원가를 적용하면 목적적합성은 향상되는 반면 신뢰성은 저하될 수 있다.
④ 회계정보의 보고와 관련하여 중간보고의 경우 목적적합성은 향상되는 반면 신뢰성은 저하될 수 있다.

완성기준을 적용하면 신뢰성은 향상되나 목적적합성은 저하된다.

오답 피하기
회계정보의 질적 특성 간의 상충관계

구분	목적적합성	신뢰성
자산의 평가방법	공정가치(시가법)	원가법
수익의 인식방법	진행기준	완성기준
재무제표보고	중간재무제표	연차재무제표
대손상각비	충당금설정법	직접차감법

15 다음 중 재무제표의 질적 특성 중 신뢰성과 가장 관련성이 없는 것은?

① 회계정보를 생산하는 데 있어서 객관적인 증빙자료를 사용하여야 한다.
② 동일한 거래에 대해서는 동일한 결과를 예측할 수 있도록 회계정보를 제공하여야 한다.
③ 유용한 정보를 위해서는 필요한 정보는 재무제표에 충분히 표시하여야 한다.
④ 의사결정에 제공된 회계정보는 기업의 미래에 대한 예측가치를 높일 수 있어야 한다.

• ④는 목적적합성에 대한 설명이다.
• 신뢰성 : 표현의 충실성, 검증가능성, 중립성

16 다음 중 역사적 원가주의와 가장 관련성이 적은 것은?

① 회계정보의 목적적합성과 신뢰성을 모두 높일 수 있다.
② 기업이 계속하여 존재할 것이라는 가정하에 정당화되고 있다.
③ 취득 후에 그 가치가 변동하더라도 역사적 원가는 그대로 유지된다.
④ 객관적이고 검증 가능한 회계정보를 생산하는 데 도움이 된다.

역사적 원가주의는 최초의 취득원가를 변경하지 않는 것을 말하므로 신뢰성은 높일 수 있으나 목적적합성은 저하될 수 있다.

17 다음 중에서 재무제표 작성 시 미지급비용이나, 선급비용, 각종 충당금설정 등에 대한 수정분개를 정당화시키는 회계 개념과 가장 가까운 개념은?

① 계속기업의 전제(공준)

② 회계기간의 전제(공준)

③ 비교가능성

④ 기업실체의 공준

한 기업의 존속기간을 인위적으로 분할하여 각 기간별로 재무제표를 작성하는 것을 회계기간의 전제(공준)이라 한다. 비교가능성은 회계정보가 정보이용자의 의사결정에 유용한 정보가 되기 위하여 갖추어야 할 회계정보의 질적 특성 중의 하나이다.

18 다음은 재무회계 개념체계에 대한 설명이다. 회계의 기본가정(공준) 중 무엇에 대한 설명인가?

> 기업실체는 그 경영활동을 청산하거나 중대하게 축소시킬 의도가 없을 뿐 아니라 청산이 요구되는 상황도 없다고 가정된다.

① 계속기업의 가정

② 기업실체의 가정

③ 연결재무제표

④ 발생주의 가정

계속기업의 가정이란 기업실체는 그 목적과 의무를 이행하기에 충분할 정도로 장기간 존속한다고 가정하는 것을 말한다. 즉, 기업실체는 그 경영활동을 청산하거나 중대하게 축소시킬 의도가 없을 뿐 아니라 청산이 요구되는 상황도 없다고 가정된다.

CHAPTER 03

부가가치세법

학습 방향

부가가치세법 중 기본적인 내용을 다룬 것으로 부가가치세법의 특징, 과세기간, 신고기간, 과세거래, 공급시기, 세금계산서, 영세율과 면세, 과세표준, 공제하지 아니하는 매입세액의 내용을 알아야 합니다.

● **NCS능력단위(분류번호) : 부가가치세 신고(0203020205_20v5)**

상품의 거래나 서비스의 제공에서 얻어지는 부가가치에 대해 과세되는 금액에 대하여 부가가치세법에 따라 신고 및 납부 업무를 수행하는 능력을 함양

출제 빈도

Section 01	하		5%
Section 02	상		20%
Section 03	중		10%
Section 04	상		35%
Section 05	상		30%

부가가치세법 총론

▶ 합격 강의

빈출 태그 부가가치세의 특징 · 간주공급 · 과세기간 · 신고기간 · 납세지

부가가치세(VAT)란 재화나 용역의 생산 및 유통의 각 단계에서 생성되는 부가가치에 대하여 부과되는 조세를 말한다.

01 특징 및 효과

① **국세** : 부가가치세는 국가가 부과하는 조세이다(일부는 지방세로 과세).

② **간접세** : 납세는 사업자가 하고 담세(세부담)는 최종소비자가 지는 납세자와 담세자가 다른 세이다.

③ **일반소비세** : 모든 재화와 용역의 소비에 대하여 과세하는 일반소비세이다.

④ **다단계거래세** : 재화 또는 용역이 최종 소비자에 도달할 때까지 거치는 제조 · 도매 · 소매의 모든 거래 단계마다 부가되는 가치에 대해 과세하는 세이다.

⑤ **전단계세액공제법** : 매출세액(매출액×세율)에서 매출의 전단계인 매입에서 부담한 매입세액(매입액×세율)을 공제하는 방법으로 계산한다.

⑥ **물세** : 납세의무자의 부양가족, 각종 의료비 등이 전혀 고려되지 않는 물건의 세이다.

⑦ **소비지국 과세원칙** : 국가 간의 거래에서 소비지국에서는 과세하고 생산지국에서는 과세하지 않는 소비지국 과세원칙을 취하고 있어 수출은 0%(영세율)로 과세하고 수입은 10%로 과세한다.

⑧ 부가가치세는 영세율을 적용하므로 수출을 촉진하고 매입세액을 공제 또는 환급해주므로 투자를 촉진하며 재화나 용역의 공급 시 세금계산서를 수수하므로 근거과세가 확립되는 장점을 가지나 소득수준에 관계없이 단일세율이 적용되므로 소득이 적은 자가 많은 세금을 부담해야 하는 세부담 역진성의 단점을 가진다. 이러한 세부담의 역진성을 완화하기 위하여 면세제도를 도입하고 있다.

• 국세 ⟷ 지방세
• 간접세 ⟷ 직접세
• 일반소비세 ⟷ 개별소비세
• 물세 ⟷ 인세

✓ **개념 체크**

1 우리나라 부가가치세법은 전단계거래공제법을 택하고 있다. (O, X)

1 ×

02 과세대상

부가가치세의 과세대상은 재화 또는 용역의 공급거래와 재화의 수입 거래로 한정한다.

1) 재화

재산 가치가 있는 물건 및 권리를 말한다. 단, 수표·어음 등 화폐대용증권은 과세대상 재화에 해당하지 않는다.

① **물건** : 상품, 제품, 원료, 기계, 건물 등 모든 유체물(有體物)과 전기, 가스, 열 등 관리할 수 있는 자연력으로 한다.

② **권리** : 광업권, 특허권, 저작권 등 물건 외에 재산적 가치가 있는 모든 것으로 한다.

2) 용역

재화 외에 재산 가치가 있는 모든 역무와 그 밖의 행위를 말한다. 다음의 사업에 해당하는 것을 용역의 범위로 본다.

① 건설업 ② 숙박 및 음식점업 ③ 운수 및 창고업 ④ 정보통신업 ⑤ 금융 및 보험업 ⑥ 부동산업(단, 전·답·과수원·목장용지·임야 또는 염전임대업, 공익사업과 관련하여 지역권·지상권을 설정하거나 대여하는 사업은 제외) ⑦ 전문, 과학 및 기술서비스업과 사업시설관리, 사업지원서비스업 및 임대서비스업 ⑧ 공공행정, 국방 및 사회보장행정 ⑨ 교육서비스업 ⑩ 그밖에 부가가치세법 시행령에 열거된 사업

03 재화의 공급, 용역의 공급, 재화의 수입

1) 재화의 공급

계약상 또는 법률상의 모든 원인에 의하여 재화를 인도 또는 양도하는 것을 말한다.

① **재화의 공급 범위**

- 현금판매, 외상판매, 할부판매, 장기할부판매, 조건부 및 기한부판매, 위탁판매와 그 밖의 매매계약에 따라 재화를 인도하거나 양도하는 것
- 자기가 주요 자재의 전부 또는 일부를 부담하고 상대방으로부터 인도받은 재화를 가공하여 새로운 재화를 만드는 가공계약에 따라 재화를 인도하는 것
- 재화의 인도 대가로서 다른 재화를 인도받거나 용역을 제공받는 교환계약에 따라 재화를 인도하거나 양도하는 것
- 경매, 수용, 현물출자와 그 밖의 계약상 또는 법률상의 원인에 따라 재화를 인도하거나 양도하는 것

기적의 Tip

부가가치세는 재산적 가치가 있는 것이 대상이므로 재산적 가치가 없는 자연의 공기·약수물 등은 그 대상이 아니다.

② **재화 공급의 특례(간주공급)** : 재화의 공급에 해당하지 않지만 일정한 사건들을 재화의 공급으로 간주하여 과세대상으로 보는 것을 재화의 간주공급(공급의제)이라 하며, 다음의 4가지 경우를 이른다.

- **자가공급** : 사업과 관련하여 생산하거나 취득한 재화를 자기의 사업을 위하여 직접 사용·소비하는 경우. 단, 자가공급은 다음의 3가지 경우에 한하여 재화의 공급으로 간주한다.
  - 자기의 면세사업을 위하여 직접 사용하거나 소비하는 것
  - 비영업용 소형승용자동차와 그 유지를 위한 사용
  - 판매목적으로 자기의 다른 사업장에 반출하는 것(판매목적 타사업장 반출)
- **개인적 공급** : 사업과 관련하여 생산하거나 취득한 재화를 개인적인 목적으로 사용·소비하는 경우
- **사업상 증여** : 사업과 관련하여 생산하거나 취득한 재화를 자기의 고객이나 불특정 다수에게 증여하는 경우
- **폐업 시 잔존재화** : 사업자가 사업을 폐지하는 때 남아 있는 재화

③ **재화의 공급으로 보지 않는 경우**

- **재화를 담보로 제공하는 것** : 질권·저당권 등의 목적으로 동산·부동산·부동산상의 권리를 제공하는 것
- **사업을 양도하는 것** : 사업장별로 그 사업에 관한 모든 권리와 의무를 포괄적으로 승계시키는 것
- **조세를 물납하는 것** : 사업용자산을 세법에 따라 물납하는 것
- 국세징수법에 따른 공매나 민사집행법에 따른 경매★
- **신탁재산의 소유권 이전** : 위탁자로부터 수탁자 또는 수탁자로부터 위탁자로 이전하거나 수탁자가 변경되어 새로운 수탁자에게 신탁재산을 이전하는 것

2) 용역의 공급

계약상 또는 법률상의 모든 원인에 의하여 역무를 제공하거나 시설물, 권리 등 재화를 사용하게 하는 것을 말한다.

① **용역 공급의 범위**

- 건설업의 경우 건설업자가 건설자재의 전부 또는 일부를 부담하는 것
- 자기가 주요자재를 전혀 부담하지 아니하고 상대방으로부터 인도받은 재화를 단순히 가공만 해주는 것
- 산업상·상업상 또는 과학상의 지식·경험 또는 숙련에 관한 정보를 제공하는 것

② **용역 공급의 특례**

- 사업자가 자신의 용역을 자기의 사업을 위하여 대가를 받지 아니하고 공급함으로써 다른 사업자와의 과세형평이 침해되는 경우에는 자기에게 용역을 공급하는 것으로 본다.

- 사업자가 대가를 받지 아니하고 타인에게 용역을 공급하는 것은 용역의 공급으로 보지 아니한다. 다만, 사업자가 특수관계인에게 사업용 부동산의 임대용역을 공급하는 것은 용역의 공급으로 본다.
- 고용관계에 따라 근로를 제공하는 것은 용역의 공급으로 보지 아니한다.

3) 재화의 수입

① 외국으로부터 국내에 도착한 물품(외국 선박에 의하여 공해에서 채집되거나 잡힌 수산물을 포함함)으로서 수입신고가 수리되기 전의 것
② 수출신고가 수리된 물품(수출신고가 수리된 물품으로서 선적되지 아니한 물품을 보세구역에서 반입하는 경우는 제외함)

04 납세의무자

사업자와 재화를 수입하는 자로서 개인, 법인(국가 · 지방자치단체와 지방자치단체조합을 포함한다), 법인격이 없는 사단 · 재단 또는 그 밖의 단체는 부가가치세를 납부할 의무가 있다.

재화의 수입에 대한 납세의무자
재화를 수입하는 자는 사업자인지의 여부에 관계없이 모두 납세의무가 있다.

1) 사업자의 요건

부가가치를 창출할 수 있을 정도의 실체적인 사업형태를 갖추고, 사회통념상 인정될 수 있는 정도의 계속적이며 반복적인 재화 또는 용역을 공급하는 경우로 고용된 지위에 있지 않아야 하며(인적 독립성), 주된 사업에 부수되거나 연장이 아닌 별도의 것(물적 독립성)을 갖춰야 한다.
또한 부가가치세는 창출하여 공급한 부가가치를 공급받는 자로부터 세액을 징수하여 납부하는 것이므로 사업의 영리목적 유무와는 무관하다. 따라서 사업자에는 국가, 지방자치단체와 지방자치단체조합도 포함된다.

2) 사업자의 분류

① **과세사업자**★
- **일반과세자(세금계산서, 영수증발급)** : 개인, 법인
- **간이과세자(세금계산서, 영수증 발급)** : 개인
② **면세사업자** : 부가가치세 신고의무 없음(법인세(소득세) 신고의무 있음)(계산서, 영수증 발급, 개인, 법인)

★ 과세사업자가 면세품 판매 시 계산서 발급이 가능하다.

간이과세자
- 4,800만 원 미만 : 영수증발급 (영수증발급사업자)
- 4,800만 원~8,000만 원 미만 : 세금계산서, 영수증발급

🎓 기적의 Tip

간이과세와 일반과세의 적용기간

간이과세자에 관한 규정이 적용되거나 적용되지 아니하게 되는 기간은 해의 1월 1일부터 12월 31일까지의 공급대가의 합계액이 8,000만 원에 미달하거나 그 이상이 되는 해의 다음 해의 7월 1일부터 그 다음 해의 6월 30일까지로 한다.

- **간이과세자의 특징**
  - 직전 연도의 공급대가의 합계액이 8,000만 원에 미달하는 개인사업자. 단, 간이과세가 적용되지 않는 다른 사업장을 보유하고 있는 사업자, 광업, 제조업, 도매업, 부동산매매업, 업황 및 사업규모를 고려한 지역의 과세유흥장소, 일정 규모 이상의 부동산 임대업, 변호사·회계사·세무사 등의 전문자격사, 전기·가스·증기·수도업, 건설업(최종소비자에게 직접 공급하는 사업은 제외), 전문·과학·기술서비스업/사업시설관리·사업지원 및 임대서비스업(최종소비자에게 직접 공급하는 사업은 제외), 전전년도 기준 복식부기의무자 등은 간이과세가 배제된다. 또한 직전 연도의 공급대가 합계액이 4,800만 원 이상인 부동산임대업 또는 과세유흥장소도 간이과세 적용이 배제되며 둘 이상의 사업장이 있는 사업자로서 그 둘 이상의 사업장의 직전 연도 공급대가의 합계액이 8,000만 원 이상인 경우(부동산임대업 또는 과세 유흥장소는 4,800만 원 이상)도 배제된다.
  - **예정부과** : 직전 과세기간에 대한 차감 납부세액의 50%를 예정부과기간이 끝난 후 25일까지 징수(징수할 금액이 50만 원 미만인 경우 징수 없음)한다. 단, 세금계산서를 발급한 간이과세자는 예정신고를 해야한다.
  - 간이과세자의 해당 과세기간에 대한 공급대가가 4,800만 원 미만인 경우 납부의무를 면제한다.
  - **간이과세자의 과세기간** : 1월 1일부터 12월 31일까지
  - **간이과세자가 간이과세를 포기하여 일반과세자로 되고자 하는 경우**
    그 적용받고자 하는 달의 전달 말일까지 간이과세포기신고서를 관할세무서장에 제출해야 하며 그럴 경우 과세기간은 다음과 같다.
    - **간이과세자의 기간** : 해당 과세기간 개시일 ~ 포기신고일이 속하는 달의 마지막 날
    - **일반과세자의 기간** : 포기신고일이 속하는 달의 다음 달 1일 ~ 그 과세기간의 종료일
  - **간이과세자의 과세표준과 세액계산**
    - 공급대가(부가가치세포함) × 해당 업종의 부가치율 × 세율(10%, 영세율은 0%) + 재고납부세액 = 매출세액
    - 매출세액 − 매입세액 + 가산세 = 차가감납부세액
    - ※ 매입세액 : 매입세금계산서세액공제(공급대가 × 0.5%), 신용카드매출전표발급등 세액공제(Min[발급·결제금액 × 1%, 연간 500만 원]), 전자세액공제 등의 합계액이 납부세액을 초과하는 경우 그 초과하는 부분은 없는 것으로 본다(초과분에 대한 환급 없음). 또한 간이과세자는 의제매입세액, 대손세액 공제를 받을 수 없다.

05 사업자등록

사업개시일부터 20일 이내에 사업장 관할세무서장에게 등록하여야 하며(관할 세무서장이 아닌 다른 세무서장에게 할 경우에도 사업장 관할 세무서장에게 사업자 등록을 신청한 것으로 봄), 신규로 사업을 시작하려는 자는 사업개시일 전이라도 등록할 수 있다.

1) 사업자등록의 정정

① 상호를 변경하는 때

② 사이버몰에 인적사항 등의 정보를 등록하고 재화나 용역을 공급하는 사업자(통신판매업자)가 사이버몰의 명칭 또는 인터넷 도메인이름을 변경하는 때

③ 법인의 대표자를 변경하는 때

④ 사업의 종류에 변동이 있는 때

⑤ 사업장을 이전하는 때

⑥ 상속으로 인하여 사업자의 명의가 변경되는 때

⑦ 공동사업자의 구성원 또는 출자지분의 변경이 있는 때

⑧ 임대인, 임대차 목적물이나 그 면적, 보증금, 차입 또는 임대차기간의 변경이 있거나 새로이 상가건물을 임차한 때

⑨ 사업자단위과세사업자가 사업자단위과세적용사업장을 변경하는 때

⑩ 사업자단위과세사업자가 종된 사업장을 신설·이전하는 때

⑪ 사업자단위과세사업자가 종된 사업장의 사업을 휴업·폐업하는 때

정정신고 대상이 아닌 경우
- 개인사업자의 대표자를 변경하는 때 : 폐업사유
- 증여로 인해서 개인사업자의 명의가 변경되는 때 : 폐업사유
- 법인이 합병으로 소멸하는 때 : 폐업사유
- 대표자 또는 사업자의 주소·거소를 이전하는 경우

2) 휴·폐업신고

등록한 사업자가 휴업 또는 폐업하거나, 사업개시 전에 등록한 자가 사실상 사업을 개시하지 아니하게 되는 때에는 지체없이 휴업(폐업)신고서에 사업자등록증과 폐업신고확인서를 첨부하여 사업장관할 세무서장에게 신고하여야 한다.

06 과세기간 및 신고납부(환급)

1) 일반적인 경우 과세기간

① **제1기** : 1월 1일부터 6월 30일까지

② **제2기** : 7월 1일부터 12월 31일까지

※ 간이과세자 : 1월 1일부터 12월 31일까지

과세유형변경 시
- 일반과세자 → 간이과세자 : 변경 이후 7.1~12.31
- 간이과세자 → 일반과세자 : 변경 이전 1.1~6.30

2) 기타의 경우 과세기간

① **신규사업개시자** : 사업개시일부터 그날이 속하는 과세기간의 종료일까지(사업개시 전에 사업자등록을 한 경우 그 등록일)

② **폐업자** : 폐업일이 속하는 과세기간의 개시일로부터 폐업일까지

법인 부가가치세 신고와 납부
- 1기예정신고(1–3):
  4.1 – 4.25
- 1기확정신고(4–6):
  7.1 – 7.25
- 2기예정신고(7–9):
  10.1 – 10.25
- 2기확정신고(10–12):
  차기 1.1 – 1.25

3) 신고와 납부

① 예정신고와 납부

- **일반적인 경우** : 예정신고기간의 종료 후 25일 이내에 과세표준과 납부(환급)세액을 납세지 관할세무서장에게 신고해야 한다.
  - **제1기분 예정신고기간** : 1.1. – 3.31.
  - **제2기분 예정신고기간** : 7.1. – 9.30.
- **예정고지** : 개인사업자와 직전 과세기간 공급가액의 합계액이 1억 5천만 원 미만인 법인사업자에 대하여는 각 예정신고기간마다 직전 과세기간에 대한 납부세액에 50%를 곱한 금액을 결정하여 해당 예정신고기간이 끝난 후 25일까지 징수한다. 다만, 징수하여야 할 금액이 50만 원 미만이거나 간이과세자에서 해당 과세기간개시일 현재 일반과세자로 변경된 경우, 재난·도난 등의 사유로 징수하여야 할 금액을 사업자가 납부할 수 없다고 인정되는 경우에는 징수하지 아니한다.
- **예정신고** : 개인사업자와 직전 과세기간 공급가액의 합계액이 1억 5천만 원 미만인 법인사업자라 하더라도 다음 중 어느 하나에 해당하는 경우 예정신고 납부를 할 수 있다. 이 경우 예정고지에 따른 결정은 없었던 것으로 본다.
  - 휴업 또는 사업부진 등으로 인하여 각 예정신고기간의 공급가액(또는 납부세액)이 직전과세기간의 공급가액(또는 납부세액)의 3분의 1에 미달하는 자
  - 각 예정신고기간분에 대하여 조기환급을 받으려는 자

② 확정신고와 납부 : 각 과세기간에 대한 과세표준과 납부(환급)세액을 그 과세기간이 끝난 후 25일 이내에 납세지 관할세무서장에게 신고하고 납부해야 한다(단, 폐업 시는 폐업일이 속하는 달의 말일부터 25일 이내).

4) 환급

확정신고기한이 지난 후 30일 이내에 사업자에게 환급한다. 따라서 예정신고기간에 대한 환급세액은 원칙적으로 이를 환급하지 않고 확정신고 시 납부할 세액에서 정산한다.

■ 조기환급

- **조기환급대상** : 다음 중 어느 하나에 해당하는 경우에는 위의 일반환급 절차에 불구하고 환급세액을 사업자에게 조기환급 할 수 있다.
  - 영세율을 적용받는 경우
  - 사업설비를 신설·취득·확장 또는 증축하는 경우
  - 재무구조개선계획을 이행 중인 경우
- **조기환급절차** : 사업자가 예정신고기간 중 또는 과세기간 최종 3개월 중 매월 또는 매 2월 조기환급기간이 끝난 날부터 25일 이내(이하 "조기환급신고기한"이라 함)에 조기환급기간에 대한 과세표준과 환급세액을 관할 세무서장에게 신고하는 경우에는 조기환급기간에 대한 환급세액을 각 조기환급기간별로 해당 조기환급신고기한이 지난 후 15일 이내에 사업자에게 환급하여야 한다.

✓ 개념 체크

1 일반환급은 예정신고 시에도 가능하다. (O, X)

1 X

07 신고 및 납세지

부가가치세는 사업장 단위로 신고 및 납부한다. 여기서 사업장이란 사업자 또는 그 사용인이 상시 주재하여 거래의 전부 또는 일부를 행하는 장소로 사업자가 자기의 사업과 관련하여 생산 또는 취득한 재화를 직접 판매하기 위하여 특별히 판매시설을 갖춘 직매장은 사업장으로 보며, 재화의 보관·관리시설만을 갖춘 하치장은 사업장으로 보지 않는다.

> - **사업장**
> - **광업** : 광업사무소의 소재지
> - **제조업** : 최종제품을 완성하는 장소(따로 제품의 포장만을 하거나 용기에 충전만을 하는 장소는 제외)
> - **건설업·운수업·부동산매매업**
>   - **법인** : 법인의 등기부상의 소재지
>   - **개인** : 사업에 관한 업무를 총괄하는 장소
> - **부동산임대업** : 부동산의 등기부상 소재지
> - **무인자동판매기를 통하여 재화·용역을 공급하는 사업** : 사업에 관한 업무를 총괄하는 장소
> - **비거주자 또는 외국법인의 경우** : 비거주자 또는 외국법인의 국내사업장
> - **사업장을 설치하지 아니한 경우** : 사업자의 주소 또는 거소

1) 주사업장총괄납부

둘 이상의 사업장이 있는 경우 과세기간 개시 20일 전에 주사업장 총괄납부신청을 하여 각 사업장의 납부세액(또는 환급세액)을 한꺼번에 주사업장(법인 : 본점(주사무소 포함) 또는 지점(분사무소 포함), 개인 : 주사무소)에서 납부하거나 환급받을 수 있다.

① 세금계산서는 사업장별로 작성·발급하여야 한다.

② 사업장별로 각각 납부세액을 계산하고 각 납세지 관할 세무서장에게 각각 신고하여야 한다.

2) 사업자단위과세

둘 이상의 사업장이 있는 사업자가 과세기간 개시 20일 전까지 사업자단위로 등록을 신청한 경우 사업자단위과세사업자라 한다. 이 경우 주사업장(법인 : 본점, 개인 : 주사무소)을 제외한 다른 사업장의 사업자 등록은 말소되며 신설하는 사업장은 별도의 사업자 등록을 하지 않는다.

① 사업자단위과세적용사업장의 등록번호로 세금계산서를 발급 및 수취한다.

② 사업자단위과세적용사업장에서 신고 및 납부한다.

기적의 Tip

사업자등록번호는 하나로 단일회되고 따라서 세금계산서도 하나의 사업자등록번호로 발급한다.

개념 체크

1 부동산매매업의 사업장은 부동산의 등기부상 소재지이다. (O, X)

1 ✗

출제
빈도 상 중 하

빈출 태그 공급시기 · 세금계산서 기재사항 · 전자세금계산서

기적의 3회독
1회 2회 3회

공급시기란 재화와 용역의 공급이 이루어지는 시기를 말하며 이는 어느 과세기간에 귀속시킬 것인지를 결정하는 기준이 된다. 공급이 이루어지는 시기에 세금계산서를 발급하고 부가가치세를 징수하므로 세금계산서 발급시기와 거래징수 시기를 결정하는 기준도 된다.

01 재화의 공급시기

1) 일반원칙

① **재화의 이동이 필요한 경우** : 재화가 인도되는 때
② **재화의 이동이 필요하지 아니한 경우** : 재화가 이용가능하게 되는 때
③ **그 외** : 재화의 공급이 확정되는 때

2) 거래 형태별 공급시기

① **현금판매, 외상판매, 할부판매** : 재화가 인도되거나 이용가능하게 되는 때
② **상품권 등을 현금 또는 외상으로 판매하고 그 후 해당 상품권 등이 현물과 교환되는 경우** : 재화가 실제로 인도되는 때

> 단, 재화가 인도되거나 이용 가능하게 되는 날 이후에 받기로 한 대가의 부분에 대해서는 재화가 인도되거나 이용 가능하게 되는 날

★ **중간지급조건부공급**
재화가 인도되기 전(또는 이용가능하게 되기 전)에 계약금 이외의 대가를 분할하여 지급하고, 계약금을 지급하기로 한 날부터 잔금을 지급하기로 한 날까지의 기간이 6월 이상인 경우를 말한다.

③ **장기할부판매, 완성도기준조건부공급, 중간지급조건부공급**★ **또는 전력이나 그 밖에 공급단위를 구획할 수 없는 재화의 계속적 공급** : 대가의 각 부분을 받기로 한 때
④ **반환조건부판매, 동의조건부판매, 그 밖의 조건부 판매 및 기한부 판매** : 그 조건이 성취되거나 기한이 지나 판매가 확정되는 때
⑤ **재화의 공급으로 보는 가공** : 가공된 재화를 인도하는 때

★ **판매목적 타 사업장 반출**
재화를 반출하는 때

⑥ **자가공급(판매목적 타 사업장 반출 제외)**★**, 개인적 공급** : 재화를 사용하거나 소비하는 때
⑦ **사업상증여** : 재화를 증여하는 때
⑧ **폐업할 때 남아 있는 재화(폐업 시 잔존재화)** : 폐업하는 때
⑨ **무인판매기에 의한 재화공급** : 무인판매기에서 현금을 꺼내는 때
⑩ **기타의 경우** : 재화가 인도되거나 인도가능한 때

02 용역의 공급시기

1) 일반원칙 : 역무의 제공이 완료되거나 시설물, 권리 등 재화가 사용되는 때

2) 거래형태별 공급시기 ┌ 단, 역무의 제공이 완료되는 날 이후 받기로 한 대가의 부분에
↓ 대해서는 역무의 제공이 완료되는 날

① 완성도기준지급조건부공급·중간지급조건부공급·장기할부·그 밖의 조건부·그 공급 단위를 구획할 수 없는 용역의 계속적 공급 : 대가의 각 부분을 받기로 한 때

② 역무의 제공이 완료되는 때 또는 대가를 받기로 한 때를 공급시기로 볼 수 없는 경우 : 역무의 제공이 완료되고 그 공급가액이 확정되는 때

③ 간주임대료★ : 예정신고기간 또는 과세기간의 종료일

④ 2과세기간 이상에 걸쳐 부동산임대용역을 공급하고 그 대가를 선불 또는 후불로 받는 경우에 월수로 안분 계산한 임대료 : 예정신고기간 또는 과세기간의 종료일

⑤ 폐업전에 공급한 용역의 공급시기가 폐업일 이후에 도래하는 경우 : 폐업일

03 세금계산서

과세사업자가 재화 또는 용역을 공급할 때 공급받는 자로부터 부가가치세를 거래징수하고 그 사실을 증명하기 위하여 발급하는 증서이다. 세금계산서는 매입세액공제의 필수자료, 거래에 있어서 송장의 역할, 대금청구서 및 영수증 역할, 기장의 기초적인 증빙자료, 거래의 증빙 및 과세자료와 같은 기능을 수행한다. 세금계산서는 공급하는 사업자가 2매를 발행(작성)하여 1매는 보관하고 1매는 공급받는 사업자에게 발급하며 부가가치세신고시에는 세금계산서합계표를 제출한다.

1) 세금계산서

① **필요적 기재사항** : 공급하는 사업자의 등록번호와 성명 또는 명칭, 공급받는 자의 등록번호, 공급가액과 부가가치세액, 작성연월일(작성일자)

② **임의적 기재사항** : 공급하는 자의 주소, 공급받는 자의 상호 · 성명 · 주소, 단가와 수량, 공급연월일 등

2) 전자세금계산서

법인사업자, 직전연도 사업장별 재화 및 용역의 과 · 면세 공급가액의 합계액이 1억원★ 이상인 개인사업자는 전자세금계산서를 발급하여야 하며 그 다음 날까지 전자세금산서 발급명세를 국세청장에게 전송하여야 한다.

★ 신규사업자, 직전 1역년 공급대가 합계액이 4,800만 원에 미달하는 경우, 사업자가 아닌 자에게 공급하는 경우의 간이과세자(영수증발급사업자)

3) 영수증

간이과세자* 또는 영수증 발급대상 사업을 하는 일반과세사업자(사업자가 아닌 자에게 재화 또는 용역을 공급하는 사업자)는 세금계산서 대신 영수증(공급받는 자의 등록번호와 부가가치세액을 구분 기재하지 않은 증명서류)을 발급해야 한다. 영수증 발급대상 사업을 하는 일반과세사업자는 신용카드기 또는 직불카드기 등에 의하여 영수증을 발급하는 때에는 공급가액과 세액을 별도로 구분하여 기재한다.

❶, ❷ : 매입세액공제불가

> ■ 영수증을 발급하는 사업자
>
> 소매업, 음식점업(다과점업을 포함), 숙박업, 목욕 · 이발 · 미용업, 여객운송업, 입장권을 발행하여 영위하는 사업❶, 변호사업, 공인회계사업, 세무사업 등 기타 이와 유사한 사업서비스업(사업자에게 공급하는 것은 제외), 우정사업조직이 소포우편물을 방문접수하여 배달하는 용역을 공급하는 사업, 미용목적 성형수술용역을 공급하는 사업, 수의사가 제공하는 부가세가 과세되는 동물진료용역, 무도학원 · 자동차운전학원❷, 주로 사업자가 아닌 소비자에게 재화 또는 용역을 공급하는 사업으로서 세금계산서 발급이 불가능하거나 현저히 곤란한 사업 등

🎓 기적의 Tip

②~⑤까지를 숙지한다.

4) 세금계산서 발급의무의 면제

① 택시운송 사업자, 노점 또는 행상을 하는 사업자, 무인자동판매기를 이용하여 재화, 용역을 공급하는 자
② 소매업 또는 미용, 욕탕 및 유사 서비스업을 경영하는 자가 공급하는 재화 또는 용역. 다만, 소매업(소매, 음식점, 숙박, 전세버스운송사업, 우정사업조직의 소포우편물)의 경우에는 공급받는 자가 세금계산서의 발급을 요구하지 아니하는 경우에 한정한다.
③ 자가공급(판매목적 타사업장 반출의 경우 세금계산서를 발급해야 함. 총괄납부, 사업자단위과세사업자는 재화의 공급이 아니므로 발급하는 것이 아니나 발급하는 경우 재화의 공급으로 봄), 개인적 공급, 사업상 증여, 폐업 시 잔존재화로서 공급의제되는 재화
④ 영세율 적용대상이 되는 일정한 재화 · 용역
• 수출하는 재화(내국신용장 또는 구매확인서에 의하여 공급하는 재화는 제외)
• 국외에서 제공하는 용역 등
⑤ 부동산임대용역 중 간주임대료에 해당하는 부분
⑥ 영수증 발급대상 사업을 하는 일반과세사업자가 신용카드매출전표등을 발급한 경우 거래 상대방이 세금계산서를 요구하는 경우
⑦ 전자서명인증사업자가 인증서를 발급하는 용역(다만, 공급받는 자가 사업자로서 세금계산서 발급을 요구하는 경우는 제외)

⑧ 그 밖에 국내사업장이 없는 비거주자 또는 외국법인에 공급하는 재화 또는 용역
(다만, 국내사업장이 없는 비거주자 또는 외국법인이 해당 외국의 개인사업자 또
는 법인사업자임을 증명하는 서류를 제시하고 세금계산서 발급을 요구하는 경우
는 제외)

5) 세금계산서의 발급시기

세금계산서는 재화 또는 용역의 공급시기에 발급하는 것이 원칙이나, 다음 중 어느
하나에 해당하는 경우에는 재화 또는 용역의 공급일이 속하는 달의 다음 달 10일까지
세금계산서를 발급할 수 있다.

① 거래처별로 달의 1일부터 말일까지의 공급가액을 합하여 해당 달의 말일을 작성
연월일로 하여 세금계산서를 발급하는 경우
② 거래처별로 달의 1일부터 말일까지의 기간 이내에서 사업자가 임의로 정한 기간의
공급가액을 합하여 그 기간의 종료일을 작성 연월일로 하여 세금계산서를 발급하
는 경우
③ 관계 증명서류 등에 따라 실제거래사실이 확인되는 경우로서 해당 거래일을 작성
연월일로 하여 세금계산서를 발급하는 경우

> ※ 사업자가 재화 또는 용역의 공급시기가 되기 전에 재화 또는 용역에 대한 대가의 전부 또는 일부를
> 받고 그 받은 대가에 대하여 세금계산서를 발급하면 그 세금계산서를 발급하는 때를 각각 그 재화 또
> 는 용역의 공급시기로 본다. 또한 사업자가 재화 또는 용역의 공급시기가 되기 전에 세금계산서를 발
> 급하고 그 세금계산서 발급일부터 7일 이내에 대가를 받으면 해당 세금계산서를 발급한 때를 공급시
> 기로 본다. 다만, 대가를 지급하는 사업자가 일정 요건을 모두 충족하는 경우★에는 공급하는 사업자
> 가 재화 또는 용역의 공급시기가 되기 전에 세금계산서를 발급하고 그 세금계산서 발급일부터 7일이
> 지난 후 대가를 지급받더라도 세금계산서를 발급한 때를 공급시기로 본다.

6) 세금계산서의 수정

① **처음 공급한 재화가 환입된 경우** : 재화가 환입된 날을 작성일자로 적고 비고란에
처음 세금계산서 작성일을 덧붙여 적은 후 붉은색 글씨나 음의 표시를 하여 발급
② **계약의 해제로 재화 또는 용역이 공급되지 아니한 경우** : 계약 해제일을 작성일자
로 적고 비고란에 처음 세금계산서 작성일을 덧붙여 적은 후 붉은색 글씨나 음의
표시를 하여 발급
③ **계약해지 등에 따라 공급가액에 추가 또는 차감되는 금액이 발생한 경우** : 증감사유
가 발생한 날을 작성일로 적고 추가되는 금액은 검은색 글씨로 쓰고, 차감되는 금
액은 붉은색 글씨로 쓰거나 음의 표시를 하여 발급
④ **착오로 전자세금계산서를 이중으로 발급한 경우** : 처음에 발급한 세금계산서의 내
용대로 음의 표시를 하여 발급(다만, 과세표준 또는 세액을 경정할 것을 미리 알고
있는 경우는 제외)
⑤ **면세 등 발급대상이 아닌 거래 등에 대하여 발급한 경우** : 처음에 발급한 세금계산
서의 내용대로 붉은색 글씨로 쓰거나 음의 표시를 하여 발급

★ 계약서·약정서 등에 대금 청
구시기(세금계산서 발급일)와
지급시기를 따로 적고 대금 청
구시기와 지급시기 사이의 기
간이 30일 이내일 것, 재화 또
는 용역의 공급시기가 세금계
산서 발급일이 속하는 과세기
간(공급받는 자가 조기환급을
받은 경우에는 세금계산서 발
급일로부터 30일 이내)에 도래
하는 경우

그 외 세금계산서의 수정
• 필요적 기재사항 등이 착오로
잘못 적힌 경우
• 필요적 기재사항 등이 착오 외
의 사유로 잘못 적힌 경우
• 세율을 잘못 적용하여 발급한
경우

✓ **개념 체크**

1 계약해제로 인한 수정세금계
산서 발급 시 작성일에 (처음
세금계산서 작성일, 계약 해제
일)을 기입한다.

1 계약 해제일

⑥ **재화 또는 용역을 공급한 후 공급시기가 속하는 과세기간 종료 후 25일 이내에 내국신용장이 개설되었거나 구매확인서가 발급된 경우** : 개설(발급)된 때에 그 작성일은 처음 세금계산서 작성일을 적고 비고란에 개설일(발급일)을 덧붙여 적어 영세율 적용분은 검은색 글씨로 세금계산서를 작성하여 발급하고 추가하여 처음에 발급한 세금계산서의 내용대로 세금계산서를 붉은색 글씨로 또는 음의 표시를 하여 작성하고 발급

■ 매입자발행 세금계산서

세금계산서 발급의무가 있는 일반과세자가 세금계산서를 발급하지 않는 경우(사업자의 부도 · 폐업 등으로 발급하지 아니한 경우 포함) 재화 또는 용역을 공급받은 자가 거래건당 5만 원 이상의 거래가 있을 경우 관할 세무서장의 확인을 받아 발행하는 세금계산서로, 부가가치세 신고 시 세액공제를 받을 수 있다.

영세율과 면세

▶ 합격 강의

빈출 태그 영세율제도 · 면세되는 재화와 용역

01 영세율(완전면세)제도

일정한 재화 또는 용역의 공급에 대하여 영(zero)의 세율을 적용하고 그 재화 또는 용역을 매입할 때 부담한 매입세액을 전액 공제 또는 환급해 주므로, 이를 완전면세제도라 한다.

1) 영세율 적용대상자

영의 세율이 적용되는 것 외에는 일반적인 과세거래와 동일하므로 영세율 적용대상자는 과세사업자이어야 한다. 따라서 면세사업자는 영세율 적용을 받을 수 없으며, 간이과세자는 과세사업자이므로 영세율 적용을 받을 수 있다(간이과세자의 경우 매입세액을 환급받지는 못함).

> 🎓 기적의 Tip
>
> 영세율 적용 대상 사업자는 부가가치세법상 사업자이므로 부가가치세법상 모든 의무를 이행한다.

2) 영세율 적용대상

① **재화의 수출** : 내국물품 반출, 중계무역방식의 수출 · 위탁판매수출 · 외국인도수출, 내국신용장 또는 구매확인서에 의하여 재화를 공급하는 것
② **용역의 국외공급** : 국외에서 공급하는 용역
③ **외국항행용역의 공급** : 선박 또는 항공기에 의하여 여객이나 화물을 국내에서 국외로, 국외에서 국내로 또는 국외에서 국외로 수송하는 외국항행 용역
④ **외화획득 재화 또는 용역의 공급 등** : 외화를 획득하기 위한 재화 또는 용역의 공급으로 일정한 것

02 면세(부분면세)제도

일정한 재화 또는 용역의 공급에 대하여 부가가치세 납세의무를 면제해주는 것으로 면세사업자는 부가세법상 납세의부가 없으므로 매출세액이 발생되지 아니하여 매입하는 재화 또는 용역에 대하여 부담한 매입세액은 공제 또는 환급되지 않는다. 따라서 매출세액은 면세되는 반면 매입세액은 공제 또는 환급이 되지 않으므로 이를 부분면세제도라 한다.

면세
• 완전면세 : 영세율
• 부분면세 : 면세

1) 면세되는 재화와 용역

① 기초생활필수품

- 미가공식료품(식용으로 제공되는 농산물, 축산물, 수산물과 임산물을 포함함) 및 우리나라에서 생산되어 식용으로 제공되지 않는 미가공 농산물, 축산물, 수산물과 임산물
- 수돗물, 연탄과 무연탄
- 여객운송용역(항공기, 우등고속버스, 전세버스, 택시, 특수자동차, 특종선박, 고속철도는 과세)
- 여성용 생리처리 위생용품
- 주택 및 그 부수되는 토지의 임대용역

구분	토지	건물
공급	면세	과세(국민주택(85제곱미터이하) 면세)
임대	과세(주택에 부수되는 토지 면세)	과세(주택 면세)

② 국민후생 관련 재화와 용역

- **의료보건용역(수의사의 용역 포함)과 혈액(일반의약품 판매는 과세)** : 의사, 치과의사, 한의사, 조산사, 간호사가 제공하는 영역. 단, 다음의 의료보건용역은 과세한다.
  - **미용목적 성형수술** : 쌍꺼풀수술, 코성형수술, 유방 확대·축소술, 지방흡입술, 주름살제거술, 안면윤곽술, 치아성형, 악안면 교정술 등
  - **미용목적 피부 관련 시술** : 색소모반·주근깨·기미 치료술, 여드름 치료술, 제모술, 탈모치료술, 모발이식술, 문신술 및 문신제거술, 피어싱, 모공축소술 등
  - 수의사의 용역 중 가축·수산동물·장애인 보조견에 대한 진료용역 이외의 진료용역
- **교육용역** : 주무관청의 허가·인가·등록·신고된 학교, 학원, 비영리단체 등. 단, 인가·허가를 받지 않은 학원·강습소, 무도학원·자동차운전학원은 과세한다.

③ 문화 관련 재화와 용역

- 예술창작품(골동품 과세), 비영리 예술·문화행사, 아마추어운동경기
- 도서(실내도서열람 및 도서대여용역 포함)·신문·잡지·관보·뉴스통신 및 방송(광고는 과세)
- 도서관·과학관·박물관·미술관·동물원 또는 식물원에의 입장

④ 부가가치 구성요소

- 토지의 공급
- 저술가·작곡가나 그 밖의 자가 직업상 제공하는 인적용역
- 금융·보험용역

개념 체크

1 고속철도, 택시는 면세이다.
  (O, X)

1 ×

⑤ **기타의 재화와 용역**

- 우표(수집용 우표는 과세) · 인지 · 증지 · 복권과 공중전화
- 판매가격이 200원 이하인 제조담배와 특수용 담배
- 종교 · 자선 · 학술 · 구호 기타 공익을 목적으로 하는 단체가 공급하는 재화 또는 용역
- 국가 · 지방자치단체 또는 지방자치단체조합이 공급하는 재화 또는 용역
- 국가 · 지방자치단체 · 지방자치단체조합 또는 공익단체에 무상으로 공급하는 재화 또는 용역 등
- 관리주체 또는 입주자대표회의가 제공하는 복리시설인 어린이집의 임대 용역

⑥ **조례특례제한법상 면제대상**

- 국민주택의 공급과 국민주택의 건설 용역(허가 · 면허를 갖춘 설계 · 전기공사 · 소방공사, 리모델링 용역 등 포함)
- 영유아용 기저귀와 분유

2) 면세포기

① 면세포기란 면세되는 재화 · 용역을 공급하는 사업자가 면세를 포기하고 과세로 전환하는 것을 말하는데, 다음 2가지 경우에 한하여 면세포기를 인정하고 있다.

- 영세율의 적용대상이 되는 것
- 학술 등 연구단체가 그 연구와 관련하여 실비 또는 무상으로 공급하는 재화 또는 용역의 공급

② 면세를 포기하고자 하는 사업자는 관할세무서장에게 면세포기신고서를 제출하고 지체없이 사업자등록을 하여야 한다. 이러한 면세포기는 언제든지 가능하며, 관할 관청의 승인을 요하지 않는다. 한편, 면세포기를 한 사업자는 신고한 날로부터 3년간은 부가가치세의 면제를 받지 못하며 그 후 다시 면세를 적용받고자 하는 경우에는 면세적용신고서와 함께 사업자등록증을 제출하여야 한다.

과세표준과 세액

▶ 합격 강의

가적의 3회독
□ 1회 □ 2회 □ 3회

공급가액+세액 = 공급대가

01 과세표준

과세표준이란 납세의무자가 납부해야 할 세액산출의 기준이 되는 과세물건의 금액 또는 수량이다.

1) 재화 또는 용역의 공급에 대한 부가가치세의 과세표준

과세표준에 포함되는 금액
할부판매의 이자상당액, 대가의 일부로 받는 운송비 · 포장비 · 하역비, 판매장려물품지급액(시가) 등

해당 과세기간에 공급한 재화 또는 용역의 공급가액을 합한 금액으로 한다. 이 경우 대금, 요금, 수수료, 그 밖에 어떤 명목이든 상관없이 재화 또는 용역을 공급받는 자로부터 받는 금전적 가치가 있는 모든 것을 포함하되, 부가가치세는 포함하지 아니한다.

① **금전으로 대가를 받는 경우** : 그 대가. 다만, 그 대가를 외국통화나 그 밖의 외국환으로 받은 경우에는 다음의 구분에 따른 금액을 그 대가로 한다.

- **공급시기 도래 전에 원화로 환가한 경우** : 그 환가한 금액
- **공급시기 이후에 외국통화 기타 외국환 상태로 보유하거나 지급받은 경우** : 공급시기의 기준환율 또는 재정환율에 의하여 계산한 금액

② **금전 외의 대가를 받는 경우** : 자기가 공급한 재화 또는 용역의 시가

③ **폐업하는 경우** : 폐업 시 남아 있는 재화의 시가

④ **자가공급(판매 목적으로 자기의 다른 사업장에 반출하는 경우 제외), 개인적 공급, 사업상 증여** : 자기가 공급한 재화 또는 용역의 시가

⑤ **판매목적으로 자기의 다른 사업장에 반출하는 경우(판매목적 타사업장 반출)** : 해당 재화의 취득가액

⑥ 사업자가 재화 또는 용역을 공급하고 그 대가로 받은 금액에 부가가치세가 포함되어 있는지가 분명하지 아니한 경우에는 그 대가로 받은 금액에 110분의 100을 곱한 금액

> ※ 특수관계인에게 공급하는 재화 또는 용역에 대한 조세의 부담을 부당하게 감소시킬 것으로 인정되는 경우로서 다음의 어느 하나에 해당하는 경우에는 공급한 재화 또는 용역의 시가를 공급가액으로 본다(부당행위계산의 부인).
> - 재화의 공급에 대하여 부당하게 낮은 대가를 받거나 아무런 대가를 받지 아니한 경우
> - 용역의 공급에 대하여 부당하게 낮은 대가를 받는 경우
> - 사업용 부동산의 임대용역 등을 공급하고 대가를 받지 아니하는 경우

2) 공급가액에 포함하지 않는 것(과세표준에 포함하지 않는 것)

① 재화나 용역을 공급할 때 그 품질이나 수량, 인도조건 또는 공급대가의 결제방법
   이나 그 밖의 공급조건에 따라 통상의 대가에서 일정액을 직접 깎아 주는 금액
② 환입된 재화의 가액
③ 공급받는 자에게 도달하기 전에 파손되거나 훼손되거나 멸실한 재화의 가액
④ 재화 또는 용역의 공급과 직접 관련되지 아니하는 국고보조금과 공공보조금
⑤ 공급에 대한 대가의 지급이 지체되었음을 이유로 받는 연체이자
⑥ 공급에 대한 대가를 약정기일 전에 받았다는 이유로 사업자가 당초의 공급가액에
   서 할인해 준 금액

3) 재화의 수입에 대한 부가가치세의 과세표준

수입 재화에 대한 관세의 과세가격과 관세, 개별소비세, 주세, 교육세, 농어촌특별세
및 교통 · 에너지 · 환경세를 합한 금액으로 한다.

4) 과세표준에서 공제하지 않는 금액

대손금, (판매)장려금★, 하자보증금

02 세액

1) 과세표준×10%(단일비례세율)(단, 영세는 과세표준×0%(영세율))

우리나라의 부가가치세율은 단일비례세율이며 그 세율은 10%이다. 다만, 일정한 재
화 또는 용역(영세분)에 대해서는 0%의 세율을 적용한다.

기적의 Tip

공급가액에 포함하지 않는 것
- ①, ②, ⑥ : 차감
- ③, ④, ⑤ : 포함×
- 대손금, (판매)장려금, 하자
  보증금 : 차감×

★ **판매장려금**
금전으로 지급하는 경우에는 과세
표준에서 공제하지 않으며, 현물로
지급하는 경우에는 간주공급의 사
업상 증여에 해당한다.

매입세액공제와 납부세액의 계산

▶ 합격 강의

빈출 태그 매입세액 · 납부세액

★ 세법상 대손 시(소멸시효완성, 부도발생일로부터 6개월 이상 지난 수표 · 어음 · 외상매출금 (중소기업 외상매출금은 부도 발생 이전의 것), 회수기일이 6개월 이상 지난 30만 원 이하의 소액채권 등) 대손세액 공제 시 는 음수로, 회수 시는 양수로 표시하여 기입한다.

01 납부(환급)세액의 계산구조(일반과세자)

과세표준×세율 　(+) 예정신고누락분 　(±) 대손세액가감★	매출세액의 계산
① 매출세액	
매입세액 　(+) 예정신고누락분 　(+) 그 밖의 공제매입세액 　　(신용카드매출전표 등, 의제매입세액, 재활용폐자원 　　매입세액, 재고매입세액, 변제대손세액 등) 　(−) 공제받지 못할 매입세액 　　(사업과 관련없는 지출에 대한 매입세액, 기업업무추 　　진비 관련 매입세액, 비영업용 소형승용차 구입, 임 　　차, 유지 매입세액 등)	매입세액의 계산
② 매입세액	
납부(환급)세액(①−②)	납부세액의 계산
(−) 그 밖의 경감 · 공제세액 　　(전자신고세액공제 등) 　(−) 예정신고 미환급세액 　(+) 가산세액	
차감, 가감하여 납부할 세액(환급받을 세액)	

02 매입세액공제

1) 공제하는 매입세액

자기의 사업을 위하여 사용하였거나 사용할 목적으로 공급받은 재화 또는 용역에 대한 부가가치세액과 수입하는 재화의 수입에 대한 부가가치세액으로 세금계산서를 수취하고 세금계산서합계표를 제출한 경우 공제된다.

2) 기타공제 매입세액

① 신용카드매출전표 등 매입세액

- 사업자가 일반과세자 및 간이과세자로부터 재화나 용역을 공급받고 부가가치세액이 별도로 구분 가능한 신용카드매출전표 등을 발급받은 경우로서 신용카드매출전표 등 수령금액합계표를 제출하는 경우 그 부가가치세액을 매입세액으로 공제한다. 다만, 매입세액공제 불가 업종 및 간이과세자 중 신규사업자 및 직전 1역년 공급대가 합계액이 4,800만 원 미달하는 경우는 제외한다.

② 의제매입세액

- 사업자가 농산물 등을 면세로 구입하여 부가가치세가 과세되는 재화를 제조 · 가공하거나 용역을 창출하는 경우에는 일정한 금액을 의제매입세액으로 하여 매출세액에서 공제한다.

> 의제매입세액 = 면세 농산물 등의 매입가액(과세표준 × 50%한도(법인) × 공제율*

> *[공제율] 제조업(중소기업, 개인사업자*) : 4/104, 그 밖의 사업자 : 2/102
> 음식업 : 6/106(법인), 8/108(개인, 단 과세표준이 2억 원 이하인 경우 9/109)

★ 과자점업, 도정업, 제분업 떡방앗간은 6/106

- 의제매입세액공제를 받기 위해서는 사업자에게 매입할 경우 계산서, 신용카드매출전표, 현금영수증 중 하나를 수취해야 하지만 농어민(작물재배업, 축산업, 어업, 임업 등 종사자)에게 매입할 경우에는 그러하지 않아도 된다(즉, 영수증만 수취해도 됨. 단, 농어민에게 매입할 경우에는 제조업자에 한하여 공제됨).

★ 단, 공급가액이 사실과 다른 경우에는 실제가액과의 차액

3) 공제하지 아니하는 매입세액(불공)

① 매입처별세금계산서합계표의 미제출 또는 부실기재 매입세액
② 세금계산서를 발급받지 아니한 경우 또는 필요적 기재사항의 부실기재* 매입세액
③ 사업과 직접 관련이 없는 지출에 대한 매입세액
④ 비영업용 소형승용자동차(개별소비세법에 따른 자동차이므로 개별소비세가 과세되지 아니하는 1,000cc 이하의 차량은 제외함)의 구입과 임차 및 유지에 관한 매입세액(영업용이라 함은 운수업, 자동차판매업 등 업종에 직접 영업으로 사용되는 것이며 이는 공제됨)
⑤ 기업업무추진비 및 이와 유사한 비용의 지출에 관련된 매입세액
⑥ 면세사업 등에 관련된 매입세액
⑦ 토지에 관련된 매입세액(예 철거비, 정지비용 등)
⑧ 사업자등록을 신청하기 전의 매입세액(단, 공급시기가 속하는 과세기간이 끝난 후 20일 이내에 등록을 신청한 경우 등록 신청일부터 공급시기가 속하는 과세기간 기산일까지 역산한 기간 이내의 것은 제외)*
⑨ 대손처분 받은 매입세액

매입세액공제가 되는 승용차(영업용 승용차)
- 운수업
- 자동차 판매업
- 자동차 임대업
- 운전학원업
- 무인경비업
  (출동차량에 한정)

개별소비세과세승용자동차
8인승 이하의 일반형 승용자동차 및 배기량 1,000cc 초과 자동차, 125cc 초과 이륜자동차, 전장 3.6미터 초과 전폭 1.6미터 초과의 소형전기차

★ 사업자등록증 발급일까지 거래분은 사업자등록번호가 없으므로 세금계산서에 대표자, 사업자의 주민등록번호를 적어 발급받아야 한다.

✓ **개념 체크**

1 과세재화를 면세사업에 사용할 경우 부가가치세 공제가 불가능하다. (O, X)

1○

이론을 확인하는 기출문제

19년 8월, 16년 10월, 16년 2월, 12년 12월

01 다음 중 우리나라의 부가가치세의 특징으로 틀린 것은?

① 일반소비세
② 직접세
③ 전단계세액공제법
④ 소비지국과세원칙

부가가치세의 특징 : 국세, 일반소비세, 간접세, 물세, 전단계세액공제법, 소비지국과세원칙, 신고납세제도

11년 6월

02 다음 중 부가가치세법에 대한 설명으로 잘못된 것은?

① 재화란 재산 가치가 있는 물건과 권리를 말하며, 역무는 포함되지 않는다.
② 사업자란 사업 목적이 영리이든 비영리이든 관계없이 사업상 독립적으로 재화 또는 용역을 공급하는 자를 말한다.
③ 재화 및 용역을 일시적 · 우발적으로 공급하는 자는 부가가치세법상 사업자에 해당하지 않는다.
④ 간이과세자란 직전 연도의 공급대가 합계액이 5,000만 원에 미달하는 사업자를 말한다.

간이과세자 : 직전 연도의 공급대가의 합계액이 8,000만 원에 미달하는 사업자

20년 10월, 11년 10월

03 부가가치세 과세거래에 해당되는 것을 모두 고르면?

> 가. 재화의 수입
> 나. 용역의 수입
> 다. 용역의 무상공급(특수관계인에게 사업용부동산의 임대용역을 공급하는 것 제외)
> 라. 고용관계에 의한 근로의 제공

① 가
② 가, 나
③ 가, 나, 다
④ 가, 나, 다, 라

용역의 수입은 저장이 불가능하고 형체가 없으므로 과세대상에서 제외한다(단, 특수관계인에게 사업용부동산의 임대용역을 공급하는 것은 과세).

12년 10월

04 다음 중 거래징수의 내용으로 틀린 것은?(공급하는 사업자는 과세사업자임)

① 공급받는 자는 부가가치세를 지급할 의무를 짐
② 공급자가 부가가치세를 거래상대방으로부터 징수하는 제도
③ 공급가액에 세율을 곱한 금액을 공급받는 자로부터 징수
④ 공급받는 자가 면세사업자이면 거래징수의무가 없음

공급자는 공급받는 자가 과세사업자이건 면세사업자이건 거래징수의무를 진다.

22년 10월, 21년 8월

05 부가가치세법상 재화의 공급으로 보지 아니하는 거래를 모두 고른 것은?

> a. 저당권 등 담보 목적으로 부동산을 제공하는 것
> b. 사업장별로 그 사업에 관한 모든 권리와 의무를 포괄적으로 승계시키는 사업의 양도
> c. 매매계약에 의한 재화의 인도
> d. 폐업시 잔존재화(해당 재화의 매입 당시 매입세액공제 받음)
> e. 상속세를 물납하기 위해 부동산을 제공하는 것

① a, d
② b, c, e
③ a, b, e
④ a, b, d, e

c와 d는 재화의 공급(c는 재화의 실질공급, d는 재화의 간주공급)에 해당한다.

13년 4월

06 부가가치세법상 용역의 공급으로 과세하지 아니하는 것은?

① 고용관계에 의하여 근로를 제공하는 경우
② 사업자가 특수관계 있는 자에게 사업용 부동산의 임대용역을 무상공급하는 경우
③ 상대방으로부터 인도받은 재화에 주요자재를 전혀 부담하지 아니하고 단순히 가공만 하는 경우
④ 건설업자가 건설자재의 전부 또는 일부를 부담하고 공급하는 용역의 경우

- 고용관계에 의하여 근로를 제공하는 경우 부가가치세법상 용역의 공급으로 보지 않는다.
- 사업자가 특수관계 있는 자에게 사업용 부동산의 임대용역을 무상공급하는 경우 용역의 공급으로 본다.

20년 10월, 16년 10월

07 부가가치세법상 사업자등록에 대한 설명으로 틀린 것은?

① 사업자는 사업개시일부터 20일 이내에 사업장 관할 세무서장에게 사업자등록을 신청하여야 한다.
② 사업자등록의 신청은 사업장 관할 세무서장이 아닌 다른 관할 세무서장에게도 신청할 수 있다.
③ 신규로 사업을 시작하려는 자는 사업 개시일 이후에만 사업자등록을 신청해야 한다.
④ 사업자는 휴업 또는 폐업을 하거나 등록사항이 변경되면 지체 없이 사업장 관할 세무서장에게 신고하여야 한다.

사업자는 사업장마다 사업 개시일부터 20일 이내에 사업장 관할세무서장에게 등록(관할세무서장이 아닌 다른 세무서장에 할 경우에도 사업장 관할세무서장에게 사업자 등록을 신청한 것으로 봄)하여야 하며, 신규로 사업을 시작하려는 자는 사업 개시일 이전이라도 사업자등록을 신청할 수 있다.

23년 8월, 22년 8월, 21년 6월, 20년 6월, 19년 6월, 18년 8월, 10년 4월

08 다음 중 부가가치세법상 공급시기가 잘못된 것은?

① 외상판매의 경우 : 재화가 인도되거나 이용가능하게 되는 때
② 장기할부판매의 경우 : 대가의 각 부분을 받기로 한 때
③ 무인판매기로 재화를 공급하는 경우 : 무인판매기에서 현금을 꺼내는 때
④ 폐업 시 잔존재화의 경우 : 재화가 사용 또는 소비되는 때

폐업 시 잔존재화의 공급시기는 폐업하는 때로 한다.

22년 10월, 11년 6월

09 부가가치세법상 부동산임대용역을 공급하는 경우에 전세금 또는 임대보증금에 대한 간주임대료의 공급시기는?

① 그 대가의 각 부분을 받기로 한 때
② 용역의 공급이 완료된 때
③ 그 대가를 받은 때
④ 예정신고기간 또는 과세기간 종료일

사업자가 부동산 임대용역을 공급하고 받은 전세금 또는 임대보증금에 대한 간주임대료의 공급시기 : 예정신고기간 또는 과세기간의 종료일

23년 8월, 22년 6월, 20년 2월, 18년 4월, 17년 6월, 16년 2월, 15년 10월, 15년 8월, 13년 12월

10 다음 중 세금계산서의 필요적 기재사항이 아닌 것은?

① 공급가액과 부가가치세액
② 작성연월일
③ 공급받는 자의 등록번호
④ 공급하는 자의 주소

필요적 기재사항 : 공급하는 자의 등록번호와 성명 또는 명칭, 공급받는 자의 등록번호, 공급가액과 부가가치세액, 작성연월일

22년 6월, 12년 4월

11 다음 중 세금계산서 발급의무 면제대상으로 틀린 것은?

① 개인적 공급
② 판매목적 타사업장 반출
③ 간주임대료
④ 폐업 시 잔존재화

판매목적 타사업장 반출은 세금계산서 발급대상이다.

11년 12월

12 다음 중 세금계산서의 원칙적인 발급시기로서 옳은 것은?

① 재화 또는 용역의 공급시기
② 재화 또는 용역의 공급시기가 속하는 달의 말일까지
③ 재화 또는 용역의 공급시기가 속하는 달의 다음달 10일까지
④ 재화 또는 용역의 공급시기가 속하는 달의 다음달 15일까지

세금계산서는 원칙적으로 재화 또는 용역의 공급시기에 발급해야 한다.

13 다음 중 부가가치세법상 공급 시기는?

> ㉠ 3월 1일 : A제품 판매주문을 받았음
> ㉡ 3월 31일 : A제품 판매대가 1,000,000원을 전액 수령하고 세금계산서를 발급함
> ㉢ 4월 3일 : A제품을 인도함
> ㉣ 4월 15일 : 거래처로부터 A제품 수령증을 수취함

① 3월 1일
② 3월 31일
③ 4월 3일
④ 4월 15일

재화 또는 용역의 공급시기가 되기 전에 재화 또는 용역에 대한 대가의 전부 또는 일부를 받고, 이와 동시에 그 받은 대가에 대하여 세금계산서를 발급하면, 그 세금계산서 등을 발급하는 때를 각각 그 재화 또는 용역의 공급시기로 본다.

14 다음 중 세금계산서 발급의무가 면제되는 경우에 해당되지 않는 항목은?

① 내국신용장 또는 구매확인서에 의하여 공급하는 재화
② 판매목적 타사업장 반출을 제외한 간주공급
③ 부동산임대용역 중 간주임대료
④ 택시운송 사업자가 제공하는 용역

내국신용장 또는 구매확인서에 의하여 공급하는 재화의 경우 세금계산서를 발급해야 한다.

15 다음 중 자동차를 수입하는 경우 수입세금계산서상의 공급가액에 포함되지 않는 것은?

① 교육세
② 관세
③ 개별소비세
④ 취득세

재화의 수입에 대한 과세표준은 관세의 과세가격과 관세, 개별소비세, 주세, 교통·에너지·환경세, 교육세·농어촌특별세의 합계액이다.

16 다음 중 부가가치세법상 과세기간에 대한 설명으로 옳지 않은 것은?

① 간이과세자의 과세기간은 1월 1일부터 12월 31일까지이다.
② 사업자가 폐업하는 경우의 과세기간은 폐업일이 속하는 과세기간의 개시일부터 폐업일까지로 한다.
③ 일반과세자가 간이과세자로 변경되는 경우에 그 변경되는 해의 간이과세자 과세기간은 7월 1일부터 12월 31일까지이다.
④ 간이과세자가 일반과세자로 변경되는 경우에 그 변경되는 해의 간이과세자 과세기간은 1월 1일부터 12월 31일까지이다.

간이과세자가 일반과세자로 변경되는 경우에 그 변경되는 해의 1월 1일부터 6월 30일까지이다.

17 다음은 부가가치세법상 전자세금계산서와 관련된 내용이다. 틀린 것은?

① 법인사업자는 전자세금계산서 의무발급 사업자이다.
② 직전 연도의 사업장별 재화 및 용역의 과·면세 공급가액의 합계액이 20억 원 이상인 개인사업자는 전자세금계산서 의무발급 사업자이다.
③ 전자세금계산서 의무발급 개인사업자가 전자세금계산서 발급명세를 전송한 경우에는 매출·매입처별세금계산서합계표를 제출하지 않아도 되며, 5년간 세금계산서 보존의무가 면제된다.
④ 전자세금계산서 발급의무 사업자가 아닌 사업자도 전자세금계산서를 발급·전송할 수 있다.

1억 원(24.7.1 이후 8천만 원) 이상인 개인사업자가 전자세금계산서 발급의무사업자이다.

20년 6월

18 당사는 5월 1일부터 5월 31일까지 공급한 금액을 모두 합하여 작성연월일을 5월 말일자로 세금계산서를 발급하기로 하였다. 부가가치세법상 세금계산서는 언제까지 발급하여야 하는가?

① 6월 7일

② 6월 10일

③ 6월 15일

④ 6월 30일

거래처별로 1역월의 공급가액을 합하여 해당 월의 말일을 작성 연월일로 하여 세금계산서를 발급하는 경우, 공급일이 속하는 달의 다음달 10일까지 세금계산서를 발급할 수 있다.

21년 10월

19 다음은 (주)한국의 과세자료이다. 부가가치세 과세표준은 얼마인가? 단, 거래금액에는 부가가치세가 포함되어 있지 않다.

- 외상판매액 : 2,000,000원
- 대표이사 개인목적으로 사용한 제품(원가 80,000원, 시가 120,000원) : 80,000원
- 비영업용 소형승용차(2,000cc) 매각대금 : 100,000원
- 화재로 인하여 소실된 제품 : 200,000원

① 2,080,000원

② 2,120,000원

③ 2,220,000원

④ 2,380,000원

- 과세표준(공급가액) = 외상판매액 2,000,000 + 대표이사 개인목적으로 사용한 제품(간주공급 : 개인적공급) 120,000 + 비영업용 소형승용차 매각 대금 100,000 = 2,220,000원
- 제품을 화재로 인하여 소실한 경우에는 재화의 공급으로 보지 아니하며, 재화 공급의 특례(간주공급)에 해당하는 경우에는 시가(단, 판매목적 타사업장 반출 제외)를 과세표준으로 한다.
- ※ 재화의 간주공급 : 자가공급, 개인적 공급, 사업상증여, 폐업할 때 남아 있는 재화

22년 10월, 19년 8월, 10년 4월

20 다음 중 부가가치세의 과세표준에서 공제하지 <u>않는</u> 것은 어느 것인가?

① 대손금과 장려금

② 환입된 재화의 가액

③ 매출할인

④ 에누리액

대손금과 장려금, 하자보증금은 과세표준에서 공제하지 않는다.

22년 4월, 18년 4월, 16년 10월, 16년 2월

21 다음 자료에 의하여 계산 시 부가가치세법상 일반과세자의 부가가치세 과세표준은 얼마인가?

- 총매출액 : 10,000,000원
- 매출에누리액 : 2,000,000원
- 판매장려금 : 500,000원

① 7,500,000원   ② 8,000,000원

③ 9,500,000원   ④ 10,000,000원

- 매출에누리는 과세표준에서 차감하지만 판매장려금은 과세표준에 포함되므로 공제하지 않는다.
- 과세표준 = 총매출액(공급가액) 10,000,000 − 매출에누리액 − 2,000,000 = 8,000,000원

19년 6월, 13년 9월

22 다음 중 부가가치세법상 공급가액에 포함되는 것은?

① 환입된 재화의 가액

② 공급에 대한 대가를 약정기일 전에 받았다는 이유로 사업자가 당초의 공급가액에서 할인해 준 금액

③ 사업자가 재화 또는 용역을 공급받는 자에게 지급하는 장려금

④ 공급받는 자에게 도달하기 전에 파손되거나 훼손되거나 멸실한 재화의 가액

사업자가 재화 또는 용역을 공급받는 자에게 지급하는 장려금은 과세표준에서 공제하지 않는다.

12년 6월

23 다음 중 부가가치세법상 과세표준의 산정방법이 옳지 <u>않은</u> 것은?

① 재화의 공급에 대하여 부당하게 낮은 대가를 받는 경우 : 자기가 공급한 재화의 시가

② 재화의 공급에 대하여 대가를 받지 아니하는 경우 : 자기가 공급한 재화의 시가

③ 특수관계인에게 용역을 공급하고 부당하게 낮은 대가를 받는 경우 : 자기가 공급한 용역의 시가

④ 특수관계 없는 타인에게 용역을 공급하고 대가를 받지 아니하는 경우 : 자기가 공급한 용역의 시가

대가를 받지 아니하고 타인에게 용역을 공급하는 경우(단, 특수관계가 있는 자에게 사업용 부동산의 임대용역을 공급하는 것은 제외) 용역의 공급으로 보지 아니한다.

24 부가가치세 영세율과 관련된 설명 중 <u>틀린</u> 것은?

① 영세율은 세부담의 역진성을 완화하기 위한 제도이다.

② 수출하는 재화는 영세율이 적용된다.

③ 직수출하는 재화의 경우에는 세금계산서 발급의무가 면제된다.

④ 국외에서 공급하는 용역의 공급에 대하여는 영세율이 적용된다.

세부담의 역진성을 완화하기 위한 제도는 면세제도이다. 영세율은 소비지국 과세원칙을 위한 제도이다.

25 다음 자료를 바탕으로 부가가치세 납부세액 계산 시 매출세액에서 차감할 수 있는 대손세액은 얼마인가?(세부담 최소화를 가정함)

내역	공급가액
(가) 파산에 따른 매출채권	20,000,000원
(나) 부도발생일로부터 6월이 경과한 부도수표	10,000,000원
(다) 상법상 소멸 시효가 완성된 매출채권	1,000,000원

① 2,000,000원 ② 2,100,000원

③ 3,000,000원 ④ 3,100,000원

• (가), (나), (다) 모두 부가가치세법상 대손사유에 해당되어 대손세액공제가 가능하며, 대손세액은 매출세액에서 차감하여 처리한다.
• 2,000,000 + 1,000,000 + 100,000 = 3,100,000원

26 다음 중 부가가치세법상 영세율에 대한 설명으로 가장 <u>틀린</u> 것은?

① 수출하는 재화뿐만 아니라 국외에서 제공하는 용역도 영세율이 적용된다.

② 영세율이 적용되는 모든 사업자는 세금계산서를 발급하지 않아도 된다.

③ 영세율이 적용되는 경우에는 조기환급을 받을 수 있다.

④ 영세율이 적용되는 사업자는 부가가치세법상 과세사업자이어야 한다.

내국신용장 또는 구매확인서에 의하여 공급하는 재화 등은 세금계산서를 발급하여야 한다.

27 다음 중 부가가치세법상 영세율의 특징이 <u>아닌</u> 것은?

① 수출업자의 자금부담을 줄여서 수출을 촉진한다.

② 사업자의 부가가치세 부담을 완전히 면제해 준다.

③ 국가간 이중과세를 방지한다.

④ 저소득층의 세부담 역진성을 완화한다.

기초생활필수품에 부가세를 면제함으로써 저소득층에 대한 세부담의 역진성을 완화해 주는 것은 면세의 특징이다.

28 (주)씨엘은 수출을 하고 그에 대한 대가를 외국통화 기타 외국환으로 수령하였다. 이 경우 공급가액으로 올바르지 <u>않은</u> 것은?

① 공급시기 이후 대가 수령 : 공급시기의 기준환율 또는 재정환율로 환산한 가액

② 공급시기 이전 수령하여 공급시기 도래 전 환가 : 공급시기의 기준환율 또는 재정환율로 환산한 가액

③ 공급시기 이전 수령하여 공급시기 도래 이후 환가 : 공급시기의 기준환율 또는 재정환율로 환산한 가액

④ 공급시기 이전 수령하여 공급시기 도래 이후 계속 외환 보유 : 공급시기의 기준환율 또는 재정환율로 환산한 가액

공급시기 도래 전에 원화로 환가한 경우에는 그 환가한 금액을 공급가액으로 한다.

29 다음 중 부가가치세가 면세되는 재화 또는 용역의 공급의 개수는?

1. 단순가공된 두부	2. 신문사광고
3. 연탄과 무연탄	4. 시내버스 운송용역
5. 의료보건용역	6. 금융·보험용역

① 3개 ② 4개

③ 5개 ④ 6개

신문은 면세이나 (신문사)광고는 과세에 해당된다.

22년 6월, 20년 10월, 20년 8월, 12년 4월

30 다음 중 면세대상에 해당하는 것은 모두 몇 개인가?

> ⓐ 수돗물
> ⓑ 도서, 신문
> ⓒ 가공식료품
> ⓓ 시내버스운송용역
> ⓔ 토지의 공급
> ⓕ 교육용역(허가, 인가받은 경우에 한함)

① 3개
② 4개
③ 5개
④ 6개

ⓒ 가공식료품은 과세에 해당한다.

18년 4월, 10년 12월

31 현행 부가가치세법상 매입세액으로 공제가 가능한 것은?

① 세금계산서 미수취 관련 매입세액
② 사업과 직접 관련이 없는 지출에 대한 매입세액
③ 기업업무추진비 및 이와 유사한 비용의 지출에 관련된 매입세액
④ 매입자발행세금계산서상의 매입세액

매입자발행세금계산서상의 매입세액은 공제가 가능하다.

12년 12월

32 다음 중 부가가치세법상 매입세액공제가 가능한 금액은?

> • 기업업무추진비 지출에 대한 매입세액 : 100,000원
> • 면세사업과 관련된 매입세액 : 100,000원
> • 토지관련 매입세액 : 100,000원

① 0원
② 100,000원
③ 200,000원
④ 300,000원

해당 내용은 모두 공제불가능한(불공제) 항목이다.

11년 10월

33 대천종합상사는 2024년 4월 15일에 사업을 개시하고, 4월 30일에 사업자등록신청을 하여, 5월 2일에 사업자등록증을 교부받았다. 다음 중 대천종합상사의 제1기 부가가치세 확정신고 시 공제가능매입세액은 얼마인가?(단, 모두 세금계산서를 받은 것으로 가정함)

> • 3월 15일 : 상품구입액 300,000원(매입세액 30,000원)
>   – 대표자 주민번호 기재분
> • 4월 15일 : 비품구입액 500,000원(매입세액 50,000원)
>   – 대표자 주민번호 기재분
> • 5월 10일 : 기업업무추진비사용액 200,000원
>   (매입세액 20,000원)
> • 6월 4일 : 상품구입액 1,000,000원(매입세액 100,000원)

① 100,000원
② 120,000원
③ 150,000원
④ 170,000원

• 3월 15일 상품구입액은 사업개시 이전이므로 공제가 불가능하다.
• 4월 15일 비품구입액은 사업자 등록신청일 이전에 구입한 것이어서 공제가 불가능하나 현행 세법상 공급시기가 속하는 과세기간이 지난 후 20일 이내에 등록신청을 한 경우 등록신청일(4월 30일)로부터 공급시기가 속하는 과세기간 기산일(4월 15일)까지 역산한 기간 이내의 것은 공제불가능에서 제외한다는 예외규정에 의거 공제된다.
• 5월 10일 기업업무추진비사용액은 매입세액불공제사유에 해당하여 공제가 안 된다.
• 6월 4일 상품구입액은 사업과 관련된 것이므로 공제된다.

14년 6월

34 다음 중 부가가치세법상 매입세액공제가 가능한 것은?

① 면세사업에 사용하기 위하여 구입한 기계장치 매입세액(전자세금계산서 수취함)
② 음식점을 영위하는 개인사업자가 계산서 등을 수취하지 아니하고 면세로 구입한 농산물의 의제매입세액
③ 거래처에 선물하기 위한 물품구입 매입세액(세금계산서 등을 수취함)
④ 제조업을 영위하는 사업자가 농민으로부터 면세로 구입한 농산물의 의제매입세액

음식점을 영위하는 경우에는 계산서 등을 수취하면 의제매입세액공제가 가능하며, ①, ③은 매입세액불공제사유에 해당한다.

35 다음 중 부가가치세 불공제대상 매입세액이 <u>아닌</u> 것은?(모두 세금계산서를 교부받았고 업무와 관련된 것임)

① 프린터기 매입세액

② 업무용승용차(5인승, 2500cc)매입세액(비영업용임)

③ 토지의 취득부대비용 관련 매입세액

④ 기업업무추진비 관련 매입세액

기업업무추진비 관련 매입세액, 토지 관련 매입세액, 개별소비세에 따른 소형승용자동차(영업용 제외) 구입과 임차 및 유지관련매입세액, 면세사업에 관련된 매입세액, 사업과 관련없는 지출에 대한 매입세액 등은 불공제매입세액이다.

36 부가가치세법상 매입세액으로 공제가 불가능한 경우로 옳은 것은?

① 소매업자가 사업과 관련하여 받은 간이영수증에 의한 매입세액

② 음식업자가 계산서를 받고 구입한 농산물의 의제매입세액

③ 신용카드매출전표 등 적격증빙 수령분 매입세액

④ 종업원 회식비와 관련된 매입세액

• 소매업자가 사업과 관련하여 받은 간이영수증에 의한 매입세액은 매입세액의 공제가 불가능하다.
• 사업자가 농산물 등을 면세로 구입하여 부가가치세가 과세되는 재화를 제조·가공하거나 용역을 창출하는 경우에는 일정한 금액을 매입세액으로 의제하여 매출세액에서 공제한다(의제매입세액 = 면세농산물의 매입가액× 공제율(4/104(제조업 중 중소기업과 개인사업자(단, 과자점업, 도정업, 제분업, 떡방앗간은 6/106)), 2/102(그 외)).

37 다음 중 부가가치세법상 재화 공급의 특례에 해당하는 간주공급으로 볼 수 <u>없는</u> 것은?

① 폐업 시 잔존재화

② 사업을 위한 거래처에 대한 증여

③ 사업용 기계장치의 양도

④ 과세사업과 관련하여 취득한 재화를 면세사업에 전용하는 재화

간주공급 : 자가공급(면세사업에 전용하는 재화, 영업 외의 용도로 사용하는 개별소비세 과세대상 차량과 그 유지를 위한 재화, 판매 목적으로 다른 사업장에 반출하는 재화), 개인적 공급, 사업상 증여, 폐업 시 남아있는 재화

38 (주)평화는 일반과세사업자이다. 다음 자료에 대한 부가가치세액은 얼마인가?(단, 거래금액에는 부가가치세가 포함되어 있지 않음)

• 외상판매액	: 20,000,000원
• 사장 개인사유로 사용한 제품 (원가 800,000원, 시가 1,200,000원)	: 800,000원
• 비영업용 소형승용차(2,000cc) 매각대금	: 1,000,000원
• 화재로 인하여 소실된 제품	: 2,000,000원
계	: 23,800,000원

① 2,080,000원

② 2,120,000원

③ 2,220,000원

④ 2,380,000원

제품을 재해로 인하여 소실한 경우에는 재화의 공급으로 보지 아니하며, 의제공급(간주공급)에 해당하는 경우에는 시가를 기준으로 과세한다.

∴ 2,000,000원(외상판매액)+120,000원(개인적 공급)+100,000원(비영업용 승용차매각대금) = 2,220,000원

39 다음 자료에 의하여 상품판매기업의 부가가치세 납부세액을 계산하면 얼마인가?

• 상품매출액은 52,415,000원으로 전액 현금매출분으로 부가가치세가 포함된 공급대가임
• 세금계산서를 받고 매입한 상품의 공급가액의 합계액은 28,960,000원이고, 이 중 거래처에 지급할 선물 구입비 1,500,000원(공급가액)이 포함되어 있음

① 1,719,000원

② 2,019,000원

③ 2,345,500원

④ 2,499,500원

• 매출세액 = (52,415,000원÷1.1 = 공급가액)×10% = 4,765,000원
• 총매입세액(28,960,000원×10%) 2,896,000원－공제받지 못할 매입세액 (1,500,000원×10%) 150,000원
∴ 4,765,000원－2,746,000원 = 2,019,000원

40 부가가치세법상 예정신고납부에 대한 설명이다. 가장 옳지 **않은** 것은?

① 법인사업자는 예정신고기간 종료 후 25일 이내에 부가가치세를 신고납부하여야 한다.

② 개인사업자는 예정신고기간 종료 후 25일 이내에 예정고지된 금액을 납부하여야 한다.

③ 개인사업자에게 징수하여야 할 예정고지금액이 40만 원 미만인 경우 징수하지 아니한다.

④ 개인사업자는 사업실적이 악화된 경우 등 사유가 있는 경우에는 예정신고납부를 할 수 있다.

개인사업자에게 징수하여야 할 금액이 50만 원 미만이거나 간이과세자에서 해당 과세기간 개시일 현재 일반과세자로 변경된 경우에는 징수하지 아니한다.

41 다음 중 부가가치세법상 대손세액공제에 관한 설명 중 **틀린** 것은?

① 부가가치세가 과세되는 재화 또는 용역의 공급과 관련된 채권이어야 한다.

② 부도발생일로부터 3개월 이상 지난 수표·어음·중소기업의 외상매출금은 대손세액공제 대상이다.

③ 확정신고와 함께 대손금액이 발생한 사실을 증명하는 서류를 제출하여야 한다.

④ 대손이 확정되면 공급자는 대손이 확정된 날이 속하는 과세기간의 매출세액에서 대손세액을 차감한다.

부도발생일로부터 6개월 이상 지난 수표·어음·중소기업의 외상매출금은 대손세액공제 대상이다.

42 현행 부가가치세법에 대한 설명으로 **틀린** 것은?

① 부가가치세 부담은 전적으로 최종소비자가 하는 것이 원칙이다.

② 영리목적의 유무에 불구하고 사업상 독립적으로 재화를 공급하는 자는 납세의무가 있다.

③ 해당 과세기간 중 이익이 발생하지 않았을 경우에는 납부하지 않아도 된다.

④ 일반과세자의 내수용 과세거래에 대해서는 원칙적으로 10%의 단일세율을 적용한다.

부가가치세는 이익발생과 관계없이 재화 또는 용역의 공급거래와 재화의 수입거래 시 과세되므로 납부세액이 발생하면 납부해야 한다. 이익(소득) 발생과 관계되는 것은 소득세이다.

43 부가가치세법상 '조기환급'의 내용으로 **틀린** 것은?

① 조기환급 : 조기환급신고 기한 경과 후 25일 이내 환급

② 조기환급기간 : 예정신고기간 또는 과세기간 최종 3월 중 매월 또는 매 2월

③ 조기환급신고 : 조기환급기간 종료일부터 25일 이내에 조기환급기간에 대한 과세표준과 환급세액 신고

④ 조기환급대상 : 영세율적용, 사업 설비를 신설·취득·확장 또는 증축하는 경우, 재무구조개선계획을 이행 중인 경우

조기환급은 조기환급신고 기한 경과 후 15일 이내 환급된다.

44 과세사업자인 (주)서초는 당사 제품인 기계장치를 공급하는 계약을 아래와 같이 체결하였다. 이 거래와 관련하여 제2기 예정신고 기간의 과세표준에 포함되어야 할 공급가액은 얼마인가?

> • 총판매대금 : 6,500,000원(이하 부가가치세 별도)
> • 계약금(3월 15일) : 2,000,000원 지급
> • 중도금(5월 15일, 7월 15일) : 1,500,000원씩 각각 지급
> • 잔금(9월 30일) : 1,500,000원 지급
> • 제품인도일 : 9월 30일

① 6,500,000원

② 5,000,000원

③ 3,000,000원

④ 1,500,000원

중간지급조건부공급이며 공급시기는 대가의 각 부분을 받기로 한 날이므로 2기 예정신고 기간(7월~9월)의 과세표준은 7월 15일 1,500,000원과 9월 30일 1,500,000원을 합하여 3,000,000원이 된다.

※ 중간지급조건부공급은 재화가 인도되기 전에 계약금 이외의 대가를 분할하여 지급하고, 계약금을 지급하기로 한 날부터 잔금을 지급하기로 한 날까지의 기간이 6월 이상인 경우를 말한다.

45 다음 중 부가가치세에 대한 설명으로 <u>잘못된</u> 것은?

① 부가가치세 납부세액은 매출세액에서 매입세액을 뺀 금액으로 한다.

② 법인사업자는 부가가치세법상 전자세금계산서 의무발급 대상자이다.

③ 금전 외의 대가를 받은 경우 공급가액은 자기가 공급받은 재화 또는 용역의 시가로 한다.

④ 부가가치세는 납세의무자와 담세자가 다를 것을 예정하고 있는 세목에 해당한다.

공급가액은 금전 외의 대가를 받는 경우 자기가 공급한 재화 또는 용역의 시가로 한다.

46 다음은 부가가치세법에 따른 주사업장 총괄납부와 사업자 단위과세에 대한 설명이다. 가장 <u>틀린</u> 것은?

① 주사업장 총괄납부란 사업장이 둘 이상 있는 사업자가 일정한 요건을 갖춘 경우 각 사업장의 납부세액 및 환급세액을 합산하여 주된 사업장에서 총괄하여 납부할 수 있는 제도이다.

② 주사업장 총괄납부 제도는 세액의 납부(환급)만 총괄하는 것이 원칙이나, 별도로 신청하는 경우 주사업장에서 총괄하여 신고가 가능하다.

③ 사업자단위과세를 적용받는 경우 세금계산서의 발급·수취, 부가가치세신고, 납부 및 수정신고, 경정청구 모두 주된 사업장에서 총괄하여 이루어진다.

④ 주사업장 총괄납부와 사업자 단위과세 모두 원칙적으로 적용받고자하는 과세기간 개시 20일 전까지 관할세무서장에게 신청하여야 적용이 가능하다.

주사업상 총괄납부 제도는 세액의 납부(환급)만 총괄하는 것이므로 세금계산서의 발급 및 수취, 부가가치세 신고, 수정신고 및 경정청구 등은 각 사업장별로 하여야 한다.

CHAPTER 04

원가회계

(학습방향)

원가회계의 목적, 원가의 분류, 원가의 흐름, 요소별 원가계산, 부문별 원가계산, 제조간접비의 배부, 제품별 원가계산의 내용을 해당 계산 문제와 더불어 학습하는 것이 필요합니다.

● **NCS능력단위(분류번호) : 원가계산(0203020103_20v4)**

기업운영에 있어 원가분석 및 정보를 제공·활용하기 위해 원가요소 분류, 배부, 계산하는 능력을 함양

(출제빈도)

Section 01	중		20%
Section 02	상		40%
Section 03	상		40%

01 원가회계의 목적과 분류

1) 원가회계의 목적

① **재무제표의 작성에 필요한 원가정보의 제공** : 당기제품제조원가는 손익계산서의 매출원가 계산에 필요하며 기말원재료, 기말재공품은 재무상태표를 작성하는 데 필요하다.

② **원가통제에 필요한 원가정보의 제공** : 원가가 과대 또는 과소하게 발생하거나 또는 불필요하게 낭비되는 것을 통제, 관리하는 데 필요한 정보를 제공한다.

③ **경영의사결정에 필요한 원가정보의 제공** : 경영자의 가격결정, 예산편성(계획) 등 경영의사결정을 하는 데 필요한 정보를 제공한다.

> • **원가와 비용의 관계**
>   – 원가 : 재화나 용역의 생산을 위하여 소비되는 경제적 가치(제조원가)
>   – 비용 : 일정기간의 수익을 얻기 위하여 소비되는 경제적 가치(기간원가)★
> • **원가항목과 비원가항목★** : 원가는 정상적인 제조과정에서 발생하는 것만 포함하므로 기업의 경영활동을 위하여 소비되는 경제적 가치라 할지라도 비원가항목은 전액을 발생기간의 비용 또는 손실로 계상해야 한다.

2) 원가의 분류

① **발생형태에 따른 분류** : 재료비, 노무비, 제조경비(원가의 3요소)

• **재료비** : 제품의 제조를 위해 소비된 물적 요소(재료)

• **노무비** : 제품의 제조를 위해 투입된 인적 요소(노동력)

  예 임금, 급료 등

• **제조경비** : 재료비와 노무비를 제외한 나머지 제조원가요소

  예 감가상각비, 가스수도료, 전력비 등

기적의 Tip

제조원가명세서
완성된 제품의 제조원가를 상세히 나타내기 위한 보고서로서 재무제표의 부속명세서이다.

★ **기간원가**
= 매출원가, 판매비와 관리비

★ **비원가항목**
• 제조활동과 관련 없는 가치의 감소(판매관리활동에서 발생하는 광고선전비와 급여)
• 제조활동과 관계가 있으나 비정상적인 상태에서 발생하는 경제적 가치의 감소(돌발적인기계고장, 파업기간의 임금, 갑작스런 정전으로 발생하는 불량품의 제조원가 등)
• 기업 목적과 무관한 가치의 감소(화재나 도난 등에 의한 원재료나 제품의 감소액)

② **제품 및 부문에의 추적가능성에 따른 분류** : 직접비, 간접비

- **직접비** : 특정 제품의 제조를 위해서만 소비되어 추적이 가능한 원가(특정 제품에 부과할 수 있는 원가)를 말한다(❸ 직접재료비, 직접노무비, 직접제조경비).
- **간접비** : 여러 제품의 제조를 위하여 공통적으로 소비되어 추적이 불가능한 원가(특정 제품에 직접 부과할 수 없는 원가)를 말한다(❸ 간접재료비, 간접노무비, 간접제조경비).

③ **원가행태에 따른 분류** : 변동비, 고정비

- **변동비** : 조업도*의 증감에 따라 비례하여 변동하는 원가로서 조업도가 증가하면 총원가는 비례하여 증가하며 단위당 원가는 일정하다(❸ 직접재료비, 직접노무비, 변동제조간접비).
- **고정비** : 조업도 증감에 관계없이 관련 범위 내에서는 항상 원가총액이 일정하게 발생하는 원가로서 조업도가 증가하면 총원가는 일정하고 단위당 원가는 감소한다(❸ 감가상각비, 재산세, 보험료, 임차료 등).
- **준변동비(혼합원가)** : 고정비와 변동비의 성격을 동시에 갖고 있는 원가로 조업도가 없어도 일정 고정비(기본요금)가 발생하고 조업도가 증가할 경우 비례하여 증가한다(❸ 전력비, 통신비 등).
- **준고정비(계단원가)** : 일정한 조업도 범위 내에서는 고정비와 같이 원가총액이 일정하지만 그 범위를 초과하면 총원가가 증가하는 원가이다(❸ 작업량 추가에 따른 공장감독자의 급료, 공장의 임대면적 증가에 따른 임차료 등).

★조업도
= 시간, 수량

- 직접비 = 직접원가, 기초원가, 기본원가
- 간접비 = 공통비, 간접원가
- 고정비 = 고정원가
- 변동비 = 변동원가
- 가공비 = 가공원가

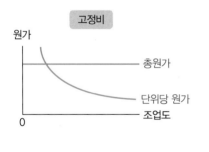

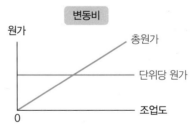

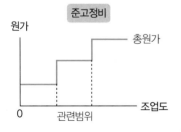

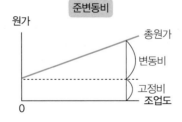

✓ **개념 체크**

1 고정원가에는 감가상각비, 재산세, 전력비 등이 있다. (O, X)

1 ×

④ **기초원가, 가공비**

- **기초원가** : 직접재료비와 직접노무비를 합한 금액을 말하며 기본원가라고도 한다.
- **가공비** : 제품을 제조에서 발생하는 총제조원가 중에서 직접재료비를 제외한 나머지를 말하며 전환원가라고도 한다. 직접노무비＋(직접제조경비)＋제조간접비

⑤ **의사결정 관련성에 따른 분류**

- **관련원가와 비관련원가** : 의사결정에 영향을 미칠 수 있는 원가를 관련원가라 하고, 의사결정에 영향을 미치지 않는 원가를 비관련원가라 한다.
- **매몰원가** : 과거의 의사결정으로부터 이미 발생한 원가로서 더 이상 의사결정에 영향을 줄 수 없는 원가를 말한다.
- **기회원가** : 원가요소를 현재 용도 이외에 다른 용도로 사용했을 경우에 얻을 수 있는 최대금액을 말한다. 둘 이상의 선택 가능한 방법 중에서 한 가지를 선택함으로써 포기한 것이 이에 해당한다. 따라서 회계장부에는 기록되지 않지만 의사결정 시에는 고려해야 하는 원가이다.

02 원가의 구성과 흐름

1) 원가의 구성

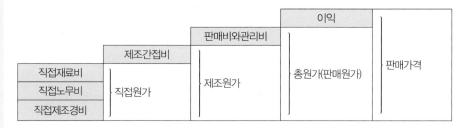

2) 원가의 흐름

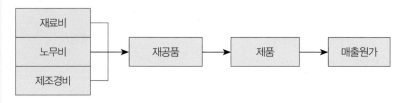

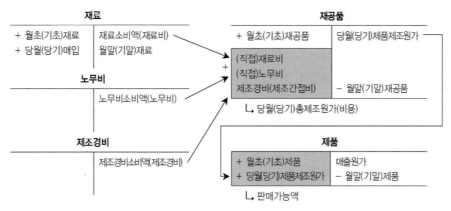

※ 개별원가계산에서는 재료비, 노무비, 제조경비를 직접재료비, 직접노무비, 제조간접비로 구분하여 계산한다 (SECTION 02 요소별 원가계산 참조).

03 원가의 계산과 제조원가명세서

1) 원가의 계산

① 직접비(직접원가) = 직접재료비+직접노무비+(직접제조경비)

　간접비(간접원가) = 간접재료비+간접노무비+간접제조경비

② 재료비 = 기초재료재고액+당기재료매입액−기말재료재고액

③ 당기총제조비용(원가) = 직접재료비+직접노무비+(직접제조경비[★])+제조간접비[★]

　= 직접비+간접비 = 직접재료비+가공비

④ 당기제품제조원가 = 기초재공품재고액+당기총제조원가−기말재공품재고액

⑤ 매출원가 = 기초제품재고액+당기제품제조원가−기말제품재고액

　└─▶ 판매가능액

2) 원가계산 방법의 분류

① 원가의 집계방법(또는 생산형태)에 따른 분류

- **개별원가계산** : 개별 제품(작업)마다 원가를 구분하여 계산하는 방법으로, 성능, 규격 등이 서로 다른 제품을 주문에 의하여 개별적으로 생산하는 형태에서 계산하는 방법이다. 건설업, 조선업, 기계제작업, 항공기제조업 등에서 사용한다. 직접비와 간접비의 구분이 필요하고 제조간접비 배부가 매우 중요하다.

- **종합원가계산** : 일정한 기간 동안 발생된 총원가를 완성품 수량으로 나누어 단위당 원가를 계산하는 방법으로 연속적으로 대량생산하는 형태에서 계산하는 방법이다. 화학 · 제지 · 제당 · 제분 · 철강업 등에서 사용한다.

★ 직접제조경비
직접제조경비는 실제 거의 발생되지 않으므로 직접비는 직접재료비와 직접노무비이다.

★ 제조간접비(제조간접원가)
= 간접재료비+간접노무비+간접제조경비

② 원가의 측정방법에 따른 분류

• **실제원가(사후원가) 계산** : 실제직접재료비＋실제직접노무비＋실제제조간접비
• **정상원가(사전원가) 계산** : 실제직접재료비＋실제직접노무비＋예정제조간접비
• **표준원가(사전원가) 계산** : 과학적, 통계적 방법으로 미리 설정한 표준원가로 미리 측정하고 실제원가와 비교하여 그 차이를 분석함으로써 계획수립(예산편성), 원가통제, 종업원성과평가에 유용한 계산 방법이다.

　※ 표준원가 ＝ 표준직접재료비＋표준직접노무비＋표준제조간접비

③ 원가계산 범위에 따른 분류

• **전부원가계산** : 직접재료비, 직접노무비, 고정제조간접비 및 변동제조간접비 모두를 제품의 원가에 포함시키는 원가계산 방법이다. 재무제표를 작성할 때에는 전부원가계산을 사용하여야 하며, 일반적으로 원가계산이라 하면 전부원가계산을 뜻한다.
• **변동원가계산** : 직접재료비, 직접노무비 및 변동제조간접비를 제품원가에 포함시키고, 고정제조간접비는 기간비용으로 처리하는 원가계산 방법이다.

3) 제조원가명세서

제조원가명세서는 완성된 제품의 제조원가를 상세히 나타내기 위한 보고서로서 당기제품제조원가는 손익계산서의 매출원가를 계산하는 데 사용하고 기말원재료, 기말재공품은 재무상태표를 작성하는 데 필요한 정보를 제공한다. 일반적으로 재료비, 노무비, 경비로 당기총제조비용이 표시되지만 개별원가계산에서는 직접재료비, 직접노무비, 제조간접비로 구분하여 표시될 수도 있다.

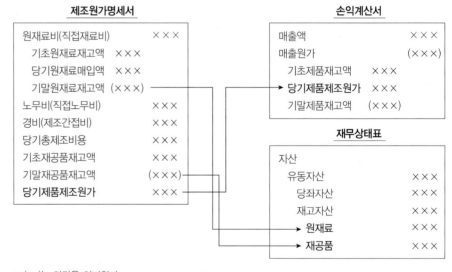

※ ( )는 차감을 의미한다.

이론을 확인하는 기출문제

23년 10월, 14년 6월

01 다음 중 원가회계의 일반적인 특성이 아닌 것은?

① 제품제조원가계산을 위한 원가자료의 제공
② 기업의 외부정보이용자에게 정보제공
③ 기업의 경영통제를 위한 원가자료의 제공
④ 특수의사결정을 위한 원가정보의 제공

원가회계는 일반적 기업의 내부적 의사결정목적으로 작성된다.

10년 10월

02 다음 중 제조원가로 분류할 수 없는 것은?

① 공장건물의 재산세
② 제품에 대한 광고선전비
③ 공장기계의 감가상각비
④ 공장근로자 회사부담분 국민연금

제품에 대한 광고선전비는 판매비와관리비에 해당된다.

11년 10월

03 다음 중 제조원가항목에 해당하는 것은?

① 관리부 경리사원 급여
② 공장차량운반구 감가상각비
③ 영업사원 복리후생비
④ 마케팅부서 기업업무추진비

공장 차량운반구의 감가상각비는 제조원가이다.

12년 6월

04 다음 중 기본원가를 구성하는 것으로 맞는 것은?

① 직접재료비＋직접노무비
② 직접노무비＋제조간접비
③ 직접재료비＋직접노무비＋제조간접비
④ 직접재료비＋직접노무비＋변동제조간접비

기본원가(기초원가, 직접비) = 직접재료비＋직접노무비＋(직접제조경비)

16년 4월

05 다음 중 원가계산에서 일반적인 제조원가요소 분류에 대한 설명으로 옳지 않은 것은?

① 제조원가요소는 재료비, 노무비 및 경비로 분류한다.
② 회사가 선택하고 있는 원가계산방법에 따라 직접재료비, 직접노무비, 제조간접비 등으로 분류할 수 있다.
③ 제조원가요소와 판매비와관리비요소의 구분이 명확하지 아니한 경우 판매비와관리비로 계상하여야 한다.
④ 재료비는 기초재료재고액에 당기재료매입액을 가산하고 기말재료재고액을 차감하여 계산한다.

제조원가요소와 판매비와관리비요소의 구분이 명확하지 아니한 경우에는 일정한 기준(원가기여도, 중요성 등)에 따라 구분하여 계상하여야 한다.

17년 2월, 10년 10월

06 제조원가 중 원가행태가 다음과 같은 경우의 원가로서 가장 부적합한 것은?

조업도	100시간	500시간	1,000시간
총원가	5,000원	5,000원	5,000원

① 재산세
② 전기요금
③ 정액법에 의한 감가상각비
④ 임차료

위 원가행태는 조업도가 변해도 총원가가 일정한 경우이므로 고정원가(고정비)에 해당된다. 전기료는 혼합원가(준변동원가)에 속한다.

11년 4월

07 다음은 (주)관우전자의 공장전기요금고지서의 내용이다. 원가 행태상의 분류로 옳은 것은?

- 기본요금 : 1,000,000원(사용량과 무관)
- 사용요금 : 3,120,000원(사용량 : 48,000kw, kw당 65원)
- 전기요금합계 : 4,120,000원

① 고정원가
② 준고정원가
③ 변동원가
④ 준변동원가

준변동원가(혼합비) : 고정원가와 변동원가가 혼합된 것으로 사용량과 무관하게 발생하는 기본요금과 사용량에 따라 비례적으로 발생하는 추가요금이 혼합된 원가(전기요금, 통신요금 등)이다.

08 다음 중 준변동원가에 해당되는 것은?

① 공장 차량유지비
② 공장 회계직원 피복비
③ 공장 직원회식비
④ 공장 전력비

준변동원가에는 전력비, 통신비 등이 있다.

09 다음 중 원가의 추적가능성에 따른 분류로 가장 맞는 원가개념은?

① 고정원가와 변동원가
② 직접원가와 간접원가
③ 제품원가와 기간원가
④ 제조원가와 비제조원가

오답 피하기

원가의 분류
• 발생형태에 따른 분류 : 재료비, 노무비, 제조경비
• 원가행태에 따른 분류 : 고정비(고정원가), 변동비(변동원가), 준고정비(준고정원가), 준변동비(준변동원가)
• 추적가능성에 따른 분류 : 직접비(직접원가), 간접비(간접원가)
• 제조관련성에 따른 분류 : 제조원가, 비제조원가
• 통제가능성에 따른 분류 : 통제가능원가, 통제불능원가
• 관련성에 따른 분류 : 관련원가, 비관련원가

10 원가회계에 있어 고정비와 변동비에 대한 설명 중 옳은 것은?

① 고정비는 관련범위 내에서 조업도가 증가하면 증가한다.
② 변동비는 관련범위 내에서 조업도가 증가하면 일정하다.
③ 고정비는 관련범위 내에서 조업도가 증가하면 단위당 고정비가 감소한다.
④ 변동비는 관련범위 내에서 조업도가 증가하면 단위당 변동비가 증가한다.

고정비는 관련범위 내에서 원가총액이 일정하므로 조업도가 증가하면 단위당 고정비가 감소하게 된다.

11 다음에서 설명하고 있는 원가를 원가행태에 따라 분류하고자 할 때 가장 적절한 것은?

> 관련범위 내에서 조업도의 변동에 관계없이 총원가가 일정하고, 조업도가 증가함에 따라 단위당 원가는 감소한다.

① 변동원가
② 고정원가
③ 준변동원가
④ 준고정원가

고정비는 관련범위 내에서 조업도의 변동에 관계없이 총원가가 일정하고, 조업도의 증감에 따라 단위당 원가는 변동된다.

12 일반적으로 조업도가 증가할수록 발생원가 총액이 증가하고, 조업도가 감소할수록 발생원가 총액이 감소하는 원가형태에 해당되는 것은?

① 공장 기계장치에 대한 감가상각비
② 공장 건물에 대한 재산세
③ 원재료 운반용 트럭에 대한 보험료
④ 개별 제품에 대한 포장비용

조업도에 따라 원가총액이 증감되는 원가는 변동비이며 포장비용이 변동비에 해당된다.

13 원가 개념에 대한 설명 중 틀린 것은?

① 간접원가란 특정한 원가대상에 직접 추적할 수 없는 원가이다.
② 회피가능원가는 특정 대안을 선택하지 않음으로써 회피할 수 있는 원가이다.
③ 변동원가는 조업도가 증가할 때마다 원가총액이 비례하여 증가하는 원가이다.
④ 경영자가 미래의 의사결정을 위해서는 과거 지출된 원가의 크기를 고려하여야 하므로 매몰원가 역시 관련원가에 해당한다.

매몰원가는 과거 원가로서, 미래 의사결정에 전혀 관련성이 없으므로, 의사결정 과정에서 고려되지 않는 비관련원가이다.

22년 4월, 19년 10월, 13년 6월

14 원가에 대한 설명 중 가장 옳은 것은?

① 직접재료비는 기초원가와 가공원가 모두 해당된다.

② 매몰원가는 의사결정과정에 영향을 미치는 원가를 말한다.

③ 고정원가는 조업도와 상관없이 일정하게 증가하는 원가를 말한다.

④ 직접원가란 특정한 원가집적대상에 추적할 수 있는 원가를 말한다

- ① : 직접재료비는 기초원가에 해당된다.
- ② : 매몰원가는 의사결정과정에 영향을 미치지 않는 원가를 말한다.
- ③ : 고정원가는 일정 조업도 내에서 일정하게 발생하는 원가를 말한다.

20년 8월, 17년 6월, 13년 9월

15 공장에서 사용하던 화물차(취득원가 3,500,000원, 처분시점까지 감가상각누계액 2,500,000원)가 고장이 나서 매각하려고 한다. 동 화물차에 대해 500,000원 수선비를 투입하여 처분하면 1,200,000원을 받을 수 있지만, 수선하지 않고 처분하면 600,000원을 받을 수 있다. 이 경우에 매몰원가는 얼마인가?

① 400,000원   ② 500,000원

③ 1,000,000원   ④ 1,200,000원

매몰원가는 과거에 발생한 원가로써 의사결정에 영향을 주지 않는 원가를 말한다. 따라서 화물차의 매몰원가는 취득원가에서 감가상각누계액을 차감한 장부금액 1,000,000원이 된다.

11년 12월

16 원가계산 방법에 대한 설명 중 **틀린** 것은?

① 실제원가계산은 직접재료비, 직접노무비, 제조간접비를 실제원가로 측정하는 방법이다.

② 정상원가계산은 직접재료비는 실제원가로 측정하고, 직접노무비와 제조간접비를 합한 가공원가는 예정배부율에 의해 결정된 금액으로 측정하는 방법이다.

③ 표준원가계산은 직접재료비, 직접노무비, 제조간접비를 표준원가로 측정하는 방법이다.

④ 원가의 집계방식에 따라 제품원가를 개별 작업별로 구분하여 집계하는 개별원가계산과 제조공정별로 집계하는 종합원가계산으로 구분할 수 있다.

정상원가계산의 경우 직접재료비와 직접노무비를 실제원가로 계산하고 제조간접비는 예정배부액으로 계산하는 방법이다.

오답 피하기

원가계산의 분류
- 제품의 생산형태에 따른 분류 : 개별원가계산, 종합원가계산
- 원가계산범위에 따른 분류 : 전부원가계산, 부분원가계산
- 원가측정방법에 따른 분류 : 실제원가계산, 정상원가계산, 표준원가계산

13년 6월

17 원가회계와 관련하여 다음 설명 중 가장 적절치 **않은** 것은 어느 것인가?

① 제품원가에 고정제조간접비를 포함하는지의 여부에 따라 전부원가계산과 종합원가계산으로 구분된다.

② 제품생산의 형태에 따라 개별원가계산과 종합원가계산으로 구분된다.

③ 원가는 제품과의 관련성(추적가능성)에 따라 직접비와 간접비로 구분된다.

④ 원가는 조업도의 증감에 따라 원가총액이 변동하는 변동비와 일정한 고정비로 분류할 수 있다.

제품원가에 고정제조간접비를 포함하는지의 여부에 따라 전부원가계산과 변동원가계산으로 구분된다.

11년 4월

18 제조간접비에 대한 다음 설명 중 맞는 것은?

① 가공비가 된다.

② 모든 노무비를 포함한다.

③ 변동비만 포함된다.

④ 고정비만 포함된다.

가공비 = 직접노무비＋제조간접비

11년 6월

19 원가에 대한 다음 설명 중 가장 옳지 **않은** 것은?

① 준고정원가는 관련조업도 내에서 일정하게 발생하는 원가를 말한다.

② 직접재료비와 직접노무비를 기초원가라 한다.

③ 간접원가란 특정한 원가집적대상에 직접 추적할 수 없는 원가를 말한다.

④ 제품생산량이 증가함에 따라 관련 범위 내에서 제품단위당 고정원가는 일정하다.

제품생산량(조업도)이 증가함에 따라 제품단위당 고정원가는 감소한다.

20 재공품 계정을 구성하는 자료가 다음과 같을 경우 당기의 직접노무비는 얼마인가?

> - 직접재료비 : 10,000원
> - 직접노무비 : 가공비의 20%
> - 제조간접비 : 50,000원

① 10,000원　　　　② 12,500원
③ 15,000원　　　　④ 30,000원

가공비 = 직접노무비 + 제조간접비 = 직접노무비(가공비×20%) + 제조간접비
∴ 가공비 = 제조간접비(50,000)÷0.8 = 62,500
∴ 직접노무비 = 62,500×0.2(20%) = 12,500원

21 다음은 (주)대건의 원가계산에 관한 자료이다. 기말재공품 원가는 얼마인가?

> - 당기총제조원가 : 1,500,000원
> - 기초재공품 재고액 : 200,000원
> - 기초제품 재고액 : 300,000원
> - 기말제품 재고액 : 180,000원
> - 매출원가 : 1,620,000원

① 200,000원　　　　② 250,000원
③ 300,000원　　　　④ 350,000원

기말재공품재고액 = 기초재공품 재고액(200,000)+당기총제조원가(1,500,000)
−당기제품제조원가이므로 당기제품제조원가를 알아내면 되는데, 매출원가
(1,620,000) = 기초제품 재고액(300,000)+당기제품제조원가−기말제품 재고
액(180,000)이므로 당기제품제조원가는 1,500,000원이 된다.
∴ 기말재공품 재고액 = 200,000+1,500,000−1,500,000 = 200,000원

22 기말재공품액이 기초재공품액보다 더 큰 경우 다음 중 맞는 설명은?

① 기초재공품액에 당기총제조원가를 더한 금액이 당기제품제조원가가 된다.
② 당기총제조원가가 당기제품제조원가보다 작다.
③ 당기제품제조원가가 제품매출원가보다 반드시 더 크다.
④ 당기제품제조원가가 당기총제조원가보다 작다.

기초재공품액+당제총제조원가 = 당기제품제조원가+기말재공품액
∴ 기말재공품액이 기초재공품액보다 더 크려면 당기총제조원가가 당기제품제조원가보다 더 커야 한다.

23 다음 자료에 의하여 당기제품매출원가를 계산하면 얼마인가?

> - 기초재공품재고액 : 300,000원
> - 당기총제조비용 : 1,000,000원
> - 기말재공품재고액 : 400,000원
> - 기초제품재고액 : 200,000원
> - 기말제품재고액 : 300,000원
> - 판매가능재고액 : 1,100,000원

① 1,000,000원
② 900,000원
③ 800,000원
④ 700,000원

당기제품매출원가 = 판매가능재고액(기초제품재고액 + 당기제품제조원가) −
기말제품재고액 = 1,100,000 − 300,000 = 800,000원

24 다음의 자료에 의하여 매출원가를 계산하면 얼마인가?

> - 제조지시서 #1 : 제조원가 52,000원
> - 제조지시서 #2 : 제조원가 70,000원
> - 제조지시서 #3 : 제조원가 50,000원
> - 월초제품재고액 : 50,000원
> - 월말제품재고액 : 40,000원
> 단, 제조지시서 #3은 미완성품이다.

① 182,000원
② 122,000원
③ 132,000원
④ 172,000원

매출원가 = 월초제품재고액+당월제품제조원가(#1+#2)−월말제품재고액
= 50,000+52,000+70,000−40,000 = 132,000원

25 다음 중 제조원가명세서에 포함되지 <u>않는</u> 항목은?

① 당기제조경비
② 당기제품제조원가
③ 매출원가
④ 당기총제조원가

매출원가는 손익계산서에 포함된다.

26 다음 중 제조원가명세서에 대한 설명 중 **틀린** 것은?

① 제조원가명세서를 통해 당기원재료매입액을 파악할 수 있다.

② 제조원가명세서를 통해 당기총제조비용을 파악할 수 있다.

③ 제조원가명세서를 통해 당기매출원가를 파악할 수 있다.

④ 제조원가명세서를 통해 기말재공품원가를 파악할 수 있다.

당기매출원가는 손익계산서에서 파악할 수 있다.

27 제조원가명세서에 대한 다음 설명 중 가장 옳지 **않은** 것은?

① 제조원가명세서만 보면 매출원가를 계산할 수 있다.

② 상품매매기업에서는 작성하지 않아도 된다.

③ 제조원가명세서에서 당기총제조비용을 알 수 있다.

④ 재공품계정의 변동사항이 나타난다.

매출원가는 기초제품+당기제품제조원가–기말제품으로 계산하는데 기초와 기말의 제품재고는 손익계산서 또는 재무상태표에서 알 수 있으므로 제조원가명세서에서는 계산할 수 없다.

28 다음 중 제조원가명세서 작성 시 필요로 하지 **않은** 자료는?

① 간접재료비 소비액　② 간접노무비 소비액

③ 기초제품 재고액　④ 제조경비

기초제품 재고액은 손익계산서 작성 시 필요한 자료이다.

29 제조원가명세서와 관련된 설명이다. **틀린** 것은?

① 재료 소비액의 산출과정이 표시된다.

② 당기총제조원가와 당기제품제조원가 모두 표시된다.

③ 기초재료 재고액과 기말재료 재고액이 표시된다.

④ 기초재공품 재고액과 기초제품 재고액이 표시된다.

제조원가명세서에서 기초재공품 재고액은 표시되나, 기초제품 재고액은 손익계산서에서 표시된다.

30 다음 중 원가 집계 계정의 흐름으로 가장 맞는 것은?

① 당기총제조비용은 제품계정 차변으로 대체

② 당기제품제조원가는 재공품계정 차변으로 대체

③ 당기매출원가는 상품매출원가계정 차변으로 대체

④ 당기재료비소비액은 재료비계정 차변으로 대체

- ① : 당기총제조비용은 재공품계정 차변으로 대체된다.
- ② : 당기제품제조원가는 제품계정 차변으로 대체된다.
- ③ : 당기매출원가는 제품매출원가계정 차변으로 대체된다.

31 다음은 재무제표와 관련된 산식이다. **틀린** 것은?

① 매출원가 = (기초제품재고액+당기제품제조원가)–기말제품재고액

② 당기제품제조원가 = 기초재공품재고액+당기총제조비용–기말재공품재고액

③ 당기총제조원가 = 직접재료비+직접노무비+가공원가

④ 원재료소비액 = 기초원재료재고액+당기원재료매입액–기말원재료재고액

당기총제조원가(비용) = 직접재료비+직접노무비+제조간접비

32 다음 자료에 의하여 당기총제조원가를 계산하면 얼마인가?

> • 기초원재료 : 100,000원
> • 당기매입원재료 : 500,000원
> • 기말원재료 : 100,000원
> • 직접노무비 : 3,500,000원
> • 제조간접비 : (원재료비 + 직접노무비) × 20%

① 4,020,000원　② 4,220,000원

③ 4,300,000원　④ 4,800,000원

- 당기총제조원가 = 직접재료비 + 직접노무비 + 제조간접비
- 직접재료비 = 기초원재료 + 당기매입원재료 – 기말원재료
　　　　＝ 100,000 + 500,000 – 100,000 = 500,000원
- 당기총제조원가 = 직접재료비 500,000 + 직접노무비 3,500,000 + 제조간접비 (500,000 + 3,500,000)×20% = 4,800,000원

01 원가계산의 절차

재료비, 노무비, 제조경비에서 재공품의 당기제품제조원가까지 흐름과 계산하는 방법을 반드시 숙지해야 한다.

요소별 원가계산 ⇨ 부문별 원가계산 ⇨ 제품별 원가계산

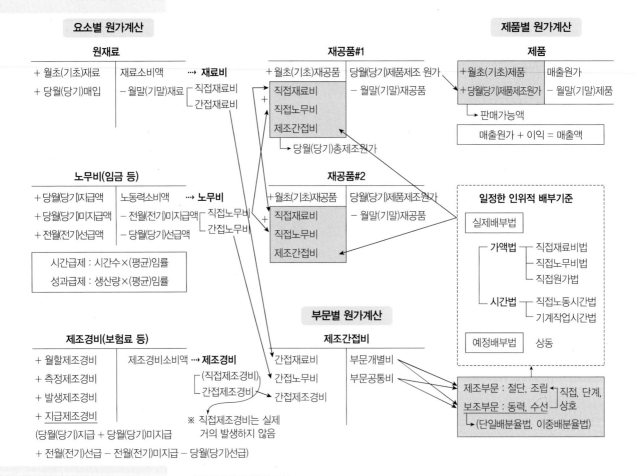

▲ 원가회계 계산과정의 도식

02 요소별 원가계산

1) 재료비 : 재료비 = 재료의 소비량×재료의 소비단가

① **재료의 소비량 결정방법 :** 계속기록법, 실지재고조사법, 혼합법

② **재료의 소비단가 결정방법 :** 선입선출법, 후입선출법, 이동평균법, 총평균법

> 재무회계의 재고자산의 수량
> 결정방법, 원가결정방법과 동
> 일한 내용이다.

> 재료비 소비액 = 기초재료재고액+당기재료매입액−기말재료재고액

③ **재료비 회계처리 :** 재료소비(직접 : 5,000, 간접 : 5,000)에서 재공품, 제조간접비로 내세아는 분개(㉠ → ㉡ → ㉢ → ㉣)

(차) 재료비	10,000	(대) 재료	10,000	㉠
(차) 직접재료비	5,000	(대) 재료비	10,000	㉡
간접재료비	5,000			
(차) 재공품	5,000	(대) 직접재료비	5,000	㉢
(차) 제조간접비	5,000	(대) 간접재료비	5,000	㉣

※ 직접재료비는 재공품계정 차변에 대체되고 간접재료비는 제조간접비계정 차변에 대체된다.

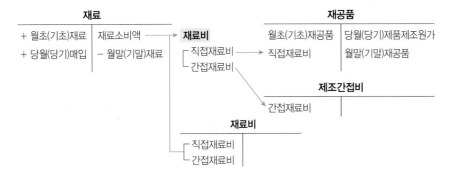

> **기적의 Tip**
>
> 원가계산을 월단위로 할 경
> 우 월초, 당월, 월말로 표시하
> 며, 연단위로 할 경우 기초,
> 당기, 기말로 표시한다.

2) 노무비

① **시간급제에 의한 노무비의 계산 :** 작업시간에 비례하여 기본임금을 결정하는 제도

② **성과급에 의한 노무비의 계산 :** 작업량에 따라 기본임금을 결정하는 제도

> 노무비 소비액 = 당기지급액+당기미지급액+전기선급액−전기미지급액−당기선급액

③ **노무비 회계처리 :** 노무비소비(직접 : 5,000, 간접 : 5,000)에서 재공품, 제조간접비로 대체하는 분개(㉠ → ㉡ → ㉢ → ㉣)

(차) 노무비	10,000	(대) 현금	10,000	㉠
(차) 직접노무비	5,000	(대) 노무비	10,000	㉡
간접노무비	5,000			
(차) 재공품	5,000	(대) 직접노무비	5,000	㉢
(차) 제조간접비	5,000	(대) 간접노무비	5,000	㉣

※ 직접노무비는 재공품계정 차변에 대체되고 간접노무비는 제조간접비계정 차변에 대체된다.

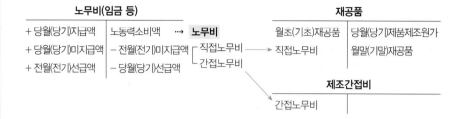

3) 제조경비

① **월할제조경비** : 1년 또는 일정 기간분을 총괄하여 일시에 지급하는 제조경비(예 보험료, 임차료, 감가상각비 등)를 말한다.(당월소비액 = 발생금액÷해당 개월 수)

② **측정제조경비** : 계량기에 의해 소비액을 측정할 수 있는 제조경비를 말한다(예 전기사용료, 가스·수도사용료 등). (당월소비액 = 당월 사용량×단위당 가격)

③ **지급제조경비** : 매월의 소비액을 그 달에 지급하는 제조경비를 말한다. 전월 선급액이나 당월 미지급액이 있을 경우, 당월소비액은 당월지급액＋당월미지급액＋전월선급액－전월미지급액－당월선급액으로 계산한다(예 수선비, 운반비, 잡비 등).

④ **발생제조경비** : 재료감모손실 등과 같이 현금의 지출이 없이 발생하는 제조경비를 말한다. 재료감모손실은 재료의 장부상재고액과 실제재고액과의 차이로서, 정상적인 재료감모손실은 제조원가에 산입시키고, 비정상적인 재료감모손실은 영업외비용으로 처리한다.

⑤ **제조경비회계처리** : 제조경비발생(간접 : 10,000)에서 제조간접비로 대체하는 분개(㉠ → ㉡ → ㉢)

(차) 보험료(제조경비)	10,000	(대) 현금	10,000 ············㉠
(차) 간접제조경비	10,000	(대) 보험료(제조경비)	10,000 ············㉡
(차) 제조간접비	10,000	(대) 간접제조경비	10,000 ············㉢

※ 직접제조경비는 재공품계정 차변에 대체되고 간접제조경비는 제조간접비계정 차변에 대체된다(직접제조경비는 없다고 가정함).

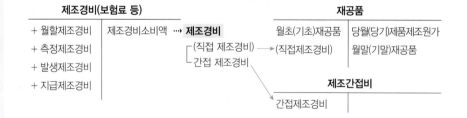

재료비, 노무비, 제조경비에서 발생한 제조간접비는 일정한 인위적 배부기준에 의하여 재공품에 배부된다.

(차) 재공품	20,000	(대) 간접재료비	5,000
		간접노무비	5,000
		간접제조경비	10,000

※ 제조간접비는 간접재료비, 간접노무비, 간접제조경비를 합한 금액이다.

① 재공품계정에서 제품계정으로의 회계처리

(차) 제품	30,000	(대) 재공품	30,000

② 제품계정에서 매출원가로의 회계처리

(차) 매출원가	30,000	(대) 제품	30,000

재공품

월초(기초)재공품	당월(당기)제품제조원가
직접재료비	
직접노무비	월말(기말)재공품
제조간접비	
└ 당월(당기)총제조원가	

제품

월초(기초)제품	매출원가
당월(당기)제품제조원가	월말(기말)제품

제조간접비

간접재료비	재공품에 배분
간접노무비	(배부기준사용)
간접제조경비	

더알기 Tip

- 당기총제조비용(원가) = 직접재료비＋직접노무비＋제조간접비
- 가공비(가공원가) = 직접노무비＋제조간접비
- 당기제품제조원가 = 기초재공품재고액＋당기총제조원가－기말재공품재고액
- 매출원가 = 기초제품재고액＋당기제품제조원가－기말제품재고액

✓ **개념 체크**

1 당기총제조원가를 구하면? (기초재공품 100,000, 직접재료비 180,000원, 기말재공품 80,000원, 직접노무비 320,000원, 공장전력비 50,000원)

1 550,000원

03 부문별 원가계산

1) 부문별 원가계산

제조간접비를 그 발생 장소별로 분류, 집계하여 배부하는 절차를 말한다. 이때 발생하는 장소를 부문이라 하고, 장소별로 분류·집계된 원가를 부문비라 한다.

2) 원가부문의 설정

① **제조부문** : 제품의 제조 활동을 직접 담당하는 부문
- 예 절단부문, 조립부문 등

② **보조부문** : 제품의 제조에는 직접 참여하지 않고, 제조부문의 제조 활동을 돕기 위해 여러 가지 용역을 제공하는 부문
- 예 동력부문, 수선부문 등

3) 원가의 배부 시 기준

공통적으로 발생한 원가(간접원가)를 집계하여 합리적인 배부 기준(인과관계* 기준, 수혜 기준, 부담능력 기준)에 따라 원가대상에 대응시킨다.

4) 부문별 원가계산의 절차

- 부문직접비를 각 부문에 부과한다.(❶, ❷)
- 부문간접비를 각 부문에 배부한다.(❸, ❹)
- 보조부문비를 제조부문에 배부(직접·단계·상호배분법)한다.(❺)
- 제조부문비를 각 제품에 배부한다.

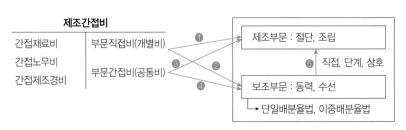

① 부문 간접비(공통비)의 배부 기준

부문간접비(공통비)	배부 기준
감가상각비	• 기계 : 기계 작업 시간 • 건물 : 사용 면적
전기사용료	각 부문의 전기소비량 또는 각 부문의 기계 마력 수×운전 시간
수선비	각 부문의 수선 횟수
가스수도사용료	각 부문의 수도 가스 사용량
운반비	각 부문의 운반물품의 무게, 운반 거리, 운반 횟수 등
복리후생비	각 부문의 종업원 수
임차료, 재산세, 화재보험료	각 부문이 차지하는 면적 또는 기계의 가격

② 보조부문비의 배부 기준

• 보조부문 상호 간의 용역수수 관계의 인식 정도에 따른 배부

- **직접배분법** : 보조부문 상호 간에 용역을 주고받는 관계를 완전히 무시하고 모든 보조부문비를 제조부문에만 직접배분하는 방법이다. 배부절차는 매우 간단하나, 보조부문 상호 간의 용역 수수관계가 많은 경우는 부정확한 원가 배부가 된다.

- **단계배분법** : 보조부문들 간에 일정한 배분 순서를 정한 다음 그 배부 순서에 따라 보조부문비를 단계적으로 다른 보조부문과 제조부문에 배부하는 방법으로 보조부문 상호 간의 용역 수수 관계를 일부만 반영하는 방법이다.

- **상호배분법** : 보조부문 상호 간의 용역 수수관계를 완전하게 고려하는 방법으로, 보조부문비를 제조부문뿐만 아니라 보조부문 상호 간에 배부하는 방법이다.

• 보조부문원가 원가행태의 구분에 따른 배부

- **단일배분율법** : 모든 보조부문의 원가를 하나의 배부기준을 사용하여 배부하는 방법이다. 이중배부율법에 비해 간편하지만 보조부문원가를 정확하게 배부하지 못한다.

- **이중배분율법** : 보조부분원가를 변동원가와 고정원가로 구분하여 각각 별개의 배부 기준을 사용하여 배부하는 방법으로 변동원가는 실제 사용량을 기준으로 배부하며, 고정원가는 최대사용량을 기준으로 배부한다.

※ 보조부문비 배부기준의 배부방법에 따라 배부금액은 달라지지만 배부방법에 따른 순이익의 금액은 달라지지 않는다.

※ 이중배분율법을 사용하는 이유는 고정원가는 용역을 제공하는 데 필요한 설비와 관련된 것인 반면 변동원가는 용역의 실제사용량과 관련이 있기 때문이다.

※ 보조부문 상호 간의 용역수수관계의 인식 정도에 따른 배부와 보조부문원가 원가행태의 구분에 따른 배부는 서로 결합하여 사용할 수 있다.

• 직접배분법 = 직접배부법
• 단계배분법 = 단계배부법
• 상호배분법 = 상호배부법
• 보조부문비 = 보조부분원가
• 단일배분율법 = 단일배부율법
• 이중배분율법 = 이중배부율법

보조부문비 배부기준 정확도
상호배분법 〉 단계배분법 〉 직접배분법

• 단일배분율법(고정비도 변동비처럼 배부) = (보조부문 변동비 + 고정비) × 실제사용량
• 이중배분율법
 − 변동비 = 보조부문변동비 × 실제사용량
 − 고정비 = 보조부문고정비 × 최대사용가능량

✔ **개념 체크**

1 보조부문 상호 간의 관계를 일부만 반영하는 배부기준은 (직접, 단계, 상호)배분법이다.

1 단계

이론을 확인하는 기출문제

16년 6월, 07년 6월

01 다음 중 제조기업의 원가계산의 흐름으로 맞는 것은?

① 요소별 원가계산 → 부문별 원가계산 → 제품별 원가계산

② 부문별 원가계산 → 제품별 원가계산 → 요소별 원가계산

③ 제품별 원가계산 → 요소별 원가계산 → 부문별 원가계산

④ 부문별 원가계산 → 요소별 원가계산 → 제품별 원가계산

원가계산이란 제품 또는 용역의 생산에 소비된 원가를 계산하는 것이므로 제품의 단위당 원가는 요소별 원가계산 → 부문별 원가계산 → 제품별 원가계산 단계를 거쳐서 계산된다.

16년 2월, 12년 4월

02 원가자료가 다음과 같을 때 당기의 직접재료비를 계산하면 얼마인가?

- 당기총제조원가는 5,204,000원이다.
- 제조간접비는 직접노무비의 75%이다.
- 제조간접비는 당기총제조원가의 24%이다.

① 2,009,600원 ② 2,289,760원

③ 2,825,360원 ④ 3,955,040원

- 제조간접비 = 당기총제조원가(5,204,000원)×24% = 1,248,960원
- 제조간접비(1,248,960원) = 직접노무비×75%이므로 직접노무비 = 제조간접비(1,248,960원)÷75% = 1,665,280원
- 직접재료비+직접노무비+제조간접비 = 당기총제조원가(당기총제조비용)이므로
∴ 직접재료비 = 당기총제조원가−직접노무비−제조간접비 = 5,204,000−1,248,960−1,665,280 = 2,289,760원

12년 10월

03 다음 자료를 참고하여 (주)세무의 6월 중 직접노무비를 계산하면 맞는 것은?

- 6월 중 45,000원의 직접재료를 구입하였다.
- 6월 중 제조간접비는 27,000원이었다.
- 6월 중 총제조원가는 109,000원이었다.
- 직접재료의 6월 초 재고가 8,000원이었고, 6월 말 재고가 6,000원이다.

① 35,000원 ② 36,000원

③ 45,000원 ④ 62,000원

- 직접재료비소비액(직접재료비) = 6월 초 재고가+당월매입−6월 말 재고가
= 8,000+45,000−6,000
= 47,000원
- 당월총제조원가(당월총제조비용) = 직접재료비+직접노무비+제조간접비
∴ 직접노무비 = 당월총제조원가−직접재료비−제조간접비
= 109,000−47,000−27,000 = 35,000원

11년 10월

04 흑치(주)의 제2기 원가 자료가 다음과 같을 경우 가공원가는 얼마인가?

- 직접재료원가 구입액 : 800,000원
- 직접재료원가 사용액 : 900,000원
- 직접노무원가 발생액 : 500,000원
- 변동제조간접원가 발생액 : 600,000원
(변동제조간접원가는 총제조간접원가의 40%)

① 2,000,000원

② 2,400,000원

③ 2,800,000원

④ 2,900,000원

- 가공원가(가공비) = 직접노무원가+총제조간접원가(변동제조간접원가+고정제조간접원가)
- 변동제조간접원가 = 총제조간접원가×40%이므로 총제조간접원가는 600,000÷40% = 1,500,000원이다.
∴ 가공원가 = 500,000+1,500,000 = 2,000,000원

12년 10월

05 다음 자료에서 기본원가(혹은 기초원가)와 가공비의 합은 얼마인가?

- 직접재료비 : 150,000원
- 직접노무비 : 320,000원
- 간접재료비 : 50,000원
- 간접노무비 : 80,000원
- 간 접 경 비 : 30,000원
- 광고선전비 : 300,000원

① 630,000원 ② 760,000원

③ 930,000원 ④ 950,000원

- 기본원가(기초원가, 직접비) = 직접재료비+직접노무비
= 150,000+320,000 = 470,000원
- 가공비 = 직접노무비+제조간접비 = 320,000원+160,000원 = 480,000원

11년 6월

06 (주)세창의 당기 직접재료비는 50,000원이고, 제조 간접비는 45,000원이다. (주)세창의 직접노무비는 가공비의 20%에 해당하는 경우, 당기의 직접노무비는 얼마인가?

① 9,000원   ② 10,000원

③ 11,250원   ④ 12,500원

• 가공비 = 직접노무비 + 제조간접비
• 직접노무비 = 가공비(직접노무비 + 제조간접비) × 20%
             = (직접노무비 + 45,000원) × 20%
∴ 직접노무비 = 11,250원

10년 12월

07 당기제품제조원가는 850,000원이다. 다음 주어진 자료에 의하여 기말재공품원가를 계산하면 얼마인가?

• 직접재료비 : 200,000원
• 직접노무비 : 300,000원
• 변동제조간접비 : 300,000원
• 고정제조간접비 : 100,000원
• 기초재공품 : 250,000원
• 기말재공품 : (   )
• 기초제품 : 500,000원
• 기말제품 : 400,000원

① 300,000원   ② 350,000원

③ 400,000원   ④ 450,000원

• 당기제품제조원가 = 기초재공품 + 당기총제조원가(직접재료비 + 직접노무비 + 변동제조간접비 + 고정제조간접비) - 기말재공품
• 850,000 = 250,000 + 200,000 + 300,000 + 300,000 + 100,000 - 기말재공품
∴ 기말재공품 = 250,000 + 200,000 + 300,000 + 300,000 + 100,000 - 850,000 = 300,000원

12년 12월

08 다음 자료에서 기말재공품재고액은 얼마인가?

ⓐ 직접재료비 : 800,000원
ⓑ 직접노무비 : 1,000,000원
ⓒ 제조간접비 : 1,400,000원
ⓓ 외주가공비 : 500,000원
ⓔ 기초재공품재고액 : 1,500,000원
ⓕ 당기제품제조원가 : 3,550,000원
(단, ⓐ, ⓑ, ⓒ, ⓓ는 모두 당기에 발생한 금액임)

① 1,150,000원   ② 1,350,000원

③ 1,650,000원   ④ 1,950,000원

• 당기제품제조원가 = 당기총제조원가 + 기초재공품재고액 - 기말재공품재고액
• 당기총제조원가 = 재료비소비액 + 직접노무비 + 제조간접비 + 외주가공비
               = 800,000 + 1,000,000 + 1,400,000 + 500,000
               = 3,700,000원
∴ 기말재공품재고액
    = 당기총제조원가 + 기초재공품재고액 - 당기제품제조원가
    = 3,700,000 + 1,500,000 - 3,550,000 = 1,650,000원

16년 6월, 13년 4월

09 다음 중 재공품계정의 대변에 기입되는 사항은?

① 제조간접비 배부액

② 직접재료비 소비액

③ 당기 제품제조원가

④ 재공품 전기이월액

재공품계정 대변에는 당기제품제조원가와 기말재공품이 기입된다.

20년 10월, 14년 6월

10 다음의 자료를 근거로 매출원가를 계산하면 얼마인가?

• 당기총제조원가 : 2,000,000원
• 기초재공품재고액 : 200,000원
• 기말재공품재고액 : 100,000원
• 기초제품재고액 : 400,000원
• 기말제품재고액 : 500,000원

① 2,000,000원   ② 2,100,000원

③ 3,000,000원   ④ 3,100,000원

• 당기제품제조원가(2,100,000) = 기초재공품(200,000) + 당기총제조원가 (2,000,000) - 기말재공품(100,000)
• 매출원가 = 기초제품(400,000) + 당기제품제조원가(2,100,000) - 기말제품 (500,000) = 2,000,000원

12년 4월

11 제조공장에서의 전력비에 대한 자료가 다음과 같을 경우 4월에 발생한 전력비 금액은 얼마인가?

• 4월 지급액 : 1,300,000원
• 4월 선급액 : 230,000원
• 4월 미지급액 : 360,000원

① 710,000원   ② 1,170,000원

③ 1,430,000원   ④ 1,890,000원

• 당월소비액 = 당월지급 + 당월미지급 + 전월선급 - 전월미지급 - 당월선급
• 4월 지급액 1,300,000원 - 4월 선급액 230,000원 + 4월 미지급액 360,000원 = 4월 발생액 1,430,000원

12 부문공통비인 건물의 감가상각비 배분기준으로 가장 적합한 것은?

① 각 부문의 인원수   ② 각 부문의 면적

③ 각 부문의 작업시간   ④ 각 부문의 노무비

건물 감가상각비의 배부기준은 각 부문이 차지하는 면적이 가장 적합하다.

13 보조부문비의 배부방법 중 단계배부법에 대한 설명으로 틀린 것은?

① 보조부문 상호 간의 용역수수를 완전히 고려하는 방법이다.

② 보조무문의 배부순서를 합리적으로 결정하는 것이 매우 중요하다.

③ 보조부문의 배부순서에 따라 배부액이 달라질 수 있다.

④ 최초 배부되는 부문의 경우 자신을 제외한 다른 모든 부문에 배부된다.

보조부문 상호 간의 용역수수를 완전히 고려하는 방법은 상호배부법이다.

14 다음은 무엇에 대한 설명인가?

> 보조부문원가를 보조부문의 배부순서를 정하여 한 번만 다른 보조부문과 제조부문에 배부한다.

① 개별배분법   ② 직접배분법

③ 단계배분법   ④ 상호배분법

단계배분법은 보조부문들 간에 일정한 배분 순서를 정한 다음 그 배분 순서에 따라 보조부문비를 단계적으로 다른 보조부문과 제조부문에 배분하는 방법이다.

15 다음 중 보조부문원가를 제조부문에 배분하는 원가방식이 아닌 것은?

① 단일배분율법   ② 직접배분법

③ 단계배분법   ④ 상호배분법

보조부문의 행별별 배분 방식
- 단일배분율법
- 이중배분율법(고정원가, 변동원가)

16 보조부문비의 배분방법인 직접배분법, 상호배분법 및 단계배분법의 세가지를 서로 비교하는 설명으로 가장 옳지 않은 것은?

① 가장 정확한 계산방법은 상호배분법이다.

② 가장 정확성이 부족한 계산방법은 단계배분법이다.

③ 배분순서가 중요한 계산방법은 단계배분법이다.

④ 계산방법이 가장 간단한 배분법은 직접배분법이다.

가장 정확성이 낮은 것은 직접배분법이다.

17 다음 중 보조부문의 원가를 배부하는 방법과 관련된 내용으로 틀린 것은?

① 직접배분법은 보조부문 상호 간의 용역제공관계를 무시하므로 계산이 가장 간단한 방법이다.

② 단계배분법과 상호배분법은 보조부문 상호 간의 용역제공관계를 고려한다.

③ 원가계산의 정확성은 상호배분법 〉 단계배분법 〉 직접배분법 순이다.

④ 단일배분율법은 보조부문원가를 변동원가와 고정원가로 구분하여 각각 다른 배부기준을 적용하여 배분한다.

보조부문원가를 변동원가와 고정원가로 구분하여 각각 다른 배부기준을 적용하여 배부하는 방법은 이중배분율법이다.

18 제조원가에 관한 설명 중 가장 틀린 것은?

① 간접비는 제조 및 생산과정에서 발생하는 원가이지만 특정제품 또는 특정부문에 직접 추적할 수 없는 원가를 의미한다.

② 고정비는 조업도의 변동과 상관없이 관련범위 내에서는 일정하다.

③ 조업도의 증감에 따라 총원가가 증감하는 원가를 변동비라 하고 직접재료비와 직접노무비가 여기에 속한다.

④ 원가배분방법 중 용역의 수수관계를 완전히 고려하는 원가배분방법은 단계배분법이다.

19년 8월, 10년 10월

19 (주)세원은 A, B 제조부문과 X, Y의 보조부문이 있다. 각 부문의 용역수수관계와 제조간접비 발생원가가 다음과 같다. 직접배부법에 의해 보조부문의 제조간접비를 배부한다면 B제조부문의 총제조간접비는 얼마인가?

	보조부문		제조부문		
	X	Y	A	B	합계
자기부문 발생액	150,000원	250,000원	300,000원	200,000원	900,000원
[제공한 횟수]					
X		200회	300회	700회	1,200회
Y	500회	–	500회	1,500회	2,500회

① 200,000원   ② 292,500원
③ 492,500원   ④ 600,000원

• X 부문 배부액(105,000) = 150,000×(700회 / 1,000회)
• Y 부문 배부액(187,500) = 250,000×(1,500회 / 2,000회)
• B 부문 총제조간접비(492,500원) = 200,000 + 105,000 + 187,500

23년 8월

20 다음 중 보조부문의 원가 배분에 대한 설명으로 옳지 않은 것은?

① 보조부문의 원가 배분방법으로는 직접배분법, 단계배분법 및 상호배분법이 있으며, 어떤 방법을 사용하더라도 전체 보조부문의 원가는 차이가 없다.

② 상호배분법을 사용할 경우, 부문 간 상호수수를 고려하여 계산하기 때문에 어떤 배분방법보다 정확성이 높다고 할 수 있다.

③ 단계배분법을 사용할 경우, 배분순서를 어떻게 하더라도 각 보조부문에 배분되는 금액은 차이가 없다.

④ 직접배분법을 사용할 경우, 보조부문 원가 배분액의 계산은 쉬우나 부문 간 상호수수에 대해서는 전혀 고려하지 않는다.

단계배분법을 사용할 경우, 배부순서에 따라 각 보조부문에 배분되는 금액은 차이가 발생한다.

20년 8월, 14년 4월

21 (주)한우물은 단계배부법을 이용하여 보조부문 제조간접비를 제조부문에 배부하고자 한다. 각 부문별 원가발생액과 보조부문의 용역공급이 다음과 같을 경우 수선부문에서 절단부문으로 배부될 제조간접비는 얼마인가?(단, 전력부문부터 배부한다고 가정함)

구분	제조부문		보조부문	
	조립부문	절단부문	전력부문	수선부문
자기부문 제조간접비	200,000원	400,000원	200,000원	360,000원
전력부문 동력공급 (kw)	300	100	–	100
수선부문 수선공급 (시간)	10	40	50	–

① 160,000원   ② 200,000원
③ 244,000원   ④ 320,000원

전력부문(제조간접비 200,000원)을 제조부문 및 수선부문에 1차 배분하므로 수선부문은 200,000×100kw/(300+100+100)kw = 40,000원을 합산한 400,000원(360,000+40,000)을 수선부문에서 조립부문 및 절단부문에 수선시간을 기준으로 배부한다.
∴ 절단부문의 제조간접비배부액 = 400,000원×40시간/(10+40)시간
= 320,000원

22년 2월

22 다음 자료를 이용하여 5월 노무비 발생액을 계산하면 얼마인가?

• 노무비 전월 선급액 : 500,000원
• 노무비 당월 지급액 : 200,000원
• 당월 선급액과 당월 미지급액은 없다.

① 100,000원
② 300,000원
③ 400,000원
④ 700,000원

노무비 발생액 = 전월 선급액 500,000 + 당월 지급액 200,000 = 700,000원
※ 노무비 발생액
= 당월지급액 + 당월미지급액 + 전월선급액 − 전월미지급액 − 당월선급액

. SECTION .

03

제조간접비의 배부와
제품별 원가계산

출제
빈도 상 중 하

빈출 태그 실제배부법 · 예정배부법 · 개별원가계산 · 선입선출법 · 평균법

기적의 3회독
1회 2회 3회

01 제조간접비의 배부

제조간접비는 여러 종류의 제품을 제조하기 위하여 공통으로 사용한 원가이므로 특정 제품에 사용된 원가를 추적하기가 어려우므로 일정한 배부기준에 따라 여러 제품에 배부하여야 한다.

1) 실제배부법

원가계산 기말에 실제로 발생한 제조간접비를 각 제품에 배부하는 방법이다.

> • 제조간접비 실제배부율 $= \dfrac{\text{실제 제조간접비 총액}}{\text{실제 배부기준 총액}}$
>
> • 제조간접비 실제배부액 = 제품별 배부기준의 실제발생액 × 실제배부율
>
> ※ 배부기준 : 직접재료비, 직접노무비, 직접원가, 직접노동시간, 기계작업시간

① **가액법(가격법)** : 각 제품의 제조에 소비된 직접비를 기준으로 제조간접비를 배부하는 방법으로 직접재료비법, 직접노무비법, 직접원가(직접재료비＋직접노무비)법이 있다.

② **시간법** : 각 제품의 제조에 소비된 시간을 기준으로 제조간접비를 배부하는 방법으로 직접노동시간법, 기계작업시간법이 있다.

> 예제 ≫ (주)한국은 정상개별원가계산제도를 적용하고 있다. 직접재료비를 기준으로 제조간접비를 배부한다. NO.1에 배부될 제조간접비를 구하시오.
>
> | 구분 | 공장전체 발생 | 작업지시서 No.1 |
> |---|---|---|
> | 직접재료비 | 2,000,000원 | 400,000원 |
> | 직접노무비 | 4,000,000원 | 1,400,000원 |
> | 제조간접비 | 2,000,000원 | – |
>
> 해설 ≫ 실제배부액 = 제품별 배부기준의 실제발생액 × 실제배부율
>
> 실제배부율 $= \dfrac{\text{실제 제조간접비 총액}}{\text{직접재료비 총액}}$
>
> NO.1에 제조간접비 실제 배부액 $= 400,000원 × \dfrac{2,000,000원}{2,000,000원} = 400,000원$

기적의 Tip

실제배부법의 문제점
• 제조간접비의 실제 발생액이 월말에야 집계되므로 원가계산 시간이 느려진다.
• 월별로 제품의 생산량에 큰 차이가 있는 경우 고정비로 인하여 제품 단위당 원가가 다르게 계산된다.
→ 예정배부법 필요하게됨

기적의 Tip

제조부문원가를 제품에 배부 시 배부율
• 공장전체배부율 : 제조간접비를 제조부문과 보조부문으로 나누지 않고 모든 원가를 기준으로 배부율(제조간접비총액 ÷ 총배부기준총액)을 구한 후 각 제품에 곱하여 배부액을 계산하는 방법
• 부문별 배부율 : 제조간접비를 제조부문과 보조부문으로 나누어 부문별 배부기준으로 제조부문별 배부율을 구하고 각 제조부문에서의 제품 제조에 소요된 배부기준을 곱하여 배부액을 계산하는 방법

2) 예정배부법

제조간접비 예정배부율을 연초에 미리 산정해 두었다가, 제품이 완성되면 이 예정배부율을 사용하여 제품에 배부할 제조간접비 배부액을 결정하는 방법이다.

제조간접비를 예정배부하는 경우의 계산 방법은 실제배부법을 적용하는 방법과 같다. 예정배부법에서는 1년 동안 사용할 예정배부율을 다음과 같이 계산한다.

> - 제조간접비 예정배부율 = $\dfrac{\text{예정제조간접비 총액}}{\text{예정배부기준 총액}}$
> - 제조간접비 예정배부액 = 제품별 배부기준의 실제발생액 × 예정배부율
> ※ 배부기준 : 직접재료비, 직접노무비, 직접원가, 직접노동시간, 기계작업시간

※ 제조간접비를 예정배부법으로 계산하는 방식을 「정상개별원가계산」이라고 한다.

> **예제 »** (주)한국은 정상개별원가계산제도를 적용하고 있다. 직접노동시간을 기준으로 제조간접비를 예정배부한다. 실제발생제조간접원가가 430,000원이라고 할 때 제조간접비 배부차이를 구하시오.
>
> | 구분 | 실제 | 예정 |
> | --- | --- | --- |
> | 총직접노동시간 | 20,000시간 | 30,000시간 |
> | 총제조간접원가 | | 600,000원 |
>
> **해설 »** 예정배부율 = $\dfrac{\text{예정제조간접비총액}}{\text{예정직접노동시간총액}}$ = $\dfrac{600,000원}{30,000시간}$ = @20원
>
> 예정배부액 = 실제발생액 × 예정배부율 = 20,000시간 × @20원 = 400,000원
> 실제발생제조간접원가가 430,000원이므로 배부차이는 30,000원 과소배부이다.

3) 예정배부 시 제조간접비 배부차이 조정 방법

제조간접비를 예정배부하게 되면 실제 제조간접비와 일치하지 않게 되는데 이를 제조간접비 배부차이라 하며 예정배부액이 실제발생액 보다 적은 경우를 "과소배부"라 하고, 예정배부액이 실제발생액보다 많은 경우를 "과대배부"라 한다.

재무제표를 작성할 시에는 실제원가계산을 적용해야 하므로 제조간접비를 예정배부한 경우에는 실제와의 차액을 제조간접비 배부차이 계정에 설정하여 대체해 두었다가 기말에 비례배분법, 매출원가조정법, 영업외손익법으로 배부차이를 조정하여 실제원가로 표시되도록 해야 한다.

예정배부법을 사용하는 이유

실제배부법을 사용할 경우 발생하는 문제점인 원가계산의 지연 월별 생산수량의 차이가 심한 경우 단위당 원가가 달라지는 것을 해결하고자 사용한다.

제조간접비 배부차이 조정 방법

제조간접비 배부차이를 기말 재공품, 기말제품, 매출원가의 상대적 비율에 따라 배부하는 방법을 "비례배분법"이라 하며, 매출원가에 가감하는 방법을 "매출원가조정법"이라 하고, 영업외손익으로 처리하는 방법을 "영업외손익법"이라 한다.

> ✔ **개념 체크**
>
> 1 제조간접비 배부차이가 발생되는 것은 실제개별원가계산이다. (O, X)
>
> 1 ×(정상개별원가계산)

02 제품별 원가계산

1) 개별 원가계산의 의의 및 절차

① **정의** : 성능, 규격, 품질 등이 서로 다른 여러 종류의 제품을 주로 고객의 주문에 의하여 소량씩 개별적으로 생산하는 경우 각 개별 작업별로 원가를 집계하여 제품별 원가계산을 하는 방법이다. 건설업, 조선업, 항공기 제조업, 주문에 의한 가구, 기계 제조업 등에서 사용한다.

② **특정 제조지시서** : 고객이 주문한 특정 제품의 제조를 작업현장에 명령하는 문서

③ **개별 원가계산표(작업원가표)** : 각 제품의 제조과정에서 발생하는 제조원가를 집계하기 위한 명세서로서 기본적으로 세 가지 유형의 원가가 있는데, 여기에는 직접재료비, 직접노무비, 제조간접비가 상세히 기록된다.

④ 작업기록이 복잡하지만 개별 작업별로 원가를 집계하여 제품별 원가계산을 하므로 종합원가계산에 비해 정확한 원가계산이 가능하나 원가관리에 많은 시간과 비용이 필요하다.

⑤ 이질적인 제품을 주문생산하는 경우에 적합하고 핵심과제가 제조간접비의 배부에 있다. 원가계산 시 원가표에 의해 제조간접비를 부과하며 개별 작업원가표가 기초가 된다. 주문에 따라 제품을 생산하는 주문생산 업종에 적합하며 제품별로 손익분석 및 계산이 용이하다.

2) 개별원가계산의 종류

① **실제개별원가계산** : 실제 발생한 직접재료비, 직접노무비, 제조간접비를 사용하여 제품의 원가를 계산하는 방법이다.

② **정상개별원가계산** : 직접재료비와 직접노무비는 실제 발생한 원가를 사용하고 제조간접비는 예정배부액을 사용하여 제품의 원가를 계산하는 방법이다. 평준화원가계산이라고도 한다.

3) 종합원가계산

① **정의** : 일정 원가계산기간(통상 1개월)에 발생한 제조원가 총액을 집계한 다음, 이를 같은 기간 완성품 수량으로 나누어 제품의 단위당 원가를 계산하는 방법으로 연속된 공정에서 계속 반복적으로 생산하는 업종에서 사용하는 방법이다.

② 제조원가보고서를 작성하여 공정별로 원가자료 및 생산량을 파악하여 이를 토대로 당월 완성품원가와 월말 재공품원가를 계산한다.

③ 동일공정의 제품은 동질적이라는 가정에 따라 단위당 제품원가는 평균화과정에 기초하여 균등하게 되고, 연속적 대량생산의 형태이므로 재료비와 가공비로 구분하여 계산하므로 원가계산이 단순하고 복잡하지 않아 경제적이나 개별원가계산에 비하여 부정확하다.

④ 제조원가는 각 공정별로 집계되면 그 공정을 통과한 제품단위에 원가를 배분하여 공정별 원가 통제가 용이하므로 책임회계에 적합하다.

4) 종합원가계산의 종류

① **단일 종합원가계산** : 하나의 공정만을 가지고 있는 단순한 제조기업에 적용하는 방식이다(예 제빙업, 제염업 등).

② **공정별 종합원가계산** : 제조공정이 2개 이상의 연속되는 공정으로 구분되고 각 공정별로 해당 공정제품의 제조원가를 계산할 경우에 적용하는 방식이다(예 화학공업, 제지업, 제당업 등).

③ **조별 종합원가계산** : 다른 종류의 제품을 조별(반별)로 연속하여 생산하는 생산형태에 적용하는 방식이다(예 식료품제조업, 제과업, 직물업 등).

④ **연산품 종합원가계산** : 동일한 재료로 동일공정에서 생산되는 다른 종류의 제품으로서 주산물과 부산물을 명확히 구분하기 곤란한 경우에 적용하는 방식이다(예 정유업, 정육업 등).

⑤ **등급별 종합원가계산** : 동일 종류의 제품이 동일공정에서 연속적으로 생산되나 그 제품의 품질과 규격 등이 다른 경우에 적용하는 방식이다(예 제화업, 제분업, 제강업 등).

5) 종합원가계산의 완성품 환산량 및 재공품의 평가방법

① **완성품 환산량** : 완성품환산량 = 물량(수량) × 완성도(진척도)

생산활동에 투입된 모든 노력을 제품을 완성하는 데에만 투입하였다면 완성되었을 완성품의 수량으로 환산한 것을 완성품 환산량이라고 한다.

② **재공품의 평가방법** : 평균법, 선입선출법, 후입선출법 등이 있으며 이들의 적용방법은 재고자산의 단가결정방법과 거의 비슷하다. 많이 사용하는 방법은 선입선출법과 평균법이다.

6) 종합원가계산 방법

- **1단계** : 물량의 흐름을 파악(각 계산방법에 따른 재공품 및 완성품 파악)한다.
- **2단계** : 완성품환산량을 계산(각 계산방법에 따른 환산량 계산)한다.
- **3단계** : 배분할원가를 요약(각 계산방법에 따른 투입총원가 요약)한다.
- **4단계** : 완성품환산량 단위당원가(3단계의 총원가를 2단계의 총수량으로 나누어 계산)를 계산 한다.
- **5단계** : 기말재공품원가와 당기완성품제품원가를 산출한다.

- 선입선출법이 평균법보다 정확하나 계산과정 복잡
- 기초재공품이 없으면 선입선출법과 평균법은 동일
- 재료비와 가공비로 구분하는 이유는 투입시점이 다르기 때문

단계	선입선출법	평균법
1단계	기초재공품, 완성품, 기말재공품 파악	완성품, 기말재공품 파악
2단계	완성품수량 − 기초재공품환산량 + 기말재공품환산량	완성품수량 + 기말재공품환산량
3단계	당기투입총원가(재료 · 가공비)	기초재공품총원가(재료 · 가공비) + 당기투입총원가(재료 · 가공비)
4단계	$\dfrac{\text{당기투입총원가(재료 · 가공비)}}{\text{완성품환산량}}$	$\dfrac{\text{(기초재공품총원가(재료 · 가공비) + 당기투입총원가(재료 · 가공비))}}{\text{완성품환산량}}$
5단계	• 기말재공품원가 = 기말재공품환산량 × 완성품단위당원가 • 당기완성품원가(완성품수량 × 단위당원가) = 기초재공품 + 당기총제조비용 − 기말재공품	• 기말재공품원가 = 기말재공품환산량 × 완성품단위당원가 • 당기완성품원가(완성품수량 × 단위당원가) = 기초재공품 + 당기총제조비용 − 기말재공품

> **예제 ≫** (주)한국은 선입선출법을 사용하여 제품원가계산을 하고 있다. 당기에 36,000단위를 생산에 착수하였으며, 35,000단위를 완성하였다. 원재료는 공정초기에 전량 투입되며 가공비는 공정전반에 걸쳐 균등하게 발생할 경우 재료비와 가공비의 완성품 환산량과 단위당 원가를 계산하시오.
>
> | |
> |---|
> | 기초재공품 : 5,000개(완성도 40%), 기말재공품 : 6,000개(20%)
 기초재공품원가 : 재료비 18,000원, 가공비 23,000원
 당기총제조원가 : 재료비 72,000원, 가공비 102,600원 |

> **해설 ≫** 선입선출법 완성품환산량 = 완성품수량 − 기초재공품환산량 + 기말재공품환산량
>
> 단위당 원가 = $\dfrac{\text{당기투입원가}}{\text{완성품환산량}}$
>
> ① 재료비 완성품환산량 = 35,000 − (5,000 × 100%) + (6,000 × 100%) = 36,000개
>
>   가공비 완성품환산량 = 35,000 − (5,000 × 40%) + (6,000 × 20%) = 34,200개
>
> ② 재료비 단위당 원가 = $\dfrac{72,000}{36,000}$ = @2원, 가공비 단위당 원가 = $\dfrac{102,600}{34,200}$ = @3원

✔ **개념 체크**

1 기초재공품이 없을 경우 선입선출법과 평균법의 금액은 동일하다. (O, X)

1 O

03 공손품과 작업폐물

1) 공손품

공손품이란 품질이나 규격이 회사에서 정한 일정수준에 미달하는 불합격품을 말한다. 공손품이 발생하면 대부분의 기업들은 이를 재작업하여 합격품을 만들거나 새로운 대체품을 제조한다. 이로 인하여 기업은 추가적인 원가를 부담하게 되는데, 이 추가적인 원가 부담을 공손원가(공손비)라고 한다.

① **정상공손** : 정상공손이란 제조과정에서 불가피하게 발생하는 공손으로서, 제품을 생산하기 위하여 반드시 필요한 원가의 성격을 갖는 것이므로 재공품 및 제품의 원가에 포함시킨다.

② **비정상공손** : 비정상공손이란 효율적인 생산이 이루어질 경우 그 발생을 막을 수 있는 것이므로 공손이 발생한 기간의 영업외비용으로 처리한다.

2) 작업폐물

작업폐물이란 제품의 제조과정에서 발생하는 원재료의 부스러기를 말한다. 가구 제조업에서의 나무토막, 기계제작업에서의 철판조각이나 쇳가루 등이 이에 속한다. 작업 폐물이 발생하면 작업 폐물의 평가액만큼 제조원가를 감소시켜야 하는데, 작업 폐물이 특정 작업과 관련하여 발생한 경우에는 개별작업의 제조원가, 즉 직접재료비에서 작업 폐물의 평가액을 차감하고 작업 폐물이 여러 제품의 제조과정에서 발생하면 제조간접비에서 작업 폐물의 평가액을 차감한다.

 기적의 Tip

공손품은 불합격품을 말하고, 작업 폐물은 제조과정에서 발생하는 부스러기를 말한다.

기적의 Tip

부산물
제품의 제조과정에서 이용가치나 매각가치가 작은 2차적인 생산물(밀 분쇄과정의 속겨, 콩공 제조과정의 배아출물, 비누제조과정의 글리세린 등)이다.

이론을 확인하는 기출문제

20년 10월, 13년 4월

01 (주)세무는 직접원가를 기준으로 제조간접비를 배부한다. 다음 자료에 의해 작업지시서 No.1의 제조간접비 배부액은 얼마인가?

	공장전체발생원가	작업지시서 No.1
직접재료비	1,000,000원	300,000원
직접노무비	1,500,000원	400,000원
기계시간	150시간	15시간
제조간접비	7,500,000원	( )

① 700,000원

② 2,100,000원

③ 3,000,000원

④ 3,651,310원

- 제조간접비 배부율 = 제조간접비 / 직접원가 = 7,500,000/2,500,000
 = @3/직접원가
- 제조간접비 배부액 = 700,000×@3 = 2,100,000원

22년 2월, 20년 10월, 19년 8월, 16년 10월, 11년 10월

02 개별원가계산 시 실제제조간접비 배부율 및 배부액과 예정제조간접비 배부율 및 배부액을 산정하는 산식 중 올바르지 않는 것은?

① 실제제조간접비배부율 = 실제제조간접비 합계액/실제조업도(실제 배부기준)

② 예정제조간접비배부율 = 예정제조간접비 합계액/예정조업도(예정 배부기준)

③ 실제제조간접비배부액 = 개별제품등의 실제조업도(실제 배분기준)×제조간접비 실제배부율

④ 예정제조간접비배부액 = 개별제품등의 예정조업도(예정 배분기준)×제조간접비 예정배부율

예정제조간접비배부액 = 개별제품등의 실제조업도(실제 배분기준)×제조간접비 예정배부율

20년 6월, 10년 12월

03 (주)크로바는 제조간접비를 직접노무시간을 기준으로 배부하고 있다. 당해 제조간접비 배부차이는 100,000원이 과대배부 되었다. 당기말 현재 실제제조간접비발생액은 500,000원이고, 실제직접노무시간이 20,000시간일 경우 예정배부율은 얼마인가?

① 25원/시간당

② 30원/시간당

③ 40원/시간당

④ 50원/시간당

- 예정배부액 - 실제발생액(500,000) = 100,000원(과대배부)
 ∴ 예정배부액 = 600,000원
- 예정배부액 600,000원 = 실제직접노무시간(20,000시간)×예정배부율(30원/시간당)

16년 10월, 11년 6월

04 한국전자는 제조간접비를 직접노무시간을 기준으로 예정배부하고 있다. 당해 연도 초의 예상직접노무시간은 70,000시간이다. 당기 말 현재 실제제조간접비 발생액이 2,150,000원이고 실제 직접노무시간이 75,000시간일 때 제조간접비 배부차이가 250,000원 과대배부된 경우 당해 연도초의 제조간접비 예상액은 얼마였는가?

① 1,900,000원

② 2,240,000원

③ 2,350,000원

④ 2,400,000원

- 제조간접비 과대배부 : 실제발생액 < 예정배부액
- 실제발생액(2,150,000)+과대배부액(250,000)
 = 제조간접비배부액(2,400,000)
- 제조간접비 예정배부율 = 2,400,000/75,000 = 32
- 제조간접비예상액 = 70,000×32 = 2,240,000원

05 (주)세무의 제조간접비 예정배부율은 작업시간당 10,000원이다. 작업시간이 800시간이고, 제조간접비 배부차이가 1,000,000원 과소배부라면, 실제 제조간접비 발생액으로 맞는 것은?

① 6,000,000원
② 7,000,000원
③ 8,000,000원
④ 9,000,000원

- 제조간접비 예정배부액 = 작업시간의 실제발생액×예정배부율
  = 800시간×10,000원 = 8,000,000
- 제조간접비 실제발생액 = 8,000,000+1,000,000
  = 9,000,000원

06 개별원가계산을 하고 있는 세원제약의 4월의 제조지시서와 원가자료는 다음과 같다.

	제조지시서	
	#101	#102
생산량	1,000단위	1,000단위
직접노동시간	600시간	600시간
직접재료비	1,350,000원	1,110,000원
직접노무비	2,880,000원	2,460,000원

4월의 실제 제조간접비 총액은 4,000,000원이고, 제조간접비는 직접노동시간당 2,700원의 배부율로 예정배부되며, 제조지시서 #101은 4월 중 완성되었고, #102는 미완성상태이다. 4월 말 생산된 제품의 단위당 원가는 얼마인가?

① 5,900원
② 5,850원
③ 5,520원
④ 5,190원

- #101 제조간접비 예정배부액 = 직접노동시간의 실제발생액×예정배부율
  = 600시간×2,700원 = 1,620,000
- 제품 단위당 원가 = (1,620,000+1,350,000+2,880,000)/1,000단위
  = 5,850원

07 회사는 제조간접비를 직접노무시간을 기준으로 배부하고 있다. 당기말 현재 실제제조간접비 발생액은 70,000원이고, 실제직접노무시간은 700시간이며, 예정배율율은 시간당 95원일 경우 배부차이는 얼마인가?

① 3,500원 과대배부
② 3,500원 과소배부
③ 7,000원 과대배부
④ 7,000원 과소배부

- 예정배부액 = 700시간 × 95원 = 66,500원
- 배부차이 = 예정배부액(66,500원) − 실제발생액(70,000원)
  = 3,500원(과소배부)

08 제조간접비와 관련한 자료가 다음과 같을 경우 제조간접비 실제 발생액은 얼마인가?

- 제조간접비 예정배부율 : 기계작업시간당 200원
- 제조지시서의 기계작업시간 : 60,000시간
- 제조간접비 과대배부 : 300,000원

① 12,000,000원
② 11,700,000원
③ 12,300,000원
④ 60,000,000원

- 제조간접비 예정배부액 = 기계작업시간의 실제발생액 ×예정배부율
  = 60,000×200 = 12,000,000원
- 제조간접비 실제발생액 = 12,000,000(예정배부액)−300,000
  = 11,700,000원

09 정상개별원가계산에서 제조간접비의 배부차이를 조정하는 일반적인 방법이 아닌 것은?

① 매출원가조정법
② 비례배분법
③ 순실현가치법
④ 영업외손익법

제조간접비 배부차이 조정으로 비례배분법, 매출원가조정법, 영업외손익법이 있다.

18년 10월, 16년 4월, 16년 2월, 14년 4월

10 다음 중 개별원가계산에 가장 적합한 업종이 <u>아닌</u> 것은?

① 화학공업
② 항공기제작업
③ 조선업
④ 건설업

화학공업은 제품을 연속적으로 대량생산하므로 종합원가계산방법이 적합하다.

07년 4월

11 석유화학산업, 제지업, 시멘트제조업, 식품가공업 등과 같이 표준화된 작업공정을 통해 주로 동종제품을 대량생산하는 제조환경에서 사용하는 생산형태에 따른 원가 계산방법은?

① 개별원가계산
② 표준원가계산
③ 종합원가계산
④ 실제원가계산

연속생산형태(규격이 통일된 제품을 연속적으로 반복 생산하는 대량생산형태)의 기업에서 채용하는 원가계산방식은 종합원가계산이다.

18년 4월, 07년 10월

12 다음은 개별원가계산에 대한 설명이다. 틀린 것은?

① 종합원가계산에 비하여 보다 정확한 원가계산이 가능하다.
② 원가기록 업무가 비교적 단순하여 경제적이다.
③ 제품별로 손익분석이 가능하다.
④ 제조지시서별로 원가계산표를 작성한다.

개별원가계산은 각 제품별로 원가를 집계하여야 하므로 종합원가계산에 비하여 원가기록 업무가 복잡하며 따라서 원가기록에 따른 비용도 많이 소요된다.

22년 2월, 19년 4월, 18년 6월, 16년 2월, 07년 6월

13 개별원가계산과 종합원가계산의 차이점을 설명한 것 중 틀린 것은?

① 개별원가계산은 다품종 소량주문 생산, 종합원가계산은 동종제품 대량 생산하는 업종에 적합하다.
② 개별원가계산은 각 작업별로 원가를 집계하나 종합원가계산은 공정별로 원가를 집계한다.
③ 개별원가계산은 제조지령서별로 개별원가계산표를 작성하며, 종합원가계산은 공정별로 제조원가보고서를 작성한다.
④ 개별원가계산은 완성품환산량을 기준으로 원가를 완성품과 기말재공품에 배부하며, 종합원가계산은 작업원가표에 의해 원가를 배부한다.

종합원가계산은 완성품환산량을 기준으로 원가를 완성품과 기말재공품에 배부하며, 개별원가계산은 작업원가표에 의해 원가를 배부한다.

09년 4월

14 다음은 개별원가계산과 종합원가계산에 대한 설명이다. 다음 중 가장 틀린 것은?

① 제분업, 시멘트생산업 등은 종합원가계산에 적합하다.
② 작업원가표를 작성하는 것은 개별원가계산이다.
③ 다품종소량생산의 형태는 개별원가계산을 적용한다.
④ 종합원가계산은 개별원가계산에 비해 제조간접비 배부문제가 중요하다.

종합원가계산은 한 종류의 제품만을 연속적으로 대량 생산하는 기업에서 사용하는 원가계산방법으로, 모든 제조원가가 그 제품에 추적 가능한 직접비이기 때문에 개별원가계산과는 달리 제조직접비와 제조간접비를 구분할 필요가 없다.

10년 10월

15 다음 중 종합원가계산에서 재료비와 가공비의 완성도에 관계없이 완성품환산량의 완성도가 항상 가장 높은 것은 무엇인가?

① 가공비
② 직접노무원가
③ 전공정원가
④ 직접재료원가

전공정원가는 전공정(이전 공정)에서 원가가 모두 발생하였기 때문에 100%로 계산된다. 따라서 완성도에 관계없이 항상 완성품환산량의 완성도가 항상 가장 높은 것은 전공정원가이다.

16 다음 중 종합원가계산에 대한 설명으로 옳지 <u>않은</u> 것은?

① 각 공정별로 원가가 집계되므로 원가에 대한 책임소재가 명확하다.

② 일반적으로 원가를 재료원가와 가공원가로 구분하여 원가계산을 한다.

③ 기말재공품이 존재하지 않는 경우 평균법과 선입선출법의 당기완성품원가는 일치한다.

④ 모든 제품 단위가 완성되는 시점을 별도로 파악하기가 어려우므로 인위적인 기간을 정하여 원가를 산정한다.

기초재공품이 존재하지 않는 경우에 평균법과 선입선출법의 당기완성품원가와 기말재공품원가가 일치한다.

17 종합원가계산에 관한 다음 설명 중 가장 옳은 것은?

① 종합원가계산은 다품종 소량생산방식의 생산형태에 적합하다.

② 제조공정이 2 이상 연속되는 경우에는 적용할 수 없다.

③ 기초재공품의 완성도에 관계없이 평균법과 선입선출법의 원가계산액은 동일하다.

④ 종합원가계산은 재공품을 완성품환산량으로 환산하여 집계한다.

종합원가계산은 소품종 대량생산방식의 생산형태에 적합하며 제조공정이 2이상 연속되는 경우 종합원가계산 중 공정별종합원가계산을 적용한다. 기초재공품이 없는 경우에 원가계산액이 동일할 수 있으나, 기초재공품의 완성도가 다른 경우 원가계산액은 상이하다.

18 종합원가계산하에서 기말재공품 평가시 평균법과 선입선출법에 대한 설명 중 <u>틀린</u> 것은?

① 선입선출법은 평균법에 비해 원가계산이 간단하여 정확하지 않다.

② 선입선출법은 기초재공품원가가 먼저 완성되는 것으로 가정하여 당기투입원가가 배분대상원가이다.

③ 평균법은 기초재공품을 당기투입원가와 같이 당기에 투입한 것으로 보므로 기초재공품에 대하여 완성도를 적용할 필요가 없다.

④ 평균법상 완성품환산량은 당기완성수량＋기말재공품환산량이다.

선입선출법은 평균법에 비해 원가계산이 더 복잡하며, 정확성도 더 높다.

19 종합원가계산하에서는 원가흐름 또는 물량흐름에 대해 어떤 가정을 하느냐에 따라 완성품 환산량이 다르게 계산된다. 다음 중 평균법에 대한 설명으로 <u>틀린</u> 것은?

① 전기와 당기 발생원가를 구분하지 않고 모두 당기발생원가로 가정하여 계산한다.

② 계산방법이 상대적으로 간편하다.

③ 원가통제 등에 보다 더 유용한 정보를 제공한다.

④ 완성품환산량 단위당 원가는 총원가를 기준으로 계산된다.

선입선출법은 전기와 당기발생원가를 각각 구분하여 완성품 환산량을 계산하기 때문에 보다 정확한 원가계산이 가능하고 원가통제 등에 더 유용한 정보를 제공한다.

20 종합원가계산에서 평균법을 적용하여 완성품 환산량의 원가를 계산할 때 고려해야 할 원가는?

① 당기총제조비용

② 당기총제조비용과 기말재공품재고액의 합계

③ 당기총제조비용과 기말재공품재고액의 차액

④ 당기총제조비용과 기초재공품재고액의 합계

• 평균법은 당기에 완성된 제품은 당기에 착수되어 당기에 완성된다고 가정하므로, 완성품 환산량 단위당 원가는 다음과 같이 계산한다.

• (기초재공품재고액(원가)＋당기총제조비용) / 완성품 환산량

21 다음은 종합원가계산 시 가공비(공정전반에 걸쳐 균등하게 발생)에 관한 자료이다. 기말재공품 평가를 평균법과 선입선출법으로 계산할 경우, 완성품환산량의 차이는?

- 기초재공품 수량 : 200개(완성도 60%)
- 당기 착수 수량 : 800개
- 기말재공품 수량 : 300개(완성도 40%)
- 당기 완성품 수량 : 700개

① 100개
② 120개
③ 140개
④ 160개

평균법과 선입선출법에 의한 완성품환산량의 차이는 기초재공품환산량이다.
기초재공품환산량 = 200개×60% = 120개
- 선입선출법 완성품환산량
  = 완성품수량 - 기초재공품환산량 + 기말재공품환산량
- 평균법 완성품환산량 = 완성품수량 + 기말재공품환산량
※ 환산량 = 미완성수량×완성도

22 (주)도봉회사는 종합원가계산에 의하여 제품을 생산한다. 재료는 공정의 초기단계에 투입되며, 가공원가는 전체 공정에 고르게 투입된다. 다음 자료에서 선입선출법에 의한 재료비와 가공비의 당기 완성품 환산량은 얼마인가?

- 기초재공품 : 5,000개(완성도 50%)
- 당기착수량 : 35,000개
- 당기완성품 : 30,000개
- 기말재공품의 완성도 40%

① 재료비 : 35,000개, 가공비 : 31,500개
② 재료비 : 40,000개, 가공비 : 34,000개
③ 재료비 : 40,000개, 가공비 : 40,000개
④ 재료비 : 35,000개, 가공비 : 34,000개

선입선출법 완성품환산량 = 완성품수량 - 기초재공품환산량 + 기말재공품환산량
- 재료비 : 30,000개 - (5,000개 X 100%) + (10,000개 X 100%) = 35,000개
- 가공비 : 30,000개 - (5,000개 X 50%) + (10,000개 X 40%) = 31,500개
- 기말재공품환산량 = 5,000개 + 35,000개 - 30,000개 = 10,000개

23 다음의 자료를 보고 영업외비용으로 처리해야 할 공손의 수량을 구하시오.

- 기초재공품 400개
- 기말재공품 200개
- 당기착수량 1,000개
- 공손수량 200개
- 정상공손은 완성품 수량의 5%로 한다.

① 50개
② 100개
③ 150개
④ 200개

영업외비용으로 처리할 공손수량은 비정상공손이므로 공손수량 200개 - 정상공손수량 50개 = 150개이다.
- 당기완성품 = 기초재공품 400개 + 당기착수량 1,000개 - 기말재공품 200개 - 공손수량 200개 = 1,000개
- 정상공손수량 = 당기완성품수량 1,000개 × 5% = 50개

24 (주)전진은 평균법에 의한 종합원가계산을 하고 있다. 재료비는 공정시작 시점에서 전량 투입되며, 가공원가는 공정 전반에 걸쳐 고르게 투입된다. 다음 자료를 통하여 완성품환산량으로 바르게 짝지어진 것은?

- 기초재공품 : 0개
- 착수 수량 : 500개
- 완성수량 : 400개
- 기말재공품 : 100개(완성도 50%)

	재료비완성품환산량	가공비완성품환산량
①	400개	450개
②	450개	500개
③	500개	450개
④	400개	500개

평균법 완성품환산량 = 완성품수량 + 기말재공품환산량(미완성수량×완성도)
- 재료비 : 400개 + (100개×100%) = 500개
- 가공비 : 400개 + (100개×50%) = 450개

25 공손의 발생이 비정상적으로 발생된 경우 어느 곳에 배부하는 것이 가장 타당한가?

① 제조원가
② 판매관리비
③ 영업외비용
④ 특별손실

비정상공손은 영업외비용으로 처리한다.

26 다음 중 공손에 대한 회계처리 중 **틀린** 것은?

① 공손이 정상적인가 아니면 비정상적인가를 고려하여야 한다.
② 정상적 공손은 제품원가의 일부를 구성한다.
③ 공손은 어떠한 경우에나 원가로 산입하지 않고 영업외비용으로 처리한다.
④ 공손의 비중이 적은 경우에는 공손을 무시한 채 회계처리하는 경우도 있다.

비정상공손은 영업외비용으로 처리한다.

PART 02

실무편

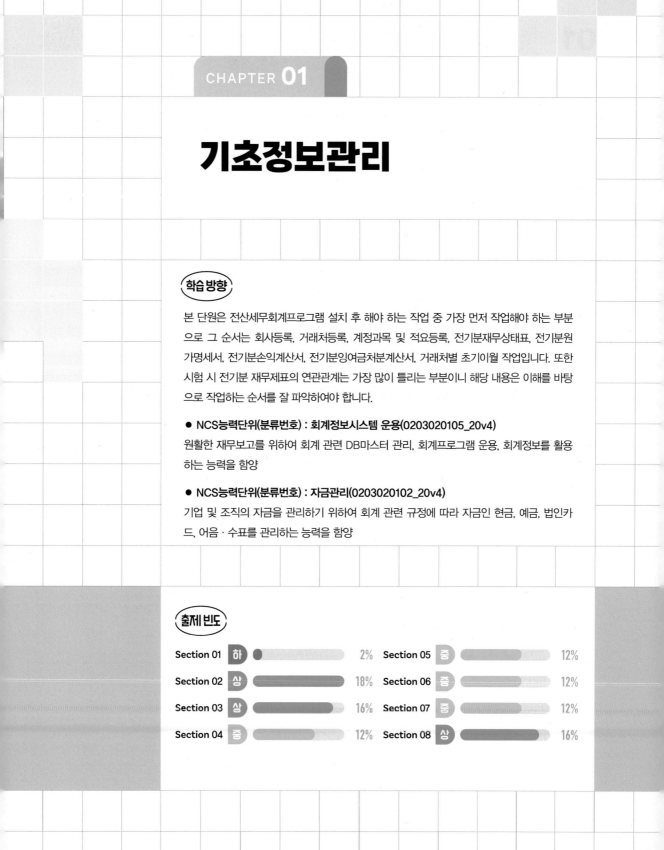

CHAPTER 01

기초정보관리

학습 방향

본 단원은 전산세무회계프로그램 설치 후 해야 하는 작업 중 가장 먼저 작업해야 하는 부분으로 그 순서는 회사등록, 거래처등록, 계정과목 및 적요등록, 전기분재무상태표, 전기분원가명세서, 전기분손익계산서, 전기분잉여금처분계산서, 거래처별 초기이월 작업입니다. 또한 시험 시 전기분 재무제표의 연관관계는 가장 많이 틀리는 부분이니 해당 내용은 이해를 바탕으로 작업하는 순서를 잘 파악하여야 합니다.

● NCS능력단위(분류번호) : 회계정보시스템 운용(0203020105_20v4)
원활한 재무보고를 위하여 회계 관련 DB마스터 관리, 회계프로그램 운용, 회계정보를 활용하는 능력을 함양

● NCS능력단위(분류번호) : 자금관리(0203020102_20v4)
기업 및 조직의 자금을 관리하기 위하여 회계 관련 규정에 따라 자금인 현금, 예금, 법인카드, 어음 · 수표를 관리하는 능력을 함양

출제 빈도

Section 01	하	2%	Section 05	중	12%
Section 02	상	18%	Section 06	중	12%
Section 03	상	16%	Section 07	중	12%
Section 04	중	12%	Section 08	상	16%

회사등록

출제
빈도 상 중 **하**

빈출 태그 회사등록·사업자등록번호

기적의 3회독
☐ 1회 ☐ 2회 ☐ 3회

[회사등록]은 회계처리 하고자 하는 회사를 전산세무회계 프로그램에 등록하는 작업으로 프로그램에서 가장 먼저 해야 하는 작업이다. 사업자등록증을 보고 회사등록에 입력하게 되면 해당 내용은 각종 서식의 회사정보 관련 부분에 표시되므로 정확하게 입력해야 한다.

프로그램 사용방법

처음 회사 등록 시 급수선택에서 사용급수(3.전산회계1급)를 선택하고 화면 우측 하단에 있는 「회사등록」을 클릭하면 다음과 같은 회사등록 화면이 나타난다. 다음의 설명을 보고 해당란에 순서대로 입력하면 된다.

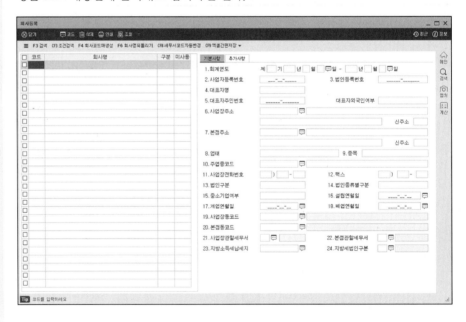

1) 화면 왼쪽에서 작업할 사항

① **코드** : 등록할 회사의 코드번호를 숫자로 직접 입력한다.

② **회사명** : 사업자등록증에 기재된 상호명을 입력한다.

③ **구분(1 : 법인, 2 : 개인)** : 회사가 개인인 경우에는 숫자 「2 : 개인」을 선택하고 법인인 경우에는 「1 : 법인」을 선택한다. 자격시험 시 전산회계 1급은 법인사업자이다.

④ **미사용** : 해당 회사의 사용여부를 선택한다. 「0 : 사용」을 선택한다.

2) 화면 오른쪽에서 작업할 사항(기본사항)

① **회계연도** : 회사의 기수와 회계연도를 입력한다.

② **사업자등록번호** : 사업자등록증상의 사업자등록번호를 입력한다.

③ **법인등록번호** : 사업자등록증상의 법인등록번호를 입력한다.

> **더 알기 Tip**
>
> **사업자등록번호의 의미**
>
> - **최초 3자리** : 사업자등록을 최초로 신고한 세무서코드
> - **가운데 2자리** : 개인사업자(01~79), 개인면세사업자(90~99), 영리법인사업자 본점(81, 86, 87), 영리법인사업자지점(85), 비영리법인(82)
> - **마지막 5자리** : 일련번호 4자리와 검증번호 1자리

④ **대표자명, 대표자주민번호, 대표자외국인여부** : 사업자등록증상의 대표자명과 대표자주민번호를 입력하고, 외국인 여부를 선택한다.

⑤ **사업장주소, 본점주소** : 사업자등록증상의 사업장주소와 본점주소를 입력한다. 를 클릭하여 나오는 「우편번호 검색」창에서 주소를 입력하고 [Enter]를 친 후 해당 주소가 나오면 선택하고 필요시 나머지 주소를 입력한다. 도로명주소 사용 시 신주소란에 여로 표시된다. 시험 시 우편번호가 제시되지 않을 경우 직접 입력해도 된다.

⑥ **업태, 종목** : 사업자등록증상에 기재된 업태와 종목을 입력한다. 업태란 어떤 형태의 사업(예 제조, 도매, 소매, 음식숙박업, 서비스업 등)을 하는 회사인가를 나타내는 부분이며 종목은 회사가 해당 업태에서 무엇을 제조·판매하는가 하는 구체적인 취급 품목(예 문구, 가방, 가구 등)을 입력하는 부분이다.

⑦ **설립연월일, 개업연월일** : 사업자등록증상의 설립연월일 및 개업연월일을 입력한다.

⑧ **사업장관할세무서** : 사업장관할세무서란에 를 클릭하여 나오는 세무서도움창의 검색란에 관할세무서 이름을 입력하고 <kbd>확인(Enter)</kbd>을 누른다.

※ 추가사항은 시험에 나오고 있지 않으므로 설명을 생략한다.

 기적의 Tip

이미 등록한 회사 이외에 또 다른 회사를 추가로 등록하고자 하는 경우에는 기존에 등록된 회사로 들어간 후 [회계관리]-[기초정보관리]-[회사등록] 메뉴를 선택하고 회사등록을 한 후 우측에서 회사변경 버튼을 클릭하여 사용하면 편리하다.

 기적의 Tip

나머지 주업종코드, 사업장동코드, 본점동코드, 본점관할세무서, 지방소득세납세지 등은 각종 세무신고·전자신고 시 필요하며 시험에 나오지 않으므로 생략한다.

교재 앞 부분의 프로그램 설치 및 사용 방법에서 「데이터다운로드, 프로그램 시작하는 방법」을 수행한 후 문제를 풀도록 한다.

출제유형 ▶

다음은 (주)우정(회사코드 : 0302)의 사업자등록증이다. [회사등록] 메뉴에 해당사항을 참조하여 누락된 부분을 추가로 입력하시오.

사 업 자 등 록 증

(법인사업자)

등록번호 : 214-81-29167

법 인 명 (단 체 명) : (주)우정
대　　표　　자 : 정우정

개 업 연 월 일 : 2020년 01월 01일　법인등록번호 : 112111-2112118
사 업 장 소 재 지 : 서울특별시 영등포구 영등포로 12

본 점 소 재 지 : 서울특별시 영등포구 영등포로 12

사 업 의 종 류 : 업태 제조　　　　　　　　　종목 전자제품

발 급 사 유 : 정정

사업자 단위 과세 적용사업자 여부 : 여( ) 부(∨)
전자세금계산서 전용 전자우편주소 :

2020 년 08 월 01 일

영 등 포 세 무 서

풀이방법 >

① 바탕화면에서 「KcLep교육용」 아이콘을 더블클릭한다.

② 「급수선택」에서 3.전산회계1급(❶)을 선택하고 「회사코드」에서 ⊡를 눌러 0302 "(주)우정"을 선택(❷)하고 확인(Enter)을 클릭한다.

③ 로그인이 되어 메인 화면으로 들어가면 [기초정보관리]−[회사등록]을 클릭한다.

④ 우측의 「기본사항」 탭란에서 지문의 사업자등록증 내용과 프로그램 등록사항을 확인한다.

⑤ 3.법인등록번호, 8.업태, 9.종목, 17.개업연월일을 추가로 입력한다.

🎓 기적의 Tip

사업자등록증에 없더라도 이미 등록되어 있는 내용은 지우지 않는다.

기본사항	추가사항		
1.회계연도	제 5 기 2024 년 01 월 01 ⊡일 ~ 2024 년 12 월 31 ⊡일		
2.사업자등록번호	214-81-29167	3.법인등록번호	112111-2112118
4.대표자명	정우정		
5.대표자주민번호	660708-1162361	대표자외국인여부	부
6.사업장주소	⊡ 서울특별시 영등포구 영등포로 12		
		신주소	여
7.본점주소	⊡ 서울특별시 영등포구 영등포로 12		
		신주소	여
8.업태	제조	9.종목	전자제품
10.주업종코드	⊡		
11.사업장전화번호	( ) -	12.팩스	( ) -
13.법인구분		14.법인종류별구분	
15.중소기업여부	여	16.설립연월일	____-__-__ ⊡
17.개업연월일	2020-01-01 ⊡	18.폐업연월일	____-__-__ ⊡
19.사업장동코드	A1126008 ⊡ 서울 영등포 양평동 2		
20.본점동코드	A1126008 ⊡ 서울 영등포 양평동 2		
21.사업장관할세무서	107 ⊡ 영등포	22.본점관할세무서	107 ⊡ 영등포

출제유형 >

다음은 (주)영진(회사코드 : 0301)의 사업자등록증이다. [회사등록] 메뉴에 해당사항을 참조하여 잘못된 부분은 수정하고 누락된 부분을 추가로 입력하시오.

사 업 자 등 록 증

(법인사업자)

등록번호 : 119-81-29163

법 인 명 (단 체 명) : (주)영진
대　　　표　　　자 : 정영진

개 업 연 월 일 : 2011년 03월 01일　법인등록번호 : 110111-2011114
사 업 장 소 재 지 : 서울특별시 금천구 가산로 115

본 점 소 재 지 : 서울특별시 금천구 가산로 115

사 업 의 종 류 : 업태 제조,도소매　　　　종목 전자제품,무역

발 급 사 유 : 신규

사업자 단위 과세 적용사업자 여부 : 여(　) 부(∨)
전자세금계산서 전용 전자우편주소 :

2011 년 03 월 01 일

금 천 세 무 서

① (주)우정에서 (주)영진으로 변경하기 위하여 메인화면 우측의 🏛 를 클릭하여 (주)
   영진으로 변경한다(프로그램을 종료한 후 다시 실행하여 (주)영진으로 시작해
   도 됨).

② 지문의 사업자등록증의 내용과 프로그램의 등록사항을 확인한다.

③ 9.종목과 17.개업연월일을 수정하고 21.사업장관할세무서란에서 💬를 클릭하여
   나오는 「세무서도움」창의 검색란에 "금천"이라고 입력하고 확인(Enter) 을 누른다.

기본사항	추가사항	

1.회계연도	제 14 기 2024 년 01 월 01 💬일 ~ 2024 년 12 월 31 💬일

2.사업자등록번호	119-81-29163	3.법인등록번호	110111-2011114

4.대표자명	정영진

5.대표자주민번호	701028-1251582	대표자외국인여부	부

6.사업장주소	08520 💬 서울특별시 금천구 가산로 115		
	(가산동)	신주소	여

7.본점주소	08520 💬 서울특별시 금천구 가산로 115		
	(가산동)	신주소	여

8.업태	제조,도소매	9.종목	전자제품,무역

10.주업종코드	💬		

11.사업장전화번호	) -	12.팩스	) -

13.법인구분	내국법인	14.법인종류별구분	

15.중소기업여부	여	16.설립연월일	2011-03-01 💬

17.개업연월일	2011-03-01 💬	18.폐업연월일	____-__-__ 💬

19.사업장동코드	💬		

20.본점동코드	💬		

21.사업장관할세무서	119 💬 금천	22.본점관할세무서	119 💬 금천

23.지방소득세납세지	💬	24.지방세법인구분	💬

거래처등록

빈출 태그 거래처 · 거래처원장

[거래처등록]은 「거래처원장」, 「거래처별계정과목별원장」 장부에서 관리하고자 하는 거래처 정보를 등록한다. 거래처등록은 회사등록과 마찬가지로 거래처의 사업자등록증 사본을 받아 등록하는 것이 가장 정확하지만 해당 자료가 없을 경우 세금계산서, 계산서, 영수증을 보고 입력해도 된다.

> [회계관리]-[재무회계]-[전표입력]-[일반전표입력] 또는 [매입매출전표입력]에서 등록된 거래처코드를 입력해 주면 「거래처원장」, 「거래처별계정과목별원장」 장부가 자동으로 작성된다. 다만, 관리가 필요 없는 거래처는 전표입력 시 거래처등록 없이 거래처란에 거래처명만 입력하면 된다.

프로그램 사용방법

[회계관리]-[재무회계]-[기초정보관리]-[거래처등록]을 실행하면 다음과 같은 화면이 나타난다. 다음의 설명을 보고 해당란에 순서대로 입력하면 된다.

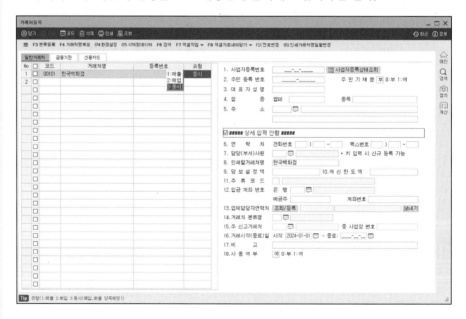

1) 일반거래처

① **코드** : "101~97999"의 범위 내에서 코드번호를 입력한다.

② **거래처명** : 거래처의 사업자등록증상 상호명을 입력한다.

③ **등록번호** : 우측에 해당 거래처가 사업자인 경우 「1.사업자등록번호」를 선택하고, 비사업자인 경우 「2.주민등록번호」를 선택하고 입력한다.

> ※ 거래처가 사업자등록증이 없는 일반인(비사업자)인 경우에는 주민등록번호를 입력한다. 주민기재분에 1 : 여로 표시된다. 주민기재분으로 표시된 내용은 세금계산서의 비고란에 자동으로 표기된다.

④ **유형**(1 : 매출, 2 : 매입, 3 : 동시) : 거래 형태를 선택하며 추후 전표입력에서 거래처 코드를 조회할 때 매출 시에는 매출거래처만, 매입 시에는 매입거래처만 나타나고 동시는 매입매출거래 시 전부 표시되어 사용하기 편하게 하기 위함이다.

⑤ **업태, 종목** : 거래처의 사업자등록증상의 업태와 종목을 입력한다.

⑥ **주소** : 거래처의 사업장소재지를 입력한다. 시험 시 사업장 주소의 우편번호가 제시되지 않을 경우 직접 입력해도 된다.

⑦ **☑##### 상세입력안함 ##### :** ☑표시를 해제하여 추가로 상세한 자료를 입력할 때 사용한다. 시험 시 상세입력의 해당사항이 나올 때만 입력한다.

기적의 Tip

거래처 삭제 및 변경
해당 거래처에 커서를 놓고 상단 툴바의 ⊗ 삭제 (F5)를 누르면 된다. 한 번 등록된 거래처의 코드번호는 변경할 수 없고 거래처명은 변경 가능하다.

2) 금융기관

금융기관은 회사가 이용하고 있는 금융기관의 금융상품(예 예금, 적금 등)을 등록하여 관리하는 메뉴이다. 시험 시에는 지문에 있는 내용만 입력한다.

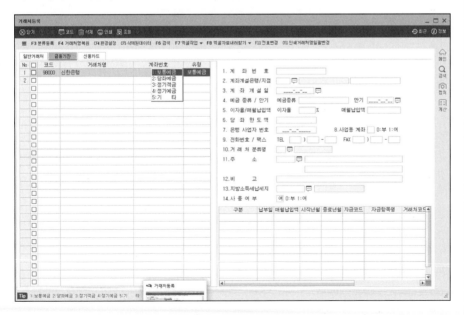

① **코드** : "98000~99599"의 범위 내에서 코드번호를 입력한다.

② **거래처명, 계좌번호, 유형** : 거래처명에 금융기관을 입력하고 유형(1 : 보통예금 2 : 당좌예금 3 : 정기적금 4 : 정기예금 5 : 기타 6 : 외화)에서 해당 종류를 선택한 후 우측「1.계좌번호」란에 계좌번호와 나머지 사항을 입력한다.

③ **그 외 사항** : 필요시 해당란에 입력한다.

3) 신용카드

신용카드는 카드사에 가맹점으로 등록된 신용카드사와 물건을 매입하기 위하여 회사가 사용하는 카드사를 등록하는 메뉴이다. 시험 시에는 지문에 있는 내용만 입력한다.

① **코드** : "99600~99999"의 범위 내에서 코드번호를 입력한다.

② **거래처명, 가맹점(카드)번호, 유형** : 거래처명에 신용카드명(신용카드사명)을 입력하고 유형(1 : 매출, 2 : 매입)에서 해당 종류를 선택한 후 우측에「1.사업자등록번호」를 입력하고, 매출관련 가맹점을 맺은 경우「2.가맹점번호」란에 해당 번호를 입력하고, 매입관련 카드일 경우에는「3.카드번호(매입)」란에 해당 카드번호를 입력한다.「4.카드종류(매입)」란에는 1.일반카드 2.복지카드 3.사업용카드를 선택한다.

③ **그 외 사항** : 필요시 해당란에 입력한다.

출제유형1 >

다음은 (주)영진(회사코드 : 0301)의 신규 거래처이다. [거래처등록]에 추가 등록하시오(※202번~206번 등록 시 우편번호 입력은 생략함).

거래처코드	201	202
사업자등록번호	108-81-85850	208-81-56451
거래처 명	(주)인성상사	(주)신구
성 명	임나라	신성일
유 형	동시	동시
사업장 주소	서울특별시 서초구 방배로 100(방배동)	서울특별시 강남구 영동대로 411
업태 / 종 목	제조,도소매 / 전자	도매 / 의류
거래처코드	203	204
사업자등록번호	214-81-02514	103-81-02024
거래처 명	(주)유담상사	(주)일신산업
성 명	정유담	정가은
유 형	동시	동시
사업장 주소	서울특별시 강남구 삼성로 720	서울특별시 관악구 관악로 100
업태 / 종 목	도소매 / 전자제품,조명	도매 / 기계
거래처코드	205	206
사업자등록번호	115-85-22512	101-81-37610
거래처 명	(주)영진문구	(주)상도
성 명	김영진	임상옥
유 형	동시	동시
사업장 주소	서울특별시 송파구 삼전로10길 34	경기도 안양시 만안구 삼덕로 9
업태 / 종 목	도소매 / 문구, 사무기	서비스 / 컨설팅

기적의 Tip

시험 시 거래처의 인적사항을 보고 이미 등록된 거래처의 등록사항을 수정하거나 신규로 거래처를 등록하는 형태로 출제된다. 또한 사업자등록증이 없는 개인을 등록 하고자 할 경우에는 사업자등록번호 대신에 주민등록번호를 입력한다.

[회계관리]-[재무회계]-[기초정보관리]-[거래처등록]을 클릭하고 일반거래처 탭에서 입력된 자료의 맨 아래 빈 줄에 제시된 내용을 다음과 같이 하나씩 입력한다.

① 코드란에 해당 거래처의 코드 "201"을 입력하고, 거래처명에 "(주)인성상사"를 입력한다.

② 유형란에서 "3(3 : 동시)"을 누른다.

③ 커서가 우측 화면으로 이동하면 1.사업자등록번호란에 사업자등록번호 "1088185850"을 "-" 없이 연속으로 입력한다.

④ 3.대표자성명란에 대표자명 "임나라"를 입력한다.

⑤ 4.업종란에서 업태에 "제조, 도소매", 와 종목에 "전자"를 각각 입력한다.

⑥ 5.주소란에서 ⌨를 눌러 「우편번호 검색」 창에서 "방배로 100"을 입력하고 Enter 를 친 후 해당 주소가 나오면 선택한다.

기적의 Tip

시험 시 우편번호를 생략하라고 하면 우편번호를 입력하지 않아도 되므로 ⌨을 누르지 않고 주소란에 직접 입력한다.

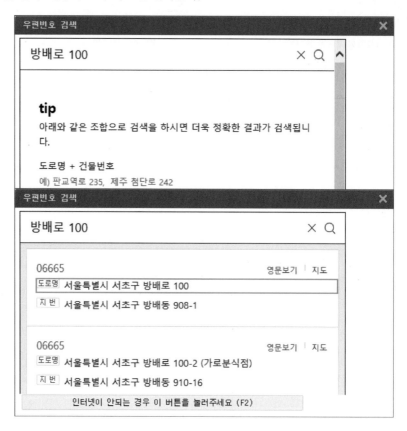

⑦ 나머지 거래처도 동일한 방법으로 입력한다.

☐	코드	거래처명	등록번호	유형
☐	00201	(주)인성상사	108-81-85850	동시
☐	00202	(주)신구	208-81-56451	동시
☐	00203	(주)유담상사	214-81-02514	동시
☐	00204	(주)일신산업	103-81-02024	동시
☐	00205	(주)영진문구	115-85-22512	동시
☐	00206	(주)상도	101-81-37610	동시

1. 사업자등록번호   101-81-37610   [NTS 사업자등록상태조회]
2. 주민 등록 번호   _____-_____   주 민 기 재 분 [부] 0:부 1:여
3. 대 표 자 성 명   임상옥
4. 업   종   업태 [서비스]   종목 [컨설팅]
5. 주   소   [🖳] 경기도 안양시 만안구 삼덕로 9

출제유형2 ▶

사업자등록증이 없는 개인 김철수(코드번호 : 207, 유형 : 동시, 주민등록번호 : 650101-1056226)에게 주민등록번호로 세금계산서를 발급하기 위하여 거래처명을 등록하시오.

풀이방법 ▶

[회계관리]−[재무회계]−[기초정보관리]−[거래처등록]을 클릭하고 일반거래처 탭에서 입력된 자료의 맨 아래 빈 줄에 제시된 내용을 다음과 같이 입력한다.

① 코드란에 해당 거래처의 코드 "207"을 입력하고, 거래처명에 "김철수"를 입력한다.
② 유형란에서 "3(3 : 동시)"을 누른다.
③ 커서가 우측화면으로 이동하면 「2.주민등록번호」란에 주민등록번호 "6501011056226"을 "−" 없이 연속으로 입력한다(주민등록번호를 입력하면 주민기재분에 "여"로 표시됨).

☐	00207	김철수	650101-1056226	동시

④ 「3.대표자성명」란에 "김철수"를 입력한다.

1. 사업자등록번호	___-__-_____ [NTS 사업자등록상태조회]
2. 주민 등록 번호	650101-1056226 주 민 기 재 분 [여] 0:부 1:여
3. 대 표 자 성 명	김철수
4. 업 종	업태 [ ] 종목 [ ]
5. 주 소	[ ] [🖳] [ ]

🎓 기적의 Tip

거래처 등록이 잘못되거나 코드번호가 틀려서 고쳐야 하는 경우 상단 툴바의 ⊗ 삭제 ([F5])를 누른다.

[거래처등록]의 금융기관 탭에서 「코드 : 98000, 신한은행, 유형 : 보통예금, 계좌번호 : 102-553-12345, 계좌개설은행/지점 : 신한은행/여의도점, 계좌개설일 : 2024-01-02」을, [거래처등록]의 신용카드 탭에 「코드 : 99602, 신한카드, 유형 : 매출, 가맹점번호 : 12345」와 「코드 : 99603, 국민카드, 유형 : 매입, 카드번호 : 1234-4522-5855-6553, 사업용카드」를 각각 등록하시오.

풀이방법 >

① [금융기관]탭을 누르고 코드란에 "98000"을 입력한다.

② 거래처명란에 "신한은행"을 입력한다.

③ 유형란에 "1 : 보통예금"을 선택한다.

④ 우측 「1.계좌번호」란에 "102-553-12345"를 "-"까지 포함하여 입력한다.

⑤ 2. 계좌개설은행/지점란에서 🔲를 눌러 신한은행을 입력한 후 여의도점을 입력한다.

⑥ 3. 계좌개설일란에 2024-01-02를 입력한다.

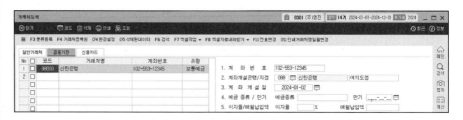

⑦ [신용카드]탭을 누르고 코드란에 "99602"를 입력한다.

⑧ 거래처명란에 "신한카드"를 입력하고 유형란에 1 : 매출을 선택한다.

⑨ 우측 「3.가맹점번호」란에 "12345"를 입력한다.

⑩ 동일한 방법으로 코드란에 "99603", 거래처명란에 "국민카드", 유형 2 : 매입, 우측 카드번호(매입)란에 "1234-4522-5855-6553"을 "-"까지 포함하여 입력하고 4.카드종류(매입)란에서 3.사업용카드를 선택한다.

※ 「거래처등록」창을 닫았다 다시 열거나 상단 툴바의 📊조회(F12)를 클릭하면 코드번호 순으로 자동정렬된다.

계정과목 및 적요등록

▶ 합격 강의

빈출 태그 계정과목 · 현금적요 · 대체적요

[계정과목 및 적요등록]은 사용할 계정과목과 적요를 등록하여 거래발생 시 입력을 짧은 시간 안에 빠르게 하기 위한 메뉴이다. 일반적으로 사용되는 계정과목과 적요가 이미 등록되어 있는 상태이므로 기업의 성격, 규모에 따라 필요한 세부과목과 적요를 추가로 등록하여 사용하면 된다. 시험 시에는 지문에 있는 내용만 입력한다.

> 📖 **기적의 Tip**
>
> 계정과목 및 적요를 등록·
> 수정 가능하도록 하며 빨간
> 색 계정과목 수정의 단축키
> 인 「Ctrl+F2」를 기억하도록
> 한다.

프로그램 사용방법

[회계관리]-[재무회계]-[기초정보관리]-[계정과목 및 적요등록]을 실행하면 다음과 같은 화면이 나타난다. 다음의 설명을 보고 해당란에 순서대로 입력하면 된다.

① **계정체계** : 화면 우측에 있는 항목(⑨ 유동부채 등)을 마우스로 클릭하면 중간(코드/계정과목)의 계정과목이 해당 항목 부분으로 이동하여 상단에 표시되어 나타난다. 따라서 해당 계정과목 분류를 알고 있을 경우 쉽게 이동하여 선택하고 수정 및 추가할 수 있다.

② **코드/계정과목** : 계정체계 번호에 맞추어 코드와 계정과목이 입력되어 있다. 계정과목은 일반기업회계기준의 통합계정과목(⑩ 매출채권, 매입채무 등)이 아니라 실무에서 관리하기 편하게 사용하는 구체적인 계정과목(⑩ 외상매출금, 받을어음, 외상매입금, 지급어음 등)으로 등록되어 있다. 즉, 일반적인 상거래에서 발생된 외상매출금과 받을어음 등의 채권은 매출채권으로 재무상태표에 표시되어야 함이 일반기업회계기준의 원칙이다. 계정을 검색하려면 「Ctrl+F」 또는 마우스 오른쪽을 클릭하여 「찾기」를 선택하여 찾기에서 계정명 2글자를 입력하고 Enter를 누르면 검색된다. 계정과목 및 적요 수정, 추가등록("회사설정계정과목"을 클릭하여 등록)은 우측화면에 있는 부분에서 한다.

> 신규로 등록하고자 하는 계정과목의 성질을 파악하고 좌측의 「계정체계」를 클릭하여 이에 맞는 코드 범위를 확인한 후 우측 「계정코드(명)」란에 커서를 클릭하고 빈칸에 입력한다. 이미 등록되어 있는 계정과목의 이름을 수정하고자 하는 경우에는 해당 계정과목을 선택한 후 「계정코드(명)」란에 커서를 클릭하고 입력된 내용을 수정하면 된다. 단, <u>빨간색 계정과목은 프로그램상 특수한 성격이 있으므로 수정하지 않게 되어 있는데 부득이하게 수정해야 한다면 해당 계정과목에 커서를 클릭하고 키보드의 「Ctrl+F2」를 누르면 우측 「계정코드(명)」란이 활성화되어 수정이 가능하다.</u>

③ **성격** : 성격은 계정과목이 프로그램상 갖는 성질을 나타낸다. 프로그램을 이용하여 재무제표를 자동으로 작성하기 위해서는 계정과목이 갖는 성질을 설정해 주어야 할 필요가 있는데, 프로그램 개발사에서 이미 등록된 계정과목들에 대해서는 정확하게 선택해 놓았으므로 변경하지 말고 그대로 사용하면 된다.

④ **관계코드(명)** : 계정과목 상호 간의 관계를 설정하여 전산으로 자동분개를 가능하게 해주는 기능이다. 이미 정확히 선택되어 있으므로 변경하지 말고 그대로 사용하면 된다.

⑤ **적요** : 적요란 거래내역을 간략하게 입력하는 곳으로 전표 입력 시 반복되는 거래를 해당 번호로 선택하여 빨리 입력하게 하는 기능을 한다. 시험 시에는 적요를 수정하거나 추가로 입력하는 방식으로 출제된다.

• **현금적요** : 전표입력 시(일반전표입력메뉴는 구분란의 1.출금 또는 2.입금 선택 시, 매입매출전표입력메뉴는 분개란의 1 : 현금 선택 시) 나타나는 적요로서 전액 현금거래 시 사용한다.

• **대체적요** : 전표입력 시(일반전표입력메뉴는 구분란의 3.차변 또는 4.대변 선택 시, 매입매출전표입력메뉴는 분개란의 2 : 외상 3 : 혼합 4 : 카드 선택 시) 나타나는 적요로서 현금이 아닌 거래이거나 일부 현금거래인 경우에 사용한다.

다음은 (주)영진(회사코드 : 0301)의 [계정과목 및 적요등록]에 다음 계정과목 및 적요를 추가 등록하시오.

1. 계정과목 적요등록 중 영업권 계정과목에서 현금적요NO 5번에 "손상차손 인식액"을 등록하시오.

2. 판매비와관리비 항목으로 차량리스료 계정과목을 추가하려고 한다. 해당 항복에 아래의 계정과목을 추가 등록하시오.

계정코드(명)	853.차량리스료
성격	3.경비
현금적요(적요NO 1)	영업부 차량리스료 대금

풀이방법 ▶

1. [기초정보관리]−[계정과목 및 적요등록]을 클릭한다.
① Ctrl+F를 눌러 나오는 「찾기」창에서 영업권을 입력(①)한 후 Enter를 친다(또는 왼쪽화면의 「계정체계」에서 무형자산을 클릭(②)하고 가운데 화면 「코드/계정과목」에서 영업권을 선택한다).

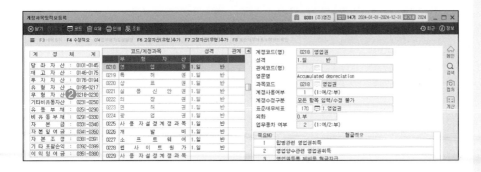

② 우측 화면의 중간의 「현금적요」란에서 적요NO란에 5를 입력 후 우측에 "손상차손 인식액"을 입력(③)한다.

적요NO	현금적요
1	합병관련 영업권취득
2	영업양수관련 영업권취득
3	영업권등록 제비용 현금지급
4	영업권 매각시 현금수령
5 ③	손상차손 인식액

2. [기초정보관리]−[계정과목 및 적요등록]을 클릭한다.

① 코드란에서 853을 입력하면 "853.사용자설정계정과목"으로 이동(①)한다.

② 우측화면 상단 「계정코드(명)」란에 "차량리스료"라고 입력(②)하고 「성격」란에서 3.경비(③)를 선택한다.

③ 하단의 「현금적요」 적요NO란에 1을 입력 후 우측에 "영업부 차량리스료 대금"을 입력(④)한다.

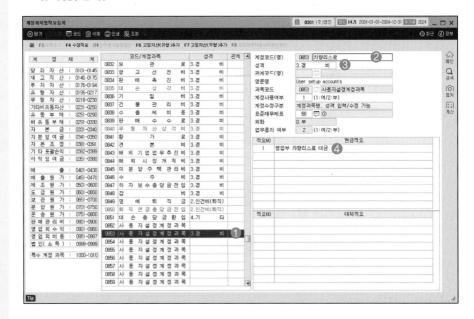

전기분재무상태표

 합격 강의

빈출 태그 재무상태표 · 전기분재무상태표 · 전기분재무제표

[전기분재무상태표]는 전기 결산 시 작성된 전기분재무상태표를 보고 입력하는 메뉴이다. 전기 자료는 당기에 계속하여 사용하여야 하므로 입력된 자료는 각 계정과목별로 해당 계정과목 장부의 전기이월로 표시되고 농시에 [전기분원가명세서]의 기말원재료재고액과 기말재공품재고액의 표시, [전기분손익계산서] 매출원가의 기말재고액의 표시, 거래처별초기이월의 기초자료로 표시, [결산/재무제표]의 전기분 재무상태표로 표시된다. 즉, 자산에 속하는 기말원재료, 기말재공품, 기말제품을 자산 관련 보고서인 [전기분재무상태표]에 입력하면 프로그램의 특성상 동일한 계정과목을 사용하는 [전기분원가명세서], [전기분손익계산서]에 자동으로 반영되는 것이므로 [전기분재무상태표]를 가장 먼저 작업해야 한다.

> [전기분재무제표]는 신규사업자가 아닌 계속사업자가 전년도 자료를 입력하기 위하여 사용하는 메뉴이다. 프로그램의 특성을 고려하여 [전기분재무상태표] → [전기분원가명세서] · [전기분손익계산서] → [전기분잉여금처분계산서] 순으로 입력해야 한다.

🎓 기적의 Tip

전기이월 작업은 계속사업자가 당기에 프로그램을 처음 사용하는 경우에 전기에 대한 자료가 없기 때문에 결산이 완료된 전기분재무제표를 보고 입력하여 당기에 필요한 전기의 자료를 이월받는 것이다.

[회계관리]-[재무회계]-[전기분재무제표]-[전기분재무상태표]를 실행하면 다음과 같은 화면이 나타난다. 다음의 설명을 보고 해당란에 순서대로 입력하면 된다.

① **자산, 부채 및 자본** : 좌측 자산란과 우측 부채 및 자본란에 해당 계정과목과 금액을 입력한다.

② **코드, 계정과목, 금액** : 전기분재무상태표를 보고 계정과목 코드란에 코드 세 자리를 입력하거나 "코드"란에서 계정과목명을 한 글자 이상으로 입력하고 [Enter]를 치면 해당 글자가 포함된 계정과목명이 조회되는데 해당 계정과목명을 선택하고, 금액을 입력한다.

① 대손충당금, 감가상각누계액 계정과목은 해당 자산에서 차감하는 형식으로 표시되므로 재무상태표의 왼쪽에 있는 채권과 유형자산을 입력하고 해당 대손충당금과 감가상각누계액을 입력하면 된다. 케이렙은 대손충당금, 감가상각누계액 입력 시 계정코드도움 창의 "참고"란에 채권과 유형자산이름이 표시되므로 이를 참조하면 된다(해당 계정과목의 바로 아래에 있는 계정과목의 코드번호임).

② 퇴직급여충당부채 : 퇴직급여충당부채는 화면 하단에서 원가별로 나누어 입력한다.

③ 입력하는 도중 하나의 계정과목이 빠진 경우에는 가장 아래에 해당 계정과목을 입력하고 상단 툴바의 🖥조회(F12)를 클릭한다.

④ 입력된 계정과목의 삭제는 해당 계정과목에 커서를 놓고 ⊗삭제(F5)를 클릭한다.

⑤ 재무상태에는 이익잉여금처분 전의 재무상태로 표시해야 하는데 이는 배당결의일이 다음 연도이기 때문이다(단, 전산세무회계프로그램에서는 미처분이익잉여금이 아닌 "이월이익잉여금"으로 입력해야 함*).

③ **대차차액** : 입력된 자료가 차변잔액이 크면 차액만큼 양수(+)로 표시되고, 대변잔액이 크면 차액만큼 음수(−)로 표시된다. 작업이 완료되면 대차차액이 발생해서는 안 된다.

④ **자산총계, 부채 및 자본총계** : 입력된 내용을 반영하여 자동 표시해 준다.

※ 실력 다지기 문제를 따라하면서 읽어보면 더 쉽게 이해할 수 있다.

천단위 금액을 빨리 입력하는 방법
금액란에 커서를 위치하고 숫자키패드의 ﹢를 누르면 "000"이 입력된다.

★ 결산 시 전산세무회계프로그램이 미처분이익잉여금을 "이월이익잉여금"으로 자동 발생시키는 분개를 하기 때문이다.

실력 다지기

다음은 (주)우정(회사코드 : 302)의 전기분 재무상태표이다. 해당 메뉴에 입력하시오.

재무상태표

회사명 : (주)우정　　　　　　제4기 2023. 12. 31 현재　　　　　　(단위 : 원)

과목	금액		과목	금액
현　　　　금		123,000,000	외 상 매 입 금	40,000,000
당 좌 예 금		120,000,000	지 급 어 음	67,380,000
보 통 예 금		305,655,952	미 지 급 금	52,820,000
정 기 예 금		50,000,000	예 　 수 　 금	169,957
정 기 적 금		1,590,005	부 가 세 예 수 금	1,588,000
외 상 매 출 금	56,000,000		선 　 수 　 금	37,020,000
대 손 충 당 금	4,250,000	51,750,000	단 기 차 입 금	35,000,000
받 을 어 음	17,000,000		선 　 수 　 수 익	1,820,000
대 손 충 당 금	890,000	16,110,000	장 기 차 입 금	205,000,000
미 　 수 　 금		2,000,000	퇴직급여충당부채	20,000,000
제 　 　 품		10,500,000	자 　 본 　 금	440,000,000
원 　 재 　 료		3,500,000	미처분이익잉여금	29,000,000
재 　 공 　 품		7,000,000		
건 　 　 물	240,000,000			
감가상각누계액	61,000,000	179,000,000		
기 계 장 치	56,950,000			
감가상각누계액	18,258,000	38,692,000		
차 량 운 반 구	42,000,000			
감가상각누계액	21,000,000	21,000,000		
자산 총계		**929,797,957**	**부채와 자본총계**	**929,797,957**

※ 단, 퇴직급여충당부채는 제조 12,000,000원, 판관비 8,000,000원임

① 코드란에 ⊡코드/현금 이라고 입력하고 Enter 를 치고 나서 금액란으로 커서가 이동하면 123++를 입력하고 Enter 를 친다(+는 우측 키패드의 ⊞를 누름).

② 줄이 바뀌면 코드란에 ⊡코드/0101/당좌 라고 입력하고 Enter 를 치면 다음과 같이 「계정코드」 창(①)이 뜨는데 "당좌예금"이 선택(②)된 것을 보고 확인(Enter)(③)을 누른 후 금액 란으로 커서가 이동하면 120++를 입력하고 Enter 를 친다.

③ 동일한 방법으로 나머지 계정과목과 금액을 입력한다.

④ 외상매출금(56,000,000)과 대손충당금(4,250,000), 받을어음(17,000,000)과 대손충당금(890,000), 건물(240,000,000)과 감가상각누계액(61,000,000), 기 계장치(56,950,000)와 감가상각누계액(18,258,000), 차량운반구(42,000,000) 와 감가상각누계액(21,000,000) 입력 시 좌측에 있는 금액으로 입력하면 자동으 로 차감되어 우측의 금액으로 프로그램이 계산한다.

⑤ 또한 대손충당금(④)과 감가상각누계액(⑤) 입력 시 참고란을 보고 해당 계정과목 을 선택한다.

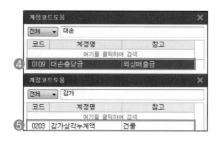

기적의 Tip

외상매출금과 차량운반구처 럼 차감적평가계정(대손충당 금, 감가상각누계액)이 존재 하는 계정의 자료는 왼쪽의 금액을 입력한다.

⑥ 퇴직급여충당부채는 해당 계정과목을 입력하고 커서가 하단 제조란(⑥)에 위치하면 12++를 입력하고 판관비란(⑦)에 8++를 입력한다. 수정 시에는 퇴직급여충당부채 금액란에서 우측 방향키를 눌러 해당란에서 변경하면 된다.

⑦ 미처분이익잉여금은 프로그램의 특성을 고려하여 "이월이익잉여금"으로 입력해야 한다.

⑧ 전부 입력한 후 차변합계와 대변합계의 금액이 일치하지 않으면 대차차액란(⑧)에 차액이 표시되므로 차액이 표시되지 않도록 정확히 입력한다.

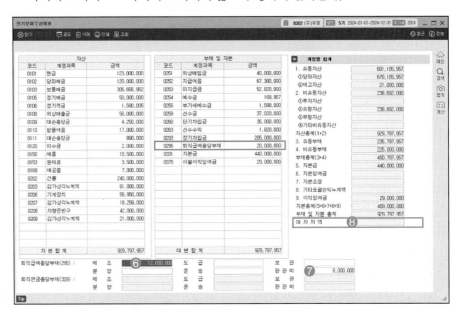

▲ 입력 후 화면

SECTION 05 전기분원가명세서

출제빈도 상 **중** 하

 빈출 태그 전기분원가명세서

가적의 3회독
☐ 1회 ☐ 2회 ☐ 3회

전기분 원가명세서를 보고 입력하며 입력된 자료는 [결산/재무제표]의 비교식(전기와 당기) 제조원가명세서의 전기분 자료로 표시된다.

프로그램 사용방법

[회계관리]−[재무회계]−[전기분재무제표]−[전기분원가명세서]를 실행하면 「매출원가 및 경비선택」창이 열린다. 전산회계 1급에서는 제조원가명세서를 작성해야 하므로 편집(Tab)을 클릭하고 「0455.제품매출원가」의 사용여부를 "1.여"로 바꾼 후 확인(Enter)을 클릭하여 전기분제조원가명세서를 작성한다(내용이 입력된 경우에는 자동으로 들어감). 다음의 설명을 보고 해당란에 순서대로 입력하면 된다.

> **가적의 Tip**
>
> 전산회계 1급의 회사는 제조업이므로 제조원가명세서를 작성해야 한다.

> **가적의 Tip**
>
> 시험 시 일반적으로 전기분원가명세서 내용이 입력되어 있으므로 매출원가및원가경비를 선택하는 화면없이 자동으로 들어간다.

매출원가 및 경비선택

사용여부	매출원가코드 및 계정과목		원가경비		화면
여	0.부 55	제품매출원가	1	0500번대	제조
부	1.여 52	도급공사매출원가	2	0600번대	도급
부	0457	보관매출원가	3	0650번대	보관
부	0453	분양공사매출원가	4	0700번대	분양
부	0458	운송매출원가	5	0750번대	운송

[참고사항]
1. 편집(tab)을 선택하면 사용여부를 1.여 또는 0.부로 변경하실 수 있습니다.
2. 사용여부를 1.여로 입력 되어야만 매출원가코드를 변경하실 수 있습니다.
   (편집(tab)을 클릭하신 후에 변경하세요)
3. 사용여부가 1.여인 매출원가코드가 중복 입력되어 있는 경우 본 화면에 입력하실 수 없습니다.

확인(Enter) 선택(Tab) 자동설정(F3) 취소(Esc)

① **코드, 계정과목, 금액** : 전기분제조원가명세서를 보고 계정과목 코드란에 코드 세 자리를 입력하거나 코드란에서 계정과목명을 한 글자 이상으로 입력하고 Enter 를 치면 해당 글자가 포함된 계정과목명이 조회되는데 해당 계정과목명을 선택하고, 금액을 입력한다.

② **「원재료비」 입력방법** : 코드란에서 "원재"를 입력하고 Enter 를 친 후 "501.원재료 비"를 선택한다. 그러면 다음과 같이 「원재료」창이 나타나며, 이곳에 기초원재료재 고액과 당기원재료매입액을 입력하고 기말원재료재고액을 차감한 금액이 자동으 로 원재료비로 표시된다. 기말원재료재고액은 [전기분재무상태표]에서 원재료로 입력한 금액이 자동 반영되어 표시되므로 직접 입력할 수 없다. 따라서 작업 전에 반드시 [전기분재무상태표]를 먼저 작업해야 한다.

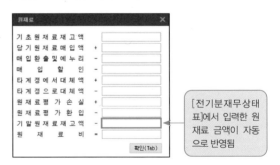

③ **재공품재고액** : 기초재공품재고액이 있는 경우에는 화면 우측의 계정별합계란의 「6.기초재공품재고액」란에 직접 입력하며, 「9.기말재공품재고액」란은 [전기분재무 상태표]에서 자동으로 반영되므로 직접 입력할 수 없다. 기말원재료재고액과 마찬 가지로 본 메뉴 작업 전에 반드시 [전기분재무상태표]를 먼저 작업해야 한다.

1. 원재료비	
2. 부재료비	
3. 노무비	
4. 경비	
5. 당기총제조비용	
6. 기초재공품재고액	
7. 타계정에서대체액	
8. 합 계	
9. 기말재공품재고액	
10. 타계정으로대체액	
11. 당기제품제조원가	

[전기분재무상태표]에서 입력한 재공품 금액이 자동으로 반영됨

※ 실력 다지기 문제를 따라하면서 읽어보면 더 쉽게 이해할 수 있다.

실력 다지기

다음은 (주)우정(회사코드 : 302)의 전기분 원가명세서이다. 해당 메뉴에 입력하시오.

제조원가명세서

회사명 : (주)우정   2023. 1. 1～2023. 12. 31   (단위 : 원)

과목	금액	
Ⅰ.원재료비		61,500,000
기초원재료재고액	5,000,000	
당기원재료매입액	60,000,000	
기말원재료재고액	3,500,000	
Ⅱ.노무비		15,000,000
임금	15,000,000	
Ⅲ.경비		20,770,000
복리후생비	1,800,000	
가스수도료	1,500,000	
감가상각비	1,500,000	
수선비	2,400,000	
보험료	1,500,000	
차량유지비	5,000,000	
소모품비	7,070,000	
Ⅳ.당기총제조비용		97,270,000
Ⅴ.기초재공품재고액		3,430,000
Ⅵ.합계		100,700,000
Ⅶ.기말재공품재고액		7,000,000
Ⅷ.타계정으로 대체액		0
Ⅸ.당기제품제조원가		93,700,000

풀이방법 >

① 코드란에 [코드 원재]라고 입력하고 [Enter]를 치면 「계정코드도움」창이 뜨는데 "원재료비"를 선택하고 [확인(Enter)]을 누르면 다음과 같은 「원재료」창이 뜬다.

② 기초원재료재고액과 당기원재료매입액을 입력하고 「확인」을 누른다(기말원재료재고액은 [전기분재무상태표]의 원재료 금액이 자동으로 반영됨(❶)).

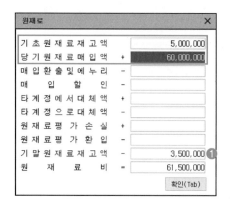

③ 동일한 방법으로 나머지 계정과목과 금액을 입력한다.

④ 기초재공품재고액은 화면 우측의 「6.기초재공품재고액」란에 입력(❷)하고 「9.기말재공품재고액」은 [전기분재무상태표]의 재공품 금액이 자동으로 반영(❸)된다.

▲ 입력 후 화면

전기분손익계산서

빈출 태그 전기분손익계산서 · 전기분재무제표

전기분 손익계산서를 보고 입력하며 입력된 자료는 [결산/재무제표]의 비교식(전기와 당기) 손익계산서의 전기분 자료로 표시된다.

> 🎓 **기적의 Tip**
>
> 입력된 전기분손익계산서를 보고 오류정정 및 계정과목 추가가 가능하도록 한다.

프로그램 사용방법

[회계관리]-[재무회계]-[전기분재무제표]-[전기분손익계산서]를 실행하면 다음과 같은 화면이 나타난다. 다음의 설명을 보고 해당란에 순서대로 입력하면 된다.

① **코드, 계정과목, 금액** : 전기분 손익계산서를 보고 계정과목 코드란에 코드 세 자리를 입력하거나 코드란에서 계정과목명을 한 글자 이상으로 입력하고 **Enter**를 치면 해당 글자가 포함된 계정과목명이 조회되는데 해당 계정과목명을 선택하고, 금액을 입력한다.

② 「**제품매출원가**」 **입력방법** : 코드란에서 "제품"이라고 입력하고 [Enter]를 친 후 "455.제품매출원가"를 선택한다(입력된 경우에는 제품매출원가 금액을 클릭함). 그러면 다음과 같은 「제품매출원가」창이 나타나며, 이곳에 기초제품재고액과 당기 제품제조원가(제조원가명세서의 당기제품제조원가)를 입력한다(현재 프로그램에서 [전기분원가명세서]의 당기제품제조원가가 자동으로 반영되지 않음). 기말제품 재고액은 이미 작업한 [전기분재무상태표]에서 제품으로 입력한 금액이 자동 반영되어 표시되므로 직접 입력할 수 없다. 따라서 작업 전에 반드시 [전기분재무상태표]를 먼저 작업해야 한다.

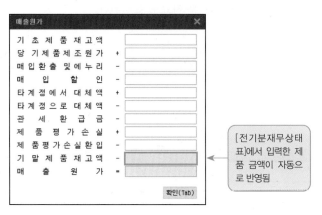

제품매출원가는 기초제품재고액과 당기제품제조원가를 합한 금액에서 기말제품재고액을 차감한 금액이 자동으로 표시된다.

※ 실력 다지기 문제를 따라하면서 읽어보면 더 쉽게 이해할 수 있다.

다음은 (주)우정(회사코드 : 302)의 전기분 손익계산서이다. 해당 메뉴에 입력하시오.

손익계산서

회사명 : (주)우정   제4기 2023. 1. 1 ~ 2023. 12. 31   (단위 : 원)

과목	금액	과목	금액
I. 매　　출　　액	240,000,000	V. 영　업　이　익	19,300,000
제　품　매　출	240,000,000	VI. 영　업　외　수　익	500,000
II. 매　출　원　가	118,200,000	이　자　수　익	500,000
제 품 매 출 원 가	118,200,000	VII. 영　업　외　비　용	6,000,000
기 초 제 품 재 고 액	35,000,000	이　자　비　용	5,000,000
당 기 제 품 제 조 원 가	93,700,000	잡　　손　　실	1,000,000
기 말 제 품 재 고 액	10,500,000	VIII. 법인세차감전순이익	13,800,000
III. 매　출　총　이　익	121,800,000	IX. 법　인　세　비　용	0
IV. 판　매　비　와　관　리　비	102,500,000	X. 당　기　순　이　익	13,800,000
급　　　　　여	77,000,000		
복　리　후　생　비	8,900,000		
통　　신　　비	3,000,000		
수　도　광　열　비	2,000,000		
세　금　과　공　과	1,500,000		
감　가　상　각　비	1,500,000		
임　　차　　료	4,000,000		
수　　선　　비	700,000		
차　량　유　지　비	500,000		
운　　반　　비	1,000,000		
도　서　인　쇄　비	900,000		
수　수　료　비　용	1,000,000		
광　고　선　전　비	500,000		

풀이방법 >

① 코드란에 ┌코드┐ 이라고 입력하고 **Enter** 를 치면 계정코드도움 창이 뜨는데 "제
└제품┘
품매출"을 선택하고 **확인(Enter)** 을 누르고 나서 금액란으로 커서가 이동하면 240++
를 입력하고 **Enter** 를 친다(+는 우측 키패드의 **+** 를 누름).

② 줄이 바뀌면 코드란에  이라고 입력하고 Enter 를 치면 계정코드도움 창이 뜨는데 "제품매출원가"를 선택하고 확인(Enter) 을 누르면 다음과 같은 「매출원가」창이 뜬다.

매출원가		
기 초 제 품 재 고 액		35,000,000
당 기 제 품 제 조 원 가	+	93,700,000
매 입 환 출 및 에 누 리	-	
매 입 할 인	-	
타 계 정 에 서 대 체 액	+	
타 계 정 으 로 대 체 액	-	
관 세 환 급 금	-	
제 품 평 가 손 실	+	
제 품 평 가 손 실 환 입	-	
기 말 제 품 재 고 액	-	10,500,000
매 출 원 가	=	118,200,000

확인(Tab)

③ 기초제품재고액과 당기제품제조원가의 금액을 입력하고 확인을 누른다(기말제품재고액은 [전기분재무상태표]의 제품 금액이 자동으로 반영됨).

④ 동일한 방법으로 나머지 계정과목과 금액을 입력한다.

⑤ 전부 입력을 한 후 당기순이익이 지문과 일치하는지 확인한다.

▲ 입력 후 화면

전기분잉여금처분계산서

▶ 합격 강의

 빈출 태그 이익잉여금처분계산서 · 전기분재무제표

전기분이익잉여금처분계산서를 보고 입력하며 입력된 자료는 [결산/재무제표]의 비교식(전기와 당기) 이익잉여금처분계산서의 전기분 자료로 표시된다.

> 📖 기적의 Tip
>
> 전산회계 1급은 회사가 주식 회사이므로 이익잉여금처분계산서를 작성해야 한다.

프로그램 사용방법

[회계관리]-[재무회계]-[전기분재무제표]-[전기분잉여금처분계산서]를 실행하면 다음과 같은 화면이 나타난다. 다음의 설명을 보고 해당란에 순서대로 입력하면 된다.

> 📖 기적의 Tip
>
> 임의적립금 등의 이입액란은 전기에 사용하고 남은 임의적립금이 이입된 금액이다. 그러므로 사업확장적립금 이입액이라고 할 경우 5.사업확장적립금란에 입력하는 것이 아닌 임의 적립금 등의 이입액란 아래(①)에 해당 계정과목과 금액을 입력해야 한다.

① 전년도 이익잉여금처분계산서(또는 결손금처리계산서)를 보고 해당란에 직접 입력한다.
② 전기이월미처리결손금은 전기이월미처분이익잉여금란에 음수(−)로 입력하고, 당기순손실은 당기순이익란에 음수(−)로 입력한다.
③ 추가로 등록할 항목이 있는 경우 상단 툴바의 「F4 칸추가」를 클릭하여 항목을 추가할 수 있으며 툴바의 「칸추가」는 커서가 당기순이익, 임의적립금 등의 이입액 또는 차기이월미처분이익잉여금란에 위치한 경우에 활성화된다.

④ 당기순이익은 [전기분손익계산서]에서 자동 반영된다. [전기분손익계산서]의 당기순이익이 변경된 경우 상단 툴바의 「F6불러오기」를 클릭하면 된다.

⑤ 미처분이익잉여금(②)은 [전기분재무상태표]의 이월이익잉여금과 일치되어야 한다.

⑥ Ⅲ.이익잉여금처분액란은 전기분 이익잉여금 처분 내용을 항목별로 「입력금액」란에 입력하는 부분이다. 1.이익준비금(③), 가.현금배당(미지급배당금)(④), 나.주식배당(미교부주식배당금)(⑤), 사업확장적립금(⑥)란이 중요하다.

실력 다지기

다음은 (주)우정(회사코드 : 302)의 전기분잉여금처분계산서이다. 해당 메뉴에 입력하시오.

기적의 Tip

사업확장적립금의 이입은 임의적립금등의 이입액란 하단에 계정을 등록하여 입력한다.

- **처분확정일자** : 2024년 2월 25일
- **사업확장적립금의 이입** : 5,000,000원   **이익준비금** : 1,000,000원
- **현금배당** : 10,000,000원   **주식배당** : 15,000,000원
- **사업확장적립금** : 10,000,000원

풀이방법 >

기적의 Tip

사업확장적립금의이입이란 전기분사업확장적립금 잔액이 다시 들어온 것을 말한다.

① 상단 처분확정일자란에 2024년 2월 25일을 입력하고 Ⅱ.임의적립금 등의 이입액란 아래 1.의 코드란에 F2를 누른 후 "사업"이라고 입력한 후 "356.사업확장적립금"을 선택한 후 입력금액란에 5,000,000을 입력한다.

② 나머지 자료는 Ⅲ.이익잉여금처분액란 아래 1.이익준비금란에 1,000,000을 가.현금배당란에 10,000,000을 나.주식배당란에 15,000,000을 5.사업확장적립금란에 10,000,000을 입력금액란에 입력한다.

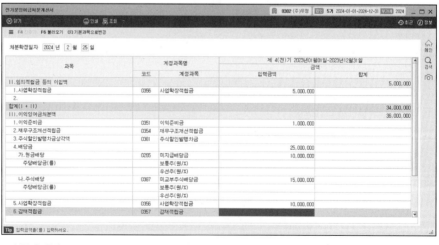

▲ 입력 후 화면

[전기분재무제표] 자료입력 정리

[전기분재무제표]를 작성할 경우에는 프로그램의 특성을 고려하여 [전기분재무상태표] → [전기분원가명세서] → [전기분손익계산서] → [전기분잉여금처분계산서] 순으로 입력해야 한다. 그 이유는 [전기분재무상태표]의 자산계정과목 중 원재료, 재공품, 제품이 [전기분원가명세서]의 기말원재료재고액과 기말재공품재고액으로 자동으로 표시되고, [전기분손익계산서] 매출원가의 기말재고액으로 자동 표시되기 때문이다.

또한 [전기분제조원가명세서]의 당기제품제조원가는 [전기분손익계산서] 매출원가의 당기제품제조원가에 입력되어야 하며 [전기분손익계산서]의 당기순이익은 [전기분잉여금처분계산서]의 당기순이익에 반영되어야 하므로 순서대로 입력해야 한다. 그리고 [전기분잉여금처분계산서]의 미처분이익잉여금은 [전기분재무상태표]의 이월이익잉여금과 일치되어야 한다.

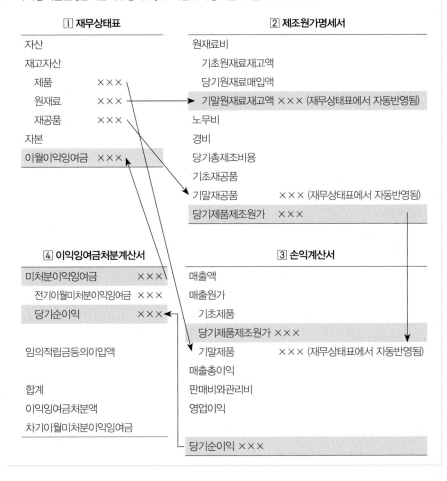

① 재무상태표

자산
재고자산
　제품　　×××
　원재료　×××
　재공품　×××
자본
이월이익잉여금　×××

② 제조원가명세서

원재료비
　기초원재료재고액
　당기원재료매입액
　기말원재료재고액　×××　(재무상태표에서 자동반영됨)
노무비
경비
당기총제조비용
기초재공품
기말재공품　　　　×××　(재무상태표에서 자동반영됨)
당기제품제조원가　×××

④ 이익잉여금처분계산서

미처분이익잉여금　　　　　×××
　전기이월미처분이익잉여금　×××
당기순이익　　　　　　　×××

임의적립금등의이입액

합계
이익잉여금처분액
차기이월미처분이익잉여금

③ 손익계산서

매출액
매출원가
　기초제품
　당기제품제조원가　×××
　기말제품　　×××　(재무상태표에서 자동반영됨)
매출총이익
판매비와관리비
영업이익

당기순이익　×××

기적의 Tip

시험 시 제시된 자료를 토대로 해당 메뉴를 조회하여 잘못된 금액을 수정하거나 누락된 금액을 입력한 후 다른 메뉴와의 관계를 찾아가서 해당 메뉴까지 수정하는 방식으로 출제된다.

다음은 (주)영진(회사코드 : 0301)의 전기분 제조원가명세서이다. 다음 자료를 이용하여 오류부분은 정정하고 관계있는 전기분 손익계산서, 전기분 재무상태표, 전기분 이익잉여금처분계산서의 관련 항목을 모두 수정하시오.

제조원가명세서

회사명 : (주)영진   2023년 1월 1일 ~ 2023년 12월 31일   (단위 : 원)

계정과목	금액	
Ⅰ. 재료비		14,800,000
기초원재료재고액	2,500,000	
당기원재료매입액	17,000,000	
기말원재료재고액	4,700,000	
Ⅱ. 노무비		8,000,000
임금	8,000,000	
Ⅲ. 경비		5,632,000
복리후생비	1,800,000	
전력비	500,000	
감가상각비	1,440,000	
소모품비	252,000	
가스수도료	400,000	
세금과공과	250,000	
수선비	440,000	
보험료	350,000	
차량유지비	200,000	
Ⅳ. 당기총제조비용		28,432,000
Ⅴ. 기초재공품재고액		3,430,000
Ⅵ. 합계		31,862,000
Ⅶ. 기말재공품재고액		2,700,000
Ⅷ. 타계정으로 대체액		200,000
Ⅸ. 당기제품제조원가		28,962,000

① [전기분재무제표]-[전기분원가명세서]를 클릭하고 원재료비의 금액을 클릭(❶)하여 당기원재료매입액 12,200,000원을 17,000,000원으로 수정(❷)하고 확인을 누른다. 임금 5,000,000원을 8,000,000원으로 수정한다. 수정 후 당기제품제조원가가 28,962,000원(❸)으로 변경된 것을 확인한다.

② [전기분재무제표]-[전기분손익계산서]를 클릭하고 "455.제품매출원가"의 금액을 클릭하면 「매출원가」창이 뜨는데 당기제품제조원가란의 21,162,000원을 28,962,000원(❹)으로 수정([전기분원가명세서]의 당기제품제조원가와 일치되어야 함)하고 당기순이익 66,038,000원(❺)을 확인한다.

③ [전기분재무제표]−[전기분잉여금처분계산서]에서 당기순이익이 66,038,000원 으로 수정(⑥)된 것([전기분손익계산서]의 당기순이익과 일치되어야 함)을 확인(자동으로 반영이 안 될 경우 상단 툴바의 「F6 불러오기」를 클릭하여 나오는 창에서 예(Y) 를 누름)하고 미처분이익잉여금 70,000,000원을 확인한다.

④ [전기분재무제표]−[전기분재무상태표]에서 "375.이월이익잉여금"(⑦)을 70,000,000원 으로 수정([전기분잉여금처분계산서]의 미처분이익잉여금과 일치되어야 함)한다.

⑤ 우측 "대차차액"란의 금액이 없어진 것을 확인(⑧)한다.

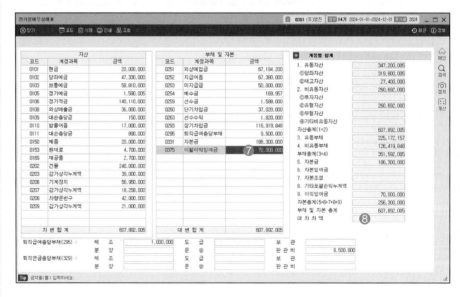

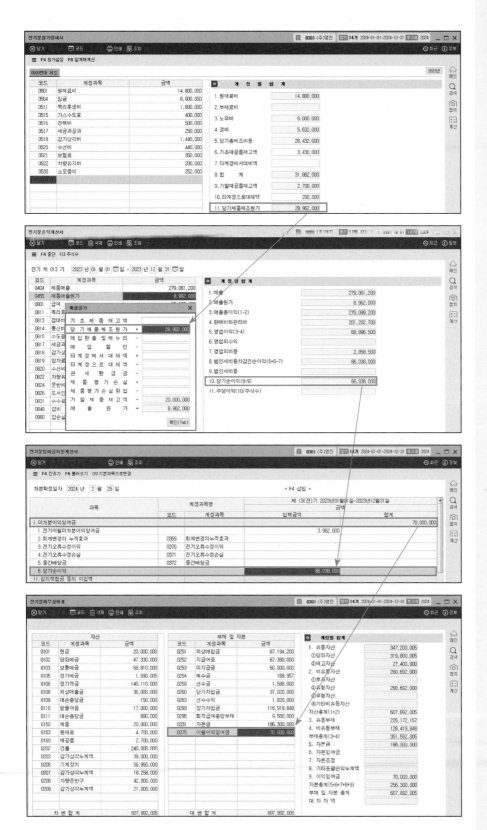

- [제조원가명세서]의 당기제품제조원가＝[손익계산서]의 매출원가란의 당기제품제조원가
- [손익계산서]의 당기순이익＝[이익잉여금처분계산서]의 당기순이익
- [이익잉여금처분계산서]의 미처분이익잉여금＝[재무상태표]의 이월이익잉여금

기적의 Tip

시험 시 첫 글자를 따서 "제 손이재" 순으로 수정하자(암기)(수정할 보고서가 손익계산서부터이면 "손이재")

더알기 Tip

재무제표 메뉴의 연관관계

- 전기분 재무제표 수정 시 제조원가명세서 → 손익계산서 → 이익잉여금처분계산서 → 재무상태표 순으로 확인하여 수정하는 것을 잊지 말자.
- 결산 시 재무제표를 작성한다면 제조원가명세서 → 손익계산서 → 이익잉여금처분계산서 → 재무상태표 순으로 작성해야 한다. 그 이유는 제조원가명세서의 "당기제품제조원가"가 손익계산서의 매출원가(기초제품＋당기제품제조원가－기말제품)를 산출하는 자료로 사용되며, 손익계산서의 "당기순이익"은 이익잉여금처분계산서의 미처분이익잉여금계산의 자료로 사용되고, 이익잉여금처분계산서의 "미처분이익잉여금"은 재무상태표의 자본의 미처분이익잉여금(케이렙 : "이월이익잉여금")으로 사용되기 때문이다.

거래처별초기이월

빈출 태그 계정과목 · 거래처원장 · 거래처별계정과목별원장 · 거래처별초기이월

[거래처원장], [거래처별계정과목별원장]에 각 거래처별 전기이월 자료를 표기하기 위하여 입력하는 메뉴이다. [회계관리]-[재무회계]-[장부관리]-[거래처원장], [거래처별계정과목별원장]에서는 전기이월 자료를 직접 입력할 수 없기 때문에 [거래처별초기이월]에서 계정과목별로 각 거래처별 전기이월 금액을 입력한다.

프로그램 사용방법

[회계관리]-[재무회계]-[전기분재무제표]-[거래처별초기이월]을 실행하면 다음과 같은 화면이 나타난다. 다음의 설명을 보고 해당란에 순서대로 입력하면 된다.

① 상단 툴바의 「F4불러오기」를 클릭하여 [전기분재무상태표]에서 작업한 내용을 불러온다(시험 시에는 해당 자료는 불러와 있거나 불러와 있지 않는 해당 계정과목만 추가로 계정과목란에 입력하여 작업하면 됨).

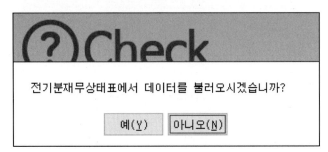

② [거래처별 초기이월] 작업을 하기 전에 [회계관리]−[재무회계]−[기초정보관리]−[거래처등록]에서 거래처를 미리 등록해야 사용 가능하다.

③ **코드, 거래처, 금액** : 좌측에서 해당 계정과목을 선택하고 우측의 코드란에 상단 툴바의 코드(F2)를 눌러 해당 거래처를 선택하고 확인을 누른 후 금액을 입력한다. 계정과목에 따라 세부사항이 나오는 경우 하단에 입력한다. [전기분재무상태표]에서 불러온 왼쪽 금액과 오른쪽 거래처세부내역의 합에 차액이 생기지 않도록 한다.

다음 자료를 이용하여 (주)영진(코드 : 0301)의 거래처별 초기이월 자료를 입력하시오.

계정과목	거래처명	금액	비고
받을어음	강동상사	어음번호 : 00320160815123456781 발행일자 : 2023-10-01 어음종류 : 전자어음, 자수 지급은행 : 신한은행	금액 : 17,000,000 만기일자 : 2024-09-15 발행인 : 강동상사 지점 : 여의도점
외상매입금	동작상회	35,000,000원으로 변경	
	(주)수민	32,194,200원으로 변경	
미지급금	(주)더삼	20,000,000원 입력	
	다수화학(주)	15,000,000원 입력	
	(주)원단	15,000,000원 입력	

기적의 Tip

시험 시에는 이미 등록된 내용 중 오류를 수정하거나 추가로 입력하는 형태로 출제된다.

기적의 Tip

우측에 누락된 거래처 입력 시 코드란에서 상단 메뉴의 코드(또는 F2)를 누르고 입력하는 것을 암기한다.

풀이방법

① [거래처별초기이월] 계정과목란(좌측)에서 "받을어음"을 선택(❶)한 후 화면 우측의 코드란을 클릭하고 상단 툴바의 📃코드(F2)를 눌러 나오는「거래처도움」창에서 "강동"이라고 입력(❷)하여 "강동상사"를 선택하고 확인(Enter)을 누르고 나서 금액란으로 커서가 이동하면 17++를 입력하고 Enter를 친다(+는 우측 키패드의 +를 누름). 그리고 나서 차액란(❸)이 0인지 확인한다(∵ 해당 계정의 좌측의 금액과 우측의 합계가 같아야 함).

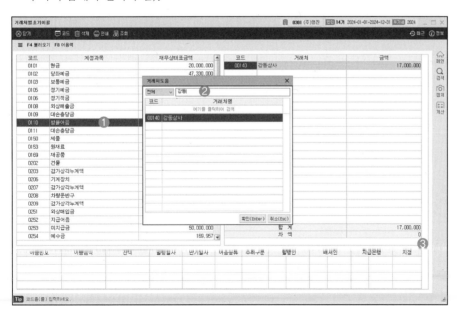

② 하단의 세부사항란에 나머지 내용을 입력한 후 [Esc]를 눌러 **빠져나온다**(자수 : 자수어음을 말하며 자수어음이란 물품 등을 판매하고 그 대금을 매입처가 직접 발행한 어음으로 지급받은 것을 말함).

어음번호	어음금액	잔액	발행일자	만기일자	어음종류	수취구분	발행인		배서인	지급은행	지점
00320160815123456781	17,000,000	17,000,000	2023-10-01	2024-09-15	전자어음	자수	00140	강동상사		98000 신한은행	여의도점

Tip 어음번호를(를) 입력하세요.

③ 계정과목란(좌측)에서 "외상매입금"을 선택하고 화면 우측에서 동작상회와 (주)수민의 금액을 35,000,000원과 32,194,200원으로 각각 변경한다.

④ 계정과목란(좌측)에서 "미지급금"을 선택하고 화면 우측의 코드란을 클릭하고 상단 툴바의 [코드]([F2])를 눌러 나오는 거래처도움 창에서 "덕산"이라고 입력하여 "(주)덕산"을 선택하고 [확인(Enter)]을 누르고 나서 금액란으로 커서가 이동하면 20++를 입력하고 [Enter]를 친다. 나머지 다수화학(주), (주)원단을 같은 방법으로 입력한다.

지금까지 학습한 [전기분재무제표] 메뉴는 계속사업자가 최초 프로그램 구입 시 사용하는 작업으로 신규사업자는 해당 자료가 없으므로 입력하지 않는다. 또한 당기 재무제표는 마감후이월을 이용하여 전기분재무제표에 반영되므로 계속사업자라도 [전기분재무제표] 메뉴를 한 번만 사용하는 것이다.

기적의 Tip

금액을 입력(수정)하고 [Enter]를 쳐야 저장되고 차액이 사라진다.

CHAPTER 02

일반전표입력

학습 방향

일반전표입력 메뉴는 매입매출거래(부가가치세 신고와 관련된 거래) 이외의 회계상 거래를
입력하는 메뉴입니다. 입력된 자료는 자동으로 정리, 분류, 집계되어 장부관리메뉴에서 필
요 내용을 조회, 출력을 할 수 있게 해줍니다. 자산, 부채, 자본, 수익, 비용 계정 순으로 거래
자료를 분개하여 입력하는 연습을 수차례 반복하는 것이 가장 중요합니다.

● **NCS능력단위(분류번호) : 회계정보시스템 운용(0203020105_20v4)**
원활한 재무보고를 위하여 회계 관련 DB마스터 관리, 회계프로그램 운용, 회계정보를 활용
하는 능력을 함양

● **NCS능력단위(분류번호) : 전표관리(0203020101_20v4)**
회계상 거래를 인식하고, 전표 작성 및 이에 따른 증빙서류를 처리 및 관리하는 능력을 함양

출제 빈도

Section 01	상	30%	Section 04	하	10%
Section 02	중	20%	Section 05	중	20%
Section 03	중	20%			

프로그램 사용방법

[회계관리]−[재무회계]−[전표입력]−[일반전표입력]을 실행하면 다음과 같은 화면이 나타난다. 다음의 설명을 보고 해당란에 순서대로 입력하면 된다.

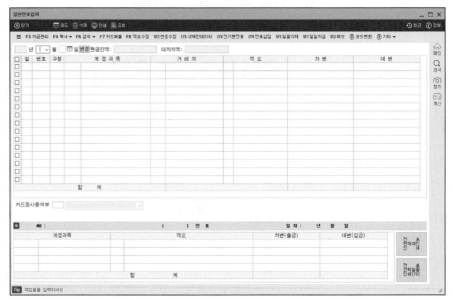

① **월, 일** : 거래의 발생 "월"과 "일"을 입력한다. 일자를 입력하는 방법에는 해당 일을 직접 입력하는 방법(상단에 월과 일을 전부 입력 : ❶)과 해당 월만 입력 후 일자별 거래를 연속적으로 입력하는 방법(상단에 월만 입력하고 일을 입력하지 않고 [Enter]를 친 후 본란에 일자를 입력 : ❷)이 있다. 상황에 따라 빨리 입력할 수 있는 방법을 사용하면 된다.

② **번호** : 전표번호를 말하며 "00001"부터 자동으로 부여되며, 일자가 바뀌면 새로이 "00001"부터 부여된다. 상단 툴바의 SF2 번호수정 을 클릭하고 수정할 수 있다.

③ **구분** : 전표의 구분을 입력한다. 해당란에 커서가 위치한 경우 화면 하단에 아래와 같은 도움말이 나타난다.

> 구분을 입력하세요. 1.출금, 2.입금, 3.차변, 4.대변, 5.결산차변, 6.결산대변

구분 중에서 해당 거래에 적합한 구분을 선택한다.

- **[1.출금]** : 출금전표거래를 입력하는 경우에 사용한다. 현금감소의 거래이므로 대변에 자동으로 현금 계정이 표시되므로 차변 계정과목만 선택하면 된다. 이 경우 대변에 101,현금은 입력되지 않는다

출금전표거래 : (차) 계정과목 ××× (대) 현금 ×××

⑩ 1월 1일 충남상회로부터 전자제품 원재료를 구입하기로 하고 계약금 1,000,000원을 현금으로 지급하다. 「(차변) 선급금 1,000,000 (대변) 현금 1,000,000」을 1.출금으로 다음과 같이 입력한다.

일	구분	계정과목	거래처	적요	차변	대변
1	출금	0131 선급금	충남상회		1,000,000	(현금)

- **[2.입금]** : 입금전표거래를 입력하는 경우에 사용한다. 현금증가의 거래이므로 차변에 자동으로 현금 계정이 표시되므로 대변 계정과목만 선택하면 된다. 이 경우 차변에 101.현금은 입력되지 않는다.

입금전표거래 : (차) 현금 ××× (대) 계정과목 ×××

⑩ 2월 1일 강남상회로부터 지난달 외상매출금 3,000,000원을 현금으로 회수하다. 「(차변) 현금 3,000,000 (대변) 외상매출금 3,000,000」을 2.입금으로 다음과 같이 입력한다.

일	구분	계정과목	거래처	적요	차변	대변
1	입금	0108 외상매출금	강남상회		(현금)	3,000,000

- **[3.차변], [4.대변]** : 대체전표거래를 입력하는 경우에 사용한다. 즉, 현금이 포함되지 않은 거래이거나 또는 현금이 일부만 포함된 경우에 선택하며 차변과 대변의 계정과목을 모두 선택한다.

대체전표거래 : (차) 계정과목 ××× (대) 계정과목 ×××

⑩ 3월 1일 대표이사로부터 토지 3,000,000원을 무상으로 수증받다. 「(차변) 토지 3,000,000 (대변) 자산수증이익 3,000,000」을 3.차변, 4.대변으로 다음과 같이 입력한다.

일	구분	계정과목	거래처	적요	차변	대변
1	차변	0201 토지			3,000,000	
1	대변	0917 자산수증이익				3,000,000

- **[5.결산차변], [6.결산대변]** : 결산대체분개를 할 경우, 즉 기말 결산정리분개를 [결산자료입력] 메뉴를 통해서 자동결산분개를 발생시킨 경우 [결차], [결대]로 나타난다.

④ **계정과목** : 해당 거래의 계정과목은 코드번호의 입력 또는 선택으로 이루어진다. 코드란에 커서를 놓고 입력하고자 하는 계정과목명 두 글자를 입력한 후(또는 키보드의 F2를 누르고 「계정코드도움」창의 검색란에서 입력하고자 하는 계정과목명 두 글자를 입력) Enter를 치면 「계정코드도움」창에서 해당 글자가 포함되어 있는 계정과목명이 조회된다. 이때 해당 계정과목을 선택하고 Enter를 치거나 확인을 클릭한다(제품매출의 경우 제품이라고 입력하면 제품으로 처리되므로 이런 경우에는 세 글자로 입력함).

⑤ **거래처** : 해당 거래의 거래처명은 코드번호의 입력 또는 선택으로 이루어진다. 장부 중 거래처원장은 전표입력에서 거래처를 입력해야 작성되므로 거래처원장을 작성하여 관리하고자 할 경우라면 거래처는 모두 입력해야 한다. 시험 시에는 채권, 채무와 관련된 계정과목들은 별도의 제시가 없어도 반드시 거래처코드를 입력해야 하며(입력 시 유의사항에 나옴) 나머지 계정과목은 별도의 지시가 없으면 입력하지 않아도 된다. 코드란에 커서를 놓고 해당 거래처명의 두 글자를 입력한 후(또는 키보드의 F2를 누르고 거래처도움 창의 검색란에서 입력하고자 하는 거래처명 두 글자를 입력) Enter를 치면 「거래처도움」창에 해당 글자가 포함되어 있는 거래처가 조회된다. 이때 해당 거래처를 선택하고 Enter를 치거나 확인을 클릭한다.

> ■ [일반전표입력]에서 거래처가 등록되어 있지 않아 신규로 등록하고자 하는 경우
>
> 거래처가 등록되어 있지 않아 신규로 등록하고자 하는 경우에는 「거래처코드」란에서 키보드 숫자키패드란의 +를 누르거나 "00000"을 입력하고 거래처명란에 거래처이름을 끝까지 입력한 다음에 Enter를 친 후 「거래처등록」창이 나타나면 거래처코드를 입력하고 수정을 클릭한 후 하단 「거래처등록」란에 세부사항을 입력한 후 Esc 또는 Tab을 눌러 빠져나오면 된다. [거래처등록]에서 등록해도 된다.

⑥ **적요** : 거래내용을 간단하게 요약하여 전표에 표시해 주는 부분으로 반복되는 거래일 경우에는 등록된 적요를 숫자로 선택하여 입력한다. 적당한 내용이 없어 등록하고자 하거나 등록된 적요를 수정하고 싶은 경우에는 코드란에서 F8을 눌러 나오는 「수정적요등록」창에서 추가로 입력하거나 수정할 수 있다. [계정과목및적요등록]에서 등록해도 된다.

🎓 **기적의 Tip**

동일한 명칭의 비용계정과목 입력 시

시험 시 주어지는 회사는 제조, 도소매업을 하는 법인이므로 제조관련해서는 500번대 제조원가로, 판매비와관리비 관련해서는 800번대 판매관리비로 처리해야 한다.

🎓 **기적의 Tip**

시험 시 거래처란에는 거래처코드번호까지 반드시 표시되어야한다.

🎓 **기적의 Tip**

거래처등록

일반전표에서 거래처를 등록해서 사용하면 더 빠른 작업이 가능하다.

⑦ **금액** : 구분에서 선택한 항목의 거래금액을 입력한다. 금액 입력 시 키보드의 숫자 키패드란의 ⊞를 치면 000단위로 입력되므로 이용하면 편리하다.

※ 입력된 한 라인을 삭제하고자 하는 경우에는 해당 라인 아무 곳이나 클릭하고, 원하는 부분만큼만 삭제하고자 하는 경우에는 좌측 체크란에서 원하는 부분을 체크하고 상단 툴바의 ⊗삭제 또는 키보드의 F5 를 누르면 나오는 창에서 예(Y) 를 누르면 된다.

⑧ **카드등사용여부** : 3만 원 이상의 경비를 지출하면서 적격증명서류(세금계산서, 계산서, 신용카드·현금영수증)를 수취하지 못한 경우 영수증수취명세서를 제출해야 하는데 이 서식을 자동으로 작성하기 위해 사용한다. 제출자료에 대하여 2%의 가산세가 부과되며 법인사업자는 제출의무가 없다. 시험과 관련이 없어 활성화되지 않는다.

※ 실력 다지기 문제를 따라하면서 읽어보면 더 쉽게 이해할 수 있다.

비용 관련 계정과목 입력 시 동일한 계정과목 처리방법

비용 계정과목은 각 계정과목별로 동일한 명칭이 여러 개 있는 경우가 있다. 코드번호가 500번대로 되어 있는 경우에는 제조원가에 해당하는 비용일 경우에 사용하며, 600번대로 되어 있는 경우에는 도급(건설)/보관원가에 해당하는 비용일 경우, 700번대로 되어 있는 경우에는 분양(건설)/운송원가에 해당하는 비용일 경우, 800번대로 되어 있는 경우에는 판매비와관리비에 해당하는 비용일 경우에 사용해야 한다(시험에선 600번대와 700번대는 해당되지 않음).
500번대(제조원가)를 사용하면 해당 비용은 [제조원가명세서]에 반영되며 800번대(판매비와관리비)를 사용하면 해당 비용은 [손익계산서]의 판매비와관리비에 반영된다. 따라서 거래 내용의 비용을 잘 파악하고 계정과목을 선택해야 정확한 재무제표 작성이 가능해진다는 것을 명심하자.

시험 시 일반전표 유의사항에 의거 입력해야 하므로 다음 사항을 숙지하고 있어야 한다.

■ **시험 시 일반전표입력 유의사항**
• 일반적인 적요의 입력은 생략하지만, 타계정 대체거래는 적요번호를 선택하여 입력한다.
• 채권·채무와 관련된 거래는 별도의 요구가 없는 한 반드시 기 등록되어 있는 거래처코드를 선택하는 방법으로 거래처명을 입력한다.
• 제조경비는 500번대 계정코드를, 판매비와 관리비는 800번대 계정코드를 사용한다.
• 회계처리 시 계정과목은 별도 제시가 없는 한 등록되어 있는 계정과목 중 가장 적절한 과목으로 한다.

※ 따라서 본서는 일반전표입력 관련하여 위 유의사항에 의거 설명한다.

■ **시험 시 유의사항에 따라 지시가 없어도 반드시 거래처를 입력해야 하는 채권, 채무**★
• **채권** : 외상매출금, 받을어음, 미수금, 선급금, 단기대여금, 장기대여금, 임차보증금, 부도어음과수표
• **채무** : 외상매입금, 지급어음, 미지급금, 선수금, 단기차입금, 장기차입금, 임대보증금, 유동성장기부채

F3 자금관리
받을어음, 지급어음, 차입금을 관리하고자 하는 경우에 사용하며 [일반전표입력], [매입매출전표입력] 메뉴에서 해당 계정과목과 거래처를 입력한 후 F3 을 클릭하면 도움박스가 나오는데 여기에 상세히 입력하면 소멸 시까지 관리하여 사용할 수 있다.

★ 해당 계정과목에는 거래처를 반드시 입력하고 나머지(단, 가지급금의 경우에는 대표이사의 가지급금인 경우에만 거래처란에 대표이사를 입력하며 선급비용, 선수수익, 미지급비용, 미수수익은 결산 이전 거래인 경우에 거래처가 제시되면 입력)는 문제의 지시에 따른다.

출제
빈도 상 중 하

빈출 태그 당좌자산 · 재고자산

기적의 3회독

☐ 1회 ☐ 2회 ☐ 3회

---

① 당좌자산

타인발행당좌수표 수취 시 → 현금, 자기앞수표 수취 및 지급 시 → 현금, 만기 1년 이내 정기예금 · 적금 → 정기예금 · 정기적금, 당좌수표 발행 시 → 당좌예금, 단기매매증권 취득 시 지급하는 수수료 → 수수료비용, 단기매매증권처분 시 지급하는 수수료 → 단기매매증권처분이익 · 손실에서 차감, 받을어음 만기이전 할인 시 할인료 → 매출채권처분손실, 외상매출금 · 받을어음 → 상품 · 제품매출 시 사용하고 그 외에는 미수금으로 처리, 매입관련 계약금을 지급하면 → 선급금, 현금부족 시 원인불명이라면 현금과부족계정 차변으로 처리하고 과잉 시에는 대변으로 처리, 대손발생 시 대손충당금으로 처리하고 부족 시 대손상각비(기타의 대손상각비)로 처리

실력 다지기

출제유형1 ▶

다음 거래자료를 (주)영진(회사코드 : 0301)의 일반전표입력 메뉴에 추가 입력하시오(현금, 당좌예금, 보통예금, 정기예금, 정기적금, 단기매매증권, 외상매출금, 받을어음).

1. 1월 1일 보통예금계좌에서 3,000,000원을 당좌예금계좌로 이체하였다.

2. 1월 2일 동작상회에서 원재료 3,000,000원을 매입하면서, 현금 2,000,000원을 지불하고 나머지는 당좌수표를 발행하여 지급하였다.

3. 1월 3일 성보(주)에 제품 1,000,000원을 매출하고 대금은 성보(주)가 발행한 당좌수표로 받았다.

4. 1월 4일 보통예금에서 5,000,000원을 정기예금으로 이체하였으며, 이때 보통예금에서 700원의 송금수수료가 인출되었다.

🎓 기적의 Tip

당좌수표를 발행하면 당좌예금으로 회계처리한다.

🎓 기적의 Tip

동점(성보(주))발행당좌수표란 타사가 발행한 당좌수표를 말하므로 현금으로 회계처리한다.

5. 1월 5일 정기예금 10,000,000원을 해약해서 보통예금에 입금하였다(단, 수입이자 300,000원도 함께 입금됨).

🎓 기적의 Tip

수입이자는 이자수익으로 처리한다.

6. 1월 6일 단기매매차익을 목적으로 삼성전자의 주식 100주를 주당 50,000원에 현금으로 매입하였다.

7. 1월 7일 단기매매차익을 목적으로 (주)서해상사의 주식 100주를 주당 20,000원에 매입하고 매입 시 수수료 20,000원을 포함하여 모두 현금으로 지급하였다(당사는 금융업이 아님).

🎓 기적의 Tip

자산취득 시 발생되는 비용은 자산으로 처리한다(단, 단기매매증권은 비용처리함).

8. 1월 8일 보유하고 있는 삼성전자의 주식에 대하여 현금배당 40,000원이 보통예금계좌에 입금되었다.

9. 1월 9일 삼성전자 주식에 투자한 대가로 주식배당 2주(액면 @5,000원)를 받았다.

🎓 기적의 Tip

주식배당은 회계처리대상이 아니다.

10. 1월 10일 당사가 보유하고 있는 사채에 대하여 이자 100,000원이 보통예금계좌로 입금되었다.

11. 단기매매차익을 목적으로 보유중인 (주)종로의 주식의 기말 현재 장부금액은 15,000,000원이고 공정가치는 16,000,000원이다. 기말 평가에 대한 회계처리를 하시오.

단기매매증권의 평가
장부금액 vs 기말공정가치

12. 1월 12일 단기매매차익 목적으로 소유하고 있는 (주)포스코의 주식(매입 시 주당 30,000원에 구입) 800주를 주당 32,000원에 처분하고 매매수수료 100,000원을 제외한 대금은 모두 현금으로 받았다.

단기매매증권처분시 수수료
• 장부금액 초과하여 처분 시 : 단기매매증권처분이익에서 차감
• 장부금액 이하로 처분 시 : 단기매매증권처분손실로 처리

13. 1월 13일 단기매매증권인 (주)우림의 주식 100주를 주당 20,000원에 매각 처분하고 대금은 자기앞수표로 받았다. (주)우림의 주식은 10일 전에 주당 18,000원에 200주를 취득한 것으로서 취득 시에 수수료 50,000원을 지급하였다. 주식처분 시 분개를 하시오.

14. 1월 14일 민영상사(사업자등록번호 : 112-12-58545, 대표자 : 이민영, 업태 : 도매, 종목 : 전자, 유형 : 동시)에 제품 7,000,000원을 외상으로 매출하였다. 거래처코드 200번에 거래처를 추가로 등록한 후 입력하시오.

15. 1월 15일 (주)성실기업의 외상매출금 5,000,000원 중 1,000,000원은 동점발행 당좌수표로 받고 나머지 잔액은 약속어음(만기 : 1년 이내)으로 받았다.

16. 1월 16일 (주)상명기업에 대한 받을어음 10,000,000원을 거래은행에 추심 의뢰하여 추심료 20,000원을 차감한 잔액이 당사 당좌예금계좌에 입금되었음을 통보 받았다.

17. 1월 17일 (주)남화상사의 외상매입금 15,000,000원을 결제하기 위하여 당사가 제품매출 대가로 받아 보유하고 있던 (주)유담상사의 약속어음(만기 : 1년 이내) 10,000,000원을 배서하여 지급하였고, 잔액은 당좌수표를 발행하여 지급하였다.

18. 1월 18일 (주)인성상사로부터 받은 받을어음 10,000,000원을 만기 전에 거래처 은행으로부터 할인받고 할인료 1,000,000원을 차감한 잔액을 보통예금 통장으로 입금받다. 단, 할인된 어음은 매각거래로 간주한다.

19. 12월 31일 NEOMOM의 외상매출금 12,000,000원(US \$10,000)에 대한 기말 평가를 하시오. 기말 현재 환율은 1\$당 1,300원이다.

20. 12월 31일 단기차입금으로 계상된 외화차입금 잔액은 미국의 NEOMOM으로부터 9월 3일 차입한 \$30,000(결산일까지 상환된 금액은 없음)로서 차입 당시 적용된 환율은 1\$당 1,090원이었고, 결산일 현재 기준환율은 1\$당 1,070원이다.

21. 1월 21일 1월 10일 미국의 NEOMOM에 제품수출 대금 \$100,000를 신한은행을 통하여 환전, 보통예입하였다(1월 10일 1\$=1,250원, 1월 21일 1\$=1,200원).

풀이방법 >

1. 1월 1일

① 날짜란에 1월(❶)을 선택하고 일자란에서 Enter를 친 후에 본 화면의 일자란(❷)에 1을 입력하고 구분란(❸)에서 3(차변)을 누른다.

② 계정과목 코드란(❹)에 "당좌"라고 입력하고 Enter를 친 후 나오는 「계정코드도움」창에서 당좌예금을 선택하고 확인(Enter)을 누른다.

③ 차변 금액란(❺)에서 3++를 누른 후 Enter를 친다.

④ 일자란에 위 일자와 동일하므로 Enter를 쳐서 복사하고 구분란에서 4(대변)을 누른다.

⑤ 계정과목 코드란에 "보통"이라고 입력하고 Enter를 친 후 나오는 「계정코드도움」 창에서 보통예금을 선택하고 확인(Enter)을 누른다.

⑥ 대변 금액란에서 3,000,000을 확인한 후 수정할 사항이 없으므로 Enter를 친다.

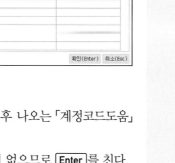

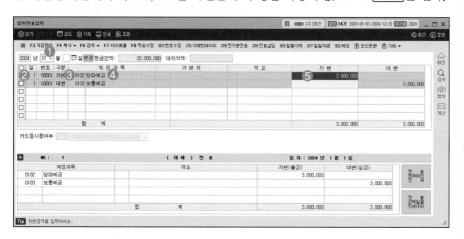

위 답안 내용을 아래와 같이 표시하기로 하며 이하 답안 모두 동일하다. 답은 차변, 대변 순으로 입력했지만 순서는 상관없고 차변과 대변의 계정과목과 금액만 맞으면 된다.

🎓 기적의 Tip

계정과목을 코드번호로 입력할 경우 해당 계정과목코드란에 코드 3자리를 입력한다.

구분		계정과목	거래처	적요	차변	대변
차변	0102	당좌예금			3,000,000	
대변	0103	보통예금				3,000,000

2. 1월 2일

구분		계정과목	거래처	적요	차변	대변
차변	0153	원재료			3,000,000	
대변	0101	현금				2,000,000
대변	0102	당좌예금				1,000,000

□	일	번호	구분	계 정 과 목		거 래 처	적 요	차 변	대 변
	2	00001	차변	0153	원재료			3,000,000	
	2	00001	대변	0101	현금				2,000,000
	2	00001	대변	0102	당좌예금				1,000,000
				합	계			3,000,000	3,000,000

	계정과목	적요	차변(출금)	대변(입금)	
0153	원재료		3,000,000		전표 재라인 인 쇄
0101	현금			2,000,000	
0102	당좌예금			1,000,000	
					전표 택일 인 쇄(F9)
	합	계	3,000,000	3,000,000	

3. 1월 3일

구분		계정과목	거래처	적요	차변	대변
입금	0404	제품매출			(현금)	1,000,000

① 일자란에 3을 입력하고 구분란에서 2(입금)을 누른다.

② 계정과목 코드란에 "제품매"라고 입력하고 Enter 를 친 후 나오는 「계정코드도움」 창에서 제품매출을 선택하고 확인(Enter) 을 누른다.

③ 대변 금액란에서 1++를 누른 후 Enter 를 친다.

※ 입금으로 입력하는 것이 가장 빠르므로 입금으로 처리했으나 다음과 같이 3.차변, 4.대변으로 처리해도 상관없다(분개만 맞으면 됨).

구분		계정과목	거래처	적요	차변	대변
차변	0101	현금			1,000,000	
대변	0404	제품매출				1,000,000

더 알기 Tip

입력한 데이터를 삭제하는 방법

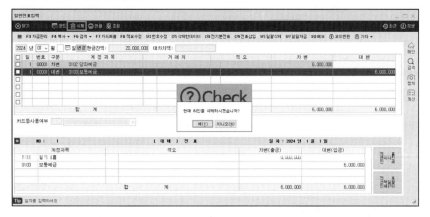

기적의 Tip

거래처나 적요 부분만 한 셀씩 지우고자 할 경우에는 해당 셀을 클릭한 후 Space Bar 를 누르고 Enter 를 친다.

① 삭제하고자 하는 라인에 커서를 위치하고 상단 툴바의 ⊗삭제 를 클릭한다.
② "현재 라인을 삭제하시겠습니까?"라는 창이 뜨면 예(Y) 를 클릭한다.

4. 1월 4일

구분	계정과목		거래처	적요	차변	대변
차변	0105	정기예금			5,000,000	
차변	0831	수수료비용			700	
대변	0103	보통예금				5,000,700

5. 1월 5일

구분	계정과목		거래처	적요	차변	대변
차변	0103	보통예금			10,300,000	
대변	0105	정기예금				10,000,000
대변	0901	이자수익				300,000

6. 1월 6일

구분	계정과목		거래처	적요	차변	대변
출금	0107	단기매매증권			5,000,000	(현금)

① 일자란에 6을 입력하고 구분란에서 1(출금)을 누른다.
② 계정과목 코드란에 "단기"라고 입력하고 Enter 를 친 후 나오는 계정코드도움 창에서 단기매매증권을 선택하고 확인(Enter) 을 누른다.
③ 차변 금액란에서 2++를 누른 후 Enter 를 친다.

※ 출금으로 입력하는 것이 가장 빠르므로 출금으로 처리했으나 다음과 같이 3.차변, 4.대변으로 처리해도 상관없다(분개만 맞으면 됨).

구분		계정과목	거래처	적요	차변	대변
차변	0107	단기매매증권			5,000,000	
대변	0101	현금				5,000,000

7. 1월 7일

구분		계정과목	거래처	적요	차변	대변
차변	0107	단기매매증권			2,000,000	
차변	0984	수수료비용			20,000	
대변	0101	현금				2,020,000

※ 단기매매증권의 취득과 관련되는 거래원가(제비용)는 당기비용으로 처리한다. 또한 당기비용으로 처리하는 수수료비용은 업태에 따라 영업비용(800번대(판관비) : 금융업) 및 영업외비용(900번대(영업외비용) : 금융업외)으로 처리해야 한다.

8. 1월 8일

구분		계정과목	거래처	적요	차변	대변
차변	0103	보통예금			40,000	
대변	0903	배당금수익				40,000

9. 1월 9일 : 회계처리 없음

※ 주식배당 시 회계처리를 하지 않고 비망 기록하여 보유주식 수만 증가시켜 놓는다(추후 평가나 처분 시 회계처리함).

10. 1월 10일

구분		계정과목	거래처	적요	차변	대변
차변	0103	보통예금			100,000	
대변	0901	이자수익				100,000

□	일	번호	구분	계정과목		거래처	적요	차변	대변
▣	1	00001	차변	0102	당좌예금			3,000,000	
▣	1	00001	대변	0103	보통예금				3,000,000
▣	2	00001	차변	0153	원재료			3,000,000	
▣	2	00001	대변	0101	현금				2,000,000
▣	2	00001	대변	0102	당좌예금				1,000,000
▣	3	00001	입금	0404	제품매출			(현금)	1,000,000
▣	4	00001	차변	0105	정기예금			5,000,000	
▣	4	00001	차변	0831	수수료비용			700	
▣	4	00001	대변	0103	보통예금				5,000,700
▣	5	00001	차변	0103	보통예금			10,300,000	
▣	5	00001	대변	0105	정기예금				10,000,000
▣	5	00001	대변	0901	이자수익				300,000
▣	6	00001	출금	0107	단기매매증권			5,000,000	(현금)
▣	7	00001	차변	0107	단기매매증권			2,000,000	
▣	7	00001	차변	0984	수수료비용			20,000	
▣	7	00001	대변	0101	현금				2,020,000
▣	8	00001	차변	0103	보통예금			40,000	
▣	8	00001	대변	0903	배당금수익				40,000
▣	10	00001	차변	0103	보통예금			100,000	
▣	10	00001	대변	0901	이자수익				100,000

▲ 1번부터 10번까지 [일반전표입력]에 입력한 내용 예시

11. 12월 31일

구분		계정과목	거래처	적요	차변	대변
차변	0107	단기매매증권			1,000,000	
대변	0905	단기매매증권평가이익				1,000,000

※ 공정가치(16,000,000) − 장부금액(15,000,000) = 1,000,000원(평가이익)

12. 1월 12일

구분		계정과목	거래처	적요	차변	대변
차변	0101	현금			25,500,000	
대변	0107	단기매매증권				24,000,000
대변	0906	단기매매증권처분이익				1,500,000

※ (@₩32,000 × 800주) − (@₩30,000 × 800주) − 100,000 = 1,500,000원(처분이익)
단기매매증권을 처분할 경우 장부금액과 처분금액의 차액은 단기매매증권처분이익(손실)으로 처리한다.
만약, 수수료가 발생한다면 처분이익 시에는 처분이익에서 차감하고 처분손실 시나 장부금액대로 처분한
경우에는 단기매매증권처분손실로 처리한다.

13. 1월 13일

구분		계정과목	거래처	적요	차변	대변
차변	0101	현금			2,000,000	
대변	0107	단기매매증권				1,800,000
대변	0906	단기매매증권처분이익				200,000

※ 주식 장부금액 : (@₩18,000원 × 200주) × 100주/200주 = 1,800,000원

14. 1월 14일

① 일자란에 14를 입력하고 구분란에서 3(차변)을 입력한다.

② 계정과목란 코드에서 108을 입력하고 거래처란 코드에 커서가 위치하면 거래처를 등록하기 위하여 우측키패드의 ➕를 누르면 "00000"이 입력된다.

③ 등록하고자 하는 거래처명 "민영상사"를 입력하고 Enter 를 누른다.

④ 거래처등록 창이 뜨면 거래처코드번호란에 코드를 "200"으로 수정하고 수정 (Tab)을 누르면 커서가 하단 화면으로 이동한다.

⑤ 사업자등록번호, 대표자명, 업태, 종목을 입력한다(유형은 자동으로 동시로 입력됨).

⑥ [기초정보관리]－[거래처등록]에서 확인해 보면 등록되어 있는 것을 확인할 수 있다.

⑦ 상단 차변 금액란으로 이동하여 7++를 입력하고 Enter 를 누른 후 줄이 바뀌면 동일한 방법으로 제품매출을 입력하고 금액을 입력하면 된다.

구분		계정과목	거래처	적요	차변	대변
차변	0108	외상매출금	민영상사		7,000,000	
대변	0404	제품매출				7,000,000

※ 시험 시 채권과 채무에 관련된 거래처는 거래처 코드(숫자)와 거래처명을 반드시 입력해야 한다. 거래처등록은 [기초정보관리]－[거래처등록]에서 할 수도 있지만 일반전표에서 거래처를 등록하여 사용하면 훨씬 빠르고 편리하다.

시험 시 채권·채무와 관련된 거래는 별도의 요구가 없는 한 반드시 기 등록되어 있는 거래처코드를 선택하는 방법으로 거래처명을 입력하도록 하고 있으며, 거래처를 입력하지 않으면 감점 대상이 된다.

15. 1월 15일

구분		계정과목	거래처	적요	차변	대변
차변	0101	현금			1,000,000	
차변	0110	받을어음	(주)성실기업		4,000,000	
대변	0108	외상매출금	(주)성실기업			5,000,000

※ 시험 시 지문에 거래처의 외상매출금 금액이 제시되지 않을 경우 [장부관리]−[거래처원장]에서 조회하여 찾아야 한다.

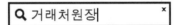
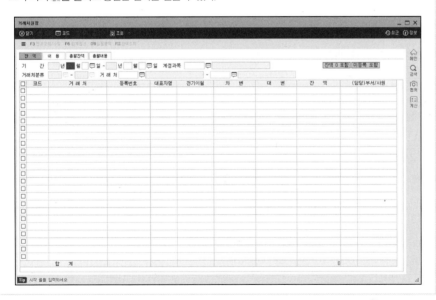

16. 1월 16일

구분		계정과목	거래처	적요	차변	대변
차변	0831	수수료비용			20,000	
차변	0102	당좌예금			9,980,000	
대변	0110	받을어음	(주)상명기업			10,000,000

17. 1월 17일

구분		계정과목	거래처	적요	차변	대변
차변	0251	외상매입금	(주)남화상사		15,000,000	
대변	0110	받을어음	(주)유담상사			10,000,000
대변	0102	당좌예금				5,000,000

18. 1월 18일

구분		계정과목	거래처	적요	차변	대변
차변	0956	매출채권처분손실			1,000,000	
차변	0103	보통예금			9,000,000	
대변	0110	받을어음	(주)인성상사			10,000,000

19. 12월 31일

구분		계정과목	거래처	적요	차변	대변
차변	0108	외상매출금	NEOMOM		1,000,000	
대변	0910	외화환산이익				1,000,000

※ 장부금액 : 12,000,000원
※ 기말평가액 : $10,000 × 1,300원 = 13,000,000원

20. 12월 31일

구분		계정과목	거래처	적요	차변	대변
차변	0260	단기차입금	NEOMOM		600,000	
대변	0910	외화환산이익				600,000

※ 장부금액 : $30,000 × 1,090원 = 32,700,000원
※ 기말평가액 : $30,000 × 1,070원 = 32,100,000원

21. 1월 21일

구분		계정과목	거래처	적요	차변	대변
차변	0103	보통예금			120,000,000	
차변	0952	외환차손			5,000,000	
대변	0108	외상매출금	NEOMOM			125,000,000

※ $100,000 × (1,200원 − 1,250원) = −5,000,000원
※ 채권(외상매출금)의 경우 환율 하락 시 환차손이 발생하고 채무의 경우에는 환차익이 발생된다.

동일한 거래의 전표번호가 다르게 입력된 경우

전표를 입력하면 자동으로 해당 일자의 첫 번째 거래는 00001번으로 두 번째 거래는 00002번으로 부여되는데 전표를 잘못 입력하거나 수정하다 보면 전표번호가 동일한 거래가 다른 전표번호로 입력되는 경우가 있다. 이런 경우 상단 툴바의 **번호수정(①)**을 누르고 본란의 번호란의 번호 수정하고자 하는 곳으로 이동하여 해당 번호를 수정(②)하고 다시 **번호수정(①)**을 누르면 된다. 동일한 거래가 다른 번호로 되면 거래가 분리되어 차변과 대변의 합계액이 틀려서 시험 시에는 오답 처리되므로 이런 일이 발생하지 않도록 주의한다.

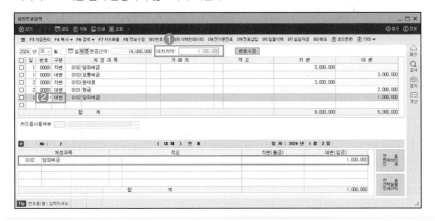

다음 거래자료를 (주)영진(회사코드 : 0301)의 일반전표입력 메뉴에 추가 입력하시오 (단기대여금, 미수금, 선급금, 가지급금, 선납세금, 전도금, 현금과부족).

1. 2월 1일 매입처 국주상사(주)에 2025년 10월 10일 상환 조건으로 차용증서를 받고 현금 3,000,000원을 대여하였다.

2. 2월 2일 (주)일신산업에 3,000,000원을 1개월간 대여하기로 하고 선이자 30,000원을 공제한 2,970,000원을 당사의 보통예금계좌에서 이체하였다.

3. 2월 3일 거래처인 아이상사(주)에 1년 이내 회수 목적으로 10,000,000원을 대여하기로 하여 8,000,000원은 보통예금에서 지급하였고, 나머지 2,000,000원은 아이상사(주)에 대한 외상매출금을 대여금(연이자율 10%)으로 전환하기로 약정하였다.

> **기적의 Tip**
>
> 2월 1일부터 1년을 따지는 것이 아니라 기말(보고기간말)부터 계산하는 것이므로 1년 이내이다.

4. 2월 4일 사용 중이던 업무용 화물차(취득원가 6,000,000원, 처분 시 감가상각누계액 4,200,000원)를 (주)유담상사에 1,500,000원에 매각하고 대금은 월말에 받기로 하였다.

5. 2월 5일 사용 중이던 기계장치(취득원가 20,000,000원, 처분 시 감가상각누계액 15,000,000원)을 거래처 (주)신구에 10,000,000원에 처분하고 대금은 약속어음(만기 : 1년 이내)으로 받았다.

6. 2월 6일 제품을 생산하기 위해 (주)태백으로부터 원재료를 매입하기로 하고, 계약금으로 1,000,000원을 보통예금통장에서 지급하였다.

7. 2월 7일 업무차 지방 출장을 간 영업사원의 출장비로 1,000,000원을 회사 보통예금통장에서 계좌이체하여 지급하였고 사후 정산하기로 하였다. 전도금계정을 사용하여 처리하시오.

8. 2월 8일 총무부 김철수 부장은 2월 3일 세미나참석을 위한 출장 시 지급받은 업무 가지급금 500,000원에 대해 다음과 같이 사용하고 잔액은 현금으로 정산하였다(여비교통비로 처리하고 가지급금계정에 거래처 입력은 생략할 것).

- **왕복항공료** : 240,000원 　　· **택시 요금** : 50,000원 　　· **숙박비** : 200,000원

9. 2월 9일 보통예금계좌에서 300,000원의 이자수익이 발생하였으며, 원천징수법인세를 제외한 나머지 금액이 보통예금계좌로 입금되었다(원천징수법인세율은 14%로 가정함).

10. 8월 31일 당해 사업연도 법인세의 중간예납세액 24,000,000원을 현금으로 납부하였다.

11. 2월 11일 현금 시재를 확인한 결과 장부잔액보다 현금잔고가 300,000원이 부족함을 발견하였다.

12. 2월 12일 현금 시재를 확인한 결과 장부잔액보다 현금잔고가 50,000원 더 많은 것을 확인하였으나 그 원인이 밝혀지지 않았다.

풀이방법

1. 2월 1일

구분		계정과목	거래처	적요	차변	대변
출금	0114	단기대여금	국주상사(주)		3,000,000	(현금)

※ 단기대여금의 단기는 1년 이내를 말하며 회계상 1년이라 함은 당기 기말(보고기간말)부터 다음연도 말까지 이다.

2. 2월 2일

구분		계정과목	거래처	적요	차변	대변
차변	0114	단기대여금	(주)일신산업		3,000,000	
대변	0901	이자수익				30,000
대변	0103	보통예금				2,970,000

3. 2월 3일

구분		계정과목	거래처	적요	차변	대변
차변	0114	단기대여금	아이상사(주)		10,000,000	
대변	0103	보통예금				8,000,000
대변	0108	외상매출금	아이상사(주)			2,000,000

4. 2월 4일

구분		계정과목	거래처	적요	차변	대변
차변	0209	감가상각누계액			4,200,000	
차변	0120	미수금	(주)유담상사		1,500,000	
차변	0970	유형자산처분손실			300,000	
대변	0208	차량운반구				6,000,000

5. 2월 5일

구분		계정과목	거래처	적요	차변	대변
차변	0207	감가상각누계액			15,000,000	
차변	0120	미수금	(주)신구		10,000,000	
대변	0206	기계장치				20,000,000
대변	0914	유형자산처분이익				5,000,000

※ 처분 시 받은 약속어음은 상거래(상품, 제품 판매)가 아니므로 "미수금"으로 처리하여야 한다.

6. 2월 6일

구분		계정과목	거래처	적요	차변	대변
차변	0131	선급금	(주)태백		1,000,000	
대변	0103	보통예금				1,000,000

7. 2월 7일

구분		계정과목	거래처	적요	차변	대변
차변	0138	전도금			1,000,000	
대변	0103	보통예금				1,000,000

8. 2월 8일

구분		계정과목	거래처	적요	차변	대변
차변	0812	여비교통비			490,000	
차변	0101	현금			10,000	
대변	0134	가지급금				500,000

※ 비용계정처리 시 동일한 이름의 계정과목이 여러 개 나올 경우 제조(공장, 생산)원가 관련해서는 500번대를, 판매비와관리비 관련해서는 800번대를 사용한다. 건설관련 원가[도급(600번대), 분양(700번대)]는 시험과 관계 없다.

9. 2월 9일

구분		계정과목	거래처	적요	차변	대변
차변	0136	선납세금			42,000	
차변	0103	보통예금			258,000	
대변	0901	이자수익				300,000

합격의 Tip

입·출금 전표는 차변, 대변으로 입력해도 된다.

10. 8월 31일

구분		계정과목	거래처	적요	차변	대변
출금	0136	선납세금			24,000,000	(현금)

11. 2월 11일

구분		계정과목	거래처	적요	차변	대변
출금	0141	현금과부족			300,000	(현금)

12. 2월 12일

구분		계정과목	거래처	적요	차변	대변
입금	0141	현금과부족			(현금)	50,000

다음 거래자료를 (주)영진(회사코드 : 0301)의 일반전표입력 메뉴에 추가 입력하시오
(대손상각비, 기타의대손상각비, 대손충당금, 대손충당금환입).

1. 3월 1일 매출처 충남상사가 법원으로부터 파산선고를 받아 외상매출금 500,000
   원이 회수 불가능하게 되어 대손처리하였다. 장부상 대손충당금잔액은 없다.

기적의 Tip

시험 시에는 [합계잔액시산
표]에서 3월 1일자 외상매출
금 대손충당금을 조회하여
처리한다.

2. 3월 2일 (주)수민의 파산으로 외상매출금 500,000원을 대손처리하였다. 장부상
   대손충당금 잔액은 450,000원이다.

3. 3월 3일 매출처 (주)대여의 파산으로 인해 외상매출금이 회수불가능하게 되어
   30,000원을 대손처리하다(장부상 대손충당금 잔액은 충분하다고 가정함).

4. 3월 4일 성보(주)의 부도로 단기대여금 500,000원이 회수가 불가능하게 되어 대
   손처리하였다. 단, 단기대여금에 대한 대손충당금을 설정한 사실은 없다.

기적의 Tip

단기대여금은 기타채권이므
로 관련 손실은 영업외비용
(기타의대손상각비)으로 처리
한다.

5. 3월 5일 전기에 대손처리하였던 외상매출금 500,000원을 전액 회수하여 당사 보
   통예금계좌에 입금하였다.

기적의 Tip

전기에 대손처리된 금액을
당기에 회수할 경우 해당 채
권의 대손충당금계정에 전입
한다.

6. 결산 시 기말 매출채권(외상매출금) 잔액에 대하여 1%의 대손충당금을 설정한다.
   외상매출금의 기말잔액은 100,000,000원이며 장부상 대손충당금잔액 300,000
   원이 있다.

기적의 Tip

대손충당금설정
직접 계산하여 일반전표에
입력하는 방법(수동)과 [결산
자료입력]메뉴를 이용하여
분개하는 방법(자동)이 있다.
시험 시에는 [결산자료입력]
이 편하디(결산및재무제표 참
조).

7. 견산 시 받을어음 잔액에 대하여 1%의 대손충당금을 선정한다. 받을어음의 기말
   잔액은 100,000,000원이며 장부상 대손충당금잔액 1,600,000원이 있다(대손충
   당금환입은 판매비와관리비로 처리할 것).

1. 3월 1일

구분		계정과목	거래처	적요	차변	대변
차변	0835	대손상각비			500,000	
대변	0108	외상매출금	충남상사			500,000

※ 시험 시 지문에 대손충당금 금액이 제시가 안 될 경우 [결산/재무제표]-[합계잔액시산표]에서 3월 1일 외상매출금의 대손충당금잔액을 확인하여 회계처리한다.

2. 3월 2일

구분		계정과목	거래처	적요	차변	대변
차변	0109	대손충당금			450,000	
차변	0835	대손상각비			50,000	
대변	0108	외상매출금	(주)수민			500,000

3. 3월 3일

구분		계정과목	거래처	적요	차변	대변
차변	0109	대손충당금			30,000	
대변	0108	외상매출금	(주)대여			30,000

4. 3월 4일

구분		계정과목	거래처	적요	차변	대변
차변	0954	기타의대손상각비			500,000	
대변	0114	단기대여금	성보(주)			500,000

5. 3월 5일

구분		계정과목	거래처	적요	차변	대변
차변	0103	보통예금			500,000	
대변	0109	대손충당금				500,000

6. 12월 31일

구분		계정과목	거래처	적요	차변	대변
차변	0835	대손상각비			700,000	
대변	0109	대손충당금				700,000

※ 100,000,000(채권잔액)×1%(대손추정율) − 300,000(대손충당금잔액) = 700,000원(보충할 금액)

> ■ 시험 시 대손충당금 설정 : ① 또는 ② 중 하나를 택일(②번 사용 권장)
> ① [결산/재무제표]−[합계잔액시산표]의 12월 31일을 조회하여 외상매출금의 차변 잔액
>   (100,000,000원)과 대손충당금의 대변 잔액(300,000원)을 확인하여 추가 설정할 금액을 계
>   산한다. 100,000,000×1%−300,000 = 700,000원
> ② [결산/재무제표]−[결산자료입력]의 상단 툴바의 **F8 대손상각**을 눌러 원하는 대손율(%)로 수정
>   한 후 나오는 데이터를 보고 수정사항이 없으면(필요 없는 채권은 삭제) 하단의 결산반영 버
>   튼을 클릭한다(관련 설명은 Chapter 05 결산 및 재무제표 단원 참조).

7. 12월 31일

구분		계정과목	거래처	적요	차변	대변
차변	0111	대손충당금			600,000	
대변	0851	대손충당금환입				600,000

※ 매출채권 관련 대손충당금환입은 판매비와관리비에서 부(−)로 표시되어야 하므로 851번으로 처리해야
   한다. 100,000,000원×1% − 1,600,000원 = −600,000원
※ 대손충당금환입은 시험 시 자동결산분개로 처리하지 않고 위 정답처럼 수동결산분개로 처리해야 한다(결
   산 및 재무제표 참조).

취득 시 발생되는 비용(운임 등) → 자산처리(상품, 원재료), 외상매입 후 반품 · 에누리 · 할인 시 → 매입환출및에누리 · 매입할인, 재고자산 본래의 목적이 아닌 다른 목적으로 사용 시 재고자산금액은 원가로 처리한 후 → 해당 재고자산의 적요란에 8번(타계정으로 대체액) 입력, 장부상 수량보다 실제수량이 부족한 경우(비정상적인 원인) → 재고자산감모손실

실력 다지기

다음 거래자료를 (주)영진(회사코드 : 0301)의 일반전표입력 메뉴에 추가 입력하시오.

1. 4월 1일 원재료 2,000,000원을 구입하고 운임 300,000원은 당사가 부담하기로 하였다. 모두 현금으로 지급하였다.

2. 4월 2일 인천세관으로부터 수입한 원재료에 대한 통관수수료 160,000원을 현금으로 지급하였다(취득원가로 회계처리할 것).

3. 4월 3일 (주)일신산업으로부터 구입한 원재료의 불량으로 인하여 상환할 외상매입금 30,800,000원 중 800,000원을 할인받고 잔액은 당좌수표를 발행하여 지급하였다.

4. 4월 4일 상품 매입처 (주)유담상사에 대한 외상매입금 2월 말 잔액 8,000,000원에 대하여 2%의 할인을 받고 잔액은 당좌수표를 발행하여 지급하였다.

5. 12월 말 실지재고조사에 의해 확인된 재고자산 중 제품의 장부상 재고는 42,000,000원이나 실제는 40,000,000원이다. 차액 2,000,000원은 제품 운반 도중 파손된 것으로, 원가성이 없는 것으로 보아 매출원가에 포함시키지 않기로 하였다.

🎓 기적의 Tip

원가성이 없는 것은 비정상적으로 발생된 감모손실로 발생된 경우이므로 영업외비용(재고자산감모손실)으로 처리한다.

6. 4월 6일 원재료로 구입하여 보관 중이던 과일류 일부를(원가 ₩500,000) 생산직 사원의 야근 시 간식으로 제공하였다.

7. 4월 7일 생산된 제품(원가 5,000,000원, 시가 8,500,000원)을 국군 위문금품으로 전달하였다.

🎓 기적의 Tip

타계정 대체의 회계처리는 "원가"로 처리한다.

8. 4월 8일 창고에 보관 중인 상품 3,000,000원이 화재로 인하여 소실되었다. 당사는 화재보험에 가입되어 있지 않다.

9. 4월 9일 미국 에이프상사에 원재료 물품대금 10,000,000원을 보통예금에서 이체하여 결제하였다. 선적지 인도조건이며 해당물품은 선적되어 운송 중에 있다.

10. 4월 10일 당사는 제품을 교환할 수 있는 상품권(1장당 10,000원) 300장을 시중에 판매하고 현금 3,000,000원을 획득하였다(거래처 입력은 생략할 것).

1. 4월 1일

구분		계정과목	거래처	적요	차변	대변
출금	0153	원재료			2,300,000	(현금)

2. 4월 2일

구분		계정과목	거래처	적요	차변	대변
출금	0153	원재료			160,000	(현금)

3. 4월 3일

구분		계정과목	거래처	적요	차변	대변
차변	0251	외상매입금	(주)일신산업		30,800,000	
대변	0154	매입환출및에누리				800,000
대변	0102	당좌예금				30,000,000

※ 매입환출및에누리 계정과목 입력 시 계정과목 코드란에 "매입"을 치고 나오는 창에서 참고를 보고 원재료의 「154.매입환출및에누리」를 선택한다.

4. 4월 4일

일	구분		계정과목	거래처	적요	차변	대변
4	차변	0251	외상매입금	(주)유담상사		8,000,000	
4	대변	0148	매입할인				160,000
4	대변	0102	당좌예금				7,840,000

※ 매출할인 계정과목 입력 시 계정과목 코드란에 "매입"을 치고 나오는 창에서 참고를 보고 상품의 「148.매입할인」을 선택한다.

5. 12월 31일

구분		계정과목	거래처	적요	차변	대변
차변	0959	재고자산감모손실			2,000,000	
대변	0150	제품		8	타계정으로 대체액 손익계산서 반영분		2,000,000

※ 적요란에 8(타계정으로 대체액 손익계산서 반영분)을 입력한다.

6. 4월 6일

구분	계정과목		거래처	적요		차변	대변
차변	0511	복리후생비				500,000	
대변	0153	원재료		8	타계정으로 대체액 원가명세서 반영분		500,000

7. 4월 7일

구분	계정과목		거래처	적요		차변	대변
차변	0953	기부금				5,000,000	
대변	0150	제품		8	타계정으로 대체액 손익계산서 반영분		5,000,000

8. 4월 8일

구분	계정과목		거래처	적요		차변	대변
차변	0961	재해손실				3,000,000	
대변	0146	상품		8	타계정으로 대체액 손익계산서 반영분		3,000,000

9. 4월 9일

구분	계정과목		거래처	적요	차변	대변
차변	0168	미착품			10,000,000	
대변	0103	보통예금				10,000,000

10. 4월 10일

구분	계정과목		거래처	적요	차변	대변
입금	0259	선수금			(현금)	3,000,000

※ 상품권 발행 시에는 제품의 인도 없이 상품권을 주고 해당 금액만 받는 것이므로 미리 받은 대금에 속하므로 "(상품권)선수금"으로 처리한다.

출제
빈도 상 **중** 하

빈출 태그 투자자산 · 유형자산 · 무형자산 · 기타비유동자산

기적의 3회독
☐ 1회 ☐ 2회 ☐ 3회

01 투자자산

당좌거래개설보증금 → 특정현금과예금, 만기가 1년 이후인 정기예금 · 적금 → 장기성예금, 장기투자목적부동산 → 투자부동산, 매도가능증권 취득 시 발생되는 수수료 → 자산처리(매도가능증권), 시장성 있는 매도가능증권 평가 시 → 매도가능증권평가이익 · 매도가능증권평가손실(자본 : 기타포괄손익누계액), 만기까지 보유할 채무증권 → 만기보유증권(취득 시 발생되는 수수료는 자산처리하며 평가 없음), 확정급여형퇴직연금 → 퇴직연금운용자산(※ 확정기여형 → 퇴직급여(비용))

실력 다지기

다음 거래자료를 (주)영진(회사코드 : 0301)의 일반전표입력 메뉴에 추가 입력하시오.

1. 5월 1일 당좌거래개설보증금 5,000,000원을 현금 입금하여 신한은행과 당좌거래를 개설하고 당좌개설수수료 2,000원을 현금으로 지급하였다.

2. 5월 2일 (주)부동산개발로부터 장기투자목적으로 토지를 300,000,000원에 구입하고, 현금으로 100,000,000원, 나머지는 약속어음(만기 : 1년 이내)을 발행하여 교부하였다. 또한 당일 취득세 10,000,000원은 현금 납부하였다.

3. 5월 3일 투자목적으로 보유 중인 건물(취득원가 50,000,000원) 1동을 (주)우림에 51,000,000원에 매각하고 대금은 약속어음(만기 : 1년 이내)으로 받았다.

4. 5월 4일 회사는 전 임직원 퇴직금 지급 보장을 위해 확정급여형(DB) 퇴직연금에 가입하고 4월분 퇴직연금 5,000,000원을 보통예금에서 납부하였다.

5. 5월 5일 당사는 (주)좋은은행과 확정급여형(DB형) 퇴직연금으로 매년 말에 퇴직금 추계액의 60%를 적립하고 적립액의 1%를 적립수수료로 지급하기로 계약하였다. 계약에 따라 올해 퇴직연금 부담금 30,000,000원과 적립수수료 300,000원을 보통예금 계좌에서 이체하였다.

6. 5월 6일 당사는 장기적인 자금운영을 목적으로 (주)금강이 발행한 사채를 1,000,000원에 현금으로 취득하였다.

7. 5월 7일 (주)유담상사에서 발행한 채권(만기는 2026년 5월 6일이고, 시장성은 없음)을 만기까지 보유할 목적으로 당좌수표를 발행하여 20,000,000원에 취득하였다. 또한, 채권을 취득하는 과정에서 발생한 수수료 100,000원은 보통예금에서 지급하였다.

🔵 기적의 Tip

매도가능증권, 만기보유증권 취득 시 부대비용은 취득원가에 반영하고 투자자산이므로 코드번호 입력에 주의한다.

풀이방법 >

1. 5월 1일

구분		계정과목	거래처	적요	차변	대변
차변	0177	특정현금과예금			5,000,000	
차변	0831	수수료비용			2,000	
대변	0101	현금				5,002,000

2. 5월 2일

구분		계정과목	거래처	적요	차변	대변
차변	0183	투자부동산			310,000,000	
대변	0101	현금				110,000,000
대변	0253	미지급금	(주)부동산개발			200,000,000

※ 시험 시 일반적인 상거래에서 발생한 어음상의 의무가 아니므로 "지급어음" 대신 "미지급금"을 사용해야 한다.

3. 5월 3일

구분		계정과목	거래처	적요	차변	대변
차변	0120	미수금	(주)우림		51,000,000	
대변	0183	투자부동산				50,000,000
대변	0915	투자자산처분이익				1,000,000

※ 시험 시 일반적인 상거래에서 발생한 어음상의 권리가 아니므로 "받을어음" 대신 "미수금"을 사용해야 한다.

4. 5월 4일

구분		계정과목	거래처	적요	차변	대변
차변	0186	퇴직연금운용자산			5,000,000	
대변	0103	보통예금				5,000,000

※ 확정급여형(DB) : 퇴직연금운용자산, 확정기여형(DC) : 퇴직급여
 퇴직연금운용자산의 거래처가 있을 경우 입력한다.

5. 5월 5일

구분		계정과목	거래처	적요	차변	대변
차변	0186	퇴직연금운용자산			30,000,000	
차변	0831	수수료비용			300,000	
대변	0103	보통예금				30,300,000

6. 5월 6일

구분		계정과목	거래처	적요	차변	대변
출금	0178	매도가능증권			1,000,000	(현금)

※ 매도가능증권은 178.매도가능증권(투자자산)을 선택해야 한다.

7. 5월 7일

구분		계정과목	거래처	적요	차변	대변
차변	0181	만기보유증권			20,100,000	
대변	0102	당좌예금				20,000,000
대변	0103	보통예금				100,000

※ 만기보유증권은 181. 만기보유증권(투자자산)을 선택해야 한다.

02 유형자산

취득 시 발생되는 비용(취득세 등) → 자산처리, 구건물 있는 토지 매입 후 철거 시 철거비는 자산(토지)처리하고 당사 건물 철거 시 철거비는 비용(유형자산처분손실 또는 수수료비용)처리, 자본적 지출은 자산처리하며 수익적 지출은 비용처리함, 토지와 건설중인자산은 감가상각대상 아님, 감가상각방법과 감가상각자산의 처분 회계처리를 숙지하도록 함

실력 다지기

다음 거래자료를 (주)영진(회사코드 : 0301)의 일반전표입력 메뉴에 추가 입력하시오.

1. 6월 1일 (주)지후에서 사무실용 에어컨 1대를 1,750,000원에 구입하고, 대금 중 250,000원은 현금으로 지급하고 잔액은 5개월 할부로 하였다.

2. 6월 2일 (주)상도로부터 공장용 건물을 100,000,000원에 매입하고 4월 7일에 지급한 계약금 40,000,000원을 제외한 잔액 중 50,000,000원은 당좌수표를 발행하여 지급하고 나머지는 자기앞수표로 지급하였다.

3. 6월 3일 안전작업을 위하여 공장간 교량을 설치하고 시공사 올림기업에 5,500,000원을 당좌수표로 발행하여 결제하였다.

4. 6월 4일 공장신축을 위한 차입금의 이자비용 1,000,000원을 보통예금 계좌에서 이체하였다. 공장의 착공일은 2023년 12월 1일이며, 완공일은 2025년 10월 31일이다. 단, 차입금의 이자비용은 자본화한다.

5. 6월 5일 5월 25일에 구입한 차량에 대한 취득세 250,000원을 강남구청에 현금으로 납부하였다.

6. 6월 6일 창고건물과 토지를 총 220,000,000원에 보통예금으로 지급하고 매입하였다. 토지의 취득가격은 200,000,000원, 창고건물의 취득가격은 20,000,000원이며, 매입에 따른 추가부대비용은 다음과 같이 모두 현금으로 지급하였다.

- 토지 중개수수료 및 등기이전비용 : 1,000,000원
- 토지 조경공사비(영구성 있음) : 2,000,000원
- 배수로 및 하수처리장 설치(유지보수책임은 지방자치단체에 있음) : 3,000,000원
- 대대적인 창고건물의 리모델링을 위한 지출 : 6,000,000원

🎓 기적의 Tip

신축하기 위하여 매입한 건물과 철거비 등의 부대비용은 토지로 처리한다.

7. 6월 7일 대전에 제2공장을 신축하기 위하여 건물이 세워져 있는 (주)오산공업의 토지를 8,000,000원에 구입하고 대금은 당좌수표를 발행하여 지급하였다. 또한 건물의 철거비용 1,000,000원과 토지 정지비용 800,000원도 당좌수표를 발행하여 지급하였다.

8. 6월 8일 사용 중인 창고건물(취득원가 50,000,000원, 감가상각누계액 40,000,000원)을 새로 신축하기 위해 철거하였으며, 철거용역업체에 철거비용 2,000,000원을 보통예금에서 지급하였다.

9. 6월 9일 신축 공장건물에 대한 소유권보존 등기비용으로 취득세 2,500,000원과 화재보험료 2,000,000원을 보통예금계좌에서 지급하였다.

🎓 기적의 Tip

유형자산 취득 시 국공채 액면금액(매입금액)과 공정가치(현재가치)의 차액은 유형자산의 취득원가에 가산한다.

10. 6월 10일 전달 말에 구입한 차량을 등록하면서 취득세 2,000,000원을 현금으로 납부하고, 공채(액면금액 350,000원, 공정가치 300,000원)를 액면금액에 현금으로 구입하였다. 상기의 공채는 단기간 내에 매매차익을 목적으로 처분할 예정이다.

11. 6월 11일 당사의 최대주주인 조진희씨로부터 제품 창고를 건설할 토지를 기증받았다. 본 토지에 대한 이전비용 5,000,000원은 당좌수표를 발행하여 지급하였으며, 현재 토지의 공정가치는 150,000,000원이다.

12. 6월 12일 사용 중인 기계장치(취득원가 30,000,000원, 감가상각누계액 15,000,000원)을 동일업종인 거래처의 유사한 용도로 사용하던 기계장치(장부금액 18,000,000원, 공정가치 20,000,000원)와 교환하였다. 교환되는 기계장치 상호 간의 공정가치는 동일하다.

13. 6월 13일 극도테크(주)에서 사무실 업무용 복사기를 수리하고 그 대금 300,000원은 당점 보통예금계좌에서 극도테크(주) 계좌로 이체하였다(수익적 지출로 처리할 것).

🎓 기적의 Tip

수익적 지출은 비용으로 처리한다.

14. 6월 14일 (주)모터공업사로부터 공장에서 사용하는 1톤 화물트럭의 엔진오일을 교환하고 대금 35,000원은 현금으로 지급한 후 영수증을 수취하였다.

15. 6월 15일 (주)상도에 보유 중인 토지 일부를 25,000,000원(장부금액 22,000,000원)에 매각하고 대금 중 15,000,000원은 현금으로 받고 잔액은 다음연도 2월 28일에 받기로 하였다.

16. 6월 16일 건물(취득원가 63,000,000원, 감가상각누계액 10,000,000원)을 70,000,000원에 매각하고, 40,000,000원은 자기앞수표를 받고, 잔액은 당좌예금계좌로 입금되었다.

유형자산처분이익(손실)
• 장부금액(취득원가-감가상각누계액) < 처분금액 : 유형자산처분이익
• 장부금액(취득원가-감가상각누계액) > 처분금액 : 유형자산처분손실

17. 6월 17일 회사가 소유하고 있는 오토바이(취득원가 1,000,000원, 감가상각누계액 550,000원)는 한 대밖에 없으며 해당 오토바이는 금일 사고로 손상을 입어 폐기처분하였다(유형자산처분손실로 처리할 것).

풀이방법 >

1. 6월 1일

구분		계정과목	거래처	적요	차변	대변
차변	0212	비품			1,750,000	
대변	0101	현금				250,000
대변	0253	미지급금	(주)지후			1,500,000

2. 6월 2일

구분		계정과목	거래처	적요	차변	대변
차변	0202	건물			100,000,000	
대변	0131	선급금	(주)상도			40,000,000
대변	0102	당좌예금				50,000,000
대변	0101	현금				10,000,000

3. 6월 3일

구분		계정과목	거래처	적요	차변	대변
차변	0204	구축물			5,500,000	
대변	0102	당좌예금				5,500,000

4. 6월 4일

구분		계정과목	거래처	적요	차변	대변
차변	0214	건설중인자산			1,000,000	
대변	0103	보통예금				1,000,000

5. 6월 5일

구분		계정과목	거래처	적요	차변	대변
출금	0208	차량운반구			250,000	(현금)

6. 6월 6일

구분		계정과목	거래처	적요	차변	대변
차변	0201	토지			206,000,000	
차변	0202	건물			26,000,000	
대변	0103	보통예금				220,000,000
대변	0101	현금				12,000,000

※ 배수로 및 하수처리장의 경우 설치 후 지방자치단체에서 유지보수책임을 부담하므로 토지로 처리한다.
※ 토지의 취득원가 : 2억+1백만+2백만+3백만=206,000,000원
   건물의 취득원가 : 2천만+6백만=26,000,000원

7. 6월 7일

구분		계정과목	거래처	적요	차변	대변
차변	0201	토지			9,800,000	
대변	0102	당좌예금				9,800,000

8. 6월 8일

구분		계정과목	거래처	적요	차변	대변
차변	0203	감가상각누계액			40,000,000	
차변	0970	유형자산처분손실			12,000,000	
대변	0202	건물				50,000,000
대변	0103	보통예금				2,000,000

※ 건물을 신축하기 위하여 사용 중인 건물을 철거하는 경우 그 건물의 장부금액을 처분손실로 하고, 철거비용 또한 당기비용으로 처리해야 하므로 "970.유형자산처분손실"(영업외비용)로 처리한다.

9. 6월 9일

구분		계정과목	거래처	적요	차변	대변
차변	0202	건물			2,500,000	
차변	0521	보험료			2,000,000	
대변	0103	보통예금				4,500,000

10. 6월 10일

구분		계정과목	거래처	적요	차변	대변
차변	0208	차량운반구			2,050,000	
차변	0107	단기매매증권			300,000	
대변	0101	현금				2,350,000

※ 유형자산의 취득과 관련하여 불가피하게 채권을 취득한 경우에는 당해 채권의 매입금액과 공정가치와의 차액은 유형자산의 취득원가에 가산한다.

11. 6월 11일

구분		계정과목	거래처	적요	차변	대변
차변	0201	토지			155,000,000	
대변	0917	자산수증이익				150,000,000
대변	0102	당좌예금				5,000,000

12. 6월 12일

구분		계정과목	거래처	적요	차변	대변
차변	0207	감가상각누계액			15,000,000	
차변	0206	기계장치			15,000,000	
대변	0206	기계장치				30,000,000

※ 동종자산 간의 교환 시 취득원가는 제공한 자산의 장부금액으로 한다.

13. 6월 13일

구분		계정과목	거래처	적요	차변	대변
차변	0820	수선비			300,000	
대변	0103	보통예금				300,000

14. 6월 14일

구분		계정과목	거래처	적요	차변	대변
출금	0522	차량유지비			35,000	(현금)

15. 6월 15일

구분		계정과목	거래처	적요	차변	대변
차변	0101	현금			15,000,000	
차변	0120	미수금	(주)상도		10,000,000	
대변	0201	토지				22,000,000
대변	0914	유형자산처분이익				3,000,000

16. 6월 16일

구분		계정과목	거래처	적요	차변	대변
차변	0203	감가상각누계액			10,000,000	
차변	0101	현금			40,000,000	
차변	0102	당좌예금			30,000,000	
대변	0202	건물				63,000,000
대변	0914	유형자산처분이익				17,000,000

17. 6월 17일

구분		계정과목	거래처	적요	차변	대변
차변	0209	감가상각누계액			550,000	
차변	0970	유형자산처분손실			450,000	
대변	0208	차량운반구				1,000,000

03 무형자산

개발비, 특허권, 소프트웨어, 감가상각 시 전산세무회계프로그램 사용자는 직접법으로 회계처리하며, 지문에 특별한 지시가 없는 한 감가상각은 정액법으로 하고 잔존가치는 0으로 처리한다.

실력 다지기

다음 거래자료를 (주)영진(회사코드 : 0301)의 일반전표입력 메뉴에 추가 입력하시오.

1. 7월 1일 당사의 신제품 개발을 위해 보통예금에서 인출된 개발비 2,000,000원에 대하여 자산계정을 사용하여 회계처리하시오.

2. 7월 2일 신제품 개발에 성공하여 특허권을 취득하고, 특허출원 등의 제비용 200,000원을 현금으로 지급하였다. 자산계정을 사용하여 회계처리하시오.

3. 7월 3일 독도소프트(주)에서 ERP소프트웨어를 1,500,000원에 구입하고 대금은 현금으로 지급하였다.

풀이방법 ▶

1. 7월 1일

구분		계정과목	거래처	적요	차변	대변
차변	0226	개발비			2,000,000	
대변	0103	보통예금				2,000,000

2. 7월 2일

구분		계정과목	거래처	적요	차변	대변
출금	0219	특허권			200,000	(현금)

※시험 시 특허권이 없을 경우 "산업재산권"으로 입력하며 무형자산 취득 시 제비용은 취득원가에 가산한다.

3. 7월 3일

구분		계정과목	거래처	적요	차변	대변
출금	0227	소프트웨어			1,500,000	(현금)

04 기타비유동자산

🎓 기적의 Tip

232.임차보증금, 246.부도어
음과수표
※ 계정과목 앞의 숫자는 계
정과목 코드번호로 암기하
면 빠른 입력이 가능하다.

임차보증금(↔ 임대보증금), 부도어음과수표(부도가 되었다는 문구만 있을 경우 사용 → 추후 회
수 불능되어 대손처리하기로 하면 대손충당금 또는 대손상각비로 처리함)

실력 다지기

다음 거래자료를 (주)영진(회사코드 : 0301)의 일반전표입력 메뉴에 추가 입력하시오.

1. 7월 11일 공장건물의 임대차계약을 하고 임차보증금 10,000,000원 중 3,000,000원
   은 현금으로 지급하고 나머지는 당좌수표를 발행하여 지급하였다.

2. 7월 12일 4월 10일에 제품을 매출하고 (주)덕산으로부터 수취한 어음(만기 : 1년
   이내) 5,000,000원이 부도처리되었다는 것을 국민은행으로부터 통보받았다.

🎓 기적의 Tip

부도가 되어도 소구권이 있
으므로 해당 부대비용을 포
함하여 부도어음과수표로 처
리한다.

풀이방법 ▶

1. 7월 11일

구분		계정과목	거래처	적요	차변	대변
차변	0232	임차보증금			10,000,000	
대변	0101	현금				3,000,000
대변	0102	당좌예금				7,000,000

※ 임차보증금에는 거래처를 입력해야 하나 거래처가 없으므로 생략했다.

2. 7월 12일

구분		계정과목	거래처	적요	차변	대변
차변	0246	부도어음과수표	(주)덕산		5,000,000	
대변	0110	받을어음	(주)덕산			5,000,000

기적의 3회독
☐ 1회 ☐ 2회 ☐ 3회

01 유동부채

외상매입금 · 지급어음 → 상품과 원재료 매입 시 사용하고 그 외에는 미지급금으로 처리, 급여 · 이자 · 강사료 지급 시 뗀 소득세 등 → 예수금, 매출관련 계약금을 받으면 → 선수금, 1년 이내 상환할 차입금 → 단기차입금, 장기차입금 중 상환기일이 결산일 현재 1년 이내일 경우 → 유동성장기부채, 계정과목이나 금액이 확정되지 않는 대금을 받을 경우 → 가수금, 당좌예금 잔액을 초과하여 당좌수표를 발행한 경우 → 당좌차월

> **기적의 Tip**
>
> 251.외상매입금, 252.지급어음, 253.미지급금, 254.예수금, 256.당좌차월, 257.가수금, 259.선수금, 260.단기차입금, 261.선수수익, 262.미지급비용, 263.선수수익, 264.유동성장기부채, 265.미지급배당금
>
> ※ 계정과목 앞의 숫자는 계정과목 코드번호로 암기하면 빠른 입력이 가능하다.

실력 다지기

다음 거래자료를 (주)영진(회사코드 : 0301)의 일반전표입력 메뉴에 입력하시오.

1. 8월 1일 (주)일신산업에서 원재료 1,200,000원을 매입하였다. 대금 중 200,000원은 현금으로 지급하고 나머지는 외상으로 하였다.

2. 8월 2일 (주)금강에 대한 외상매입금 2,800,000원을 당좌수표를 발행하여 지급하였다.

3. 8월 3일 (주)성실기업에 대한 외상매출금 2,700,000원과 외상매입금 3,800,000원을 상계처리하고 나머지 잔액은 당좌수표를 발행하여 (주)성실기업에 지급하였다.

4. 8월 4일 거래처인 (주)세븐의 외상매입금 55,000,000원 중 33,000,000원은 당좌수표로 지급하고, 나머지 금액은 면제받았다.

> **기적의 Tip**
>
> 채무를 면제받아서 생긴 수익은 "채무면제이익"이다.

5. 8월 5일 (주)영진문구로부터 원재료 135,000원을 매입하고 대금은 다음연도 1월 5일 만기 약속어음을 발행하여 결제하였다.

6. 8월 6일 현재 나무상사에 대한 지급어음 총액 16,160,000원을 당좌수표를 발행하여 결제하였다.

7. 8월 7일 (주)남화상사에 대한 지급어음 10,000,000원을 결제하기 위하여 당사가 제품매출 대가로 받아 보유하고 있던 충렬상회의 약속어음(만기 : 1년 이내) 10,000,000원을 배서하여 지급하였다.

8. 8월 8일 관리부서는 부활식당에서 회식을 하고 식사대금 550,000원을 법인카드인 국민카드(신용카드)로 결제하였다.

9. 8월 9일 판매상품의 수송용 트럭 구입대금(10개월 할부) 중 현대자동차의 6월분 할부금 1,500,000원을 신한은행에 현금으로 납부하였다.

10. 8월 10일 제1기 확정 신고분 부가가치세를 현금으로 납부하였다. 단, 부가가치세와 관련된 대체분개는 6월 30일에 다음과 같이 처리하였다.

(차) 부가세예수금 10,000,000	(대) 부가세대급금 8,000,000
	미지급세금 2,000,000

11. 8월 11일 신한은행에서 다음연도 8월 8일 상환하기로 하고 12,000,000원을 차입하여 당점 보통예금계좌에 입금하였다.

12. 8월 12일 신한은행의 단기차입금 상환액 12,000,000원과 이자 200,000원을 현금으로 지급하였다.

13. 8월 13일 출장 중인 영업사원으로부터 내용을 알 수 없는 2,500,000원이 당사 당좌예금계좌로 입금되었다.

14. 8월 14일 가수금 1,000,000원 중 500,000원은 (주)일신산업에 대한 제품매출의 계약금이고 나머지는 외상매출금을 회수한 것으로 확인되었다.

15. 8월 15일 매출처 (주)유담상사와 제품(Y제품 : 공급가액 8,000,000, 세액 800,000)의 납품계약을 맺고, 계약금(공급가액의 10%)을 현금으로 받았다.

16. 8월 16일 (주)오산공업과 계약한 상품 5,000,000원을 판매하고 계약금 500,000원을 제외한 잔액은 전부 외상으로 하였다.

17. 8월 17일 당사 사무직 사원과 생산직 사원에 대한 급여는 다음과 같으며 실지급액은 보통예금계좌에서 자동이체되었다.

구분	급여	제예수액	실지급액
사무직	17,601,800	1,623,500	15,978,300
생산직	43,115,400	3,672,400	39,443,000
계	60,717,200	5,295,900	55,421,300

18. 8월 18일 5월분 급여 지급 시 원천징수한 소득세와 지방소득세 126,000원을 신한은행에 현금으로 납부하였다.

- 소득지급할 때 원천징수한 소득세등 : 예수금
- 소득을 받을 때 원천징수된 법인세(소득세)등 : 선납세금

19. 8월 19일 개인 윤광현씨로부터 차입한 자금에 대한 이자비용 1,000,000원이 발생하여 원천징수세액 275,000원을 차감한 나머지 금액 725,000원을 현금으로 지급하였다.

20. 3월 31일 금일 전기분 이익잉여금처분계산서에 대해 처분 확정된 미지급배당금(10,000,000원)을 현금으로 지급하였다.

1. 8월 1일

구분		계정과목	거래처	적요	차변	대변
차변	0153	원재료			1,200,000	
대변	0101	현금				200,000
대변	0251	외상매입금	(주)일신산업			1,000,000

2. 8월 2일

구분		계정과목	거래처	적요	차변	대변
차변	0251	외상매입금	(주)금강		2,800,000	
대변	0102	당좌예금				2,800,000

3. 8월 3일

구분		계정과목	거래처	적요	차변	대변
차변	0251	외상매입금	(주)성실기업		3,800,000	
대변	0108	외상매출금	(주)성실기업			2,700,000
대변	0102	당좌예금				1,100,000

4. 8월 4일

구분		계정과목	거래처	적요	차변	대변
차변	0251	외상매입금	(주)세븐		55,000,000	
대변	0102	당좌예금				33,000,000
대변	0918	채무면제이익				22,000,000

5. 8월 5일

구분		계정과목	거래처	적요	차변	대변
차변	0153	원재료			135,000	
대변	0252	지급어음	(주)영진문구			135,000

6. 8월 6일

구분		계정과목	거래처	적요	차변	대변
차변	0252	지급어음	나무상사		16,160,000	
대변	0102	당좌예금				16,160,000

7. 8월 7일

구분		계정과목	거래처	적요	차변	대변
차변	0252	지급어음	(주)남화상사		10,000,000	
대변	0110	받을어음	충렬상회			10,000,000

8. 8월 8일

구분		계정과목	거래처	적요	차변	대변
차변	0811	복리후생비			550,000	
대변	0253	미지급금	국민카드			550,000

9. 8월 9일

구분		계정과목	거래처	적요	차변	대변
출금	0253	미지급금	현대자동차		1,500,000	(현금)

10. 8월 10일

구분		계정과목	거래처	적요	차변	대변
출금	0261	미지급세금			2,000,000	(현금)

11. 8월 11일

구분		계정과목	거래처	적요	차변	대변
차변	0103	보통예금			12,000,000	
대변	0260	단기차입금	신한은행			12,000,000

12. 8월 12일

구분		계정과목	거래처	적요	차변	대변
차변	0260	단기차입금	신한은행		12,000,000	
차변	0951	이자비용			200,000	
대변	0101	현금				12,200,000

13. 8월 13일

구분		계정과목	거래처	적요	차변	대변
차변	0102	당좌예금			2,500,000	
대변	0257	가수금				2,500,000

14. 8월 14일

구분		계정과목	거래처	적요	차변	대변
차변	0257	가수금			1,000,000	
대변	0259	선수금	(주)일신산업			500,000
대변	0108	외상매출금	(주)일신산업			500,000

15. 8월 15일

구분		계정과목	거래처	적요	차변	대변
입금	0259	선수금	(주)유담상시		(현금)	800,000

※ 부가가치세가 별도인 금액을 공급가액이라 하며, 공급가액과 부가가치세를 합한 금액을 공급대가라 한다.

16. 8월 16일

구분		계정과목	거래처	적요	차변	대변
차변	0259	선수금	(주)오산공업		500,000	
차변	0108	외상매출금	(주)오산공업		4,500,000	
대변	0401	상품매출				5,000,000

17. 8월 17일

구분		계정과목	거래처	적요	차변	대변
차변	0801	급여			17,601,800	
차변	0504	임금			43,115,400	
대변	0254	예수금				5,295,900
대변	0103	보통예금				55,421,300

※ 시험 시 급여와 상여금이 별도로 나올 경우 급여와 상여금을 각각 입력하여 회계처리한다.

18. 8월 18일

구분		계정과목	거래처	적요	차변	대변
출금	0254	예수금			126,000	(현금)

19. 8월 19일

구분		계정과목	거래처	적요	차변	대변
차변	0951	이자비용			1,000,000	
대변	0254	예수금				275,000
대변	0101	현금				725,000

20. 3월 31일

구분		계정과목	거래처	적요	차변	대변
출금	0265	미지급배당금			10,000,000	(현금)

02 비유동부채

사채 발행 시 발생되는 차액(사채할인발행차금, 사채할증발행차금)과 사채발행비는 액면·할인 발행 시는 사채할인발행차금으로 처리하며 할증발행 시는 사채할증발행차금에서 차감함. 건물 등을 임대하고 보증금을 받으면 → 임대보증금, 퇴직급여충당부채 전입액(당기말추계액 – (전기 말퇴직급여충당부채 – 당기 지급액))

🎓 가적의 Tip

291.사채, 292.사채할인발행 차금, 313.사채할증발행차금, 293.장기차입금, 294.임대보 증금, 295.퇴직급여충당부채
※ 계정과목 앞의 숫자는 계 정과목 코드번호로 암기하 면 빠른 입력이 가능하다.

실력 다지기

다음 거래자료를 (주)영진(회사코드 : 0301)의 일반전표입력 메뉴에 추가 입력하시오.

1. 9월 1일 액면총액 40,000,000원, 만기 3년의 사채를 액면금액으로 발행하고 납 입금은 대한은행에 당좌예입하였다.

2. 9월 2일 액면총액 100,000,000원, 만기 3년, 발행금액 96,300,000원에 사채를 발행하고 수령한 금액은 당좌예금에 입금하였다.

3. 9월 3일 사채를 액면총액 6,000,000원, 상환기한 5년, 발행금액은 5,800,000 원으로 발행하고 납입금은 보통예금통장에 예입하였다. 그리고 사채발행비 100,000원은 현금으로 지급하였다.

4. 9월 4일 자금 조달을 위하여 발행하였던 사채(액면금액 10,000,000원, 장부금액 10,000,000원)를 9,800,000원에 조기 상환하면서 보통예금 계좌에서 지급하였다.

5. 9월 5일 이미자씨로부터 토지를 구입하고, 토지대금 300,000,000원 중 100,000,000원은 보통예금에서 이체하고, 나머지는 신한은행으로부터 대출(대 출기간 10년)을 빌아 지불하였다.

6. 9월 6일 퇴사한 생산부직원 한인수에 대한 퇴직금 3,300,000원을 전액 현금으로 지급하였다. 장부상 퇴직급여충당부채 잔액은 5,000,000원 있으며 퇴직연금에 가입한 내역은 없다.

7. 9월 7일 공장직원 홍길동이 퇴사하여 퇴직금 3,500,000원 중 퇴직소득세 40,000원, 지방소득세 4,000원을 공제한 잔액을 현금으로 지급하였다. 퇴직급여충당부채 계정 잔액은 2,500,000원 있다.

8. 9월 8일 영업부 직원에 대하여 확정기여형(DC) 퇴직연금에 가입하고 8,000,000원을 보통예금계좌에서 지급하였다. 이 금액에는 연금운용에 대한 수수료 500,000원이 포함되어 있다.

9. 9월 9일 회사 판매직 직원이 퇴직하였으며, 동 직원의 퇴직금은 8,000,000원이다. 회사는 은행에 확정급여형(DB형) 퇴직연금에 가입하고 있다(단, 퇴직급여충당부채는 충분하다고 가정함).

10. 9월 10일 명성가구(주)에 사무실을 임대하였는데, 임대보증금 30,000,000원 중 3,000,000원만 명성가구(주) 발행 당좌수표로 받고, 나머지는 월말에 지급 받기로 하였다.

풀이방법 >

1. 9월 1일

구분		계정과목	거래처	적요	차변	대변
차변	0102	당좌예금			40,000,000	
대변	0291	사채				40,000,000

2. 9월 2일

구분		계정과목	거래처	적요	차변	대변
차변	0102	당좌예금			96,300,000	
차변	0292	사채할인발행차금			3,700,000	
대변	0291	사채				100,000,000

3. 9월 3일

구분		계정과목	거래처	적요	차변	대변
차변	0103	보통예금			5,800,000	
차변	0292	사채할인발행차금			300,000	
대변	0291	사채				6,000,000
대변	0101	현금				100,000

※ 사채할인발행 시 사채발행비는 "사채할인발행차금"으로 처리한다.

4. 9월 4일

구분		계정과목	거래처	적요	차변	대변
차변	0291	사채			10,000,000	
대변	0103	보통예금				9,800,000
대변	0911	사채상환이익				200,000

5. 9월 5일

구분		계정과목	거래처	적요	차변	대변
차변	0201	토지			300,000,000	
대변	0103	보통예금				100,000,000
대변	0293	장기차입금	신한은행			200,000,000

6. 9월 6일

구분		계정과목	거래처	적요	차변	대변
출금	0295	퇴직급여충당부채			3,300,000	(현금)

※ 퇴직금 발생 시에는 항상 장부상의 퇴직급여충당부채 잔액([결산/재무제표]-[합계잔액시산표]의 9월 6일에서 확인)을 확인하고 회계처리 하여야 한다.

7. 9월 7일

구분		계정과목	거래처	적요	차변	대변
차변	0295	퇴직급여충당부채			2,500,000	
차변	0508	퇴직급여			1,000,000	
대변	0254	예수금				44,000
대변	0101	현금				3,456,000

8. 9월 8일

구분		계정과목	거래처	적요	차변	대변
차변	0806	퇴직급여			7,500,000	
차변	0831	수수료비용			500,000	
대변	0103	보통예금				8,000,000

※ 확정기여형(DC) 퇴직연금은 "퇴직급여"로 처리하며, 확정급여형(DB) 퇴직연금은 "퇴직연금운용자산"으로 회계처리한다.

9. 9월 9일

구분		계정과목	거래처	적요	차변	대변
차변	0295	퇴직급여충당부채			8,000,000	
대변	0186	퇴직연금운용자산				8,000,000

※ 퇴직연금운용자산은 퇴직급여충당부채에서 차감하는 계정이므로 퇴사 시 퇴직급여충당부채와 상계하여야 한다.

10. 9월 10일

구분		계정과목	거래처	적요	차변	대변
차변	0101	현금			3,000,000	
차변	0120	미수금	명성가구(주)		27,000,000	
대변	0294	임대보증금	명성가구(주)			30,000,000

▶ 합격 강의

출제
빈도 상 중 **하**

빈출 태그 차액과 발행비 · 자본잉여금 · 이익잉여금 · 자본조정 · 기타포괄손익누계액

기적의 3회독
 1회 2회 3회

주식발행 시 발생되는 차액 → 주식할인발행차금 · 주식발행초과금, 신주발행비 → 액면 · 할인
발행 시는 주식할인발행차금으로 할증발행 시는 주식발행초과금에서 차감, 주식발행초과금 ·
감자차익 · 사기수식처분이익의 잔액은 주식할인발행차금 · 감자차손 · 자기주식처분손실과 상
계처리하며 매도가능증권평가이익은 매도가능증권평가손실과 상계처리함, 전기분 이익잉여금 처
분 시 이월이익잉여금으로 처리, 이익준비금은 자본금의 1/2이 될 때까지 현금(금전)배당의 1/10
이상의 금액을 적립

> 🎓 **기적의 Tip**
>
> 331.자본금, 341.주식발행초
> 과금, 342.감시시익, 343.사
> 기주식처분이익, 372.중간
> 배당금, 383.자기주식, 387.미교
> 부주식배당금, 389.감자차손,
> 390.자기주식처분손실, 394.
> 매도가능증권평가이익, 395.
> 매도가능증권평가손실, 351.
> 이익준비금, 356.사업확장적
> 립금
>
> ※ 계정과목 앞의 숫자는 계
> 정과목 코드번호로 암기하
> 면 빠른 입력이 가능하다.

실력 다지기

다음 거래자료를 (주)영진(회사코드 : 0301)의 일반전표입력 메뉴에 추가 입력하시오.

1. 10월 1일 당사는 이사회의 결의로 신주 1,000주(액면금액 주당 5,000원)를 주당
   4,000원에 발행하고 전액 현금으로 납입받아 즉시 신한은행에 당좌예입하였다.

2. 10월 2일 이사회의 결의에 의하여 미발행 주식 중 신주 1,000주(주당 액면가
   5,000원)를 1주당 5,100원에 발행하고, 납입금은 당좌예금 통장에 예입하였다.

3. 10월 3일 액면금액이 1주당 5,000원인 보통주를 증권시장에서 주당 10,000원씩
   5,000주를 현금으로 발행하였다. 주식발행에 소요된 인쇄비, 광고비, 수수료 등
   의 주식발행비로 5,000,000원이 현금 지출되었다.

> 🎓 **기적의 Tip**
>
> 주식할증발행 시 발생되는
> 주식발행비는 "주식발행초과
> 금"에서 차감한다.

4. 10월 4일 1주당 액면금액이 5,000원인 보통주 10,000주를 발행하여 토지를 취
   득하고, 취득세 4,000,000원을 현금으로 납부하였다. 토지의 공정가치(시가)는
   80,000,000원이다.

> 🎓 **기적의 Tip**
>
> 현물출자 시 현물의 공정가
> 치를 주식의 발행금액으로
> 한다.

5. 10월 5일 이사회의 승인을 얻어 매입처 LT전자(주)에 지급하여야 할 외상매입금
   중 일부인 12,000,000원을 당사에 출자전환하고 신주 2,000주(액면금액 5,000
   원)를 교부하였다. 신주교부에 따른 제비용은 없다고 가정한다.

"주식발행초과금"과 "주식할인발행차금"은 발생 시 상계하여 처리한다.

6. 당기 중 유상증자를 2회 실시하였다. 9월 6일 자료를 바탕으로 10월 6일의 회계처리를 하시오. 대금은 전부 보통예금계좌로 입금되었다.

> • **주당 액면금액** : 5,000원
> • **9월 6일 유상증자** : 발행금액 5,000주 @10,000원
> • **10월 6일 유상증자** : 발행금액 5,000주 @4,000원

중간배당금계정을 사용하라는 문구가 없을 경우 이월이익잉여금계정으로 처리해야 한다.

7. 10월 7일 회사는 10월 1일 개최된 이사회에서 현금배당 80,000원의 중간배당을 결의하였다. 중간배당금계정을 사용하여 처리하시오.

8. 2월 26일 주주총회에서 전기분 이익잉여금 처분계산서(안)대로 처분이 확정되었다. 이익잉여금 처분에 관한 회계처리를 하시오.

> ■ 전기 이익잉여금 처분계산서 처분 내역
> • 이익준비금 2,000,000원　　　　　　• 현금배당 20,000,000원

주식배당금은 자본금이므로 액면금액으로 처리한다.

9. 금년 3월 10일 열린 주주총회에서 결의한 금전배당금 10,000,000원과 주식배당금 20,000,000원을 현금 및 주식으로 교부하였다. 단, 원천징수세액은 없는 것으로 한다.

10. 10월 9일 보유 중인 자기주식 12,000주를 처분하였다. 자기주식 12,000주에 대한 장부금액은 12,000,000원이고 12,000주 전부를 11,500,000원에 처분하고 그 대가를 전부 보통예금으로 입금받았다(단, 자기주식처분이익 계정의 잔액이 300,000원 있다고 가정할 것).

당사의 주식을 매입하여 소각했으므로 감자를 한 것이다.

11. 10월 10일 당사는 사업의 축소를 위하여 주식 5,000주(액면금액 10,000원)를 1주당 8,000원에 매입하여 소각하고 대금은 당좌수표를 발행하여 지급하였다.

풀이방법 >

1. 10월 1일

구분		계정과목	거래처	적요	차변	대변
차변	0102	당좌예금			4,000,000	
차변	0381	주식할인발행차금			1,000,000	
대변	0331	자본금				5,000,000

2. 10월 2일

구분		계정과목	거래처	적요	차변	대변
차변	0102	당좌예금			5,100,000	
대변	0331	자본금				5,000,000
대변	0341	주식발행초과금				100,000

3. 10월 3일

구분		계정과목	거래처	적요	차변	대변
차변	0101	현금			45,000,000	
대변	0331	자본금				25,000,000
대변	0341	주식발행초과금				20,000,000

4. 10월 4일

구분		계정과목	거래처	적요	차변	대변
차변	0201	토지			84,000,000	
대변	0101	현금				4,000,000
대변	0331	자본금				50,000,000
대변	0341	주식발행초과금				30,000,000

※ 토지의 취득원가 : 80,000,000원＋4,000,000원＝84,000,000원

5. 10월 5일

구분		계정과목	거래처	적요	차변	대변
차변	0251	외상매입금	LT전자(주)		12,000,000	
대변	0331	자본금				10,000,000
대변	0341	주식발행초과금				2,000,000

6. 10월 6일

구분		계정과목	거래처	적요	차변	대변
차변	0103	보통예금			20,000,000	
차변	0341	주식발행초과금			5,000,000	
대변	0331	자본금				25,000,000

※ 9월 6일 할증발행하여 발생된 "주식발행초과금"이 있으므로 10월 6일 할인발행 시 "주식발행초과금"으로 먼저 상계한 후 남은 차액이 있을 경우에 "주식할인발행차금"으로 처리해야 한다(자본잉여금계정은 관련 자본조정계정과 먼저 상계하는 회계처리를 하여야 함).

7. 10월 7일

구분		계정과목	거래처	적요	차변	대변
차변	03/5	중간배당금			80,000	
대변	0265	미지급배당금				80,000

8. 2월 26일

구분		계정과목	거래처	적요	차변	대변
차변	0375	이월이익잉여금			22,000,000	
대변	0351	이익준비금				2,000,000
대변	0265	미지급배당금				20,000,000

※ 배당결의일의 회계처리이다.

9. 3월 10일

구분		계정과목	거래처	적요	차변	대변
차변	0265	미지급배당금			10,000,000	
차변	0387	미교부주식배당금			20,000,000	
대변	0101	현금				10,000,000
대변	0331	자본금				20,000,000

※ 배당지급일의 회계처리이다.

10. 10월 9일

구분		계정과목	거래처	적요	차변	대변
차변	0103	보통예금			11,500,000	
차변	0343	자기주식처분이익			300,000	
차변	0390	자기주식처분손실			200,000	
대변	0383	자기주식				12,000,000

※ 자기주식처분손실 발생 시 "자기주식처분이익"이 있을 경우 먼저 상계한 후 남은 차액을 "자기주식처분손실"로 처리한다(자본잉여금 계정은 관련 자본조정계정과 먼저 상계하는 회계처리를 하여야 함).

11. 10월 10일

구분		계정과목	거래처	적요	차변	대변
차변	0331	자본금			50,000,000	
대변	0102	당좌예금				40,000,000
대변	0342	감자차익				10,000,000

빈출 태그 판매비와관리비 · 제조원가 · 매출할인 · 영업외수익 · 영업외비용

401.상품매출, 402.매출환입및에누리(상품매출), 403.매출할인(상품매출), 404.제품매출, 405.매출환입및에누리(제품매출), 406.매출할인(제품매출), 451.상품매출원가, 455.제품매출원가, 801.급여(604.임금), 803.상여금(505.상여), 805.잡급(507.잡급), 806.퇴직급여(508.퇴직급여), 811.복리후생비, 812.여비교통비, 813.기업업무추진비, 814.통신비, 815.수도광열비(515.가스수도료, 516.전력비), 817.세금과공과, 818.감가상각비, 819.임차료, 820.수선비, 821.보험료, 822.차량유지비, 824.운반비, 825.교육훈련비, 826.도서인쇄비, 830.소모품비, 831.수수료비용, 833.광고선전비, 835.대손상각비, 848.잡비, 851.대손충당금환입, 901.이자수익, 903.배당금수익, 904.임대료, 905.단기매매증권평가이익, 906.단기매매증권처분이익, 907.외환차익, 908.대손충당금환입, 909.수수료수익, 910.외화환산이익, 914.유형자산처분이익, 915.투자자산처분이익, 917.자산수증이익, 918.채무면제이익, 919.보험금수익, 930.잡이익, 951.이자비용, 952.외환차손, 953.기부금, 954.기타의대손상각비, 955.외화환산손실, 956.매출채권처분손실, 957.단기매매증권평가손실, 958.단기매매증권처분손실, 959.재고자산감모손실, 961.재해손실, 970.유형자산처분손실, 980.잡손실

※ 비용계정과목은 800번대는 판매비와관리비이고 500번대는 제조원가이며 ( ) 안의 계정과목을 제외하고 앞의 숫자(5XX, 8XX)만 다르다.

※ 계정과목 앞의 숫자는 계정과목 코드번호로 암기하면 빠른 입력이 가능하다.

기적의 Tip

판매비와관리비(800번대), 제조경비(세비비)비를 구분하여 회계처리한다.

기적의 Tip

계정과목 변경
접대비 → 기업업무추진비

실력 다지기

다음 거래자료를 (주)영진(회사코드 : 0301)의 일반전표입력 메뉴에 추가 입력하시오.

1. 11월 1일 매출처 (주)인성상사에 대한 외상매출금(제품 판매분) 3,000,000원이 약정기일보다 30일 빠르게 회수되어 2%의 할인을 해주고 잔액은 현금으로 받았다.

2. 11월 2일 다음과 같이 10월분 건강보험료 150,000원을 현금으로 납부하였다.

기적의 Tip

건강보험료 회사부담분은 "복리후생비"로 처리한다.

구분	본인부담예수액	회사부담분	합계
관리직	25,000원	25,000원	50,000원
생산직	50,000원	50,000원	100,000원
합계	75,000원	75,000원	150,000원

3. 11월 3일 제조부 직원들의 단합을 위해 백두산한우고기(일반음식점)에서 회식을 하고 회식비 550,000원은 법인국민체크카드로 결제하였다(법인국민체크카드는 결제 즉시 카드발급은행 보통예금계좌에서 인출되었음).

4. 11월 4일 본사 대표이사의 국외출장 왕복항공료 1,800,000원을 법인신용카드(국민카드)로 결제하였다.

5. 11월 5일 영업부서에서 매출거래처인 (주)은진기업의 체육대회에 대한 점심식사를 지원하기 위하여, 도시락 제공업체인 (주)깔끔도시락으로부터 5,000,000원의 도시락을 배달시키고 대금은 자기앞수표로 지급하였다.

6. 11월 6일 영업부의 전화요금 93,500원이 고지되어 당사 보통예금계좌에서 당일 출금되었음을 확인하였다.

7. 11월 7일 (주)상도에서 사무실 난방용 유류 80,000원을 구입하였다(유류대금은 월말에 일괄결제함).

8. 11월 8일 지난달 도시가스공사에 대한 공장 가스수도료 54,000원(미지급금)을 보통예금 통장에서 이체하여 지급하였다(거래처 입력 생략).

9. 11월 9일 한국전력에 전기요금(본사 130,000원, 공장 1,200,000원)을 현금으로 납부하였다.

10. 11월 10일 관리부용 승용차에 대한 자동차세 100,000원을 신한은행에 현금으로 납부하다.

11. 11월 11일 전국전자협의회 협회비 1,000,000원을 현금으로 지급하였다.

12. 11월 12일 제품을 제조하는 공장 건물에 대한 재산세 1,250,000원과 영업부 사무실에 대한 재산세 2,100,000원을 현금으로 납부하였다.

13. 11월 13일 당월분 사무실임차료 500,000원과 송금수수료 1,600원을 보통예금에서 인출하여 지급하였다.

14. 11월 14일 공장건물의 화재와 도난에 대비하여 (주)미래화재에 손해보험을 가입한 후 보험료 3,000,000원을 보통예금계좌에서 송금하고 전액 비용으로 회계처리하였다.

15. 11월 15일 (주)현대오일뱅크에서 업무용 승용차에 주유를 하고 주유대금 50,000원을 당사 법인신용카드(국민카드)로 결제하였다.

16. 11월 16일 거래처 청해수산에 제품 샘플을 택배로 발송하면서 택배비 10,000원을 현금으로 지급하였다.

17. 11월 17일 생산직원의 원가절감교육을 위해 외부강사를 초청하여 교육하고 강사료 중 원천징수세액 99,000원을 제외하고 나머지 금액 2,901,000원은 당사 보통예금계좌에서 강사의 보통예금계좌로 송금하였다.

18. 11월 18일 본사 영업사원에 대하여 새로이 명함을 인쇄하여 배부하였다. 대금 90,000원은 현금으로 지급하였다.

19. 11월 19일 본사 총무과에서 사용할 소모품을 구입하고 대금 40,000원을 현금으로 지급하였다(비용으로 계상할 것).

20. 11월 20일 관리부서에서 클린세상에 사무실 청소에 따른 수수료 300,000원을 당좌수표로 지급하였다.

21. 11월 21일 당사의 제품선전을 위한 광고에 사용할 제품사진을 촬영하고 (주)일신산업에 대금 5,000,000원 중 2,500,000원을 당좌수표를 발행하여 지급하고 잔액은 다음 달 24일 지급하기로 하였다.

22. 11월 22일 보유 중인 유가증권 장부금액 30,000,000원에 대한 현금배당금 670,000원을 현금으로 수령하였다.

23. 11월 23일 10월 13일에 발생한 화재로 인하여 소실된 제품(원가 10,000,000원)에 대한 보험금 7,000,000원을 보험회사로부터 보통예금계좌로 입금받았다(당사는 화재보험에 가입되어 있음).

24. 11월 24일 당사의 대주주 이정길로부터 영업에 사용할 목적으로 시가 30,000,000원의 토지를 증여받았다.

25. 11월 25일 거래처인 (주)테크피아의 미지급금 35,000,000원 중 32,000,000원은 보통예금계좌에서 이체하고, 나머지 금액은 면제받았다.

26. 11월 26일 강한 태풍으로 재난을 당한 불우이웃을 돕기 위하여 성금 3,000,000원을 관할 동사무소에 현금으로 지급하였다.

27. 11월 27일 제조부에서 근무하는 일용직 종업원 우상일씨에 대한 급여 500,000원을 현금으로 지급하고 급여지급 영수증을 발행하였다.

풀이방법 >

1. 11월 1일

구분		계정과목	거래처	적요	차변	대변
차변	0406	매출할인			60,000	
차변	0101	현금			2,940,000	
대변	0108	외상매출금	(주)인성상사			3,000,000

※ 매출할인 입력 시 참고를 보고 제품 "매출할인"을 선택한다.

2. 11월 2일

구분		계정과목	거래처	적요	차변	대변
차변	0254	예수금			75,000	
차변	0511	복리후생비			50,000	
차변	0811	복리후생비			25,000	
대변	0101	현금				150,000

3. 11월 3일

구분		계정과목	거래처	적요	차변	대변
차변	0511	복리후생비			550,000	
대변	0103	보통예금				550,000

※ 체크카드는 즉시 통장에서 인출되므로 해당 예금통장으로 회계처리해야 한다.

4. 11월 4일

구분		계정과목	거래처	적요	차변	대변
차변	0812	여비교통비			1,800,000	
대변	0253	미지급금	금미가드			1,000,000

5. 11월 5일

구분		계정과목	거래처	적요	차변	대변
출금	0813	기업업무추진비			5,000,000	(현금)

6. 11월 6일

구분		계정과목	거래처	적요	차변	대변
차변	0814	통신비			93,500	
대변	0103	보통예금				93,500

7. 11월 7일

구분		계정과목	거래처	적요	차변	대변
차변	0815	수도광열비			80,000	
대변	0253	미지급금	(주)상도			80,000

8. 11월 8일

구분		계정과목	거래처	적요	차변	대변
차변	0253	미지급금			54,000	
대변	0103	보통예금				54,000

※ 지난 달 가스수도료 미지급금이라고 했으므로 "가스수도료"가 아닌 "미지급금"으로 처리되어야 한다.

9. 11월 9일

구분		계정과목	거래처	적요	차변	대변
차변	0815	수도광열비			130,000	
차변	0516	전력비			1,200,000	
대변	0101	현금				1,330,000

※ 사무실과 공장의 전기요금을 구분하여 판매관리비와 제조원가로 처리해야 한다.

10. 11월 10일

구분		계정과목	거래처	적요	차변	대변
출금	0817	세금과공과			100,000	(현금)

11. 11월 11일

구분		계정과목	거래처	적요	차변	대변
출금	0817	세금과공과			1,000,000	(현금)

12. 11월 12일

구분		계정과목	거래처	적요	차변	대변
차변	0517	세금과공과			1,250,000	
차변	0817	세금과공과			2,100,000	
대변	0101	현금				3,350,000

13. 11월 13일

구분		계정과목	거래처	적요	차변	대변
차변	0819	임차료			500,000	
차변	0831	수수료비용			1,600	
대변	0103	보통예금				501,600

14. 11월 14일

구분		계정과목	거래처	적요	차변	대변
차변	0521	보험료			3,000,000	
대변	0103	보통예금				3,000,000

15. 11월 15일

구분		계정과목	거래처	적요	차변	대변
차변	0822	차량유지비			50,000	
대변	0253	미지급금	국민카드			50,000

16. 11월 16일

구분		계정과목	거래처	적요	차변	대변
출금	0824	운반비			10,000	(현금)

※ 매출 관련하여 당사가 부담한 운임은 "운반비"로 처리한다.

17. 11월 17일

구분		계정과목	거래처	적요	차변	대변
차변	0525	교육훈련비			3,000,000	
대변	0254	예수금				99,000
대변	0103	보통예금				2,901,000

18. 11월 18일

구분		계정과목	거래처	적요	차변	대변
출금	0826	도서인쇄비			90,000	(현금)

19. 11월 19일

구분		계정과목	거래처	적요	차변	대변
출금	0830	소모품비			40,000	(현금)

20. 11월 20일

구분		계정과목	거래처	적요	차변	대변
차변	0831	수수료비용			300,000	
대변	0102	당좌예금				300,000

21. 11월 21일

구분		계정과목	거래처	적요	차변	대변
차변	0833	광고선전비			5,000,000	
대변	0102	당좌예금				2,500,000
대변	0253	미지급금	(주)일신산업			2,500,000

22. 11월 22일

구분		계정과목	거래처	적요	차변	대변
입금	0903	배당금수익			(현금)	670,000

※ 금전(현금)배당을 받을 경우 "배당금수익"으로 처리한다.

23. 11월 23일

구분		계정과목	거래처	적요	차변	대변
차변	0103	보통예금			7,000,000	
대변	0919	보험금수익				7,000,000

※ 보험금 수령액은 전액을 "보험금수익"으로 처리한다.
※ 10월 13일 회계처리 : (차) 재해손실 10,000,000 (대) 제품 10,000,000(적요 8)

24. 11월 24일

구분		계정과목	거래처	적요	차변	대변
차변	0201	토지			30,000,000	
대변	0917	자산수증이익				30,000,000

※ 유형자산을 무상으로 취득 시 취득원가는 시가(공정가치)로 한다.

25. 11월 25일

구분		계정과목	거래처	적요	차변	대변
차변	0253	미지급금	(주)테크피아		35,000,000	
대변	0103	보통예금				32,000,000
대변	0918	채무면제이익				3,000,000

26. 11월 26일

구분		계정과목	거래처	적요	차변	대변
출금	0953	기부금			3,000,000	(현금)

27. 11월 27일

구분		계정과목	거래처	적요	차변	대변
출금	0507	잡급			500,000	(현금)

CHAPTER 03

매입매출전표입력

 학습 방향

매입매출전표입력메뉴는 부가가치세 신고와 관련된 매입과 매출거래를 입력하는 메뉴입니다. 일반전표입력에서 입력된 자료는 부가가치세 신고 자료에 반영되지 않으므로 반드시 부가가치세신고 관련 자료는 매입매출전표입력에 입력해야 됩니다. 입력된 자료는 자동으로 정리, 분류, 집계되어 부가가치세 신고서와 부속서류 및 회계관리 자료로 반영되어 각각의 메뉴에서 필요한 내용을 조회 및 출력할 수 있습니다. 시험 시 증명서류 수수에 맞게 정확히 입력할 수 있도록 반복하여 연습합니다.

● NCS능력단위(분류번호) : 회계정보시스템 운용(0203020105_20v4)
원활한 재무보고를 위하여 회계 관련 DB마스터 관리, 회계프로그램 운용, 회계정보를 활용하는 능력을 함양

● NCS능력단위(분류번호) : 전표처리(0203020201_20v5)
적격증빙별 거래를 인식하고, 관련 전표와 증빙서류를 처리 및 관리하는 능력을 함양

 출제 빈도

| Section 01 | 하 | | 10% |
| Section 02 | 상 | | 90% |

프로그램 사용방법

[회계관리]−[재무회계]−[전표입력]−[매입매출전표입력]을 실행하면 다음과 같은
화면이 나타난다. 다음의 설명을 보고 해당란에 순서대로 입력하면 된다.

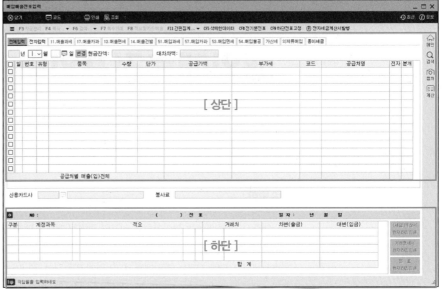

① 「상단」은 부가가치세 신고와 관련된 매입, 매출 거래의 내용을 입력하는 곳이며,
입력된 자료는 부가가치세 신고서, 세금계산서합계표, 매입매출장 등으로 반영
된다.

② 「하단」은 매입, 매출 거래와 관련된 분개를 입력하는 곳이며, 입력된 자료는 [일반
전표입력]에서 입력된 자료와 같이 회계자료(재무회계)로 반영된다.

③ **월, 일** : 거래의 발생 "월"과 "일"을 입력한다. 일자를 입력하는 방법에는 해당 일을
직접 입력하는 방법(상단에 월과 일을 전부 입력)과 해당 월만 입력 후 일자별 거
래를 연속적으로 입력하는 방법(상단에 월만 입력하고 일을 입력하지 않고 Enter
를 친 후 본란에 일자를 입력)이 있다. 상황에 따라 빨리 입력할 수 있는 방법을 사
용하면 된다.

④ **유형** : 입력하는 매입, 매출 자료의 유형을 하단의 부가세유형을 참고하여 2자리
숫자로 입력한다. 유형 코드번호의 선택에 따라 부가가치세 신고서의 각 해당란에
자동 집계되므로 정확한 유형을 선택해야 한다(SECTION 01 거래 유형별 특성
참고).

부 가 세 유 형

매출						매입					
11.과세	과세매출	16.수출	수출	21.전자	전자화폐	51.과세	과세매입	56.금전	금전등록	61.현과	현금과세
12.영세	영세율	17.카과	카드과세	22.현과	현금과세	52.영세	영세율	57.카과	카드과세	62.현면	현금면세
13.면세	계산서	18.카면	카드면세	23.현면	현금면세	53.면세	계산서	58.카면	카드면세		
14.건별	무증빙	19.카영	카드영세	24.현영	현금영세	54.불공	불공제	59.카영	카드영세		
15.간이	간이과세	20.면건	무증빙			55.수입	수입분	60.면건	무증빙		

유형을(를) 입력하세요.

⑤ **품목, 수량, 단가** : 매입, 매출 거래의 품명, 수량, 단가를 입력한다. 수량과 단가가 없을 경우에는 Enter 를 누른다. 하나의 거래에 품명이 두 가지 이상인 경우에는 상단 툴바의 「F7 복수거래」를 클릭하면 커서가 하단의 다음 그림과 같이 「복수거래내용」창으로 이동하는데 이때 해당 자료를 입력하고 Esc 등을 눌러 빠져 나오면 된다. 시험 시 수량과 단가는 동시에 나온 경우에 입력한다.

복 수 거 래 내 용 (F 7)　　　(입력가능갯수 : 100개)

No	품목	규격	수량	단가	공급가액	부가세	합계	비고	
1									(세금)계산서 현재라인인쇄
									거래명세서 현재라인인쇄
									전 표 현재라인인쇄
			합 계						

⑥ **공급가액** : 매출 거래인 경우에는 매출액(공급가액)을 입력하고, 매입 거래인 경우에는 매입액을 입력한다. 수량, 단가를 입력하면 공급가액은 자동으로 계산되며, 수량, 단가의 입력을 생략한 경우에는 직접 입력한다.

⑦ **부가세** : 부가가치세는 수량, 단가를 입력하면 자동으로 계산되어 표시되며, 수량, 단가의 입력을 생략한 경우에도 공급가액을 입력하면 자동 표시된다. 영세, 면세는 부가가치세가 없으므로 표시되지 않는다.

⑧ **코드, 공급처명, 사업/주민번호** : 공급처 코드란에서 한글 2글자(또는 키보드 F2 를 누르고 한글 2글자)로 거래처명을 입력하고 Enter 를 치면 등록된 「거래처도움」창이 뜨는데 이때 해당 거래처를 선택하면 자동으로 거래처등록 시에 등록된 거래처명과 사업/주민번호가 표시된다. 매입매출전표입력에 입력 시에는 반드시 거래처코드를 입력하여야 하며, 입력하지 않으면 부가가치세 신고서식인 세금계산서합계표가 자동 작성되지 않는다.

⑨ **전자** : 외부전자세금계산서나 외부전자계산서를 사용할 경우 1을 입력하면 "여"가 표시되고 "0"을 입력하면 삭제된다(전자입력된 내용은 세금계산서합계표(또는 계산서합계표)의 전자세금계산서(또는 전자계산서) 발급분란에 반영됨). 시험 시 전자세금계산서ㆍ전자계산서를 발급, 수령한 경우에는 「1 : 여」를 입력하고 그렇지 않은 경우(종이세금계산서ㆍ종이계산서를 발급ㆍ수령한 경우)에는 입력하지 않는다.

 기적의 Tip

시험 시 공급처명란에는 거래처코드번호까지 반드시 표시되어야한다.

⑩ **분개** : 매입, 매출거래의 회계처리를 위한 분개유형을 선택하는 곳이다. 분개번호 (0 : 분개없음 1 : 현금 2 : 외상 3 : 혼합 4 : 카드 5 : 추가)를 선택하면 해당 거래 유형에 따라 분개의 전부 또는 일부가 자동 표시된다. 이때의 자동분개는 동 메뉴에서 선택한 유형과 [회계관리]−[재무회계]−[기초정보관리]−[환경등록]의 분개유형설정에 있는 계정과목(매출, 매출채권, 매입, 매입채무, 신용카드매출채권, 신용카드매입채무)이 반영되며, 기본계정의 내용과 맞지 않는 경우에는 직접 수정하여 입력한다.

기적의 Tip

유형을 외상, 혼합, 카드로 선택할지라도 계정과목의 수정이 가능하므로 편한 대로 사용하면 된다. 즉, 하단 화면의 분개만 맞으면 된다.

기적의 Tip

유형이 "카"로 시작하고 미수금, 미지급금으로 처리할 경우 4 : 카드를 사용한다.

■ 매입매출전표입력의 분개 요령
- 0 : 분개없음−분개가 필요 없는 경우이거나, 분개가 필요하지만 나중에 처리하고자 하는 경우에 사용한다.
- 1 : 현금−전액 현금 계정과목인 경우에 사용한다.
- 2 : 외상−전액 외상매출금이거나 외상매입금 계정과목인 경우에 사용한다. 따라서 미수금이나 미지급금인 경우에는 3 : 혼합으로 입력하는 것이 편리하다.
- 3 : 혼합−전액 현금 및 외상매출금 또는 외상매입금 계정과목이 아닌 경우에 사용한다.
- 4 : 카드−전액 미수금 또는 미지급금 계정과목이고 그 거래처가 신용카드사인 경우에 사용하면 편리하다.

⑪ 전산세무회계 프로그램은 상단 화면에 공급처명을 입력하면 하단 화면에 동일한 거래처가 등록되도록 프로그램되어 있다. 하지만 때에 따라서 상단 화면의 공급처명과 하단 화면의 거래처가 다른 경우가 발생할 수 있는데(⒠ 제품을 외상으로 매출하고 신용카드로 결제 시 상단의 공급처명은 거래상대방이며 하단의 거래처는 신용카드사임), 이 경우에는 하단 분개의 거래처 코드란에서 다른 거래처로 변경하면 된다.

※ 실력 다지기 문제를 따라하면서 읽어보면 더 쉽게 이해할 수 있다.

01 빠른 매입매출전표 입력방법

전체입력	전자입력	11.매출과세	17.매출카과	13.매출면세	51.매입과세	57.매입카과	53.매입면세	가산세	의제류매입	종이세금

화면 상단의 빠른 유형 Tab을 이용하면 같은 유형의 매입매출전표를 입력할 때 편리하다. 예를 들어 두 번째 「전자입력」탭에 매입매출전표를 입력하면 모든 전표가 전자세금계산서로 입력된다. 세 번째 탭인 11.매출과세 탭을 이용하면 11.과세 부가세유형을 선택하지 않고 바로 품목등록부터 빠르게 입력할 수 있다.

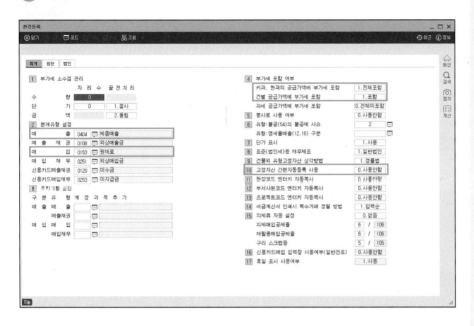

① [회계관리]−[재무회계]−[기초정보관리]−[환경등록]을 실행하면 위와 같은 화면
이 나타난다.

② 「2분개유형 설정」: 매출과 매입이 매출, 매입 시 자동으로 나타나게 하는 기능이
므로 제조업의 경우 "제품매출", "원재료"로 변경하여 사용하는 것이 편리하다. 매
출채권과 매입채무는 분개란에서 2 : 외상 선택 시 자동으로 외상매출금과 외상매
입금이 표시되도록 하는 것이다. 기본 값으로 사용하는 것이 편리하다. 신용카드
매출채권과 신용카드매입채무는 유형선택 시 카과, 카면으로 선택할 경우 자동으
로 미수금, 미지급금이 표시되도록 하는 것이다.

③ 「4부가세 포함 여부」: 카과, 현과의 공급가액에 부가세포함 및 건별 공급가액에
부가세 포함이 1.(전체)포함으로 되어있으면 부가가치세를 포함해서 공급가액에
입력하면 자동으로 공급가액과 부가세가 분리하여 표시되어 편리하다.

④ 「10고정자산 간편자동등록 사용」: 고정자산 계정과목을 입력할 때 고정자산 등록
하는 창이 나타나게 하는 기능으로 실무 시 해당 고정자산 취득 자료 입력 시 관리
적 차원에서 등록에 누락을 방지하기 위하여 「1.사용」이 좋으나 시험 시에는 거래
자료만 입력하는 방식으로 출제되므로 「0.사용안함」으로 설정되어 출제된다.

거래 유형별 특성

01 매출거래 유형

매출거래 입력 시 선택해야 하는 유형별 특성은 다음과 같다.

① **11.과세** : 일반적으로 부가가치세가 10% 과세되는 세금계산서로 발급되는 매출
거래 시 선택한다. 공급가액과 세액을 구분하여 입력하며 부가가치세가 포함되어
있을 경우 「해당금액÷1.1」을 한다. 반품은 음수로 입력한다.

> **더 알기 Tip**
>
> 신용카드전표와 세금계산서를 이중 발급할 경우 11.과세로 입력한 후 하단 분개란의 해당 계정과
> 목의 거래처 코드란에서 상단 툴바의 「F8 적요및카드매출」을 눌러 카드사를 입력해 주어야 한다.
> 또는 분개유형 4:카드를 선택하고 카드사를 선택한 후 확인을 누른 다음 하단에 회계처리를 하면
> 된다.

② **12.영세** : 영세율 적용대상 거래 중 세금계산서 발행의무가 면제되지 않는 영세율 매출거래 시(내국신용장, 구매확인서거래) 선택한다. 상단화면과 하단 화면의 중간에 표시되는 영세율구분에서 🖭을 눌러 선택한다(3번 선택).

영세율구분 [3] 🖭 내국신용장 · 구매확인서   서류번호 [   ]

③ **13.면세** : 면세사업자로서 계산서를 발행한 면세 매출거래 시 선택한다.

④ **14.건별** : 소매매출거래(비사업자와 거래, 일반영수증발급거래, 무증빙), 간주공급 시 선택한다. 부가가치세를 포함하여 입력한다(∵ [기초정보관리]−[환경등록]에 서 ④부가세 포함 여부의 카과, 현과의 공급가액에 부가세포함 및 건별 공급가액 에 부가세 포함이 1.포함으로 기본 값에 설정되어 있음, 사용자가 변경할 수 있으 나 그대로 사용하길 권장함).

⑤ **16.수출** : 영세율 적용대상 거래 중 세금계산서 발행의무가 면제되는 직수출, 대행 수출거래 시 선택한다. 공급시기 전 환가(전)한 경우 그 환가(전)한 금액으로, 공급 시기 후 외화로 보유하거나 지급받는 경우에는 선적 시 기준환율(재정환율)로 입 력한다. 상단 화면과 하단 화면의 중간에 표시되는 영세율구분에서 🖭을 눌러 선 택한다(1번 선택). 수출신고번호를 입력하면 부가가치세부속명세서인 수출실적명 세서에 반영된다.

영세율구분 [1] 🖭 직접수출(대행수출 포함)   수출신고번호 [   ]

⑥ **17.카과** : 신용카드매출전표 발행에 의한 과세 매출거래 시 선택한다. 분개유형에서 4:카드를 선택하면 화면 중간에 신용카드사 선택 창(신용카드사: [99600 🖭 신한카드   ]) 으로 커서가 이동하며 🖭을 눌러 카드사를 선택하면 자동으로 하단 분개란 거래처 에 카드사가 입력된다. 분개유형에서 3:혼합을 선택한 경우에는 하단 분개란에 거 래처를 카드사로 변경해야 한다. 부가가치세를 포함하여 입력한다.

⑦ **18.카면** : 신용카드매출전표 발행에 의한 면세 매출거래 시 선택한다.

⑧ **19.카영** : 신용카드매출전표 발행에 의한 영세율 매출거래 시 선택한다.

⑨ **20.면건** : 면세사업자로서 계산서가 발행되지 않은 매출거래 시 선택한다.

⑩ **21.전자** : 전자적 결제수단으로의 매출거래 시 선택한다.

⑪ **22.현과** : 현금영수증 발행에 의한 과세 매출거래 시 선택한다. 부가가치세를 포함 하여 입력한다.

⑫ **23.현면** : 현금영수증 발행에 의한 면세 매출거래 시 선택한다.

⑬ **24.현영** : 현금영수증 발행에 의한 영세율 매출거래 시 선택한다.

02 매입거래 유형

매입거래 입력 시 선택해야 하는 유형별 특성은 다음과 같다.

① **51.과세** : 매입세액이 공제되는 세금계산서를 발급받은 과세 매입거래 시 선택한다. 공급가액과 세액을 구분하여 입력하며 부가가치세가 포함되어 있을 경우 「해당금액÷1.1」을 한다. 반품은 음수로 입력한다. 신용카드전표와 세금계산서를 이중 수령한 경우 51.과세로 입력한다.

② **52.영세** : 내국신용장 또는 구매확인서에 의하여 수령한 영세율세금계산서의 매입거래 시 선택한다.

③ **53.면세** : 면세사업자가 발행한 계산서를 발급받은 매입거래 시 선택한다.

④ **54.불공** : 매입세액이 공제되지 않는 세금계산서를 발급받은 과세 매입거래 시 선택한다. 반드시 세금계산서를 수령한 후 해당 품목이 공제되지 않을 경우에 사용한다. 상단 화면과 하단 화면의 중간에 표시되는 불공제사유의 🖵을 눌러 선택한다.

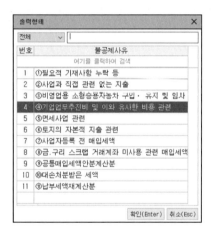

⑤ **55.수입** : 재화를 수입하고 세관장이 발행한 수입세금계산서를 발급받은 공제되는 과세 매입거래 시 선택한다. 수입세금계산서의 공급가액은 부가가치세 징수를 위한 과세표준에 불과하여 회계처리 대상이 아니므로 프로그램에서는 하단 분개란에 부가세대급금만 표시되므로 수입한 재화는 일반전표에 입력한다. 수입세금계산서라 하더라도 공제되지 않는 재화의 수입은 54.불공으로 입력해야 한다.

⑥ **57.카과** : 매입세액공제가 가능한 신용카드에 의한 매입거래 시 선택한다. 분개유형에서 4 : 카드를 선택하면 화면 중간에 신용카드사 선택 창으로 커서가 이동하며 🖵 (신용카드사: 99602 🖵 국민카드)을 눌러 카드사를 선택하면 자동으로 하단 분개란 거래처에 카드사가 입력된다. 분개유형에서 3 : 혼합을 선택한 경우에는 하단 분개란에 거래처를 카드사로 변경해야 한다. 부가가치세를 포함하여 공급가액란에 입력하며 공제받지 못할 신용카드는 일반전표에 입력함에 유의한다.

⑦ **58.카면** : 면세사업자에게 신용카드매출전표에 의한 매입거래 시 선택한다.

⑧ **59.카영** : 신용카드매출전표에 의한 영세율 매입거래 시 선택한다.

⑨ **60.면건** : 면세사업자가 발행한 계산서를 발급받지 않은 면세 매입거래 시 선택한다.

⑩ **61.현과** : 과세사업자에게 현금영수증에 의한 매입거래 시 선택한다.

⑪ **62.현면** : 면세사업자에게 현금영수증에 의한 매입거래 시 선택한다.

> 매입, 매출 관련 카드가 들어가는 유형(카과, 카면, 카영)을 선택하고 분개 유형 4 : 카드를 선택하면 중간에 신용카드사 칸이 활성화(신용카드사: 99600 □ 신한카드　　　　　)되며, 신용카드사 선택 시 하단 분개 거래처란에 자동으로 입력되고 부속서류에 반영된다.

※ 실력 다지기 문제를 따라하면서 읽어보면 더 잘 이해가 된다.

시험 시 매입매출전표입력 유의사항에 의거하여 입력해야 하므로 다음 사항을 숙지하고 있어야 한다.

> ■ 시험 시 매입매출전표입력 유의사항
> - 일반적인 적요의 입력은 생략하지만, 타계정 대체거래는 적요번호를 선택하여 입력한다.
> - 별도의 요구가 없는 한 반드시 기 등록되어 있는 거래처코드를 선택하는 방법으로 거래처명을 입력한다.
> - 제조경비는 500번대 계정코드를, 판매비와관리비는 800번대 계정코드를 사용한다.
> - 회계처리 시 계정과목은 별도 제시가 없는 한 등록되어 있는 계정과목 중 가장 적절한 과목으로 한다.
> - 입력화면 하단의 분개까지 처리하고, 전자세금계산서 및 전자계산서는 전자입력으로 반영한다.

※ 따라서 본서는 위 유의사항에 의거 [매입매출전표입력]을 설명하며 유의사항의 마지막 째 줄 지시에 따라 전자세금계산서와 전자계산서에는 전자란에 1 : 여로 표시한다.

. SECTION .

02 거래자료 입력

출제
빈도 상 중 하

▶ 합격 강의

빈출 태그 매입매출전표 · 매출거래 · 매입거래

가적의 3회독
☐ 1회 ☐ 2회 ☐ 3회

매입매출전표입력 시 다음 내용을 다시 한번 확인한다.

① 매출 시에는 발급한 증명서류를, 매입 시에는 수령한 증명서류를 확인하고 유형을 선택한다.

② 품목이 2개 이상일 경우 복수거래로 입력하며, 상단 거래처명과 하단 거래처명이 다를 경우 하단의 거래처명을 변경해야 한다.

③ 세금계산서 자료는 공급가액과 부가가치세를 각각 입력하므로 부가가치세가 포함(공급대가)되어 제시될 경우 「공급대가 ÷ 1.1」을 하여 부가가치세를 차감하여 입력하며, 과세영수증(건별, 카과, 현과)은 부가가치세를 포함하여 공급가액란에 입력한다(환경등록의 기본값).

④ 개인을 거래처에 등록 시 주민등록번호를 기재하며 세금계산서(또는 계산서)와 신용카드매출전표 등의 거래가 나올 경우 세금계산서(또는 계산서)가 우선이므로 세금계산서(또는 계산서) 발급(수령)으로 입력한다. 세금계산서(또는 계산서)와 신용카드매출전표 등은 정규증명서류로 인정되므로 동시 발행을 인정하지 않지만 세금계산서(또는 계산서)발행 후 결제수단으로 사용 시는 발행을 인정하고 있다(입력방법은 출제유형 참조).

⑤ 수출의 경우 공급가액에 적용할 환율을 반드시 확인해야 하며 카드거래의 경우 거래처명에 카드사를 입력해야 함에 주의한다.

⑥ 매입거래 유형 "불공"은 세금계산서를 수령했으나 공제되지 않는 거래를 입력하는 것임에 주의한다. 따라서 공제 가능한 매입거래의 세금계산서 수취 분은 "과세" 또는 "수입"으로 입력해야 한다.

⑦ 유형자산처분 회계처리는 여러 번 반복 연습하여 틀리지 않도록 한다.

01 매출거래

시험 시 나오는 부가가치세 매출거래를 유형별로 입력한다.

실력 다지기

출제유형1 >

다음 거래자료를 (주)영진(회사코드 : 0301)의 매입매출전표입력 메뉴에 입력하시오.

1. 1월 1일 비사업자인 개인 최명수(620217-1810133)에게 제품(1,500,000원, 부가가치세 별도)을 판매하고 자기앞수표를 받았으며, 주민등록번호로 전자세금계산서를 발급하였다(거래처 신규등록할 것, 거래처코드번호 : 301, 유형 : 동시).

> **기적의 Tip**
>
> **매출 : 과세**
> 부가세 10% 과세되는 세금계산서 발급 시 사용한다.

2. 1월 2일 충남상사에 제품을 매출하고 다음과 같이 전자세금계산서를 발행하였다.

품명	거래처	공급가액	부가가치세	결제방법
의류	충남상사	87,000,000	8,700,000	전액외상

풀이방법 >

1. 1월 1일

□	일	번호	유형	품목	수량	단가	공급가액	부가세	코드	공급처명	사업/주민번호	전자	분개
1	1	50001	과세	제품			1,500,000	150,000	00301	최명수	620217-1810133	여	현금

① 날짜란에 1월을 선택하고 일자란에서 **Enter**를 친 후에 본 화면의 일자란(❶)에 1을 입력하고 유형란(❷)에서 11(11.과세(매출))을 입력한다.

② 품목란으로 커서가 이동하면 "제품"을 입력하고 **Enter**를 친 후 수량과 단가가 지문에 없으므로 **Enter**를 쳐서 공급가액란으로 이동한다.

③ 공급가액란에 1,500,000원을 1500+(❸)로 입력하고 **Enter**를 치면 부가세란에 공급가액의 10% 금액이 자동입력된다.

④ 코드란에서 입력하고자 하는 공급처명을 2자로 입력한 후 **Enter**를 쳐서 나오는 창에서 등록된 거래처를 선택한다(신규로 거래처를 등록할 경우 이래 [매입매출전표입력]에서 거래처 등록하기 참조).

기적의 Tip

분개는 "1 : 현금"을 사용하지 않고 "3 : 혼합"을 선택하여 분개해도 된다.

⑤ 전자세금계산서 발급을 했으므로 전자란에 1(여)을 입력하고 분개란에서 1(현금)을 입력한다.

⑥ 하단 분개화면의 내용이 틀리면 수정하는 것인데 모두 맞으므로 Enter 를 계속 치면 커서가 상단 2줄로 이동하여 2번째 거래를 입력할 수 있게 된다.

더 알기 Tip

[매입매출전표입력]에서 거래처 등록하기

① 공급처명코드에서 숫자키패드의 + 를 친후(000000 입력됨) 커서가 공급처명란으로 가면 등록하고자 하는 거래처명을 끝까지 입력하고 Enter 를 친다.

② 공급처등록 창이 나오면 공급처코드를 301번으로 수정 입력하고 수정(Tab)을 눌러 하단 공급처등록정보란에 해당 사항(주민등록번호, 대표자명)을 등록한다(개인을 거래처에 등록 시 주민등록번호를 입력하여 관리한다). 유형은 자동으로 동시로 등록된다.

③ 등록된 모든 내용은 [기초정보관리]-[거래처등록]에 등록된 것을 확인할 수 있다.

위 답안 내용을 다음과 같이 표시하기로 하며 이하 답안 모두 동일하다(사업/주민번호 칸은 정답 화면에서 생략함).

유형	품목	수량	단가	공급가액	부가세	공급처명	사업/주민번호	전자	분개
11.과세	제품			1,500,000	150,000	최명수		여	현금

구분	계정과목		적요	거래처	차변(출금)	대변(입금)
입금	0255	부가세예수금	제품	최명수	(현금)	150,000
입금	0404	제품매출	제품	최명수	(현금)	1,500,000

2. 1월 2일

유형	품목	수량	단가	공급가액	부가세	공급처명	사업/주민번호	전자	분개
11.과세	의류			87,000,000	8,700,000	충남상사		여	외상

구분	계정과목		적요	거래처	차변(출금)	대변(입금)
차변	0108	외상매출금	의류	충남상사	95,700,000	
대변	0255	부가세예수금	의류	충남상사		8,700,000
대변	0404	제품매출	의류	충남상사		87,000,000

※ 전액 외상매출금일 경우 분개유형 2 : 외상으로 처리하면 자동으로 분개가 되어 편리하다.

출제유형 2 >

3. 1월 3일 (주)원단에 다음과 같이 제품을 판매하고 전자세금계산서를 발행하였다.

품목	수량	단가	공급가액	세액	결제방법
안전모	20	20,000	400,000	40,000	외상
장갑	100	1,000	100,000	10,000	

기적의 Tip

품목이 2개 이상인 거래를 복수거래라 한다.

4. 1월 4일 다음과 같이 제품을 판매하고 전자세금계산서를 발급하였다(거래처 신규 등록할 것, 거래처코드번호 : 302, 유형 : 동시).

기적의 Tip

계정과목을 코드번호로 입력할 경우 해당 계정과목 코드 뒤 3자리를 입력한다.

전자세금계산서(공급자 보관용)					승인번호				
공급자	사업자 등록번호	119-81-29163	종사업장 번호		공급받는자	사업자 등록번호	154-25-58855	종사업장 번호	
	상 호 (법인명)	(주)영진	성 명 (대표자)	정영진		상 호 (법인명)	대성기업	성 명	노현진
	사업장 주소	서울특별시 서초구 서운로 138 (서초동, 서초동아타워)				사업장 주소	충청남도 공주시 검상길 1(검상동)		
	업 태	제조, 도소매	종 목	전자제품, 무역		업 태	제조업	종 목	전자제품
						이메일			

작성일자	공급가액	세 액	수정사유			
2024.1.4	8,400,000	840,000				
비고						

월	일	품 목	규격	수량	단가	공급가액	세액	비고
1	4	AK-450		2,000	4,200	8,400,000	840,000	

합계금액	현금	수표	어음	외상미수금	이 금액을	영수 (청구)	함
9,240,000	1,240,000		5,500,000	2,500,000			

풀이방법 >

3. 1월 3일

① 화면의 일자란에 3을 입력하고 유형란에서 11(11.과세(매출))을 입력한다(위의 내용도 과세이므로 Enter 를 쳐서 복사해도 됨).

② 품목란으로 커서가 이동하면 상단 툴바의 「F7 복수거래」를 클릭하면 커서가 하단의 다음 그림과 같이 복수거래내용 창으로 이동하는데 이때 해당 자료를 입력하고 Esc 등을 눌러 빠져나온다. 시험 시 수량과 단가는 동시에 나온 경우 입력한다.

③ 품목란에 "안전모외"로 표시되어 나타나고 공급가액과 부가세가 자동으로 표시된다.

④ 코드란에서 입력하고자 하는 공급처명 "원단"을 입력한 후 Enter 를 쳐서 나오는 창에서 등록된 거래처를 선택한다(공급처명은 입력하기 편한 2글자로 입력할 것).

⑤ 전자세금계산서 발급을 했으므로 전자란에 1(여)을 입력하고 분개란에서 2(외상)를 입력한다.

⑥ 하단 분개화면의 내용이 틀리면 수정하는 것인데 모두 맞으므로 Enter 를 계속 치면 커서가 상단 화면으로 이동하여 다음 거래를 입력할 수 있게 된다.

유형	품목	수량	단가	공급가액	부가세	공급처명	사업/주민번호	전자	분개
11.과세	안전모외			500,000	50,000	(주)원단		여	외상

구분		계정과목	적요	거래처	차변(출금)	대변(입금)
차변	0108	외상매출금	안전모외	(주)원단	550,000	
대변	0255	부가세예수금	안전모외	(주)원단		50,000
대변	0404	제품매출	안전모외	(주)원단		500,000

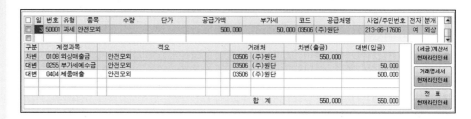

4. 1월 4일

① 화면의 일자란에 4를 입력하고 유형란에서 과세이므로 Enter 를 눌러 복사한다.

② 품목란으로 커서가 이동하면 "AK-450"을 입력하고 Enter 를 친 후 수량과 단가를 입력하면 공급가액과 부가세가 자동으로 표시된다.

③ 공급처명코드에서 숫자키패드의 + 를 친 후(000000 입력됨) 커서가 공급처명란으로 가면 "대성기업"을 끝까지 입력하고 Enter 를 친다.

④ 공급처등록 창이 나오면 공급처코드를 302번으로 수정 입력하고 수정(Tab)을 눌러 하단 공급처등록정보란에 해당 사항에 세금계산서에 있는 모든 내용을 다음과 같이 입력하고 Enter 를 쳐서 빠져 나온다. 유형은 자동으로 동시로 등록(거래처 등록에서 확인 기능)된다.

⑤ 전자세금계산서 발급을 했으므로 전자란에 1(여)을 입력하고 분개란에서 3(혼합)을 입력한다.

⑥ 하단 분개화면으로 커서가 이동하면 받을어음과 외상매출금 계정과목을 추가로 입력한다.

유형	품목	수량	단가	공급가액	부가세	공급처명	사업/주민번호	전자	분개
11.과세	AK-450	2,000	4,200	8,400,000	840,000	대성기업		여	혼합

구분	계정과목		적요	거래처	차변(출금)	대변(입금)
대변	0255	부가세예수금	AK-450 2000X4200	대성기업		840,000
대변	0404	제품매출	AK-450 2000X4200	대성기업		8,400,000
차변	0101	현금	AK-450 2000X4200	대성기업	1,240,000	
차변	0110	받을어음	AK-450 2000X4200	대성기업	5,500,000	
차변	0108	외상매출금	AK-450 2000X4200	대성기업	2,500,000	

출제유형3 >

5. 1월 5일 (주)일신산업에 당사의 제품(공급가액 50,000,000원, 부가가치세 5,000,000원)을 판매하고 전자세금계산서를 발급하였다. 대금은 현금 10,000,000원과 동점발행당좌수표 10,000,000원을 받고 잔액은 외상으로 하였다.

6. 1월 6일 거래처 (주)일신산업에 제품(200개, @30,000원 부가가치세 별도)을 납품하고 전자세금계산서를 발행하였다. 대금은 동사발행 어음(만기 : 1년 이내)을 수취하였다.

7. 1월 7일 (주)한국물류에 제품(공급가액 20,000,000원, 부가가치세 별도)을 공급하면서 전자세금계산서를 발급하였다. 판매대금 중 부가가치세에 해당하는 금액은 은행권 자기앞수표로 받았고, 나머지 잔액은 동점발행 약속어음(어음만기 : 1년 이내)으로 받았다.

8. 1월 8일 제품 2,400,000원(20개 @120,000원 부가가치세 별도)을 (주)유담상사에 판매하고 전자세금계산서를 발급하였다. 판매대금은 전액 현금으로 받았으며, 발송운임 10,000원은 (주)빠른운송에 현금으로 지급하고 영수증을 수취하였다(모든 거래를 매입매출전표입력에서 입력할 것).

9. 1월 9일 삼전상회에 제품(공급가액 10,000,000원, 부가가치세 별도)을 판매하고 전자세금계산서를 발급하였다. 판매대금은 1월 2일 수령한 계약금 2,000,000원을 제외한 잔액을 삼전상회발행 약속어음(만기 : 1년 이내)으로 받았다.

5. 1월 5일

유형	품목	수량	단가	공급가액	부가세	공급처명	사업/주민번호	전자	분개
11.과세	제품			50,000,000	5,000,000	(주)일신산업		여	혼합

구분		계정과목	적요	거래처	차변(출금)	대변(입금)
대변	0255	부가세예수금	제품	(주)일신산업		5,000,000
대변	0404	제품매출	제품	(주)일신산업		50,000,000
차변	0101	현금	제품	(주)일신산업	20,000,000	
차변	0108	외상매출금	제품	(주)일신산업	35,000,000	

※ 동점발행당좌수표(타인발행당좌수표)는 통화대용증권이므로 현금으로 처리한다.

6. 1월 6일

유형	품목	수량	단가	공급가액	부가세	공급처명	사업/주민번호	전자	분개
11.과세	제품	200	30,000	6,000,000	600,000	(주)일신산업		여	혼합

구분		계정과목	적요	거래처	차변(출금)	대변(입금)
대변	0255	부가세예수금	제품 200X30000	(주)일신산업		600,000
대변	0404	제품매출	제품 200X30000	(주)일신산업		6,000,000
차변	0110	받을어음	제품 200X30000	(주)일신산업	6,600,000	

7. 1월 7일

유형	품목	수량	단가	공급가액	부가세	공급처명	사업/주민번호	전자	분개
11.과세	제품			20,000,000	2,000,000	(주)한국물류		여	혼합

구분		계정과목	적요	거래처	차변(출금)	대변(입금)
대변	0255	부가세예수금	제품	(주)한국물류		2,000,000
대변	0404	제품매출	제품	(주)한국물류		20,000,000
차변	0101	현금	제품	(주)한국물류	2,000,000	
차변	0110	받을어음	제품	(주)한국물류	20,000,000	

8. 1월 8일

유형	품목	수량	단가	공급가액	부가세	공급처명	사업/주민번호	전자	분개
11.과세	제품	20	120,000	2,400,000	240,000	(주)유담상사		여	혼합

구분		계정과목	적요	거래처	차변(출금)	대변(입금)
대변	0255	부가세예수금	제품 20X120000	(주)유담상사		240,000
대변	0404	제품매출	제품 20X120000	(주)유담상사		2,400,000
차변	0101	현금	제품 20X120000	(주)유담상사	2,630,000	
차변	0824	운반비	제품 20X120000	(주)유담상사	10,000	

※ 시험 시에는 지문의 지시에 따라 처리하므로 위 답안처럼 처리해야 한다.

■ 실무 시에는 다음과 같이 각각 [매입매출전표입력]과 [일반전표입력]에 입력한다.
• **매입매출전표입력(전자세금계산서 발급)**
  1월 9일 : 유형(11.과세) 품목(제품) 수량(20) 단가(120,000) 공급처명((주)유담상사) 전자(여) 분개(현금)
  (입금) 255.부가세예수금   240,000
  (입금) 404.제품매출   2,400,000
• **일반전표입력(∵ 일반영수증 수취 시 부가세가 공제되지 않으므로 신고대상이 아님)**
  1월 9일 : (차) 824.운반비 10,000   (대) 101.현금 10,000

9. 1월 9일

유형	품목	수량	단가	공급가액	부가세	공급처명	사업/주민번호	전자	분개
11.과세	제품			10,000,000	1,000,000	삼전상회		여	혼합

구분	계정과목		적요	거래처	차변(출금)	대변(입금)
대변	0255	부가세예수금	제품	삼전상회		1,000,000
대변	0404	제품매출	제품	삼전상회		10,000,000
차변	0259	선수금	제품	삼전상회	2,000,000	
차변	0110	받을어음	제품	삼전상회	9,000,000	

출제유형4 ▶

10. 1월 10일 성남상회에 제품을 5,000,000원(부가가치세 별도)에 공급하고 대금은 성남상회 법인신용카드인 삼성카드로 결제하고 전자세금계산서를 발급하였다.

11. 2월 1일 거래처 (주)일신산업에 외상으로 판매한 제품(100개 @500,000원, 부가가치세 별도) 중 파손품 5개가 있어 반품 받고, 반품에 대한 전자세금계산서를 발행하였으며 외상대금과 상계하였다.

12. 2월 2일 (주)유담상사에 매출한 제품 중 일부가 반품되어 반품 전자세금계산서(공급가액 −10,000,000원, 부가가치세 −1,000,000원)를 발행하여 발급하였으며, 대금은 외상매출금과 상계처리하기로 하였다.

13. 2월 3일 공장에서 사용하던 기계장치를 (주)신구에 20,000,000원(부가가치세 별도)에 매각하고 전자세금계산서를 발급하였다. 대금 중 15,000,000원은 자기앞수표로 받고 잔액은 1달 후에 받기로 하였으며, 기계장치의 취득원가는 25,000,000원, 감가상각누계액은 3,000,000원이었다.

기적의 Tip
세금계산서와 카드전표를 동시에 발급한 경우 세금계산서로 입력한다(매출 : 과세).

기적의 Tip
매출 후 반품, 에누리, 할인 거래는 음수(−)로 입력한다.

기적의 Tip
감가상각하는 유형자산 처분 분개를 숙지한다.

14. 2월 4일 원재료 운송용 트럭(취득원가 35,000,000원, 전기말 감가상각누계액 16,500,000원)을 아이상사(주)에 20,000,000원(부가가치세 별도)에 처분하면서 전자세금계산서를 발행하였다. 대금 중 5,000,000원은 아이상사(주)에 지불할 외상매입금과 상계하고 나머지는 현금으로 받았다.

풀이방법 >

10. 1월 10일

① 화면의 일자란에 10을 입력하고 유형란에서 과세이므로 Enter 를 눌러 복사한다.

② 품목란으로 커서가 이동하면 "제품"을 입력하고 Enter 를 친 후 공급가액란에 5,000,000원을 5++로 입력하고 Enter 를 치면 부가세란에 공급가액의 10% 금액이 자동입력된다.

③ 공급처명코드에서 "성남"을 입력한 후 Enter 를 쳐서 나오는 거래처 도움 창에서 "성남상회"를 선택하고 확인(Enter) 을 누른다.

④ 전자세금계산서 발급을 했으므로 전자란에 1(여)을 입력하고 분개란에서 2(외상)을 입력한다(분개를 3 : 혼합으로 선택한 후 외상매출금 계정과목을 추가해도 된다. 분개와 거래처만 정확하면 되며 분개유형은 선택사항임).

⑤ 하단 분개화면으로 커서가 이동하면 외상매출금의 거래처 코드에 "삼성"을 입력한 후 나오는 창에서 삼성카드를 선택하여 변경한다.

• 상단 화면의 공급처명과 하단 화면 분개란의 거래처가 다른 경우 해당 계정과목란에 커서를 놓고 거래처를 변경해야 한다.

• 세금계산서 발행거래의 결제수단이 신용카드인 경우에도 "11 : 과세"로 입력해야 한다.

• 세금계산서와 신용카드전표를 동시에 발행한 경우 하단 분개란의 외상매출금 계정과목을 클릭하고 상단 툴바의 「F8 적요및카드매출」을 클릭하여 다음과 같이 변경해야 한다. 시험 시 동시에 발행했다는 문구가 없을 경우 하단 외상매출금의 거래처만 변경한다(본 문제에서는 외상매출금의 거래처란에 "삼성카드"만 입력함).

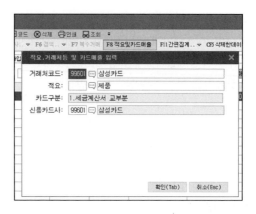

※ 분개유형을 2 : 외상으로 입력한 경우

유형	품목	수량	단가	공급가액	부가세	공급처명	사업/주민번호	전자	분개
11.과세	세품			5,000,000	500,000	성남상히		여	혼합

구분	계정과목		적요	거래처	차변(출금)	대변(입금)
대변	0255	부가세예수금	제품	성남상회		500,000
대변	0404	제품매출	제품	성남상회		5,000,000
차변	0108	외상매출금	제품	삼성카드	5,500,000	

※ 분개유형 3 : 혼합으로 입력한 경우

11. 2월 1일

유형	품목	수량	단가	공급가액	부가세	공급처명	사업/주민번호	전자	분개
11.과세	제품	-5	500,000	-2,500,000	-250,000	(주)일신산업		여	외상

구분	계정과목		적요	거래처	차변(출금)	대변(입금)
차변	0108	외상매출금	제품 -5×500000	(주)일신산업	-2,750,000	
대변	0255	부가세예수금	제품 -5×500000	(주)일신산업		-250,000
대변	0404	제품매출	제품 -5×500000	(주)일신산업		-2,500,000

※ 반품 관련해서 수량과 단가가 제시되면 수량은 음수(-)로, 단가를 양수로 입력하면 자동으로 공급가액과 부가세가 음수(-)로 표시된다.

12. 2월 2일

유형	품목	수량	단가	공급가액	부가세	공급처명	사업/주민번호	전자	분개
11.과세	제품			−10,000,000	−1,000,000	(주)유담상사		여	외상

구분		계정과목	적요	거래처	차변(출금)	대변(입금)
차변	0108	외상매출금	제품	(주)유담상사	−11,000,000	
대변	0255	부가세예수금	제품	(주)유담상사		−1,000,000
대변	0404	제품매출	제품	(주)유담상사		−10,000,000

※ 반품 관련해서 수량과 단가가 제시되지 않으면 공급가액을 음수(−)로 입력한다.

13. 2월 3일

① 화면의 일자란에 3을 입력하고 유형란에서 과세이므로 **Enter**를 눌러 복사한다.

② 품목란으로 커서가 이동하면 "기계장치"를 입력하고 **Enter**를 친 후 공급가액란에 20,000,000원을 20++로 입력하고 **Enter**를 치면 부가세란에 공급가액의 10% 금액이 자동입력된다.

③ 공급처명 코드에서 "신구"를 입력한 후 **Enter**를 쳐서 나오는 거래처 도움 창에서 "(주)신구"를 선택한다.

④ 전자세금계산서 발급을 했으므로 전자란에 1(여)을 입력하고 분개란에서 3(혼합) 을 입력한다.

⑤ 하단 분개화면으로 커서가 이동하면 "제품매출" 계정과목을 "기계장치" 계정과목 으로 바꾸고 금액도 공급가액 20,000,000원에서 취득원가 25,000,000원으로 수정한다. 그리고 **Enter**를 눌러 줄을 바꾼 후 코드란에 "감가"라고 입력한 후 나오 는 창에서 참고를 보고 기계장치 감가상각누계액을 선택하고 확인(Enter) 을 누른다.

⑥ 자기앞수표는 현금으로 처리하며 나머지는 1달 후에 받기로 했으므로 상거래 외의 거래 시에는 "미수금"으로 처리한다. 전체 받을 금액 22,000,000원 중에서 현금 15,000,000원을 처리하면 미수금은 7,000,000원이 되어야 한다. 차변에 각각 입력한다.

⑦ 상단화면의 툴바에 「대차차액」이 −2,000,000이 표시되고 이는 차변 부족 시(음수로 표시) 나오는 손실이므로 차변에 유형자산처분손실을 입력하고 금액란에 2++를 누른다.

유형	품목	수량	단가	공급가액	부가세	공급처명	사업/주민번호	전자	분개
11.과세	기계장치			20,000,000	2,000,000	(주)신구		여	혼합

구분		계정과목	적요	거래처	차변(출금)	대변(입금)
대변	0255	부가세예수금	기계장치	(주)신구		2,000,000
대변	0206	기계장치	기계장치	(주)신구		25,000,000
차변	0207	감가상각누계액	기계장치	(주)신구	3,000,000	
차변	0101	현금	기계장치	(주)신구	15,000,000	
차변	0120	미수금	기계장치	(주)신구	7,000,000	
차변	0970	유형자산처분손실	기계장치	(주)신구	2,000,000	

※ 상단화면에는 부가가치세신고와 관련된 공급가액 20,000,000원과 부가가치세 2,000,000원이 입력되어야 하며, 하단화면의 분개란에는 회계기준에 맞게 분개해야 하므로, 취득원가와 감가상각누계액을 각각 장부상에서 제거하는 회계처리를 해야 한다.

14. 2월 4일

유형	품목	수량	단가	공급가액	부가세	공급처명	사업/주민번호	전자	분개
11.과세	트럭			20,000,000	2,000,000	아이상사(주)		여	혼합

구분		계정과목	적요	거래처	차변(출금)	대변(입금)
대변	0255	부가세예수금	트럭	아이상사(주)		2,000,000
대변	0208	차량운반구	트럭	아이상사(주)		35,000,000
차변	0209	감가상각누계액	트럭	아이상사(주)	16,500,000	
차변	0251	외상매입금	트럭	아이상사(주)	5,000,000	
차변	0101	현금	트럭	아이상사(주)	17,000,000	
대변	0914	유형자산처분이익	트럭	아이상사(주)		1,500,000

15. 2월 5일 해외수출 대행업체인 (주)상도에 Local L/C에 의하여 제품(가방 40개, @170,000원)을 납품하고 영세율전자세금계산서를 발행하였으며, 대금은 전액 현금으로 받아 당좌예입하였다(서류번호 입력 생략).

🎓 기적의 Tip

매출 : 영세
간접수출(무역업자) 시 내국 신용장 또는 구매확인서를 수취하고 발급하는 영세율세 금계산서 발행 시 선택한다.

16. 2월 6일 수출대행업체인 (주)상도에 구매확인서에 의하여 제품 200개를 1개당 1,000,000원에 납품하고 영세율 전자세금계산서를 발급하였다. 대금 중 10%는 자기앞수표로 받고 잔액은 외상으로 하였다(서류번호 입력 생략).

풀이방법 >

15. 2월 5일
① 화면의 일자란에 5를 입력하고 유형란에서 12(영세)를 입력한다.
② 품목란으로 커서가 이동하면 "가방"을 입력하고 Enter 를 친 후 수량란에 40, 단가란에 170,000원을 170+로 입력하면 공급가액이 자동으로 표시된다.
③ 공급처명코드에서 "상도"를 입력한 후 Enter 를 쳐서 나오는 거래처 도움 창에서 "(주)상도"를 선택한다.
④ 전자세금계산서 발급을 했으므로 전자란에 1(여)을 입력하고 중간의 영세율구분에서 눌러 나오는 창에서 3을 선택(영세율구분 [3 🖵 내국신용장 · 구매확인서에 의하여 공급하는 재화])한다.

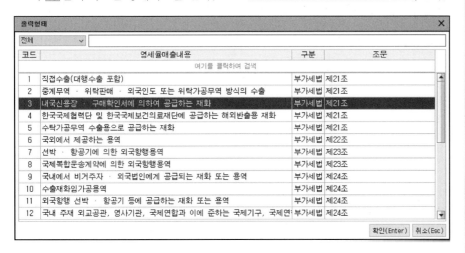

⑤ 분개란에서 3(혼합)을 입력한다.

⑥ 하단 분개화면으로 커서가 이동하면 Enter 를 눌러 줄을 바꾼 후 당좌예금 계정과목을 추가로 입력한다.

유형	품목	수량	단가	공급가액	부가세	공급처명	사업/주민번호	전자	분개
12.영세	가방	40	170,000	6,800,000		(주)상도		여	혼합

구분	계정과목		적요	거래처	차변(출금)	대변(입금)
대변	0404	제품매출	가방 40X170000	(주)상도		6,800,000
차변	0102	당좌예금	가방 40X170000	(주)상도	6,800,000	

※ Local L/C란 내국신용장을 말한다.

16. 2월 6일

유형	품목	수량	단가	공급가액	부가세	공급처명	사업/주민번호	전자	분개
12.영세	제품	200	1,000,000	200,000,000		(주)상도		여	혼합

구분	계정과목		적요	거래처	차변(출금)	대변(입금)
대변	0404	제품매출	제품 200X1000000	(주)상도		200,000,000
차변	0101	현금	제품 200X1000000	(주)상도	20,000,000	
차변	0108	외상매출금	제품 200X1000000	(주)상도	180,000,000	

※ 영세율구분   3   💻 내국신용장 · 구매확인서에 의하여 공급하는 재화

17. 2월 7일 비사업자인 김철수씨에게 당사의 제품인 노트북(부가가치세 포함, 공급대가 1,200,000원)을, 간이영수증(현금영수증 아님) 발행 후 대금은 현금으로 수령하였다.

풀이방법 >

17. 2월 7일

① 화면의 일자란에 7을 입력하고 유형란에서 14(건별)을 입력한다.

② 품목란으로 커서가 이동하면 "노트북"을 입력하고 Enter 를 친 후 공급가액란으로 커서를 이동하여 부가세가 포함된 금액인 1,200,000원을 1200+로 입력하면 공급가액과 부가세가 각각 1,090,910과 109,090으로 분리 계산되어 표시된다.

③ 공급처명코드에서 "김철"을 입력한 후 Enter 를 쳐서 나오는 거래처 도움 창에서 "김철수"를 선택한다.

④ 건별은 무증빙 또는 일반영수증 자료를 입력하는 것이므로 전자란은 입력하지 않고 분개란에서 1(현금)을 입력한다.

유형	품목	수량	단가	공급가액	부가세	공급처명	사업/주민번호	전자	분개
14.건별	노트북			1,090,910	109,090	김철수			현금

구분	계정과목		적요	거래처	차변(출금)	대변(입금)
입금	0255	부가세예수금	노트북	김철수	(현금)	109,090
입금	0404	제품매출	노트북	김철수	(현금)	1,090,910

※ 부가가치세가 과세된 영수증 자료(건별, 카과, 현과)는 부가가치세를 포함하여 공급가액란에 입력한다(∵ [기초정보관리]-[환경등록]에서 ④부가세 포함 여부의 카과, 현과의 공급가액에 부가세포함 및 건별 공급가액에 부가세 포함이 1.(전체)포함으로 기본 값에 설정되어 있다. 사용자가 변경할 수 있으나 그대로 사용하길 권장함).

기적의 Tip

매출 : 건별
주로 소매출거래로 증빙이 없는 거래나 일반영수증(카드전표와 현금영수증 제외) 발급 시, 간주공급 시 선택한다.

기적의 Tip

건별, 카과, 현과는 부가가치세를 포함(공급대가)하여 공급가액란에 입력한다.

기적의 Tip

분개는 "1 : 현금"을 사용하지 않고 "3 : 혼합"을 선택하여 분개해도 된다.

기적의 Tip

간이영수증 발급 시 "15.간이"로 처리하지 않도록 주의한다. 15.간이는 간이과세사업자(개인)가 영수증을 발급한 경우 사용한다.

18. 2월 8일 아프리카 수입상 캄차카에 제품을 미화 20,000달러에 직수출하고, 대금은 외상으로 하였다(선적일 기준환율은 미화 달러당 1,100원이고 수출신고일 기준환율은 미화 달러당 1,150원임).(수출신고번호 입력 생략)

19. 2월 9일 일본 후지모리상사에 제품 1,000개(@2,000엔)를 직수출하고, 대금은 외상으로 하였다. 단, 선적일 시점의 환율은 100엔당 1,200원이었다.(수출신고번호 입력 생략)

20. 2월 10일 피비케이에 제품(공급가액 33,000,000원)을 직수출하고 이미 수취한 계약금을 제외한 대금은 외상으로 하였다. 한편 당사는 1월 28일 피비케이와 제품수출계약을 체결하면서 계약금(5,000,000원)을 수취한 바 있다.(수출신고번호 입력 생략)

풀이방법 >

18. 2월 8일
① 화면의 일자란에 8을 입력하고 유형란에서 16(수출)을 입력한다.
② 품목란으로 커서가 이동하면 "제품"을 입력하고 Enter 를 친 후 공급가액란에 22,000,000원(20,000달러×1,100원)을 22++로 입력한다.
③ 공급처명 코드에서 "캄차"를 입력한 후 Enter 를 쳐서 나오는 거래처 도움 창에서 "캄차카"를 선택한다.
④ 중간의 영세율구분에서 🔲눌러 나오는 창에서 1을 선택한다.

(영세율구분 [1] 🔲 직접수출(대행수출 포함) 수출신고번호[   ])

⑤ 분개란에서 2(외상)을 입력한다.

유형	품목	수량	단가	공급가액	부가세	공급처명	사업/주민번호	전자	분개
16.수출	제품			22,000,000		캄차카			외상

구분		계정과목	적요	거래처	차변(출금)	대변(입금)
차변	0108	외상매출금	제품	캄차카	22,000,000	
대변	0404	제품매출	제품	캄차카		22,000,000

※ 20,000달러×1,100원＝22,000,000
※ 수출의 경우 대가를 외국통화 기타 외국환으로 받는 경우에는 공급시기(선적일)의 기준환율(또는 재정환율)에 의한다.

공급시기 도래 이전에 원화로 환가(환전)한 경우에는 그 환가(환전)한 금액으로 하며, 공급시기 이후에 외국통화 기타 외국환 상태로 보유하거나 지급받은 경우에는 공급시기의 「기준환율」 또는 「재정환율」에 의하여 계산한 금액을 과세표준으로 한다.

□	일	번호	유형	품목	수량	단가	공급가액	부가세	코드	공급처명	사업/주민번호	전자	분개
□	9	50001	수출	제품			22,000,000		00145	깜차카			외상
□													

영세율구분 1 ⊡직접수출(대행수출 포함) 수출신고번호 ☐

구분	계정과목		적요		거래처	차변(출금)	대변(입금)
차변	0108	외상매출금	제품		00145 깜차카	22,000,000	
대변	0404	제품매출	제품		00145 깜차카		22,000,000
					합 계	22,000,000	22,000,000

(세금)계산서
현재라인인쇄

거래명세서
현재라인인쇄

전 표
현재라인인쇄

19. 2월 9일

유형	품목	수량	단가	공급가액	부가세	공급처명	사업/주민번호	전자	분개
16.수출	제품	1,000	24,000	24,000,000		후지모리상사			외상

구분	계정과목		적요	거래처	차변(출금)	대변(입금)
차변	0108	외상매출금	제품1000×24000	후지모리상사	24,000,000	
대변	0404	제품매출	제품1000×24000	후지모리상사		24,000,000

※ 영세율구분 1 ⊡직접수출(대행수출 포함) 수출신고번호 ☐

20. 2월 10일

유형	품목	수량	단가	공급가액	부가세	공급처명	사업/주민번호	전자	분개
16.수출	제품			33,000,000		피비케이			혼합

구분	계정과목		적요	거래처	차변(출금)	대변(입금)
대변	0404	제품매출	제품	피비케이		33,000,000
차변	0259	선수금	제품	피비케이	5,000,000	
차변	0108	외상매출금	제품	피비케이	28,000,000	

※ 영세율구분 1 ⊡직접수출(대행수출 포함) 수출신고번호 ☐

21. 3월 1일 개인 소비자 박지성에게 제품을 6,600,000원(부가가치세 포함)에 판매하고, 대금은 박지성 신용카드(삼성카드)로 수취하였다(외상매출금으로 회계처리할 것).

기적의 Tip

매출 : 카과
카드전표를 발행한 경우 선택하며, 분개 시 거래처란에 카드사를 입력한다.

22. 3월 2일 개인인 비사업자 김철수씨에게 제품을 3,300,000원(VAT 포함)에 현금판매하고 현금영수증을 발급하였다.

기적의 Tip

매출 : 현과
현금영수증을 발행한 경우 선택한다.

풀이방법 >

21. 3월 1일
① 날짜란에 3월을 선택하고 일자란에서 Enter를 친 후에 본 화면의 일자란에 7을 입력하고 유형란에서 17(카과)을 입력한다.
② 품목란으로 커서가 이동하면 "제품"을 입력하고 Enter를 친 후 공급가액란으로 커서를 이동하여 부가세가 포함된 금액인 6,600,000원을 6600+로 입력하면 공급가액과 부가세가 각각 6,000,000과 600,000으로 분리 계산되어 표시된다.
③ 공급처명 코드에서 "박지"를 입력한 후 Enter를 쳐서 나오는 거래처 도움 창에서 "박지성"을 선택한다.
④ 중간의 신용카드사에서 ▦을 눌러 나오는 창에서 "삼성카드"를 선택한다.
⑤ 「카과」는 카드전표를 입력하는 것이므로 전자란은 입력하지 않고 분개란에서 2(외상)를 입력한다.

유형	품목	수량	단가	공급가액	부가세	공급처명	사업/주민번호	전자	분개
17.카과	제품			6,000,000	600,000	박지성			외상

구분	계정과목		적요	거래처	차변(출금)	대변(입금)
차변	0108	외상매출금	제품	삼성카드	6,600,000	
대변	0255	부가세예수금	제품	박지성		600,000
대변	0404	제품매출	제품	박지성		6,000,000

※ 카드 결제 시 실무상 4 : 카드로 선택을 하여 "미수금"으로 처리하나 시험 시 일반상거래 이외의 거래에서만 "미수금"을 사용해야 하므로 반드시 일반상거래(상품, 제품매출)일 경우에는 "외상매출금"으로 처리해야 한다. 분개유형 3 : 혼합, 4 : 카드로 입력한 후 수정해도 된다.

22. 3월 2일

유형	품목	수량	단가	공급가액	부가세	공급처명	사업/주민번호	전자	분개
22.현과	제품			3,000,000	300,000	김철수			현금

구분	계정과목		적요	거래처	차변(출금)	대변(입금)
입금	0255	부가세예수금	제품	김철수	(현금)	300,000
입금	0404	제품매출	제품	김철수	(현금)	3,000,000

※ 현금영수증을 발급한 경우 「22.현과」로 입력한다.

02 매입거래

시험 시 나오는 부가가치세 매입거래를 유형별로 입력한다.

실력 다지기

다음 거래자료를 (주)영진(회사코드 : 0301)의 매입매출전표입력 메뉴에 입력하시오.

출제유형1 ▶

1. 4월 1일 거래처 (주)상도로부터 원재료(200개 @15,000원, 부가가치세 별도)를 매입하고 종이세금계산서를 발급받았으며, 대금 중 부가가치세를 제외한 원재료 금액은 자기앞수표로 지급하였고, 부가가치세는 현금으로 지급하였다.

기적의 Tip

매입 : 과세
부가세 10% 과세되는 세금계산서를 수취한 경우 선택한다.

2. 4월 2일 (주)우림으로부터 다음과 같이 상품과 원재료를 구입하고 전자세금계산서를 발급받았다.

품목	수량	단가	공급가액	부가가치세	결제
P상품	1,000	30,000	30,000,000	3,000,000	전액외상
Q원재료	3,000	2,000	6,000,000	600,000	

기적의 Tip

품목이 2개 이상 시 "복수거래"로 입력한다(상단 툴바 사용).

3. 4월 3일 (주)유담상사로부터 원재료(수량 600개, @22,000원, 부가가치세 포함)를 매입하고 전자세금계산서를 수령하였으며, 대금 중 5,000,000원은 당좌수표를 발행하여 지급하고 잔액은 외상으로 하였다.

4. 4월 4일 (주)까치로부터 부재료를 5,500,000원(부가가치세 포함, 전자세금계산서 발급 받음)에 매입하고, 대금의 10%는 현금으로 지급하고, 나머지는 외상으로 하였다((주)까치를 거래처코드 303번으로 등록하시오. 사업자번호 : 108-81-45687, 대표자 : 김성, 업태 : 도매, 종목 : 목재, 유형 : 동시).

5. 4월 5일 거래처 (주)상도로부터 원재료(100단위, @5,000원, 부가가치세 별도)를 매입하고 전자세금계산서를 발급받았다. 대금 중 350,000원은 거래처 (주)유담상사로부터 수취한 어음(만기 : 1년 이내)으로 지급하고 잔액은 외상처리하였다.

6. 4월 6일 (주)까마귀로부터 원재료를 2,000,000원(부가가치세 별도) 매입하고 전자세금계산서를 수령하였으며 대금은 어음(만기 : 1년 이내)을 발행하여 지급하였다.

🎓 가적의 Tip

자본적 지출은 자산처리한다.

7. 4월 7일 본사건물 중앙에 엘리베이터를 설치하고, 설치비용 50,000,000원(부가가치세 별도)을 시공사인 (주)오산공업에 약속어음(2025년 7월 6일 만기)을 발행하여 지급하고 전자세금계산서를 수령하였다(건물의 자본적 지출로 처리할 것).

🎓 가적의 Tip

취득세는 "차량운반구"로 처리한다.

8. 4월 8일 현대자동차로부터 공장 원재료 운반용 트럭(공급가액 10,000,000원, 부가가치세 1,000,000원)을 구입하고 전자세금계산서를 발급받았다. 대금은 다음 달에 지급하기로 하였으며, 취득세 150,000원은 별도로 현금으로 지급하였다(매입매출전표입력에 모든 거래를 입력할 것).

9. 4월 9일 내년 여름을 대비하기 위하여 극도테크(주)로부터 사무실용 에어컨(5대, 대당 1,500,000원, 부가가치세 별도)을 매입하고 전자세금계산서를 발급받았다. 대금은 5일 전에 지급한 계약금 500,000원을 제외하고 당점발행당좌수표로 지급하였다.

10. 4월 10일 제품의 임가공 계약에 의해 의뢰하였던 제품을 (주)인성상사로부터 납품받고 전자세금계산서를 수취하였다. 임가공비용 10,000,000원(부가가치세 별도)은 전액 현금으로 결제하였다.

11. 5월 1일 (주)신구에서 사원 복리후생을 위하여 유니폼을 다음과 같이 구입하고 전자세금계산서를 발급받았다. 대금 중 1,000,000원은 당좌수표를 발행하여 지급하고 잔액은 월말에 지급하기로 하였다.

구분	공급가액	부가가치세	합계
관리부	400,000	40,000	440,000
생산부	800,000	80,000	880,000
합계	1,200,000	120,000	1,320,000

12. 5월 2일 공장 화물차의 고장으로 현대자동차에서 수리하였다. 수리비 300,000원(부가가치세 별도)은 현금으로 지급하고 전자세금계산서를 받았다(수익적 지출로 처리할 것).

🎓 기적의 Tip

수익적 지출은 비용처리한다.

13. 5월 3일 건물주인 (주)유담상사로부터 본사 건물 4월분 임대료(공급가액 700,000원, 부가가치세 70,000원)에 대한 전자세금계산서를 발급받았으며, 임대료는 계약상 지급일인 말일에 지급하기로 하였다.

14. 5월 4일 매출처에 제품배달을 위해 (주)상도에 운송료 100,000원(부가가치세 별도)을 현금으로 지급하고 전자세금계산서를 발급받았다.

15. 5월 5일 파손된 본사 영업팀 건물의 유리를 (주)삼부기획에서 교체하고 대금 1,650,000원(부가가치세 포함)을 약속어음(만기 : 1년 이내)으로 지급하고 전자세금계산서를 발급받았다(수익적 지출로 처리할 것).

풀이방법 ▶

1. 4월 1일
① 날짜란에 4월을 선택하고 일자란에서 Enter 를 친 후에 본 화면의 일자란에 1을 입력하고 유형란에서 51(51. 과세(매입))을 입력한다.
② 품목란으로 커서가 이동하면 "원재료"을 입력하고 Enter 를 친 후 수량 200, 단가 15,000을 입력하고 Enter 를 누르면 공급가액, 세액이 자동으로 표시된다.
③ 공급처명 코드란에서 "상도"를 입력한 후 Enter 를 쳐서 나오는 거래처 도움 창에서 "(주)상도"를 선택한다(공급처명은 입력하기 편한 2글자로 입력할 것).

④ 종이세금계산서를 발급받았으므로 전자란을 입력하지 않고 분개란에서 1(현금)을
입력한다(자기앞수표는 "현금"으로 회계처리함).

⑤ 하단 분개화면의 내용이 틀리면 수정하는 것인데 모두 맞으므로 Enter를 계속 치
면 커서가 상단 2줄로 이동하여 2번째 거래를 입력할 수 있게 된다.

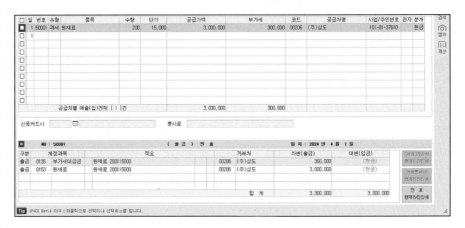

위 답안 내용을 다음과 같이 표시하기로 하며 이하 답안 모두 동일하다(사업/주민번
호 칸은 정답화면에서 생략함).

유형	품목	수량	단가	공급가액	부가세	공급처명	사업/주민번호	전자	분개
51.과세	원재료	200	15,000	3,000,000	300,000	(주)상도			현금

구분	계정과목		적요	거래처	차변(출금)	대변(입금)
출금	0135	부가세대급금	원재료 200x15000	(주)상도	300,000	(현금)
출금	0153	원재료	원재료 200x15000	(주)상도	3,000,000	(현금)

2. 4월 2일

① 화면의 일자란에 "2"를 입력하고 유형란에서 "51"을 입력한다(위 내용도 과세이므
로 Enter를 쳐서 복사해도 됨).

② 품목란으로 커서가 이동하면 품목이 2개 이상이므로 매출거래와 마찬가지로 상단
툴바의 「F7 복수거래」를 클릭하면 커서가 하단의 복수거래내용 창으로 이동하는
데 이때 해당 자료를 입력하고 Esc 등을 눌러 빠져나온다.

③ 품목란에 "P상품외"로 표시되어 나타나고 공급가액과 부가세가 자동으로 표시
된다.

④ 코드란에서 입력하고자 하는 공급처명 "우림"을 입력한 후 Enter 를 쳐서 나오는 창에서 "(주)우림"을 선택하고 확인(Enter) 을 누른다.

⑤ 전자세금계산서 발급받았으므로 전자란에 1(여)을 입력하고 분개란에서 2(외상)을 입력한다.

⑥ 하단 분개화면의 내용이 틀리면 수정하는 것인데 모두 맞으므로 Enter 를 계속 치면 커서가 상단 화면으로 이동하여 다음 거래를 입력할 수 있게 된다.

유형	품목	수량	단가	공급가액	부가세	공급처명	사업/주민번호	전자	분개
51.과세	P상품외			36,000,000	3,600,000	(주)우림		여	외상

구분		계정과목	적요	거래처	차변(출금)	대변(입금)
대변	0251	외상매입금	P상품외	(주)우림		39,600,000
차변	0135	부가세대급금	P상품외	(주)우림	3,600,000	
차변	0146	상품	P상품외	(주)우림	30,000,000	
차변	0153	원재료	P상품외	(주)우림	6,000,000	

3. 4월 3일

유형	품목	수량	단가	공급가액	부가세	공급처명	사업/주민번호	전자	분개
51.과세	원재료	600	20,000	12,000,000	1,200,000	(주)유담상사		여	혼합

구분		계정과목	적요	거래처	차변(출금)	대변(입금)
차변	0135	부가세대급금	원재료 600X20000	(주)유담상사	1,200,000	
차변	0153	원재료	원재료 600X20000	(주)유담상사	12,000,000	
대변	0102	당좌예금	원재료 600X20000	(주)유담상사		5,000,000
대변	0251	외상매입금	원재료 600X20000	(주)유담상사		8,200,000

※ 부가가치세가 포함된 단가라는 것에 주의해야 한다. 문제에서 세금계산서 자료가 부가가치세가 포함된 금액(=공급대가)으로 제시될 경우 부가세를 차감하여 공급가액란에 입력해야 하는데 수량과 단가가 제시되었으므로 단가에서 20,000원을 입력하면 된다(즉, 세금계산서 자료는 부가가치세가 포함되어 제시되더라도 부가가치세를 제외하고 공급가액란에 공급가액만 입력해야 함).

※ 공급대가에서 공급가액을 산출하는 방법 : 공급대가 ÷ 1.1 = 공급가액

4. 4월 4일

① 일자란에 4을 입력하고 유형란에서 51(51.과세(매입))을 입력한다.

② 품목란으로 커서가 이동하면 "부재료"을 입력하고 Enter 를 친 후 공급가액란에 5,000,000원을 5++로 입력하고 Enter 를 치면 부가세란에 공급가액의 10% 금액이 자동입력된다.

③ 공급처명 코드란에서 거래처를 등록하기 위하여 숫자키패드의 + 를 친 후 (000000 입력됨) 커서가 공급처명란으로 가면 등록하고자 하는 거래처명 "(주)까치"를 끝까지 입력하고 Enter 를 친다.

④ 공급처등록 창이 나오면 공급처코드를 303번으로 수정 입력하고 「수정(Tab)」을 눌러 하단 공급처등록정보란에 해당 사항(사업자번호, 대표자, 업태, 목재)을 등록한다(유형은 자동으로 동시로 등록됨).

⑤ 등록된 모든 내용은 [기초정보관리]-[거래처등록]에 등록된 것을 확인할 수 있다.

⑥ 전자세금계산서 발급받았으므로 전자란에 1(여)을 입력하고 분개란에서 3(혼합)을 입력한다.

⑦ 하단 분개화면으로 커서가 이동하면 "현금"과 "외상매입금"을 추가로 입력한다.

유형	품목	수량	단가	공급가액	부가세	공급처명	사업/주민번호	전자	분개
51.과세	부재료			5,000,000	500,000	(주)까치		여	혼합

구분		계정과목	적요	거래처	차변(출금)	대변(입금)
차변	0135	부가세대급금	부재료	(주)까치	500,000	
차변	0162	부재료	부재료	(주)까치	5,000,000	
대변	0101	현금	부재료	(주)까치		550,000
대변	0251	외상매입금	부재료	(주)까치		4,950,000

5. 4월 5일

유형	품목	수량	단가	공급가액	부가세	공급처명	사업/주민번호	전자	분개
51.과세	원재료	100	5,000	500,000	50,000	(주)상도		여	혼합

구분		계정과목	적요	거래처	차변(출금)	대변(입금)
차변	0135	부가세대급금	원재료 100X5000	(주)상도	50,000	
차변	0153	원재료	원재료 100X5000	(주)상도	500,000	
대변	0110	받을어음	원재료 100X5000	(주)유담상사		350,000
대변	0251	외상매입금	원재료 100X5000	(주)상도		200,000

※ 하단화면 분개란에 받을어음의 거래처를 변경해야 한다. 변경을 위해 거래처 코드란에 "유담"이라고 입력하고 나오는 창에서 "(주)유담상사"를 선택하고 확인((Enter))을 누른다.

6. 4월 6일

유형	품목	수량	단가	공급가액	부가세	공급처명	사업/주민번호	전자	분개
51.과세	원재료			2,000,000	200,000	(주)까마귀		여	혼합

구분		계정과목	적요	거래처	차변(출금)	대변(입금)
차변	0135	부가세대급금	원재료	(주)까마귀	200,000	
차변	0153	원재료	원재료	(주)까마귀	2,000,000	
대변	0252	지급어음	원재료	(주)까마귀		2,200,000

7. 4월 7일

유형	품목	수량	단가	공급가액	부가세	공급처명	사업/주민번호	전자	분개
51.과세	엘리베이터			50,000,000	5,000,000	(주)오산공업		여	혼합

구분	계정과목		적요	거래처	차변(출금)	대변(입금)
차변	0135	부가세대급금	엘리베이터	(주)오산공업	5,000,000	
차변	0202	건물	엘리베이터	(주)오산공업	50,000,000	
대변	0253	미지급금	엘리베이터	(주)오산공업		55,000,000

※ 시험 시에는 동 거래가 일반적인 상거래가 아니므로 회계기준에 따라 "미지급금"으로 처리하는 것만을 정답으로 인정하고 있음에 주의해야 한다.
※ 자본적 지출은 유형자산 취득 후 발생된 비용이 자산의 가치를 상승시키는 것을 말하며 이는 "자산"으로 처리해야 한다.

8. 4월 8일

유형	품목	수량	단가	공급가액	부가세	공급처명	사업/주민번호	전자	분개
51.과세	트럭			10,000,000	1,000,000	현대자동차		여	혼합

구분	계정과목		적요	거래처	차변(출금)	대변(입금)
차변	0135	부가세대급금	트럭	현대자동차	1,000,000	
차변	0208	차량운반구	트럭	현대자동차	10,150,000	
대변	0253	미지급금	트럭	현대자동차		11,000,000
대변	0101	현금	트럭	현대자동차		150,000

※ 유형자산 취득과정에서 발생된 제비용(취득세)은 취득원가에 가산해야 한다. 시험 시 지시사항에 [매입매출전표입력]에 입력하라는 문구가 있으므로 위와 같이 입력해야 한다.

> 실무상 부가가치세 신고대상이 아닌 취득세는 [매입매출전표입력]에 입력하지 않고 [일반전표입력]에 다음과 같이 입력해서 처리한다.
> 4월 8일 : (차) 208.차량운반구   150,000   (대) 101.현금   150,000

9. 4월 9일

유형	품목	수량	단가	공급가액	부가세	공급처명	사업/주민번호	전자	분개
51.과세	에어컨	5	1,500,000	7,500,000	750,000	극도테크(주)		여	혼합

구분	계정과목		적요	거래처	차변(출금)	대변(입금)
차변	0135	부가세대급금	에어컨 5X1500000	극도테크(주)	750,000	
차변	0212	비품	에어컨 5X1500000	극도테크(주)	7,500,000	
대변	0131	선급금	에어컨 5X1500000	극도테크(주)		500,000
대변	0102	당좌예금	에어컨 5X1500000	극도테크(주)		7,750,000

※ 계약금은 5일 전에 미리 지급했으므로 [일반전표입력]에 "선급금"으로 처리했다는 뜻이다.

10. 4월 10일

유형	품목	수량	단가	공급가액	부가세	공급처명	사업/주민번호	전자	분개
51.과세	제품			10,000,000	1,000,000	(주)인성상사		여	현금

구분	계정과목		적요	거래처	차변(출금)	대변(입금)
출금	0135	부가세대급금	제품	(주)인성상사	1,000,000	(현금)
출금	0533	외주가공비	제품	(주)인성상사	10,000,000	(현금)

※ 임가공비용은 "외주가공비"로 회계처리한다.

11. 5월 1일

유형	품목	수량	단가	공급가액	부가세	공급처명	사업/주민번호	전자	분개
51.과세	유니폼			1,200,000	120,000	(주)신구		여	혼합

구분	계정과목		적요	거래처	차변(출금)	대변(입금)
차변	0135	부가세대급금	유니폼	(주)신구	120,000	
차변	0811	복리후생비	유니폼	(주)신구	400,000	
차변	0511	복리후생비	유니폼	(주)신구	800,000	
대변	0102	당좌예금	유니폼	(주)신구		1,000,000
대변	0253	미지급금	유니폼	(주)신구		320,000

※ 본 거래는 복수거래가 아니다. 복수거래는 취급한 품목이 2가지 이상인 경우를 말하는데 해당 거래는 "유니폼" 단일 품목을 구입한 것이다.
※ 회계처리를 위해 그 유니폼의 용도를 박스로 표시(관리부, 생산부)한 것이므로 제조원가의 "복리후생비"와 판매관리비의 "복리후생비"로 각각 회계처리하면 되는 것이다.

12. 5월 2일

유형	품목	수량	단가	공급가액	부가세	공급처명	사업/주민번호	전자	분개
51.과세	수리비			300,000	30,000	현대자동차		여	현금

구분	계정과목		적요	거래처	차변(출금)	대변(입금)
출금	0135	부가세대급금	수리비	현대자동차	30,000	(현금)
출금	0522	차량유지비	수리비	현대자동차	300,000	(현금)

※ 수익적 지출이라 함은 유형자산 취득 후 발생된 지출 중 단순 원상회복 또는 능률유지를 위해 지출한 비용을 말한다.
※ 차량운반구에 대한 수익적 지출은 실무적으로도 "차량유지비"가 적절하지만 지문에 "차량유지비"로 처리하라는 지시가 없을 경우 차량수선에 한하여 "수선비"로 처리해도 정답으로 인정된다.

13. 5월 3일

유형	품목	수량	단가	공급가액	부가세	공급처명	사업/주민번호	전자	분개
51.과세	4월분 임대료			700,000	70,000	(주)유담상사		여	혼합

구분		계정과목	적요	거래처	차변(출금)	대변(입금)
차변	0135	부가세대급금	4월분 임대료	(주)유담상사	70,000	
차변	0819	임차료	4월분 임대료	(주)유담상사	700,000	
대변	0253	미지급금	4월분 임대료	(주)유담상사		770,000

※ 건물 임대인 입장에서 임대료는 당사 입장에서는 "임차료"가 된다.

11. 5월 4일

유형	품목	수량	단가	공급가액	부가세	공급처명	사업/주민번호	전자	분개
51.과세	운송료			100,000	10,000	(주)상도		여	현금

구분		계정과목	적요	거래처	차변(출금)	대변(입금)
출금	0135	부가세대급금	운송료	(주)상도	10,000	(현금)
출금	0824	운반비	운송료	(주)상도	100,000	(현금)

※ 상품, 제품 매출을 위해 지급한 운임은 "운반비"로 처리한다.

15. 5월 5일

유형	품목	수량	단가	공급가액	부가세	공급처명	사업/주민번호	전자	분개
51.과세	수리비			1,500,000	150,000	(주)삼부기획		여	혼합

구분		계정과목	적요	거래처	차변(출금)	대변(입금)
차변	0135	부가세대급금	수리비	(주)삼부기획	150,000	
차변	0820	수선비	수리비	(주)삼부기획	1,500,000	
대변	0253	미지급금	수리비	(주)삼부기획		1,650,000

※ 수익적 지출은 비용처리하라는 뜻이므로 "수선비"로 처리하고 일반적인 상거래 외이므로 약속어음을 지급한 것은 "미지급금"으로 회계처리한다. 또한 공급가액은 1,650,000÷1.1=1,500,000원이다.

출제유형2 ▶

16. 5월 6일 (주)상도로부터 내국신용장(Local L/C)에 의하여 원재료 22,000,000원을 공급받고 영세율 전자세금계산서를 발급받았으며, 대금 중 50%는 어음(만기 : 1년 이내)으로 지급하고 나머지 금액은 보통예금에서 이체 지급하였다.

17. 5월 7일 수출용 제품에 대한 원재료 30,000,000원(공급가액)을 (주)수민으로부터 매입하고, 전자세금계산서(영세율)를 발급받았다. 구입대금 중 6,000,000원은 (주)상도로부터 매출 대금으로 받은 어음(만기 : 1년 이내)을 배서하여 주고, 나머지는 외상으로 하였다.

🎓 **가적의 Tip**

매입 : 영세
내국신용장 또는 구매확인서에 의한 영세율세금계산서를 수취한 경우에 선택한다.

16. 5월 6일

① 화면의 일자란에 6을 입력하고 유형란에서 52(영세)을 입력한다.

② 품목란으로 커서가 이동하면 "원재료"을 입력하고 Enter 를 친 후 공급가액란에 22,000,000원을 22++로 입력한다.

③ 공급처명 코드에서 "상도"를 입력한 후 Enter 를 쳐서 나오는 거래처 도움 창에서 "(주)상도"를 선택한다.

④ 전자세금계산서를 발급받았으므로 전자란에 1(여)을 입력한다.

⑤ 분개란에서 3(혼합)을 입력한다.

⑥ 하단 분개화면으로 커서가 이동하면 Enter 를 눌러 줄을 바꾼 후 지급어음 계정과목과 "보통예금" 계정과목을 추가로 입력한다.

유형	품목	수량	단가	공급가액	부가세	공급처명	사업/주민번호	전자	분개
52.영세	원재료			22,000,000		(주)상도		여	혼합

구분	계정과목		적요	거래처	차변(출금)	대변(입금)
차변	0153	원재료	원재료	(주)상도	22,000,000	
대변	0252	지급어음	원재료	(주)상도		11,000,000
대변	0103	보통예금	원재료	(주)상도		11,000,000

17. 5월 7일

유형	품목	수량	단가	공급가액	부가세	공급처명	사업/주민번호	전자	분개
52.영세	원재료			30,000,000		(주)수민		여	혼합

구분	계정과목		적요	거래처	차변(출금)	대변(입금)
차변	0153	원재료	원재료	(주)수민	30,000,000	
대변	0110	받을어음	원재료	(주)상도		6,000,000
대변	0251	외상매입금	원재료	(주)수민		24,000,000

※ 하단화면 분개란에 받을어음의 거래처를 변경해야 한다. 변경을 위해 거래처 코드란에 "상도"라고 입력하고 나오는 창에서 "(주)상도"를 선택하고 확인(Enter) 을 누른다.

18. 5월 8일 (주)일신산업으로부터 수도요금에 대한 종이계산서 1장(공급가액 50,000원, 부가가치세는 없음)을 받고 현금으로 지급하였다.

기적의 Tip

매입 : 면세
계산서를 수취한 경우 선택한다.

19. 5월 9일 매출거래처 과장 이택영의 결혼식에 사용할 축하화환을 100,000원에 (주)꽃나라에서 종이계산서를 발급받아 구입하고 대금은 보통예금에서 이체하였다.

20. 5월 10일 유일성미소로부터 생산부 식원봉 구내식낭에서 사용할 쌀(공급가액 800,000원)을 전액 외상으로 구입하고 수기 계산서를 발급받았다(식사는 회사에서 무료로 제공하고 있음).

21. 6월 1일 (주)우림으로부터 영업직 직원들에게 교육훈련특강을 실시하고, 특강료 3,000,000원에 대한 전자계산서를 교부받았다. 특강료는 선급금으로 회계처리 되어 있던 계약금 1,000,000원을 제외한 나머지 2,000,000원을 현금으로 지급 하였다.

22. 6월 2일 공장건물을 신축할 목적으로 (주)우림으로부터 토지를 100,000,000원에 매입하고 전자계산서를 발급받았다. 대금 중 10,000,000원은 당사 보통예금계좌에서 이체하여 지급하고 나머지는 3개월 후에 지급하기로 하였다.

풀이방법 >

18. 5월 8일
① 화면의 일자란에 8을 입력하고 유형란에서 53(면세)을 입력한다(∵계산서를 받았으므로).
② 품목란으로 커서가 이동하면 "수도요금"을 입력하고 [Enter]를 친 후 공급가액란에 50,000원을 50+로 입력한다.
③ 공급처명 코드에서 "일신"을 입력한 후 [Enter]를 쳐서 나오는 거래처 도움 창에서 "(주)일신신입"을 선택한다.
④ 종이계산서를 발급 받았으므로 전자란에 입력을 하지 않는다.
⑤ 분개란에서 1(현금)을 입력한다.
⑥ 하단 분개화면으로 커서가 이동하면 원재료의 계정과목을 수도광열비로 수정한다.

유형	품목	수량	단가	공급가액	부가세	공급처명	사업/주민번호	전자	분개
53.면세	수도요금			50,000		(주)일신산업			현금

구분	계정과목		적요	거래처	차변(출금)	대변(입금)
출금	0815	수도광열비	수도요금	(주)일신산업	50,000	(현금)

19. 5월 9일

유형	품목	수량	단가	공급가액	부가세	공급처명	사업/주민번호	전자	분개
53.면세	축하화환			100,000		(주)꽃나라			혼합

구분	계정과목		적요	거래처	차변(출금)	대변(입금)
차변	0813	기업업무추진비	축하화환	(주)꽃나라	100,000	
대변	0103	보통예금	축하화환	(주)꽃나라		100,000

※ 해당 내용을 54.불공으로 착각하는 경우가 많은데 54.불공은 과세 재화와 용역을 공급받고 세금계산서를 받은 경우 공제받지 못하는 항목(예 기업업무추진비 등)에 선택하는 것이다. 하지만 본 거래는 면세물건이 므로 공제여부를 따지지도 않는다.

20. 5월 10일

유형	품목	수량	단가	공급가액	부가세	공급처명	사업/주민번호	전자	분개
53.면세	쌀			800,000		유일정미소			혼합

구분	계정과목		적요	거래처	차변(출금)	대변(입금)
차변	0511	복리후생비	쌀	유일정미소	800,000	
대변	0253	미지급금	쌀	유일정미소		800,000

※ 수기계산서는 종이계산서를 수취한 것이므로 전자란에 여를 입력하지 않는다.

21. 6월 1일

유형	품목	수량	단가	공급가액	부가세	공급처명	사업/주민번호	전자	분개
53.면세	특강료			3,000,000		(주)우림		여	혼합

구분	계정과목		적요	거래처	차변(출금)	대변(입금)
차변	0825	교육훈련비	특강료	(주)우림	3,000,000	
대변	0131	선급금	특강료	(주)우림		1,000,000
대변	0101	현금	특강료	(주)우림		2,000,000

22. 6월 2일

유형	품목	수량	단가	공급가액	부가세	공급처명	사업/주민번호	전자	분개
53.면세	토지			100,000,000		(주)우림		여	혼합

구분		계정과목	적요	거래처	차변(출금)	대변(입금)
차변	0201	토지	토지	(주)우림	100,000,000	
대변	0103	보통예금	토지	(주)우림		10,000,000
대변	0253	미지급금	토지	(주)우림		90,000,000

출제유형4 >

23. 6월 3일 대전백화점에서 매출처에 선물로 증정할 커피셋트 30개를 1개당 30,000원(부가가치세 별도)에 구입하고 전자세금계산서를 수령하였다. 현금 500,000원을 지급하고 나머지는 외상으로 하였으며, 선물은 구입 즉시 전량 거래처에 전달하였다.

🎓 **기적의 Tip**

매입 : 불공
세금계산서를 수취했으나 공제받지 못하는 경우 선택한다.

24. 6월 4일 제조부는 협력업체에 선물용으로 지급하기 위하여 랜드마트에서 LED TV 1대(40인치)를 1,500,000원(부가가치세 별도)에 구입하고 전자세금계산서를 발급받았으며, 대금은 법인신용카드인 국민카드로 결제하였다.

🎓 **기적의 Tip**

계정과목 변경
접대비 → 기업업무추진비

25. 6월 5일 5월 25일에 구매 계약한 중형승용차(2,500cc) 1대를 금일 현대자동차로부터 다음과 같이 인도받고 전자세금계산서를 받았다. 계약금(100,000원)을 제외한 나머지 대금은 다음달부터 10개월 할부지급하기로 하였다.

품명	거래처	공급가액	부가가치세	결제방법
소나타	현대자동차	20,000,000	2,000,000	10개월 할부

🎓 **기적의 Tip**

1,000cc 이하의 소형승용차는 매입세액 공제대상이다.

26. 6월 6일 영업부 사원의 업무활동을 지원하기 위하여 현대자동차로부터 승용차(998cc)를 9,000,000원(부가가치세 별도)에 취득하고 전자세금계산서를 발급받았으며, 대금은 전액 외상으로 하였다. 단, 차량을 인수하는 시점에 취득세 620,000원, 번호판부착 30,000원 및 수수료 50,000원은 현금으로 지급하였다(매입매출전표입력에 모두 입력함).

🎓 **기적의 Tip**

취득세, 번호판부착, 수수료를 전부 "차량운반구"로 처리한다.

27. 6월 7일 당사는 업무용 소형승용차(1,800cc)를 (주)금호렌탈로부터 렌트해서 사용하고 있으며, 금일 이에 대해 아래와 같은 내용의 전자세금계산서를 받았다. 단, 대금은 다음 달 말일에 지급할 예정이나.

품목	공급가액	세액	합계	비고
K5 대여	500,000	50,000	550,000	청구

28. 6월 8일 회사 영업부에서 사용하고 있는 5인승 소형승용자동차(2,000cc)에 사용할 경유를 500,000원(부가가치세 별도)에 구입하고, 세금계산서(전자세금계산서가 아님)를 수원주유소로부터 수령하였다. 부가가치세를 포함한 구입대금 전액을 보통예금에서 이체 지급하였다.

🎓 기적의 Tip

토지 취득 시 법률자문 및 등기대행 수수료, 공인중개사 수수료 등도 토지로 처리하므로 불공처리된다.

29. 6월 9일 당사는 화성에 반도체공장을 신축할 계획으로 건축물이 있는 토지를 취득하고 즉시 그 건축물은 철거를 하였다. 동 건축물 철거작업과 관련하여 (주)유담상사로부터 10,000,000원(부가세 별도)의 전자세금계산서를 발급받았으며, 대금의 30%는 현금으로 나머지는 한 달 후에 지급하기로 하였다.

🎓 기적의 Tip

법인 대표이사가 개인적인 목적으로 사용한 경우 가지급금으로 처리하며 거래처 입력을 생략하라는 지시가 없으면 거래처란에 대표이사 성명을 입력한다.

30. 6월 10일 대표이사의 자택에서 사용할 목적으로 랜드마트에서 3D TV를 3,000,000원(부가가치세 별도)에 구입하고, 회사명의로 전자세금계산서를 발급받았다. 대금은 회사에서 현금으로 지급하였다(단, 대신 지급한 대금은 대표이사의 가지급금으로 처리하며 거래처 입력은 생략한다).

풀이방법 ▶

23. 6월 3일

① 화면의 일자란에 3을 입력하고 유형란에서 54(불공)을 입력한다.

② 품목란으로 커서가 이동하면 "커피셋트"를 입력하고 수량란에 30, 단가란에 30,000을 입력한 후 Enter 를 누르면 공급가액과 부가세가 자동으로 표시된다.

③ 공급처명 코드에서 "대전"을 입력한 후 Enter 를 쳐서 나오는 거래처 도움 창에서 "대전백화점"을 선택한다.

④ 중간의「불공제사유」에서 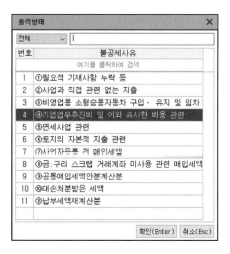를 눌러 나오는 창에서 4(기업업무추진비 및 이와 유
   사한 비용 관련)을 선택한다.

번호	불공제사유
	여기를 클릭하여 검색
1	①필요적 기재사항 누락 등
2	②사업과 직접 관련 없는 지출
3	③비영업용 소형승용자동차 구입 · 유지 및 임차
4	④기업업무추진비 및 이와 유사한 비용 관련
5	⑤면세사업 관련
6	⑥토지의 자본적 지출 관련
7	⑦사업자등록 전 매입세액
8	⑧금.구리 스크랩 거래계좌 미사용 관련 매입세액
9	⑨공통매입세액안분계산분
10	⑩대손처분받은 세액
11	⑪납부세액재계산분

⑤ 분개란에서 3(혼합)을 입력한 후 다음과 같이 분개한다.

유형	품목	수량	단가	공급가액	부가세	공급처명	사업/주민번호	전자	분개
54.불공	커피셋트	30	30,000	900,000	90,000	대전백화점		여	혼합

구분	계정과목		적요	거래처	차변(출금)	대변(입금)
차변	0813	기업업무추진비	커피셋트 30×30000	대전백화점	990,000	
대변	0101	현금	커피셋트 30×30000	대전백화점		500,000
대변	0253	미지급금	커피셋트 30×30000	대전백화점		490,000

※ 불공제사유를 선택하는 이유는 부가가치세 첨부서류인「공제받지못할매입세액명세서」의 공제받지못할매
   입세액 내역에 자동반영하기 위함이다(전산세무1, 2급 및 실무 시 중요).
※ 54.불공 유형은 반드시 세금계산서를 수령한 거래 중 공제받지못할 항목의 거래 시에만 선택한다(세금계
   산서를 수령할 경우 공세되지 못하는 거래라 일시다노 부가가치세신고를 해야 힘).

24. 6월 4일

유형	품목	수량	단가	공급가액	부가세	공급처명	사업/주민번호	전자	분개
54.불공	LED TV			1,500,000	150,000	랜드마트		여	혼합

구분	계정과목		적요	거래처	차변(출금)	대변(입금)
차변	0513	기업업무추진비	LED TV	랜드마트	1,650,000	
대변	0253	미지급금	LED TV	국민카드		1,650,000

※ 불공제사유 : ④기업업무추진비 및 이와 유사한 비용 관련을 선택한다.
※ 분개유형을 4 : 카드로 해도 되며 미지급금의 거래처를 "국민카드"로 변경한다.
※ 제조부 협력업체에 선물로 지급하기 위하여 구입한 것이므로 기업업무추진비 계정과목은 "513.기업업무
　추진비"(제조원가)로 처리해야 한다.

25. 6월 5일

유형	품목	수량	단가	공급가액	부가세	공급처명	사업/주민번호	전자	분개
54.불공	소나타			20,000,000	2,000,000	현대자동차		여	혼합

구분	계정과목		적요	거래처	차변(출금)	대변(입금)
차변	0208	차량운반구	소나타	현대자동차	22,000,000	
대변	0131	선급금	소나타	현대자동차		100,000
대변	0253	미지급금	소나타	현대자동차		21,900,000

※불공제사유 : ③ 비영업용 소형승용차 구입·유지 및 임차를 선택한다.

26. 6월 6일

유형	품목	수량	단가	공급가액	부가세	공급처명	사업/주민번호	전자	분개
51.과세	승용차			9,000,000	900,000	현대자동차		여	혼합

구분	계정과목		적요	거래처	차변(출금)	대변(입금)
차변	0135	부가세대급금	트럭	현대자동차	900,000	
차변	0208	차량운반구	승용차	현대자동차	9,700,000	
대변	0101	현금	승용차	현대자동차		700,000
대변	0253	미지급금	승용차	현대자동차		9,900,000

※ 배기량 1,000cc이하 소형승용차는 매입세액이 공제되므로 51.과세(매입)로 입력해야 한다. 즉, 소형승용차
　관련하여 세금계산서 수령 시에는 차량의 cc를 잘 보고 판단해야 한다(다른 문제와 비교해보기 바람).
※ 하단 화면의 분개란에서 취득세, 번호판부착, 수수료를 "차량운반구"로 처리하기 위하여 분개유형을 혼합
　으로 선택하고 입력한다.

27. 6월 7일

유형	품목	수량	단가	공급가액	부가세	공급처명	사업/주민번호	전자	분개
54.불공	K5 대여			500,000	50,000	(주)금호렌탈		여	혼합

구분		계정과목	적요	거래처	차변(출금)	대변(입금)
차변	0819	임차료	K5 대여	(주)금호렌탈	550,000	
대변	0253	미지급금	K5 대여	(주)금호렌탈		550,000

※ 불공제사유 : ③ 비영업용 소형승용차 구입 · 유지 및 임차를 선택한다.

28. 6월 8일

유형	품목	수량	단가	공급가액	부가세	공급처명	사업/주민번호	전자	분개
54.불공	경유			500,000	50,000	수원주유소			혼합

구분		계정과목	적요	거래처	차변(출금)	대변(입금)
차변	0822	차량유지비	경유	수원주유소	550,000	
대변	0103	보통예금	경유	수원주유소		550,000

※ 불공제사유 : ③ 비영업용 소형승용차 구입 · 유지 및 임차를 선택한다.
※ 전자란은 전자세금계산서가 아니라고 했으므로 입력하지 않는다.

29. 6월 9일

유형	품목	수량	단가	공급가액	부가세	공급처명	사업/주민번호	전자	분개
54.불공	철거비			10,000,000	1,000,000	(주)유담상사		여	혼합

구분		계정과목	적요	거래처	차변(출금)	대변(입금)
차변	0201	토지	철거비	(주)유담상사	11,000,000	
대변	0101	현금	철거비	(주)유담상사		3,300,000
대변	0253	미지급금	철거비	(주)유담상사		7,700,000

※ 불공제사유 : ⑥토지의 자본적 지출관련을 선택한다.
※ 건축물이 있는 토지를 취득하여 그 건축물을 철거하고 토지만 사용하는 경우의 철거비용은 토지의 자본
   적 지출에 관련된 매입세액이므로 공제되지 않는다.

30. 6월 10일

유형	품목	수량	단가	공급가액	부가세	공급처명	사업/주민번호	전자	분개
54.불공	3D TV			3,000,000	300,000	랜드마트		여	현금

구분		계정과목	적요	거래처	차변(출금)	대변(입금)
출금	0134	가지급금	3D TV	랜드마트	3,300,000	(현금)

※ 불공제사유 : ②사업과 직접 관련 없는 지출을 선택한다.

출제유형5 ▶

31. 7월 1일 미국의 NEOMOM으로부터 주문한 원재료 20,000,000원을 인천세관을 통하여 수입하고 인천세관장으로부터 부가가치세 2,000,000원의 수입전자세금계산서를 발급받았다. 부가가치세 2,000,000원은 현금으로 지급하였다. 수입전자세금계산서에 대해서만 회계처리하고, 미착품을 원재료로 대체하는 일반전표입력을 생략한다.

풀이방법 ▶

31. 7월 1일
① 날짜란에 7월을 선택하고 일자란에서 Enter를 친 후에 본 화면의 일자란에 1을 입력하고 유형란에서 55(55.수입(매입))을 입력한다.
② 품목란으로 커서가 이동하면 "원재료"를 입력하고 Enter를 친 후 공급가액 20,000,000원을 20++로 입력하고 Enter를 치면 부가세가 자동으로 표시된다.
③ 공급처명 코드란에서 "인천"를 입력한 후 Enter를 쳐서 나오는 거래처 도움 창에서 "인천세관"을 선택한다(공급처명 선택 시 NEOMOM을 선택하지 않도록 주의해야 함. 수입의 경우 수입하는 나라에서 과세하고 세관이 이를 담당하므로 세관에서 수취한 세금계산서는 공급처명을 세관으로 입력해야 함).
④ 전자세금계산서를 발급받았으므로 전자란에 1(여)을 입력하고 분개란에서 1(현금)을 입력한다.
⑤ 하단 분개화면의 내용이 틀리면 수정하는 것인데 모두 맞으므로 수정하지 않는다.

유형	품목	수량	단가	공급가액	부가세	공급처명	사업/주민번호	전자	분개
55.수입	원재료			20,000,000	2,000,000	인천세관		여	현금

구분	계정과목		적요	거래처	차변(출금)	대변(입금)
출금	0135	부가세대급금	원재료	인천세관	2,000,000	(현금)

수입세금계산서상 원재료의 공급가액은 단순히 세관장이 부가세를 거래 징수하기 위한 과세표준이므로 회계처리 대상이 아니어서 프로그램에선 부가가치세만 표시되는 것이다(즉, 매입매출전표입력에선 해당 재화를 제외한 나머지(예 부가가치세, 통관제비용)만 처리하면 됨). 따라서 미착품을 원재료로 대체하는 분개는 [일반전표입력]에서 입력해야 하는데 시험을 고려하여 지시사항에서 이를 생략하라고 한 것이다.

□	일	번호	유형	품목	수량	단가	공급가액	부가세	코드	공급처명	사업/주민번호	전자	분개
□	1	50001	수입	원재료			20,000,000	2,000,000	00408	인천세관		여	현금

구분	계정과목		적요		거래처	차변(출금)	대변(입금)	
출금	0135	부가세대급금	원재료		00408 인천세관	2,000,000	(현금)	(세금)계산서 현재라인인쇄
								거래명세서 현재라인인쇄
								전표 현재라인인쇄
					합 계	2,000,000	2,000,000	

32. 7월 2일 (주)삼보컴퓨터로부터 업무용 컴퓨터 1대를 5,500,000원(부가가치세 포함)에 구입하고 법인카드인 국민카드(신용카드)로 구입하였다(신용카드 매입세액공제요건을 모두 충족함).

33. 7월 3일 (주)포스코로부터 본사 사무실에서 사용할 온풍기를 구입하였다. 대금은 3,300,000원(부가가치세 포함, 카드매입에 대한 부가가치세 매입세액 공제요건을 충족함)이었으며 법인카드(국민카드)로 결제하였다.

기적의 Tip

매입 : 카과
일반과세자가 발행(공제가능 요건)한 카드전표를 수취한 경우 선택한다.

풀이방법 ▶

32. 7월 2일
① 본 화면의 일자란에 2을 입력하고 유형란에서 57(57.카과(매입))을 입력한다.
② 품목란으로 커서가 이동하면 "컴퓨터"를 입력하고 Enter 를 친 후 공급가액란에 부가가치세를 포함하여 5,500,000원을 5500+로 입력하고 Enter 를 치면 공급가액과 부가세가 각각 5,000,000과 500,000으로 분리 계산되어 표시된다.
③ 공급처명 코드란에서 "삼보"를 입력한 후 Enter 를 쳐서 나오는 거래처도움 창에서 "(주)삼보컴퓨터"를 선택한다.
④ 중간의 신용카드사에서 🖃를 눌러 나오는 창에서 "국민카드"를 선택하고 분개란에서 4(카드)을 입력한다(3 : 혼합으로 처리해도 무관함).
⑤ 하단 분개화면의 분개란의 "원재료"를 "비품"으로 수정한다.

기적의 Tip

분개는 "1 : 현금"을 사용하지 않고" 3 : 혼합"을 선택하여 분개해도 된다.

유형	품목	수량	단가	공급가액	부가세	공급처명	사업/주민번호	전자	분개
57.카과	컴퓨터			5,000,000	500,000	(주)삼보컴퓨터			카드

구분		계정과목	적요	거래처	차변(출금)	대변(입금)
대변	0253	미지급금	컴퓨터	국민카드		5,500,000
차변	0135	부가세대급금	컴퓨터	(주)삼보컴퓨터	500,000	
차변	0212	비품	컴퓨터	(주)삼보컴퓨터	5,000,000	

※ 하단 화면의 미지급금의 거래처는 57.카과를 선택하고 분개에서 4 : 카드 선택 시 선택한 국민카드로 자동 변경된다.
※ 부가가치세가 과세된 영수증(카과, 현과) 자료는 공급가액란에 부가가치세를 포함하여 공급대가로 입력한다.

33. 7월 3일

유형	품목	수량	단가	공급가액	부가세	공급처명	사업/주민번호	전자	분개
57.카과	온풍기			3,000,000	300,000	(주)포스코			카드

구분		계정과목	적요	거래처	차변(출금)	대변(입금)
대변	0253	미지급금	온풍기	국민카드		3,300,000
차변	0135	부가세대급금	온풍기	(주)포스코	300,000	
차변	0212	비품	온풍기	(주)포스코	3,000,000	

출제유형7 >

기적의 Tip

매입 : 카면
면세물건을 구입하고 카드전
표를 수취한 경우 선택한다.

34. 7월 4일 사내식당에서 사용할 쌀과 부식(채소류)을 충렬상회에서 구입하고 대금 300,000원은 법인카드(국민카드)로 지급하였다. 사내식당은 야근하는 생산직 직원을 대상으로 무료로 운영되고 있다.

35. 7월 5일 대전백화점에서 한우갈비셋트(부가가치세 면세대상임) 1,100,000원을 국민카드로 구입하고, 신용카드매출전표를 수취하였다. 이 중 400,000원은 복리후생 차원에서 당사 공장직원에게 세공하였고, 나머지는 특정 매출거래처에 증정하였다.

기적의 Tip

매입 : 현과
과세물건을 구입하고 일반과
세자가 발행한 현금영수증을
수취한 경우 선택한다.

36. 7월 6일 본사 사무실에서 사용할 책상을 송탄가구(주)에서 구입하고 대금 1,650,000 원(부가가치세 포함)은 현금으로 지급함과 동시에 현금영수증(지출증빙용)을 수취하였다.

기적의 Tip

매입 : 현면
면세물건을 구입하고 현금영
수증을 수취한 경우 선택한
다.

37. 7월 7일 생산부서 사원들에게 선물로 지급하기 위해 이천쌀 50포대를 유일정미 소로부터 구입하고 현금으로 1,200,000원을 결제하면서 현금영수증(지출증빙용)을 발급받았다.

34. 7월 4일

① 본 화면의 일자란에 4를 입력하고 유형란에서 58(58.카면(매입))을 입력한다.
② 품목란으로 커서가 이동하면 "쌀과 부식"을 입력하고 Enter 를 친 후 공급가액 란에 300,000원을 300+로 입력하고 Enter 를 친다.
③ 공급처명 코드란에서 "충렬"을 입력한 후 Enter 를 쳐서 나오는 거래처 도움 창에서 "충렬상회"를 선택한다.
④ 중간의 「신용카드사」에서 [...]를 눌러 나오는 창에서 국민카드를 선택하고 분개란에서 4(카드)를 입력한다.
⑤ 하단 분개화면의 분개란의 "원재료"를 "복리후생비"로 수정한다.

유형	품목	수량	단가	공급가액	부가세	공급처명	사업/주민번호	전자	분개
58.카면	쌀과 부식			300,000		충렬상회			카드

구분	계정과목		적요	거래처	차변(출금)	대변(입금)
대변	0253	미지급금	쌀과 부식	국민카드		300,000
차변	0511	복리후생비	쌀과 부식	충렬상회	300,000	

※ 쌀과 채소는 면세이다.

35. 7월 5일

유형	품목	수량	단가	공급가액	부가세	공급처명	사업/주민번호	전자	분개
58.카면	한우갈비셋트			1,100,000		대전백화점			카드

구분	계정과목		적요	거래처	차변(출금)	대변(입금)
대변	0253	미지급금	한우갈비셋트	국민카드		1,100,000
차변	0511	복리후생비	한우갈비셋트	대전백화점	400,000	
차변	0813	기업업무추진비	한우갈비셋트	대전백화점	700,000	

36. 7월 6일

유형	품목	수량	단가	공급가액	부가세	공급처명	사업/주민번호	전자	분개
61.현과	책상			1,500,00	150,000	송탄가구(주)			현금

구분	계정과목		적요	거래처	차변(출금)	대변(입금)
출금	0135	부가세대급금	책상	송탄가구(주)	150,000	(현금)
출금	0212	비품	책상	송탄가구(주)	1,500,000	(현금)

※ 공급가액란에 공급대가 1,650,000원을 입력한다.

37. 7월 7일

유형	품목	수량	단가	공급가액	부가세	공급처명	사업/주민번호	전자	분개
62.현면	이천쌀			1,200,000		유일정미소			현금

구분	계정과목		적요	거래처	차변(출금)	대변(입금)
출금	0511	복리후생비	이천쌀	유일정미소	1,200,000	(현금)

※ 쌀은 면세이고 현금영수증을 교부 받았으므로 62.현면으로 입력해야 한다.

> **더알기 Tip**
>
> **증빙서류 관리하기 : 정규(법적) 증명서류(증빙)**
> 사업자와의 재화나 용역의 공급대가로 거래단위별 금액이 3만 원을 초과하는 거래에 대하여는 정규(법적)증명서류(㉮ 세금계산서, ㉯ 계산서, ㉰ 신용카드매출전표·현금영수증; 3대 증빙이라고도 함)을 수취하여야 한다. 3만 원을 초과하는 거래에 대하여 적격증빙을 수취하지 못하였을 경우 영수증수취명세서를 작성하여 제출(법인사업자는 제출의무 없음)하여야 하며 적격증명서류 불성실 가산세(미수취 등 금액 중 필요경비로 인정되는 금액의 2%, 기업업무추진비는 가산세 대신 비용으로 인정 안됨)가 소득세(법인세) 신고 시 적용된다.
> 단, 다음에 설명하는 지출증명서류 수취 특례 적용대상에 해당하는 경우에는 정규증명서류 이외의 영수증이나 입금표등 기타의 증명서류를 수취한 경우에도 적격증명서류 불성실가산세가 적용되지 아니한다.
>
> **지출증명서류의 수취 특례(영수증 수취명세서 작성 제외대상 거래)**
> ① 읍면 지역 소재 간이과세자(신용카드·현금영수증가맹점이 아닌 사업자) ② 금융보험용역 ③ 국내사업장이 없는 비거주자 등 ④ 농어민과의 거래 ⑤ 국가 등과의 거래 ⑥ 비영리법인과의 거래 ⑦ 원천징수대상 사업소득 ⑧ 사업의 양도 ⑨ 전기통신방송용역 ⑩ 국외에서의 공급 ⑪ 공매·경매·수용 ⑫ 토지, 주택 구입 ⑬ 주택임대용역 ⑭ 택시운송용역 ⑮ 입장권·승차권·승선권 등(전산발매통합관리시스템 가입자와의 거래) ⑯ 항공기의 항행용역 ⑰ 간주임대료 부가가치세 ⑱ 연체이자 지급분 ⑲ 경비 등 송금명세서 제출대상(현실적으로 정규증빙을 수취하기 어려운 재화나 용역을 공급받은 경우 그 거래금액을 은행 등 금융기관을 통하여 송금하고 송금명세서를 제출한 경우 : ㉠ 부동산임대용역 ㉡ 임가공용역 ㉢ 운송용역 ㉣ 재활용폐자원 등 ㉤ 영업권, 산업재산권 등 ㉥ 상업서류송달용역 ㉦ 인터넷, PC통신 등 ㉧ 우편주문판매)

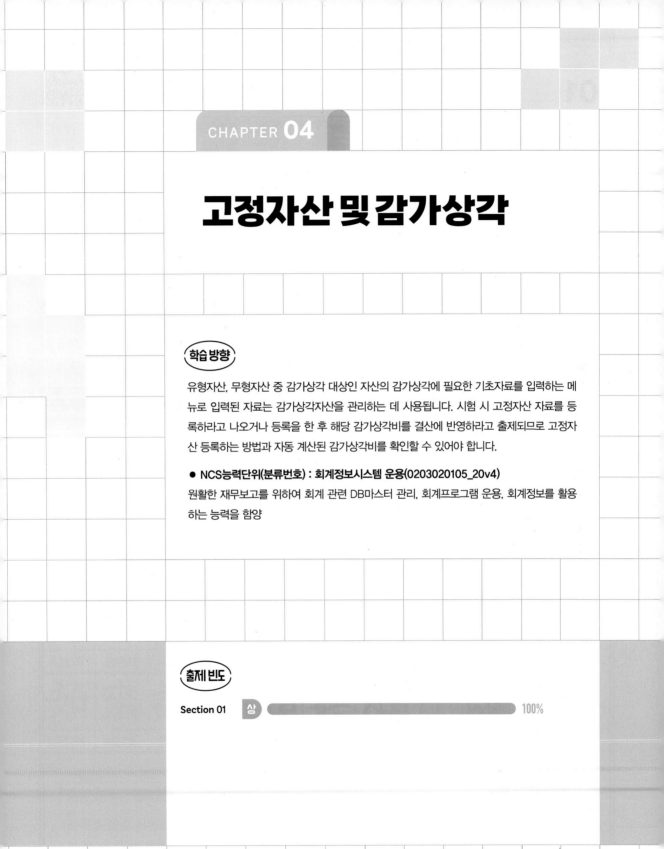

CHAPTER **04**

고정자산 및 감가상각

학습 방향

유형자산, 무형자산 중 감가상각 대상인 자산의 감가상각에 필요한 기초자료를 입력하는 메뉴로 입력된 자료는 감가상각자산을 관리하는 데 사용됩니다. 시험 시 고정자산 자료를 등록하라고 나오거나 등록을 한 후 해당 감가상각비를 결산에 반영하라고 출제되므로 고정자산 등록하는 방법과 자동 계산된 감가상각비를 확인할 수 있어야 합니다.

● **NCS능력단위(분류번호) : 회계정보시스템 운용(0203020105_20v4)**
원활한 재무보고를 위하여 회계 관련 DB마스터 관리, 회계프로그램 운용, 회계정보를 활용하는 능력을 함양

출제 빈도

Section 01   상   ▬▬▬▬▬▬▬▬▬▬▬▬▬▬▬▬▬ 100%

고정자산 및 감가상각

기업의 경영활동을 위하여 취득한 유형자산, 무형자산 중 감가상각 대상인 자산의 감가상각에 필요한 기초자료를 입력하는 메뉴로 기본등록사항과 추가등록사항으로 구성되어 있다. 입력된 자료는 감가상각자산을 관리하는 데 사용된다.

프로그램 사용방법

[회계관리]−[재무회계]−[고정자산및감가상각]−[고정자산등록]을 선택하면 다음 화면이 나타난다. 다음의 설명을 보고 해당란에 순서대로 입력하면 된다.

1) 화면 왼쪽에서 작업할 사항

① **자산계정과목** : 등록하고자 하는 고정자산의 계정과목 코드번호 3자리를 입력한다. 코드를 모르는 경우에는 자산계정과목란의 를 누르면 「계정코드도움」창이 나타난다. 해당 고정자산을 선택하고 확인(Enter) 을 누른다.

② **자산코드/명** : 고정자산의 구체적인 품목명을 입력한다.

③ **취득년월일** : 해당 자산의 취득한 연월일을 입력한다.

④ **상각방법** : 감가상각방법을 선택한다(1 : 정률법, 2 : 정액법). 전산세무회계 프로그램은 세법 규정에 따라 운영되므로 건축물과 무형자산은 정액법으로 그 외 자산은 정액법과 정률법 선택이 가능하다.

2) 화면 오른쪽에서 작업할 사항(기본등록사항)

① **기초가액** : 당기 이전에 취득한 취득원가를 입력한다. 단, 무형자산을 직접법으로 상각한 경우에는 전기말 장부가액을 입력한다.

② **전기말상각누계액(−)** : 전기말 현재의 감가상각누계액을 입력한다. 단, 무형자산을 직접법으로 상각한 경우에는 직접 상각한 금액의 누계액을 입력한다.

③ **전기말장부가액** : 기초가액에서 전기말상각누계액을 차감한 금액이 자동반영된다.

④ **당기중 취득 및 당기증가(+)** : 당기 중에 취득한 취득원가 또는 당기 중 자본적 지출분을 입력한다.

⑤ **내용연수/상각률(월수)** : 내용연수는 유형자산의 경제적 효익이 발생하는 기간, 즉 취득한 목적대로 이용할 수 있으리라고 추정되는 기간을 말한다. 「기준내용년수도움표」를 참고하여 내용연수를 적용하여야 한다. 시험 시 내용연수가 제시되므로 그대로 입력하면 된다.

⑥ **회사계상액** : 입력된 자료에 의해 세법상 당기분 감가상각비(12. 상각범위액)가 자동 계산된다. 자동 계산된 감가상각비를 수정하고자 할 경우에는 "사용자수정"을 클릭하고 수정한다.

⑦ **경비구분** : 고정자산의 용도에 따른 경비의 구분을 1.500번대(제조), 6.800번대(판관비) 중 선택하여 입력한다.

⑧ **당기말감가상각누계액** : 전기말상각누계액과 당기분감가상각비의 합계액이 자동 반영된다.

⑨ **당기말장부가액** : 기초가액에서 당기말상각누계액을 차감한 금액이 자동 반영된다.

⑩ **업종** : 내용연수의 적정 여부 판단을 위한 업종구분이다. 를 클릭하여 해당 업송을 선택한다.

🎓 기적의 Tip

취득금액 입력 시 당기 이전에 취득한 경우에는 1. 기초가액란에 입력하지만 당기에 취득한 경우에는 4. 당기중취득및당기증가란에 입력한다.

다음은 (주)영진(회사코드 : 0301)의 고정자산내역이다. 고정자산등록 메뉴에 등록하시오.

계정과목	자산명	취득일자	취득금액	전기말 감가상각누계액	상각방법	내용연수	업종
건물	본사건물	2015.3.2	40,000,000	12,000,000	정액법	10년	13
기계장치	공장 절단기	2016.4.2	10,000,000	3,000,000	정률법	8년	13
특허권	특허권	2023.1.5	5,000,000	0	정액법	5년	13

(1) 자산코드는 1로 입력한다.

(2) 특허권은 본사 판매와 관련된 것이며 전산세무회계프로그램의 특성을 고려 직접법으로 상각하고 있으며, 전기말 장부금액은 4,000,000원, 직접 상각한 금액의 누계액은 1,000,000원이다.

풀이방법 >

① [고정자산및감가상각] - [고정자산등록]을 클릭한다.

② 자산계정과목란에서 🔍를 눌러 건물을 선택한 후 본란 좌측의 자산코드/명란에 코드번호 "1", "본사건물"을 입력하고, 취득년월일에 "2015-03-02", 상각방법에 "정액법"을 입력한다.

③ 취득금액은 취득일이 당기 이전이므로 「1.기초가액」란에 40,000,000원을 입력한다(취득일이 당기라면 「4.당기중 취득 및 당기증가」란에 입력함).

④ 전기말 감가상각누계액 12,000,000원은 「2.전기말상각누계액」란에 입력한다.

⑤ 내용연수의 업종을 「11.내용연수」란과 「20.업종」란에 각각 입력한다.

⑥ 건물과 동일한 방법으로 입력한다.

⑦ 특허권(무형자산)을 직접법으로 상각하는 경우 1.기초가액란에 전기말 장부금액을 입력하고, 2.전기말상각누계액(−)란에는 직접 상각한 금액의 누계액을 입력한다.

⑧ 12.상각범위액이 13.회사계상액으로 반영되며, 해당 금액을 결산 시 감가상각비로 회계처리한다.

CHAPTER 05

결산 및 재무제표

학습방향

결산이란 회계기간이 종료된 후 일정 시점에 있어 기업의 재무상태와 기업의 경영성과를 명확히 하기 위하여 장부를 정리·마감하는 일련의 절차를 말합니다. 전산세무회계프로그램의 결산은 수동결산분개와 결산자료입력을 통한 자동결산분개를 한 후 관련 재무제표를 작성하면서 장부를 마감하고, 마감후이월을 이용하여 차기연도로 당기 자료를 이월시켜 해당 연도의 회계처리를 끝내도록 되어 있습니다. 시험에는 결산정리분개를 수동결산분개와 자동결산분개로 처리하는 내용이 가장 많이 나오므로 해당 내용을 반드시 숙지하며, 재무제표 작성하는 순서와 이익잉여금처분계산서를 작성하는 방법도 알아두도록 합니다.

● NCS능력단위(분류번호) : 회계정보시스템 운용(0203020105_20v4)

원활한 재무보고를 위하여 회계 관련 DB마스터 관리, 회계프로그램 운용, 회계정보를 활용하는 능력을 함양

● NCS능력단위(분류번호) : 결산처리(0203020104_20v4)

재고조사표, 시산표 및 정산표를 작성하는 결산예비절차와 각 계정을 정리하여 집합계정과 자본계정에 대체하고, 장부를 마감하는 능력을 함양

출제빈도

Section 01	상	45%
Section 02	상	50%
Section 03	하	5%

결산정리사항

▶ 합격 강의

빈출 태그 자동결산분개사항과 수동결산분개사항 · 수동결산분개

전산세무회계프로그램 사용 시 결산정리사항은 수동으로 분개하는 사항(수동결산분개)과 자동으로 분개하는 사항(자동결산분개)으로 구분하여 수동결산부분을 먼저 일반전표에 입력한다. 나머지 자동결산부분을 결산자료입력에 입력한 후 상단 툴바의 **F3 전표추가**를 클릭하여 나오는 『결산분개를 일반전표에 추가하시겠습니까?』라는 메시지에서 「예」를 선택하면 자동으로 결산정리사항의 분개를 마칠 수 있다. 자동결산분개로 처리가 가능한 것이 아닌 것은 전부 수동결산분개이다.

> ■ 자동결산분개
> [결산자료입력] 메뉴에 해당 자료를 입력하고 상단 툴바의 **F3 전표추가**를 클릭하여 나오는 메시지 창에서 「예」를 선택하면 된다.
> ① 기말재고자산 분개   ② 유형자산 · 무형자산 감가상각비 분개
> ③ 대손충당금설정 분개   ④ 퇴직급여충당부채 설정 분개
> ⑤ 법인세비용(법인세등) 분개

결산정리사항 관련 모든 내용을 수동결산분개로 처리가 가능하나 이는 프로그램 사용자 입장에서 바람직하지 않으므로 최대한 프로그램을 이용하도록 하기 위하여 수동결산분개를 먼저하고 자동결산분개를 사용하는 방법이 바람직하다.

🎓 **기적의 Tip**

자동결산분개사항을 암기하도록 한다.

01 수동결산분개

1) 수익과 비용의 발생 분개

① 수익의 발생

(차) 미수수익	×××	(대) 이자수익	×××

② 비용의 발생

(차) 이자비용	×××	(대) 미지급비용	×××

2) 수익과 비용의 이연 분개

① 수익의 이연

(차) 이자수익	×××	(대) 선수수익	×××

② 비용의 이연

(차) 선급비용	×××	(대) 이자비용	×××

3) 현금과부족 정리 분개

① 현금잔액이 부족한 경우

(차) 잡손실	×××	(대) 현금과부족	×××

② 현금잔액이 많은 경우

(차) 현금과부족	×××	(대) 잡이익	×××

4) 소모품 정리 분개

① 구입 시 비용(소모품비) 처리한 경우

(차) 소모품	×××	(대) 소모품비	×××

② 구입 시 자산(소모품) 처리한 경우

(차) 소모품비	×××	(대) 소모품	×××

5) 단기매매증권(매도가능증권)평가 분개

① 공정가치가 장부금액보다 큰 경우

(차) 단기매매증권 (매도가능증권)	×××	(대) 단기매매증권평가이익 (매도가능증권평가이익)	×××

② 공정가치가 장부금액보다 작은 경우

(차) 단기매매증권평가손실 (매도가능증권평가손실)	×××	(대) 단기매매증권 (매도가능증권)	×××

단기매매증권(매도가능증권)의 "연속평가" 시 장부금액 vs 공정가치 비교 방법
- **취득 시 평가** : 취득원가(장부금액) vs 기말공정가치
- **취득 이후 다음 평가** : 전기말공정가치(장부금액) vs 당기말공정가치

6) 외화자산과 외화부채의 평가 분개

① (차) 외화자산 · 부채	×××	(대) 외화환산이익	×××

② (차) 외화환산손실	×××	(대) 외화자산 · 부채	×××

7) 장기차입금 유동성대체 분개

(차) 장기차입금	×××	(대) 유동성장기부채	×××

8) 가지급금과 가수금 정리 분개

임시계정인 가지급금 또는 가수금의 미결산항목은 그 내용을 나타내는 적절한 과목으로 정리하여야 한다.

① (차) 해당 계정과목	×××	(대) 가지급금	×××

② (차) 가수금	×××	(대) 해당 계정과목	×××

02 자동결산분개

자동결산분개는 [결산자료입력] 메뉴에 해당 자료를 입력하고 상단 툴바의 **F3 전표추가**를 클릭하여 나오는 메시지 창에서 「예」를 선택하면 자동으로 분개되어 일반전표에 입력되는 내용이므로 'SECTION 02 결산자료입력'의 내용을 보고 해당란에 입력하면 된다. 자동결산분개에서 분개되는 내용을 일반전표입력에 직접 입력하고자 하는 경우에는 다음과 같이 분개하면 된다.

1) 기말 재고자산 관련 제품매출원가, 상품매출원가 대체분개

① (차) 원재료비	×××	(대) 원재료	×××
(차) 재공품	×××	(대) 원재료비	×××
		임금	×××
		복리후생비 등	×××
(차) 제품	×××	(대) 재공품	×××
(차) 제품매출원가	×××	(대) 제품	×××

② (차) 상품매출원가	×××	(대) 상품	×××

2) 유형자산과 무형자산의 감가상각비 분개

①	(차) 감가상각비	×××	(대) 감가상각누계액	×××

②	(차) 무형자산상각비	×××	(대) 무형자산	×××

3) 대손충당금 설정 분개

매출채권이 아닌 경우 "대손상각비" 대신 "기타의대손상각비"로 처리한다.

① 대손충당금 잔액이 없는 경우(전액)

(차) 대손상각비	×××	(대) 대손충당금	×××

② 대손충당금 잔액이 부족한 경우(부족분)

(차) 대손상각비	×××	(대) 대손충당금	×××

③ 대손충당금 잔액이 많은 경우

(차) 대손충당금	×××	(대) 대손충당금환입	×××

※ 대손충당금환입에 대한 분개는 [일반전표입력] 메뉴에서 결산일자(12월 31일자)에 수동으로 분개해야
한다(∵시험 시 프로그램으로 처리되는 음수 분개는 허용하지 않음).

4) 퇴직급여충당부채 설정 분개

(차) 퇴직급여	×××	(대) 퇴직급여충당부채	×××

5) 법인세비용(법인세등) 분개

(차) 법인세비용	×××	(대) 선납세금	×××
(또는 법인세등)		미지급세금	×××

결산자료입력

▶ 합격 강의

빈출 태그 기말재고자산 · 감가상각비 · 대손충당금 · 퇴직급여충당부채 · 법인세등

결산정리사항 중 프로그램에서 지원하는 분개항목의 금액을 각각 해당란에 입력하고 상단 툴바의 **F3 전표추가**를 클릭하여 나오는 메시지 창에서 「예」를 선택하면 일반전표입력에 결산일자(12월 31일)로, 분개항목의 내용을 자동분개하여 결산작업을 쉽게 할 수 있도록 해주는 메뉴이다. 다만, 본 메뉴에서 지원하지 않는 결산정리사항 분개 항목은 [일반전표입력]에 분개를 하는 작업을 먼저 해야 한다.

프로그램 사용방법

[회계관리]−[재무회계]−[결산/재무제표]−[결산자료입력]를 실행하면 다음과 같은 화면이 나타난다. 다음의 설명을 보고 해당란에 순서대로 입력하면 된다.

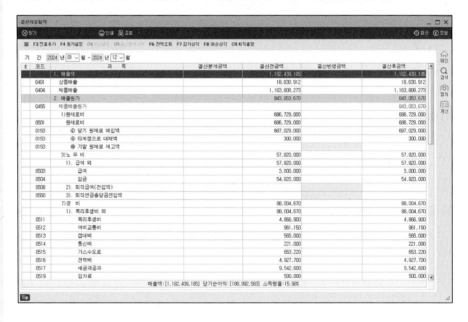

1) 기간

기말결산인 경우 1월~12월을 입력한다.

🎓 **기적의 Tip**

기간란에 1월 ~ 12월을 입력해야 하며, 12월 ~ 12월로 입력하지 않도록 주의한다.

2) 기말 재고자산 관련 제품매출원가 대체분개(기말 재고자산 금액을 입력함)

① 기말원재료재고액은 「2.매출원가(제품매출원가) → 1)원재료비 → "기말원재료 재고액"」에 기말원재료재고액을 결산반영금액란에 입력한다.

② 기말재공품재고액은 「2.매출원가(제품매출원가) → 8)당기총제조비용 → "기말재공품재고액"」에 기말재공품재고액을 결산반영금액란에 입력한다.

③ 기말제품재고액은 「2.매출원가(제품매출원가) → 9)당기완성품제조원가 → "기말제품재고액"」에 기말제품재고액을 결산반영금액란에 입력한다.

🎓 **기적의 Tip**

재고자산감모손실 시 정상적인 수량차이는 실제금액만 입력한다(감모분은 매출원가에 반영됨).

0455	제품매출원가				
	1)원재료비				
0501	원재료비				
0153	① 기초 원재료 재고액				
0153	② 당기 원재료 매입액				
0153	⑥ 타계정으로 대체액				
0153	⑩ 기말 원재료 재고액			①	
0455	8)당기 총제조비용				
0169	① 기초 재공품 재고액				
0169	⑩ 기말 재공품 재고액			②	
0150	9)당기완성품제조원가				
0150	① 기초 제품 재고액				
0150	⑩ 기말 제품 재고액			③	

3) 유형자산과 무형자산의 감가상각비 분개

① 제품매출원가를 구성하는 감가상각비(제조, 생산)는 「7)경비 → 2).일반감가상각비」란에 각 유형자산별로 감가상각비를 결산반영금액란에 입력한다.

② 판매비와관리비를 구성하는 감가상각비(사무, 관리)는 「4.판매비와일반관리비 → 4).감가상각비」란에 각 유형자산별로 감가상각비를 결산반영금액란에 입력한다.

③ 무형자산 감가상각비는 「6).무형자산상각비」란에 각 무형자산별로 결산반영금액란에 입력한다.

0518	2). 일반감가상각비				
0202	건물				
0206	기계장치			①	
0208	차량운반구				
0212	비품				
0818	4). 감가상각비				
0202	건물				
0206	기계장치			②	
0208	차량운반구				
0212	비품				
0840	6). 무형자산상각비				
0219	특허권			③	
0226	개발비				

4) 대손충당금 설정 분개

① 매출채권 관련 대손충당금 설정은 「4.판매비와일반관리비 → 5).대손상각」란에 각
채권별로 대손충당금 추가설정액을 결산반영금액란에 입력한다.

② 기타채권 관련 대손충당금은 「7.영업외비용 → 2).기타의대손상각」란에 각 채권별
로 대손충당금 추가설정액을 결산반영금액란에 입력한다.

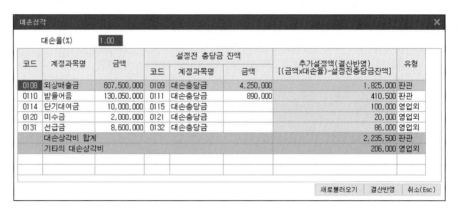

대손율(%)	1.00						
코드	계정과목명	금액	설정전 충당금 잔액			추가설정액(결산반영) [(금액×대손율)-설정전충당금잔액]	유형
			코드	계정과목명	금액		
0108	외상매출금	607,500,000	0109	대손충당금	4,250,000	1,825,000	판관
0110	받을어음	130,050,000	0111	대손충당금	890,000	410,500	판관
0114	단기대여금	10,000,000	0115	대손충당금		100,000	영업외
0120	미수금	2,000,000	0121	대손충당금		20,000	영업외
0131	선급금	8,600,000	0132	대손충당금		86,000	영업외
	대손상각비 합계					2,235,500	판관
	기타의 대손상각비					206,000	영업외

새로불러오기　결산반영　취소(Esc)

※ 상단 툴바의 **F8 대손상각**을 클릭하여 나오는 보조창에서 원하는 대손율(%)로 수정하고 하단 결산반영을
클릭하면 결산반영금액란에 자동으로 입력된다(시험 시 충당금 설정 대상이 아닌 채권은 삭제하고 사용한
다. 삭제 시 해당 추가설정액(결산반영)란에서 [Space Bar]+[Enter] 또는 0을 입력 후 [Enter]를 치면
된다).

5) 퇴직급여충당부채 설정(전입액) 분개

① 제품매출원가를 구성하는 생산직 사원에 대한 당기 설정 퇴직급여충당부채는
「2.매출원가(제품매출원가) → 3) 노무비 → 2).퇴직급여(전입액)」에 당기 설정 퇴
직급여를 결산반영금액란에 입력한다.

② 판매비와관리비에 해당하는 사무직 사원에 대한 당기 설정 퇴직급여충당부채는
「4.판매비와일반관리비 → 2).퇴직급여(전입액)」에 당기 설정 퇴직급여를 결산반
영금액란에 입력한다.

		3)노 무 비			
		1). 급여 외			
	0503	급여			
	0504	임금			
	0508	2). 퇴직급여(전입액)			(1)
		4. 판매비와 일반관리비			
	0806	2). 퇴직급여(전입액)			(2)

※ 상단 툴바의 **CF8 퇴직충당**을 클릭하여 나오는 보조창에서 퇴직급여추계액을 입력하고 하단 결산반영을 클
릭하면 결산반영금액란에 자동으로 입력된다. 필요에 따라 사용하면 편리하다.

코드	계정과목명	퇴직급여추계액	설정전 잔액				추가설정액(결산반영) (퇴직급여추계액-설정전잔액)	유형
			기초금액	당기증가	당기감소	잔액		
0508	퇴직급여	15,000,000	12,000,000			12,000,000	3,000,000	제조
0806	퇴직급여	10,000,000	8,000,000			8,000,000	2,000,000	판관

새로불러오기　결산반영　취소(Esc)

6) 법인세등 분개

「9.법인세등 → 1). 선납세금」은 기중에 처리된 선납세금이 자동 반영되어 있으므로 해당금액을 결산반영금액란에 입력하면 된다. 또한 「2). 추가계상액」은 법인세추산액에서 선납세금을 차감한 금액을 결산반영금액란에 입력하면 미지급세금으로 회계처리되어 입력된다.

0998	9. 법인세등		
0136	1). 선납세금	3,000,000	
0998	2). 추가계상액		

> 결산자료입력 화면에서 자료의 오류가 발생할 경우(다른 칸에 입력하거나 수정해야 할 경우) 상
> 단　툴바의 「결산분개삭제」를 클릭하여 삭제한 후 재입력하거나 수정한다.

7) F3 전표추가

작업이 완료되면 상단 툴바의 **F3 전표추가**를 클릭하여 「결산분개를 일반전표에 추가하시겠습니까?」라는 메시지에서 「예」를 선택한다. 이는 입력된 결산정리사항을 일반전표에 추가하여 자동분개를 발생시켜 주는 기능이다.

재무제표 작성 및 마감

빈출 태그 이익잉여금처분계산서 자료입력 방법 · 제손이재

SECTION 01과 SECTION 02의 작업내용이 완료되면 [합계잔액시산표]에서 오류가 있는지 다시 한번 확인한 후 [제조원가명세서] → [손익계산서] → [이익잉여금처분계산서] → [재무상태표] 순으로 조회하면 자동으로 작성된다. 즉, [제조원가명세서]에서 12월을 입력하고 나온 후 [손익계산서]에서 12월을 입력하고 나온다. 그런 다음 [이익잉여금처분계산서]를 클릭하고 다음과 같은 화면이 나오면 설명을 보고 해당 자료를 입력한다.

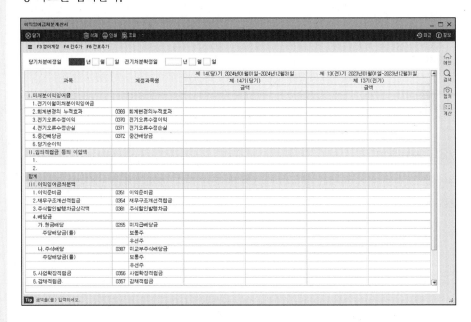

① **당기처분예정일** : 당기분 이익잉여금의 차기 처분예정일을 입력한다.
② **전기이월미처분이익잉여금** : [전기분잉여금처분계산서]의 차기이월미처분이익잉여금이 자동 반영된다.
③ **당기순이익** : [손익계산서]의 당기순이익이 자동 반영된다.
④ **임의적립금 등의 이입액** : 전기분 임의적립금의 남아서 이입된 금액을 계정과목명과 금액으로 입력하다.

⑤ **이익잉여금처분액** : 시험 시 잘나오는 부분으로 이익준비금, 현금배당, 주식배당, 사업확장적립금 등의 처분할 내역을 입력한다. 이익준비금은 자본금의 1/2이 될 때까지 현금배당의 1/10 이상을 적립해야 함에 유의한다.

⑥ 상단 툴바의 **F6 전표추가** 를 클릭하여 나오는 창에서 확인(Enter) 을 누른다. 전표추가를 한 후 일반전표입력에 가보면 수익과 비용의 손익계정 대체, 당기순이익을 미처분이익잉여금에 대체, 미처분이익잉여금을 이월이익잉여금계정에 대체된 결과를 볼 수 있다(즉, 수익과 비용이 손익계정으로 대체되어 마감되고 그 차액인 당기순이익이 자본계정으로 대체됨).

⑦ ⑥까지 작업이 완료된 후 [재무상태표]에서 12월을 입력하면 재무제표작성이 완료된다.

🎓 **기적의 Tip**

임의적립금 등의 이입액 입력방법과 이익준비금의 금액 계산방법을 숙지한다.

프로그램 사용방법

[전기분재무제표]-[마감후이월]을 클릭하면 다음과 같은 화면이 나타난다. 마감후이월 작업을 진행하면 자산, 부채, 자본의 잔액이 차기연도로 이월되고 당기분재무제표가 [전기분재무제표]에 반영되면서 당기의 회계작업을 마무리 하게 된다.

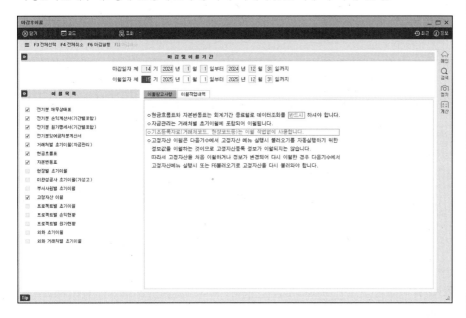

다음은 (주)영진(회사코드 : 0301)의 결산정리사항이다. 결산정리사항을 [일반전표입력] 및 [결산자료입력]에 입력하시오.

1. 12월 31일 거래은행인 우리은행에 예금된 정기예금에 대하여 당기분 경과이자를 인식하다.

💡 **기적의 Tip**

결산 시 이자발생분은 4.1–12.31까지다.

- **예금금액** : 50,000,000원
- **연이자율** : 10%, 월할 계산으로 할 것
- **예금기간** : 2024. 4. 1 ~ 2027. 3. 31
- **이자지급일** : 연 1회(매년 3월 31일)

2. 12월 31일 2024년 4월 1일 강동상사에 300,000,000원을 2026년 3월 31일까지 대여하고, 연 12%의 이자를 매년 3월 31일 수취하기로 계약을 체결하였다. 기간 경과분에 대한 이자를 결산서상에 반영하시오(이자는 월할 계산하고, 거래처를 입력할 것).

💡 **기적의 Tip**

임대 시 전액 "선수수익"으로 처리했으므로 결산 시 7.1–12.31 발생분 수익(임대료)을 처리해야 한다.

3. 12월 31일 2024년 7월 1일 사무실을 임대(임대기간 2024.7.1 ~ 2025.6.30)하면서 1년분 임대료 12,000,000원을 자기앞수표로 받고 전액 "선수수익"으로 회계처리하였다. 월할 계산하여 기말수정분개를 하시오.

💡 **기적의 Tip**

구독 시 전액 "선급비용"으로 처리했으므로 결산 시 10.1~12.31 발생분 비용(도서인쇄비)을 처리해야 한다.

4. 12월 31일 월간기술지를 생산부서에서 1년 정기구독(정기구독기간 2024.10.01 ~ 2025.09.30, 정기구독비용 600,000원은 10월 1일에 전액 선지급하였음)하고 전액 선급비용으로 회계처리하였다(월할 계산으로 할 것).

5. 12월 31일 기말현재 당기비용으로 처리한 대표이사 업무용 차량에 대한 보험료 중 기간미경과액은 400,000원이다(적절한 적요내용에 해당하는 계정과목으로 회계처리할 것).

6. 12월 31일 전기 말 금와은행으로부터 차입한 장기차입금 중 5,000,000원은 2025년 1월 20일 만기가 도래하고 회사는 이를 상환할 계획이다.

7. 12월 31일 단기차입금 중에는 (주)연재의 외화단기차입금 10,000,000원(미화 $10,000)이 포함되어 있다(회계기간 종료일 현재 적용환율 : 미화 1$당 1,100원).

8. 12월 31일 기말 현재 당사가 단기매매차익을 목적으로 보유하고 있는 주식현황과 기말 현재 공정가치는 다음과 같다.

주식명	보유주식 수	주당 취득원가	기말 공정가치
(주)한성 보통주	2,000주	10,000원	주당 12,000원
(주)강화 보통주	1,500주	8,000원	주당 10,000원
(주)도전 보통주	100주	15,000원	주당 15,000원

9. 12월 31일 장부상 현금잔액은 35,245,450원이나 실제 보유하고 있는 현금잔액은 35,232,780원으로, 현금부족액에 대한 원인이 밝혀지지 아니하였다. 영업외비용 중 적절한 계정과목에 의하여 회계처리하시오.

10. 12월 31일 당사는 영업부에서는 소모품 구입 시 전액 소모품비로 비용화하고 결산 시 미사용분을 자산으로 계상해 오고 있다. 결산 시 영업부로부터 미사용분인 소모품은 1,000,000원으로 통보받았다(단, 금액은 음수로 입력하지 말 것).

11. 12월 31일 결산일 현재 12월 19일자 가수금 3,000,000원의 내역이 다음과 같이 확인되었다.

- (주)상도에 대한 거래로 제품매출을 위한 계약금을 받은 금액 : 500,000원
- (주)상도에 대한 외상대금 중 일부를 회수한 금액 : 2,500,000원

12. 12월 31일 결산일 현재 재고자산의 기말재고액은 다음과 같다.

- **원재료** : 5,000,000원　　**재공품** : 10,000,000원　　**제품** : 20,000,000원

기적의 Tip

재고자산 기말재고액은 실제 재고액을 입력한다. 감모가 있을 경우 비정상감모분은 (차) 재고자산감모손실 ×××/ (대) 제품 ×××으로 일반전표에 수동입력 후 처리하지만 정상감모는 별도의 입력 없이 실제재고액만 입력하면 된다.

13. 12월 31일 영업부 비품에 대한 감가상각비는 3,670,000원이며, 공장 기계장치에 대한 감가상각비는 2,330,000원이었다.

14. 12월 31일 무형자산으로 처리된 개발비의 당기 무형자산상각액은 12,000,000원이다(단, 판매관리비로 처리하고 직접법으로 상각함).

기적의 Tip

시험 시 [결산자료입력] 메뉴에서 「F8 대손상각」을 클릭하여 처리한다.

15. 12월 31일 당사는 기말에 외상매출금과 받을어음에 대하여 매년 1%의 대손충당금을 보충법에 의해 설정한다(단, 아래의 자료를 보고 처리할 것).

- **외상매출금잔액** : 500,000,000원(대손충당금잔액 100,000원)
- **받을어음잔액** : 100,000,000원(대손충당금잔액 800,000원)

16. 당사는 일반기업회계기준에 의하여 퇴직급여충당부채를 설정하고 있으며, 기말 현재 퇴직급여추계액 및 당기 퇴직급여충당부채 설정 전의 퇴직급여충당부채 잔액은 다음과 같다. 결산 시 회계처리하시오.

부서	설정 전 퇴직급여충당부채잔액	기말 현재 퇴직급여추계액
영업부	23,000,000원	27,000,000원
제조부	27,000,000원	29,000,000원

17. 12월 31일 당기 법인세비용(법인세등)을 30,000,000원으로 계상한다(법인세 중간예납세액은 24,042,000원이라고 가정함).

18. 당사는 이익준비금 3,000,000원, 현금배당 30,000,000원, 주식배당 15,000,000원, 사업확장적립금 5,000,000원의 이익잉여금처분을 결의하였다. 당기 이익잉여금처분계산서를 작성하시오(당기처분예정일 : 2025년 2월 28일, 전기처분확정일 : 2024년 2월 25일).

1번~11번은 [결산자료입력] 메뉴에서 지원하지 않는 분개이므로 [일반전표입력]에 입력하고, 12번~17번까지는 [결산자료입력]에서 지원하는 분개이므로 [결산/재무제표]-[결산자료입력]에 입력한 후 상단 툴바의 **F3 전표추가**를 클릭하여 「결산분개를 일반전표에 추가하시겠습니까?」라는 메시지에서 「예」를 선택하면 입력된 내용이 [일반전표입력]에 추가로 자동 분개되어 완성된다.

[1번~11번]

① [전표입력]-[일반전표입력]에서 결산일자(12월 31일)로 추가 입력한다(수동결산 분개).

1. 12월 31일

구분	계정과목		거래처	적요	차변	대변
차변	0116	미수수익			3,750,000	
대변	0901	이자수익				3,750,000

※ 50,000,000원×10%×9개월/12개월＝3,750,000원

2. 12월 31일

구분	계정과목		거래처	적요	차변	대변
차변	0116	미수수익	강동상사		27,000,000	
대변	0901	이자수익				27,000,000

※ 300,000,000원×12%×9개월/12개월＝27,000,000원

3. 12월 31일

구분	계정과목		거래처	적요	차변	대변
차변	0263	선수수익			6,000,000	
대변	0904	임대료				6,000,000

※ 12,000,000원×6개월/12개월＝6,000,000원

4. 12월 31일

구분	계정과목		거래처	적요	차변	대변
차변	0526	도서인쇄비			150,000	
대변	0133	선급비용				150,000

※ 600,000원×3개월/12개월＝150,000원

5. 12월 31일

구분		계정과목	거래처	적요	차변	대변
차변	0133	선급비용			400,000	
대변	0821	보험료				400,000

6. 12월 31일

구분		계정과목	거래처	적요	차변	대변
차변	0293	장기차입금	금와은행		5,000,000	
대변	0264	유동성장기부채	금와은행			5,000,000

7. 12월 31일

구분		계정과목	거래처	적요	차변	대변
차변	0955	외화환산손실			1,000,000	
대변	0260	단기차입금	(주)연재			1,000,000

※ 외화 차입 시 환율상승은 채무가 증가하므로 환차손이 발생된다. 외화 평가시에는 "외화환산손실"로 처리한다.

8. 12월 31일

구분		계정과목	거래처	적요	차변	대변
차변	0107	단기매매증권			7,000,000	
대변	0905	단기매매증권평가이익				7,000,000

9. 12월 31일

구분		계정과목	거래처	적요	차변	대변
출금	0980	잡손실			12,670	(현금)

※ 결산 시 현금부족은 즉시 "잡손실"로 처리한다.

10. 12월 31일

구분		계정과목	거래처	적요	차변	대변
차변	0173	소모품			1,000,000	
대변	0830	소모품비				1,000,000

※ 소모품을 구입 시 전액 비용처리한 경우 결산 시 미사용분은 자산으로 대체해야 한다.

11. 12월 31일

구분		계정과목	거래처	적요	차변	대변
차변	0257	가수금			3,000,000	
대변	0259	선수금	(주)상도			500,000
대변	0108	외상매출금	(주)상도			2,500,000

[12번~17번]

② [결산/재무제표]-[결산자료입력]에서 기간란에 1월 ~ 12월을 입력하고 다음과 같이 해당란의 결산반영금액란에 입력한다(자동결산분개).

2. 매출원가

        1) 원재료비

           기말 원재료 재고액   5,000,000

        3) 노무비

           2). 퇴직급여(전입액)   2,000,000 (제조부)

        7) 경비

           2). 일반감가상각비

               기계장치   2,330,000 (공장 기계장치)

        8) 당기 총제조비용

           기말 재공품 재고액   10,000,000

        9) 당기완성품제조원가

           기말 제품재고액   20,000,000

4. 판매비와 일반관리비

           2). 퇴직급여(전입액)   4,000,000 (영업부)

           4). 감가상각비

               비품   3,670,000 (영업부 비품)

           5). 대손상각

               외상매출금   4,900,000

               받을어음   200,000

           6). 무형자산상각비

               개발비   12,000,000

9. 법인세등

           1). 선납세금   24,042,000

               (선납세금은 자동반영되므로 결산반영금액란에 해당 금액을 보고 입력함)

           2). 추가계상액   5,958,000

※ 퇴직급여(제) : 29,000,000(퇴직급여추계액) - 27,000,000(퇴직급여충당부채잔액) = 2,000,000원
   퇴직급여(판) : 27,000,000(퇴직급여추계액) - 23,000,000(퇴직급여충당부채잔액) = 4,000,000원
※ 시험 시 대손상각은 상단 툴바의 **F8 대손상각** 을 클릭하여 나오는 보조창에서 원하는 대손율(%)로 수정하고 하단 결산반영을 클릭하여 처리한다.
※ 대손충당금 설정액
   외상매출금 : 500,000,000(기말외상매출금잔액) × 1% - 100,000(대손충당금잔액) = 4,900,000원
   받을어음 : 100,000,000(기말받을어음잔액) × 1% - 800,000(대손충당금잔액) = 200,000원

③ 상단 툴바의 **F3 전표추가** 를 클릭하여 나타나는 메시지 창에서 「예」를 클릭한다.

[18번]

④ [결산/재무제표] − [이익잉여금처분계산서]에서 당기처분예정일과 전기처분확정
일을 입력하고 다음과 같이 이익잉여금처분 내역을 입력한다. 입력이 완료되면 상
단 툴바의 **F6 전표추가**를 클릭한다.

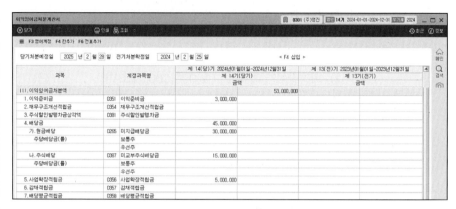

※ 이익준비금은 현금배당의 1/10 이상을 자본금의 1/2이 될 때까지 적립한다.

CHAPTER **06**

제장부조회

 학습방향

기출문제 유형별 장부조회 문제를 반복하여 학습합니다. 시험 시 제장부조회 대상이 되는
장부를 파악하고 주요 질문의 키포인트를 파악한 후 장부를 조회한다면 장부조회 나름의
재미도 느껴지고 해당 답을 찾기가 쉬워집니다.

● NCS능력단위(분류번호) : 회계정보시스템 운용(0203020105_20v4)
원활한 재무보고를 위하여 회계 관련 DB마스터 관리, 회계프로그램 운용, 회계정보를 활용
하는 능력을 함양

● NCS능력단위(분류번호) : 부가가치세신고(0203020205_20v5)
상품의 거래나 서비스의 제공에서 얻어지는 이윤에 대해 과세되는 금액에 대하여 부가가치
세법에 따라 신고 및 납부 업무를 수행하는 능력을 함양

● NCS능력단위(분류번호) : 자금관리(0203020102_20v4)
기업 및 조직의 자금을 관리하기 위하여 회계 관련 규정에 따라 자금인 현금, 예금, 법인카
드, 어음 · 수표를 관리하는 능력을 함양

 출제 빈도

			100%
Section 01	상		
Section 02	하		0%

제장부조회

핵심 포인트 시험 시 제장부조회 대상이 되는 장부를 익히도록 한다.

★제장부조회 대상이 되는 ①~⑫
의 내용을 반드시 숙지한다.

시험에 많이 출제되는 장부
- 계정별원장
- 총계정원장(월별)
- 거래처원장
- 월계표
- 재무상태표
- 매입매출장
- 부가가치세신고서
- 세금계산서합계표

전산세무회계프로그램은 전표입력이 되면 그 내용이 자동으로 장부로 작성되므로 필요한 거래내용 확인 시 전표가 아닌 장부에서 조회하여 사용하면 매우 편리하다.

시험 시 장부는 해당 답안을 찾을 수 있는 것이면 된다. 짧은 시간 안에 정확한 조회를 위하여 다음 사항을 알아두면 더욱 빠른 조회를 할 수 있으니 될 수 있으면 다음 사항을 숙지하여 조회하도록 한다.

1) 시험 시 제장부조회 대상이 되는 장부(재무제표, 부가가치세신고서와 세금계산서합계표 포함)★

① **현금출납장** : 현금 입출금에 관하여 자세히(일자, 적요까지) 알고자 할 경우 사용한다.

> 예 • 6월 중 현금 입금액은 얼마인가?
> • 6월 30일 현재 현금의 잔액은 얼마인가?

② **계정별원장** : 현금 이외의 계정과목에 관하여 자세히(일자, 적요까지) 알고자 할 경우 사용한다.

> 예 6월 말 현재 받을어음의 잔액은 얼마인가?

③ **총계정원장(월별)** : 계정과목에 관한 질문 중 월별로 가장 많고 적음에 관하여 알고자 할 경우 사용한다.

> 예 1월~6월 중 제품매출이 가장 많은 달은 어느 달이고 그 금액은 얼마인가?

④ **거래처원장, 거래처별계정과목별원장** : 계정과목과 거래처에 관하여 알고자 할 경우 사용하며 [잔액], [내용] 등을 이용하여 원하는 자료를 조회할 수 있다. 거래처별계정과목별원장은 거래처별 계정과목을 동시에 볼 수 있으므로 필요할 경우 사용한다.

> 예 6월 30일 현재 외상매출금 잔액이 가장 많은 거래처의 거래처코드는?

⑤ **일계표** : 계정과목이 아닌 통합명칭(예 판매비와관리비, 노무비, 제조경비 등) 등에 관하여 알고자 할 경우 일 단위(한 달 이내)로 찾고자 할 때 사용한다(예 2.1~2.5). 또는 일 단위로 현금지출(현금란)과 현금 지출이 아닌 경우(대체란)에 관하여 알고자 할 경우 사용한다.

> 예 6월 1일부터 15일까지 발생된 복리후생비 중 현금 지출액은 얼마인가?

⑥ **월계표** : 계정과목이 아닌 통합명칭(예 판매비와관리비, 노무비, 제조경비 등)등에 관하여 알고자 할 경우 월 단위(한 달 초과)로 찾고자 할 때 사용한다(예 2월~5월). 또는 월 단위로 현금지출(현금란)과 현금 지출이 아닌 경우(대체란)에 관하여 알고자 할 경우 사용한다.

> 예 • 6월 중 현금으로 지출한 판매비와관리비의 차량유지비는 얼마인가?
>
> • 3월부터 6월 중 제조경비가 가장 큰 월과 그 금액은 얼마인가?
>
> • 6월 중 판매비와관리비의 지출이 가장 큰 계정과목코드와 금액은 얼마인가?

※ 일계표와 월계표의 해당 계정과목을 더블클릭하면 계정과목코드부터 시작해서 자세한 계정별 내용을 확인할 수 있다.

⑦ **합계잔액시산표** : 계정과목이 아닌 통합명칭(예 판매비와관리비, 노무비 등)에 관한 것 중 누계(예 3월까지)의 금액에 관하여 알고자 할 경우 사용한다.

> 예 6월 말까지 판매비와관리비는 얼마인가?

⑧ **[결산/재무제표]의 재무제표** : 재무제표(재무상태표와 손익계산서 등)에 관하여 알고자 할 경우(전기말 대비 자산, 부채, 자본 등에 관한 질문)에 사용한다. 또한 채권, 유형자산의 장부금액을 확인할 때도 편리하다.

> 예 6월 말 현재 전기말 대비 유동부채의 증가액은 얼마인가?

⑨ **받을어음현황, 지급어음현황** : 어음번호, 발행일자, 만기일자, 수취구분, 금융기관 등에 관하여 알고자 할 경우 사용한다.

⑩ **매입매출장** : 부가가치세와 관련하여 과세유형별(예 과세, 영세, 면세, 카과, 현과 등)로 알고자 할 경우 사용한다. 즉, 지출증명서류인 세금계산서, 계산서, 신용카드, 현금영수증 등에 관한 내용을 알고자 할 경우에 사용하면 된다.

> 예 제1기 부가가치세 예정신고기간(1월~3월) 중 매출한 거래 중 현금영수증을 발급한 공급대가는 얼마인가?

⑪ **부가가치세신고서** : 부가가치세 신고와 관련한 내용에 관하여 알고자 할 경우 사용한다(예 과세표준, 매출세액, 매입세액, 공제받지못할세액, 공제받을매입세액, 고정자산을 매입한 금액, 납부할세액 등).

> 예 제1기 부가가치세 확정신고기간에 대한 부가가치세신고서상 납부(환급)세액은 얼마인가?

⑫ **세금계산서합계표, 세금계산서(계산서) 현황** : 매입, 매출 세금계산서에 관하여 알고자 할 경우에 사용한다(예 매수, 과세기간 종료일 다음 달 11일까지 전송된 발급분, 과세기간종료일 다음 달 12일 이후, 그 외 발급분). 계산서 관련해서는 세금계산서(계산서) 현황으로 조회한다.

> 예 1월부터 3월까지 매출세금계산서 매수가 가장 많은 거래처를 조회하면?

• 외상매출금   xxx
  대손충당금   xxx xxx
                          장부금액

• 건물   xxx
  감가상각누계액   xxx xxx
                          장부금액

2) [장부관리], [결산/재무제표], [부가가치세]의 화면

① **현금출납장** : [장부관리]-[현금출납장]을 클릭하면 다음과 같은 화면이 나온다. 현
금 입금, 출금에 관하여 자세히 알고자 할 경우에 조회하는 장부로 해당 월별의 합
은 [월계]를 참조하고 잔액에 관하여 알고 싶을 경우에는 잔액란을 보면 된다. 실무
시 상단 툴바의 F3전표조회/수정을 눌러 잘못된 전표를 직접 수정할 수 있다.

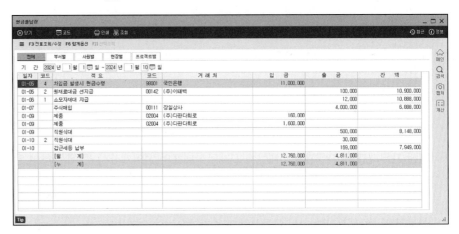

② **계정별원장** : [장부관리]-[계정별원장]을 클릭하면 다음과 같은 화면이 나온다.
현금이 아닌 계정과목에 관하여 자세히 알고자 할 경우에 조회하는 장부로 기간을
입력하고 계정과목란에 알고 싶은 계정과목을 입력하면 된다. 현금은 조회가 안
된다. 또한 실무 시 상단 툴바의 「F3전표조회/수정」을 눌러 잘못된 전표를 직접
수정할 수 있다.

③ **총계정원장** : [장부관리]-[총계정원장]을 클릭하면 다음과 같은 화면이 나온다. 모든 계정과목에 관하여 월별, 일별로 조회가 가능하다. 주로 시험 시에는 월별로 가장 많거나 적게 발생된 계정과목의 금액을 알고자 할 경우에 조회하면 된다.

④ **거래처원장(또는 거래처별계정과목별원장)** : [장부관리]-[거래처원장](또는 거래처별계정과목별원장)을 클릭하면 다음과 같은 화면이 나온다. 계정과목에 관하여 거래처별 잔액은 잔액 탭을 이용하여 조회하고, 상세한 거래내용은 내용 탭을 클릭하여 조회한다. [거래처별계정과목별원장]은 거래처별 계정과목을 동시에 보면서 조회할 수 있다.

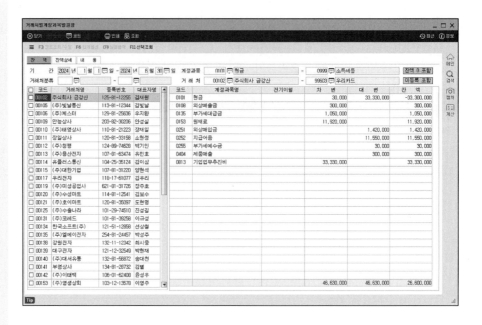

⑤ **일계표(월계표)** : [장부관리]−[일계표(월계표)]을 클릭하면 다음과 같은 화면이 나
온다. 일계표는 하루 동안 일어난 거래내역을, 월계표는 월 단위로 조회하고자 할
경우에 사용한다. 시험 시에는 통합명칭(유동자산, 유동부채, 판매비와관리비, 제
조경비 등)으로 발생된 금액을 알고자 할 경우나 현금거래와 대체거래(현금거래
외)의 금액을 통합명칭이나 계정과목별로 알고자 할 경우에 조회한다. 계정과목을
더블클릭하면 해당 계정과목에 관하여 자세히 볼 수 있다.

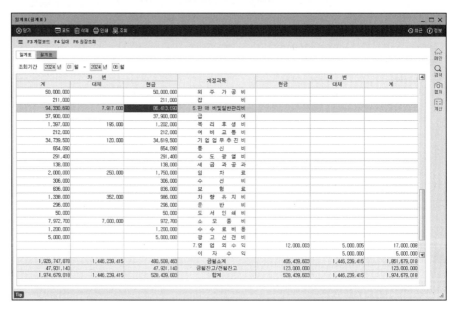

⑥ **합계잔액시산표** : [결산/재무제표]−[합계잔액시산표]을 클릭하면 다음과 같은 화면이 나온다. 거래가 발생되면 분개장(전표)에 기록하고 해당 내용을 원장에 전기하는데, 전기를 정확히 검증하기 위하여 작성하는 표이다. 시험 시에는 누계(ⓔ 6월까지 발생된 복리후생비) 관련 자료를 조회할 경우나 대손충당금, 감가상각누계액을 조회할 경우에 주로 사용한다.

⑦ **재무상태표** : [결산/재무제표]-[재무상태표]를 클릭하면 다음과 같은 화면이 나온다. 결산 시 작성하는 재무상태표로 외부보고 시 [재무상태표]는 전기와 당기로 구분하여 비교식으로 작성해야 하므로 해당 내용을 볼 수 있다. 시험 시 전기말 대비 자산, 부채, 자본의 변동내역을 알고자 할 경우 조회하면 된다.

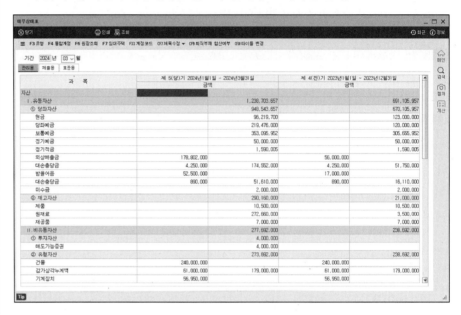

⑧ **손익계산서** : [결산/재무제표]-[손익계산서]를 클릭하면 다음과 같은 화면이 나온다. 수익과 비용에 관하여 누계(3월까지)의 금액에 관하여 알고자 하거나 통합명칭(⑩ 판매비와관리비 등)에 관한 것, 전기말 대비 수익과 비용에 관하여 알고자 할 경우 조회하면 된다.

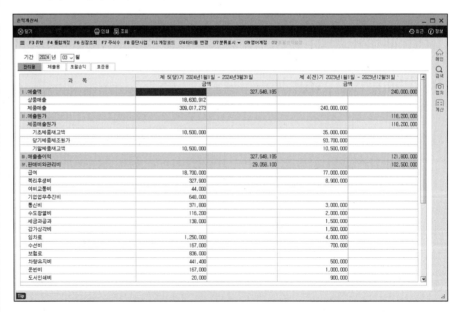

⑨ **매입매출장** : [장부관리]−[매입매출장]을 클릭하면 다음과 같은 화면이 나온다. 프로그램의 매입매출장은 상품의 매입, 매출을 상세히 기록한 상품 재고장이 아닌 부가가치세와 관련하여 과세유형별(圓 과세, 영세, 면세, 카과, 현과 등)로 조회하고자 할 경우 사용하는 장부이다. 즉, 지출증명서류인 세금계산서, 계산서, 신용카드, 현금영수증 등에 관한 내용을 알고자 할 경우에 사용하면 된다.

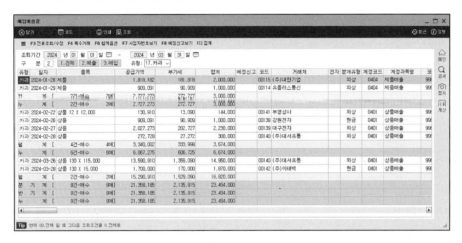

⑩ **부가가치세신고서** : [부가가치]−[신고서/부속명세]−[부가가치세]−[부가가치세신고서]를 클릭하면 다음과 같은 화면이 나온다. 부가가치세신고 관련 내용을 알고자 할 경우에 사용한다.

⑪ **세금계산서합계표(또는 세금계산서(계산서)현황)** : [부가가치]−[신고서/부속명세]
−[부가가치세]−[세금계산서합계표]을 클릭하면 다음과 같은 화면이 나온다. 매
출처별, 매입처별로 세금계산서합계표를 상세히 알고자 할 경우에 사용한다. 세
금계산서(계산서)현황은 세금계산서와 계산서의 매출매입건수와 금액을 조회할
수 있다.

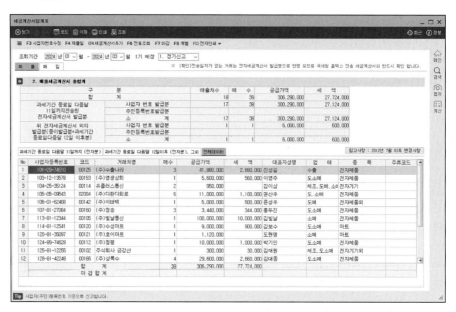

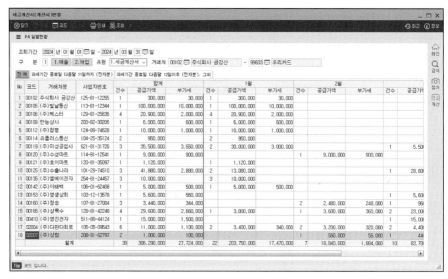

(주)우정(회사코드 : 0302)의 데이터를 조회하여 다음 물음에 답하시오.

1. 2분기말 현금잔액은 1분기말 현금잔액에 비해 얼마나 감소하였나?

2. 4월부터 6월까지 외상매출금 회수 건수가 가장 많은 달과 그 금액은 얼마인가?

3. 5월 31일 현재 외상매출금 잔액이 가장 많은 거래처 코드와 금액은 얼마인가?

4. 1월부터 3월까지 투입된 제조원가의 제조경비는 얼마인가?

5. 1월부터 6월까지 외상매출금 발생액이 가장 큰 월과 그 금액은 얼마인가?

6. 2024년 제1기 확정 신고기간 중 영세율 세금계산서를 발행한 금액과 현금영수증을 발급한 공급대가는 각각 얼마인가?

7. 전기말 유동부채에 비하여 당기 2024년 3월 말 현재 유동부채는 얼마 증가하였는가?

8. 1월부터 3월까지 과세기간 종료일 다음달 11일까지 발행된 전자세금계산서 매수가 가장 많은 거래처의 코드는?

9. 1월부터 3월까지 현금으로 지출한 복리후생비는 모두 얼마인가?

10. 제1기 확정 부가가치세 신고기간(4월~6월)의 공제받지 못할 매입세액의 공급가액과 세액은 얼마인가?

11. 2024년 제2기 부가가치세 확정신고기간(10월~12월)에 대한 부가가치세신고서 상 차감 · 가감하여 납부할세액(환급받을세액)과 면세사업수입금액을 조회하면 얼마인가?

1. [장부관리]-[현금출납장]에서 1분기 말(3월 31일)과 2분기 말(6월 30일)을 조회하여 그 차액을 계산한다.

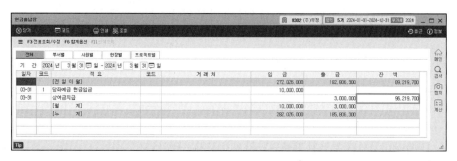

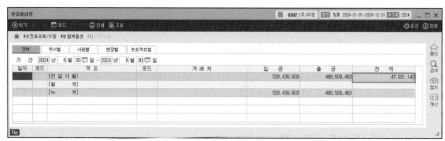

▶ 정답 : 48,288,560원(96,219,700원－47,931,140원) (※ 총계정원장에서노 조회가능함)

2. 외상매출금 회수내역을 자세히 보기 위하여 [장부관리]-[계정별원장]에서 기간(4월 1일~6월 30일), 계정과목(108.외상매출금~108.외상매출금)을 입력한 후 대변의 금액을 확인한다.

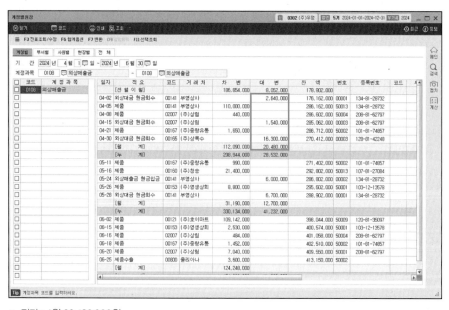

▶ 정답 : 4월 20,480,000원

3. [장부관리]−[거래처원장]에서 기간(5월 31일~5월 31일), 계정과목(108.외상매출금), 거래처란 2곳에서 **Enter**를 쳐서 넘어가면 첫 칸에는 등록된 거래처의 첫 거래처가, 마지막 칸에는 등록된 거래처의 마지막 거래처가 자동으로 입력되어 조회된다.

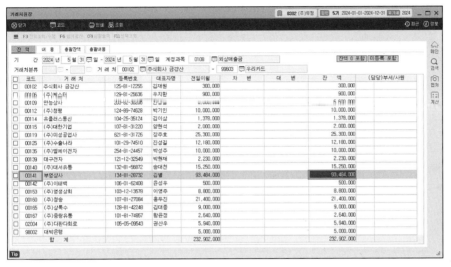

▶ 정답 : 141(부영상사) 93,484,000원

4. [장부관리]−[일계표(월계표)]에서 월계표를 선택하고 1월~3월의 〈제조경비〉의 차변 계를 확인한다.

▶ 정답 : 6,744,200원

5. [장부관리]−[총계정원장]에서 기간(1월 1일~6월 30일), 계정과목(108.외상매출금~108.외상매출금)을 입력한 후 차변의 금액을 확인한다.

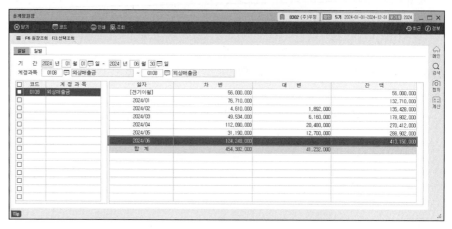

▶ 정답 : 6월 124,248,000원

6. [장부관리]−[매입매출장]에서 조회기간(4월 1일~6월 30일)을 입력한 후 구분 : 2.매출, 유형 : 12.영세, 유형 : 22.현과를 각각 조회하여 확인한다.

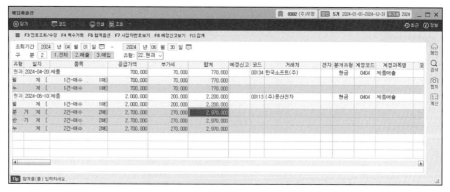

▶ 정답 : 38,450,000원, 2,970,000원

7. [결산/재무제표]-[재무상태표]에서 3월을 입력한 후 유동부채란의 당기(5기)와 전기(4기)의 금액을 보고 당기 3월말 유동부채 금액에서 전기말 유동부채의 금액을 차감한다.

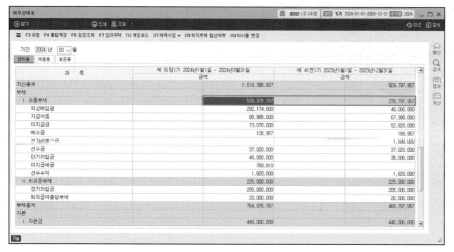

▶ 정답 : 304,177,810원(539,975,767원-235,797,957원)

8. [부가가치]-[신고서/부속명세]-[부가가치세]-[세금계산서합계표](또는 [장부관리]-[세금계산서(계산서)현황])에서 기간(1월 1일~3월 31일)을 입력한 후 매출 탭에서 하단 매수 중 가장 큰 숫자를 확인한다.

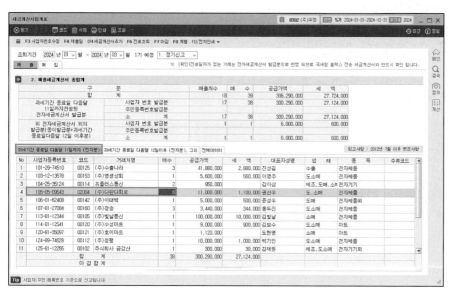

▲ 세금계산서합계표

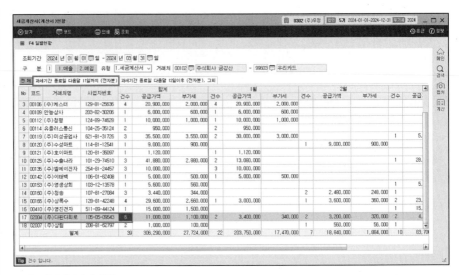

▲ 세금계산서(계산서) 현황

▶ 정답 : 2004((주)다판다회로)

9. [장부관리]-[일계표(월계표)]에서 월계표를 선택하고 1월~3월을 입력한 후 복리
후생비의 현금란을 확인한다.

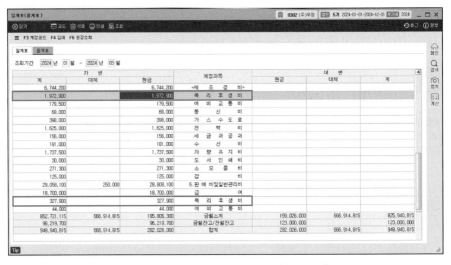

▶ 정답 : 2,300,800원(제조경비(1,972,900원)+판매비및일반관리비(327,900원))

10. [부가가치]−[신고서/부속명세]−[부가가치세]−[부가가치세 신고서]에서 기간(4
월 1일~6월 30일)을 입력한 후 「16.공제받지못할매입세액」란의 금액과 세액을
확인한다.

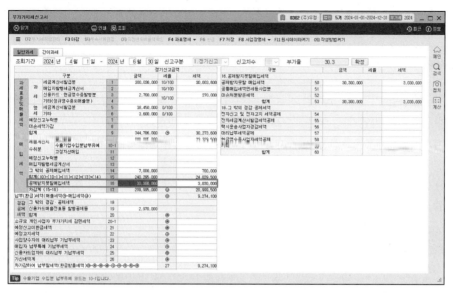

▶ 정답 : 공급가액 30,300,000원, 세액 3,030,000원

11. [부가가치]−[신고서/부속명세]−[부가가치세]−[부가가치세 신고서]에서 기간
(10월 1일~12월 31일)을 입력한 후 「27.차감·가감하여 납부할세액(환급받을세
액)」의 세액을 확인한 후 상단 [F4]과표명세를 클릭하여 면세사업수입금액을 확
인한다.

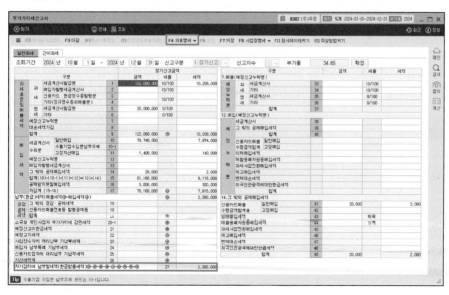

▶ 정답 : 납부할 세액 2,390,000원, 면세사업수입금액 1,000,000원

핵심 포인트 시험에 출제되는 부분은 아니지만, 전산세무회계프로그램의 자금관리 메뉴에 대해 알아두도록 한다.

자금관리란 기업 및 조직의 자금을 관리하기 위하여 회계 관련 규정에 따라 자금인 현금, 예금, 법인카드, 어음·수표를 관리하는 것을 말한다.

전산세무회계프로그램에 있는 자금관리 메뉴에 대해서 설명하면 다음과 같다.

1) 받을어음현황(받을어음 기입장) : 영업활동 중 발생한 받을어음의 현황을 알고자 할 경우 사용한다.

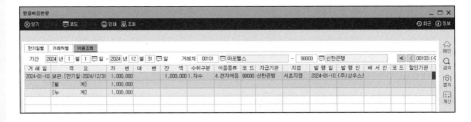

전표 입력의 받을어음란에 거래처를 입력한 후 상단 **F3 자금관리**를 클릭하면 하단에 받을어음 내용 창이 화면과 같이 나타나며, 해당 내역을 입력하면 받을현황에 반영된다.

기적의 Tip

F3 자금관리
받을어음, 지급어음, 차입금을 관리하고자 하는 경우에 사용하며 [일반전표입력], [매입매출전표입력] 메뉴에서 해당 계정과목을 입력한 후 거래처를 입력하고 F3을 누르면 해당 내용을 입력하여 관리할 수 있다.

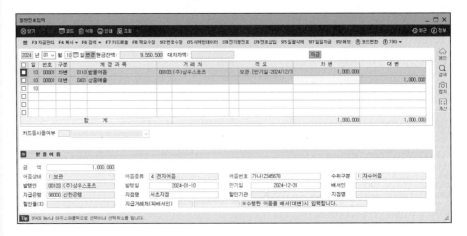

① 받을어음계정이 차변일 경우 하단 어음상태 : 1 : 보관, 2 : 회수
② 받을어음계정이 대변일 경우 하단 어음상태 : 3 : 할인, 4 : 배서, 5 : 만기(추심),
　 6 : 부도, 7 : 부분할인

2) 지급어음현황(지급어음 기입장) : 영업활동 중 발생한 지금어음의 현황을 알고자 할 경우 사용한다.

은행으로부터 약속어음 용지를 수령하면 작업하고자 하는 전표입력메뉴에 들어가서 창의 상단 툴바의 기타 목록상자를 클릭한 후 **SF4** 어음책등록 을 클릭하면 다음과 같은 화면이 나온다. 수령일, 어음종류, 지급은행, 어음뒷자리수, 어음시작번호, 매수를 입력하고 하단의 등록(Tab)을 클릭하면 등록이 된다.

전표 입력의 지급어음에 거래처를 입력한 후 상단 **F3 자금관리**를 클릭하면 하단에 지급어음 내용 창이 화면과 같이 나타나며, 해당 내역을 입력하면 지급어음현황에 반영된다.

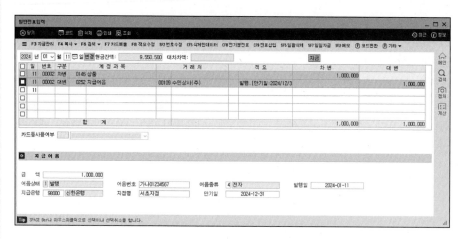

어음번호란에서 F2를 눌러 등록된 어음을 선택하여 입력한다.
① **지급어음계정이 대변일 경우 하단 어음상태** : 1 : 발행
② **지급어음계정이 차변일 경우 하단 어음상태** : 2 : 결제, 4.회수

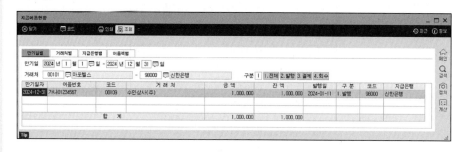

3) 일일자금명세(경리일보) : 영업활동 중 발생한 현금, 당좌예금, 보통예금, 받을어음, 지급어음, 단기차입금, 장기차입금 등의 일일내역을 알고자 할 경우 사용한다.

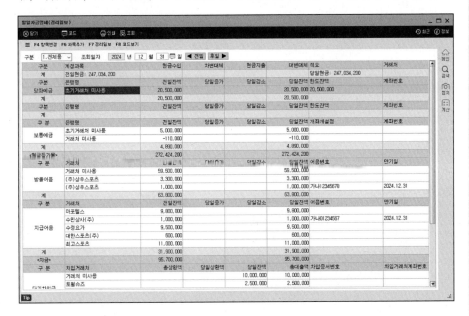

4) 예적금현황 : 영업활동 중 발생한 예금과 적금의 현황을 알고자 할 경우 사용한다.

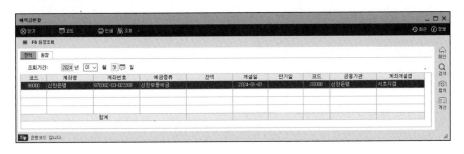

전산회계 1급
이론+실무+기출문제

★

2권·기출문제

"이" 한 권으로 합격의 "기적"을 경험하세요!

차례

PART 03

기출문제편

CHAPTER 01

최신 기출문제

학습 방향

시험에 대비하여 많은 기출문제를 풀어보시는 것이 좋습니다. 1시간 이내에 풀 수 있도록 노력하세요. 1시간 이내에 풀기 어려운 경우 실무시험을 먼저 풀고 이론시험을 푸는 것이 좋습니다.

전산세무회계자격시험은 컴퓨터에 수험용 프로그램(KcLep)이 설치된 상태에서, 수험자가 직접 배부 받은 답안매체(USB메모리) 내의 문제 데이터프로그램(Tax.exe)을 설치하고, 본인 스스로 프로그램 사용법 및 세무회계 지식을 기반으로 제한된 시간 내에 문제를 풀어서 입력하고, 시험종료 시 본인의 입력 자료를 답안매체에 수록하여 제출하여야 합니다.

① USB 수령	• 감독관으로부터 시험 응시에 필요한 종목별 수험용 BACKDATA 설치용 USB를 수령한다. • USB 꼬리표가 **본인의 응시 종목과 일치하는지** 확인하고, **꼬리표 뒷면에 수험정보를** 정확히 기재한다.

↓

② USB 설치	• USB를 컴퓨터의 **USB 포트에** 삽입하여 인식된 해당 **USB** 드라이브로 이동한다. • **USB** 드라이브에서 수험용 BACKDATA 설치프로그램인 **'Tax.exe'** 파일을 실행한다. **[주의] 수험용 BACKDATA 설치 이후, 시험 중 수험자 임의로 절대 재설치(초기화)하지 말 것**

↓

③ 수험정보입력	• **[수험번호(8자리)]와 [성명]을** 정확히 입력한 후 **[설치]** 버튼을 클릭한다. **※ 입력한 수험정보는 이후 절대 수정이 불가하니 본인의 수험정보를 정확히 입력할 것**

↓

④ 시험지 수령	• 시험지와 본인의 응시 종목 및 급수 일치 여부와 문제유형(A 또는 B)을 확인하고, 문제유형(A 또는 B)을 프로그램에 입력한다. • 시험지의 총 페이지수를 확인한다. **※ 응시 종목 및 급수와 파본 여부를 확인하지 않은 것에 대한 책임은 수험자에게 있음**

↓

⑤ 시험 시작	• 감독관이 불러주는 **'감독관확인번호'를** 정확히 입력하고, 시험에 응시한다.

↓

(시험을 마치면) ⑥ USB 저장	• **이론문제의 답은** 프로그램의 메인화면에서 **[이론문제 답안작성]을** 클릭하여 입력한다. • **실무문제의 답은** 문항별 요구사항을 수험자가 파악하여 각 메뉴에 입력한다. • 이론문제와 실무문제의 **답안을 모두 입력한 후 [답안저장(USB로 저장)]을** 클릭하여 답안을 저장한다. • **[답안저장]** 팝업창의 **USB로 전송완료** 메시지를 확인한다.

↓

⑦ USB 제출	• 답안이 수록된 USB메모리를 빼서, 〈감독관〉에게 제출 후 조용히 퇴실한다.

▶ 본 자격시험은 전산프로그램을 이용한 자격시험입니다. 컴퓨터의 사양에 따라 자격검정(KcLep)프로그램의 구동이 원활하지 않을 수 있으므로 자격검정(KcLep)프로그램의 진행 속도를 고려하여 입력해주시기를 바랍니다.
▶ 수험번호나 성명 등을 잘못 입력했거나, 답안을 USB에 저장하지 않음으로써 발생하는 일체의 불이익과 책임은 수험자 본인에게 있습니다.
▶ 타인의 답안을 자신의 답안으로 부정 복사한 경우 해당 관련자는 모두 불합격 처리됩니다.
▶ 타인 및 본인의 답안을 복사하거나 외부로 반출하는 행위는 모두 부정행위 처리됩니다.
▶ PC, 프로그램 등 조작 미숙으로 시험이 불가능하다고 판단될 경우 불합격 처리될 수 있습니다.
▶ **시험 진행 중에는 자격검정(KcLep)프로그램을 제외한 일체의 다른 프로그램을 사용할 수 없습니다.**
  (예시. 인터넷, 메모장, 윈도우 계산기 등)

※ **[이론문제 답안작성]을** 한 번도 클릭하지 않으면 **[답안저장(USB로 저장)]을** 클릭해도 답안이 저장되지 않습니다.

① 시험장에 입실하면 시험지와 USB를 제공받는다. 제공받은 "USB 꼬리표"에 인적 사항을 기재한 후 컴퓨터에 삽입한다. USB 내부의 파일 중에서 "Tax"파일(수험용)을 더블 클릭한다.

② 설치를 위한 화면이 나오면 수험번호와 이름을 입력하고 "설치"를 누른다. 수험용 프로그램이 자동설치되고 로그인 화면이 나온다.

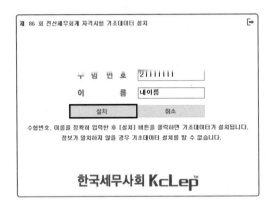

③ 받은 시험지에 표시되어 있는 "문제유형"을 선택한 후 감독위원이 칠판에 써 준 감독관 확인번호를 입력하고 "로그인" 버튼을 누른다.

④ 메인화면이 나오면 실무시험과 이론시험 문제를 모두 푼다. 그 후 하단의 "이론문제 답안작성" 버튼을 눌러 「이론 답안」란에 이론시험 문제의 답을 클릭하고 실무시험의 장부조회 문제의 답을 「실무시험 답안」란에 입력한다.

⑤ 모든 문제를 다 풀었다면 하단의 "답안저장(USB 저장)"을 누른다. 만약 답안을 수정한 경우라면 "답안저장(USB로 저장)"을 다시 눌러야 한다.

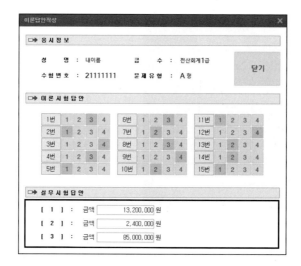

⑥ USB만 감독위원에게 제출하고 시험지 등 나머지는 챙겨서 퇴실한다.

※ 시험시간(1시간)이 부족한 수험생은 실무시험을 먼저 푼 후 이론시험 문제를 시간에 맞추어 푸는 것이 유리하다(∵ 이론 객관식 4지 선다형).

이론시험

다음 문제를 보고 알맞은 것을 골라 [이론문제 답안작성] 메뉴에 입력하시오.(객관식 문항당 2점)

> **기본 전제**
>
> 문제에서 한국채택국제회계기준을 적용하도록 하는 전제조건이 없는 경우, 일반기업회계기준을 적용한다.

01 다음 중 재무상태표에 관한 설명으로 가장 옳은 것은?

① 일정 시점의 현재 기업이 보유하고 있는 자산과 부채 및 자본에 대한 정보를 제공하는 재무보고서이다.
② 일정 기간 동안의 기업의 수익과 비용에 대해 보고하는 보고서이다.
③ 일정 기간 동안의 현금의 유입과 유출에 대한 정보를 제공하는 보고서이다.
④ 기업의 자본변동에 관한 정보를 제공하는 재무보고서이다.

02 다음 중 유동부채에 포함되지 않는 것은 무엇인가?

① 매입채무   ② 단기차입금
③ 유동성장기부채   ④ 임대보증금

03 다음 중 무형자산과 관련된 설명으로 옳지 않은 것은?

① 연구프로젝트에서 발생한 지출이 연구단계와 개발단계로 구분할 수 없는 경우에는 모두 연구단계에서 발생한 것으로 본다.
② 내부적으로 창출한 브랜드, 고객목록과 같은 항목은 무형자산으로 인식할 수 있다.
③ 무형자산은 회사가 사용할 목적으로 보유하는 물리적 실체가 없는 자산이다.
④ 무형자산의 소비되는 행태를 신뢰성 있게 결정할 수 없을 경우 정액법으로 상각한다.

04 다음 중 일반기업회계기준에 의한 수익 인식 시점에 대한 설명으로 옳지 않은 것은?

① 위탁판매의 경우에는 수탁자가 위탁품을 소비자에게 판매한 시점에 수익을 인식한다.
② 시용판매의 경우에는 상품 인도 시점에 수익을 인식한다.
③ 광고 제작 수수료의 경우에는 광고 제작의 진행률에 따라 수익을 인식한다.
④ 수강료의 경우에는 강의 시간에 걸쳐 수익으로 인식한다.

05 재고자산의 단가 결정 방법 중 매출 시점에서 해당 재고자산의 실제 취득원가를 기록하여 매출원가로 대응시킴으로써 가장 정확하게 원가 흐름을 파악할 수 있는 재고자산의 단가 결정 방법은 무엇인가?

① 개별법   ② 선입선출법
③ 후입선출법   ④ 총평균법

06 다음 중 영업이익에 영향을 주는 거래로 옳은 것은?

① 거래처에 대한 대여금의 전기분 이자를 받았다.
② 창고에 보관하고 있던 상품이 화재로 인해 소실되었다.
③ 차입금에 대한 전기분 이자를 지급하였다.
④ 일용직 직원에 대한 수당을 지급하였다.

07 다음의 거래를 적절하게 회계처리하였을 경우, 당기순이익의 증감액은 얼마인가? 단, 주어진 자료 외의 거래는 없다고 가정한다.

> • 매도가능증권 : 장부금액 5,000,000원, 결산일 공정가치 4,500,000원
> • 단기매매증권 : 장부금액 3,000,000원, 결산일 공정가치 3,300,000원
> • 투자부동산 : 장부금액 9,000,000원, 처분금액 8,800,000원

① 100,000원 감소   ② 100,000원 증가   ③ 400,000원 감소   ④ 400,000원 증가

08 (주)수암골의 재무상태가 다음과 같다고 가정할 때, 기말자본은 얼마인가?

기초		기말		당기 중 추가출자	이익 배당액	총수익	총비용
자산	부채	부채	자본				
900,000원	500,000원	750,000원	( )	100,000원	50,000원	1,100,000원	900,000원

① 500,000원   ② 550,000원   ③ 600,000원   ④ 650,000원

09 다음 중 원가회계에 대한 설명이 아닌 것은?

① 외부의 정보이용자들에게 유용한 정보를 제공하기 위한 정보이다.
② 원가통제에 필요한 정보를 제공하기 위함이다.
③ 제품원가계산을 위한 원가정보를 제공한다.
④ 경영계획수립과 통제를 위한 원가정보를 제공한다.

10 다음 중 원가행태에 따라 변동원가와 고정원가로 분류할 때 이에 대한 설명으로 올바른 것은?

① 변동원가는 조업도가 증가한수록 총원가도 증가한다.
② 변동원가는 조업도가 증가할수록 단위당 원가도 증가한다.
③ 고정원가는 조업도가 증가할수록 총원가도 증가한다.
④ 고정원가는 조업도가 증가할수록 단위당 원가도 증가한다.

11 다음 중 보조부문의 원가 배분에 대한 설명으로 옳지 않은 것은?

① 보조부문의 원가 배분방법으로는 직접배분법, 단계배분법 및 상호배분법이 있으며, 어떤
   방법을 사용하더라도 전체 보조부문의 원가는 차이가 없다.
② 상호배분법을 사용할 경우, 부문 간 상호수수를 고려하여 계산하기 때문에 어떤 배분방법
   보다 정확성이 높다고 할 수 있다.
③ 단계배분법을 사용할 경우, 배분순서를 어떻게 하더라도 각 보조부문에 배분되는 금액은
   차이가 없다.
④ 직접배분법을 사용할 경우, 보조부문 원가 배분액의 계산은 쉬우나 부문 간 상호수수에 대
   해서는 전혀 고려하지 않는다.

12 다음 중 개별원가계산과 종합원가계산에 대한 설명으로 옳지 않은 것은?

① 개별원가계산은 작업지시서에 의한 원가계산을 한다.
② 개별원가계산은 주문형 소량 생산 방식에 적합하다.
③ 종합원가계산은 공정별 대량 생산 방식에 적합하다.
④ 종합원가계산은 여러 공정에 걸쳐 생산하는 경우 적용할 수 없다.

13 다음 중 부가가치세법상 사업자등록 정정 사유가 아닌 것은?

① 상호를 변경하는 경우
② 사업장을 이전하는 경우
③ 사업의 종류에 변동이 있는 경우
④ 증여로 인하여 사업자의 명의가 변경되는 경우

14 다음 중 부가가치세법상 영세율에 대한 설명으로 가장 옳지 않은 것은?

① 수출하는 재화에 대해서는 영세율이 적용된다.
② 영세율은 수출산업을 지원하는 효과가 있다.
③ 영세율을 적용하더라도 완전면세를 기대할 수 없다.
④ 영세율은 소비지국과세원칙이 구현되는 제도이다.

15 다음 중 영수증 발급 대상 사업자가 될 수 없는 업종에 해당하는 것은?

① 소매업
② 도매업
③ 목욕, 이발, 미용업
④ 입장권을 발행하여 영위하는 사업

오영상사(주)(회사코드:1103)은 가방 등의 제조 · 도소매업 및 부동산임대업을 영위하는 중소기업으로 당기 (제9기) 회계기간은 2024.1.1. ~ 2024.12.31.이다. 전산세무회계 수험용 프로그램을 이용하여 다음 물음에 답하시오.

기본 전제

- 문제에서 한국채택국제회계기준을 적용하도록 하는 전제조건이 없는 경우, 일반기업회계기준을 적용하여 회계처리한다.
  문제의 풀이와 답안작성은 제시된 문제의 순서대로 진행한다.

01 다음은 기초정보관리 및 전기분재무제표에 대한 자료이다. 각각의 요구사항에 대하여 답하시오.(10점)

1 다음 자료를 이용하여 거래처등록의 [신용카드] 탭에 추가로 입력하시오.(3점)

- 코드 : 99850
- 거래처명 : 하나카드
- 카드종류 : 사업용카드
- 유형 : 매입
- 카드번호 : 5531-8440-0622-2804

2 [계정과목및적요등록] 메뉴에서 여비교통비(판매비및일반관리비) 계정에 아래의 적요를 추가로 등록하시오.(3점)

- 현금적요 6번 : 야근 시 퇴근택시비 지급
- 대체적요 3번 : 야근 시 퇴근택시비 정산 인출

3 전기분 손익계산서를 검토한 결과 다음과 같은 오류가 발견되었다. 해당 오류와 연관된 재무제표를 모두 올바르게 정정하시오.(4점)

공장 생산직 사원들에게 지급한 명절 선물 세트 1,000,000원이 회계 담당 직원의 실수로 인하여 본사 사무직 사원들에게 지급한 것으로 회계처리되어 있음을 확인하다.

02 [일반전표입력] 메뉴를 이용하여 다음의 거래 자료를 입력하시오.(일반전표입력의 모든 거래는 부가가치세를 고려하지 말 것)(18점)

> **입력 시 유의사항**
>
> - 일반적인 적요의 입력은 생략하지만, 타계정 대체거래는 적요번호를 선택하여 입력한다.
> - 채권 · 채무와 관련된 거래는 별도의 요구가 없는 한 반드시 기 등록된 거래처코드를 선택하는 방법으로 거래처명을 입력한다.
> - 제조경비는 500번대 계정코드를, 판매비와관리비는 800번대 계정코드를 사용한다.
> - 회계처리 시 계정과목은 별도의 제시가 없는 한 등록된 계정과목 중 가장 적절한 과목으로 한다.

1 7월 4일 나노컴퓨터에 지급하여야 할 외상매입금 5,000,000원과 나노컴퓨터로부터 수취하여야 할 외상매출금 3,000,000원을 상계하여 처리하고, 잔액은 당좌수표를 발행하여 지급하였다.(3점)

2 9월 15일 투자 목적으로 보유 중인 단기매매증권(보통주 1,000주, 1주당 액면금액 5,000원, 1주당 장부금액 9,000원)에 대하여 1주당 1,000원씩의 현금배당이 보통예금 계좌로 입금되었으며, 주식배당 20주를 수령하였다.(3점)

3 10월 5일 제품을 판매하고 (주)영준으로부터 받은 받을어음 5,000,000원을 만기 이전에 주거래은행인 토스뱅크에 할인하고, 할인료 55,000원을 차감한 나머지 금액을 보통예금 계좌로 입금받았다. 단, 어음의 할인은 매각거래에 해당한다.(3점)

4 10월 30일 영업부에서 대한상공회의소 회비 500,000원을 보통예금 계좌에서 지급하고 납부영수증을 수취하였다.(3점)

5 12월 12일 자금 조달을 위하여 발행하였던 사채(액면금액 10,000,000원, 장부금액 10,000,000원)를 9,800,000원에 조기 상환하면서 보통예금 계좌에서 지급하였다.(3점)

6 12월 21일 보통예금 계좌를 확인한 결과, 결산이자 500,000원에서 원천징수세액 77,000원을 차감한 금액이 입금되었음을 확인하였다(단, 원천징수세액은 자산으로 처리할 것).(3점)

03 [매입매출전표입력] 메뉴를 이용하여 다음의 거래 자료를 입력하시오.(18점)

입력 시 유의사항

- 일반적인 적요의 입력은 생략하지만, 타계정 대체거래는 적요번호를 선택하여 입력한다.
- 채권·채무와 관련된 거래는 별도의 요구가 없는 한 반드시 기 등록된 거래처코드를 선택하는 방법으로 거래 처명을 입력한다.
- 제조경비는 500번대 계정코드를, 판매비와관리비는 800번대 계정코드를 사용한다.
- 회계처리 시 계정과목은 별도의 제시가 없는 한 등록된 계정과목 중 가장 적절한 과목으로 한다.
- 입력화면 하단의 분개까지 처리하고, 전자세금계산서 및 전자계산서는 전자입력으로 반영한다.

1 7월 11일 성심상사에 제품을 판매하고 아래의 전자세금계산서를 발급하였다.(3점)

전자세금계산서						승인번호			
공급자	등록번호	124-87-05224	종사업장번호		공급받는자	등록번호	134-86-81692	종사업장번호	
	상호(법인명)	오영상사(주)	성명	김하현		상호(법인명)	성심상사	성명	황성심
	사업장주소	경기도 성남시 분당구 서판교로6번길 24				사업장주소	경기도 화성시 송산면 마도북로 40		
	업 태	제조, 도소매	종목	가방		업 태	제조	종 목	자동차특장
	이메일					이메일			

작성일자	공급가액	세액	수정사유	비고
2024.7.11	3,000,000	300,000	해당 없음	
비고				

월	일	품 목	규 격	수 량	단 가	공급가액	세액	비 고
7	11	제품				3,000,000	300,000	

합계금액	현금	수표	어음	외상미수금	위 금액을 (영수) 함 (청구)
3,300,000	1,000,000			2,300,000	

② 8월 25일 본사 사무실로 사용하기 위하여 (주)대관령으로부터 상가를 취득하고, 대금은 다음과 같이 지급하였다(단, 하나의 전표로 입력할 것).(3점)

> • 총매매대금은 370,000,000원으로 토지분 매매금액 150,000,000원과 건물분 매매금액 220,000,000원 (부가가치세 포함)이다.
> • 총매매대금 중 계약금 37,000,000원은 계약일인 7월 25일에 미리 지급하였으며, 잔금은 8월 25일에 보통예금 계좌에서 이체하여 지급하였다.
> • 건물분에 대하여 전자세금계산서를 잔금 지급일에 수취하였으며, 토지분에 대하여는 별도의 계산서를 발급받지 않았다.

③ 9월 15일 총무부가 사용하기 위한 소모품을 골드팜(주)으로부터 총 385,000원(부가가치세 포함)에 구매하고 보통예금 계좌에서 이체하였으며, 지출증빙용 현금영수증을 발급받았다. 단, 소모품은 구입 즉시 비용으로 처리한다.(3점)

④ 9월 30일 경하자동차(주)로부터 본사에서 업무용으로 사용할 승용차(5인승, 배기량 998cc, 개별소비세 과세 대상 아님)를 구입하고 아래의 전자세금계산서를 발급받았다.(3점)

전자세금계산서						승인번호			
공급자	등록번호	610-81-51299	종사업장번호		공급받는자	등록번호	124-87-05224	종사업장번호	
	상호(법인명)	경하자동차(주)	성명	정선달		상호(법인명)	오영상사(주)	성명	김하현
	사업장주소	울산 중구 태화동 150				사업장주소	경기도 성남시 분당구 서판교로6번길 24		
	업태	제조,도소매	종목	자동차		업태	제조,도소매	종목	가방
	이메일					이메일			

작성일자	공급가액	세액	수정사유	비고
2024.9.30	15,000,000	1,500,000		
비고				

월	일	품 목	규 격	수 량	단 가	공급가액	세액	비 고
9	30	승용차(배기량 998cc)		1		15,000,000	1,500,000	

합계금액	현금	수표	어음	외상미수금	위 금액을 (**청구**) 함
16,500,000				16,500,000	

⑤ 10월 17일 미국에 소재한 MIRACLE사에서 원재료 8,000,000원(부가가치세 별도)을 수입하면서 인천세관으로부터 수입전자세금계산서를 발급받고 부가가치세는 보통예금 계좌에서 지급하였다(단, 재고자산에 대한 회계처리는 생략할 것).(3점)

⑥ 10월 20일 개인 소비자에게 제품을 판매하고 현금 99,000원(부가가치세 포함)을 받았다. 단, 판매와 관련하여 어떠한 증빙도 발급하지 않았다.(3점)

04 [일반전표입력] 및 [매입매출전표입력] 메뉴에 입력된 내용 중 다음과 같은 오류가 발견되었다. 입력된 내용을 확인하여 정정하시오.(6점)

❶ 8월 31일 운영자금 조달을 위해 개인으로부터 차입한 부채에 대한 이자비용 362,500원을 보통예금 계좌에서 이체하고 회계처리하였으나 해당 거래는 이자비용 500,000원에서 원천징수세액 137,500원을 차감하고 지급한 것으로 이에 대한 회계처리가 누락되었다(단, 원천징수세액은 부채로 처리하고, 하나의 전표로 입력할 것).(3점)

❷ 11월 30일 제품생산공장 출입문의 잠금장치를 수리하고 영포상회에 지급한 770,000원(부가가치세 포함)을 자본적지출로 회계처리하였으나 수익적지출로 처리하는 것이 옳은 것으로 판명되었다.(3점)

05 결산정리사항은 다음과 같다. 관련 메뉴를 이용하여 결산을 완료하시오.(9점)

❶ 2월 11일에 소모품 3,000,000원을 구입하고 모두 자산으로 처리하였으며, 12월 31일 현재 창고에 남은 소모품은 500,000원으로 조사되었다. 부서별 소모품 사용 비율은 영업부 25%, 생산부 75%이며, 그 사용 비율에 따라 배부한다.(3점)

❷ 기중에 현금시재 잔액이 장부금액보다 부족한 것을 발견하고 현금과부족으로 계상하였던 235,000원 중 150,000원은 영업부 업무용 자동차의 유류대금을 지급한 것으로 확인되었으나 나머지는 결산일까지 그 원인이 파악되지 않아 당기의 비용으로 대체하다.(3점)

❸ 12월 31일 결산일 현재 재고자산의 기말재고액은 다음과 같다.(3점)

원재료	재공품	제품
• 장부수량 10,000개(단가 1,000원) • 실제수량 9,500개(단가 1,000원) • 단, 수량차이는 모두 정상적으로 발생한 것이다.	8,500,000원	13,450,000원

06 다음 사항을 조회하여 답안을 [이론문제 답안작성] 메뉴에 입력하시오.(9점)

1 5월 말 외상매출금과 외상매입금의 차액은 얼마인가?(단, 양수로 기재할 것)(3점)

2 제1기 부가가치세 확정신고기간(4월~6월)의 영세율 적용 대상 매출액은 모두 얼마인가?(3점)

3 6월에 발생한 판매비와일반관리비 중 발생액이 가장 적은 계정과목과 그 금액은 얼마인가?(3점)

이론시험

다음 문제를 보고 알맞은 것을 골라 [이론문제 답안작성] 메뉴에 입력하시오.(객관식 문항당 2점)

기본 전제

문제에서 한국채택국제회계기준을 적용하도록 하는 전제조건이 없는 경우, 일반기업회계기준을 적용한다.

01 회계분야 중 재무회계에 대한 설명으로 적절한 것은?

① 관리자에게 경영활동에 필요한 재무정보를 제공한다.
② 국세청 등의 과세관청을 대상으로 회계정보를 작성한다.
③ 법인세, 소득세, 부가가치세 등의 세무 보고서 작성을 목적으로 한다.
④ 일반적으로 인정된 회계원칙에 따라 작성하며 주주, 투자자 등이 주된 정보이용자이다.

02 유가증권 중 단기매매증권에 대한 설명으로 옳지 않은 것은?

① 시장성이 있어야 하고, 단기시세차익을 목적으로 하여야 한다.
② 단기매매증권은 당좌자산으로 분류된다.
③ 기말평가방법은 공정가치법이다.
④ 단기매매증권은 투자자산으로 분류된다.

03 다음 중 재고자산의 평가에 대한 설명으로 옳지 않은 것은?

① 성격이 상이한 재고자산을 일괄 구입하는 경우에는 공정가치 비율에 따라 안분하여 취득원가를 결정한다.
② 재고자산의 취득원가에는 취득과정에서 발생한 할인, 에누리는 반영하지 않는다.
③ 저가법을 적용할 경우 시가가 취득원가보다 낮아지면 시가를 장부금액으로 한다.
④ 저가법을 적용할 경우 발생한 차액은 전부 매출원가로 회계처리한다.

04 다음 중 유형자산의 자본적지출을 수익적지출로 잘못 처리했을 경우 당기의 자산과 자본에 미치는 영향으로 올바른 것은?

	자산	자본
①	과대	과소
②	과소	과소
③	과소	과대
④	과대	과대

05 (주)재무는 자기주식 200주(1주당 액면금액 5,000원)를 1주당 7,000원에 매입하여 소각하였다. 소각일 현재 자본잉여금에 감자차익 200,000원을 계상하고 있는 경우 주식소각 후 재무상태표상에 계상되는 감자차손익은 얼마인가?

① 감자차손 200,000원   ② 감자차손 400,000원
③ 감자차익 200,000원   ④ 감자차익 400,000원

06 다음 중 손익계산서에 대한 설명으로 옳지 않은 것은?

① 매출원가는 제품, 상품 등의 매출액에 대응되는 원가로서 판매된 제품이나 상품 등에 대한 제조원가 또는 매입원가이다.
② 영업외비용은 기업의 주된 영업활동이 아닌 활동으로부터 발생한 비용과 차손으로서 기부금, 잡손실 등이 이에 해당한다.
③ 손익계산서는 일정 기간의 기업의 경영성과에 대한 유용한 정보를 제공한다.
④ 수익과 비용은 각각 순액으로 보고하는 것을 원칙으로 한다.

07 (주)서울은 (주)제주와 제품 판매계약을 맺고 (주)제주가 발행한 당좌수표 500,000원을 계약금으로 받아 아래와 같이 회계처리하였다. 다음 중 (주)서울의 재무제표에 나타난 영향으로 옳은 것은?

(차) 당좌예금	500,000원	(대) 제품매출	500,000원

① 당좌자산 과소계상   ② 당좌자산 과대계상
③ 유동부채 과소계상   ④ 당기순이익 과소계상

08 (주)한국상사의 1월 1일 자본금은 50,000,000원(발행주식 수 10,000주, 1주당 액면금액 5,000원)이다. 10월 1일 1주당 6,000원에 2,000주를 유상증자하였을 경우, 기말 자본금은 얼마인가?

① 12,000,000원
② 50,000,000원
③ 60,000,000원
④ 62,000,000원

09 원가 및 비용의 분류항목 중 제조원가에 해당하는 것은 무엇인가?

① 생산공장의 전기요금
② 영업용 사무실의 전기요금
③ 마케팅부의 교육연수비
④ 생산중상 기계장치의 저분손실

10 다음 중 보조부문 상호 간의 용역수수관계를 고려하여 보조부문원가를 제조부문과 보조부문에 배분함으로써 보조부문 간의 상호 서비스 제공을 완전히 반영하는 방법으로 옳은 것은?

① 직접배분법
② 단계배분법
③ 상호배분법
④ 총배분법

11 다음의 자료에 의한 당기직접재료원가는 얼마인가?

• 기초원재료	1,200,000원	• 기말원재료	850,000원
• 기초재공품	200,000원	• 기초제품	400,000원
• 당기원재료매입액	900,000원	• 기말제품	500,000원
• 기말재공품	300,000원	• 직접노무원가	500,000원

① 1,150,000원
② 1,250,000원
③ 1,350,000원
④ 1,650,000원

12 (주)성진은 직접원가를 기준으로 제조간접원가를 배부한다. 다음 자료에 의하여 계산한 제조지시서 no.1의 제조간접원가 배부액은 얼마인가?

공장전체 발생원가	제조지시서 no.1
• 총생산수량 : 10,000개	• 총생산수량 : 5,200개
• 기계시간 : 24시간	• 기계시간 : 15시간
• 직접재료원가 : 800,000원	• 직접재료원가 : 400,000원
• 직접노무원가 : 200,000원	• 직접노무원가 : 150,000원
• 제조간접원가 : 500,000원	• 제조간접원가 : (?)원

① 250,000원
② 260,000원
③ 275,000원
④ 312,500원

13 다음 중 부가가치세법상 과세기간에 대한 설명으로 옳지 않은 것은?

① 간이과세자의 과세기간은 1월 1일부터 12월 31일까지이다.
② 사업자가 폐업하는 경우의 과세기간은 폐업일이 속하는 과세기간의 개시일부터 폐업일까지로 한다.
③ 일반과세자가 간이과세자로 변경되는 경우에 그 변경되는 해의 간이과세자 과세기간은 7월 1일부터 12월 31일까지이다.
④ 간이과세자가 일반과세자로 변경되는 경우에 그 변경되는 해의 간이과세자 과세기간은 1월 1일부터 12월 31일까지이다.

14 다음 중 세금계산서의 필요적 기재사항에 해당하지 않는 것은?

① 공급연월일
② 공급하는 사업자의 등록번호와 성명 또는 명칭
③ 공급받는자의 등록번호
④ 공급가액과 부가가치세액

15 다음 중 부가가치세법에 따른 재화 또는 용역의 공급시기에 대한 설명으로 적절하지 않은 것은?

① 위탁판매의 경우 수탁자가 공급한 때이다.
② 상품권의 경우 상품권이 판매되는 때이다.
③ 장기할부판매의 경우 대가의 각 부분을 받기로 한 때이다.
④ 내국물품을 외국으로 반출하는 경우 수출재화를 선적하는 때이다.

정민상사(주)(회사코드:1093)는 전자제품의 제조제조 및 도·소매업을 영위하는 중소기업으로 당기(제9기)의 회계기간은 2024.1.1. ~ 2024.12.31.이다. 전산세무회계 수험용 프로그램을 이용하여 다음 물음에 답하시오.

기본 전제

- 문제에서 한국채택국제회계기준을 적용하도록 하는 전제조건이 없는 경우, 일반기업회계기준을 적용하여 회계처리한다.
- 문제의 풀이와 답안작성은 제시된 문제의 순서대로 진행한다.

01 다음은 기초정보관리 및 전기분재무제표에 대한 자료이다. 각각의 요구사항에 대하여 답하시오.(10점)

1 다음 자료를 이용하여 [거래처등록] 메뉴에 등록하시오.(3점)

- 거래처코드 : 01230
- 거래처명 : 태형상사
- 유형 : 동시
- 종목 : 사무기기
- 대표자 : 김상수
- 업태 : 도소매
- 사업자등록번호 : 107-36-25785
- 사업장주소 : 서울시 동작구 여의대방로10가길 1(신대방동)

※ 주소 입력 시 우편번호 입력은 생략해도 무방함

2 정민상사(주)의 전기말 거래처별 채권 및 채무의 올바른 잔액은 다음과 같다. 주어진 자료를 검토하여 잘못된 부분은 오류를 정정하고, 누락된 부분은 추가하여 입력하시오.(3점)

채권 및 채무	거래처	금액
받을어음	(주)원수	15,000,000원
	(주)케스터	2,000,000원
단기차입금	(주)이태백	10,000,000원
	(주)빛날통신	13,000,000원
	Champ사	12,000,000원

3 전기분 손익계산서를 검토한 결과 다음과 같은 오류가 발견되었다. 전기분재무제표 중 관련 재무제표를 모두 적절하게 수정 또는 삭제 및 추가 입력하시오.(4점)

계정과목	오류내용
보험료	제조원가 1,000,000원을 판매비와관리비로 회계처리

02 **[일반전표입력]** 메뉴를 이용하여 다음의 거래 자료를 입력하시오.(일반전표입력의 모든 거래는 부가가치세를 고려하지 말 것)(18점)

> **입력 시 유의사항**
>
> • 일반적인 적요의 입력은 생략하지만, 타계정 대체거래는 적요번호를 선택하여 입력한다.
> • 채권·채무와 관련된 거래는 별도의 요구가 없는 한 반드시 기 등록된 거래처코드를 선택하는 방법으로 거래처명을 입력한다.
> • 제조경비는 500번대 계정코드를, 판매비와관리비는 800번대 계정코드를 사용한다.
> • 회계처리 시 계정과목은 별도의 제시가 없는 한 등록된 계정과목 중 가장 적절한 과목으로 한다.

1 8월 20일 인근 주민센터에 판매용 제품(원가 2,000,000원, 시가 3,500,000원)을 기부하였다.(3점)

2 9월 2일 대주주인 전마나 씨로부터 차입한 단기차입금 20,000,000원 중 15,000,000원은 보통예금 계좌에서 이체하여 상환하고, 나머지 금액은 면제받기로 하였다.(3점)

3 10월 19일 (주)용인의 외상매입금 2,500,000원에 대해 타인이 발행한 당좌수표 1,500,000원과 (주)수원에 제품을 판매하고 받은 (주)수원 발행 약속어음 1,000,000원을 배서하여 지급하다.(3점)

4 11월 6일 전월분 고용보험료를 다음과 같이 현금으로 납부하다(단, 하나의 전표로 처리하고, 회사부담금은 보험료로 처리할 것).(3점)

고용보험 납부내역

사원명	소속	직원부담금	회사부담금	합계
김정직	제조부	180,000원	221,000원	401,000원
이성실	마케팅부	90,000원	110,500원	200,500원
합계		270,000원	331,500원	601,500원

5 11월 11일 영업부 직원에 대한 확정기여형(DC) 퇴직연금 7,000,000원을 하나은행 보통예금 계좌에서 이체하여 납입하였다. 이 금액에는 연금운용에 대한 수수료 200,000원이 포함되어 있다.(3점)

6 12월 3일 일시보유목적으로 취득하였던 시장성 있는 (주)세무의 주식 500주(1주당 장부금액 8,000원, 1주당 액면금액 5,000원, 1주당 처분금액 10,000원)를 처분하고 수수료 250,000원을 제외한 금액을 보통예금 계좌로 이체받았다.(3점)

03 [매입매출전표입력] 메뉴를 이용하여 다음의 거래 자료를 입력하시오.(18점)

입력 시 유의사항

- 일반적인 적요의 입력은 생략하지만, 타계정 대체거래는 적요번호를 선택하여 입력한다.
- 채권·채무와 관련된 거래는 별도의 요구가 없는 한 반드시 기 등록된 거래처코드를 선택하는 방법으로 거래처명을 입력한다.
- 제조경비는 500번대 계정코드를, 판매비와관리비는 800번대 계정코드를 사용한다.
- 회계처리 시 계정과목은 별도의 제시가 없는 한 등록된 계정과목 중 가장 적절한 과목으로 한다.
- 입력화면 하단의 분개까지 처리하고, 전자세금계산서 및 전자계산서는 전자입력으로 반영한다.

1 7월 28일 총무부 직원들의 야식으로 저팔계산업(일반과세자)에서 도시락을 주문하고, 하나카드로 결제하였다.(3점)

신용카드매출전표

가 맹 점 명 :	저팔계산업
사 업 자 번 호 :	127-10-12343
대 표 자 명 :	김돈육
주 소 :	서울 마포구 상암동 332
롯 데 카 드 :	신용승인
거 래 일 시 :	07-28 20:08:54
카 드 번 호 :	3256-6455-****-1324
유 효 기 간 :	12/24
가 맹 점 번 호 :	123412341
매 입 사 :	하나카드(전자서명전표)

상품명	금액
도시락세트	220,000

공 급 가 액 :	200,000
부 가 세 액 :	20,000
합 계 :	220,000

❷ 9월 3일 공장에서 사용하던 기계장치(취득원가 50,000,000원, 처분 시점까지의 감가상각누계액 38,000,000원)를 보람테크(주)에 처분하고 아래의 전자세금계산서를 발급하였다(당기의 감가상각비는 고려하지 말고 하나의 전표로 입력할 것).(3점)

전자세금계산서							승인번호		
공급자	등록번호	680-81-32549	종사업장번호		공급받는자	등록번호	110-81-02129	종사업장번호	
	상호(법인명)	정민상사(주)	성명	최정민		상호(법인명)	보람테크(주)	성명	김종대
	사업장주소	경기도 수원시 권선구 평동로79번길 45				사업장주소	경기도 안산시 단원구 광덕서로 100		
	업태	제조,도소매	종목	전자제품		업태	제조	종목	반도체
	이메일					이메일			

작성일자	공급가액	세액	수정사유	비고
2024.9.3	13,500,000	1,350,000	해당 없음	
비고				

월	일	품 목	규격	수 량	단 가	공급가액	세액	비 고
9	3	기계징지 매각				13,500,000	1,350,000	

합계금액	현금	수표	어음	외상미수금	위 금액을 (**청구**) 함
14,850,000	4,850,000			10,000,000	

❸ 9월 22일 마산상사로부터 원재료 5,500,000원(부가가치세 포함)을 구입하고 전자세금계산서를 발급받았다. 대금은 (주)서울에 제품을 판매하고 받은 (주)서울 발행 약속어음 2,000,000원을 배서하여 지급하고, 잔액은 외상으로 하다.(3점)

❹ 10월 31일 NICE Co.,Ltd의 해외수출을 위한 구매확인서에 따라 전자제품 100개(@700,000원)를 납품하고 영세율전자세금계산서를 발행하였다. 대금 중 50%는 보통예금 계좌로 입금받고 잔액은 1개월 후에 받기로 하다.(3점)

5 11월 4일 영업부 거래처의 직원에게 선물할 목적으로 선물세트를 외상으로 구입하고 아래와 같은 전자세금계산서를 발급받았다.(3점)

전자세금계산서						승인번호		
공급자	등록번호	113-18-77299	종사업장번호		**공급받는자**	등록번호	680-81-32549	종사업장번호	
	상호(법인명)	손오공상사	성명	황범식		상호(법인명)	정민상사(주)	성명	최정민
	사업장주소	서울특별시 서초구 명달로 102				사업장주소	경기도 수원시 권선구 평동로70번길 40		
	업태	도매	종목	잡화류		업태	제조,도소매	종목	전자제품
	이메일					이메일			

작성일자	공급가액	세액	수정사유	비고		
2024.11.4	1,500,000	150,000	해당 없음			
비고						

월	일	품 목	규 격	수 량	단 가	공급가액	세액	비 고
11	4	선물세트		1	1,500,000	1,500,000	150,000	

합계금액	현금	수표	어음	외상미수금	위 금액을 (**청구**) 함
1,650,000				1,650,000	

6 12월 5일 공장 신축 목적으로 취득한 토지의 토지정지 등을 위한 토목공사를 하고 (주)만듬건설로부터 아래의 전자세금계산서를 발급받았다. 대금 지급은 기지급한 계약금 5,500,000원을 제외하고 외상으로 하였다. (3점)

전자세금계산서						승인번호			
공급자	등록번호	105-81-23608	종사업장 번호		공급받는자	등록번호	680-81-32549	종사업장 번호	
	상호(법인명)	(주)만듬건설	성명	다만듬		상호(법인명)	정민상사(주)	성명	최정민
	사업장 주소	서울특별시 동작구 여의대방로 24가길 28				사업장 주소	경기도 수원시 권선구 평동로79번길 45		
	업태	건설	종목	토목공사		업태	제조,도소매	종목	전자제품
	이메일					이메일			

작성일자	공급가액	세액	수정사유	비고
2024.12.5	50,000,000	5,000,000	해당 없음	
비고				

월	일	품 목	규 격	수 량	단 가	공급가액	세액	비 고
12	5	공장토지 토지정지 등			50,000,000	50,000,000	5,000,000	

합계금액	현금	수표	어음	외상미수금	위 금액을 (**청구**) 함
55,000,000		5,500,000		49,500,000	

04 [일반전표입력] 및 [매입매출전표입력] 메뉴에 입력된 내용 중 다음과 같은 오류가 발견되었다. 입력된 내용을 확인하여 정정하시오.(6점)

■1 11월 10일 공장 에어컨 수리비로 가나상사에 보통예금 계좌에서 송금한 880,000원을 수선비로 회계처리하였으나, 해당 수선비는 10월 10일 미지급금으로 회계처리한 것을 결제한 것이다.(3점)

■2 12월 15일 당초 제품을 $10,000에 직수출하고 선적일 당시 환율 1,000원/$을 적용하여 제품매출 10,000,000원을 외상판매한 것으로 회계처리하였으나, 수출 관련 서류 검토 결과 직수출이 아니라 내국신용장에 의한 공급으로 (주)강서기술에 전자영세율세금계산서를 발급한 외상매출인 것으로 확인되었다.(3점)

05 결산정리사항은 다음과 같다. 관련 메뉴를 이용하여 결산을 완료하시오.(9점)

■1 거래처 (주)태명에 4월 1일 대여한 50,000,000원(상환회수일 2026년 3월 31일, 연 이자율 6%)에 대한 기간경과분 이자를 계상하다. 단, 이자는 월할 계산하고, 매년 3월 31일에 받기로 약정하였다.(3점)

■2 제조공장의 창고 임차기간은 2024.04.01.~2025.03.31.으로 임차개시일에 임차료 3,600,000원을 전액 지급하고 즉시 당기 비용으로 처리하였다. 결산정리분개를 하시오.(3점)

■3 당기 중 단기간 시세차익을 목적으로 시장성이 있는 유가증권을 75,000,000원에 취득하였다. 당기말 해당 유가증권의 시가는 73,000,000원이다.(3점)

06 다음 사항을 조회하여 답안을 [이론문제 답안작성] 메뉴에 입력하시오.(9점)

■1 상반기(1월~6월) 중 판매비및관리비의 급여 발생액이 가장 많은 월(月)과 가장 적은 월(月)의 차액은 얼마인가?(단, 양수로만 기재할 것)(3점)

■2 일천상사에 대한 제품매출액은 3월 대비 4월에 얼마나 감소하였는가?(단, 음수로 입력하지 말 것)(3점)

■3 제1기 예정신고기간(1월~3월) 중 (주)서산상사에 발행한 세금계산서의 총발행매수와 공급가액은 얼마인가?(3점)

이론시험

다음 문제를 보고 알맞은 것을 골라 [이론문제 답안작성] 메뉴에 입력하시오.(객관식 문항당 2점)

기본 전제

문제에서 한국채택국제회계기준을 적용하도록 하는 전제조건이 없는 경우, 일반기업회계기준을 적용한다.

01 자기주식을 취득원가보다 낮은 금액으로 처분한 경우, 다음 중 재무제표상 자기주식의 취득금액과 처분금액의 차액이 표기되는 항목으로 옳은 것은?

① 영업외비용   ② 자본잉여금   ③ 기타포괄손익누계액   ④ 자본조정

02 (주)전주는 (주)천안에 제품을 판매하기로 약정하고, 계약금으로 제3자인 (주)철원이 발행한 당좌수표 100,000원을 받았다. 다음 중 회계처리로 옳은 것은?

① (차) 현금   100,000   (대) 선수금   100,000
② (차) 당좌예금   100,000   (대) 선수금   100,000
③ (차) 현금   100,000   (대) 제품매출   100,000
④ (차) 당좌예금   100,000   (대) 제품매출   100,000

03 다음 중 기말재고자산을 실제보다 과대계상한 경우 재무제표에 미치는 영향으로 잘못된 것은?

① 자산이 실제보다 과대계상된다.
② 자본총계가 실제보다 과소계상된다.
③ 매출총이익이 실제보다 과대계상된다.
④ 매출원가가 실제보다 과소계상된다.

04 다음 중 일반기업회계기준상 무형자산의 상각에 관한 내용으로 옳지 않은 것은?

① 무형자산의 상각방법은 정액법, 체감잔액법 등 합리적인 방법을 적용할 수 있으며, 합리적인 방법을 정할 수 없는 경우에는 정액법을 적용한다.
② 내부적으로 창출한 영업권은 원가의 신뢰성 문제로 인하여 자산으로 인정되지 않는다.
③ 무형자산의 상각기간은 독점적·배타적인 권리를 부여하고 있는 관계 법령이나 계약에 정해진 경우에도 20년을 초과할 수 없다.
④ 무형자산의 잔존가치는 없는 것을 원칙으로 하나, 예외도 존재한다.

05 다음 자료를 이용하여 단기투자자산의 합계액을 계산한 것으로 옳은 것은?

• 현금 5,000,000원	• 1년 만기 정기예금 3,000,000원	• 단기매매증권 4,000,000원
• 당좌예금 3,000,000원	• 우편환증서 50,000원	• 외상매출금 7,000,000원

① 7,000,000원　　② 8,000,000원　　③ 10,000,000원　　④ 11,050,000원

06 다음 중 비유동부채에 해당하는 것은 모두 몇 개인가?

가. 사채	나. 퇴직급여충당부채	다. 유동성장기부채	라. 선수금

① 1개　　② 2개　　③ 3개　　④ 4개

07 일반기업회계기준에 근거하여 다음의 재고자산을 평가하는 경우 재고자산평가손익은 얼마인가?

상품명	기말재고수량	취득원가	추정판매가격 (순실현가능가치)
비누	100개	75,000원	65,000원
세제	200개	50,000원	70,000원

① 재고자산평가이익 3,000,000원　　② 재고자산평가이익 4,000,000원
③ 재고자산평가손실 3,000,000원　　④ 재고자산평가손실 1,000,000원

08 다음 중 수익의 인식에 대한 설명으로 가장 옳은 것은?

① 시용판매의 경우 수익의 인식은 구매자의 구매의사 표시일이다.
② 예약판매계약의 경우 수익의 인식은 자산의 건설이 완료되어 소비자에게 인도한 시점이다.
③ 할부판매의 경우 수익의 인식은 항상 소비자로부터 대금을 회수하는 시점이다.
④ 위탁판매의 경우 수익의 인식은 위탁자가 수탁자에게 제품을 인도한 시점이다

09 당기의 원재료 매입액은 20억원이고, 기말 원재료 재고액이 기초 원재료 재고액보다 3억 원이 감소한 경우, 당기의 원재료원가는 얼마인가?

① 17억 원   ② 20억 원   ③ 23억 원   ④ 25억 원

10 다음 중 제조원가명세서의 구성요소로 옳은 것을 모두 고른 것은?

| 가. 기초재공품재고액 | 나. 기말원재료재고액 | 다. 기말제품재고액 |
| 라. 당기제품제조원가 | 마. 당기총제조비용 | |

① 가, 나   ② 가, 나, 라   ③ 가, 나, 다, 라   ④ 가, 나, 라, 마

11 당사는 직접노무시간을 기준으로 제조간접원가를 배부하고 있다. 당기의 제조간접원가 실제 발생액은 500,000원이고, 예정배부율은 200원/직접노무시간이다. 당기의 실제 직접노무시간이 3,000시간일 경우, 다음 중 제조간접원가 배부차이로 옳은 것은?

① 100,000원 과대배부   ② 100,000원 과소배부
③ 200,000원 과대배부   ④ 200,000원 과소배부

12 다음 중 종합원가계산에 대한 설명으로 옳지 않은 것은?

① 각 공정별로 원가가 집계되므로 원가에 대한 책임소재가 명확하다.
② 일반적으로 원가를 재료원가와 가공원가로 구분하여 원가계산을 한다.
③ 기말재공품이 존재하지 않는 경우 평균법과 선입선출법의 당기완성품원가는 일치한다.
④ 모든 제품 단위가 완성되는 시점을 별도로 파악하기가 어려우므로 인위적인 기간을 정하여 원가를 산정한다.

13 다음 중 세금계산서 발급 의무가 면제되는 경우로 틀린 것은?

① 간주임대료
② 사업상 증여
③ 구매확인서에 의하여 공급하는 재화
④ 폐업 시 잔존 재화

14 다음 중 부가가치세법상 업종별 사업장의 범위로 맞지 않는 것은?

① 제조업은 최종제품을 완성하는 장소
② 사업장을 설치하지 않은 경우 사업자의 주소 또는 거소
③ 운수업은 개인인 경우 사업에 관한 업무를 총괄하는 장소
④ 부동산매매업은 법인의 경우 부동산의 등기부상 소재지

15 다음 중 부가가치세에 대한 설명으로 옳지 않은 것은?

① 법률상 면세 대상으로 열거된 것을 제외한 모든 재화나 용역의 소비행위에 대하여 과세한다.
② 납세의무자는 개인사업자나 영리법인으로 한정되어 있다.
③ 매출세액에서 매입세액을 차감하여 납부(환급)세액을 계산한다.
④ 납세의무자는 재화 또는 용역을 공급하는 사업자이지만, 담세자는 최종소비자가 된다.

고성상사(주)(회사코드:1083)는 가방 등의 제조 · 도소매업 및 부동산임대업을 영위하는 중소기업으로 당기(제8기) 회계기간은 2024.1.1. ~ 2024.12.31.이다. 전산세무회계 수험용 프로그램을 이용하여 다음 물음에 답하시오.

기본 전제

- 문제에서 한국채택국제회계기준을 적용하도록 하는 전제조건이 없는 경우, 일반기업회계기준을 적용하여 회계처리한다.
- 문제의 풀이와 답안작성은 제시된 문제의 순서대로 진행한다.

---

01 다음은 기초정보관리 및 전기분 재무제표에 대한 자료이다. 각각의 요구사항에 대하여 답하시오.(10점)

1 [거래처등록] 메뉴를 이용하여 다음의 신규 거래처를 추가로 등록하시오.(3점)

- 거래처코드 : 3000
- 거래처명 : (주)나우전자
- 유형 : 동시
- 사업자등록번호 : 108-81-13579
- 대표자성명 : 김나우
- 업태 : 제조
- 종목 : 전자제품
- 사업장주소 : 서울특별시 서초구 명달로 104(서초동)

※ 주소 입력 시 우편번호 입력은 생략해도 무방함

2 다음 자료를 이용하여 [계정과목및적요등록]을 하시오.(3점)

- 계정과목 : 퇴직연금운용자산
- 대체적요 1. 제조 관련 임직원 확정급여형 퇴직연금부담금 납입

3 전기분 재무상태표 작성 시 기업은행의 단기차입금 20,000,000원을 신한은행의 장기차입금으로 잘못 분류하였다. [전기분재무상태표] 및 [거래처별초기이월]을 수정, 삭제 또는 추가 입력하시오.(4점)

02 [일반전표입력] 메뉴를 이용하여 다음의 거래 자료를 입력하시오.(일반전표입력의 모든 거래는 부가가치세를 고려하지 말 것)(18점)

> **입력 시 유의사항**
>
> • 일반적인 적요의 입력은 생략하지만, 타계정 대체거래는 적요번호를 선택하여 입력한다.
> • 채권 · 채무와 관련된 거래는 별도의 요구가 없는 한 반드시 기 등록된 거래처코드를 선택하는 방법으로 거래처명을 입력한다.
> • 제조경비는 500번대 계정코드를, 판매비와관리비는 800번대 계정코드를 사용한다.
> • 회계처리 시 계정과목은 별도의 제시가 없는 한 등록된 계정과목 중 가장 적절한 과목으로 한다.

1 8월 1일 미국은행으로부터 2023년 10월 31일에 차입한 외화장기차입금 중 $30,000를 상환하기 위하여 보통예금 계좌에서 39,000,000원을 이체하여 지급하였다. 일자별 적용환율은 아래와 같다.(3점)

2023.10.31 (차입일)	2023.12.31 (직전연도 종료일)	2024.8.1 (상환일)
1,210/$	1,250/$	1,300/$

2 8월 12일 금융기관으로부터 매출거래처인 (주)모모가방이 발행한 어음 50,000,000원이 부도처리되었다는 통보를 받았다.(3점)

3 8월 23일 임시주주총회에서 6월 29일 결의하고 미지급한 중간배당금 10,000,000원에 대하여 원천징수세액 1,540,000원을 제외한 금액을 보통예금 계좌에서 지급하였다.(3점)

4 8월 31일 제품의 제조공장에서 사용할 기계장치(공정가치 5,500,000원)를 대주주로부터 무상으로 받았다.(3점)

5 9월 11일 단기매매차익을 목적으로 주권상장법인인 (주)대호전자의 주식 2,000주를 1주당 2,000원(1주당 액면금액 1,000원)에 취득하고, 증권거래수수료 10,000원을 포함한 대금을 모두 보통예금 계좌에서 지급하였다.(3점)

6 9월 13일 (주)다원의 외상매출금 4,000,000원 중 1,000,000원은 현금으로 받고, 나머지 잔액은 (주)다원이 발행한 약속어음으로 받았다.(3점)

03 다음 거래 자료를 매입매출전표입력 메뉴에 입력하시오.(18점)

입력 시 유의사항

- 일반적인 적요의 입력은 생략하지만, 타계정 대체거래는 적요번호를 선택하여 입력한다.
- 채권·채무와 관련된 거래는 별도의 요구가 없는 한 반드시 기 등록된 거래처코드를 선택하는 방법으로 거래 처명을 입력한다.
- 제조경비는 500번대 계정코드를, 판매비와관리비는 800번대 계정코드를 사용한다.
- 회계처리 시 계정과목은 별도의 제시가 없는 한 등록된 계정과목 중 가장 적절한 과목으로 한다.
- 입력화면 하단의 분개까지 처리하고, 전자세금계산서 및 전자계산서는 전자입력으로 반영한다.

1 7월 13일 (주)남양가방에 제품을 판매하고, 대금은 신용카드(비씨카드)로 결제받았다(단, 신용카드 판매 액은 매출채권으로 처리할 것).(3점)

신용카드 매출전표

결제정보

카드종류	비씨카드	카드번호	1234-5050-4646-8525
거래종류	신용구매	거래일시	07-13
할부개월	0	승인번호	98465213

구매정보

주문번호	511-B	과세금액	5,000,000원
구매자명	(주)남양가방	비과세금액	0원
상품명	크로스백	부가세	500,000원
		합계금액	5,500,000원

이용상점정보

판매자상호	(주)남양가방
판매자 사업자등록번호	105-81-23608
판매자 주소	서울특별시 동작구 여의대방로 28

2 9월 5일 특별주문제작하여 매입한 기계장치가 완성되어 특수운송전문업체인 쾌속운송을 통해 기계장 치를 인도받았다. 운송비 550,000원(부가가치세 포함)을 보통예금 계좌에서 이체하여 지급하고 쾌속운 송으로부터 전자세금계산서를 수취하였다.(3점)

❸ 9월 6일 정도정밀로부터 제품임가공계약에 따른 제품을 납품받고 전자세금계산서를 수취하였다. 제품 임가공비용은 10,000,000원(부가가치세 별도)이며, 전액 보통예금 계좌에서 이체하여 지급하였다(단, 제 품임가공비용은 외주가공비 계정으로 처리할 것).(3점)

❹ 9월 25일 제조공장 인근 육군부대에 3D프린터기를 외상으로 구입하여 기증하였고, 아래와 같은 전자세 금계산서를 발급받았다.(3점)

전자세금계산서						승인번호		
공급자	등록번호	220-81-55976	종사업장번호		공급받는자	등록번호	128-81-32658	종사업장번호	
	상호(법인명)	(주)목포전자	성명	정찬호		상호(법인명)	고성상사(주)	성명	현정민
	사업장주소	서울특별시 서초구 명달로 101				사업장주소	서울시 중구 창경궁로5다길 13-4		
	업태	도소매	종목	전자제품		업태	제조,도소매	종목	가방 등
	이메일					이메일			

작성일자	공급가액	세액	수정사유	비고
2024.9.25	3,500,000	350,000	해당 없음	
비고				

월	일	품 목	규 격	수 량	단 가	공급가액	세액	비 고
9	25	3D 프린터		1	3,500,000	3,500,000	350,000	

합계금액	현금	수표	어음	외상미수금	위 금액을 (**청구**) 함
3,850,000				3,850,000	

5 10월 6일 본사 영업부에서 사용할 복합기를 구입하고, 대금은 하나카드로 결제하였다. (3점)

매출전표

단말기번호 A-1000 　　　　　전표번호 56421454

회원번호(CARD NO)		
3152-3155-****-****		
카드종류	유효기간	거래일자
하나카드	12/25	10.6.
거래유형		취소시 원 거래일자
신용구매		
결제방법	판 매 금 액	1,500,000원
일시불	부 가 가 치 세	150,000원
매입처	봉 사 료	
매입사제출	합 계 (TOTAL)	1,650,000원
전표매입사	승인번호(APPROVAL NO)	
하나카드	35745842	
기맹점명	가맹점번호	
㈜ok사무	5864112	
대표자명	사업자번호	
김사무	204-81-76697	
주소		
경기도 화성시 동탄대로 537, 101호		
	서명(SIGNATURE)	
	고성상사(주)	

6 12월 1일 (주)국민가죽으로부터 고급핸드백 가방 제품의 원재료인 양가죽을 매입하고, 아래의 전자세금계산서를 수취하였다. 부가가치세는 현금으로 지급하였으며, 나머지는 외상거래이다. (3점)

전자세금계산서						승인번호			
공급자	등록번호	204-81-35774	종사업장번호		공급받는자	등록번호	128-81-32658	종사업장번호	
	상호(법인명)	(주)국민가죽	성명	김국민		상호(법인명)	고성상사(주)	성명	현정민
	사업장주소	경기도 안산시 단원구 석수로 555				사업장주소	서울시 중구 창견글로5가길 10 4		
	업태	도소매	종목	가죽		업태	제조,도소매	종목	가방 등
	이메일					이메일			

작성일자	공급가액	세액	수정사유	비고
2024.12.1	2,500,000	250,000	해당 없음	
비고				

월	일	품목	규격	수량	단가	공급가액	세액	비고
12	1	양가죽			2,500,000	2,500,000	250,000	

합계금액	현금	수표	어음	외상미수금	위 금액을 (**청구**) 함
2,750,000	250,000			2,500,000	

04 [일반전표입력] 및 [매입매출전표입력] 메뉴에 입력된 내용 중 다음과 같은 오류가 발견되었다. 입력된 내용을 확인하여 정정하시오. (6점)

1 7월 22일 제일자동차로부터 영업부의 업무용승용차(공급가액 15,000,000원, 부가가치세 별도)를 구입하여 대금은 전액 보통예금 계좌에서 지급하고 전자세금계산서를 받았다. 해당 업무용승용차의 배기량은 1,990cc이나 회계담당자는 990cc로 판단하여 부가가치세를 공제받는 것으로 회계처리하였다. (3점)

2 9월 15일 매출거래처 (주)댕댕오디오의 파산선고로 인하여 외상매출금 3,000,000원을 회수불능으로 판단하고 전액 대손상각비로 대손처리하였으나, 9월 15일 파산선고 당시 외상매출금에 관한 대손충당금 잔액 1,500,000원이 남아있던 것으로 확인되었다. (3점)

05 결산정리사항은 다음과 같다. 관련 메뉴를 이용하여 결산을 완료하시오.(9점)

❶ 9월 16일에 지급된 2,550,000원은 그 원인을 알 수 없어 가지급금으로 처리하였던바, 결산일인 12월 31일에 2,500,000원은 하나무역의 외상매입금을 상환한 것으로 확인되었으며 나머지 금액은 그 원인을 알 수 없어 당기 비용(영업외비용)으로 처리하기로 하였다.(3점)

❷ 결산일 현재 필립전자에 대한 외화 단기대여금($30,000)의 잔액은 60,000,000원이다. 결산일 현재 기준환율은 $1당 2,200원이다(단, 외화 단기대여금도 단기대여금 계정과목을 사용할 것).(3점)

❸ 대손충당금은 결산일 현재 미수금(기타 채권은 제외)에 대하여만 1%를 설정한다. 보충법에 의하여 대손충당금 설정 회계처리를 하시오(단, 대손충당금 설정에 필요한 정보는 관련 데이터를 조회하여 사용할 것).(3점)

06 다음 사항을 조회하여 답안을 [이론문제 답안작성] 메뉴에 입력하시오.(9점)

❶ 당해연도 제1기 부가가치세 예정신고기간(1월~3월) 중 카드과세매출의 공급대가 합계액은 얼마인가?(3점)

❷ 당기 6월의 영업외비용 총지출액은 얼마인가?(3점)

❸ 제1기 부가가치세 확정신고기간의 공제받지못할매입세액은 얼마인가?(3점)

이론시험

다음 문제를 보고 알맞은 것을 골라 [이론문제 답안작성] 메뉴에 입력하시오.(객관식 문항당 2점)

> **기본 전제**
>
> 문제에서 한국채택국제회계기준을 적용하도록 하는 전제조건이 없는 경우, 일반기업회계기준을 적용한다.

01 다음 중 재무제표에 대한 설명으로 가장 올바른 것은?

① 자산은 현재 사건의 결과로 기업이 통제하고 있고 미래경제적효익이 기업에 유입될 것으로 기대되는 자원이다.

② 부채는 과거 사건에 의하여 발생하였으며, 경제적효익이 기업으로부터 유출됨으로써 이행될 것으로 기대되는 미래의무이다.

③ 수익은 자산의 유입 또는 부채의 감소에 따라 자본의 증가를 초래하는 특정 회계기간 동안에 발생한 경제적효익의 증가로서 지분참여자에 대한 출연과 관련된 것은 제외한다.

④ 비용은 자산의 유출 또는 부채의 증가에 따라 자본의 감소를 초래하는 특정 회계기간 동안에 발생한 경제적효익의 감소로서 지분참여자에 대한 분배를 제외하며, 정상영업활동의 일환이나 그 이외의 활동에서 발생할 수 있는 차손은 포함하지 않는다.

02 다음 중 기말재고자산의 수량 결정 방법으로 옳은 것을 모두 고른 것은?

| 가. 총평균법 | 나. 계속기록법 | 다. 선입선출법 | 라. 후입선출법 | 마. 실지재고조사법 |

① 가, 다   ② 나, 마   ③ 가, 나, 다   ④ 다, 라, 마

03 기업이 보유하고 있는 수표 중 현금및현금성자산으로 분류되지 아니하는 것은?

① 선일자수표   ② 당좌수표   ③ 타인발행수표   ④ 자기앞수표

04 다음 중 유형자산에 대한 설명으로 옳은 것은?

① 기업이 보유하고 있는 토지는 기업의 보유목적에 상관없이 모두 유형자산으로 분류된다.
② 유형자산의 취득 시 발생한 부대비용은 취득원가로 처리한다.
③ 유형자산을 취득한 후에 발생하는 모든 지출은 발생 시 당기 비용으로 처리한다.
④ 모든 유형자산은 감가상각을 한다.

05 다음은 (주)한국의 단기매매증권 관련 자료이다. (주)한국의 당기 손익계산서에 반영되는 영업외손익의 금액은 얼마인가?

- A사 주식의 취득원가는 500,000원이고, 기말공정가치는 700,000원이다.
- B사 주식의 취득원가는 300,000원이고, 기말공정가치는 200,000원이다.
- 당기 중 A사로부터 현금배당금 50,000원을 받았다.
- 당기 초 250,000원에 취득한 C사 주식을 당기 중 300,000원에 처분하였다.

① 200,000원   ② 250,000원   ③ 300,000원   ④ 400,000원

06 다음 중 사채의 발행과 관련한 내용으로 옳은 것은?

① 사채를 할인발행한 경우 매년 액면이자는 동일하다.
② 사채를 할증발행한 경우 매년 유효이자(시장이자)는 증가한다.
③ 사채발행 시 발행금액에서 사채발행비를 차감하지 않고 사채의 차감계정으로 처리한다.
④ 사채의 할인발행 또는 할증발행 시 발행차금의 상각액 또는 환입액은 매년 감소한다.

07 다음 중 계정과목과 자본 항목의 분류가 올바르게 연결된 것은?

① 주식발행초과금 : 이익잉여금   ② 자기주식처분손실 : 자본조정
③ 자기주식 : 자본잉여금   ④ 매도가능증권평가손익 : 자본조정

08 유형자산의 자본적지출을 수익적지출로 잘못 처리했을 경우, 당기의 당기순이익과 차기의 당기순이익에 미치는 영향으로 올바른 것은?

	당기 당기순이익	차기 당기순이익
①	과대	과소
②	과소	과소
③	과소	과대
④	과대	과대

09 다음 중 매몰원가에 해당하지 않는 것은?

① 전기승용차 구입 결정을 함에 있어 사용하던 승용차 처분 시 기존 승용차의 취득원가
② 과거 의사결정으로 발생한 원가로 향후 의사결정을 통해 회수할 수 없는 취득원가
③ 사용하고 있던 기계장치의 폐기 여부를 결정할 때, 해당 기계장치의 취득원가
④ 공장의 원재료 운반용 화물차를 판매 제품의 배송용으로 전환하여 사용할지 여부를 결정할 때, 새로운 화물차의 취득가능금액

10 다음 중 제조원가에 관한 설명으로 옳지 않은 것은?

① 간접원가는 제조과정에서 발생하는 원가이지만 특정 제품 또는 특정 부문에 직접 추적할 수 없는 원가를 의미한다.
② 조업도의 증감에 따라 총원가가 증감하는 원가를 변동원가라 하며, 직접재료원가와 직접노무원가가 여기에 속한다.
③ 고정원가는 관련범위 내에서 조업도가 증가할수록 단위당 고정원가가 감소한다.
④ 변동원가는 관련범위 내에서 조업도가 증가할수록 단위당 변동원가가 증가한다.

11 (주)대한은 평균법에 의한 종합원가계산을 채택하고 있다. 재료원가는 공정 초기에 모두 투입되며, 가공원가는 공정 전반에 걸쳐 고르게 투입되는 경우 완성품환산량으로 맞는 것은?

- 기초재공품 : 100개(완성도 50%)
- 당기완성수량 : 1,800개
- 당기착수수량 : 2,000개
- 기말재공품 : 300개(완성도 70%)

	재료원가 완성품환산량	가공원가 완성품환산량
①	2,100개	2,010개
②	2,100개	2,100개
③	2,100개	1,960개
④	2,100개	1,950개

12 다음은 제조기업의 원가 관련 자료이다. 매출원가 금액으로 옳은 것은?

• 당기총제조원가	1,500,000원	• 기초재공품재고액	500,000원
• 기초제품재고액	800,000원	• 기말재공품재고액	1,300,000원
• 기말제품재고액	300,000원	• 직접재료원가	700,000원

① 700,000원　　② 800,000원　　③ 1,200,000원　　④ 2,000,000원

13 다음 중 부가가치세법상 면세에 해당하지 않는 것은?

① 도서대여 용역
② 여성용 생리 처리 위생용품
③ 주무관청에 신고된 학원의 교육 용역
④ 개인택시운송사업의 여객운송 용역

14 다음 중 부가가치세 신고와 납부에 대한 설명으로 옳지 않은 것은?

① 간이과세를 포기하는 경우 포기신고일이 속하는 달의 마지막 날로부터 25일 이내에 신고, 납부하여야 한다.
② 확정신고를 하는 경우 예정신고 시 신고한 과세표준은 제외하고 신고하여야 한다.
③ 신규로 사업을 시작하는 경우 사업개시일이 속하는 과세기간의 종료일로부터 25일 이내에 신고, 납부하여야 한다.
④ 폐업하는 경우 폐업일로부터 25일 이내에 신고, 납부하여야 한다.

15 다음 중 부가가치세법상 법인사업자의 사업자등록 정정 사유가 아닌 것은?

① 사업의 종류에 변경이 있는 때
② 상호를 변경하는 때
③ 주주가 변동되었을 때
④ 사업장을 이전할 때

세무사랑(주)(회사코드:1073)은 부동산임대업 및 전자제품의 제조 · 도소매업을 영위하는 중소기업으로 당기(제9기) 회계기간은 2024.1.1. ~ 2024.12.31.이다. 전산세무회계 수험용 프로그램을 이용하여 다음 물음에 답하시오.

기본 전제

- 문제에서 한국채택국제회계기준을 적용하도록 하는 전제조건이 없는 경우, 일반기업회계기준을 적용하여 회계처리한다.
  고제의 풀이와 답안작성은 제시된 분개의 순서대로 진행한다.

01 다음은 기초정보관리 및 전기분 재무제표에 대한 자료이다. 각각의 요구사항에 대하여 답하시오.(10점)

1 다음 자료를 이용하여 [계정과목 및 적요등록] 메뉴에서 견본비(판매비및일반관리비) 계정과목의 현금적요를 추가로 등록하시오.(3점)

- 코드 : 842   • 계정과목 : 견본비   • 현금적요 : NO.2 전자제품 샘플 제작비 지급

2 세무사랑(주)의 기초 채권 및 채무의 올바른 잔액은 다음과 같다. 주어진 자료를 검토하여 잘못된 부분은 오류를 정정하고, 누락된 부분은 추가하여 입력하시오.(3점)

계정과목	거래처	금액
외상매출금	(주)홍금전기	30,000,000원
	(주)금강기업	10,000,000원
외상매입금	삼신산업	30,000,000원
	하나무역	26,000,000원
받을어음	(주)대호전자	25,000,000원

3 전기분 재무제표 중 아래의 계정과목에서 다음과 같은 오류를 발견하였다. 관련 재무제표를 적절하게 수정하시오.(4점)

계정과목	관련 부서	수정 전 잔액	수정 후 잔액
전력비	생산부	2,000,000원	4,200,000원
수도광열비	영업부	3,000,000원	1,100,000원

02 다음 거래 자료를 [일반전표입력] 메뉴를 이용하여 입력하시오.(일반전표입력의 모든 거래는 부가 가치세를 고려하지 말 것)(18점)

> **입력 시 유의사항**
>
> • 일반적인 적요의 입력은 생략하지만, 타계정 대체거래는 적요번호를 선택하여 입력한다.
> • 채권·채무와 관련된 거래는 별도의 요구가 없는 한 반드시 기 등록된 거래처코드를 선택하는 방법으로 거래 처명을 입력한다.
> • 제조경비는 500번대 계정코드를, 판매비와관리비는 800번대 계정코드를 사용한다.
> • 회계처리 시 계정과목은 별도의 제시가 없는 한 등록된 계정과목 중 가장 적절한 과목으로 한다.

1 7월 3일 영업부 사무실로 사용하기 위하여 세무빌딩과 사무실 임대차계약을 체결하고, 보증금 6,000,000원 중 계약금 600,000원을 보통예금(우리은행) 계좌에서 이체하여 지급하였다. 잔금은 다음 달에 지급하기로 하였다.(3점)

2 8월 1일 하나카드의 7월분 매출대금 3,500,000원에서 가맹점수수료 2%를 차감한 금액이 당사의 보통예 금 계좌로 입금되었다(단, 신용카드 매출대금은 외상매출금으로 처리하고 있다).(3점)

3 8월 16일 영업부 직원의 퇴직으로 인해 발생한 퇴직금은 8,800,000원이다. 당사는 모든 직원에 대해 전 액 확정급여형(DB형) 퇴직연금에 가입하고 있으며, 현재 퇴직연금운용자산의 잔액은 52,000,000원이 다. 단, 퇴직급여충당부채와 퇴직연금충당부채는 설정하지 않았다.(3점)

4 8월 23일 나라은행으로부터 차입한 대출금 20,000,000원(대출기간 : 2022.01.01.~2025.12.31.)을 조기 상환하기로 하고, 이자 200,000원과 함께 보통예금 계좌에서 이체하여 지급하다.(3점)

5 11월 5일 (주)다원의 제품매출 외상대금 4,000,000원 중 3,000,000원은 동점 발행 약속어음으로 받고, 1,000,000원은 금전소비대차계약(1년 대여)으로 전환하였다.(3점)

6 11월 20일 사업용 중고트럭 취득과 관련된 취득세 400,000원을 현금으로 납부하였다.(3점)

03 다음 거래 자료를 [매입매출전표입력] 메뉴에 입력하시오.(18점)

입력 시 유의사항

- 일반적인 적요의 입력은 생략하지만, 타계정 대체거래는 적요번호를 선택하여 입력한다.
- 채권·채무와 관련된 거래는 별도의 요구가 없는 한 반드시 기 등록된 거래처코드를 선택하는 방법으로 거래처명을 입력한다.
- 제조경비는 500번대 계정코드를, 판매비와관리비는 800번대 계정코드를 사용한다.
- 회계처리 시 계정과목은 별도의 제시가 없는 한 등록된 계정과목 중 가장 적절한 과목으로 한다.
- 입력화면 하단의 분개까지 처리하고, 전자세금계산서 및 전자계산서는 전자입력으로 반영한다.

1 8월 17일 구매확인서에 의해 수출용 제품의 원재료를 (주)직지상사로부터 매입하고 영세율전자세금계산서를 발급받았다. 매입대금 중 10,000,000원은 외상으로 하고, 나머지 금액은 당사가 발행한 3개월 만기 약속어음으로 지급하였다.(3점)

영세율전자세금계산서						승인번호			
공급자	등록번호	136-81-29187	종사업장번호		공급받는자	등록번호	123-81-95681	종사업장번호	
	상호(법인명)	㈜직지상사	성명	나인세		상호(법인명)	세무사랑㈜	성명	이진우
	사업장주소	서울특별시 동작구 여의대방로 35				사업장주소	울산광역시 중구 종가로 405-3		
	업태	도소매	종목	전자제품		업태	제조 외	종목	전자제품 외
	이메일					이메일			
작성일자	공급가액		세액		수정사유		비고		
2024.8.17	15,000,000		0		해당 없음				
비고									

월	일	품 목	규 격	수 량	단 가	공급가액	세액	비 고
8	17	원재료			15,000,000	15,000,000		

합계금액	현금	수표	어음	외상미수금	위 금액을 (**청구**) 함
15,000,000			5,000,000	10,000,000	

❷ 8월 28일 제조부 직원들에게 지급할 작업복을 이진컴퍼니로부터 공급가액 1,000,000원(부가가치세 별도)에 외상으로 구입하고 종이세금계산서를 발급받았다.(3점)

❸ 9월 15일 우리카센타에서 공장용 화물트럭을 수리하고 수리대금 242,000원(부가가치세 포함)은 현금으로 결제하면서 지출증빙용 현금영수증을 받았다(단, 수리대금은 차량유지비로 처리할 것).(3점)

❹ 9월 27일 인사부가 사용할 직무역량 강화용 책을 (주)대한도서에서 구입하면서 전자계산서를 수취하고 대금은 외상으로 하다.(3점)

전자계산서								승인번호		
공급자	등록번호	120-81-32052		종사업장번호		공급받는자	등록번호	123-81-95681		종사업장번호
	상호(법인명)	(주)대한도서		성명	박대한		상호(법인명)	세무사랑(주)	성명	이진우
	사업장주소	인천시 남동구 서해2길					사업장주소	울산광역시 중구 종가로 405-3		
	업 태	도소매		종목	도서		업 태	제조	종 목	전자제품
	이메일						이메일			
작성일자		공급가액			수정사유		비고			
2024.9.27		200,000			해당 없음					
비고										

월	일	품 목	규 격	수 량	단 가	공급가액	비 고
9	27	도서(직장생활 노하우 외)			200,000	200,000	

합계금액	현금	수표	어음	외상미수금	위 금액을 (**청구**) 함
200,000				200,000	

⑤ 9월 30일 (주)세무렌트로부터 영업부에서 거래처 방문용으로 사용하는 승용차(배기량 2,000cc, 5인승)의 당월분 임차료에 대한 전자세금계산서를 수취하였다. 당월분 임차료는 다음 달에 결제될 예정이다.(3점)

전자세금계산서						승인번호			
공급자	등록번호	105-81-23608	종사업장번호		공급받는자	등록번호	123-81-95681	종사업장번호	
	상호(법인명)	㈜세무렌트	성명	왕임차		상호(법인명)	세무사랑㈜	성명	이진우
	사업장주소	서울시 강남구 강남대로 8				사업장주소	울산광역시 중구 송가로 405-3		
	업태	서비스	종목	임대		업태	제조	종목	전자제품
	이메일					이메일			

작성일자	공급가액	세액	수정사유	비고	
2024.9.30	700,000	70,000	해당 없음		
비고					

월	일	품목	규격	수량	단가	공급가액	세액	비고
9	30	차량렌트대금(5인승)	2,000cc			700,000	70,000	

합계금액	현금	수표	어음	외상미수금	위 금액을 (청구) 함
770,000				770,000	

6 10월 15일 우리자동차(주)에 공급한 제품 중 일부가 불량으로 판정되어 반품 처리되었으며, 수정전자세금계산서를 발행하였다. 대금은 해당 매출 관련 외상매출금과 상계하여 처리하기로 하였다(단, 음수(−)로 회계처리할 것).(3점)

전자세금계산서						승인번호		
공급자	등록번호	123-81-95681	종사업장번호		공급받는자	등록번호	130-86-55834	종사업장번호
	상호(법인명)	세무사랑(주)	성명	이진우		상호(법인명)	우리자동차(주)	성명	신방자
	사업장주소	울산광역시 중구 종가로 405-3				사업장주소	서울특별시 강남구 논현로 340	
	업태	제조	종목	전자제품		업태	제조	종목	자동차(완성차)
	이메일					이메일		

작성일자	공급가액	세액	수정사유	비고
2024.10.15	−10,000,000	−1,000,000	해당 없음	품질 불량으로 인한 반품
비고	품질 불량으로 인한 반품			

월	일	품 목	규 격	수 량	단 가	공급가액	세액	비 고
10	15	제품				−10,000,000	−1,000,000	

합계금액	현금	수표	어음	외상미수금	위 금액을 (**청구**) 함
−11,000,000				−11,000,000	

04 [일반전표입력] 및 [매입매출전표입력] 메뉴에 입력된 내용 중 다음과 같은 오류가 발견되었다. 입력된 내용을 확인하여 정정하시오.(6점)

1 7월 6일 (주)상문의 외상매입금 3,000,000원을 보통예금 계좌에서 이체한 것이 아니라 제품을 판매하고 받은 상명상사 발행 약속어음 3,000,000원을 배서하여 지급한 것으로 밝혀졌다.(3점)

2 12월 13일 영업부 사무실의 전기요금 121,000원(공급대가)을 현금 지급한 것으로 일반전표에 회계처리하였으나, 이는 제조공장에서 발생한 전기요금으로 한국전력공사로부터 전자세금계산서를 수취한 것으로 확인되었다.(3점)

05 결산정리사항은 다음과 같다. 해당메뉴에 입력하시오.(9점)

1 결산일을 기준으로 대한은행의 장기차입금 50,000,000원에 대한 상환기일이 1년 이내에 도래할 것으로 확인되었다.(3점)

2 무형자산인 특허권(내용연수 5년, 정액법)의 전기 말 상각후잔액은 24,000,000원이다. 특허권은 전기 1월 10일에 취득하였으며, 매년 법정 상각범위액까지 무형자산상각비로 인식하고 있다. 특허권에 대한 당기분 무형자산상각비(판)를 계상하시오.(3점)

3 당기 법인세비용은 13,500,000원으로 산출되었다(단, 법인세 중간예납세액은 선납세금을 조회하여 처리할 것).(3점)

06 다음 사항을 조회하여 답안을 [이론문제 답안작성] 메뉴에 입력하시오.(9점)

1 6월 30일 현재 현금및현금성자산의 전기말 현금및현금성자산 대비 증감액은 얼마인가? 단, 감소한 경우에도 음의 부호(-)를 제외하고 양수로만 입력하시오.(3점)

2 제1기 부가가치세 확정신고기간(04.01.~06.30.)의 매출액 중 세금계산서발급분 공급가액의 합계액은 얼마인가?(3점)

3 6월(6월 1일~6월 30일) 중 지예상사에 대한 외상매입금 결제액은 얼마인가?(3점)

이론시험

다음 문제를 보고 알맞은 것을 골라 [이론문제 답안작성] 메뉴에 입력하시오.(객관식 문항당 2점)

> **기본 전제**
>
> 문제에서 한국채택국제회계기준을 적용하도록 하는 전제조건이 없는 경우, 일반기업회계기준을 적용한다.

01 다음 중 회계정보의 질적특성과 관련된 설명으로 잘못된 것은?

① 유형자산을 역사적 원가로 평가하면 측정의 신뢰성은 저하되나 목적적합성은 제고된다.
② 회계정보는 기간별 비교가 가능해야 하고, 기업실체간 비교가능성도 있어야 한다.
③ 회계정보의 질적특성은 회계정보의 유용성을 판단하는 기준이 된다.
④ 회계정보가 갖추어야 할 가장 중요한 질적특성은 목적적합성과 신뢰성이다.

02 다음 중 재무상태표가 제공할 수 있는 재무정보로 올바르지 않은 것은?

① 타인자본에 대한 정보
② 자기자본에 대한 정보
③ 자산총액에 대한 정보
④ 경영성과에 관한 정보

03 다음 중 유형자산의 취득원가에 포함하지 않는 것은?

① 토지의 취득세
② 새로운 상품과 서비스를 소개하는데 소요되는 원가
③ 유형자산의 취득과 관련하여 불가피하게 매입한 국공채의 매입금액과 현재가치와의 차액
④ 설계와 관련하여 전문가에게 지급하는 수수료

04 다음 중 유가증권과 관련한 내용으로 가장 옳은 것은?

① 만기보유증권은 유가증권 형태상 주식 및 채권에 적용된다.
② 매도가능증권은 만기가 1년 이상인 경우에 투자자산으로 분류하며 주식 형태만 가능하다.
③ 단기매매증권은 주식 및 채권에 적용되며 당좌자산으로 분류한다.
④ 만기보유증권은 주식에만 적용되며 투자자산으로 분류한다.

05 다음 중 자본조정항목으로 분류할 수 없는 계정과목은?

① 감자차익   ② 주식할인발행차금   ③ 자기주식   ④ 자기주식처분손실

06 다음 중 수익의 측정에 대한 설명으로 옳지 않은 것은?

① 로열티수익은 관련된 계약의 경제적 실질을 반영하여 발생기준에 따라 인식한다.
② 이자수익은 원칙적으로 유효이자율을 적용하여 발생기준에 따라 인식한다.
③ 배당금수익은 배당금을 받을 권리와 금액이 확정되는 시점에 인식한다.
④ 수익은 권리의무확정주의에 따라 합리적으로 인식한다.

07 다음 자료에 의할 때 당기의 매출원가는 얼마인가?

• 기초상품재고액	500,000원	• 기말상품재고액	1,500,000원
• 매입에누리금액	750,000원	• 총매입액	8,000,000원
• 타계정대체금액	300,000원	• 판매대행수수료	1,100,000원

① 7,050,000원   ② 6,950,000원   ③ 6,250,000원   ④ 5,950,000원

08 (주)연무는 당기 12월 26일 거래처에 상품을 인도하였으나 상품 판매대금 전액이 차기 1월 5일에 입금되어 동일자에 전액 수익으로 인식하였다. 위 회계처리가 당기의 재무제표에 미치는 영향으로 올바른 것은?(단, 매출원가에 대해서는 고려하지 않는다.)

① 자산의 과소계상   ② 비용의 과대계상   ③ 부채의 과소계상   ④ 수익의 과대계상

09 아래의 자료에서 설명하는 원가행태에 해당하는 것은?

조업도의 변동과 관계없이 총원가가 일정한 고정원가와 조업도의 변동에 비례하여 총원가가 변동하는 변동원가가 혼합된 원가

① 전화요금   ② 직접재료원가   ③ 감가상각비   ④ 화재보험료

10 다음 중 개별원가계산에 대한 설명으로 옳지 않은 것은?

① 단일 종류의 제품을 연속생산, 대량생산하는 업종에 적합한 원가계산 방법이다.
② 조선업, 건설업이 개별원가계산에 적합한 업종에 해당한다.
③ 직접원가와 제조간접원가의 구분이 중요하며, 제조간접원가의 배부가 핵심과제이다.
④ 각 제조지시서별로 원가계산을 해야 하므로 많은 시간과 비용이 발생한다.

11 다음의 자료를 보고 영업외비용으로 처리해야 할 공손의 수량을 구하시오.

- 기초재공품   400개
- 당기착수량   1,000개
- 정상공손은 완성품 수량의 5%로 한다.
- 기말재공품   200개
- 기말재공품   200개

① 50개 ② 100개 ③ 150개 ④ 200개

12 다음 자료를 이용하여 당기 총제조원가를 구하면 얼마인가?

- 기초 재공품 원가   100,000원
- 기말 재공품 원가   80,000원
- 공장 전력비   50,000원
- 직접재료원가   180,000원
- 직접노무원가   320,000원
- 공장 임차료   200,000원

① 500,000원   ② 600,000원
③ 730,000원   ④ 750,000원

13 다음 중 부가가치세법상 과세 대상으로 볼 수 없는 것은?

① 재화의 공급   ② 용역의 공급
③ 재화의 수입   ④ 용역의 수입

14 다음 중 부가가치세법상 사업자등록에 관한 설명으로 잘못된 것은?

① 사업자는 사업장마다 사업개시일부터 20일 이내에 사업자등록을 신청해야 한다.
② 사업자는 사업자등록의 신청을 사업장 관할 세무서장에게만 할 수 있다.
③ 신규로 사업을 시작하려는 자는 사업개시일 이전이라도 사업자등록을 신청할 수 있다.
④ 사업자는 등록사항이 변경되면 지체 없이 사업장 관할 세무서장에게 신고하여야 한다.

15 다음 중 부가가치세법상 간이과세에 대한 설명으로 가장 옳지 않은 것은?

① 직전 1역년의 재화·용역의 공급대가의 합계액이 8천만 원 미만인 개인사업자가 간이과세자에 해당한다.
② 해당 과세기간의 공급대가의 합계액이 4천800만 원 미만인 경우에는 납부세액의 납부의무가 면제된다.
③ 직전연도의 공급대가의 합계액이 4천800만 원 미만인 간이과세자는 세금계산서를 발급할 수 없다.
④ 매출세액보다 매입세액이 클 경우 환급을 받을 수 있다.

남다른패션(주)(회사코드:1063)은 스포츠의류 등의 제조업 및 도소매업을 영위하는 중소기업으로 당기(제7기) 회계기간은 2024.1.1. ~ 2024.12.31.이다. 전산세무회계 수험용 프로그램을 이용하여 다음 물음에 답하시오.

기본 전제

- 문제에서 한국채택국제회계기준을 적용하도록 하는 전제조건이 없는 경우, 일반기업회계기준을 적용하여 회계처리한다.
- 문제의 풀이와 답안작성은 제시된 문제의 순서대로 진행한다.

01 다음은 기초정보관리 및 전기분 재무제표에 대한 자료이다. 각각의 요구사항에 대하여 답하시오.(10점)

1 아래의 자료를 바탕으로 다음 계정과목에 대한 적요를 추가 등록하시오.(3점)

- 코드 : 0511
- 계정과목 : 복리후생비
- 현금적요 : NO 9. 생산직원 독감 예방접종비 지급
- 대체적요 : NO 3. 직원 휴가비 보통예금 인출

2 다음 자료를 보고 [거래처등록] 메뉴에서 신규 거래처를 등록하시오.(3점)

- 거래처코드 : 00450
- 거래처명 : (주)대박
- 유형 : 동시
- 사업자등록번호 : 403-81-51065
- 대표자명 : 박대박
- 업태 : 제조
- 종목 : 원단
- 사업장주소 : 경상북도 칠곡군 지천면 달서원길 16

※ 주소 입력 시 우편번호 입력은 생략해도 무방함

3 전기분 손익계산서를 검토한 결과 다음과 같은 오류가 발견되었다. 전기분 손익계산서, 전기분 잉여금처분계산서, 전기분 재무상태표 중 관련된 부분을 수정하시오.(4점)

계정과목	틀린 금액	올바른 금액
광고선전비	3,800,000원	5,300,000원

02 다음 거래 자료를 [일반전표입력] 메뉴를 이용하여 입력하시오.(일반전표입력의 모든 거래는 부가가치세를 고려하지 말 것)(18점)

1 7월 18일 (주)괴안공구에 지급할 외상매입금 33,000,000원 중 일부는 아래의 전자어음을 발행하고 나머지는 보통예금 계좌에서 지급하였다.(3점)

전 자 어 음

(주)괴안공구 귀하 　　　　　　　　　　　　　　　　　 00512151020123456789

금 이천삼백만 원정 　　　　　　　　　　　　　　　　　　　 23,000,000원

위의 금액을 귀하 또는 귀하의 지시인에게 지급하겠습니다.

지급기일 2024년 8월 30일 　　　　　　　　발행일 2024년 7월 18일
지 급 지 하나은행 　　　　　　　　　　　　발행지
지급장소 신중동역지점 　　　　　　　　　　주 소　세종특별자치시 가름로 232
　　　　　　　　　　　　　　　　　　　　　발행인 남다른패션(주)

---

2 7월 30일 매출거래처인 (주)지수포장의 파산으로 인해 외상매출금 1,800,000원이 회수 불가능할 것으로 판단하여 대손 처리하였다. 대손 발생일 직전 외상매출금에 대한 대손충당금 잔액은 320,000원이다.(3점)

3 8월 30일 사무실 이전을 위하여 형제상사와 체결한 건물 임대차계약의 잔금 지급일이 도래하여 임차보증금 5,000,000원 중 계약금 1,500,000원을 제외한 금액을 보통예금 계좌에서 지급하였다.(3점)

4 10월 18일 대표이사로부터 차입한 잔액 19,500,000원에 대하여 채무를 면제받았다(해당 차입금은 단기차입금으로 계상되어 있다).(3점)

5 10월 25일 시장조사를 위해 호주로 출장을 다녀온 영업부 사원 누리호에게 10월 4일에 지급하였던 출장비 3,000,000원(가지급금으로 처리함) 중 실제 여비교통비로 지출한 2,850,000원에 대한 영수증과 잔액 150,000원을 현금으로 수령하였다(단, 거래처를 입력할 것).(3점)

6 11월 4일 확정기여형(DC형) 퇴직연금 불입액 5,000,000원(영업부 2,000,000원, 생산부 3,000,000원)이 보통예금 계좌에서 이체되었다.(3점)

03 다음 거래 자료를 [매입매출전표입력] 메뉴에 입력하시오.(18점)

> **입력 시 유의사항**
>
> - 일반적인 적요의 입력은 생략하지만, 타계정 대체거래는 적요번호를 선택하여 입력한다.
> - 채권·채무와 관련된 거래는 별도의 요구가 없는 한 반드시 기 등록된 거래처코드를 선택하는 방법으로 거래처명을 입력한다.
> - 제조경비는 500번대 계정코드를, 판매비와관리비는 800번대 계정코드를 사용한다.
> - 회계처리 시 계정과목은 별도의 제시가 없는 한 등록된 계정과목 중 가장 적절한 과목으로 한다.
> - 입력화면 하단의 분개까지 처리하고, 전자세금계산서 및 전자계산서는 전자입력으로 반영한다.

1 7월 14일 미국에 소재한 HK사에 제품(공급가액 50,000,000원)을 직수출하고, 6월 30일에 수령한 계약금 10,000,000원을 제외한 대금은 외상으로 하였다.(3점)

2 8월 5일 (주)동도유통에 제품을 판매하고 다음과 같이 전자세금계산서를 발급하였다. 대금 중 10,000,000원은 (주)서도상사가 발행한 어음을 배서양도 받고, 나머지는 다음 달에 받기로 하였다.(3점)

전자세금계산서						승인번호		
공급자	등록번호	320-87-12226	종사업장번호		공급받는자	등록번호	115-81-19867	종사업장번호	
	상호(법인명)	남다른패션(주)	성명	고길동		상호(법인명)	(주)동도유통	성명	남길도
	사업장주소	세종특별자치시 가름로 232				사업장주소	서울시 서초구 강남대로 291		
	업 태	제조,도소매,무역	종목	스포츠의류 외		업 태	도소매	종 목	의류
	이메일					이메일			

작성일자	공급가액	세액	수정사유	비고		
2024.8.5	10,000,000	1,000,000	해당 없음			
비고	품질 불량으로 인한 반품					

월	일	품 목	규 격	수 량	단 가	공급가액	세액	비 고
8	5	의류				10,000,000	1,000,000	

합계금액		현금	수표	어음	외상미수금	위 금액을 (**청구**) 함
11,000,000				10,000,000	1,000,000	

❸ 8월 20일 일반과세자인 함안전자로부터 영업부 직원들에게 지급할 업무용 휴대전화(유형자산) 3대를 4,840,000원(부가가치세 포함)에 구입하고, 법인 명의의 국민카드로 결제하였다.(3점)

❹ 11월 11일 (주)더람에 의뢰한 마케팅전략특강 교육을 본사 영업부 직원(10명)들을 대상으로 실시하고, 교육훈련비 5,000,000원에 대한 전자계산서를 발급받았다. 교육훈련비는 11월 1일 지급한 계약금을 제외한 나머지를 보통예금 계좌에서 지급하였다(단, 관련 계정을 조회하여 전표 입력할 것).(3점)

❺ 11월 26일 (주)미래상사로부터 기술연구소의 연구개발에 사용하기 위한 연구용 재료를 10,000,000원(부가가치세 별도)에 구입하면서 전자세금계산서를 발급받고, 대금은 보통예금 계좌에서 지급하였다(단, 연구용 재료와 관련하여 직접 지출한 금액은 무형자산으로 처리할 것).(3점)

❻ 12월 4일 생산부가 사용하는 업무용승용차(2,000cc)의 엔진오일과 타이어를 차차카센터에서 교환하고 전자세금계산서를 발급받았다. 교환비용 825,000원(부가가치세 포함)은 전액 보통예금 계좌에서 이체하였다(단, 교환비용은 차량유지비(제조원가)로 처리할 것).(3점)

04 [일반전표입력] 및 [매입매출전표입력] 메뉴에 입력된 내용 중 다음과 같은 오류가 발견되었다. 입력된 내용을 확인하여 정정하시오.(6점)

❶ 8월 2일 보통예금 계좌에서 지급한 800,000원은 외상으로 매입하여 영업부에서 업무용으로 사용 중인 컴퓨터(거래처 : 온누리)에 대한 대금 지급액으로 확인되었다. 잘못된 항목을 올바르게 수정하시오.(3점)

❷ 11월 19일 차차운송에 현금으로 지급한 운송비 330,000원(부가가치세 포함)은 원재료를 매입하면서 지급한 것으로 회계팀 신입사원의 실수로 일반전표에 입력하였다. 운송 관련하여 별도의 전자세금계산서를 발급받았다.(3점)

05 결산정리사항은 다음과 같다. 해당 메뉴에 입력하시오.(9점)

1 결산일 현재 재고자산을 실사하던 중 도난, 파손의 사유로 수량 부족이 발생한 제품의 원가는 2,000,000원으로 확인되었다(단, 수량 부족의 원인은 비정상적으로 발생한 것이다).(3점)

2 홍보용 계산기를 구매하고 전액 광고선전비(판매비와관리비)로 비용처리하였다. 결산 시 미사용한 2,500,000원에 대해 올바른 회계처리를 하시오(단, 소모품 계정을 사용하며 음수로 입력하지 말 것).(3점)

3 당기의 법인세등으로 계상할 금액은 10,750,000원이다(법인세 중간예납세액은 선납세금으로 계상되어 있으며, 이를 조회하여 회계처리할 것).(3점)

06 다음 사항을 조회하여 답안을 [이론문제 답안작성] 메뉴에 입력하시오.(9점)

1 6월 말 현재 외상매입금 잔액이 가장 큰 거래처명과 그 금액은 얼마인가?(3점)

2 부가가치세 제1기 확정신고 기간(4월~6월)의 차가감하여 납부할 부가가치세액은 얼마인가?(3점)

3 2분기(4월~6월) 중 판매비와관리비 항목의 광고선전비 지출액이 가장 많이 발생한 월과 그 금액은 얼마인가?(3점)

이론 시험

다음 문제를 보고 알맞은 것을 골라 [이론문제 답안작성] 메뉴에 입력하시오.(객관식 문항당 2점)

기본 전제

문제에서 한국채택국제회계기준을 적용하도록 하는 전제조건이 없는 경우, 일반기업회계기준을 적용한다.

01 다음 중 기말재고자산 단가 결정 방법이 아닌 것은?

① 선입선출법
② 총평균법
③ 연수합계법
④ 이동평균법

02 다음 자료를 참고로 현금및현금성자산의 금액을 계산하면 얼마인가?

- 현금 1,000,000원
- 우편환증서 50,000원
- 보통예금 500,000원
- 정기예금 3,000,000원
- 당좌예금 400,000원
- 단기매매증권 1,000,000원

① 900,000원
② 1,950,000원
③ 2,900,000원
④ 4,950,000원

03 다음 중 유형자산 취득 후의 지출과 관련하여 성격이 다른 것은?

① 건물의 엘리베이터 설치
② 건물의 외벽 도색작업
③ 파손된 타일의 원상회복을 위한 수선
④ 보일러 부속품의 교체

04 다음 중 무형자산과 관련된 설명으로 잘못된 것은?

① 내부 창출된 무형자산이 인식기준에 부합하는지 평가하기 위해 연구단계와 개발단계로 구분한다.

② 산업재산권, 저작권, 개발비 등이 대표적이며 사업결합에서 발생한 영업권은 포함하지 않는다.

③ 물리적 형체는 없지만 식별가능하고, 기업이 통제하고 있으며, 미래경제적 효익이 있는 비화폐성 자산이다.

④ 내부 프로젝트를 연구단계와 개발단계로 구분할 수 없는 경우 모두 연구단계에서 발생한 것으로 본다.

05 다음 중 유가증권의 취득원가 및 평가에 대한 설명으로 옳지 않은 것은?

① 단기매매증권은 공정가치로 평가하며 평가손익을 당기손익으로 인식한다.

② 매도가능증권은 시장성이 있는 경우 공정가치로 평가하며 평가손익을 당기손익으로 인식한다.

③ 단기매매증권의 취득부대비용은 발생 즉시 비용으로 처리한다.

④ 만기보유증권의 취득부대비용은 취득원가에 가산한다.

06 다음 중 자기주식거래와 관련하여 자본항목의 성격이 올바르게 짝지어진 것은?

① 자기주식처분이익 : 자본조정

② 자기주식처분손실 : 기타포괄손익누계액

③ 감자차익 : 자본조정

④ 감자차손 : 자본조정

07 다음 자료는 12월 31일 결산자료이다. 상품 매출원가를 계산하고 이에 대한 회계처리로 옳은 것은?

• 기초상품재고액 10,000,000원	• 기말상품재고액 4,000,000원
• 당기상품매입액 5,000,000원	• 매입에누리 및 매입환출 700,000원

① (차) 상품   11,000,000원 (대) 상품매출원가 11,000,000원

② (차) 상품매출원가 10,300,000원 (대) 상품   10,300,000원

③ (차) 상품   11,300,000원 (대) 상품매출원가 11,300,000원

④ (차) 상품매출원가 10,000,000원 (대) 상품   10,000,000원

08 다음 중 거래의 8요소와 그 예시로 가장 적절하지 않은 것은?

① (차) 비용발생 (대) 자산감소 : 신용카드 연회비 1만 원이 신용카드로 결제되다.
② (차) 자산증가 (대) 수익발생 : 보통예금의 결산이자 100만 원이 입금되다.
③ (차) 자산증가 (대) 부채증가 : 원재료 2,000만 원을 외상으로 구입하다.
④ (차) 부채감소 (대) 부채증가 : 외상매입금 1,000만 원을 신용카드로 결제하다.

09 다음 중 제조원가명세서에서 확인할 수 없는 것은?

① 기말원재료재고액   ② 기초재공품재고액
③ 당기제품제조원가   ④ 기말제품재고액

10 다음 중 원가의 분류 방법과 종류가 잘못 짝지어진 것은?

① 원가의 행태에 따른 분류 : 변동원가와 고정원가
② 통제가능성에 따른 분류 : 역사적원가와 예정원가
③ 추적가능성에 따른 분류 : 직접원가와 간접원가
④ 의사결정과의 관련성에 따른 분류 : 관련원가와 매몰원가

11 다음의 자료를 이용하여 기초원가와 가공원가를 계산한 것으로 옳은 것은?

구분	직접비	간접비
재료비	100,000원	50,000원
노무비	200,000원	100,000원
제조경비	0원	50,000원

	기초원가	가공원가
①	300,000원	200,000원
②	200,000원	250,000원
③	300,000원	400,000원
④	450,000원	50,000원

12 제조간접비 예정배부율은 기계작업시간당 80원이고, 실제기계작업시간이 50,000시간일 때 제조간접비 배부차이가 130,000원 과대배부인 경우 제조간접비 실제발생액은 얼마인가?

① 2,500,000원   ② 3,870,000원

③ 4,000,000원   ④ 4,130,000원

13 다음 중 부가가치세법상 재화의 공급에 해당하는 것은?

① 부동산의 담보제공
② 사업장별로 사업에 관한 모든 권리와 의무 중 일부를 승계하는 사업양도
③ 사업용 자산을 지방세법에 따라 물납하는 것
④ 도시 및 주거환경정비법에 따른 수용 및 국세징수법에 따른 공매

14 다음 중 부가가치세법상 과세표준에 포함하는 것은?

① 공급에 대한 대가의 지급이 지체되었음을 이유로 받는 연체이자
② 매출에누리, 매출환입 및 매출할인
③ 수입하는 재화에 대한 관세의 과세가격과 관세 및 개별소비세
④ 공급받는 자에게 도달하기 전에 파손·훼손 또는 멸실된 재화의 가액

15 부가가치세법상 부동산임대용역을 공급하는 경우, 전세금 또는 임대보증금에 대한 간주임대료의 공급시기로 옳은 것은?

① 대가의 각 부분을 받기로 한 때
② 용역의 공급이 완료된 때
③ 대가를 받은 때
④ 예정신고기간 또는 과세기간 종료일

(주)광주기계(회사코드:1043)은 기계부품을 제조하여 판매하는 중소기업이며, 당기(제8기) 회계기간은 2024. 1. 1. ~ 2024. 12. 31.이다. 전산세무회계 수험용 프로그램을 이용하여 다음 물음에 답하시오.

기본 전제

- 문제에서 한국채택국제회계기준을 적용하도록 하는 전제조건이 없는 경우, 일반기업회계기준을 적용하여 회계처리한다.
- 문제의 풀이와 답안작성은 제시된 문제의 순서대로 진행한다.

01 다음은 기초정보관리 및 전기분재무제표에 대한 자료이다. 각각의 요구사항에 대하여 답하시오.(10점)

1 다음의 신규거래처를 [거래처등록] 메뉴를 이용하여 추가로 등록하시오.(3점)

- 거래처코드 : 1001
- 거래처명 : (주)보석상사
- 유형 : 동시
- 사업자등록번호 : 108-81-13579
- 대표자 : 송달인
- 업태 : 제조
- 종목 : 금속가공
- 사업장주소 : 경기도 여주시 세종로 14(홍문동)
- ※ 주소 입력 시 우편번호 입력은 생략해도 무방함

2 [계정과목및적요등록] 메뉴에서 복리후생비(판매비및일반관리비) 계정의 대체적요 3번에 "임직원피복비미지급"을 등록하시오.(3점)

3 전기분 재무제표를 검토한 결과 다음과 같은 오류를 확인하였다. 이와 관련된 전기분 재무제표를 적절히 수정하시오.(4점)

외주가공비(제조원가에 속함) 5,500,000원이 누락된 것으로 확인된다.

02 다음 거래 자료를 [일반전표입력] 메뉴에 추가 입력하시오(일반전표입력의 모든 거래는 부가가치세를 고려하지 말 것).(18점)

> **입력 시 유의사항**
>
> - 일반적인 적요의 입력은 생략하지만, 타계정 대체거래는 적요번호를 선택하여 입력한다.
> - 채권·채무와 관련된 거래는 별도의 요구가 없는 한 반드시 기 등록되어 있는 거래처코드를 선택하는 방법으로 거래처명을 입력한다.
> - 제조경비는 500번대 계정코드를, 판매비와 관리비는 800번대 계정코드를 사용한다.
> - 회계처리 시 계정과목은 별도제시가 없는 한 등록되어 있는 계정과목 중 가장 적절한 과목으로 한다.

1 7월 10일 (주)서창상사의 외상매출금 10,000,000원을 (주)서창상사가 보유하고 있던 약속어음((주)신흥기전 발행) 10,000,000원으로 배서양도 받다.(3점)

2 8월 8일 지난달 근로소득 지급액에 대한 원천징수세액인 예수금 220,000원 중 200,000원은 보통예금으로 납부하고, 나머지는 현금으로 납부하다(단, 하나의 전표로 처리하되, 거래처명은 기재하지 말 것).(3점)

3 9월 30일 창고에 보관 중인 제품 7,200,000원이 화재로 인하여 소실되다. 당사는 화재보험에 가입되어 있지 않다.(3점)

4 10월 20일 (주)상록에 판매한 제품을 화물차로 발송하면서 운임비 250,000원을 현금으로 지급하고 운송장을 발급받다.(3점)

5 11월 8일 보유하고 있던 자기주식 중 300주(주당 액면금액 1,000원, 주당 취득원가 1,500원)를 주당 1,300원에 처분하고, 처분대금은 모두 현금으로 수취하다(처분 전 자기주식처분이익 계정 잔액은 없는 것으로 하며, 하나의 전표로 처리할 것).(3점)

6 12월 26일 연말 불우이웃돕기 성금으로 현금 3,000,000원을 지급하다.(3점)

03 다음 거래 자료를 [매입매출전표입력] 메뉴에 입력하시오.(18점)

> **입력 시 유의사항**
>
> - 일반적인 적요의 입력은 생략하지만, 타계정 대체거래는 적요번호를 선택하여 입력한다.
> - 채권·채무와 관련된 거래는 별도의 요구가 없는 한 반드시 기 등록되어 있는 거래처코드를 선택하는 방법으로 거래처명을 입력한다.
> - 제조경비는 500번대 계정코드를, 판매비와 관리비는 800번대 계정코드를 사용한다.
> - 회계처리 시 계정과목은 별도제시가 없는 한 등록되어 있는 계정과목 중 가장 적절한 과목으로 한다.
> - 입력하면 하단의 분개까지 처리하고, 전자세금계산서 및 전자계산서는 전자여부를 입력하여 반영한다.

1 8월 25일 영업부의 거래처인 맘모스 물산의 사업장 확장 이전을 축하하기 위하여 축하 화환을 현금으로 구입하고 아래의 전자계산서를 발급받다.(3점)

전자계산서(공급받는자 보관용)						승인번호			
공급자	사업자등록번호	105-92-25728	종사업장번호		공급받는자	사업자등록번호	211-87-10230	종사업장번호	
	상호(법인명)	남동꽃도매시장	성명	한다발		상호(법인명)	(주)광주기계	성명	안효섭
	사업장주소	인천광역시 남동구 인하로 501				사업장주소	서울시 송파구 도곡로 434		
	업태	도소매	종목	화훼류		업태	제조	종목	기계부품
	이메일					이메일			

작성일자	공급가액		수정사유	
2024. 8. 25	200,000			
비고				

월	일	품 목	규 격	수 량	단 가	공급가액	비 고
8	25	화환				200,000	

합계금액	현금	수표	어음	외상미수금	이 금액을 **(영수)** 함 **(청구)**
200,000	200,000				

❷ 9월 5일 공장부지로 사용할 토지의 취득으로 발생한 중개수수료 5,500,000원(부가가치세 포함)을 (주) 한화공인중개법인에 보통예금으로 지급하고 전자세금계산서를 발급받다.(3점)

❸ 11월 15일 최종소비자인 이영수씨에게 제품을 현금으로 판매하고 다음과 같은 현금영수증을 발급하다 (단, 거래처를 입력할 것).(3점)

(주)광주기계		
사업자번호 211-87-10230		안효섭
서울시 송파구 도곡로 434		TEL : 02-520-1234
현금영수증(소득공제용)		
구매 11/15/10:46		거래번호 : 0026-0107
상품명	수량	금액
2043655000009	1	968,000원
	과세물품가액	880,000원
	부가가치세액	88,000원
합 계		968,000원
받은금액		968,000원

❹ 11월 19일 (주)연기실업에 당사가 사용하던 차량운반구(취득원가 50,000,000원, 처분일 현재 감가상각누계액 35,000,000원)를 12,500,000원(부가가치세 별도)에 처분하다. 대금은 보통예금 계좌로 입금되었으며, 전자세금계산서를 발급하다.(3점)

5 12월 6일 임대인 하우스랜드로부터 생산부의 11월분 임차료 2,500,000원(부가가치세 별도)에 대한 전자세금계산서를 발급받다.(3점)

전자세금계산서(공급받는자 보관용)						승인번호			
공급자	사업자 등록번호	130-41-27190	종사업장 번호		공급받는자	사업자 등록번호	211-87-10230	종사업장 번호	
	상호 (법인명)	하우스랜드	성명	김하우		상호 (법인명)	(주)광주기계	성명	안효섭
	사업장 주소	경기도 부천시 오정구 오정동 129				사업장 주소	서울시 송파구 도곡로 434		
	업 태	부동산	종목	임대		업 태	제조	종목	기계부품
	이메일					이메일			

작성일자	공급가액	세액	수정사유
2024. 12. 6	2,500,000	250,000	
비고			

월	일	품 목	규 격	수 량	단 가	공급가액	세 액	비 고
12	6	11월 임대료				2,500,000	250,000	

합계금액	현금	수표	어음	외상미수금	이 금액을 (영수) (청구) 함
2,750,000				2,750,000	

6 12월 11일 구매확인서에 의해 (주)아카디상사에 제품 11,000,000원을 납품하고 영세율전자세금계산서를 발급하다. 대금 중 7,000,000원은 외상으로 하고, 나머지는 약속어음으로 수령하였다(단, 서류번호 입력은 생략할 것).(3점)

04 [일반전표입력] 및 [매입매출전표입력] 메뉴에 입력된 내용 중 다음과 같은 오류가 발견되었다. 입력된 내용을 확인하여 정정하시오.(6점)

1 8월 31일 (주)현대전자로부터 차입한 운영자금에 대한 이자비용 500,000원 중 원천징수세액 137,500원을 제외하고 보통예금 계좌에서 이체한 금액인 362,500원에 대해서만 회계처리하였음이 확인되었다. 올바른 회계처리를 하시오(원천징수세액은 부채로 처리하고, 하나의 전표로 입력할 것).(3점)

2 10월 2일 영국의 TOMS사에 직수출하고 제품매출액 $3,000를 $1당 1,200원으로 환산하여 계상하였으나, 검토 결과 선적일 당시 기준환율은 $1당 1,250원으로 확인되었다.(3점)

05 결산정리사항은 다음과 같다. 해당 메뉴에 입력하시오.(9점)

1 영업부의 소모품 구입 시 전액 소모품으로 자산화하고, 결산 시 사용분을 비용으로 계상해오고 있다. 결산 시 영업부로부터 미사용분인 소모품은 1,000,000원으로 통보받았다(단, 전산을 조회하여 처리하고 금액은 음수로 입력하지 말 것).(3점)

2 12월 11일 실제 현금보유액이 장부상 현금보다 570,000원이 많아서 현금과부족으로 처리하였던바, 결산일에 340,000원은 선수금((주)건영상사)으로 밝혀졌으나, 230,000원은 그 원인을 알 수 없다.(3점)

3 기업회계기준에 의하여 퇴직급여충당부채(퇴직급여추계액의 100%)를 설정하고 있다. 퇴직급여충당부채와 관련한 자료는 다음과 같다(단, 퇴직금 지급 시 퇴직급여충당부채와 상계하기로 할 것).(3점)

구분	기초금액	당기설정액	기중 사용금액 (퇴직금 지급액)	퇴직급여추계액
판매관리부	25,000,000원	13,000,000원	8,000,000원	30,000,000원
제조생산부	30,000,000원	15,000,000원	10,000,000원	35,000,000원

06 다음 사항을 조회하여 답안을 [이론문제 답안작성] 메뉴에 입력하시오.(9점)

1 4월의 롯데카드 사용금액은 얼마인가?(단, 미지급금으로 계상하였으며 카드대금 결제일은 다음 달 10일임)(3점)

2 5월 한 달 동안 판매비와관리비 총 지출금액은 얼마인가?(3점)

3 제1기 부가가치세 확정신고기간(4월~6월)의 전자세금계산서 발급분 중 주민등록번호발급분의 공급가액은 얼마인가?(3점)

이론시험

다음 문제를 보고 알맞은 것을 골라 [이론문제 답안작성] 메뉴에 입력하시오.(객관식 문항당 2점)

> **기본 전제**
>
> 문제에서 한국채택국제회계기준을 적용하도록 하는 전제조건이 없는 경우, 일반기업회계기준을 적용한다.

01 다음 중 일반기업회계기준에서 말하는 재무제표에 해당하는 것을 모두 고르면 몇 개인가?

• 재무상태표	• 수입금액조정명세서	• 현금흐름표
• 손익계산서	• 자본변동표	• 제조원가명세서
• 합계잔액시산표	• 주석	• 주주명부

① 5개   ② 4개   ③ 3개   ④ 2개

02 다음 자료는 당기 12월 31일 현재 재무상태표의 각 계정의 잔액이다. 외상매입금은 얼마인가?

• 보통예금 : 300,000원	• 외상매출금 : 700,000원	• 외상매입금 : ?
• 미지급금 : 150,000원	• 자본금 : 300,000원	• 이익잉여금 : 100,000원

① 450,000원   ② 550,000원   ③ 750,000원   ④ 850,000원

03 도소매업을 영위하는 (주)미래가 기말 결산 시 영업활동에 사용 중인 차량에 대한 아래의 회계처리를 누락한 경우 재무상태표와 손익계산서에 미치는 영향을 설명한 것으로 옳은 것은?

(차) 감가상각비 1,000,000원	(대) 감가상각누계액 1,000,000원

① 재무상태표상 유동자산이 1,000,000원 과대 표시된다.
② 재무상태표상 비유동자산이 1,000,000원 과소 표시된다.
③ 손익계산서상 영업이익이 1,000,000원 과대 표시된다.
④ 손익계산서상 영업외수익이 1,000,000원 과대 표시된다.

04 다음 중 기말 결산 시 원장의 잔액을 차기로 이월하는 방법을 통하여 장부를 마감하는 계정과목이 아 닌 것은?

① 선수금   ② 기부금   ③ 개발비   ④ 저장품

05 다음 중 회계정보의 질적특성에 대한 설명으로 잘못된 것은?

① 회계정보의 질적특성이란 회계정보가 유용하기 위해 갖추어야 할 주요 속성을 말한다.
② 회계정보의 질적특성은 회계정보의 유용성의 판단기준이 된다.
③ 회계정보가 갖추어야 할 가장 중요인 질적특성은 목적적합성과 신뢰성이다.
④ 비교가능성은 목적적합성과 신뢰성보다 중요한 질적특성이다.

06 다음 거래에 대한 회계처리 시 나타나는 거래요소의 결합관계를 아래의 보기에서 모두 고른 것은?

> 단기대여금 50,000원과 그에 대한 이자 1,000원을 현금으로 회수하다.

〈보기〉

| 가. 자산의 증가 | 나. 자산의 감소 | 다. 부채의 증가 |
| 라. 부채의 감소 | 마. 수익의 발생 | 바. 비용의 발생 |

① 가, 나, 바   ② 나, 다, 마   ③ 나, 라, 바   ④ 가, 나, 마

07 다음 중 자본에 대한 설명으로 가장 옳지 않은 것은?

① 자본은 기업의 자산에서 모든 부채를 차감한 후의 잔여지분을 의미한다.
② 잉여금은 자본거래에 따라 이익잉여금, 손익거래에 따라 자본잉여금으로 구분한다.
③ 주식의 발행금액 중 주권의 액면을 초과하여 발행한 금액을 주식발행초과금이라 한다.
④ 주식으로 배당하는 경우 발행주식의 액면금액을 배당액으로 하여 자본금의 증가와 이익잉 여금의 감소로 회계처리한다.

08 다음 중 일반기업회계기준에 의한 수익인식기준으로 가장 옳지 않은 것은?

① 상품권 판매 : 물품 등을 제공 또는 판매하여 상품권을 회수한 때 수익을 인식한다.
② 위탁판매 : 위탁자는 수탁자가 해당 재화를 제3자에게 판매한 시점에 수익을 인식한다.
③ 광고매체수수료 : 광고 또는 상업방송이 대중에게 전달될 때 수익을 인식한다.
④ 주문형 소프트웨어의 개발 수수료 : 소프트웨어 전달 시에 수익을 인식한다.

09 원가 및 비용의 분류 중 제조원가에 해당하는 것은?

① 원재료 운반용 차량의 처분손실
② 영업용 차량의 처분손실
③ 생산부 건물 경비원의 인건비
④ 영업부 사무실의 소모품비

10 다음 중 보조부문원가의 배분방법이 아닌 것은?

① 직접배분법
② 비례배분법
③ 상호배분법
④ 단계배분법

11 다음 자료를 이용하여 당기제품제조원가를 구하시오.

- 기초제품재고액 : 90,000원
- 기말제품재고액 : 70,000원
- 당기총제조비용 : 1,220,000원
- 매출원가 : 1,300,000원

① 1,280,000원
② 1,400,000원
③ 2,680,000원
④ 2,860,000원

12 다음 중 공손에 대한 설명으로 옳지 않은 것은?

① 공손품은 정상품에 비하여 품질이나 규격이 미달하는 불합격품을 말한다.
② 공손품은 원재료의 불량, 작업자의 부주의 등의 원인에 의해 발생한다.
③ 정상공손이란 효율적인 생산과정에서도 발생하는 공손을 말한다.
④ 정상 및 비정상 공손품의 원가는 발생한 기간의 손실로서 영업외비용으로 처리한다.

13 다음 중 부가가치세에 대한 설명으로 잘못된 것은?

① 부가가치세 납부세액은 매출세액에서 매입세액을 뺀 금액으로 한다.
② 법인사업자는 부가가치세법상 전자세금계산서 의무발급 대상자이다.
③ 금전 외의 대가를 받은 경우 공급가액은 자기가 공급받은 재화 또는 용역의 시가로 한다.
④ 부가가치세는 납세의무자와 담세자가 다를 것을 예정하고 있는 세목에 해당한다.

14 다음 중 부가가치세법에 따른 재화 또는 용역의 공급시기에 대한 설명으로 옳지 않은 것은?

① 현금판매, 외상판매의 경우 재화가 인도되거나 이용 가능하게 되는 때이다.
② 장기할부판매의 경우 대가의 각 부분을 받기로 한 때이다.
③ 반환조건부 판매의 경우 조건이 성취되거나 기한이 지나 판매가 확정되는 때이다.
④ 폐업 시 잔존재화의 경우 재화가 실제 사용하거나 판매되는 때이다.

15 다음 중 부가가치세법상 납세지에 대한 설명으로 옳지 않은 것은?

① 사업자의 납세지는 각 사업장의 소재지로 한다.
② 제조업의 납세지는 최종제품을 완성하는 장소를 원칙으로 한다.
③ 광업의 납세지는 광구 내에 있는 광업사무소의 소재지를 원칙으로 한다.
④ 무인자동판매기를 통하여 재화를 공급하는 사업의 납세지는 무인자동판매기를 설치한 장소로 한다.

(주)일진자동차(회사코드:1033)는 자동차특장을 제조하여 판매하는 중소기업으로, 당기(제7기)의 회계기간은 2024. 1. 1. ~ 2024. 12. 31.이다. 전산세무회계 수험용 프로그램을 이용하여 다음 물음에 답하시오.

기본 전제

- 문제에서 한국채택국제회계기준을 적용하도록 하는 전제조건이 없는 경우, 일반기업회계기준을 적용하여 회계처리한다.
- 문제의 풀이와 답안작성은 제시된 문제의 순서대로 진행한다.

01 다음은 기초정보관리 및 전기분재무제표에 대한 자료이다. 각각의 요구사항에 대하여 답하시오. (10점)

1 다음은 (주)일진자동차의 사업자등록증이다. [회사등록] 메뉴에 입력된 내용을 검토하여 누락분은 추가 입력하고 잘못된 부분은 정정하시오(주소 입력 시 우편번호는 입력하지 않아도 무방함).(3점)

사 업 자 등 록 증

(법인사업자)

등록번호 : 134-86-81692

법 인 명 (단 체 명) : (주)일진자동차
대　　표　　자 : 김일진
개 업 연 월 일 : 2018년 5월 6일
법 인 등 록 번 호 : 110111-1390212
사 업 장 소 재 지 : 경기도 화성시 송산면 마도북로 40
본 점 소 재 지 : 경기도 화성시 송산면 마도북로 40
사 업 의 　 종 류 : [업태] 제조업　[종목] 자동차특장

발　급　사　유 : 신규

사업자 단위 과세 적용사업자 여부 : 여( ) 부(V)
전자세금계산서 전용 전자우편주소 :

2018년 05월 04일

화성세무서장 인

---

2 다음 자료를 이용하여 아래의 계정과목에 대한 적요를 추가로 등록하시오.(3점)

- 계정과목 : 831. 수수료비용
- 현금적요 : (적요NO. 8) 오픈마켓 결제대행 수수료

3 전기분 재무제표 중 아래의 계정과목에서 다음과 같은 오류를 발견하였다. 수정 후 잔액이 되도록 적절하게 관련 재무제표를 모두 수정하시오.(4점)

부서	계정과목	수정 전 잔액	수정 후 잔액
영업부	수도광열비	3,300,000원	2,750,000원
생산부	가스수도료	7,900,000원	8,450,000원

02 다음 거래 자료를 [일반전표입력] 메뉴에 추가 입력하시오(일반전표입력의 모든 거래는 부가가치세를 고려하지 말 것).(18점)

입력 시 유의사항

- 일반적인 적요의 입력은 생략하지만, 타계정 대체거래는 적요번호를 선택하여 입력한다.
- 채권·채무와 관련된 거래는 별도의 요구가 없는 한 반드시 기 등록되어 있는 거래처코드를 선택하는 방법으로 거래처명을 입력한다.
- 제조경비는 500번대 계정코드를, 판매비와 관리비는 800번대 계정코드를 사용한다.
- 회계처리 시 계정과목은 별도제시가 없는 한 등록되어 있는 계정과목 중 가장 적절한 과목으로 한다.

1 7월 30일 제품을 판매하고 ㈜초코로부터 받은 약속어음 5,000,000원을 만기가 도래하기 전에 보람은행에 할인하고, 할인료 30,000원을 차감한 후 보통예금 계좌로 입금되었다(단, 매각거래로 처리할 것).(3점)

2 8월 10일 7월분 국민연금보험료를 현금으로 납부하였다. 납부한 총금액은 540,000원이며, 이 중 50%는 직원 부담분이고, 나머지 50%는 회사부담분(제조부문 직원분: 180,000원, 관리부문 직원분: 90,000원)이다(단, 회사부담분은 세금과공과로 처리할 것).(3점)

3 9월 26일 우리은행에 예치한 정기예금 50,000,000원의 만기일이 도래하여 정기예금 이자에 대한 원천징수세액을 차감한 후 보통예금 계좌로 입금되었다.(단, 원천징수세액은 자산으로 처리할 것)(3점)

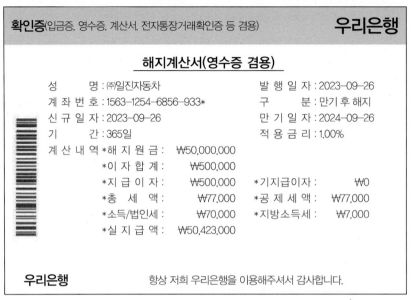

> **확인증**(입금증, 영수증, 계산서, 전자통장거래확인증 등 겸용)　　　　**우리은행**
>
> ### 해지계산서(영수증 겸용)
>
> 성　　　　명 : ㈜일진자동차　　　　발 행 일 자 : 2023-09-26
> 계 좌 번 호 : 1563-1254-6856-933*　　　구　　　　분 : 만기 후 해지
> 신 규 일 자 : 2023-09-26　　　　만 기 일 자 : 2024-09-26
> 기　　　　간 : 365일　　　　적 용 금 리 : 1.00%
> 계 산 내 역 *해 지 원 금 : ₩50,000,000
> 　　　　　*이 자 합 계 : 　₩500,000
> 　　　　　*지 급 이 자 : 　₩500,000　*기지급이자 : 　　₩0
> 　　　　　*총 세 액 : 　　₩77,000　*공 제 세 액 : 　₩77,000
> 　　　　　*소득/법인세 : 　₩70,000　*지방소득세 : 　₩7,000
> 　　　　　*실 지 급 액 : ₩50,423,000
>
> **우리은행**　　　　　항상 저희 우리은행을 이용해주셔서 감사합니다.

* 거래처 우리은행 정기예금계좌 유일함. 데이터상 징기예금 계정 잔액은 5천만 원, 기래치 없음.

4 10월 26일 주당 발행금액 6,000원에 유상증자를 실시하여 신주 10,000주(주당 액면금액 5,000원)를 발행하였으며, 주금납입액은 보통예금 계좌에 입금되었다. 단, 증자 전 주식할인발행차금 계정의 잔액은 1,000,000원이다.(3점)

5 10월 29일 아주중고로부터 매입한 원재료에 대한 매입운임 50,000원을 현금으로 지급하였다.(3점)

6 11월 8일 제조부문이 사용하고 있는 건물의 증축공사에서 발생한 인건비 15,000,000원을 보통예금 계좌에서 이체하여 지급하였다(단, 해당 비용은 자본적지출에 해당하며, 해당 인건비에 대해 원천징수를 하지 않는다고 가정할 것).(3점)

03 다음 거래 자료를 [매입매출전표입력] 메뉴에 입력하시오.(18점)

1 9월 30일 제조부문이 사용하는 기계장치의 원상회복을 위한 수선을 하고 수선비 330,000원을 전액 하나카드로 결제하고 다음의 매출전표를 수취하였다(미지급금으로 회계처리할 것).(3점)

신용카드 매출전표

단말기번호	11213692		전표번호	234568

카드종류		거래종류	결제방법
하나카드		신용구매	일시불
회원번호(Card No)		취소시 원거래일자	
4140-0202-3245-9959			
유효기간	거래일시 9.30		품명 기계수선
전표제출	금 액/AMOUNT		300,000
	부 가 세/VAT		30,000
전표매입사	봉 사 료/TIPS		
	합 계/TOTAL		330,000
거래번호	승인번호/(Approval No.)		
	98421147		

가맹점	(주)다고쳐		
대표자	김세무	TEL	031-628-8624
가맹점번호	3685062	사업자번호	204-19-76690
주소	경기 성남시 수정구 고등동 525-5		

서명(Signature)
(주)일진자동차

---

2 10월 11일 아재자동차로부터 원재료 운반용 화물자동차를 매입하고 전자세금계산서를 발급받았으며, 대금 중 3,300,000원은 보관 중인 (주)삼진의 약속어음을 배서하여 지급하고, 잔액은 외상으로 하였다.(3점)

전자세금계산서(공급받는자 보관용)					승인번호			

공급자	사업자 등록번호	519-15-00319	종사업장 번호		공급받는자	사업자 등록번호	134-86-81692	종사업장 번호	
	상호 (법인명)	아재자동차	성명	김아재		상호 (법인명)	(주)일진자동차	성명	김일진
	사업장 주소					사업장 주소	경기도 화성시 송산면 마도북로 40		
	업 태	제조,도소매	종목	자동차,부품		업 태	제조	종목	자동차특장
	이메일					이메일			

작성일자	공급가액	세액	수정사유
2024. 10. 11	6,000,000	600,000	
비고			

월	일	품 목	규 격	수 량	단 가	공급가액	세 액	비 고
10	11	화물자동차				6,000,000	600,000	

합계금액	현금	수표	어음	외상미수금	이 금액을 (**영수**)(**청구**) 함
6,600,000			3,300,000	3,300,000	

3 10월 15일 미국에 소재한 ANGEL사로부터 수입한 원재료에 대하여 수입전자세금계산서(공급가액 5,000,000원, 부가가치세 500,000원)를 인천세관으로부터 발급받고, 이에 관한 부가가치세를 보통예금 계좌에서 이체하였다.(3점)

4 11월 4일 (주)삼양안전으로부터 제조부문에서 사용할 안전용품을 구입하고 아래의 전자세금계산서를 발급받았다(단, 안전용품은 소모품(자산)계정을 사용하여 회계처리할 것).(3점)

전자세금계산서(공급받는자 보관용)							승인번호		
공급자	사업자 등록번호	109-81-33618	종사업장 번호			공급받는자	사업자 등록번호	134-86-81692	종사업장 번호	
	상호 (법인명)	(주)삼양안전	성명	이수진			상호 (법인명)	(주)일진자동차	성명	김일진
	사업장 주소	경기도 이천시 부라로 11					사업장 주소	경기도 화성시 송산면 마두불로 40		
	업태	도소매	종목	목재			업태	제조	종목	자동차특장
	이메일						이메일			

작성일자	공급가액	세액	수정사유
2024. 11. 4	1,600,000	160,000	
비고			

월	일	품 목	규 격	수 량	단 가	공급가액	세 액	비 고
11	4	안전용품				1,600,000	160,000	

합계금액	현금	수표	어음	외상미수금	이 금액을 (영수) 함 (청구)
1,760,000	300,000			1,460,000	

5 11월 14일 제조부문에서 사용하던 기계장치(취득원가 50,000,000원, 감가상각누계액 43,000,000원)를 인천상사에 5,000,000원(부가가치세 별도)에 매각하면서 전자세금계산서를 발급하였으며, 대금 중 부가가치세는 현금으로 받고, 나머지는 전액 인천상사가 발행한 약속어음으로 수령하였다.(3점)

6 11월 22일 매출처인 (주)성남의 야유회에 증정할 물품으로 미래마트에서 음료수 550,000원(부가가치세 포함)을 구입하고 전자세금계산서를 발급받고, 대금은 보통예금 계좌에서 이체하여 지급하였다.(3점)

04 [일반전표입력] 및 [매입매출전표입력] 메뉴에 입력된 내용 중 다음과 같은 오류가 발견되었다. 입력된 내용을 확인하여 정정하시오.(6점)

1 7월 3일 (주)한성전자의 부도로 미수금 잔액 10,000,000원이 회수불능되어 전액 대손 처리하였으나, 확인 결과 (주)한성전자의 미수금이 아니라 (주)성한전기의 미수금이며, 부도 시점에 미수금에 대한 대손충당금 잔액 1,000,000원이 있었던 것으로 확인된다.(3점)

2 11월 29일 일시 보유목적으로 시장성 있는 태평상사의 주식 100주를 주당 10,000원에 취득하면서 취득과정에서 발생한 수수료 10,000원도 취득원가로 회계처리하였다.(3점)

05 결산정리사항은 다음과 같다. 해당메뉴에 입력하시오.(9점)

1 국민은행의 정기예금에 대한 기간경과분 이자수익을 인식하다(단, 월할로 계산할 것).(3점)

> • 예금금액 : 60,000,000원
> • 연이자율 : 2%
> • 예금기간 : 2년(2024.10.01.~2026.09.30.)
> • 이자지급일 : 연 1회(매년 9월 30일)

2 10월 5일 영업부문에서 사용할 소모품 500,000원을 구입하고 자산으로 회계처리하였다. 결산일 현재 소모품 사용액은 350,000원이다.(3점)

3 결산일 현재 외상매출금 잔액의 1%에 대하여 대손이 예상된다. 보충법에 의하여 대손충당금 설정 회계처리를 하시오(단, 대손충당금 설정에 필요한 정보는 관련 데이터를 조회하여 사용할 것).(3점)

06 다음 사항을 조회하여 답안을 [이론문제 답안작성] 메뉴에 입력하시오.(9점)

1 제1기 부가가치세 확정신고기간(4월~6월) 중 매입세액을 공제받지 않은 공급가액은 얼마인가?(3점)

2 제1기 부가가치세 예정신고기간(1월~3월)과 확정신고기간(4월~6월)의 매출세금계산서 발급매수의 차이는 얼마인가?(단, 답이 음수인 경우에도 양수로 입력할 것)(3점)

3 4월(4월 1일~4월 30일) 중 외상매출금 회수액은 얼마인가?(3점)

이론시험

다음 문제를 보고 알맞은 것을 골라 [이론문제 답안작성] 메뉴에 입력하시오.(객관식 문항당 2점)

기본 전제

분체에서 한국재백국세회계기순을 석봉하노녹 아른 신세소건이 없는 경우, 일빈기입외세기문를 직용린니.

01 다음 중 거래의 8요소와 그 예시로 가장 적절하지 않은 것은?

① 자산증가/자본증가 : 회사의 설립을 위한 자본금 1,000만 원을 보통예금에 입금하다.
② 자산증가/자산감소 : 마스크 생산에 사용되는 원단 구입대금 3,000만 원을 현금으로 지급하다.
③ 자산증가/부채증가 : 직원의 주택구입자금 1억 원을 보통예금에서 이체하여 대여하다.
④ 부채감소/부채증가 : 약속어음을 발행하여 외상매입금을 지급하다.

02 다음 자료를 이용하여 선입선출법에 따라 계산한 (주)서울의 기말재고자산 금액은 얼마인가?

일자	적요	수량	단가
05월 06일	매입	200개	200원
09월 21일	매출	150개	500원
12월 12일	매입	100개	300원

① 30,000원　　② 35,000원　　③ 40,000원　　④ 45,000원

03 다음 중 영업외비용으로 처리되는 계정과목은?

① 개발비
② 경상연구개발비
③ 무형자산손상차손
④ 소모품비

04 다음 중 유형자산과 무형자산에 대한 설명으로 맞는 것은?

① 유형자산은 모두 감가상각을 해야 한다.
② 무형자산은 화폐성자산이다.
③ 무형자산은 미래 경제적 효익이 없다.
④ 무형자산은 물리적 실체가 없다.

05 다음 거래를 모두 반영하였을 경우 나타날 결과에 대한 설명으로 옳지 않은 것은?

- 2월 1일 : 시장성 있는 (주)한국의 주식(액면금액 4,000원) 100주를 단기간 보유할 목적으로 주당 4,200원에 취득하였다. 취득과정에서 별도의 수수료 20,000원이 발생하였다.
- 7월 1일 : (주)한국의 주식 100주를 주당 4,300원에 처분하였다.

① 단기매매증권처분이익이 10,000원이 발생한다.
② 단기매매증권을 취득할 때 발생한 수수료는 자산처리하지 않고, 비용처리한다.
③ 당기순이익이 10,000원 증가한다.
④ 당기순이익이 10,000원 감소한다.

06 다음 중 부채를 인식하는 요건에 대한 설명으로 옳지 않은 것은?

① 과거 사건이나 거래의 결과로 현재 의무가 존재한다.
② 당해 의무를 이행하기 위하여 자원이 유출될 가능성이 매우 높다.
③ 당해 의무의 이행에 사용되는 금액을 신뢰성 있게 추정할 수 있다.
④ 우발부채는 부채로 인식하지 않아 의무를 이행하기 위하여 자원이 유출될 가능성이 높은 경우에도 주석으로 기재하지 않는다.

07 재무상태표의 기본요소 중 하나인 자본에 대한 설명으로 잘못된 것은?

① 자본이란 기업실체의 자산에 대한 소유주의 잔여청구권이다.
② 배당금 수령이나 청산 시에 주주간의 권리가 상이한 경우 주주지분을 구분 표시할 수 있다.
③ 재무상태표상 자본의 총액은 자산 및 부채를 인식, 측정함에 따라 결정된다.
④ 재무상태표상 자본의 총액은 주식의 시가총액과 일치하는 것이 일반적이다.

08 다음 자료를 이용하여 아래의 (가)를 계산하면 얼마인가?

• 영업부 종업원의 급여	50,000원
• 상거래채권의 대손상각비	20,000원
• 상거래채권 외의 대손상각비	50,000원
• 이자비용	20,000원
• 기부금	40,000원

매출총이익 − (가   ) = 영업이익

① 70,000원   ② 90,000원   ③ 130,000원   ④ 140,000원

09 다음 중 제조기업의 원가계산 산식으로 가장 옳은 것은?

① 당기제품제조원가＝직접재료비＋직접노무비＋제조간접비
② 직접재료비＝기초원재료재고액＋당기원재료순매입액－기말원재료재고액
③ 당기총제조원가＝기초재공품재고액＋당기총제조원가－기말재공품재고액
④ 매출원가＝기초제품재고액－당기제품제조원가＋기말제품재고액

10 다음 중 개별원가계산과 종합원가계산의 비교 내용으로 잘못된 것은?

① 종합원가계산은 소품종 대량생산의 경우에 주로 사용된다.
② 종합원가계산은 원가를 제조공정별로 집계한다.
③ 개별원가계산은 원가보고서를 개별작업별로 작성한다.
④ 개별원가계산이 사용되는 산업은 정유업, 화학업, 제지업 등이 대표적이다.

11 다음 자료에 의하여 평균법에 따라 재료비와 가공비 각각의 완성품환산량을 구하시오.

• 기초재공품 100개(완성도 25%)	• 당기착수 400개
• 기말재공품 200개(완성도 50%)	• 당기완성 300개
• 재료는 공정 초기에 투입되며, 가공비는 공정 전반에 걸쳐 균등하게 발생한다.	

	재료비	가공비
①	475개	300개
②	475개	400개
③	500개	400개
④	500개	300개

12 다음 중 보조부문의 원가를 배부하는 방법에 대한 설명으로 옳지 않은 것은?

① 상호배분법은 보조부문 상호 간의 용역제공 관계를 완전히 고려하여 배부하므로 사전에 배부금액을 결정하는 방법이다.
② 단계배분법은 보조부문 상호 간의 용역제공 관계에 대해 우선순위를 정하고 배부하는 방법이다.
③ 직접배분법은 보조부문 상호 간의 용역제공 관계를 무시하고 배부하는 방법이다.
④ 원가계산의 정확성은 상호배분법 〉 단계배분법 〉 직접배분법 순이다.

13 다음 중 부가가치세법상 세금계산서 및 영수증 발급의무면제 대상이 아닌 것은?(단, 주사업장총괄납부 및 사업자단위과세 사업자가 아님)

① 용역의 국외공급
② 무인자동판매기를 이용한 재화의 공급
③ 다른 사업장에 판매목적으로 반출되어 공급으로 의제되는 재화
④ 부동산임대용역 중 간주임대료에 해당하는 부분

14 다음 중 부가가치세법상 세금계산서의 필요적 기재사항에 해당하는 것은?

① 공급연월일
② 공급받는 자의 상호, 성명, 주소
③ 공급품목
④ 공급받는 자의 사업자등록번호

15 다음 중 부가가치세법상 면세되는 용역이 아닌 것은?

① 은행법에 따른 은행 업무 및 금융용역
② 주무관청의 허가 또는 인가 등을 받은 교육용역
③ 철도건설법에 따른 고속철도에 의한 여객운송용역
④ 주택임대용역

(주)금왕전자(회사코드:1023)는 전자제품을 제조하여 판매하는 중소기업으로, 당기(제8기)의 회계기간은 2024. 1. 1.~2024. 12. 31.이다. 전산세무회계 수험용 프로그램을 이용하여 다음 물음에 답하시오.

기본 전제

• 문제에서 한국채택국제회계기준을 적용하도록 하는 전제조건이 없는 경우, 일반기업회계기준을 적용하여 회계처리한다.
• 문제의 풀이와 답안작성은 제시된 문제의 순서대로 진행한다.

01 다음은 기초정보관리 및 전기분 재무제표에 대한 자료이다. 각각의 요구사항에 대하여 답하시오.(10점)

1 다음의 자료를 이용하여 [거래처등록] 메뉴에서 신규거래처를 등록하시오(단, 주어진 자료 외의 다른 항목은 입력할 필요 없음).(3점)

• 거래처코드 : 7171
• 사업자등록번호 : 129-86-78690
• 업태 : 도매
• 사업장주소 : 인천광역시 계양구 경명대로 1077 로얄프라자 201호(계산동)
• 거래처명 : (주)천천상사
• 대표자성명 : 이부천
• 종목 : 전자제품
• 유형 : 매출
※ 주소 입력 시 우편번호 입력은 생략해도 무방함

2 (주)금왕전자의 기초 채권 및 채무의 올바른 잔액은 다음과 같다. [거래처별초기이월] 자료를 검토하여 오류가 있으면 삭제 또는 수정, 추가 입력하여 올바르게 정정하시오.(3점)

계정과목	거래처	금액
외상매출금	(주)대전전자	3,000,000원
	(주)목포전자	2,000,000원
외상매입금	손오공상사	1,500,000원
	사오정산업	800,000원
받을어음	(주)대구전자	300,000원

❸ 전기분 손익계산서를 검토한 결과 다음과 같은 오류가 발견되었다. [전기분재무상태표], [전기분손익계산서], [전기분원가명세서], [전기분잉여금처분계산서] 중 관련된 부분을 수정하시오.(4점)

계정과목	틀린 내용	올바른 내용
소모품비	판매비와관리비로 2,000,000원을 과다 계상함	제조원가로 2,000,000원을 추가 반영할 것

02 다음 거래 자료를 [일반전표입력] 메뉴에 추가 입력하시오(일반전표입력의 모든 거래는 부가가치세를 고려하지 말 것).(18점)

입력 시 유의사항

- 일반적인 적요의 입력은 생략하지만, 타계정 대체거래는 적요번호를 선택하여 입력한다.
- 채권·채무와 관련된 거래는 별도의 요구가 없는 한 반드시 기 등록되어 있는 거래처코드를 선택하는 방법으로 거래처명을 입력한다.
- 제조경비는 500번대 계정코드를, 판매비와 관리비는 800번대 계정코드를 사용한다.
- 회계처리 시 계정과목은 별도제시가 없는 한 등록되어 있는 계정과목 중 가장 적절한 과목으로 한다.

❶ 7월 20일 회사가 보유하고 있던 매도가능증권(투자자산)을 다음과 같은 조건으로 처분하고 대금은 보통예금으로 회수하였다(단, 전기의 기말평가는 일반기업회계기준에 따라 처리하였음).(3점)

취득원가	전기 말 공정가치	처분금액	비고
24,000,000원	28,000,000원	29,000,000원	시장성이 있다.

❷ 9월 26일 창고에 보관 중인 원재료 550,000원(원가)을 공장에서 사용 중인 기계장치의 수리를 위하여 사용하였다.(3점)

❸ 11월 4일 세금계산서를 발급할 수 없는 간이과세자인 일백토스트에서 공장 생산직 직원들의 간식용 토스트를 주문하였다. 대금은 현금으로 지급하고, 아래와 같은 영수증을 받았다.(3점)

일백토스트			
121-15-12340			김일백
경기도 이천시 가좌로1번길		TEL:031-400-1158	
홈페이지 http://www.kacpta.or.kr			
현금(지출증빙용)			
구매 11/04/10:06		거래번호 : 150	
상품명	수량	단가	금액
햄토스트	2,500원	4	10,000원
치즈토스트	2,000원	5	10,000원
		합 계	**20,000원**
		받 은 금 액	**20,000원**

❹ 11월 5일 전기에 대손이 확정되어 대손충당금과 상계처리하였던 (주)대전전자의 외상매출금 500,000원이 회수되어 당사의 보통예금 계좌에 입금되었다.(3점)

❺ 11월 8일 기계장치 구입으로 인하여 부가가치세 제2기 예정신고기간에 발생한 부가가치세 환급금 10,300,000원이 보통예금 계좌로 입금되었다. 부가가치세 제2기 예정신고기간의 부가가치세 환급금은 미수금으로 회계처리를 하였다.(3점)

❻ 11월 30일 해외거래처인 ACE에 수출(선적일 : 11월 1일)한 제품에 대한 외상매출금 $2,000를 회수하였다. 외화로 회수한 외상매출금은 즉시 원화로 환전하여 당사 보통예금 계좌에 입금하였다.(3점)

• 11월 1일 환율 : 1,100원/$	• 11월 30일 환율 : 1,150원/$

03 다음 거래 자료를 [매입매출전표입력] 메뉴에 입력하시오.(18점)

> **입력 시 유의사항**
>
> • 일반적인 적요의 입력은 생략하지만, 타계정 대체거래는 적요번호를 선택하여 입력한다.
> • 채권·채무와 관련된 거래는 별도의 요구가 없는 한 반드시 기 등록되어 있는 거래처코드를 선택하는 방법으로 거래처명을 입력한다.
> • 제조경비는 500번대 계정코드를, 판매비와 관리비는 800번대 계정코드를 사용한다.
> • 회계처리 시 계정과목은 별도제시가 없는 한 등록되어 있는 계정과목 중 가장 적절한 과목으로 한다.
> • 입력하면 하단의 분개까지 처리하고, 전자세금계산서 및 전자계산서는 전자여부를 입력하여 반영한다.

❶ 10월 16일 (주)한국마트에서 대표이사 신윤철이 업무와 무관하게 개인적으로 이용하기 위하여 노트북 1 대를 2,500,000원(부가가치세 별도)에 외상으로 구매하고 전자세금계산서를 받았다.(단, 거래처를 입력할 것)(3점)

전자세금계산서(공급받는자 보관용)					승인번호			

	사업자 등록번호	105-81-23608	종사업장 번호			사업자 등록번호	126-87-10121	종사업장 번호	
공 급 자	상호 (법인명)	(주)한국마트	성명	한만군	공 급 받 는 자	상호 (법인명)	(주)금왕전자	성명	신윤철
	사업장 주소	서울특별시 동작구 여의대방로 28				사업장 주소	경기도 이천시 가좌로1번길 21-26		
	업 태	도소매	종목	전자제품		업 태	제조,도소매	종목	전자제품
	이메일					이메일			

작성일자	공급가액	세액	수정사유		
2024. 10. 16	2,500,000	250,000			
비고					

월	일	품 목	규 격	수 량	단 가	공급가액	세 액	비 고
10	16	노트북		1		2,500,000	250,000	

합계금액	현금	수표	어음	외상미수금	이 금액을 **(영수)** 함 **(청구)**
2,750,000				2,750,000	

2 10월 21일 (주)송송유통에 제품을 판매하고 다음과 같이 전자세금계산서를 발급하였다. 판매대금 중 10,000,000원은 지주상사가 발행한 어음으로 받았고, 나머지는 다음 달에 받기로 하였다.(3점)

전자세금계산서(공급받는자 보관용)					승인번호			
공급자	사업자 등록번호	126-87-10121	종사업장 번호		공급받는자	사업자 등록번호	110-81-19066	종사업장 번호
	상호 (법인명)	(주)금왕전자	성명	신윤철		상호 (법인명)	(주)송송유통	성명	이송
	사업장 주소	경기도 이천시 가좌로1번길 21-26				사업장 주소	서울특별시 강남구 강남대로 30		
	업 태	제조,도소매	종목	전자제품		업 태	도소매	종목	전자제품
	이메일					이메일			

작성일자	공급가액	세액	수정사유
2024. 10. 21	40,000,000	4,000,000	
비고			

월	일	품 목	규 격	수 량	단 가	공급가액	세 액	비 고
10	21	전자제품				40,000,000	4,000,000	

합계금액	현금	수표	어음	외상미수금	이 금액을 (영수) (청구) 함
44,000,000			10,000,000	34,000,000	

3 11월 2일 (주)이에스텍으로부터 공장 시설보호를 목적으로 CCTV 설치를 완료하고 전자세금계산서를 발급받았다. 대금 총액 3,300,000원(부가가치세 포함) 중 현금으로 300,000원을 지급하였고, 나머지는 10회에 걸쳐 매달 말 균등 지급하기로 하였다(계정과목은 시설장치 과목을 사용할 것).(3점)

4 11월 27일 당사는 본사의 사옥을 신축할 목적으로 기존 건물이 있는 토지를 취득하고 즉시 건물을 철거한 후 (주)철거로부터 전자세금계산서를 발급받았다. 구건물 철거 비용 33,000,000원(공급가액 30,000,000원, 세액 3,000,000원) 중 15,000,000원은 보통예금으로 지급하고, 나머지는 외상으로 하였다.(3점)

5️⃣ 12월 1일 개인 소비자인 권지우씨에게 제품을 2,400,000원(부가가치세 별도)에 판매하고, 판매대금은 신용카드로 결제받았다(단, 신용카드에 의한 판매는 매출채권으로 처리할 것).(3점)

신용카드매출전표

카드종류 : 국민카드
회원번호 : 2224 - 1222 - **** - 1345
거래일시 : 12.1. 16:05:16
거래유형 : 신용승인
매   출 : 2,400,000원
부 가 세 :   240,000원
합   계 : 2,640,000원
결제방법 : 일시불
승인번호 : 71999995
은행확인 : 국민은행
가맹점명 : (주)금왕전자

─ 이 하 생 략 ─

6️⃣ 12월 20일 미국 소재 법인 dongho와 8월 4일 직수출 계약을 체결한 제품 $5,000의 선적을 완료하고, 수출대금은 차후에 받기로 하였다. 직수출 계약일의 기준환율은 1,180원/$, 선적일의 기준환율은 1,185원/$이다(단, 수출신고번호 입력은 생략할 것).(3점)

04 [일반전표입력] 및 [매입매출전표입력] 메뉴에 입력된 내용 중 다음과 같은 오류가 발견되었다. 입력된 내용을 확인하여 정정하시오.(6점)

1️⃣ 8월 25일 제1기 확정신고기간의 부가가치세 납부세액과 가산세 162,750원을 보통예금으로 납부하고 일반전표에서 세금과공과(판)로 회계처리하였다(단, 6월 30일의 부가가치세 회계처리를 확인하고, 가산세는 세금과공과(판)로 처리할 것).(3점)

2️⃣ 10월 17일 (주)이플러스로부터 구매한 스피커의 대금 2,200,000원을 보통예금 계좌에서 이체하고 일반전표에서 상품으로 회계처리하였으나, 사실은 영업부 사무실에서 업무용으로 사용할 목적으로 구입하고 지출증빙용 현금영수증을 발급받은 것으로 확인되었다. 회사는 이를 비품으로 처리하고 매입세액공제를 받으려고 한다.(3점)

05 결산정리사항은 다음과 같다. 해당메뉴에 입력하시오.(9점)

1 외상매입금 계정에는 중국에 소재한 거래처 상하이에 대한 외상매입금 2,200,000원($2,000)이 포함되어 있다(결산일 현재 적용환율 : 1,120원/$).(3점)

2 7월 1일 전액 비용으로 회계처리한 보험료(제조부문 : 2,400,000원, 영업부문 : 1,500,000원)는 1년분 (2024.7.1.~2025.6.30.) 보험료를 일시에 지급한 것으로 보험료는 월할계산한다.(3점)

3 9월 15일 가수금으로 처리한 8,000,000원에 대한 원인을 조사한 결과 그 중 2,530,000원은 (주)인천의 외상매출금을 회수한 것으로 밝혀졌다. 나머지 금액은 결산일 현재까지 그 차이의 원인을 알 수 없어 당기 수익(영업외수익)으로 처리하였다.(3점)

06 다음 사항을 조회하여 답안을 [이론문제 답안작성] 메뉴에 입력하시오.(9점)

1 1분기(1월~3월) 중 제품 매출이 가장 많은 달(月)과 가장 적은 달(月)의 차이는 얼마인가?(단, 음수로 입력하지 말 것)(3점)

2 부가가치세 제1기 예정신고기간(1월~3월) 중 신용카드로 매입한 사업용 고정자산의 공급가액은 얼마인가?(3점)

3 6월 중 한일상회에서 회수한 외상매출금은 얼마인가?(3점)

이론시험

다음 문제를 보고 알맞은 것을 골라 [이론문제 답안작성] 메뉴에 입력하시오.(객관식 문항당 2점)

기본 전제

문제에서 한국채택국제회계기준을 적용하도록 하는 전제조건이 없는 경우, 일반기업회계기준을 적용한다.

01 다음의 손익계산서 항목 중 유형자산처분손실이 발생할 경우 변동되는 것은?

① 매출원가
② 매출총이익
③ 영업이익
④ 법인세비용차감전순손익

02 다음 중 현금및현금성자산에 해당하지 않는 것은?

① 당좌예금
② 타인발행수표
③ 보통예금
④ 취득 당시 만기가 1년 이후에 도래하는 양도성예금증서

03 다음의 거래를 회계처리할 때 사용되지 않는 계정과목은 무엇인가?

업무용 승용차 20,000,000원을 취득하면서 먼저 지급한 계약금 2,000,000원을 제외한 나머지 잔액은 약속어음을 발행하여 지급하였다.

① 선급금
② 지급어음
③ 미지급금
④ 차량운반구

04 아래의 고정자산 관리대장에 의하여 기말결산 시 감가상각비(제조원가)로 인식할 금액은 얼마인가?(단, 월할 계산하고 소수점 미만 금액은 절사할 것)

구분	자산명	취득일	취득원가	잔존가치	상각 방법	내용 연수	상각률	사용 부서
차량 운반구	BMW520d	2023.03.01.	65,000,000	15,000,000	정액법	5	0.2	영업부
	포터2 더블캡	2020.05.02.	30,000,000	5,000,000	정액법	5	0.2	생산부

① 5,000,000원
② 6,000,000원
③ 8,333,333원
④ 15,000,000원

05 다음 중 무형자산에 대한 설명으로 옳지 않은 것은?

① 무형자산은 영업상 목적으로 획득 또는 보유하는 것으로, 물리적 형체가 없다.
② 식별가능성은 특정 무형자산을 다른 자산과 구분하여 별도로 인식할 수 있음을 의미한다.
③ 무형자산의 미래경제적효익은 재화의 매출이나 용역수익, 원가절감, 또는 자산의 사용에 따른 기타 효익의 형태로 발생한다.
④ 무형자산을 최초로 인식할 때에는 시가로 측정한다.

06 다음의 계정별원장을 분석하여 9월 1일 단기매매증권처분금액을 계산하면 얼마인가?

단기매매증권			단기매매증권처분이익	
8/1 현금 500,000원	9/1 현금 500,000원			9/1 현금 100,000원

① 400,000원
② 500,000원
③ 600,000원
④ 1,000,000원

07 아래의 분개를 각 계정별원장에 전기한 것으로 가장 적절한 것은?

12월 1일	(차) 급여	2,000,000원	(대) 미지급금	1,950,000원
			예수금	50,000원

① 　　　　　　　예수금
　12/1 급여　 50,000 ｜

② 　　　　　　　미지급금
　　　　　　　　｜ 12/1 예수금　 50,000

③ 　　　　　　　미지급금
　12/1 급여 2,000,000 ｜

④ 　　　　　　　미지급금
　　　　　　　　｜ 12/1 급여　 1,950,000

08 다음의 계정과목 중 계정체계의 분류가 나머지와 다른 것은?

① 매도가능증권처분이익
③ 단기매매증권평가이익

② 자산수증이익
④ 자기주식처분이익

09 다음 중 제조원가명세서에 표시되지 않는 것은?

① 직접재료비, 직접노무비, 제조간접비
③ 당기제품제조원가

② 당기총제조원가
④ 제품매출원가

10 다음은 종합원가계산과 개별원가계산에 대한 설명이다. 옳지 않은 것을 고르시오.

① 다품종 주문생산에 적합한 원가계산방법은 개별원가계산이다.
② 정유업, 제당업, 제분업은 종합원가계산이 적합하다.
③ 건설업, 주문에 의한 기계제조업, 항공기제조업은 개별원가계산이 적합하다.
④ 상대적으로 정확한 제품원가계산이 가능한 방법은 종합원가계산이다.

11 다음 자료를 이용하여 평균법에 의한 가공비 완성품환산량을 계산하시오. 단, 재료비는 공정 초기에 전량 투입되며, 가공비는 공정 전반에 걸쳐 균등하게 발생한다.

- 기초재공품 수량 : 400개(완성도 20%)
- 당기착수 수량 : 450개
- 당기완성품 수량 : 800개
- 기말재공품 수량 : 50개(완성도 40%)

① 450개
③ 820개

② 800개
④ 850개

12 다음 중 원가와 관련된 설명으로 옳지 않은 것은?

① 당기총제조원가는 직접재료비, 직접노무비, 제조간접비의 합계이다.
② 재공품의 기초, 기말재고가 없는 경우 당기총제조원가는 당기제품제조원가와 같다.
③ 매몰원가는 의사결정을 할 때 고려되지 않는 과거에 발생한 원가의 합계이다.
④ 기회원가는 여러 대안에 대한 의사결정을 하였을 때, 선택하지 않은 대안의 기대치 합계이다.

13 다음 중 부가가치세법상 세금계산서 및 거래징수와 관련된 설명으로 잘못된 것은?

① 사업자가 재화 또는 용역을 공급하는 경우에는 부가가치세를 재화 또는 용역을 공급받는 자로부터 징수하여야 한다.
② 세금계산서는 재화 또는 용역의 공급시기에 발급한다.
③ 세금계산서는 재화 또는 용역의 공급받는 자와 대가를 지급하는 자가 다른 경우 대가를 지급하는 자에게 발급하여야 한다.
④ 재화 또는 용역의 공급시기가 되기 전이라도 대가의 전부 또는 일부를 수령한 경우 세금계산서를 발급할 수 있다.

14 다음 중 부가가치세법상 면세 대상 용역에 해당하는 것은?

① 전세버스 운송 용역
② 골동품 중개 용역
③ 도서대여 용역
④ 자동차운전학원 교육 용역

15 다음 자료에 의하여 부가가치세 과세표준을 계산하면 얼마인가?

- 총매출액 : 1,000,000원
- 외상매출금 연체이자 : 5,000원
- 매출에누리액 : 16,000원
- 매출할인액 : 30,000원
- 판매장려금(금전) 지급액 : 50,000원
- 대손금 20,000원

① 929,000원
② 934,000원
③ 954,000원
④ 959,000원

(주)동진상사(회사코드:1013)는 스포츠의류를 제조하여 판매하는 중소기업으로 당기(제7기)의 회계기간은 2024. 1. 1. ~ 2024. 12. 31.이다. 전산세무회계 수험용 프로그램을 이용하여 다음 물음에 답하시오.

기본 전제

- 문제에서 한국채택국제회계기준을 적용하도록 하는 전제조건이 없는 경우, 일반기업회계기준을 적용하여 회계처리한다.
- 문제의 풀이와 답안작성은 제시된 문제의 순서대로 진행한다.

01 다음은 기초정보관리 및 전기분 재무제표에 대한 자료이다. 각각의 요구사항에 대하여 답하시오.(10점)

❶ 제품 매출을 위해 소망카드와 신용카드가맹점 계약을 하였다. 다음의 자료를 이용하여 [거래처등록] 메뉴에서 거래처를 등록하시오(단, 주어진 자료 외의 다른 항목은 입력할 필요 없음).(3점)

- 코드 : 99605
- 가맹점번호 : 654800341
- 거래처명 : 소망카드
- 유형 : 매출

❷ 다음 자료를 이용하여 [계정과목및적요등록] 메뉴에서 계정과목을 등록하시오.(3점)

- 코드 : 855
- 성격 : 경비
- 계정과목 : 인적용역비
- 대체적요 : 1. 사업소득자 용역비 지급

❸ (주)동진상사의 기초 채권 및 채무의 올바른 잔액은 다음과 같다. [거래처별초기이월] 자료를 검토하고 오류가 있으면 삭제 또는 수정, 추가 입력하여 올바르게 정정하시오.(4점)

계정과목	거래처	금액	재무상태표 금액
외상매출금	(주)부산무역	49,000,000원	82,000,000원
	(주)영월상사	33,000,000원	
외상매입금	(주)여주기업	51,000,000원	75,800,000원
	(주)부여산업	24,800,000원	

02 다음 거래 자료를 [일반전표입력] 메뉴에 추가 입력하시오(일반전표입력의 모든 거래는 부가가치세를 고려하지 말 것).(18점)

> **입력 시 유의사항**
>
> • 일반적인 적요의 입력은 생략하지만, 타계정 대체거래는 적요번호를 선택하여 입력한다.
> • 채권·채무와 관련된 거래는 별도의 요구가 없는 한 반드시 기 등록되어 있는 거래처코드를 선택하는 방법으로 거래처명을 입력한다.
> • 제조경비는 500번대 계정코드를, 판매비와 관리비는 800번대 계정코드를 사용한다.
> • 회계처리 시 계정과목은 별도제시가 없는 한 등록되어 있는 계정과목 중 가장 적절한 과목으로 한다.

1 9월 18일 (주)강남에 지급하여야 하는 외상매입금 2,500,000원 중 1,300,000원은 3개월 만기 약속어음을 발행하여 지급하고, 나머지는 면제받았다.(3점)

2 10월 13일 제품 3,000,000원을 거래처 일만상사에 판매하기로 계약하고, 계약금으로 공급대가의 20%를 일만상사 발행 당좌수표로 받다.(3점)

3 10월 15일 추석 명절을 맞아 다음과 같이 직원 상여금을 보통예금 계좌에서 지급하였다.(3점)

성명	부서	상여금(원)	공제액(원)			차인지급액(원)
			근로소득세	지방소득세	공제합계	
김세무	영업부	500,000	50,000	5,000	55,000	445,000
이회계	생산부	900,000	90,000	9,000	99,000	801,000
계		1,400,000	140,000	14,000	154,000	1,246,000

4 11월 11일 9월 30일에 열린 주주총회에서 결의했던 금전 중간배당금 2,000,000원을 보통예금으로 지급하였다(단, 9월 30일의 회계처리는 적정하게 이루어졌으며, 원천징수는 없는 것으로 가정할 것).(3점)

5 12월 28일 사무실에서 사용할 비품으로 공기청정기를 구입하고 구입대금은 신용카드로 결제하였다(카드대금은 미지급금 계정을 사용할 것).(3점)

(주)윤서전자		
사업자번호 106-81-20225		이윤서
경기도 부천시 경인옛로 111		TEL: 3385-8085
홈페이지 http://www.kacpta.or.kr		

카드 매출전표		
구매 12/28/10:46		거래번호 : 0006-0007
상품명	수량	공급대가
공기청정기(25평형) 2543655000009	1	3,000,000원
합 계		3,000,000원
받은금액		3,000,000원

```
******************** 결 제 카 드 ********************
         씨티카드 5540-80**-****-**97
             승인번호 : 00098867
```

6 12월 30일 (주)동진상사는 영업부 임직원의 퇴직금에 대하여 확정급여형(DB형) 퇴직연금에 가입하고 있으며, 12월분 퇴직연금 납입액 5,500,000원을 당사 보통예금 계좌에서 이체하였다. 단, 납입액 5,500,000원 중 2%는 금융기관에 지급하는 수수료이다. (3점)

03 다음 거래 자료를 [매입매출전표입력] 메뉴에 입력하시오.(18점)

> **입력 시 유의사항**
>
> • 일반적인 적요의 입력은 생략하지만, 타계정 대체거래는 적요번호를 선택하여 입력한다.
> • 채권·채무와 관련된 거래는 별도의 요구가 없는 한 반드시 기 등록되어 있는 거래처코드를 선택하는 방법으로 거래처명을 입력한다.
> • 제조경비는 500번대 계정코드를, 판매비와 관리비는 800번대 계정코드를 사용한다.
> • 회계처리 시 계정과목은 별도제시가 없는 한 등록되어 있는 계정과목 중 가장 적절한 과목으로 한다.
> • 입력하면 하단의 분개까지 처리하고, 전자세금계산서 및 전자계산서는 전자여부를 입력하여 반영한다.

1 7월 25일 수출 관련 구매확인서에 근거하여 제품 10,000,000원(공급가액)을 (주)정남에 공급하고 영세율전자세금계산서를 발급하였다. 7월 15일에 기수령한 계약금 2,000,000원을 제외한 대금은 외상으로 하였다(단, 서류번호는 입력하지 말 것).(3점)

❷ 9월 20일 주경상사에서 원재료를 매입하고 다음의 전자세금계산서를 발급받았다.(3점)

전자세금계산서(공급받는자 보관용)						승인번호		
공급자	사업자 등록번호	109-53-56618	종사업장 번호		공급받는자	사업자 등록번호	136-81-29187	종사업장 번호	
	상호 (법인명)	주경상사	성명 (대표자)	한수진		상호 (법인명)	(주)동진상사	성명	김동진
	사업장 주소	경기도 의정부시 망월로 11				사업장 주소	경기도 안산시 단원구 별망로 178		
	업 태	도소매	종 목	의류		업 태	제조, 도소매	종 목	스포츠의류
	이메일					이메일			

작성일자	공급가액	세액	수정사유			
2024. 9. 20	1,300,000	130,000				
비고						

월	일	품 목	규격	수량	단 가	공 급 가 액	세 액	비 고
9	20	원단		100	13,000	1,300,000	130,000	

합 계 금 액	현 금	수 표	어 음	외상미수금	이 금액을 (영수) (청구) 함
1,430,000	1,000,000		430,000		

❸ 10월 26일 영업사원을 대상으로 직장 내 성희롱 예방교육을 실시하고, (주)예인으로부터 전자계산서를 발급받았다. 대금 1,650,000원은 보통예금에서 이체하였다.(3점)

4 11월 11일 독일 왓츠자동차로부터 5인승 업무용 승용차(3,000cc)를 수입하면서 인천세관장으로부터 수입전자세금계산서를 다음과 같이 수취하고, 부가가치세는 당좌수표를 발행하여 즉시 납부하다(부가가치세만 회계처리할 것).(3점)

수입전자세금계산서							승인번호			
세관명	사업자등록번호	128-88-12345	종사업장번호		공급받는자	사업자등록번호	136-81-29187	종사업장번호		
	세 관 명	인천세관	성명	인천세관장		상호(법인명)	(주)동진상사	성명	김동진	
	세관주소	인천광역시 남동구 구월남로 129				사업장주소	경기도 안산시 단원구 별망로 178			
	수입신고번호 또는 일괄발급 기간(총건)					업 태	제조, 도소매	종 목	스포츠의류	
						업 태				

작성일자	과세표준	세액	수정사유
2024. 11. 11	88,000,000원	8,800,000원	해당 없음
비고			

월	일	품 목	규 격	수 량	단 가	과세표준	세 액	비 고
11	11	승용차(3000cc)				88,000,000원	8,800,000원	
합계금액		96,800,000원						

5 12월 7일 영업부에서 회식을 하고 법인체크카드(하나카드)로 결제하자마자 바로 보통예금에서 인출되었다. (3점)

단말기번호	전표번호	
502252251	120724128234	
카드종류		
하나카드	신용승인	
카드번호		
9451-1122-1314-1235		
판매일자		
12/07 11:12:36		
거래구분	금액	400,000원
일시불	세금	40,000원
은행확인	봉사료	0원
하나카드	합계	440,000원
판매자		
대표자	이성수	
사업자등록번호	875-03-00273	
가맹점명	명량	
가맹점주소		
경기도 화성시 마도면 마도로620번길 79		
	서명	
	(주)동진상사	

6 12월 30일 개인사업자인 미래회계학원에 제품을 현금으로 판매하고 다음과 같은 현금영수증을 발급하였다(단, 거래처를 입력할 것).(3점)

<table>
<tr><td colspan="3" align="center">(주)동진상사</td></tr>
<tr><td colspan="2">사업자번호 136-81-29187</td><td>김동진</td></tr>
<tr><td colspan="2">경기도 안산시 단원구 별망로 178</td><td>TEL:031-3289-8085</td></tr>
<tr><td colspan="3" align="center">현금(지출증빙)</td></tr>
<tr><td colspan="2">구매 12/30/10:46</td><td>거래번호 : 0026-0107</td></tr>
<tr><td>상품명</td><td>수량</td><td>금액</td></tr>
<tr><td>패딩셋트</td><td>3set</td><td>6,600,000원</td></tr>
<tr><td></td><td>과세물품가액</td><td>6,000,000원</td></tr>
<tr><td></td><td>부가가치세액</td><td>600,000원</td></tr>
<tr><td></td><td>합 계</td><td>6,600,000원</td></tr>
<tr><td></td><td>승인금액</td><td>6,600,000원</td></tr>
</table>

04 [일반전표입력] 및 [매입매출전표입력] 메뉴에 입력된 내용 중 다음과 같은 오류가 발견되었다. 입력된 내용을 확인하여 정정하시오.(6점)

1 12월 10일 공장의 창문이 파손되어 유리창을 교체하면서 800,000원(부가가치세 별도)을 (주)글라스에 자기앞수표로 지급하고 전자세금계산서를 수령하였다. 이는 수익적지출에 해당하나 자본적 지출로 잘못 회계처리하였다.(3점)

2 12월 18일 영업부 사무실의 수도광열비 74,500원을 현금으로 지급한 것으로 회계처리하였으나, 이는 제품 제조공장에서 발생한 전기요금으로 확인되었다.(3점)

05 결산정리사항은 다음과 같다. 해당메뉴에 입력하시오.(9점)

1 결산일 현재 현금과부족에 대한 원인을 확인한 결과 영업부 직원의 출장경비 영수증이 누락된 것으로 판명되어 해당 직원으로부터 아래의 영수증을 제출받았다(출장경비는 여비교통비 계정을 사용할 것).(3점)

지방모텔		
사업자번호 106-28-20180 　　이지안		
강원도 삼척시 세멘로 24　　TEL : 3285-8083		
영수증		
상품명	수량	금액
일반실	2	140,000원
합　　계		140,000원
받 은 금 액		140,000원

이지방맛집		
사업자번호 106-11-10175 　　이지방		
강원도 삼척시 동굴로 33　　TEL : 3285-3085		
영수증		
상품명	수량	금액
송이전골	3	90,000원
합　　계		90,000원
받 은 금 액		90,000원

2 11월 25일 미국 K사로부터 차입한 외화장기차입금 36,000,000원($30,000)에 대하여 결산일 현재의 기준환율 1,150원/$을 적용하여 평가하다.(3점)

3 12월 31일 결산일 현재 재고자산의 기말재고액은 다음과 같다.(3점)

- 원재료 : 4,400,000원　　　• 재공품 : 5,000,000원　　　• 제품 : 5,600,000원

06 다음 사항을 조회하여 답안을 [이론문제 답안작성] 메뉴에 입력하시오.(9점)

1 제1기 부가가치세 예정신고에 반영된 내용 중 3월 현금영수증 발행분 매출의 공급가액은 얼마인가?(3점)

2 상반기(1월~6월) 중 외상매출금이 가장 많이 감소한 거래처와 그 금액은 얼마인가?(3점)

3 4월 중 현금으로 지급한 도서인쇄비(판매비및일반관리비)의 금액은 얼마인가?(3점)

이론시험

다음 문제를 보고 알맞은 것을 골라 [이론문제 답안작성] 메뉴에 입력하시오.(객관식 문항당 2점)

기본 전제

문제에서 한국채택국제회계기준을 적용하도록 하는 전제조건이 없는 경우, 일반기업회계기준을 적용한다.

01 다음 중 재무제표를 통해 제공되는 정보에 대한 설명으로 틀린 것은?

① 재무제표는 추정에 의한 측정치를 포함하지 않는다.
② 재무제표는 특정 기업실체에 관한 정보를 제공한다.
③ 재무제표는 화폐단위로 측정된 정보를 주로 제공한다.
④ 재무제표는 산업 또는 경제 전반에 관한 정보를 제공하지 않는다.

02 다음의 회계처리로 인하여 재무제표에 미치는 영향을 바르게 설명한 것은?

비품 7,000,000원을 소모품비로 회계처리하였다.

① 수익이 7,000,000원 과대 계상된다.　② 자산이 7,000,000원 과소 계상된다.
③ 비용이 7,000,000원 과소 계상된다.　④ 순이익이 7,000,000원 과대 계상된다.

03 다음은 (주)상무물산의 제1기(1.1.~12.31.) 재고자산에 대한 내역이다. 선입선출법에 의한 기말재고자산 금액은 얼마인가?

일자	적요	수량	단가
01.23	매입	3,000개	300원
04.30	매출	500개	500원
05.31	매출	1,500개	600원
08.15	매입	2,000개	400원
12.25	매출	500개	500원

① 750,000원　② 850,000원　③ 916,666원　④ 950,000원

04 다음 중 무형자산으로 인식되기 위한 인식기준이 아닌 것은?

① 식별가능성   ② 통제가능성
③ 미래 경제적효익   ④ 판매가능성

05 다음은 (주)대한이 당기 중 취득하여 기말 현재 보유하고 있는 유가증권 관련 자료이다. 기말 회계처리로 적절한 것은 무엇인가?

> • 취득원가 2,000,000원인 ㈜미국의 주식은 단기보유목적으로 취득하였으며 동 주식의 기말공정가치는 2,400,000원이다.
> • 취득원가 1,800,000원인 ㈜중국의 시장성 있는 주식을 장기투자목적으로 취득하였고, 동 주식의 기말공정 가치는 1,700,000원이다.

① (차) 유가증권   300,000원   (대) 유가증권평가이익   300,000원
② (차) 단기매매증권   400,000원   (대) 단기매매증권평가이익   400,000원
③ (차) 단기매매증권   400,000원   (대) 단기매매증권평가이익   400,000원
       만기보유증권평가손실   100,000원   만기보유증권   100,000원
④ (차) 단기매매증권   400,000원   (대) 단기매매증권평가이익   400,000원
       매도가능증권평가손실   100,000원   매도가능증권   100,000원

06 다음은 기계장치에 대한 감가상각 관련 자료이다. 연수합계법에 의한 1차 연도의 감가상각비는 얼마인가?

> • 취득원가 : 60,000,000원(1월 1일 취득)   • 잔존가치 : 취득원가의 10%, 내용연수 : 3년

① 9,000,000원   ② 15,000,000원
③ 18,000,000원   ④ 27,000,000원

07 다음 중 유형자산에 대한 특징이 아닌 것은?

① 물리적 형태가 있는 자산이다.
② 판매를 목적으로 취득한 자산이다.
③ 비화폐성 자산이다.
④ 여러 회계기간에 걸쳐 경제적 효익을 제공해주는 자산이다.

08 다음의 자료를 이용하여 매출원가를 구하시오.

> • 기초상품재고액 5,000,000원   • 매입운임 200,000원
> • 당기매입액 2,000,000원   • 기말상품재고액 2,000,000원
> • 매입할인 100,000원

① 4,900,000원   ② 5,000,000원
③ 5,100,000원   ④ 5,200,000원

09 다음 중 보조부문원가의 배분방법에 대한 설명으로 옳지 않은 것은?

① 상호배분법은 가장 정확성이 높은 배분방법이다.
② 직접배분법은 배분순위를 고려하지 않는 가장 단순한 방법이다.
③ 직접배분법은 단계배분법에 비해 순이익을 높게 계상하는 배분방법이다.
④ 보조부문원가 배분방법 중 배분순위를 고려하여 배분하는 것은 단계배분법이다.

10 다음 자료를 이용하여 5월 노무비 발생액을 계산하면 얼마인가?

> • 노무비 전월 선급액 : 500,000원   • 노무비 당월 지급액 : 200,000원
> • 당월 선급액과 당월 미지급액은 없다.

① 100,000원   ② 300,000원
③ 400,000원   ④ 700,000원

11 다음 중 개별원가계산과 종합원가계산에 대한 설명으로 옳은 것은?

① 개별원가계산은 표준화된 제품을 연속적이며 대량으로 생산하는 기업에 적합하다.
② 종합원가계산은 직접재료비와 직접노무비의 실제로 발생한 원가를 각 제품별로 대응시킨다.
③ 개별원가계산은 종합원가계산에 비해 각 제품별 정확한 원가계산이 가능하다.
④ 종합원가계산은 특정제조지시서를 사용한다.

12 직접재료원가와 직접노무원가는 실제원가로, 제조간접원가는 예정배부율로 계산하는 방법인 정상개별원가계산에 의하여 제조간접비를 예정배부하는 경우 예정배부액 계산식으로 옳은 것은?

① 배부기준의 예정조업도 × 예정배부율
② 배부기준의 실제조업도 × 실제배부율
③ 배부기준의 예정조업도 × 실제배부율
④ 배부기준의 실제조업도 × 예정배부율

13 다음 중 부가가치세법상 영세율에 대한 설명으로 틀린 것은?

① 영세율은 부분면세제도이다.
② 영세율의 목적은 소비지국 과세원칙의 구현이다.
③ 영세율의 목적은 국제적 이중과세 방지를 위한 것이다.
④ 영세율이 적용되는 경우에도 세금계산서를 발급하는 경우가 있다.

14 다음 중 부가가치세법상 용역의 공급으로 과세하지 않는 것은?

① 고용관계에 의하여 근로를 제공하는 경우
② 사업자가 특수관계 있는 자에게 사업용 부동산의 임대용역을 무상공급하는 경우
③ 자기가 주요 자재를 전혀 부담하지 아니하고 상대방으로부터 인도받은 재화를 단순히 가공만 하는 경우
④ 건설사업자가 건설자재의 전부 또는 일부를 부담하고 공급하는 용역의 경우

15 다음 중 부가가치세법상 세금계산서에 대한 설명으로 가장 옳지 않은 것은?

① 법인사업자 및 개인사업자는 반드시 전자세금계산서를 발급하여야 한다.
② 세금계산서는 사업자가 원칙적으로 재화 또는 용역의 공급시기에 재화 또는 용역을 공급받는 자에게 발급하여야 한다.
③ 전자세금계산서를 발급하였을 때에는 발급일의 다음 날까지 전자세금계산서 발급명세를 국세청장에게 전송하여야 한다.
④ 세관장은 수입되는 재화에 대하여 부가가치세를 징수할 때에는 수입된 재화에 대한 수입세금계산서를 수입하는 자에게 발급하여야 한다.

세무사랑(주)(회사코드:1003)은 부동산임대업 및 전자제품의 제조 · 도소매업을 영위하는 중소기업으로 당기(제7기) 회계기간은 2024. 1. 1. ～ 2024. 12. 31.이다. 전산세무회계 수험용 프로그램을 이용하여 다음 물음에 답하시오.

> **기본 전제**
>
> • 문제에서 한국채택국제회계기준을 적용하도록 하는 전제조건이 없는 경우, 일반기업회계기준을 적용하여 회계처리한다.
> • 문제의 풀이와 답안작성은 제시된 문제의 순서대로 진행한다.

01 다음은 기초정보관리 및 전기분 재무제표에 대한 자료이다. 각각의 요구사항에 대하여 답하시오. (10점)

1 당사는 현재 사용하고 있는 창고의 일부를 1년간 임대하기로 하고, 임차인으로부터 1년치 임대료를 현금으로 선수령하였다. [계정과목및적요등록] 메뉴에서 다음 사항을 추가로 입력하시오.(3점)

> • 코드 : 274
> • 성격 : 2.일반
> • 계정과목 : 선수임대료
> • 대체적요 : 1.기간미경과 임대료 계상

2 신한은행에서 통장을 신규 개설하였다. 다음의 자료를 이용하여 [거래처등록] 메뉴에 입력하시오.(3점)

> • 코드번호 : 98004
> • 유형 : 정기적금
> • 계좌개설일 : 2024년 11월 10일
> • 계좌번호 : 413 – 920 – 769077
> • 계좌개설은행/지점 : 신한은행/마곡점

3 거래처별 초기이월 자료를 검토하여 수정 또는 추가 입력하시오.(4점)

계정과목	거래처	금액
받을어음	(주)하늘정밀	13,300,000원
	(주)일렉코리아	11,700,000원
지급어음	(주)프로테크	14,500,000원
	(주)부흥기업	13,500,000원

02 다음 거래 자료를 [일반전표입력] 메뉴에 추가 입력하시오(일반전표입력의 모든 거래는 부가가치세를 고려하지 말 것).(18점)

> **입력 시 유의사항**
>
> • 일반적인 적요의 입력은 생략하지만, 타계정 대체거래는 적요번호를 선택하여 입력한다.
> • 채권 · 채무와 관련된 거래는 별도의 요구가 없는 한 반드시 기 등록되어 있는 거래처코드를 선택하는 방법으로 거래처명을 입력한다.
> • 제조경비는 500번대 계정코드를, 판매비와 관리비는 800번대 계정코드를 사용한다.
> • 회계처리 시 계정과목은 별도제시가 없는 한 등록되어 있는 계정과목 중 가장 적절한 과목으로 한다.

1 7월 4일 공장 생산직 직원들의 업무능력 향상을 위한 외부강사 초빙교육에 따른 교육훈련비 500,000원 중 원천징수세액 16,500원을 차감한 금액을 보통예금 계좌에서 지급하였다.(3점)

2 7월 11일 원재료 보관용 창고의 화재와 도난에 대비하기 위하여 화재손해보험에 가입하고 3개월분 보험료 3,000,000원을 보통예금 계좌에서 이체하였다(단, 보험료는 전액 비용계정으로 회계처리할 것).(3점)

3 7월 25일 단기투자목적으로 보유 중인 (주)한국의 주식에 대하여 배당금 1,500,000원이 확정되었다. 배당금은 당일 당사의 보통예금 계좌로 입금되었다. (3점)

4 8월 16일 다음은 영업팀에서 거래처와의 식사비용을 법인카드(신한카드)로 결제하고 수령한 신용카드매출전표이다.(3점)

신용카드 매출전표

단말기번호	10032158	전표번호	

카드종류		거래종류	결제방법
신한카드		신용구매	일시불
회원번호(Card No)		취소시 원거래일자	
1140-2303-4255-8956			
유효기간		거래일시 8.16	품명
전표제출		금 액/AMOUNT	300,000
		부 가 세/VAT	30,000
전표매입사		봉 사 료/TIPS	
		합 계/TOTAL	330,000
거래번호		승인번호/(Approval No.)	
		51874871	

가맹점	일등참치		
대표자	김이등	TEL	
가맹점번호		사업자번호	126-05-00480
주소	서울 성동구 상왕십리동 514-4		

서명(Signature)
세무사랑(주)

5 8월 25일 직원 김성실에 대한 8월분 급여명세서는 다음과 같으며, 공제내역을 제외한 차인지급액을 보통예금에서 계좌 이체하여 지급하였다.(3점)

8월 급여명세서
김성실(생산부) 귀하

지급내역	기본급	1,500,000원
	자격수당	100,000원
	직무수당	130,000원
	식대	100,000원
	월차수당	70,000원
	지급총액	**1,900,000원**
공제내역	소득세	15,560원
	지방소득세	1,550원
	국민연금	81,000원
	건강보험	61,740원
	고용보험	14,400원
	공제총액	**174,250원**
차인지급액		**1,725,750원**
귀하의 노고에 감사드립니다.		

6 9월 17일 유기견 보호단체에 기부금 2,500,000원을 보통예금 계좌에서 기부하였다.(3점)

03 다음 거래 자료를 [매입매출전표입력] 메뉴에 입력하시오.(18점)

> **입력 시 유의사항**
> • 일반적인 적요의 입력은 생략하지만, 타계정 대체거래는 적요번호를 선택하여 입력한다.
> • 채권·채무와 관련된 거래는 별도의 요구가 없는 한 반드시 기 등록되어 있는 거래처코드를 선택하는 방법으로 거래처명을 입력한다.
> • 제조경비는 500번대 계정코드를, 판매비와 관리비는 800번대 계정코드를 사용한다.
> • 회계처리 시 계정과목은 별도제시가 없는 한 등록되어 있는 계정과목 중 가장 적절한 과목으로 한다.
> • 입력하면 하단의 분개까지 처리하고, 전자세금계산서 및 전자계산서는 전자여부를 입력하여 반영한다.

1 9월 3일 해피상사에 제품을 판매하고 다음과 같이 전자세금계산서를 발급하였다.(3점)

전자세금계산서(공급받는자 보관용)						승인번호			
공급자	사업자 등록번호	214-87-10127	종사업장 번호		공급받는자	사업자 등록번호	120-35-68795	종사업장 번호	
	상호 (법인명)	세무사랑(주)	성명 (대표자)	원경희		상호 (법인명)	해피상사	성명	김수은
	사업장 주소	서울시 서초구 명달로 105 (서초동)				사업장 주소	서울시 마포구 상암동 331		
	업 태	제조 외	종 목	전자 제품 외		업 태	도매업	종 목	컴퓨터
	이메일					이메일			

작성일자	공급가액	세액	수정사유		
2024. 9. 3	6,000,000	600,000			
비고					

월	일	품 목	규 격	수 량	단 가	공 급 가 액	세 액	비 고
9	3	전자부품		100	60,000	6,000,000	600,000	

합 계 금 액	현 금	수 표	어 음	외상미수금	이 금액을 **(영수)** 함 **(청구)**
6,600,000원	3,300,000			3,300,000	

2 9월 25일 조아무역에 제품을 5,500,000원(부가가치세 포함)에 판매하고 신용카드(비씨카드)로 결제받았다.(3점)

3 10월 15일 공장의 시설보호 목적으로 CCTV 설치를 완료하고 (주)에스콤으로부터 전자세금계산서를 발급받았다. 대금총액은 5,500,000원(부가가치세 포함)으로 당일에 500,000원을 현금으로 지급하였으며, 나머지는 10회에 걸쳐 매달 균등액을 지급하기로 하였다(단, 설비장치 계정과목을 사용하되 고정자산등록은 생략할 것).(3점)

4 10월 20일 대만에서 원재료를 공급가액 10,000,000원(부가가치세 별도)에 수입하고 수입전자세금계산서를 인천세관장으로부터 발급받았으며, 부가가치세액을 즉시 현금으로 납부하였다(부가가치세액에 대한 회계처리만 할 것).(3점)

수입전자세금계산서						승인번호			
세관명	사업자등록번호	121-83-00561	종사업장번호		공급받는자	사업자등록번호	214-87-10127	종사업장번호	
	세 관 명	인천세관	성명	인천세관장		상호(법인명)	세무사랑(주)	성명	원경희
	세관주소	인천광역시 중구 서해대로 339				사업장주소	서울시 서초구 명달로 105 (서초동)		
	수입신고번호 또는 일괄발급 기간(총건)	1234567890				업 태	제조 외	종 목	전자제품 외
						업 태			
작성일자		과세표준		세액		수정사유			
2024. 10. 20		10,000,000		1,000,000		해당 없음			
비고									

월	일	품 목	규 격	수 량	단 가	과세표준	세 액	비 고
10	20	원재료				10,000,000	1,000,000	
합계금액		11,000,000원						

5 11월 30일 (주)리스로부터 영업직 직원들이 사용할 목적으로 업무용승용차를 리스하였다. 해당 리스는 운용리스이며, 리스계약일은 당기 11월 30일, 리스기간은 5년 약정, 월 리스료는 800,000원이다. (주)리스로부터 1회차 임차료(판)에 대한 전자계산서를 당일에 발급받았으며, 대금은 익월 초에 지급하기로 하였다.(3점)

6 12월 12일 해외거래처인 베스트인터내셔날에 제품 1,000개(1개당 $200)를 직수출하고, 대금은 외상으로 하였다. 선적일(12월 12일)의 기준환율은 1,300원/$이었다(단, 수출신고번호 입력은 생략할 것).(3점)

04 [일반전표입력] 및 [매입매출전표입력] 메뉴에 입력된 내용 중 다음과 같은 오류가 발견되었다. 입력된 내용을 확인하여 정정하시오.(6점)

1 8월 19일 영업부서에서 소모품(비용으로 처리) 550,000원(부가가치세 포함)을 (주)마트에서 구매하고 삼성카드로 결제하였다. 이를 제조원가의 소모품비로 회계처리하였다.(3점)

2 11월 19일 한성공업에 대한 외상매출금 25,000,000원을 전액 현금으로 회수한 것으로 일반전표에 회계처리를 하였으나, 15,000,000원은 동사 발행 약속어음(만기일 차기 6월 30일)으로 받고, 잔액만 현금으로 회수된 것으로 확인되었다.(3점)

05 결산정리사항은 다음과 같다. 해당메뉴에 입력하시오.(9점)

1 결산일 현재 영업부 건물에 대하여 우진화재에 지급한 화재보험료의 상세 내역이다. 단, 보험료 지급액은 전부 판매비와관리비로 처리하였으며, 보험료는 월할 계산한다.(3점)

> • 보험기간 : 2024.7.1.~2025.6.30. • 보험료 납부일 : 2024.7.1. • 보험료 : 6,000,000원

2 12월 1일 장부상 현금보다 실제 현금 보유액이 30,000원 많은 것을 발견하여 현금과부족으로 회계처리하였으며, 현금과부족의 원인을 기말까지 파악할 수 없다.(3점)

3 기말 외상매입금 계정에 미국 Rose사에 대한 외상매입금 3,300,000원($3,000)이 포함되어 있다(결산일 현재 기준환율 : 1,200원/$).(3점)

06 다음 사항을 조회하여 답안을 [이론문제 답안작성] 메뉴에 입력하시오.(9점)

1 1월부터 6월까지의 현금지급액은 총 얼마인가?(3점)

2 당기 4월부터 6월까지 매입전자세금계산서 매수가 가장 많은 거래처명을 입력하시오.(3점)

3 당사의 제1기 예정신고기간의 신용카드 사용에 따른 매입세액공제액은 얼마인가?(3점)

이론시험

다음 문제를 보고 알맞은 것을 골라 [이론문제 답안작성] 메뉴에 입력하시오.(객관식 문항당 2점)

기본 전제

문제에서 한국채택국제회계기준을 적용하도록 하는 전제조건이 없는 경우, 일반기업회계기준을 적용한다.

01 다음은 재무회계 개념체계에 대한 설명이다. 회계정보의 질적 특성 중 목적적합성과 관련이 없는 것은?

① 적시성   ② 중립성   ③ 예측가치   ④ 피드백가치

02 다음 중 현금 및 현금성자산 금액을 모두 합하면 얼마인가?

- 선일자수표 : 500,000원
- 당좌예금 : 500,000원
- 취득 당시 만기가 2개월인 양도성예금증서 : 600,000원
- 타인발행 당좌수표 : 400,000원
- 차용증서 : 800,000원

① 800,000원   ② 1,100,000원
③ 1,200,000원   ④ 1,500,000원

03 부산의 5월초 상품재고액은 500,000원이며, 5월의 상품매입액은 350,000원, 5월의 매출액은 600,000원이다. 매출총이익은 매출액의 20%라고 한다면, 5월말 상품재고액은 얼마인가?

① 250,000원   ② 370,000원
③ 480,000원   ④ 620,000원

04 결산마감 시 당기분 감가상각누계액으로 4,000,000원을 계상하였다. 재무제표에 미치는 영향을 바르게 설명한 것은?

① 자본이 4,000,000원 감소한다.   ② 자산이 4,000,000원 증가한다.
③ 당기순이익이 4,000,000원 증가한다.   ④ 부채가 4,000,000원 증가한다.

05 다음 중 무형자산의 인식 및 최초측정에 대한 설명으로 가장 틀린 것은?

① 무형자산을 최초로 인식할 때에는 원가로 측정한다.
② 다른 종류의 무형자산이나 다른 자산과의 교환으로 무형자산을 취득하는 경우에는 무형자산의 원가를 교환으로 제공한 자산의 공정가치로 측정한다.
③ 무형자산을 창출하기 위한 내부 프로젝트를 연구단계와 개발단계로 구분할 수 없는 경우에는 그 프로젝트에서 발생한 지출은 모두 개발단계에서 발생한 것으로 본다.
④ 내부적으로 창출한 무형자산의 원가는 그 자산의 창출, 제조, 사용준비에 직접 관련된 지출과 합리적이고 일관성 있게 배분된 간접 지출을 모두 포함한다.

06 다음 중 유가증권의 분류에 대한 설명으로 가장 틀린 것은?

① 유가증권은 취득한 후에 만기보유증권, 단기매매증권, 그리고 매도가능증권 중의 하나로 분류한다.
② 만기가 확정된 채무증권으로서 상환금액이 확정되었거나 확정이 가능한 채무증권을 만기까지 보유할 적극적인 의도와 능력이 있는 경우에는 매도가능증권으로 분류한다.
③ 지분증권과 만기보유증권으로 분류되지 아니하는 채무증권은 단기매매증권과 매도가능증권 중의 하나로 분류한다.
④ 단기매매증권은 주로 단기간 내의 매매차익을 목적으로 취득한 유가증권으로서 매수와 매도가 적극적이고 빈번하게 이루어지는 것을 말한다.

07 다음은 충당부채와 우발부채에 대한 설명이다. 일반기업회계기준으로 판단했을 때 적합한 설명이 아닌 것은?

① 퇴직급여충당부채는 충당부채에 해당한다.
② 우발부채는 일반기업회계기준상 재무제표에 부채로 인식하여야 한다.
③ 충당부채는 당해 의무를 이행하기 위한 자원유출 가능성이 매우 높아야 한다.
④ 충당부채는 그 의무 이행에 소요되는 금액을 신뢰성 있게 추정할 수 있어야 한다.

08 다음 중 일반기업회계기준에 의한 수익인식기준으로 맞는 것은?

① 상품권 판매 : 상품권을 판매한 시점
② 할부판매 : 고객이 매입의사표시를 한 시점
③ 위탁판매 : 수탁자가 제3자에게 판매한 시점
④ 시용판매 : 상품 인도시점

09 다음 중 종합원가계산의 특징으로 가장 옳은 것은?

① 직접원가와 간접원가로 나누어 계산한다.
② 단일종류의 제품을 연속적으로 대량 생산하는 경우에 적용한다.
③ 고객의 주문이나 고객이 원하는 형태의 제품을 생산할 때 사용되는 방법이다.
④ 제조간접원가는 원가대상에 직접 추적할 수 없으므로 배부기준을 정하여 배부율을 계산하여야 한다.

10 다음은 당기에 영업을 시작한 (주)한결이 자료이다. 다음이 자료를 이용하여 재료비와 가공비이 완성품환산량을 계산하면 각각 얼마인가?(단, 원재료는 초기에 전량 투입되고 가공비는 공정전체에 걸쳐 균등하게 발생함)

- 당기착수량 : 500개
- 당기완성품 수량 : 300개
- 기말재공품 수량 : 200개(완성도 50%)

	재료비	가공비			재료비	가공비
①	300	300		②	300	400
③	500	300		④	500	400

11 다음은 원가의 행태에 대한 그래프이다. 변동비와 관계있는 도표로 알맞게 짝지어진 것은?

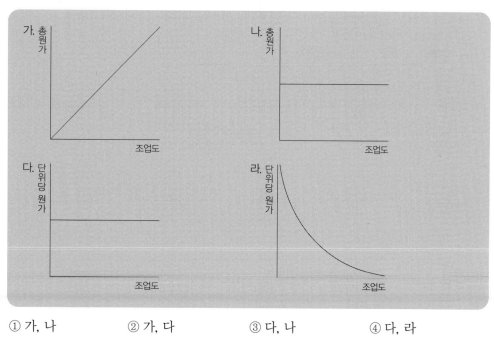

① 가, 나   ② 가, 다   ③ 다, 나   ④ 다, 라

12 다음 중 보조부문원가 배분방법에 대한 설명으로 가장 옳은 것은?

① 단계배분법은 보조부문의 배분 순서와 상관없이 원가를 계산한다.
② 상호배분법은 보조부문간의 용역수수관계를 고려하는 배분방법이다.
③ 직접배분법은 정확한 계산 방법이지만, 계산이 매우 복잡하다.
④ 단계배분법은 각 보조부문에서 발생한 원가를 제조부문에 직접배분하는 방법이다.

13 우리나라 부가가치세의 특징과 가장 관련이 없는 것은?

① 국세   ② 간접세
③ 개별소비세   ④ 소비지국 과세원칙

14 다음은 부가가치세법상 면세포기와 관련된 설명이다. 맞게 설명한 것은?

① 면세포기는 관할세무서장의 승인을 얻어야 한다.
② 면세사업자는 면세포기 신고일로부터 3년간은 부가가치세를 면제받지 못한다.
③ 면세사업자는 모든 재화, 용역에 대하여 면세포기가 가능하다.
④ 면세사업자가 면세를 포기해도 매입세액공제가 불가능하다.

15 다음은 (주)한국의 과세자료이다. 부가가치세 과세표준은 얼마인가?(단, 거래금액에는 부가가치세가 포함되어 있지 않다.)

- 외상판매액 : 2,000,000원
- 대표이사 개인목적으로 사용한 제품(원가 80,000원, 시가 120,000원) : 80,000원
- 비영업용 소형승용차(2,000cc) 매각대금 : 100,000원
- 화재로 인하여 소실된 제품 : 200,000원

① 2,080,000원   ② 2,120,000원
③ 2,220,000원   ④ 2,380,000원

실무시험

(주)동진상사(회사코드:0983)은 스포츠의류를 제조하여 판매하는 중소기업이며, 당기(제6기) 회계기간은 2024. 1. 1. ~ 2024. 12. 31.이다. 전산세무회계 수험용 프로그램을 이용하여 다음 물음에 답하시오.

기본 전제

• 문제에서 한국채택국제회계기준을 적용하도록 하는 전제조건이 없는 경우, 일반기업회계기준을 적용하여 회계처리한다.
• 문제의 풀이와 답안작성은 제시된 문제의 순서대로 진행한다.

01 다음은 기초정보관리 및 전기분재무제표에 대한 자료이다. 각각의 요구사항에 대하여 답하시오.(10점)

❶ 다음 자료를 보고 [거래처등록] 메뉴에 등록하시오.(3점)

• 거래처코드 : 01212
• 거래처명 : (주)세무전자
• 유형 : 동시
• 사업자등록번호 : 206-86-31522
• 대표자 : 김기태
• 업태 : 도소매
• 종목 : 가전제품
• 사업장주소 : 서울시 강남구 양재대로 55길 19
※ 주소 입력 시 우편번호 입력은 생략해도 무방함

❷ 거래처별 초기이월 채권과 채무잔액은 다음과 같다. 자료에 맞게 추가입력이나 정정 및 삭제하시오.(3점)

계정과목	틀린 금액	올바른 금액	내용
단기대여금	우진상사	7,500,000원	12,000,000원
	(주)가나상사	3,200,000원	
	다라상사	1,300,000원	
단기차입금	마바상사	5,500,000원	16,000,000원
	자차상사	10,500,000원	

❸ 전기분손익계산서를 검토한 결과 다음과 같은 오류가 발견되었다. 전기분손익계산서, 전기분잉여금처분계산서, 전기분재무상태표 중 관련된 부분을 수정하시오.(4점)

계정과목	틀린 금액	올바른 금액	내용
상여금(0803)	5,000,000원	3,400,000원	입력오류

02 다음 거래 자료를 [일반전표입력] 메뉴에 추가 입력하시오(일반전표입력의 모든 거래는 부가가치세를 고려하지 말 것).(18점)

> **입력 시 유의사항**
>
> • 일반적인 적요의 입력은 생략하지만, 타계정 대체거래는 적요번호를 선택하여 입력한다.
> • 채권·채무와 관련된 거래는 별도의 요구가 없는 한 반드시 기 등록되어 있는 거래처코드를 선택하는 방법으로 거래처명을 입력한다.
> • 제조경비는 500번대 계정코드를, 판매비와 관리비는 800번대 계정코드를 사용한다.
> • 회계처리 시 계정과목은 별도제시가 없는 한 등록되어 있는 계정과목 중 가장 적절한 과목으로 한다.

1 7월 12일 (주)우리서점에서 영업부 업무관련 도서를 70,000원에 구입하고 보통예금으로 지급하였다.(3점)

2 7월 28일 (주)해운에 대한 외상매출금 4,700,000원과 외상매입금 5,800,000원을 상계처리하기로 하고 나머지 잔액은 당사의 당좌수표를 발행하여 지급하였다.(3점)

3 7월 31일 지난 3월 단기 시세차익을 목적으로 취득하였던 (주)한국의 주식 2,000주(1주당 액면가 5,000원, 1주당 구입가 10,000원)를 24,000,000원에 처분하고 보통예금으로 입금받았다.(3점)

4 8월 1일 당사는 본사건물 신축을 위한 차입금의 이자비용 7,000,000원을 현금으로 지급하고, 금융비용은 전액 자본화하기로 하였다. 이 건물의 착공일은 2022년 1월 13일이며, 완공일은 2024년 11월 30일이다.(3점)

5 9월 30일 제2기 예정 부가가치세 신고를 위해 부가세대급금 8,000,000원과 부가세예수금 11,300,000원을 상계처리하고 관련 회계처리를 하시오(단, 거래처입력은 생략하고, 총액을 상계처리할 것).(3점)

6 12월 19일 제품 생산에 필요한 원재료를 매입하기 위해서 (주)우리공장과 계약을 체결하고, 계약금 2,000,000원을 보통예금에서 지급하였다.(3점)

03 다음 거래 자료를 [매입매출전표입력] 메뉴에 입력하시오.(18점)

> **입력 시 유의사항**
>
> - 일반적인 적요의 입력은 생략하지만, 타계정 대체거래는 적요번호를 선택하여 입력한다.
> - 채권·채무와 관련된 거래는 별도의 요구가 없는 한 반드시 기 등록되어 있는 거래처코드를 선택하는 방법으로 거래처명을 입력한다.
> - 제조경비는 500번대 계정코드를, 판매비와 관리비는 800번대 계정코드를 사용한다.
> - 회계처리 시 계정과목은 별도제시가 없는 한 등록되어 있는 계정과목 중 가장 적절한 과목으로 한다.
> - 입력화면 하단의 분개까지 처리하고, 전자세금계산서 및 전자계산서는 전자여부를 입력하여 반영한다.

1 7월 21일 비사업자인 이순옥씨에게 제품을 99,000원(부가가치세 포함)에 현금매출하고 현금영수증을 발급하지 않았다.(3점)

2 9월 4일 원재료 매입처의 사무실 이전을 축하하기 위해 프리티화원에서 200,000원의 축하화환을 주문하고, 보통예금계좌에서 이체하고 현금영수증(지출증빙용)을 발급받았다.(3점)

프리티화원		

114-91-21113   김화원

서울 송파구 문정동 101-2 TEL:3289-8085

홈페이지 http://www.kacpta.or.kr

현금(지출증빙)

구매 9/04/13:06   거래번호 : 0004-0027

상품명	수량	금액
축하화환	1	200,000원
2041815650198		
물 품 가 액		200,000원
부 가 세		0원
합계		200,000원
받은금액		200,000원

❸ 9월 15일 당사는 제품을 제조하기 위해 (주)한국에서 기계장치를 50,000,000원(부가가치세 별도)에 10개월 할부로 구매하고 전자세금계산서를 발급받았다. 할부대금은 다음 달부터 지급한다.(3점)

❹ 10월 10일 (주)광고에 제품을 15,000,000원(부가가치세 별도)에 판매하고 전자세금계산서를 발급하였다. 제품에 대한 판매대금은 보통예금 계좌로 입금받았다.(3점)

❺ 10월 18일 업무용 비품으로 사용하던 냉장고(취득원가 2,800,000원, 처분 시 감가상각누계액 1,600,000원)를 (주)미래에 현금 1,100,000원(부가가치세 포함)을 받아 처분하고 전자세금계산서를 발급하였다.(3점)

❻ 11월 28일 본사 신축을 위해 구입하는 토지 취득에 대한 법률자문 및 등기대행 용역을 (주)국민개발로부터 제공받았다. 용역에 대한 수수료 3,000,000원(부가가치세 별도)은 현금으로 지급하고 전자세금계산서를 발급받았다.(3점)

04 [일반전표입력] 및 [매입매출전표입력] 메뉴에 입력된 내용 중 다음과 같은 오류가 발견되었다. 입력된 내용을 확인하여 정정하시오.(6점)

❶ 7월 10일 세금과공과로 처리한 금액(100,000원)은 임직원들에게 6월 15일에 급여를 지급하면서 원천징수한 소득세를 납부한 것으로 확인되었다.(3점)

❷ 9월 27일 본사업무에 사용하는 개별소비세 과세대상 자동차(2,500cc)에 대해 (주)가제트수리에서 수리하면서 550,000원(부가가치세 포함)을 현금으로 결제하고 전자세금계산서를 발급받았다. 해당 금액에 대하여 매입세액공제대상으로 처리하였다.(3점)

05 결산정리사항은 다음과 같다. 해당메뉴에 입력하시오.(9점)

1 구입 당시 자산으로 계상한 공장 소모품(단가 50,000원, 20개) 중 기말 현재 6개가 재고로 남아 있다(사용분에 대해 비용처리할 것).(3점)

2 당기 법인세비용을 7,000,000원으로 가정하여 계상한다(단, 법인세 중간예납세액은 조회하여 입력할 것).(3점)

3 기말 현재 보유하고 있는 감가상각대상자산은 다음과 같다. 해당 자산을 [고정자산등록] 메뉴에 등록하고 계산된 상각범위액을 감가상각비로 반영하시오.(3점)

- 계정과목 : 기계장치
- 코드번호 : 101
- 전기말감가상각누계액 : 9,000,000원
- 내용연수 : 5년
- 취득년월일 : 2022년 7월 27일
- 취득원가 : 30,000,000원
- 경비구분 : 제조
- 감가상각방법 : 정률법

06 다음 사항을 조회하여 답안을 [이론문제 답안작성] 메뉴에 입력하시오.(9점)

1 1기 확정(4월~6월) 부가가치세 신고기간 중 카드로 매출된 공급대가는 얼마인가?(3점)

2 상반기(1월~6월)에 기업업무추진비(판매비와관리비)가 가장 많이 발생한 월과 금액은?(3점)

3 5월 말 현재 외상매입금 잔액이 가장 큰 거래처명과 그 금액은 얼마인가?(3점)

이론시험

다음 문제를 보고 알맞은 것을 골라 [이론문제 답안작성] 메뉴에 입력하시오.(객관식 문항당 2점)

기본 전제

문제에서 한국채택국제회계기준을 적용하도록 하는 전제조건이 없는 경우, 일반기업회계기준을 적용한다.

01 다음 중 분개의 구조 상 차변 요소가 아닌 것은?

① 자본의 감소
② 자산의 감소
③ 비용의 발생
④ 부채의 감소

02 다음 중 재무상태표에 유동부채로 분류되는 것은?

① 예수금
② 장기차입금
③ 사채
④ 임대보증금

03 다음은 (주)세무의 결산일 현재 기준 보유 자산의 잔액이다. 결산을 통해 재무상태표에 현금및현금성 자산으로 표시될 금액은?

- 통화 : 303,000원
- 매출채권 : 22,000원
- 단기금융상품(취득일부터 만기가 3개월 이내임) : 150,000원
- 단기매매증권 : 40,000원
- 우편환 : 6,000원

① 459,000원
② 449,000원
③ 475,000원
④ 453,000원

04 다음 자료를 정률법으로 감가상각할 경우 1차 회계연도(1월 1일 ~ 12월 31일)에 재무상태표에 계상될 감가상각누계액은 얼마인가?

- 취득원가 : 3,750,000원(취득일 : 당기 1월 1일)
- 내용연수 : 5년
- 상각률 : 0.451

① 1,691,250원   ② 660,000원
③ 1,100,000원   ④ 1,320,000원

05 다음 중 무형자산에 해당하지 않은 것을 모두 고른 것은?

| a. 특허권 | b. 내부적으로 창출된 영업권 | c. 광업권 | d. 전세권 | e. 저작권 |

① a, e   ② b, e   ③ b, d   ④ c, e

06 다음 중 충당부채를 부채로 인식하기 위한 요건에 대한 설명으로 가장 옳지 않은 것은?

① 과거사건이나 거래의 결과로 현재의무가 존재한다.
② 그 의무의 이행에 소요되는 금액을 신뢰성 있게 추정할 수 있다.
③ 우발부채도 충당부채에 포함되므로 재무상태표에 부채로 인식하여야 한다.
④ 당해 의무를 이행하기 위하여 자원이 유출될 가능성이 매우 높다.

07 회사가 증자할 때 발행금액이 액면금액을 초과하여 발행한 경우 그 차액은 어느 것에 해당되는가?

① 이익준비금   ② 이익잉여금
③ 자본잉여금   ④ 자본조정

08 (주)무릉의 재무상태가 다음과 같을 때, 기말자산은 얼마인가?

기초		기말		총수익	총비용
부채	자본	자산	부채		
400,000원	160,000원	(?)	450,000원	300,000원	240,000원

① 110,000원   ② 170,000원
③ 540,000원   ④ 670,000원

09 다음의 원가분류 중 추적가능성에 따른 분류가 아닌 항목은?

① 직접재료비
② 간접재료비
③ 직접노무비
④ 제조경비

10 다음의 원가자료에서 '기초원가 – 가공원가 – (당기총)제조원가'의 금액의 순으로 옳게 연결된 항목은?

> • 원재료매입액 : 350,000원 • 직접재료비 : 400,000원 • 간접재료비 : 50,000원
> • 직접노무비 : 250,000원 • 공장전력비 : 150,000원 • 공장건물 임차료 : 50,000원

① 400,000원 – 250,000원 – 900,000원
② 400,000원 – 500,000원 – 900,000원
③ 650,000원 – 500,000원 – 900,000원
④ 650,000원 – 500,000원 – 1,250,000원

11 다음 중 개별원가계산에 관한 설명으로 옳지 않은 것은?

① 직접비와 제조간접비의 구분이 중요하다.
② 건설업, 조선업 등 다품종소량생산 업종에서 주로 사용되는 원가계산 방법이다.
③ 제품별로 원가계산을 하게 되므로 원가를 직접비와 간접비로 구분하여 공통원가인 간접비는 합리적인 방법에 의하여 제품별로 배부한다.
④ 완성품환산량의 계산이 원가계산의 핵심과제이다.

12 기초재공품 20,000개(완성도 30%), 당기완성품 수량은 130,000개, 기말재공품은 50,000개(완성도 10%)이다. 평균법 하에서 가공비에 대한 완성품환산량은 얼마인가? (단, 재료는 공정초에 전량 투입되고, 가공비는 공정 전반에 걸쳐 균등하게 투입됨)

① 110,000개
② 129,000개
③ 135,000개
④ 180,000개

13 우리나라 부가가치세법에 대한 설명 중 가장 거리가 먼 항목은?

① 세부담의 역진성을 완화하기 위해 면세제도를 두고 있다.
② 소비지국 과세원칙에 따라 수입하는 재화에는 부가가치세가 과세된다.
③ 사업자가 아닌 자가 일시적으로 재화를 공급하는 경우, 부가가치세 납부의무가 없다.
④ 부가가치세의 과세대상은 크게 재화와 용역의 공급 그리고 재화와 용역의 수입으로 구분된다.

14 부가가치세법상 재화의 공급으로 보지 아니하는 거래를 모두 고른 것은?

a. 저당권 등 담보 목적으로 부동산을 제공하는 것
b. 사업장별로 그 사업에 관한 모든 권리와 의무를 포괄적으로 승계시키는 사업의 양도
c. 매매계약에 의한 재화의 인도
d. 폐업 시 잔존재화(해당 재화의 매입 당시 매입세액공제 받음)
e. 상속세를 물납하기 위해 부동산을 제공하는 것

① a, d   ② b, c, e   ③ a, b, e   ④ a, b, d, e

15 다음 중 부가가치세법상 대손세액공제에 관한 설명 중 틀린 것은?

① 부가가치세가 과세되는 재화 또는 용역의 공급과 관련된 채권이어야 한다.
② 부도발생일로부터 3개월 이상 지난 수표 · 어음 · 중소기업의 외상매출금은 대손세액공제 대상이다.
③ 확정신고와 함께 대손금액이 발생한 사실을 증명하는 서류를 제출하여야 한다.
④ 대손이 확정되면 공급자는 대손이 확정된 날이 속하는 과세기간의 매출세액에서 대손세액을 차감한다.

석모기계(주)(회사코드:0973)는 기계설비를 제조하여 판매하는 중소기업이며, 당기(제6기) 회계기간은 2024. 1. 1. ~ 2024. 12. 31.이다. 전산세무회계 수험용 프로그램을 이용하여 다음 물음에 답하시오.

기본 전제

• 문제에서 한국채택국제회계기준을 적용하도록 하는 전제조건이 없는 경우, 일반기업회계기준을 적용하여 회계처리한다.
• 문제의 풀이와 답안작성은 제시된 문제의 순서대로 진행한다.

01 다음은 기초정보관리 및 전기분재무제표에 대한 자료이다. 각각의 요구사항에 대하여 답하시오.(10점)

1 다음 자료를 보고 [거래처등록] 메뉴에서 등록하시오.(3점)

• 회사명 : (주)가나전자(거래처코드 : 01056)   • 유형 : 매입
• 대표자 : 이은성   • 사업자등록번호 : 129-86-78690
• 업태 : 제조, 도소매   • 종목 : 전자제품
• 사업장 주소 : 서울특별시 서초구 신반포로47길 118 101호
※ 주소 입력 시 우편번호 입력은 생략해도 무방함

2 다음 자료를 보고 거래처별 초기이월을 수정 또는 입력하시오.(3점)

계정과목	거래처명	전기로부터 이월된 금액	올바른 금액
받을어음	(주)송강산업	300,000원	3,000,000원
	(주)강림상사	2,800,000원	12,800,000원
미지급금	(주)더라벨	6,100,000원	3,600,000원
	(주)통진흥업	-	2,500,000원

3 전기분손익계산서를 검토한 결과 다음과 같은 오류가 발견되었다. [전기분재무제표] 메뉴에서 관련된 부분을 모두 수정하시오.(4점)

오류내용 : 생산부 직원의 회식비 지출액 2,400,000원이 영업부의 복리후생비(811)로 반영되어 있음

02 다음 거래 자료를 [일반전표입력] 메뉴에 추가 입력하시오(일반전표입력의 모든 거래는 부가가치세를 고려하지 말 것).(18점)

> **입력 시 유의사항**
>
> • 일반적인 적요의 입력은 생략하지만, 타계정 대체거래는 적요번호를 선택하여 입력한다.
> • 채권·채무와 관련된 거래는 별도의 요구가 없는 한 반드시 기 등록되어 있는 거래처코드를 선택하는 방법으로 거래처명을 입력한다.
> • 제조경비는 500번대 계정코드를, 판매비와 관리비는 800번대 계정코드를 사용한다.
> • 회계처리 시 계정과목은 별도제시가 없는 한 등록되어 있는 계정과목 중 가장 적절한 과목으로 한다.

1 7월 7일 매출 거래처인 (주)달라일러가 회생계획인가결정을 받음에 따라 (주)달라일러에 대한 외상매출금 12,000,000원을 대손처리하였다. 대손발생일 직전의 외상매출금에 대한 대손충당금 잔액은 5,000,000원이다.(3점)

2 7월 15일 매출거래처인 (주)희망기계의 외상매출금 6,500,000원에 대하여 다음의 전자어음을 받고, 나머지 금액은 보통예금으로 받았다.(3점)

전 자 어 음	
석모기계(주) 귀하	00520151020123456789
금 오백만 원 정	5,000,000원
위의 금액을 귀하 또는 귀하의 지시인에게 지급하겠습니다.	

지급기일 2024년 8월 20일	발행일 2024년 7월 15일
지 급 지 신한은행	발행지
지급장소 영등포지점	주 소 서울 성북구 돈암로 10
	발행인 (주)희망기계

3 7월 20일 보유 중인 자기주식 12,000주를 처분하였다. 자기주식 12,000주에 대한 장부금액은 12,000,000원이고 12,000주 전부를 11,500,000원에 처분하고 그 대가를 전부 보통예금으로 입금받았다(단, 자기주식처분이익 계정의 잔액이 300,000원 있고, 처분수수료는 없는 것으로 가정할 것).(3점)

4 8월 5일 신주 20,000주를 발행하여 건물을 취득하였다. 주당 액면금액은 5,000원이며 발행시점의 공정금액은 주당 8,000원이다.(3점)

5 11월 19일 영업부서에서 홍보물을 배포하기 위해 고용한 일용직 근로자에게 일당 120,000원을 현금으로 지급하였다.(3점)

6 12월 5일 영업부서 임직원의 퇴직금에 대하여 확정기여형(DC형) 퇴직연금에 가입하고 있으며, 12월분 퇴직연금 5,300,000원을 당사 보통예금계좌에서 이체하여 납부하였다.(3점)

03 다음 거래 자료를 [매입매출전표입력] 메뉴에 입력하시오.(18점)

> **입력 시 유의사항**
>
> • 일반적인 적요의 입력은 생략하지만, 타계정 대체거래는 적요번호를 선택하여 입력한다.
> • 채권·채무와 관련된 거래는 별도의 요구가 없는 한 반드시 기 등록되어 있는 거래처코드를 선택하는 방법으로 거래처명을 입력한다.
> • 제조경비는 500번대 계정코드를, 판매비와 관리비는 800번대 계정코드를 사용한다.
> • 회계처리 시 계정과목은 별도제시가 없는 한 등록되어 있는 계정과목 중 가장 적절한 과목으로 한다.
> • 입력화면 하단의 분개까지 처리하고, 전자세금계산서 및 전자계산서는 전자여부를 입력하여 반영한다.

1 8월 3일 판매부서 사무실로 사용하기 위해 입주해있는 (주)에이스오피스텔의 관리실로부터 7월분 관리비 중 면세품목에 대하여 전자계산서(공급가액 30,000원, 부가가치세 0원)를 발급받고 보통예금에서 바로 지급하였다.(3점)

2 8월 21일 새로운 기계로 교체하기 위하여 (주)한국자원에 기존에 사용하던 기계장치(취득원가 80,000,000원, 감가상각누계액 77,000,000원)를 2,200,000원(부가가치세 포함)에 매각하면서 전자세금계산서를 발급하였으며, 대금은 전액 (주)한국자원이 발행한 약속어음으로 받았다.(3점)

❸ 10월 15일 다음 자료를 보고 적절한 회계처리를 하시오(단, 수표 1,000,000원은 모두 당좌수표임).(3점)

전자세금계산서							승인번호		
공급자	사업자 등록번호	130-85-56442		종사업장 번호		공급받는자	사업자 등록번호	506-81-94325	종사업장 번호
	상호 (법인명)	(주)무릉		성명	이학주		상호 (법인명)	석모기계(주)	성명	임병수
	사업장 주소	경기도 의정부시 신곡로 1588					사업장 주소	경기도 남양주시 경춘로 855-11		
	업 태	제조	종목	기계			업 태	도소매	송 복	기계설비
	이메일						이메일			

작성일자	공급가액	세액	수정사유
2024. 10. 15	3,300,000	330,000	
비고			

월	일	품 목	규 격	수 량	단 가	공급가액	세액	비 고
10	15	A원재료		100	33,000	3,300,000	330,000	

합계금액	현금	수표	어음	외상미수금	이 금액을 **(영수)** 함 **(청구)**
3,630,000		1,000,000		2,630,000	

❹ 11월 30일 (주)렌트로부터 11월 1일에 임차 개시한 영업부 직원의 거래처 방문용 차량(배기량 2,000cc인 4인승 승용차)과 관련하여 11월분 임차료(공급가액 600,000원, 부가가치세 60,000원)에 대한 전자세금 계산서를 수취하였다. 11월분 임차료는 12월 10일에 보통예금에서 자동이체될 예정이다.(3점)

❺ 12월 12일 구매확인서에 의하여 유성산업(주)에 C제품(100단위, @150,000)을 판매하고 영세율전자세금 계산서를 발급하였다. 대금은 10일 후에 받기로 하였다(서류번호 입력은 생략할 것).(3점)

❻ 12월 30일 중국에 소재한 NewYork.com으로부터 수입한 원재료와 관련하여 인천세관으로부터 전자수 입세금계산서(공급가액 40,000,000원, 부가가치세 4,000,000원)를 발급받았고, 이와 관련한 부가가치 세는 당좌수표로 납부하였다.(3점)

04 [일반전표입력] 및 [매입매출전표입력] 메뉴에 입력된 내용 중 다음과 같은 오류가 발견되었다. 입력된 내용을 확인하여 정정하시오.(6점)

1 8월 10일 이자수익 300,000원 중 원천징수세액인 46,200원을 제외한 나머지 금액인 253,800원이 보통예금으로 입금되어 입금된 금액에 대해서만 회계처리하였다(원천징수세액은 자산으로 처리하고 하나의 전표로 입력할 것).(3점)

2 12월 10일 원재료 매입 시 현금으로 지급한 운송비 110,000원(부가가치세 포함)을 신규직원의 실수로 일반전표에 입력하였다. 운송은 일양택배가 하였으며, 별도의 전자세금계산서를 발급받았다.(3점)

05 결산정리사항은 다음과 같다. 해당메뉴에 입력하시오.(9점)

1 9월 5일에 판매부서에서 사용할 A4용지 10박스를 110,000원(부가가치세 포함)에 구입하고 공급가액인 100,000원에 대하여 소모품으로 회계처리하였다. 결산일 현재 판매부서에는 A4용지 4박스가 남아 있다. 이에 대한 기말 수정분개를 입력하시오.(3점)

2 당기 5월 1일 공장화재보험료 1년분(당기 5월 1일 ~ 차기 4월 30일) 3,600,000원을 보통예금으로 납부하면서 전액 보험료(제조경비)로 회계처리 되어있다(단, 보험료는 월할계산하며 거래처입력은 생략함).(3점)

3 기중에 현금시재가 부족하여 현금과부족으로 계상하였던 차변금액 20,000원에 대하여 결산일 현재에도 그 차이원인을 알 수 없어 당기 비용(영업외비용)으로 처리하였다.(3점)

06 다음 사항을 조회하여 답안을 [이론문제 답안작성] 메뉴에 입력하시오.(9점)

1 제1기 확정신고기간(4월~6월)의 차가감하여 납부할 부가가치세액은 얼마인가?(단, 제1기 예정신고기간(1월~3월)의 부가가치세 예정신고미환급세액은 2,000,000원이 있다.)(3점)

2 상반기(1월~6월) 중 기업업무추진비(판)가 가장 많이 발생한 월과 그 월의 기업업무추진비 금액은 얼마인가?(3점)

3 6월 말 현재 유동부채는 전월 말 대비 얼마가 증가(또는 감소)되었는가? 단, 양수로 입력하시오.(3점)

이론시험

다음 문제를 보고 알맞은 것을 골라 [이론문제 답안작성] 메뉴에 입력하시오.(객관식 문항당 2점)

> **기본 전제**
>
> 문제에서 한국채택국제회계기준을 적용하도록 하는 전제조건이 없는 경우, 일반기업회계기준을 적용한다.

01 「재무정보가 정보이용자의 의사결정에 유용하기 위해서는 신뢰할 수 있는 정보이어야 한다.」는 내용과 가장 거리가 먼 항목은?

① 중립성   ② 비교가능성
③ 검증가능성   ④ 표현의 충실성

02 당기말 결산을 위한 장부마감 전에 다음과 같은 오류사항이 발견되었다. 오류 정리 시 당기순이익에 영향을 미치는 항목은?

① 전기 주식할인발행차금 미상각   ② 매도가능증권평가손실 미계상
③ 단기매매증권평가이익 미계상   ④ 당기의 기타대손상각비를 대손상각비로 계상

03 다음 중 일반기업회계기준에 따른 재고자산의 회계처리에 대한 설명으로 옳지 않은 것은?

① 재고자산은 이를 판매하여 수익을 인식한 기간에 매출원가로 인식한다.
② 재고자산의 시가가 장부금액 이하로 하락하여 발생한 평가손실은 재고자산의 장부금액에서 직접 차감한다.
③ 재고자산의 장부상 수량과 실제 수량과의 차이에서 발생하는 감모손실의 경우 정상적으로 발생한 감모손실은 매출원가에 가산한다.
④ 재고자산의 장부상 수량과 실제 수량과의 차이에서 발생하는 감모손실의 경우 비정상적으로 발생한 감모손실은 영업외비용으로 분류한다.

04 다음 중 유형자산의 취득원가에 포함되는 부대비용을 모두 고른 것은?

> a. 설치장소 준비를 위한 지출   b. 종합부동산세   c. 자본화 대상인 차입원가
> d. 재산세   e. 유형자산의 취득과 직접 관련된 취득세

① a, e   ② c, d   ③ b, c, d   ④ a, c, e

05 일반기업회계기준에 따르면 무형자산의 창출과정은 연구단계와 개발단계로 구분할 수 있다. 다음 중 개발단계에 속하는 활동의 일반적인 예로 적절하지 않은 것은?

① 새로운 지식을 얻고자 하는 활동
② 생산 전 또는 사용 전의 시작품과 모형을 설계, 제작 및 시험하는 활동
③ 새로운 기술과 관련된 공구, 금형, 주형 등을 설계하는 활동
④ 상업적 생산목적이 아닌 소규모의 시험공장을 설계, 건설 및 가동하는 활동

06 다음은 (주)은혜상사가 당기에 구입하여 보유하고 있는 단기매매증권이다. 다음 자료에 따라 당기 말 재무제표에 표시될 단기매매증권 및 영업외손익은 얼마인가?

> • 4월 1일 : (주)장현테크가 발행한 보통주 200주를 주당 10,000원에 취득하였다.
> • 8월 31일 : (주)장현테크로부터 중간배당금(주당 1,000원)을 수령하였다.
> • 12월 31일 : (주)장현테크의 보통주 시가는 주당 12,000원으로 평가된다.

	단기매매증권	영업외수익		단기매매증권	영업외수익
①	2,400,000원	200,000원	②	2,400,000원	600,000원
③	2,000,000원	200,000원	④	2,000,000원	600,000원

07 다음 (   )안에 들어갈 용어와 해당계정이 올바르게 짝지어진 항목은?

> 자본항목에서, (   )이란 자본거래에 해당하지만 자본금이나 자본잉여금으로 분류할 수 없는 항목을 말한다.

① 자본조정 – 매도가능증권평가손실
② 자본조정 – 자기주식처분손실
③ 기타포괄손익누계액 – 감자차손
④ 기타포괄손익누계액 – 자기주식처분손실

08 다음 중 재화의 판매로 인한 수익 인식 요건이 아닌 것은?

① 재화의 소유에 따른 유의적인 위험과 보상이 구매자에게 이전된다.
② 판매자는 판매한 재화에 대하여, 소유권이 있을 때 통상적으로 행사하는 정도의 관리나 효과적인 통제를 할 수 있다.
③ 수익금액을 신뢰성 있게 측정할 수 있다.
④ 경제적 효익의 유입 가능성이 매우 높다.

09 다음 원가관리회계에 관한 설명 중 가장 거리가 먼 항목은?

① 제품원가계산을 위한 원가정보를 제공한다.
② 경영계획수립과 통제를 위한 원가정보를 제공한다.
③ 예산과 실제 간의 차이분석을 위한 원가정보를 제공한다.
④ 외부 이해관계자들에게 기업분석을 위한 원가정보를 제공한다..

10 다음의 자료를 근거로 매출원가를 계산하면 얼마인가?

- 기초 재공품재고액 : 100,000원
- 기말 재공품재고액 : 130,000원
- 기말 제품재고액 : 280,000원
- 당기 총제조원가 : 350,000원
- 기초 제품재고액 : 300,000원

① 160,000원
② 220,000원
③ 290,000원
④ 340,000원

11 다음 중 보조부문의 원가를 배부하는 방법과 관련된 내용으로 틀린 것은?

① 직접배부법은 보조부문 상호 간의 용역제공관계를 무시하므로 계산이 가장 간단한 방법이다.
② 단계배부법과 상호배부법은 보조부문 상호 간의 용역제공관계를 고려한다.
③ 원가계산의 정확성은 상호배부법 〉 단계배부법 〉 직접배부법 순이다.
④ 단일배부율법은 보조부문원가를 변동원가와 고정원가로 구분하여 각각 다른 배부기준을 적용하여 배분한다.

12 다음 중 종합원가계산의 특징으로 옳지 않은 것은?

① 다양한 종류의 제품을 소량 생산하는 경우에 적합한 방법이다.
② 일반적으로 직접원가와 간접원가로 나누어 계산하지 않는다.
③ 기말시점에는 공정별로 재공품이 존재한다.
④ 개별원가계산에 비해 상대적으로 적은 운영비용이 소요된다.

13 부가가치세법상 재화의 공급시기로 옳지 않은 것은?

① 현금판매, 외상판매의 경우 : 재화가 인도되거나 이용가능하게 되는 때
② 무인판매기에 의한 공급 : 무인판매기에서 현금을 인취하는 때
③ 반환조건부 판매, 동의조건부 판매, 그 밖의 조건부 판매의 경우 : 그 조건이 성취되거나 기한이 지나 판매가 확정되는 때
④ 장기할부판매, 완성도기준지급 또는 중간지급조건부로 재화를 공급하는 경우 : 대가의 전부를 실제 받았을 때

14 다음 중 그 공급이 부가가치세 면세대상에 해당되지 않는 것은?

① 토지   ② 복권   ③ 신문광고   ④ 수돗물

15 다음 중 부가가치세법상 세금계산서 제도와 관련한 설명 중 틀린 것은?

① 공급시기가 도래하기 전에 세금계산서를 발급하고 발급일로부터 7일 이내에 대가를 지급받는 경우에는 적법한 세금계산서를 발급한 것으로 본다.
② 세금계산서의 필요적 기재사항의 일부가 기재되지 않은 경우에도 그 효력이 인정된다.
③ 월합계 세금계산서등의 경우에는 재화 또는 용역의 공급일이 속하는 달의 다음달 10일까지 발급가능하다.
④ 법인사업자는 전자세금계산서 의무발급대상자이다.

(주)소담패션(회사코드:0963)은 스포츠의류 등을 제조하여 판매하는 중소기업이며, 당기(제6기) 회계기간은 2024. 1. 1. ~ 2024. 12. 31.이다. 전산세무회계 수험용 프로그램을 이용하여 다음 물음에 답하시오.

기본 전제

- 문제에서 한국채택국제회계기준을 적용하도록 하는 전제조건이 없는 경우, 일반기업회계기준을 적용하여 회계처리한다.
- 문제의 풀이와 답안작성은 제시된 문제의 순서대로 진행한다.

01 다음은 기초정보관리에 대한 자료이다. 각각의 요구사항에 대하여 답하시오.(10점)

❶ 다음 자료를 이용하여 [거래처등록]의 해당 탭에 추가로 입력하시오.(3점)

- 거래처코드 : 99605
- 카드번호 : 9410-0900 5580-8352
- 카드종류 : 사업용카드
- 카드사명 : 시티카드
- 유형 : 매입
- 사용여부 : 여

❷ 다음 계정과목에 대하여 적요를 추가적으로 등록하시오.(3점)

- 코드 : 0819
- 현금적요 : 7. 공기청정기임차료 지급
- 계정과목 : 임차료
- 대체적요 : 7. 공기청정기임차료 미지급

❸ 전기분 재무제표를 검토한 결과 다음과 같은 오류가 발견되었다. 모든 전기분 재무제표의 관련된 부분을 수정하시오.(4점)

계정과목	틀린 금액	올바른 금액	내용
운반비(524)	660,000원	6,600,000원	입력 오류

02 다음 거래 자료를 [일반전표입력] 메뉴에 추가 입력하시오(일반전표입력의 모든 거래는 부가가치세를 고려하지 말 것).(18점)

> **입력 시 유의사항**
>
> • 일반적인 적요의 입력은 생략하지만, 타계정 대체거래는 적요번호를 선택하여 입력한다.
> • 채권 · 채무와 관련된 거래는 별도의 요구가 없는 한 반드시 기 등록되어 있는 거래처코드를 선택하는 방법으로 거래처명을 입력한다.
> • 제조경비는 500번대 계정코드를, 판매비와 관리비는 800번대 계정코드를 사용한다.
> • 회계처리 시 계정과목은 별도제시가 없는 한 등록되어 있는 계정과목 중 가장 적절한 과목으로 한다.

1 7월 20일 국민은행에서 8월 30일까지 상환하기로 하고 5,000,000원을 차입하여 즉시 (주)섬메이의 미지급금 5,000,000원을 지급하였다.(3점)

2 8월 21일 공장이전을 위해 신축중이던 건물이 완공되어 취득세 등 관련 소요 공과금 7,500,000원을 보통예금 계좌에서 이체 지급하였다.(3점)

3 8월 30일 국민은행에서 차입한 단기차입금을 상환하기 위하여 보통예금 계좌에서 5,000,000원을 국민은행에 이체하였다.(3점)

4 9월 10일 지난달 영업팀 임직원들에게 급여를 지급하면서 원천징수한 소득세 160,000원을 신용카드(비씨카드)로 납부하였다.(3점)

5 10월 22일 영통산업에 제품을 판매하면서 발생한 화물운송비 150,000원을 보통예금 계좌에서 이체하였다.(3점)

6 11월 1일 사채 액면총액 20,000,000원, 상환기간 3년, 발행금액 22,000,000원으로 발행하고 납입금은 보통예금에 입금되었다.(3점)

03 다음 거래 자료를 [매입매출전표입력] 메뉴에 입력하시오.(18점)

> **입력 시 유의사항**
>
> - 일반적인 적요의 입력은 생략하지만, 타계정 대체거래는 적요번호를 선택하여 입력한다.
> - 별도의 요구가 없는 한 반드시 기 등록되어 있는 거래처코드를 선택하는 방법으로 거래처명을 입력한다.
> - 제조경비는 500번대 계정코드를, 판매비와 관리비는 800번대 계정코드를 사용한다.
> - 회계처리 시 계정과목은 별도제시가 없는 한 등록되어 있는 계정과목 중 가장 적절한 과목으로 한다.
> - 입력화면 하단의 분개까지 처리하고, 전자세금계산서 및 전자계산서는 전자여부를 입력하여 반영한다.

1 8월 3일 새로 출시한 제품의 홍보를 위하여 판매부서에서 광고대행사인 (주)블루에게 홍보물(영상콘텐츠) 제작을 의뢰하여 배포하고 전자세금계산서를 발급받았다. 해당 대금 1,100,000원(부가가치세 포함)은 8월 31일에 지급하기로 하였다(미지급금 계정을 사용할 것).(3점)

2 8월 10일 (주)삼성상회에 제품을 판매하고 다음의 전자세금계산서를 발급하였다. 대금은 7월 30일에 보통예금으로 수령한 계약금을 제외하고 (주)삼성상회가 발행한 약속어음(만기 당기 10월 31일)을 수취하였다.(3점)

전자세금계산서(공급자 보관용)						승인번호			
공급자	사업자 등록번호	206-81-95706	종사업장 번호		공급받는자	사업자 등록번호	102-81-42945	종사업장 번호	
	상호 (법인명)	(주)소담패션	성명	황희상		상호 (법인명)	(주)삼성상회	성명	이현희
	사업장 주소	경상남도 고성군 동해면 외산로 592				사업장 주소	인천광역시 남동구 구월남로 129		
	업 태	제조, 도소매	종목	스포츠의류		업 태	도매	종 목	의류
	이메일					이메일			

작성일자	공급가액	세액	수정사유			
2024. 8. 10	50,000,000	5,000,000				
비고						

월	일	품 목	규격	수량	단 가	공급가액	세액	비 고
8	10	전자부품		10	5,000,000	50,000,000	5,000,000	

합계금액	현금	수표	어음	외상미수금	이 금액을 (**영수**) (**청구**) 함
55,000,000	11,000,000		44,000,000		

❸ 11월 10일 선적완료한 제품은 미국 소재법인인 ebay에 11월 2일 $10,000에 직수출하기로 계약한 것이며, 수출대금은 차후에 받기로 하였다. 계약일 시점 기준환율은 $1=1,210원이며, 선적일 시점 기준환율은 $1=1,250원이다(수출신고번호 입력은 생략할 것).(3점)

❹ 11월 20일 경리부의 업무용 도서를 구입하면서 현금을 지급하고 (주)설영문고로부터 다음과 같이 현금영수증을 발급받았다.(3점)

(주)설영문고		
116–81–80370		홍지안
서울특별시 서초구 명달로 105		
홈페이지 http://www.kacpta.or.kr		
현금(지출증빙)		
구매 11/20/15:34		거래번호 : 0026–0107
상품명	수량	금액
법인세 조정 실무	1	100,000원
합 계		100,000원
받은금액		100,000원

❺ 11월 30일 내국신용장에 의해 수출용 제품에 필요한 원자재(공급가액 : 10,000,000원)를 (주)현우로부터 매입하고 영세율전자세금계산서를 발급받았다. 매입금액 전액에 대해 약속어음을 발행(만기 : 당기 12월 31일)하여 지불하였다.(3점)

❻ 12월 7일 당사가 생산한 제품(원가 350,000원, 시가 500,000원이며 부가가치세는 제외된 금액임)을 매출 거래처 직원 결혼선물용으로 사용하였다.(3점)

04 **[일반전표입력] 및 [매입매출전표입력] 메뉴에 입력된 내용 중 다음과 같은 오류가 발견되었다. 입력된 내용을 확인하여 정정하시오.(6점)**

❶ 8월 3일 매출처 (주)네오전자의 부도로 외상매출금 잔액 1,100,000원이 회수불능하여 전액 대손상각비로 처리하였는데, 확인 결과 부도시점에 외상매출금에 대한 대손충당금잔액이 800,000원이었던 것으로 확인된다.(3점)

❷ 12월 20일 업무용 승용차(모닝, 배기량 1,000cc인 경차임)를 현금으로 구입(11,950,000원, 부가가치세별도)하면서 과세유형을 불공제로 입력하였다.(3점)

차량명	판매가격 (부가가치세 별도)	제조사	구입점	비고
모닝(스탠다드)	11,950,000원	기아자동차(주)	기아차 남양주점 (208-81-56451)	전자세금계산서 수취

05 **결산정리사항은 다음과 같다. 해당메뉴에 입력하시오.(9점)**

❶ 기말 외상매입금 계정 중에는 미국 ABC Ltd.의 외상매입금 3,000,000원(미화 $2,500)이 포함되어 있다(결산일 현재 적용환율 : 1,150원/$).(3점)

❷ 6월 1일에 공장 건물 중 일부를 임대(임대기간 : 당기 6. 1.~차기 5. 31.)하고, 일시에 수령한 12개월분 임대료 50,400,000원을 전액 임대료(영업외수익)로 회계처리하였다. 월할계산하시오.(3점)

❸ 당해 사업연도 법인세등은 10,000,000원이다. 법인세의 중간예납세액 6,000,000원(선납세금 계정)을 8월 15일에 납부하였고 나머지 금액에 대해서는 다음연도 3월 31일까지 납부할 예정이다.(3점)

06 **다음 사항을 조회하여 답안을 [이론문제 답안작성] 메뉴에 입력하시오.(9점)**

❶ 상반기(1월~6월) 중 제품매출액이 가장 많은 달과 그 금액은 얼마인가?(3점)

❷ 4월 말 현재 미지급금이 가장 많은 거래처명과 그 금액은 얼마인가?(3점)

❸ 제1기 예정신고기간(1월~3월) 동안 삐에로패션으로부터 수취한 매입세금계산서의 매수와 공급가액은 얼마인가?(3점)

이론 시험

다음 문제를 보고 알맞은 것을 골라 [이론문제 답안작성] 메뉴에 입력하시오.(객관식 문항당 2점)

기본 전제

문제에서 한국채택국제회계기준을 적용하도록 하는 전제조건이 없는 경우, 일반기업회계기준을 적용한다.

01 다음 중 기말 결산 과정에서 가장 먼저 수행해야 할 절차는 무엇인가?

① 재무제표의 작성   ② 수정전시산표의 작성
③ 기말수정분개   ④ 수익 · 비용계정의 마감

02 다음 자료에 의하여 결산 시 재무상태표에 표시되는 현금및현금성자산금액은 얼마인가?

- 국세환급통지서 : 200,000원
- 선일자수표 : 300,000원
- 우편환증서 : 10,000원
- 직원가불금 : 100,000원
- 자기앞수표 : 30,000원
- 취득당시에 만기가 3개월 이내에 도래하는 정기적금 : 500,000원

① 540,000원   ② 640,000원
③ 740,000원   ④ 1,140,000원

03 다음 자료에 의하여 다음 빈칸에 들어갈 금액은 얼마인가?

대손충당금			(단위:원)
4/30 외상매출금	xxx	1/1 전기이월	50,000
12/31 차기이월	70,000	12/31 대손상각비	( )
	xxx		xxx

※ 당기 중 회수가 불가능한 것으로 판명되어 대손처리된 외상매출금은 5,000원이다.

① 10,000원   ② 15,000원
③ 20,000원   ④ 25,000원

04 다음 중 기업회계기준에서 자산을 타인에게 사용하게 함으로써 발생하는 수익의 유형으로 옳지 않은 것은?

① 이자수익   ② 배당금수익
③ 로열티수익   ④ 상품판매수익

05 다음 중 유형자산의 감가상각비를 계산하기 위한 필수요소가 아닌 것은?(감가상각방법은 정액법으로 가정할 것)

① 생산량   ② 취득원가
③ 내용연수   ④ 잔존가치

06 다음 중 무형자산과 관련된 설명으로 옳지 않은 것은?

① 무형자산은 회사가 사용할 목적으로 보유하는 물리적 실체가 없는 비화폐성 자산이다
② 개발비는 개발단계에서 발생하여 미래 경제적 효익을 창출할 것이 기대되는 자산이다.
③ 내부적으로 창출한 브랜드, 고객목록과 이와 실질이 유사한 항목은 무형자산으로 인식할 수 있다.
④ 연구단계와 개발단계에 따라 무형자산이나 비용으로 구분할 수 없는 경우 발생한 지출은 모두 연구단계에서 발생한 것으로 본다.

07 다음 자료를 바탕으로 자본조정의 금액을 계산하면 얼마인가?(단, 각 계정과목은 독립적이라고 가정함)

- 감자차손 : 200,000원
- 자기주식처분이익 : 300,000원
- 주식발행초과금 : 600,000원
- 자기주식 : 400,000원

① 600,000원
② 900,000원
③ 950,000원
④ 1,000,000원

08 다음 중 전자제품 도소매업을 영위하는 (주)세무의 당기 손익계산서상 영업이익에 영향을 미치는 거래로 볼 수 있는 것은?

① 노후화된 업무용 차량을 중고차매매상사에 판매하고 유형자산처분손실을 계상하였다.
② 사업 운영자금에 관한 대출이자를 지급하고 이자비용으로 계상하였다.
③ 상품을 홍보하기 위해 광고물을 제작하고 광고선전비로 계상하였다.
④ 기말 결산 시 외화예금에 대해 외화환산손실을 계상하였다.

09 다음 중 원가에 대한 설명으로 가장 옳지 않은 것은?

① 제조원가는 직접재료원가, 직접노무원가, 제조간접원가를 말한다.
② 직접재료원가는 기초원재료재고액과 당기원재료매입액의 합계에서 기말원재료재고액을 차감한 금액을 말한다.
③ 제품생산량이 증가하여도 관련 범위 내에서 제품 단위당 고정원가는 일정하다.
④ 혼합원가는 조업도의 증감에 관계없이 발생하는 고정비와 조업도의 변화에 따라 일정 비율로 증가하는 변동비로 구성된 원가이다.

10 회사는 제조간접비를 직접노무시간을 기준으로 배부하고 있다. 당기말 현재 실제제조간접비 발생액은 70,000원이고, 실제직접노무시간은 700시간이며, 예정배부율은 시간당 95원일 경우 배부차이는 얼마인가?

① 3,500원 과대배부
② 3,500원 과소배부
③ 7,000원 과대배부
④ 7,000원 과소배부

11 다음 중 보조부문원가의 배부 방법 중 가장 정확한 배부법은 무엇인가?

① 직접배부법
② 간접배부법
③ 상호배부법
④ 단계배부법

12 다음 자료를 이용하여 평균법에 의한 가공비 완성품환산량을 계산하시오(재료비는 공정 초기에 전량 투입되며, 가공비는 공정 전반에 걸쳐 균등하게 발생함).

> - 기초재공품수량 : 500개(완성도 30%)
> - 당기착수량 : 600개
> - 당기완성품수량 : 1,000개
> - 기말재공품수량 : 100개(완성도 50%)

① 500개　　　　② 550개　　　　③ 1,000개　　　　④ 1,050개

13 다음 중 현행 부가가치세법에 대한 설명으로 틀린 것은?

① 부가가치세는 사업장마다 신고 및 납부하는 것이 원칙이다
② 부가가치세 부담은 전적으로 최종소비자가 하는 것이 원칙이다.
③ 사업상 독립적으로 재화를 공급하는 자는 영리를 목적으로 하는 경우에만 납세의무가 있다.
④ 부가가치세의 납세의무자는 과세대상인 재화 또는 용역을 공급하는 사업자와 재화를 수입하는 자이다.

14 다음 중 부가가치세법상 재화의 공급으로 간주되어 과세대상이 되는 항목은?(아래 항목은 전부 매입세액 공제받음)

① 직장 연예 및 직장 문화와 관련된 재화를 제공하는 경우
② 사업을 위해 착용하는 작업복, 작업모 및 작업화를 제공하는 경우
③ 사용인 1인당 연간 10만 원 이내의 경조사와 관련된 재화 제공
④ 사업자가 자기생산·취득재화를 자기의 고객이나 불특정 다수에게 증여하는 경우

15 다음 중 세금계산서의 필요적 기재사항이 아닌 것은?

① 공급가액
③ 공급품목
② 부가가치세액
④ 작성연월일

(주)옥산테크(회사코드:0953)은 운동기구을 제조하여 판매하는 중소기업이며, 당기(제5기) 회계기간은 2024. 1. 1. ~ 2024. 12. 31.이다. 전산세무회계 수험용 프로그램을 이용하여 다음 물음에 답하시오.

기본 전제

- 문제에서 한국채택국제회계기준을 적용하도록 하는 전제조건이 없는 경우, 일반기업회계기준을 적용하여 회계처리한다.
- 문제의 풀이와 답안작성은 제시된 문제의 순서대로 진행한다.

01 다음은 기초정보관리에 대한 자료이다. 각각의 요구사항에 대하여 답하시오.(10점)

❶ 다음은 (주)옥산테크의 사업자등록증이다. [기초정보관리]의 [회사등록] 메뉴에 입력된 내용을 검토하여 누락분은 추가입력하고 잘못된 부분은 정정하시오(단, 주소 입력 시 우편번호는 입력하지 않아도 무방함).(3점)

사 업 자 등 록 증

(법인사업자)

등록번호 : 220-81-62517

법인명(단체명) : (주)옥산테크
대　　표　　자 : 이필재
개 업 연 월 일 : 2020년 8월 14일
법인등록번호 : 110181-0095668
사업장소재지 : 경상북도 경주시 강변로 214
본 점 소 재 지 : 경상북도 경주시 강변로 214
사 업 의 종 류 : [업태] 제조　[종목] 운동기구

발 급 사 유 : 신규

사업자 단위 과세 적용사업자 여부 : 여( ) 부(V)
전자세금계산서 전용 전자우편주소

2020년 09월 11일

경 주 세 무 서 장

---

2 다음 자료를 보고 [계정과목및적요등록]에 반영하시오.(3점)

- 코드 : 853
- 성격 : 경비
- 계정과목 : 행사비
- 대체적요 : 1. 학회 행사비용 지급

3 외상매출금과 외상매입금의 초기이월은 다음과 같다. [거래처별초기이월] 메뉴에서 수정 또는 추가 입력하시오.(4점)

구분	거래처	을비근금액(원)
외상매출금	(주)대원	2,000,000
	(주)동백	4,500,000
	(주)소백	2,000,000
외상매입금	비바산업	–
	우송유통	43,000,000
	공간기업	2,000,000

02 다음 거래 자료를 [일반전표입력] 메뉴에 추가 입력하시오(일반전표입력의 모든 거래는 부가가치세를 고려하지 말 것).(18점)

> **입력 시 유의사항**
>
> - 일반적인 적요의 입력은 생략하지만, 타계정 대체거래는 적요번호를 선택하여 입력한다.
> - 채권·채무와 관련된 거래는 별도의 요구가 없는 한 반드시 기 등록되어 있는 거래처코드를 선택하는 방법으로 거래처명을 입력한다.
> - 제조경비는 500번대 계정코드를, 판매비와 관리비는 800번대 계정코드를 사용한다.
> - 회계처리 시 계정과목은 별도제시가 없는 한 등록되어 있는 계정과목 중 가장 적절한 과목으로 한다.

1 7월 3일 공장에서 사용 중인 기계장치 수리비로 15,000,000원을 (주)한국의 보통예금으로 이체하였으며, 기계장치의 가치가 증가한 자본적 지출이다.(3점)

2 7월 5일 태종빌딩과 전월에 체결한 본사 건물 임대차계약의 잔금일이 도래하여 임차보증금 50,000,000원 중 계약일에 지급한 5,000,000원을 제외한 45,000,000원을 보통예금 계좌에서 이체하였다(단, 하나의 전표로 처리할 것).(3점)

❸ 7월 7일 사무실에서 사용할 에어컨을 (주)수연전자에서 2,000,000원에 구입하고 그 대금은 2주 후에 지급하기로 하였다. 에어컨 설치비용 250,000원은 보통예금 계좌에서 바로 지급하였다(단, 에어컨은 자산으로 처리할 것).(3점)

❹ 8월 6일 (주)달리자의 외상매출금 10,000,000원 중 6,000,000원은 보통예금에 입금받았고, 나머지 4,000,000원은 자기앞수표로 받았다.(3점)

❺ 8월 19일 전자부품용 기계장치(취득원가 35,000,000원, 감가상각누계액 31,500,000원)를 성능저하로 폐기처분하였다(당기의 감가상각비는 고려하지 않음).(3점)

❻ 11월 20일 제품의 판매용 사진 촬영을 위해서 손 모델인 이아람씨를 고용하고 수수료 3,000,000원 중 원천징수세액 99,000원을 제외한 나머지 금액을 보통예금 계좌에서 지급하였다(단, 수수료비용 계정과목은 판매비와 관리비 항목을 사용할 것).(3점)

03 다음 거래 자료를 [매입매출전표입력] 메뉴에 입력하시오.(18점)

- 일반적인 적요의 입력은 생략하지만, 타계정 대체거래는 적요번호를 선택하여 입력한다.
- 별도의 요구가 없는 한 반드시 기 등록되어 있는 거래처코드를 선택하는 방법으로 거래처명을 입력한다.
- 제조경비 500번대 계정코드를, 판매비와 관리비는 800번대 계정코드를 사용한다.
- 회계처리 시 계정과목은 별도제시가 없는 한 등록되어 있는 계정과목 중 가장 적절한 과목으로 한다.
- 입력화면 하단의 분개까지 처리하고, 전자세금계산서 및 전자계산서는 전자여부를 입력하여 반영한다.

1 8월 7일 생산부서에서 회식을 하고 법인체크카드(비씨)로 결제하자마자 바로 보통예금에서 인출되었다.(3점)

단말기번호	
8002124738	120524128234
카드종류	
IBK비씨카드	신용승인
카드번호	
2224-1222-1014-1345	
판매일자	
08/07 13:52:46	
거래구분	
일시불	금액 300,000원
은행확인	세금 30,000원
비씨	
판매자	봉사료 0원
	합계 330,000원
대표자	
이성수	
사업자등록번호	
117-09-52793	
가맹점명	
동보성	
가맹점주소	
서울 양천구 신정4동 973-12	서명 Semusa

2 10월 1일 천안 제1공장에서 사용하던 기계장치(취득원가 50,000,000원, 감가상각누계액 40,000,000원)를 (주)재생에 4,400,000원(부가가치세 포함)에 매각하고 현금영수증을 발급하였다. 매각대금은 전액 자기앞수표로 받았다.(3점)

3 10월 11일 희망상사에 제품을 판매하고 다음과 같이 전자세금계산서를 발급하였다.(3점)

전자세금계산서(공급자 보관용)					승인번호			
공급자	사업자등록번호	220-81-62517	종사업장번호		공급받는자	사업자등록번호	127-44-61631	종사업장번호	
	상호(법인명)	(주)옥산테크	성명(대표자)	이필재		상호(법인명)	희망상사	성명(대표자)	김마리
	사업장주소	경상북도 경주시 강변로 214				사업장주소	서울시 마포구 광성로 11		
	업태	제조	종목	운동기구		업태	제조	종목	운동기구
	이메일					이메일			

작성일자	공급가액	세액	수정사유
2024. 10. 11	5,000,000	500,000	
비고			

월	일	품 목	규 격	수 량	단 가	공 급 가 액	세 액	비 고
10	11	A제품		100	50,000	5,000,000	500,000	

합 계 금 액	현 금	수 표	어 음	외상미수금	이 금액을 (**영수**) 함 (**청구**)
5,500,000	3,500,000			2,000,000	

4 10월 30일 다음은 구매한 원재료에 하자가 있어 반품을 한 후 발급받은 수정세금계산서이다. 수정세금계산서 수취와 동시에 원재료 및 외상매입금과 상계처리하였다.(3점)

수정전자세금계산서(공급받는자 보관용)						승인번호			
공급자	사업자등록번호	484-81-88130	종사업장번호		**공급받는자**	사업자등록번호	220-81-62517	종사업장번호	
	상호(법인명)	(주)한강	성명(대표자)	김서울		상호(법인명)	(주)옥산테크	성명(대표자)	이필재
	사업장주소	경기도 광명시 광명로 58(가학동)				사업장주소	경상북도 경주시 강변로 214		
	업태	제조, 도소매	종목	원목		업태	제조	종목	운동기구
	이메일					이메일			

작성일자	공급가액	세액	수정사유		
2024. 10. 30	-3,000,000	-300,000			
비고					

월	일	품 목	규격	수량	단가	공 급 가 액	세액	비 고
10	30	철강원자재		-100	30,000	-3,000,000	-300,000	

합 계 금 액	현금	수표	어음	외상미수금	이 금액을 (영수) (청구) 함
-3,300,000				-3,300,000	

5 11월 10일 (주)남서울로부터 원재료를 13,200,000원(부가가치세 포함)에 매입하고 전자세금계산서를 받았다. 동 일자에 매입대금 중 11월 1일에 지급한 선급금 1,000,000원을 제외한 나머지 금액을 보통예금에서 이체하였다(단, 하나의 전표로 처리할 것).(3점)

6 11월 19일 일본의 미즈노사에 수출제품(공급가액 ¥2,000,000)을 다음과 같이 직접 납품(선적)하고, 선수계약금을 제외한 잔여대금은 11월 말일에 받기로 하였다. 수출신고번호 입력은 생략한다.(3점)

거래일자	외화	기준환율	거래내역
11월 9일	¥100,000	1,055원/¥100	계약금이 입금되었으며 외화 보통예금에 외화로 보유 중
11월 19일	¥1,900,000	1,100원/¥100	수출제품 전체 선적됨

04 [일반전표입력] 및 [매입매출전표입력] 메뉴에 입력된 내용 중 다음과 같은 오류가 발견되었다. 입력된 내용을 확인하여 정정하시오.(6점)

1 8월 10일 본사 판매부서가 사용하고 있는 화물자동차에 대해 (주)만능공업사에서 정비를 받으면서 583,000원(부가가치세 포함)을 현금으로 결제하고 현금영수증을 발급받았다. 회계담당자는 매입세액을 공제받지 못하는 것으로 처리하여 일반전표에 입력하였다.(3점)

2 12월 20일 대한적십자사에 현금으로 기부한 30,000원이 세금과공과(판매비와 관리비)로 처리되어 있음을 확인하였다.(3점)

05 결산정리사항은 다음과 같다. 해당메뉴에 입력하시오.(9점)

1 기말 현재 당사가 장기투자를 목적으로 보유하고 있는 (주)하나가 발행한 주식의 취득원가, 전년도 말 및 당해연도 말 공정가치는 다음과 같다(단, 하나의 전표로 입력할 것).(3점)

주식명	취득원가	전년도 말 공정가치	당해연도 말 공정가치
(주)하나 보통주	30,000,000원	32,000,000원	28,000,000원

2 12월 31일 기말현재, 장기차입금 현황은 다음과 같다.(3점)

구분	금액	차입일자	상환(예정)일자	거래처
11월 9일	15,000,000원	2021. 12. 1	2026. 12. 1	국민은행
11월 19일	25,000,000원	2021. 7. 1	2025. 6. 30	한일물산

3 당사는 매 회계연도 말에 외상매출금과 받을어음 잔액의 1%를 대손충당금으로 설정하고 있다. 이에 대한 기말 수정분개를 입력하시오(당기에 발생한 대손채권은 없는 것으로 가정하며, 대손충당금 설정에 필요한 정보는 관련 데이터를 조회하여 사용할 것).(3점)

06 다음 사항을 조회하여 답안을 [이론문제 답안작성] 메뉴에 입력하시오.(9점)

1 제1기 확정신고기간(4월~6월)의 세금계산서 수취분 중 고정자산매입을 제외한 일반매입의 세액은 얼마인가?(3점)

2 2월 원재료매입액은 얼마인가?(3점)

3 제1기 확정 부가가치세 신고에 반영된 내역 중 6월에 카드로 매출된 공급대가는 얼마인가?(3점)

이론시험

다음 문제를 보고 알맞은 것을 골라 [이론문제 답안작성] 메뉴에 입력하시오.(객관식 문항당 2점)

기본 전제

문제에서 한국채택국제회계기준을 적용하도록 하는 언급이 없는 경우, 일반기업회계기준을 적용한다.

01 다음 중 회계에서 산출되는 정보를 재무회계 분야와 관리회계 분야로 나눌 때, 관리회계 분야에 해당하는 회계정보의 항목은?

① 일정시점에 있어서 회사의 재무상태 정보
② 일정기간 동안 성과평가를 위한 사업부서별 손익정보
③ 일정기간 동안 기업의 현금 유출 · 입 내역에 관한 정보
④ 일정기간 동안 자본의 크기와 그 변동내역에 관한 정보

02 제조업을 경영하는 회사가 받을어음에 대한 대손충당금을 신규로 설정할 경우, 손익계산서 항목 중 변하지 않는 것은?

① 매출총이익
② 영업이익
③ 법인세비용차감전순이익
④ 당기순이익

03 다음 자본의 분류 중 그 성격이 다른 것은?

① 매도가능증권평가손실
② 자기주식
③ 감자차손
④ 주식할인발행차금

04 다음 중 재화의 수익인식 기준에 대한 설명으로 잘못된 것은?

① 상품권 매출 : 물품 등을 제공하거나 판매하면서 상품권을 회수할 때
② 단기할부판매 : 재화를 고객에게 인도하는 때
③ 위탁판매 : 위탁자가 수탁자로부터 판매대금을 지급받은 때
④ 시용판매 : 고객이 매입의사를 표시하는 때

05 재고자산 평가방법에 대하여 잘못 설명한 것은?

① 개별법은 실제수익과 실제원가가 대응되어 이론적으로 가장 우수하다고 할 수 있으나 실무에서 적용하는 데는 어려움이 있다.
② 재고수량이 동일할 때 물가가 지속적으로 상승하는 경우에는 선입선출법을 적용하면 다른 평가방법을 적용하는 경우보다 상대적으로 이익이 크게 표시된다.
③ 총평균법은 매입거래가 발생할 때마다 단가를 재산정해야하는 번거로움이 있다.
④ 후입선출법은 일반적인 물량흐름과 반대이다.

06 다음 중 일반기업회계기준상 유형자산의 감가상각에 대한 설명으로 옳은 것은?

① 다른 요건이 동일하다면 유형자산의 취득 초기에는 정액법에 의한 감가상각비가 정률법에 의한 감가상각비보다 크다.
② 정률법은 내용연수 동안 감가상각비를 매 기간 동일하게 계산하는 방법이다.
③ 감가상각은 미래에 발생하게 될 유형자산의 대체 시에 발생하게 될 비용을 충당하기 위하여 설정하는 부채를 인식하는 과정이다.
④ 감가상각방법은 해당 자산으로부터 예상되는 미래 경제적 효익의 소멸형태에 따라 선택하고, 소멸형태가 변하지 않는 한 매기 계속 적용한다.

07 다음 계정과목 중 영업외수익 항목이 아닌 것은?

① 투자자산처분이익
② 유형자산처분이익
③ 자기주식처분이익
④ 단기매매증권평가이익

08 다음 중 유동성배열법에 의한 재무상태표 작성 시 가장 나중에 배열되는 항목은?

① 미지급법인세
② 퇴직급여충당부채
③ 유동성장기부채
④ 매입채무

09 다음 중 당기총제조원가를 구성하지 않는 것은?

① 직접재료비
② 직접노무비
③ 제조간접비
④ 기초재공품

10 다음 주어진 자료를 이용하여 제조간접비를 계산하면 얼마인가?

> • 기초재공품재고액 : 1,000,000원
> • 기말재공품재고액 : 2,000,000원
> • 당기 기초(기본)원가 : 7,000,000원
>
> • 기말원재료재고액 : 500,000원
> • 당기제품제조원가 : 10,000,000원

① 1,000,000원　　　　　　　　② 4,000,000원
③ 4,500,000원　　　　　　　　④ 1,500,000원

11 다음은 어떠한 원가의 행태를 나타내는 그림인가?

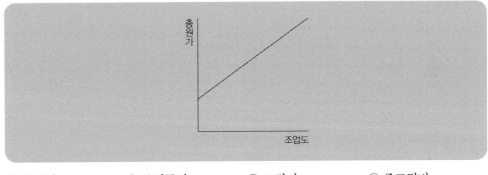

① 변동비　　　　② 준변동비　　　　③ 고정비　　　　④ 준고정비

12 당사는 선입선출법으로 종합원가계산을 하고 있다. 다음 자료를 보고 기말재공품의 원가를 계산하면 얼마인가?

> • 완성품환산량 단위당 재료비 : 500원
> • 완성품환산량 단위당 가공비 : 400원
> • 기말재공품 수량 : 700개(재료비는 공정초기에 모두 투입되었으며 가공비는 60%를 투입한 상태임)

① 419,000원　　　　　　　　② 518,000원
③ 610,000원　　　　　　　　④ 710,000원

13 다음 부가가치세의 과세표준(공급가액)에 대한 설명 중 가장 거리가 먼 것은?

① 재화의 수입에 대한 과세표준에는 그 재화에 대한 관세도 포함된다.
② 재화를 공급받는 자에게 지급하는 장려금이나 대손금액은 과세표준에서 공제한다.
③ 용역의 공급에 대하여 부당하게 낮은 대가를 받는 경우, 자기가 공급한 용역의 시가를 공급가액으로 본다.
④ 금전 이외의 대가를 받는 경우, 자기가 공급한 재화 또는 용역의 시가를 과세표준으로 한다.

14 현행 부가가치세법에 대한 설명으로 옳지 않은 것은?

① 사업자만이 부가가치세를 납부할 의무가 있다.
② 납세지는 사업자단위과세 및 주사업장총괄납부사업자가 아닌 경우, 각 사업장의 소재지로 한다.
③ 사업자단위과세사업자가 아닌 경우, 사업자는 사업장마다 사업개시일로부터 20일 이내에 사업장 관할세무서장에게 사업자등록을 신청해야 한다.
④ 신규로 사업을 시작하는 자에 대한 최초의 과세기간은 사업개시일부터 그 날이 속하는 과세기간의 종료일까지로 한다.

15 다음 중 부가가치세 영세율과 관련된 설명 중 틀린 것은?

① 영세율은 세부담의 역진성을 완화하기 위한 제도이다.
② 수출하는 재화는 영세율이 적용된다.
③ 직수출하는 재화의 경우에는 세금계산서 발급의무가 면제된다.
④ 국외에서 공급하는 용역의 공급에 대하여는 영세율이 적용된다.

(주)다모아전자(회사코드:0943)는 전자제품을 제조하여 판매하는 중소기업이며, 당기(제6기) 회계기간은 2024.1.1. ~ 2024. 12. 31.이다. 전산세무회계 수험용 프로그램을 이용하여 다음 물음에 답하시오.

기본 전제

- 문제에서 한국채택국제회계기준을 적용하도록 하는 전제조건이 없는 경우, 일반기업회계기준을 적용하여 회계처리한다.
- 문제의 풀이와 답안작성은 제시된 문제의 순서대로 진행한다.

01 다음은 기초정보관리 및 전기분 재무제표에 대한 자료이다. 각각의 요구사항에 대하여 답하시오.(10점)

1 거래처별 초기이월 자료를 검토하여 올바르게 수정 또는 추가 입력하시오.(3점)

계정과목	거래처	금액	재무상태표상 금액
외상매입금	남성산업기계	30,656,000원	56,656,000원
	세콤전자	26,000,000원	
미지급금	(주)고요상사	2,500,000원	3,800,000원
	(주)유앤아이	1,300,000원	

2 [계정과목및적요등록] 메뉴에서 통신비(판매비및일반관리비) 계정의 대체전표 적요 3번에 "사무실 인터넷 사용료 지급"을 등록하시오.(3점)

3 전기 재무제표를 검토한 결과 다음과 같은 오류를 확인하였다. 관련된 전기분 재무제표를 적절히 수정하시오.(4점)

> 사회복지공동모금회에 대한 기부금 5,000,000원이 누락된 것으로 확인된다.

02 다음 거래 자료를 [일반전표입력] 메뉴에 추가 입력하시오(일반전표입력의 모든 거래는 부가가치세를 고려하지 말 것).(18점)

> **입력 시 유의사항**
>
> • 일반적인 적요의 입력은 생략하지만, 타계정 대체거래는 적요번호를 선택하여 입력한다.
> • 채권 · 채무와 관련된 거래는 별도의 요구가 없는 한 반드시 기 등록되어 있는 거래처코드를 선택하는 방법으로 거래처명을 입력한다.
> • 제조경비는 500번대 계정코드를, 판매비와 관리비는 800번대 계정코드를 사용한다.
> • 회계처리 시 계정과목은 별도제시가 없는 한 등록되어 있는 계정과목 중 가장 적절한 과목으로 한다.

❶ 9월 14일 제품 1세트(원가 400,000원)를 매출거래처에 견본품으로 무상제공하다(단, 견본비 계정과목으로 회계처리할 것).(3점)

❷ 9월 30일 제2기 예정 부가가치세 신고(7/1~9/30)를 위해 부가세예수금 9,910,000원과 부가세대급금 11,230,000원을 상계처리하고 환급받을 부가가치세 1,320,000원에 대하여는 미수금계정과목으로 회계처리하였다(단, 거래처입력은 생략할 것).(3점)

❸ 10월 5일 독일의 AUTO사로부터 7월 5일에 외상으로 수입하였던 기계장치(유형자산)의 대금 $150,000의 지급기일이 되어 보통예금에서 지급하였다. 이에 대한 환율정보는 다음과 같다.(3점)

> • 7월 5일 : $1=₩1,200   • 10월 5일 : $1=₩1,100

❹ 10월 15일 (주)대광건설에 대한 미지급금 50,000,000원을 상환하기 위하여 받을어음(해피상사) 40,000,000원을 배서양도하였으며, 나머지는 보통예금으로 지급하였다.(3점)

❺ 11월 13일 기업은행에서 차입한 장기차입금에 대한 원금 20,000,000원과 이자 300,000원을 보통예금 계좌에서 자동이체하여 지급하였다.(3점)

❻ 11월 17일 회사가 보유중인 자기주식 전부를 25,000,000원에 처분하고 매각대금은 보통예금으로 받았다. 단, 처분시점의 자기주식 장부금액은 23,250,000원이고 자기주식처분손실 계정의 잔액은 1,500,000원이다.(3점)

03 다음 거래 자료를 [매입매출전표입력] 메뉴에 입력하시오.(18점)

> **입력 시 유의사항**
>
> - 일반적인 적요의 입력은 생략하지만, 타계정 대체거래는 적요번호를 선택하여 입력한다.
> - 별도의 요구가 없는 한 반드시 기 등록되어 있는 거래처코드를 선택하는 방법으로 거래처명을 입력한다.
> - 제조경비 500번대 계정코드를, 판매비와 관리비는 800번대 계정코드를 사용한다.
> - 회계처리 시 계정과목은 별도제시가 없는 한 등록되어 있는 계정과목 중 가장 적절한 과목으로 한다.
> - 입력화면 하단의 분개까지 처리하고, 전자세금계산서 및 전자계산서는 전자여부를 입력하여 반영한다.

1 10월 11일 구매확인서에 의해 수출용제품에 대한 원재료(공급가액 44,000,000원)를 (주)썽산기업으로부터 매입하고 영세율전자세금계산서를 발급받았다. 매입대금은 3개월 만기의 당사 발행 약속어음으로 지급하였다.(3점)

2 10월 19일 제조부문에서 사용하는 기계장치의 수선비 165,000원을 다음과 같은 신용카드매출전표로 결제하였다(단, 수선비에 대한 지출은 자산의 가치증가나 내용연수를 연장시키지 못함).(3점)

신용카드 매출전표			
단말기번호	21293691	전표번호	223567
카드종류		거래종류	결제방법
신한카드		신용구매	일시불
회원번호(Card No)		취소시 원거래일자	
1140-2303-4255-8956			
유효기간		거래일시 10.19	품명
전표제출		금 액/AMOUNT	150,000
		부 가 세/VAT	15,000
전표매입사		봉 사 료/TIPS	
		합 계/TOTAL	165,000
거래번호		승인번호/(Approval No.)	
		9721245	
가맹점	(주)진진		
대표자	김영진	TEL	
가맹점번호		사업자번호	106-86-44955
주소	서울시 송파구 올림픽로 92		

서명(Signature)
(주)다모아전자

❸ 10월 30일 (주)세무로부터 공급받았던 원재료 중 일부가 품질에 문제가 있어 반품하였으며, 회계처리는 외상매입금 계정과 상계하여 처리하기로 한다(분개금액은 (−)로 표시할 것).(3점)

전자세금계산서						승인번호			
공급자	사업자 등록번호	104-81-36565	종사업장 번호		공급받는자	사업자 등록번호	123-87-11024	종사업장 번호	
	상호 (법인명)	(주)세무	성명 (대표자)	김지연		상호 (법인명)	(주)다모아전자	성명 (대표자)	조서우
	사업장 주소	인천시 계양구 작전동 420				사업장 주소	경기도 군포시 고산로 679(산본동)		
	업 태	제조, 도소매	종 목	전자제품		업 태	도소매	종 목	전자제품
	이메일					이메일			

작성일자	공급가액	세액	수정사유
2024. 10. 30	−7,000,000	−700,000	일부반품
비고			

월	일	품 목	규 격	수 량	단 가	공 급 가 액	세 액	비 고
10	30	원재료				−7,000,000	−700,000	

합 계 금 액	현 금	수 표	어 음	외상미수금	이 금액을 (영수)/(청구) 함
−7,700,000				−7,700,000	

❹ 11월 15일 러시아의 Moisa사에게 직수출로 제품을 $20,000(환율 $1=₩1,100)에 판매하고 선적하였다. 대금은 한 달 후에 받기로 하였다(수출신고번호 입력은 생략할 것).(3점)

❺ 12월 12일 당사 영업장 증축을 위하여 (주)한국토건으로부터 토지를 150,000,000원에 취득하고 전자계산서를 발급받았다. 대금 중 50,000,000원은 당좌수표를 발행하여 지급하고, 나머지는 3개월 뒤에 지급하기로 하였다.(3점)

6 12월 15일 하나무역에 제품을 판매하고 다음과 같은 신용카드매출전표(비씨카드)로 결제받았다.(3점)

신용카드 매출전표

단말기번호	11213692	전표번호	

카드종류		거래종류	결제방법
비씨카드		신용구매	일시불
회원번호(Card No)		취소시 원거래일자	
4140 0202 0216 0080			
유효기간		거래일시 12.15.	품명
전표제출		금　액/AMOUNT	2,000,000
		부 가 세/VAT	200,000
전표매입사		봉 사 료/TIPS	
		합　계/TOTAL	2,200,000
거래번호		승인번호/(Approval No.)	
		98421147	

가맹점	(주)다모아전자		
대표자	조서우	TEL	
가맹점번호		사업자번호	123-87-11024
주소	경기도 군포시 고산로 679(산본동)		

서명(Signature)
하나무역

---

04 [일반전표입력] 및 [매입매출전표입력] 메뉴에 입력된 내용 중 다음과 같은 오류가 발견되었다. 입력된 내용을 확인하여 정정하시오.(6점)

1 9월 5일 보통예금에 입금된 (주)태산정공의 외상매출금 회수액 5,500,000원을 제품매출에 대한 계약금으로 회계처리하였다.(3점)

2 10월 4일 영업부에서 매출거래처 야유회를 지원하기 위해 (주)성실로부터 현금으로 구매한 기념품 3,000,000원(부가가치세 별도, 전자세금계산서 수취)을 복리후생비로 회계처리하였다.(3점)

05 결산정리사항은 다음과 같다. 해당메뉴에 입력하시오.(9점)

1 당기 4월 1일에 2년 후에 이자(연 6%)와 원금을 일시 상환하는 조건으로 100,000,000원을 하나은행으로부터 차입하였는데 당기분 이자비용을 인식하기로 한다(단, 거래처입력은 생략하며, 월할계산할 것).(3점)

2 기말 현재 당사가 단기시세차익을 목적으로 취득한 (주)삼전산업 주식의 취득원가 및 각 년도 말 공정가치는 다음과 같다. 공정가치으로 평가하기로 한다.(3점)

주식명	3.20.취득원가	12.31.공정가치
(주)삼전산업	75,000,000원	81,000,000원

3 기말 현재 외상매출금과 받을어음 잔액에 대하여 각각 1%의 대손충당금을 보충법으로 설정하시오.(3점)

06 다음 사항을 조회하여 답안을 [이론문제 답안작성] 메뉴에 입력하시오.(9점)

1 3월말 현재 유동자산은 전년도 12월말 유동자산보다 얼마나 더 증가하였는가?(양수로 표시할 것)(3점)

2 상반기 중 제품매출액이 가장 큰 달과 가장 적은 달의 차액은 얼마인가?(양수로 표시할 것)(3점)

3 1기 확정(4월~6월) 부가가치세 신고기간 중 현금영수증으로 매출된 공급대가의 합계액은 얼마인가?(3점)

CHAPTER 02

정답 및 해설

학습 방향

최신 기출문제 15회분의 이론시험과 실무시험에 대한 해설을 상세하게 수록하였습니다.
문제를 풀며 헷갈리거나 어려웠던 부분이 있다면 해설을 보면서 확실하게 정리합니다.

이론시험

01	02	03	04	05	06	07	08	09	10	11	12	13	14	15
①	④	②	②	①	④	②	④	①	①	③	④	④	③	②

01 • 재무상태표 : 일정 시점 현재 기업이 보유하고 있는 자산과 부채, 자본에 대한 정보를 제공하는 보고서
- 손익계산서 : 일정 기간의 기업의 수익과 비용을 나타낸 보고서
- 현금흐름표 : 일정 기간의 현금의 유입과 유출의 정보를 제공하는 보고서
- 자본변동표 : 기업의 자본변동에 관한 정보를 제공하는 보고서

02 비유동부채 : 임대보증금, 장기차입금, 사채, 퇴직급여충당부채

03 내부적으로 창출한 브랜드, 고객목록과 같은 항목은 무형자산으로 인식할 수 없다.

04 시용판매의 수익 인식 시점 : 소비자가 매입의사를 표시하는 시점

05 매출 시점에 실제 취득원가를 기록하여 매출원가로 대응시켜 원가 흐름을 가장 정확하게 파악할 수 있는 재고자산의 단가 결정 방법은 개별법이다.

06 일용직 직원에 대한 수당은 잡급으로 판매비와관리비(영업비용)로 처리하므로 영업이익에 영향을 준다.
- 이자수익 : 영업외수익
- 재해손실과 이자비용 : 영업외비용
- ※ 영업이익 = 매출액 − 매출원가 − 판매비와관리비

07 단기매매증권평가이익(수익) 300,000원 − 투자자산처분손실(비용) 200,000원 = 100,000원 증가
※ 매도가능증권평가손실 500,000원은 자본(기타포괄손익누계액)으로 처리하므로 당기손익증감액 계산에서 제외된다.

08 기초자본 400,000 + 추가출자 100,000 − 이익배당액 50,000 + 당기순이익 200,000 = 기말자본 650,000원
- 기초자본 = 기초자산 900,000 − 기초부채 500,000 = 400,000원
- 당기순이익 = 총수익 1,100,000 − 총비용 900,000 = 200,000원

09 외부의 정보이용자들에게 유용한 정보를 제공하기 위한 정보는 재무회계의 목적이다.

10 변동원가는 조업도가 증가할수록 총원가는 증가하고 단위당 원가는 일정하며, 고정원가는 조업도가 증가할 때 총원가는 일정하며 단위당 원가는 감소한다.

11 단계배분법을 사용할 경우 배부순서에 따라 각 보조부문에 배분되는 금액의 차이가 발생한다.
※ 보조부문비 배부기준의 배부방법에 따라 배부금액은 달라지지만 배부방법에 따른 순이익의 금액은 달라지지 않는다.

12 종합원가계산 중 여러 공정에 걸쳐 생산하는 경우 공정별 원가계산을 적용한다.

13 증여로 인하여 사업자의 명의가 변경되는 경우 폐업 사유에 해당한다. 그러므로 증여자는 폐업, 수증자는 신규 사업자등록을 해야 한다.

14 영세율 : 완전면세, 면세 : 부분면세

15 도매업은 영수증 발급 대상 사업자가 될 수 없다.

01 기초정보관리

1 [기초정보관리]-[거래처등록]에서 [신용카드]탭을 누르고 코드란에 99850, 거래처명:하나카드, 유형란에 2:매입을 선택한 후 우측 3.카드번호(매입)란에 "5531-8440-0622-2804", 4.카드종류(매입)란에 3.사업용카드를 선택한다.

2 [기초정보관리]-[계정과목및적요등록]에서 좌측 계정체계에서 판매관리비를 클릭하고 가운데 코드/계정과목에서 812.여비교통비를 선택한 후 우측 현금적요란 적요NO에 6. "야근 시 퇴직택시비 지급", 대체적요란 적요NO에 3. "야근 시 퇴직택시비 정산 인출"을 각각 입력한다.

3 [전기분원가명세서]에서 복리후생비 9,000,000을 10,000,000으로 수정하면 당기제품제조원가가 95,200,000으로 변경된다. [전기분세부세표]-[전기분손익계산서]의 제품매출원가란의 당기제품제조원가를 94,200,000에서 95,200,000으로 수정하고 복리후생비 30,000,000을 29,000,000으로 수정한다. 당기순이익에 변동이 없으므로 [전기분재무제표]-[전기분잉여금처분계산서]와 [전기분재무제표]-[전기분재무상태표]는 그대로 둔다.

02 일반전표입력

[전표입력]-[일반전표입력]을 클릭한 후 다음과 같이 입력한다.

1 7월 4일

구분		계정과목	거래처	적요	차변	대변
차변	0251	외상매입금	나노컴퓨터		5,000,000	
대변	0108	외상매출금	나노컴퓨터			3,000,000
대변	0102	당좌예금				2,000,000

2 9월 15일

구분		계정과목	거래처	적요	차변	대변
차변	0103	보통예금			1,000,000	
대변	0903	배당금수익				1,000,000

3 10월 5일

구분		계정과목	거래처	적요	차변	대변
차변	0103	보통예금			4,945,000	
차변	0956	매출채권처분손실			55,000	
대변	0110	받을어음	(주)영춘			5,000,000

4 10월 30일

구분		계정과목	거래처	적요	차변	대변
차변	0817	세금과공과			500,000	
대변	0103	보통예금				500,000

5 12월 12일

구분		계정과목	거래처	적요	차변	대변
차변	0291	사채			10,000,000	
대변	0103	보통예금				9,800,000
대변	0911	사채상환이익				200,000

※ 사채상환이익 : 사채상환금액과 사채장부금액의 차이로 인하여 발생한 이익

⑥ 12월 21일

구분		계정과목	거래처	적요	차변	대변
차변	0136	선납세금			77,000	
차변	0103	보통예금			423,000	
대변	0901	이자수익				500,000

03 매입매출전표입력

[전표입력]-[매입매출전표입력]을 클릭한 후 다음과 같이 입력한다.

① 7월 11일

유형	품목	수량	단가	공급가액	부가세	공급처명	사업/주민번호	전자	분개
11.과세	제품			3,000,000	300,000	성심상사		여	혼합

구분		계정과목	적요	거래처	차변(출금)	대변(입금)
대변	0255	부가세예수금	제품	성심상사		300,000
대변	0404	제품매출	제품	성심상사		3,000,000
차변	0101	현금	제품	성심상사	1,000,000	
차변	0108	외상매출금	제품	성심상사	2,300,000	

② 8월 25일

유형	품목	수량	단가	공급가액	부가세	공급처명	사업/주민번호	전자	분개
51.과세	상가			200,000,000	20,000,000	(주)대관령		여	혼합

구분		계정과목	적요	거래처	차변(출금)	대변(입금)
차변	0135	부가세대급금	상가	(주)대관령	20,000,000	
차변	0201	토지	상가	(주)대관령	150,000,000	
차변	0202	건물	상가	(주)대관령	200,000,000	
대변	0131	선급금	상가	(주)대관령		37,000,000
대변	0103	보통예금	상가	(주)대관령		333,000,000

③ 9월 15일

유형	품목	수량	단가	공급가액	부가세	공급처명	사업/주민번호	전자	분개
61.현과	소모품			350,000	35,000	골드팜(주)			혼합

구분		계정과목	적요	거래처	차변(출금)	대변(입금)
차변	0135	부가세대급금	소모품	골드팜(주)	35,000	
차변	0830	소모품비	소모품	골드팜(주)	350,000	
대변	0103	보통예금	소모품	골드팜(주)		385,000

※ 공급가액란에 부가가치세를 포함하여 385,000을 입력한다.

4 9월 30일

유형	품목	수량	단가	공급가액	부가세	공급처명	사업/주민번호	전자	분개
51.과세	승용차			15,000,000	1,500,000	경하자동차(주)		여	혼합

구분		계정과목	적요	거래처	차변(출금)	대변(입금)
차변	0135	부가세대급금	승용차	경하자동차(주)	1,500,000	
차변	0208	차량운반구	승용차	경하자동차(주)	15,000,000	
대변	0253	미지급금	승용차	경하자동차(주)		16,500,000

※ 개별소비세 과세 대상 차량이 아닌 승용차는 매입세액 공제 대상이다.

5 10월 17일

유형	품목	수량	단가	공급가액	부가세	공급처명	사업/주민번호	전자	분개
55.수입	원재료			8,000,000	800,000	인천세관		여	혼합

구분		계정과목	적요	거래처	차변(출금)	대변(입금)
차변	0135	부가세대급금	원재료	인천세관	800,000	
대변	0103	보통예금	원재료	인천세관		800,000

※ 수입 시 공급처명에는 세금계산서를 발급한 세관을 입력해야 한다.

6 10월 20일

유형	품목	수량	단가	공급가액	부가세	공급처명	사업/주민번호	전자	분개
14.건별	제품			90,000	9,000				현금

구분		계정과목	적요	거래처	차변(출금)	대변(입금)
입금	0255	부가세예수금	제품		(현금)	9,000
입금	0404	제품매출	제품		(현금)	90,000

04 오류수정

1 [전표입력]-[일반전표입력]에서 8월 31일을 입력한 후 이자비용 362,500을 500,000으로 수정하고 두 번째 줄에서 상단 상단 툴바의 전표삽입을 눌러 대변에 예수금 137,500을 추가로 입력한다(또는 하단 빈칸에 예수금을 입력해도 됨).

구분		계정과목	거래처	적요	차변	대변
차변	0951	이자비용			500,000	
대변	0254	예수금				137,500
대변	0103	보통예금				362,500

2 [전표입력]-[매입매출전표입력]을 클릭하고 11월 30일을 입력한 후 하단 분개란에서 건물을 520.수선비로 수정한다.

유형	품목	수량	단가	공급가액	부가세	공급처명	사업/주민번호	전자	분개
51.과세	잠금장치 수리			700,000	70,000	영포상회		여	혼합

구분		계정과목	적요	거래처	차변(출금)	대변(입금)
차변	0135	부가세대급금	공장출입문 잠금장치 수리	영포상회	70,000	
차변	0520	수선비	공장출입문 잠금장치 수리	영포상회	700,000	
대변	0103	보통예금	공장출입문 잠금장치 수리	영포상회		770,000

※ 수익적 지출은 비용으로 처리하며 자본적 지출은 자산으로 처리한다.

05 결산정리

❶ [전표입력]-[일반전표입력]에서 12월 31일(결산일)자로 다음과 같이 입력한다.

구분		계정과목	거래처	적요	차변	대변
차변	0530	소모품비			1,875,000	
차변	0830	소모품비			625,000	
대변	0173	소모품				2,500,000

※ 구입 시 소모품(자산)으로 처리했으므로 결산 시 사용분에 대해서 비용처리한다.

- 소모품비(제) : (3,000,000원 − 500,000원) × 75% = 1,875,000원
- 소모품비(판) : (3,000,000원 − 500,000원) × 25% = 625,000원

구분		계정과목	거래처	적요	차변	대변
차변	0822	차량유지비			150,000	
차변	0980	잡손실			85,000	
대변	0141	현금과부족				235,000

❷ [결산/재무제표]-[결산자료입력]에서 기간란에 1월 ~ 12월을 입력한다.

  2. 매출원가

    제품매출원가

    1) 원재료비

        기말원재료재고액   9,500,000

      ※ 정상적인 수량차이는 제조원가에 포함하므로 실제금액(9,500개 × 1,000원 = 9,500,000원)만 입력한다.

    8) 당기총제조비용

        기말재공품재고액   8,500,000

    9) 당기완성품제조원가

        기말제품재고액   13,450,000을 각각 결산반영금액란에 입력한다.

❸ 상단 툴바의 **F3 전표추가**를 클릭하여 나타나는 메시지창에서 「예」를 클릭한다.

06 장부조회

1 [결산/재무제표]-[재무상태표]에서 기간란에 5월을 입력하여 당기 외상매출금과 외상매입금 잔액을 각각 확인한 후 그 차액을 계산한다.

  ▶ 정답 : 40,465,000원(외상매출금 107,700,000 − 외상매입금 67,235,000)

2 [장부관리]-[매입매출장]에서 기간(4월 1일 ~ 6월 30일)을 입력한 후 구분 2.매출, 유형 12.영세를 선택한 후 분기계 합계 금액을 확인한 후 다시 유형 16.수출을 선택한 후 분기계 합계 금액을 확인한 후 합산한다.

  ▶ 정답 : 48,450,000원(12.영세 38,450,000 + 16.수출 10,000,000)

3 [장부관리]-[일계표(월계표)]에서 「월계표」탭을 클릭하고 조회기간(6월 ~ 6월)을 입력한 후 판매비및일반관리비 중 좌측 계란의 금액이 가장 적은 계정과목과 금액을 확인한다.

  ▶ 정답 : 도서인쇄비, 10,000원

이론 시험

01	02	03	04	05	06	07	08	09	10	11	12	13	14	15
④	④	②	②	①	④	③	③	①	③	②	③	④	①	②

01 재무회계의 외부정보이용자는 주주, 투자자, 채권자 등이다.

> **오답 피하기**
> - ① : 원가관리회계의 목적
> - ② : 세무회계의 정보이용자
> - ③ : 세무회계의 목적

02 단기매매증권 : 유동자산(당좌자산)

03 재고자산의 취득원가에는 매입금액에 매입운임, 하역료 및 보험료 등을 가산하고 매입과 관련된 할인, 에누리 및 기타 유사한 항목은 매입원가에서 차감한다. 판매와 관련된 비용은 판매비와관리비로 처리한다.

04 자본적지출을 수익적지출로 잘못 처리하게 되면, 자산은 과소계상, 비용은 과대계상되어 당기순이익이 과소계상되어 자본이 과소계상되게 된다.

05 - 취득금액 1,400,000(200주 × 주당 7,000) − 액면금액 1,000,000(200주 × 주당 5,000) = 감자차손 400,000
- 감자차익을 먼저 상계하고 나머지를 감자차손으로 인식해야 하므로 감자차손은 200,000원이 된다.

06 수익과 비용은 각각 총액으로 보고하는 것을 원칙으로 한다.

07 선수금(부채)으로 처리해야 할 것을 제품매출(수익)로 처리했으므로 부채의 과소, 수익의 과대가 된다.

08 기초 자본금 50,000,000 + 추가출자(2,000주 × 액면금액 5,000) = 기말자본금 60,000,000원
※ 자본금 = 주식 수 × 액면금액

09 - 영업용 사무실의 전기요금, 마케팅부의 교육연수비 : 판매비와관리비(수도광열비, 교육훈련비)
- 기계장치의 처분손실 : 영업외비용(유형자산처분손실)

10 상호배분법에 대한 설명이다.

11 기초원재료 1,200,000 + 당기원재료매입액 900,000 − 기말원재료 850,000 = 당기직접재료원가 1,250,000원

12 - no.1 직접간접원가 배부액 = (직접재료원가 400,000 + 직접노무원가 150,000) × 배부율 0.5 = 275,000원
- 제조간접원가 배부율 = 제조간접원가총액 500,000 ÷ 배부기준총액(직접재료원가 800,000 + 직접노무원가 200,000)
  = 0.5원/직접원가당

13 간이과세자가 일반과세자로 변경되는 경우 : 그 변경되는 해의 1월 1일부터 6월 30일까지

14 작성연월일이 필요적 기재사항이며, 공급연월일은 임의적 기재사항이다.

15 상품권이 현물과 교환되어 재화가 실제로 인도되는 때를 공급시기로 본다.

01 기초정보관리

1 [기초정보관리]-[거래처등록]을 클릭하면 「일반거래처」탭 화면이 나온다. 좌측 화면 하단 빈칸에 코드:01230, 거래처명:태형상사, 유형:3.동시를 선택하고 우측에 사업자등록번호, 대표자성명, 업태, 종목, 주소를 입력한다.

2 [전기분재무제표]-[거래처별초기이월]에서 좌측 화면의 계정과목에서 "받을어음"을 클릭하고 우측 화면의 (주)원수의 금액을 10,000,000에서 15,000,000으로 수정한다. 같은 방법으로 좌측 화면의 계정과목에서 "단기차입금"을 클릭하고 우측 화면의 (주)빛날통신의 금액을 3,000,000에서 13,000,000으로 수정하고 거래처란 아래 거래처코드란에서 F2를 눌러 (주)이태백을 선택하고 10,000,000을 추가 입력한다.

3 [전기분원가명세서]에서 하단 빈칸에 보험료 1,000,000을 추가 입력한다. 그러면 당기제품제조원가가 94,000,000으로 변경된다. [전기분재무제표]-[전기분손익계산서]의 제품매출원가란의 당기제품제조원가를 93,000,000에서 94,000,000으로 수정하고 보험료 3,000,000을 2,000,000으로 수정한 후 당기순이익이 356,150,000으로 변경된 것을 확인한다. [전기분재무제표]-[전기분잉여금처분계산서]의 당기순이익과 [전기분재무제표]-[전기분재무상태표]의 이월이익잉여금은 맞으므로 그대로 둔다.

02 일반전표입력

[전표입력]-[일반전표입력]을 클릭한 후 다음과 같이 입력한다.

1 8월 20일

구분		계정과목	거래처		적요	차변	대변
차변	0953	기부금				2,000,000	
대변	0150	제품		8	타계정으로 대체액 손익계산서 반영분		2,000,000

※ 재고자산을 다른 목적으로 사용할 경우 적요란에 8.타계정으로 대체액을 입력하고 금액은 원가로 처리한다.

2 9월 2일

구분		계정과목	거래처	적요	차변	대변
차변	0260	단기차입금	전마나		20,000,000	
대변	0103	보통예금	전마나			15,000,000
대변	0918	채무면제이익				5,000,000

3 10월 19일

구분		계정과목	거래처	적요	차변	대변
차변	0251	외상매입금	(주)용인		2,500,000	
대변	0101	현금				1,500,000
대변	0110	받을어음	(주)수원			1,000,000

4 11월 6일

구분		계정과목	거래처	적요	차변	대변
차변	0254	예수금			270,000	
차변	0521	보험료			221,000	
차변	0821	보험료			110,500	
대변	0101	현금				601,500

5 11월 11일

구분		계정과목	거래처	적요	차변	대변
차변	0806	퇴직급여			6,800,000	
차변	0831	수수료비용			200,000	
대변	0103	보통예금				7,000,000

※ 확정급여형(DB)퇴직연금 : 퇴직연금운용자산, 확정기여형(DC)퇴직연금 : 퇴직급여

6 12월 3일

구분		계정과목	거래처	적요	차변	대변
차변	0103	보통예금			4,750,000	
대변	0107	단기매매증권				4,000,000
대변	0906	단기매매증권처분이익				750,000

- 처분금액 : 10,000원 × 500주 − 처분수수료 250,000원 = 4,750,000원
- 장부금액 : 8,000원 × 500주 = 4,000,000원
- 처분손익 : 처분금액 4,750,000원 − 장부금액 4,000,000원 = 처분이익 750,000원

03 매입매출전표입력

[전표입력]-[매입매출전표입력]을 클릭한 후 다음과 같이 입력한다.

1 7월 28일

유형	품목	수량	단가	공급가액	부가세	공급처명	사업/주민번호	전자	분개
57.카과	도시락세트			200,000	20,000	저팔계산업			카드

구분		계정과목	적요	거래처	차변(출금)	대변(입금)
대변	0134	미지급금	도시락세트	하나카드		220,000
차변	0135	부가세대급금	도시락세트	저팔계산업	20,000	
대변	0811	복리후생비	도시락세트	저팔계산업	200,000	

※ 중간의 신용카드사는 "하나카드"를 선택한다. 공급가액란에 부가가치세를 포함하여 220,000을 입력한다. 분개유형을 "3·혼합"으로 해도 된다.

2 9월 3일

유형	품목	수량	단가	공급가액	부가세	공급처명	사업/주민번호	전자	분개
11.과세	기계장치 매각			13,500,000	1,350,000	보람테크(주)		여	혼합

구분		계정과목	적요	거래처	차변(출금)	대변(입금)
대변	0255	부가세예수금	기계장치 매각	보람테크(주)		1,350,000
대변	0206	기계장치	기계장치 매각	보람테크(주)		50,000,000
차변	0207	감가상각누계액	기계장치 매각	보람테크(주)	38,000,000	
차변	0101	현금	기계장치 매각	보람테크(주)	4,850,000	
차변	0120	미수금	기계장치 매각	보람테크(주)	10,000,000	
대변	0914	유형자산처분이익	기계장치 매각	보람테크(주)		1,500,000

※ 상거래외 거래(재고자산외 거래) 시 외상은 미수금으로 처리한다.

❸ 9월 22일

유형	품목	수량	단가	공급가액	부가세	공급처명	사업/주민번호	전자	분개
51.과세	원재료			5,000,000	500,000	마산상사		여	혼합

구분		계정과목	적요	거래처	차변(출금)	대변(입금)
차변	0135	부가세대급금	원재료	마산상사	500,000	
차변	0153	원재료	원재료	마산상사	5,000,000	
대변	0110	받을어음	원재료	(주)서울		2,000,000
대변	0251	외상매입금	원재료	마산상사		3,500,000

※ 하단 받을어음의 거래처를 (주)서울로 변경한다.

❹ 10월 31일

유형	품목	수량	단가	공급가액	부가세	공급처명	사업/주민번호	전자	분개
12.영세	전자제품	100	700,000	70,000,000		NICE Co.,Ltd		여	혼합

구분		계정과목	적요	거래처	차변(출금)	대변(입금)
대변	0404	제품매출	전자제품 100×700000	NICE Co.,Ltd		70,000,000
차변	0108	외상매출금	전자제품 100×700000	NICE Co.,Ltd	35,000,000	
차변	0103	보통예금	전자제품 100×700000	NICE Co.,Ltd	35,000,000	

※ 중간의 영세율구분은 3. 내국신용장 · 구매확인서에 의하여 공급하는 재화를 선택한다.

❺ 11월 4일

유형	품목	수량	단가	공급가액	부가세	공급처명	사업/주민번호	전자	분개
54.불공	선물세트			1,500,000	150,000	손오공상사		여	혼합

구분		계정과목	적요	거래처	차변(출금)	대변(입금)
차변	0813	기업업무추진비	선물세트	손오공상사	1,650,000	
대변	0253	미지급금	선물세트	손오공상사		1,650,000

※ 중간의 불공제사유는 4. ④기업업무추진비 및 이와 유사한 비용 관련을 선택한다.

❻ 12월 5일

유형	품목	수량	단가	공급가액	부가세	공급처명	사업/주민번호	전자	분개
54.불공	토지정지 등			50,000,000	5,000,000	(주)만듬건설		여	혼합

구분		계정과목	적요	거래처	차변(출금)	대변(입금)
차변	0201	토지	토지정지 등	(주)만듬건설	55,000,000	
대변	0131	선급금	토지정지 등	(주)만듬건설		5,500,000
대변	0253	미지급금	토지정지 등	(주)만듬건설		49,500,000

※ 중간의 불공제사유는 6. ⑥토지의 자본적 지출관련을 선택한다.

04 오류수정

1 [전표입력]-[일반전표입력]에서 11월 10일을 입력한 후 수선비를 미지급금으로 수정하고 거래처를 입력한다.

구분		계정과목	거래처	적요	차변	대변
차변	0253	미지급금	가나상사		880,000	
대변	0103	보통예금				880,000

2 [전표입력]-[매입매출전표입력]에서 12월 15일을 입력한 후 유형에서 16.수출을 12.영세로 변경하고 아래와 같이 수정한다.

유형	품목	수량	단가	공급가액	부가세	공급처명	사업/주민번호	전자	분개
12.영세	제품			10,000,000		(주)강서기술		여	혼합

구분		계정과목	적요	거래처	차변(출금)	대변(입금)
대변	0404	제품매출	제품	(주)강서기술		10,000,000
차변	0108	외상매출금	제품	(주)강서기술	10,000,000	

※ 중간의 영세율구분은 3. 내국신용장 · 구매확인서에 의하여 공급하는 재화를 선택한다.

05 결산정리

[전표입력]-[일반전표입력]에서 12월 31일(결산일)자로 다음과 같이 입력한다.

구분		계정과목	거래처	적요	차변	대변
차변	0116	미수수익			2,250,000	
대변	0901	이자수익				2,250,000

※ 기말까지 발생된 기간 경과분 발생이자는 수익으로 처리하고 상대계정에 미수수익을 입력한다.

이자수익 = 50,000,000 × 6% × 9개월/12개월 = 2,250,000원

구분		계정과목	거래처	적요	차변	대변
차변	0133	선급비용			900,000	
대변	0519	임차료				900,000

※ 보험료 미경과분 : 3,600,000 × 3개월/12개월 = 900,000원

4월 1일 보험료를 전액 비용(보험료)으로 처리했으므로 결산기간 미경과분은 자산(선급비용)으로 처리한다.

구분		계정과목	거래처	적요	차변	대변
차변	0957	단기매매증권평가손실			2,000,000	
대변	0107	단기매매증권				2,000,000

06 장부조회

1 [장부관리]-[총계정원장]에서 월별을 선택하고 기간(1월 1일 ~ 6월 30일), 계정과목(801.급여 ~ 801.급여)을 입력한 후 차변 금액이 가장 많은 월과 적은 월의 금액을 각각 확인한 후 차감한다.

▶ 정답 : 3,000,000원(3월 8,400,000 − 1월 5,400,000)

2 [장부관리]-[거래처원장]의 잔액란 탭에서 기간(3월 1일 ~ 3월 31일), 계정과목(404.제품매출), 거래처란에서 일천상사를 두 번 입력한 후 대변의 금액을 확인한 후 다시 기간(4월 1일 ~ 4월 30일), 계정과목(404.제품매출), 거래처란에서 일천상사를 두 번 입력한 후 대변의 금액을 확인한 후 차액을 계산한다.

▶ 정답 : 8,140,000원(3월 13,000,000 − 4월 4,860,000)

3 [부가가치]-[신고서/부속명세]-[부가가치세] [세금계산서합계표]의 「매출」탭란에서 조회기간(1월 ~ 3월)을 입력한 후 하단의 전체데이터 탭란에서 (주)서산상사의 매수와 공급가액을 확인한다.

▶ 정답 : 6매, 10,320,000원

이론시험

01	02	03	04	05	06	07	08	09	10	11	12	13	14	15
④	①	②	③	①	②	④	①	③	④	①	③	③	④	②

01 자기주식을 취득원가보다 낮은 금액으로 처분하는 경우 그 차액은 자기주식처분손실이며 자본조정 항목에 속한다.

02 (차) 현금 100,000　(대) 선수금 100,000

　　계약금은 선수금으로 처리하고 타인 발행 당좌수표는 현금으로 처리한다.

03 기말재고자산을 실제보다 과대계상한 경우 매출원가는 과소계상되고 매출총이익 및 당기순이익은 과대계상되어 자본총계도 과대계상된다.

04 무형자산의 상각기간은 독점적·배타적인 권리를 부여하고 있는 관계 법령이나 계약에 정해진 경우를 제외하고는 20년을 초과할 수 없다.

05 단기투자자산 합계액 = 1년 만기 정기예금 3,000,000 + 단기매매증권 4,000,000 = 7,000,000원

　　• 현금및현금성자산 : 현금, 당좌예금, 우편환증서

　　• 매출채권 : 외상매출금

　　※ 단기투자자산 : 단기매매증권, 단기대여금, 단기금융상품

06 비유동부채 : 사채, 퇴직급여충당부채, 장기차입금, 임대보증금

07 • 재고자산평가손실 = 비누(취득원가 75,000 − 순실현가능가치 65,000) × 100개 = 1,000,000원

　　• 세제의 경우 평가이익에 해당하나 최초의 취득원가를 초과하는 이익은 저가법상 인식하지 않는다.

08 • 예약판매계약 : 공사결과를 신뢰성 있게 추정할 수 있을 때에 진행기준을 적용하여 공사수익을 인식한다.

　　• 할부판매 : 이자부분을 제외한 판매가격에 해당하는 수익을 판매시점에 인식한다. 이자부분은 유효이자율법을 사용하여 가득하는 시점에 수익으로 인식한다.

　　• 위탁판매 : 위탁자는 수탁자가 해당 재화를 제3자에게 판매한 시점에 수익을 인식한다.

09 • 당기원재료원가 = 기초 원재료 재고액 + 당기 원재료 매입액 − 기말 원재료 재고액

　　• 당기원재료원가 = 기초 원재료 재고액 3억원 + 당기 원재료 매입액 20억원 + 기말 원재료 재고액 0 = 23억원

10 기말제품재고액은 재무상태표와 손익계산서에서 확인할 수 있다.

11 • 제조간접원가 예정배부액 600,000 − 실제 제조간접원가 발생액 500,000 = 100,000원 과대배부

　　• 제조간접원가 예정배부액 = 실제 직접노무시간 3,000시간 × 예정배부율 200원 = 600,000원

12 기초재공품이 존재하지 않는 경우 평균법과 선입선출법의 당기완성품원가와 기말재공품원가는 일치한다.

13 구매확인서에 의하여 공급하는 재화는 영세율 적용 대상 거래로 세금계산서 발급의무가 있다.

14 법인 부동산매매업의 사업장 : 법인의 등기부상 소재지

15 사업자 또는 재화를 수입하는 자 중 어느 하나에 해당하는 자로서 개인, 법인(국가·지방자치단체와 지방자치단체조합을 포함), 법인격이 없는 사단·재단 또는 그 밖의 단체는 이 법에 따라 부가가치세를 납부할 의무가 있다.

01 기초정보관리

1 [기초정보관리]-[거래처등록]을 클릭하면 「일반거래처」탭 화면이 나온다. 좌측 화면 하단 빈칸에 코드:03000, 거래처명:(주)나우전자, 유형:3.동시를 선택하고 우측에 사업자등록번호, 대표자성명, 업태, 종목, 주소를 입력한다.

2 [기초정보관리]-[계정과목및적요등록]에서 좌측 계정체계에서 투자자산을 클릭하고 가운데 코드/계정과목에서 186.퇴직연금운용자산을 선택한 후 우측 대체적요란 적요NO에 1, "제조 관련 임직원 확정급여형 퇴직연금부담금 납입"을 입력한다.

3 [전기분재무상태표]에서 장기차입금을 삭제한 후 하단 빈칸에 단기차입금 20,000,000을 추가 입력한다. [거래처별초기이월]에서 좌측 화면의 코드란에 F2를 눌러 "단기"라고 입력한 후 "단기차입금"을 클릭하여 입력하고 우측 화면의 거래처란 거래처코드 신한에서 F2를 눌러 기업은행을 선택하고 20,000,000을 추가 입력한다.

02 일반전표입력

[전표입력]-[일반전표입력]을 클릭한 후 다음과 같이 입력한다.

1 8월 1일

구분		계정과목	거래처	적요	차변	대변
차변	0305	외화장기차입금	미국은행		37,500,000	
차변	0952	외환차손			1,500,000	
대변	0103	보통예금				39,000,000

※ 지문에 외화장기차입금이라고 뇌어 있으므로 장기차입금으로 입력하면 안 된다.

2 8월 12일

구분		계정과목	거래처	적요	차변	대변
차변	0246	부도어음과수표	(주)모모가방		50,000,000	
대변	0110	받을어음	(주)모모가방			50,000,000

3 8월 23일

구분		계정과목	거래처	적요	차변	대변
차변	0265	미지급배당금			10,000,000	
대변	0254	예수금				1,540,000
대변	0103	보통예금				8,460,000

4 8월 31일

구분		계정과목	거래처	적요	차변	대변
차변	0206	기계장치			5,500,000	
대변	0917	자산수증수익				5,500,000

5 9월 11일

구분		계정과목	거래처	적요	차변	대변
차변	0107	단기매매증권			4,000,000	
차변	0984	수수료비용			10,000	
대변	0103	보통예금				4,010,000

※ 단기매매증권 취득 시 부대비용은 취득원가에 포함되지 않고 영업외비용으로 처리힌다.

6 9월 13일

구분		계정과목	거래처	적요	차변	대변
차변	0101	현금			1,000,000	
차변	0110	받을어음	(주)다원		3,000,000	
대변	0108	외상매출금	(주)다원			4,000,000

03 매입매출전표입력

[전표입력]-[매입매출전표입력]을 클릭한 후 다음과 같이 입력한다.

1 7월 13일

유형	품목	수량	단가	공급가액	부가세	공급처명	사업/주민번호	전자	분개
17.카과	크로스백			5,000,000	500,000	(주)남양가방			카드

구분		계정과목	적요	거래처	차변(출금)	대변(입금)
차변	0108	외상매출금	크로스백	비씨카드	5,500,000	
대변	0255	부가세예수금	크로스백	(주)남양가방		500,000
대변	0404	제품매출	크로스백	(주)남양가방		5,000,000

※ 중간의 신용카드사는 "비씨카드"를 선택한다. 공급가액란에 부가가치세를 포함하여 2,640,000을 입력한다. 분개유형을 "3:혼합"으로 해도 된다.

2 9월 5일

유형	품목	수량	단가	공급가액	부가세	공급처명	사업/주민번호	전자	분개
51.과세	운송비			500,000	50,000	쾌속운송		여	혼합

구분		계정과목	적요	거래처	차변(출금)	대변(입금)
차변	0135	부가세대급금	운송비	쾌속운송	50,000	
차변	0206	기계장치	운송비	쾌속운송	500,000	
대변	0103	보통예금	운송비	쾌속운송		550,000

※ 기계장치를 정상적으로 사용하기 위한 운송비는 기계장치의 취득원가에 가산한다.

3 9월 6일

유형	품목	수량	단가	공급가액	부가세	공급처명	사업/주민번호	전자	분개
51.과세	가공비용			10,000,000	1,000,000	정도정밀		여	혼합

구분		계정과목	적요	거래처	차변(출금)	대변(입금)
차변	0135	부가세대급금	가공비용	정도정밀	1,000,000	
차변	0533	외주가공비	가공비용	정도정밀	10,000,000	
대변	0103	보통예금	가공비용	정도정밀		11,000,000

4 9월 25일

유형	품목	수량	단가	공급가액	부가세	공급처명	사업/주민번호	전자	분개
54.불공	3D 프린터			3,500,000	350,000	(주)목포전자		여	혼합

구분		계정과목	적요	거래처	차변(출금)	대변(입금)
차변	0953	기부금	3D 프린터	(주)목포전자	3,850,000	
대변	0253	미지급금	3D 프린터	(주)목포전자		3,850,000

※ 중간의 불공제사유는 2. ②사업과 직접 관련 없는 지출을 선택한다. 국가 및 지방자치단체에 무상으로 공급하는 재화의 경우 취득 당시 사업과 관련하여 취득한 재화이면 매입세액을 공제하고 사업과 무관하게 취득한 재화이면 매입세액을 공제하지 아니한다.

5 10월 6일

유형	품목	수량	단가	공급가액	부가세	공급처명	사업/주민번호	전자	분개
57.카과	복합기			1,500,000	150,000	(주)ok사무			카드

구분		계정과목	적요	거래처	차변(출금)	대변(입금)
대변	0253	미지급금	복합기	하나카드		1,650,000
차변	0135	부가세대급금	복합기	(주)ok사무	150,000	
차변	0212	비품	복합기	(주)ok사무	1,500,000	

※ 중간의 신용카드사는 "하나카드"를 선택한다. 공급가액란에 부가가치세를 포함하여 1,650,000을 입력한다. 분개유형을 "3:혼합"으로 해도 된다.

6 12월 1일

유형	품목	수량	단가	공급가액	부가세	공급처명	사업/주민번호	전자	분개
51.과세	양가죽			2,500,000	250,000	(주)국민가죽		여	혼합

구분		계정과목	적요	거래처	차변(출금)	대변(입금)
차변	0135	부가세대급금	양가죽	(주)국민가죽	250,000	
차변	0153	원재료	양가죽	(주)국민가죽	2,500,000	
대변	0101	현금	양가죽	(주)국민가죽		250,000
대변	0251	외상매입금	양가죽	(주)국민가죽		2,500,000

04 오류수정

1 [전표입력]-[매입매출전표입력]에서 7월 22일을 입력한 후 유형에서 51.과세를 54.불공으로 변경하고 아래와 같이 수정한다.

유형	품목	수량	단가	공급가액	부가세	공급처명	사업/주민번호	전자	분개
54.불공	승용차량 구입			15,000,000	1,500,000	제일자동차		여	혼합

구분		계정과목	적요	거래처	차변(출금)	대변(입금)
차변	0208	차량운반구	승용차량 구입	제일자동차	16,500,000	
대변	0103	보통예금	승용차량 구입	제일자동차		16,500,000

※ 중간의 불공제사유는 3. ③비영업용 소형승용차 구입 · 유지 및 임차를 선택한다.

2 [전표입력]–[일반전표입력]에서 9월 15일을 입력한 후 대손상각비 3,000,000을 1,500,000으로 수정하고 두 번째 줄에서 상단 상단 툴바의 전표삽입을 눌러 차변에 109.대손충당금 1,500,000을 추가로 입력한다.

구분		계정과목	거래처	적요	차변	대변
차변	0835	대손상각비			1,500,000	
차변	0109	대손충당금			1,500,000	
대변	0108	외상매출금	(주)댕댕오디오			3,000,000

※ 대손발생 시 대손충당금 잔액으로 처리한 후 부족분은 비용으로 처리한다.

05 결산정리

1 [전표입력]–[일반전표입력]에서 12월 31일(결산일)자로 다음과 같이 입력한다.

구분		계정과목	거래처	적요	차변	대변
차변	0251	외상매입금	하나무역		2,500,000	
차변	0980	잡손실			50,000	
대변	0134	가지급금				2,550,000

구분		계정과목	거래처	적요	차변	대변
차변	0114	단기대여금	필립전자		6,000,000	
대변	0910	외화환산이익				6,000,000

※ 대여 시 환율은 2,000원/$(60,000,000원/$30,000)인데 회계기간 종료일(결산일) 현재 환율은 2,200원/$으로 200원/$가 상승했으므로 200 × $30,000 = 6,000,000원의 외화환산이익이 발생한다.

2 [결산/재무제표]–[결산자료입력]에서 기간란에 1월 ~ 12월을 입력한다.

　　7. 영업외비용

　　상단 툴바의 **F8** 대손상각 을 눌러 대손율(%) 1.00을 확인하고 미수금이 아닌 나머지 채권의 금액은 0을 입력하고(또는 스페이스바로 지우고) 결산반영버튼을 클릭하면

　　　　2). 기타의대손상각

　　　　　　미수금 300,000이 결산반영금액란에 자동으로 입력된다.

　　　　• 미수금 : 40,000,000원 × 1% − 100,000원 = 300,000원

3 상단 툴바의 **F3 전표추가** 를 클릭하여 나타나는 메시지창에서 「예」를 클릭한다.

06 장부조회

1 [장부관리]–[매입매출장]에서 기간(1월 1일 ~ 3월 31일)을 입력한 후 구분 2.매출, 유형 17.카과를 선택한 후 분기계란의 합계금액을 확인한다.

　　▶ 정답 : 1,330,000원

2 [장부관리]–[일계표(월계표)]에서 「월계표」탭을 클릭하고 조회기간(6월 ~ 6월)을 입력한 후 영업외비용 좌측 계란의 금액을 확인한다.

　　▶ 정답 : 131,000원

3 [부가가치]–[신고서/부속명세]–[부가가치세]–[부가가치세신고서]에서 조회기간(4월 1일 ~ 6월 30일)을 입력한 후 「16.공제받지못할매입세액」란의 세액을 확인한다.

　　▶ 정답 : 3,060,000원

이론시험

01	02	03	04	05	06	07	08	09	10	11	12	13	14	15
③	②	①	②	①	①	②	③	④	④	①	③	④	④	③

01 • 자산 : 자산은 과거의 거래나 사건의 결과로서 현재 기업실체에 의해 지배되고 미래에 경제적 효익을 창출할 것으로 기대되는 자원이다.

• 부채 : 부채는 과거의 거래나 사건의 결과로 현재 기업실체가 부담하고 있고 미래에 자원의 유출 또는 사용이 예상되는 의무이며, 기업실체가 현재 시점에서 부담하는 경제적 의무이다.

• 비용 : 비용은 차손을 포함한다.

02 재고자산 수량 결정 방법 : 계속기록법, 실지재고조사법, 혼합법(병행법)

03 선일자수표는 미래의 날짜로 발행한 수표이므로 받을어음(미수금)으로 처리한다.

04 • 기업이 보유하고 있는 토지는 보유목적에 따라 재고자산, 투자자산, 유형자산으로 분류될 수 있다.

• 유형자산을 취득한 후에 발생하는 비용은 성격에 따라 당기 비용 또는 자산의 취득원가에 포함한다.

• 토지와 건설중인자산은 감가상각을 하지 않는다.

05 A사 단기매매증권평가이익 200,000 − B사 단기매매증권평가손실 100,000 + A사 배당금수익 50,000 + C사 단기매매증권처분이익 50,000 = 영업외수익 200,000원

06 • 사채의 액면발행, 할인발행, 할증발행 여부와 관계없이 액면이자는 매년 동일하다.

• 할증발행 시 유효이자는 매년 감소하며, 사채발행비는 사채발행금액에서 차감하고, 할인발행 또는 할증발행 시 발행차금의 상각액 및 환입액은 매년 증가한다.

07 • 주식발행초과금 : 자본잉여금

• 자기주식 : 자본조정

• 매도가능증권평가손익 : 기타포괄손익누계액

08 자본적지출을 수익적지출로 잘못 처리했을 경우 당기 비용은 과대계상되어 당기의 당기순이익은 과소계상되고, 차기의 당기순이익은 과대계상(∵ 당기 자산의 감소로 인한 차기 비용과소)된다.

09 대체 자산 취득 시 기존 자산의 취득원가(의사결정에 영향을 주지 않음)가 매몰원가에 해당하므로, ④의 경우는 매몰원가가 아닌 기회원가에 해당한다.

10 변동원가 : 관련범위 내에서 조업도가 증가할수록 단위당 변동원가는 일정하고 총액은 증가한다.

11 • 평균법 완성품환산량 = 당기완성품수량 + 기말재공품환산량

• 재료원가 환산량 = 당기완성품수량 1,800 + 기말재공품환산량 300개 × 100% = 2,100개

• 가공원가 환산량 = 당기완성품수량 1,800 + 기말재공품환산량 300개 × 70% = 2,010개

12 • 매출원가 = 기초제품재고액 + 당기제품제조원가 − 기말제품재고액

　　• 당기제품제조원가 = 기초재공품재고액 + 당기총제조원가 − 기말재공품재고액

　　• 당기제품제조원가 = 기초재공품 500,000 + 당기총제조원가 1,500,000 − 기말재공품 1,300,000 = 700,000원

　　• 매출원가 = 기초제품재고액 800,000 + 당기제품제조원가 700,000 − 기말제품재고액 300,000 = 1,200,000원

13 과세 : 항공기, 고속버스, 전세버스, 택시, 특수자동차, 특종선박, 고속철도에 의한 여객운송 용역

14 폐업하는 경우에는 폐업일이 속한 달의 다음 달 25일 이내에 신고, 납부한다.

15 법인사업자의 주주가 변동된 것은 사업자등록 정정 사유가 아니다.

01 기초정보관리

1 [기초정보관리]-[계정과목및적요등록]에서 가운데 코드/계정과목란의 코드에 842을 입력한 후 "0842 견본비"로 이동하면 우측 화면의 하단 현금적요란에 적요 NO에 2, "전자제품 샘플 제작비 지급"을 입력한다.

2 [전기분재무제표]-[거래처별초기이월]에서 좌측 화면의 계정과목에서 "외상매출금"을 클릭하고 우측 화면의 거래처란에서 (주)흥금전기의 금액을 30,000,000으로 수정한다. 같은 방법으로 좌측 화면의 계정과목에서 "외상매입금"을 클릭하고 우측 화면의 거래처란에서 하나무역의 금액을 26,000,000으로 수정한다. 또 같은 방법으로 좌측 화면의 계정과목에서 "받을어음"을 클릭하고 우측 화면의 아래 거래처코드란에서 F2를 눌러 (주)대호전자를 선택하고 25,000,000을 추가 입력한다.

3 [전기분원가명세서]에서 선력비 2,000,000을 4,200,000으로 수정하며 당기제품제조원가가 96,500,000으로 변경된다. [전기분재무제표]-[전기분손익계산서]의 제품매출원가란의 당기제품제조원가를 94,300,000에서 96,500,000으로 수정한 후 수도광열비 3,000,000을 1,100,000으로 수정하면 당기순이익이 87,900,000으로 변경된다. [전기분재무제표]-[전기분잉여금처분계산서]에서 상단 툴바의 F6불러오기를 클릭하여 나오는 창에서 "예"를 누르면 당기순이익이 87,900,000으로 수정되고 미처분이익잉여금이 134,500,000으로 변경된다. [전기분재무제표]-[전기분재무상태표]에서 이월이익잉여금을 134,500,000으로 수정한다.

02 일반전표입력

[전표입력]-[일반전표입력]을 클릭한 후 다음과 같이 입력한다.

1 7월 3일

구분		계정과목	거래처	적요	차변	대변
차변	0131	선급금	세무빌딩		600,000	
대변	0103	보통예금				600,000

2 8월 1일

구분		계정과목	거래처	적요	차변	대변
차변	0831	수수료비용			70,000	
차변	0103	보통예금			3,430,000	
대변	0108	외상매출금	하나카드			3,500,000

3 8월 16일

구분		계정과목	거래처	적요	차변	대변
차변	0806	퇴직급여			8,800,000	
대변	0186	퇴직연금운용자산				8,800,000

※ 퇴직급여충당부채를 설정할 경우 퇴직급여충당부채로 처리하고 그렇지 않을 경우 퇴직급여로 처리한다.

4 8월 23일

구분		계정과목	거래처	적요	차변	대변
차변	0293	장기차입금	나라은행		20,000,000	
차변	0951	이자비용			200,000	
대변	0103	보통예금				20,200,000

⑤ 11월 5일

구분		계정과목	거래처	적요	차변	대변
차변	0110	받을어음	(주)다원		3,000,000	
차변	0114	단기대여금	(주)다원		1,000,000	
대변	0108	외상매출금	(주)다원			4,000,000

⑥ 11월 20일

구분		계정과목	거래처	적요	차변	대변
출금	0208	차량운반구			400,000	(현금)

03 매입매출전표입력

[전표입력]-[매입매출전표입력]을 클릭한 후 다음과 같이 입력한다.

① 8월 17일

유형	품목	수량	단가	공급가액	부가세	공급처명	사업/주민번호	전자	분개
52.영세	원재료			15,000,000		(주)직지상사		여	혼합

구분		계정과목	적요	거래처	차변(출금)	대변(입금)
차변	0153	원재료	원재료	(주)직지상사	15,000,000	
대변	0252	지급어음	원재료	(주)직지상사		5,000,000
대변	0251	외상매입금	원재료	(주)직지상사		10,000,000

② 8월 28일

유형	품목	수량	단가	공급가액	부가세	공급처명	사업/주민번호	전자	분개
51.과세	작업복			1,000,000	100,000	이진컴퍼니			혼합

구분		계정과목	적요	거래처	차변(출금)	대변(입금)
차변	0135	부가세대급금	작업복	이진컴퍼니	100,000	
차변	0511	복리후생비	작업복	이진컴퍼니	1,000,000	
대변	0253	미지급금	작업복	이진컴퍼니		1,100,000

③ 9월 15일

유형	품목	수량	단가	공급가액	부가세	공급처명	사업/주민번호	전자	분개
61.현과	수리대금			220,000	22,000	우리카센타			현금

구분		계정과목	적요	거래처	차변(출금)	대변(입금)
출금	0135	부가세대급금	수리대금	우리카센타	22,000	(현금)
출금	0522	차량유지비	수리대금	우리카센타	220,000	(현금)

※ 공급가액란에 부가가치세를 포함하여 242,000을 입력한다.

④ 9월 27일

유형	품목	수량	단가	공급가액	부가세	공급처명	사업/주민번호	전자	분개
53.면세	도서			200,000		(주)대한도서		여	혼합

구분		계정과목	적요	거래처	차변(출금)	대변(입금)
차변	0826	도서인쇄비	도서	(주)대한도서	200,000	
대변	0253	미지급금	도서	(주)대한도서		200,000

5 9월 30일

유형	품목	수량	단가	공급가액	부가세	공급처명	사업/주민번호	전자	분개
54.불공	차량렌트대금			700,000	70,000	(주)세무렌트		여	혼합

구분	계정과목		적요	거래처	차변(출금)	대변(입금)
차변	0819	임차료	차량렌트대금	(주)세무렌트	770,000	
대변	0253	미지급금	차량렌트대금	(주)세무렌트		770,000

※ 중간의 불공제사유는 3. ③비영업용 소형승용차 구입ㆍ유지 및 임차를 선택한다.

6 10월 15일

유형	품목	수량	단가	공급가액	부가세	공급처명	사업/주민번호	전자	분개
11.과세	제품			−10,000,000	−1,000,000	우리자동차(주)		여	외상

구분	계정과목		적요	거래처	차변(출금)	대변(입금)
차변	0108	외상매출금	제품	우리자동차(주)	−11,000,000	
대변	0255	부가세예수금	제품	우리자동차(주)		−1,000,000
대변	0404	제품매출	제품	우리자동차(주)		−10,000,000

04 오류수정

1 [전표입력]-[일반전표입력]에서 7월 6일을 입력한 후 보통예금을 받을어음으로 수정한 후 거래처 상명상사를 입력한다.

구분	계정과목		거래처	적요	차변	대변
차변	0251	외상매입금	(주)상문		3,000,000	
대변	0110	받을어음	상명상사			3,000,000

2 [전표입력]-[일반전표입력]에서 12월 13일을 입력한 후 상단 툴바의 ⊗삭제 를 눌러 입력된 내용을 삭제하고 [전표입력]-[매입매출전표입력]을 클릭하고 12월 13일을 입력한 후 다음과 같이 입력한다.

유형	품목	수량	단가	공급가액	부가세	공급처명	사업/주민번호	전자	분개
51.과세	전기요금			110,000	11,000	한국전력공사		여	현금

구분	계정과목		적요	거래처	차변(출금)	대변(입금)
출금	0135	부가세대급금	전기요금	한국전력공사	11,000	(현금)
출금	0516	전력비	전기요금	한국전력공사	110,000	(현금)

05 결산정리

❶ [전표입력]─[일반전표입력]에서 12월 31일(결산일)자로 다음과 같이 입력한다.

구분		계정과목	거래처	적요	차변	대변
차변	0293	장기차입금	대한은행		50,000,000	
대변	0264	유동성장기부채	대한은행			50,000,000

※ 장기차입금의 상환일이 결산일 현재 1년 이내이면 유동성장기부채로 대체한다.

❷ [결산/재무제표]─[결산자료입력]에서 기간란에 1월 ~ 12월을 입력한다.

  4. 판매비와일반관리비

    6). 무형자산상각비

      특허권   6,000,000을 결산반영금액란에 입력한다.

• 무형자산은 직접상각하므로 당기 무형자산상각비 = 상각후 잔액 24,000,000 ÷ 남은 내용연수 4년 = 6,000,000원

  9. 법인세등

    1). 선납세금란에 조회된 결산전금액 6,800,000을 결산반영금액란에 6,800,000을 입력하고

    2). 추가계상액란의 결산반영금액란에 6,700,000을 입력한다(13,500,000원 − 6,800,000원).

❸ 상단 툴바의 **F3 전표추가** 를 클릭하여 나타나는 메시지창에서 「예」를 클릭한다.

06 장부조회

1 [결산/재무제표]─[재무상태표]에서 [제출용] 탭을 클릭한 후 기간란에 6월을 입력한 후 당기 6월말 현금및현금성자산 금액과 전기말 현금및현금성자산의 금액을 확인한 후 차감한다.

  ▶ 정답 : 191,786,000원(당기 6월말 현금및현금성자산 284,609,000 − 전기말 현금및현금성자산 92,823,000)

2 [부가가치]─[신고서/부속명세]─[부가가치세]─[세금계산서합계표]의 「매출」탭란에서 조회기간란에 4월 ~ 6월을 입력한 후 하단의 전체데이터 탭란에서 합계 공급가액 금액을 확인한다.

  ▶ 정답 : 390,180,000원

3 [장부관리]─[거래처원장]의 잔액란 탭에서 기간(6월 1일 ~ 6월 30일), 계정과목(251.외상매입금), 거래처란에서 지예상사를 두 번 입력한 후 차변(상환금액)의 금액을 확인한다.

  ▶ 정답 : 40,000,000원

이론시험

01	02	03	04	05	06	07	08	09	10	11	12	13	14	15
①	④	②	③	①	④	④	①	①	①	③	④	④	②	④

01 유형자산은 역사적 원가로 평가하며 일반적으로 검증가능성이 높으므로 측정의 신뢰성은 제고되나 목적적합성은 저하된다.

02 경영성과에 관한 정보 : 손익계산서

03 새로운 상품과 서비스를 제공하는 데 소요되는 원가는 취득원가에 포함하지 않는다.

04 만기보유증권은 채권에만 적용되며, 매도가능증권은 주식, 채권에 적용 가능하다.

05 • 자본조정 : 주식할인발행차금, 자기주식, 자기주식처분손실, 자기주식, 미교부주식배당금
　• 자본잉여금 : 주식발행초과금, 감자차익, 자기주식처분이익

06 수익은 수익가득과정이 완료되었거나 실질적으로 거의 완료되었거나, 수익금액을 신뢰성 있게 측정할 수 있으며, 경제적 효익이 유입 가능성이 매우 높을 경우 발생기준에 따라 합리적인 방법으로 인식한다.

07 매출원가 = 기초상품재고액 + 당기순매입액(총매입액 + 제비용 - 매입환출및에누리) - 타계정대체금액 - 기말상품재고액
∴ 매출원가 = 기초상품재고액 500,000 + 당기순매입액 7,250,000(총매입액 8,000,000 - 매입에누리금액 750,000) - 타계정대체금액 300,000 - 기말상품재고액 1,500,000 = 5,950,000원
※ 판매대행수수료는 판매비와관리비에 속하므로 매출원가 계산에 적용하지 않는다.

08 당기에 수익과 자산처리해야 할 내용을 차기에 수익과 자산처리했으므로 당기 수익과 자산이 과소계상된다.

09 • 혼합 원가(준변동원가) : 전력비, 전화요금, 가스요금 등
　• 변동원가 : 직접재료원가, 직접노무원가, 변동제조간접원가
　• 고정원가 : 임차료, 감가상각비, 보험료, 세금과공과 등
　• 준고정원가 : 생산관리자의 급여, 생산량에 따른 설비자산의 임차료 등

10 단일 종류의 제품을 연속생산, 대량생산하는 업종에 적합한 원가계산 방법은 종합원가계산이다. 개별원가계산은 다품종 소량생산, 주문생산하는 업종에 적합하다.

11 비정상공손은 영업외비용으로 처리한다.
　• 비정상공손수량 = 공손수량 200개 - 정상공손수량 50개 = 150개
　• 당기완성품수량 = 기초재공품 400 + 당기착수량 1,000 - 기말재공품 200 - 공손수량 200 = 1,000개
　• 정상공손수량 = 당기완성품수량 1,000개 × 5% = 50개

12 • 당기총제조원가 = 직접재료원가 180,000 + 직접노무원가 320,000 + 제조간접원가 250,000 = 750,000원
　• 제조간접원가 = 공장 전력비 50,000 + 공장 임차료 200,000 = 250,000원

13 부가가치세 과세 대상 : 재화 또는 용역의 공급, 재화의 수입

14 사업자등록의 신청을 사업장 관할 세무서장이 아닌 다른 세무서장에게 하는 경우에도 사업장 관할 세무서장에게 사업자등록을 신청한 것으로 본다.

15 간이과세자의 경우 각 과세기간의 납부세액을 초과하는 경우에는 그 초과하는 부분은 없는 것으로 본다.

01 기초정보관리

1 [기초정보관리]-[계정과목및적요등록]에서 가운데 코드/계정과목란의 코드에 511을 입력하면 "0511 복리후생비"로 이동한다. 우측 화면의 하단 현금적요란에 적요 NO:9, "생산직원 독감 예방접종비 지급"을, 대체적요란에 적요 NO:3, "직원 휴가비 보통예금 인출"을 각각 입력한다.

2 [기초정보관리]-[거래처등록]을 클릭하면 「일반거래처」탭 화면이 나온다. 좌측 화면 하단 빈칸에 코드:00450, 거래처명:(주)대박, 유형:3.동시를 선택하고 우측에 사업자등록번호, 대표자성명, 업태, 종목, 주소를 입력한다.

3 [전기분손익계산서]에서 광고선전비 3,800,000을 5,300,000으로 수정한 후 당기순이익이 86,520,000으로 변경된 것을 확인한다. [전기분재무제표]-[전기분잉여금처분계산서]에서 상단 툴바의 F6불러오기를 클릭하여 나오는 창에서 "예"를 누르면 당기순이익이 86,520,000으로 수정되고 미처분이익잉여금이 163,400,000으로 변경된다. [전기분재무제표]-[전기분재무상태표]에서 이월이익잉여금을 163,400,000으로 수정한다.

02 일반전표입력

[전표입력]-[일반전표입력]을 클릭한 후 다음과 같이 입력한다.

1 7월 18일

구분		계정과목	거래처	적요	차변	대변
차변	0251	외상매입금	(주)괴안공구		33,000,000	
대변	0252	지급어음	(주)괴안공구			23,000,000
대변	0103	보통예금				10,000,000

2 7월 30일

구분		계정과목	거래처	적요	차변	대변
차변	0109	대손충당금			320,000	
차변	0835	대손상각비			1,480,000	
대변	0108	외상매출금	(주)지수포장			1,800,000

3 8월 30일

구분		계정과목	거래처	적요	차변	대변
차변	0232	임차보증금	형제상사		5,000,000	
대변	0131	선급금	형제상사			1,500,000
대변	0103	보통예금				3,500,000

4 10월 18일

구분		계정과목	거래처	적요	차변	대변
차변	0260	단기차입금	대표이사		19,500,000	
대변	0918	채무면제이익				19,500,000

5 10월 25일

구분		계정과목	거래처	적요	차변	대변
차변	0812	여비교통비			2,850,000	
차변	0101	현금			150,000	
대변	0134	가지급금	누리호			3,000,000

6 11월 4일

구분	계정과목		거래처	적요	차변	대변
차변	0806	퇴직급여			2,000,000	
차변	0508	퇴직급여			3,000,000	
대변	0103	보통예금				5,000,000

※ 확정기여형(DC)퇴직연금 : 퇴직급여, 확정급여형(DB)퇴직연금 : 퇴직연금운용자산

03 매입매출전표입력

[전표입력]-[매입매출전표입력]을 클릭한 후 다음과 같이 입력한다.

1 7월 14일

유형	품목	수량	단가	공급가액	부가세	공급처명	사업/주민번호	전자	분개
16.수출	제품			50,000,000		HK사			혼합

구분	계정과목		적요	거래처	차변(출금)	대변(입금)
대변	0404	제품매출	제품	HK사		50,000,000
차변	0259	선수금	제품	HK사	10,000,000	
차변	0108	외상매출금	제품	HK사	40,000,000	

※ 중간의 영세율구분은 1. 직접수출(대행수출 포함)을 선택한다.

2 8월 5일

유형	품목	수량	단가	공급가액	부가세	공급처명	사업/주민번호	전자	분개
11.과세	의류			10,000,000	1,000,000	(주)동도유통		여	혼합

구분	계정과목		적요	거래처	차변(출금)	대변(입금)
대변	0255	부가세예수금	의류	(주)동도유통		1,000,000
대변	0404	제품매출	의류	(주)동도유통		10,000,000
차변	0110	받을어음	의류	(주)서도상사	10,000,000	
차변	0108	외상매출금	의류	(주)동도유통	1,000,000	

※ 하단 받을어음의 거래처를 (주)서도상사로 변경한다.

3 8월 20일

유형	품목	수량	단가	공급가액	부가세	공급처명	사업/주민번호	전자	분개
57.카과	휴대전화			4,400,000	440,000	함안전자			카드

구분	계정과목		적요	거래처	차변(출금)	대변(입금)
대변	0253	미지급금	휴대전화	국민카드		4,840,000
차변	0135	부가세대급금	휴대전화	함안전자	440,000	
차변	0212	비품	휴대전화	함안전자	4,400,000	

※ 중간의 신용카드사는 "국민카드"를 선택한다. 공급가액란에 부가가치세를 포함하여 4,840,000을 입력한다. 분개유형을 "3:혼합"으로 해도 된다.

4 11월 11일

유형	품목	수량	단가	공급가액	부가세	공급처명	사업/주민번호	전자	분개
53.면세	교육			5,000,000		(주)더람		여	혼합
구분	계정과목			적요		거래처	차변(출금)		대변(입금)
차변	0825	교육훈련비		교육		(주)더람	5,000,000		
대변	0131	선급금		교육		(주)더람			1,000,000
대변	0103	보통예금		교육		(주)더람			4,000,000

※ 일반전표입력 11월 1일에서 (주)더람의 선급금을 조회한다.

5 11월 26일

유형	품목	수량	단가	공급가액	부가세	공급처명	사업/주민번호	전자	분개
51.과세	연구용 재료			10,000,000	1,000,000	(주)미래상사		여	혼합
구분	계정과목			적요		거래처	차변(출금)		대변(입금)
차변	0135	부가세대급금		연구용 재료		(주)미래상사	1,000,000		
차변	0226	개발비		연구용 재료		(주)미래상사	10,000,000		
대변	0103	보통예금		연구용 재료		(주)미래상사			11,000,000

6 12월 4일

유형	품목	수량	단가	공급가액	부가세	공급처명	사업/주민번호	전자	분개
54.불공	타이어교환비			750,000	75,000	차차카센터		여	혼합
구분	계성과목			적요		거래처	차변(출금)		대변(입금)
자변	0522	차량유지비		타이어교환비		차차카센터	825,000		
대변	0103	보통예금		타이어교환비		차차카센터			825,000

※ 중간의 불공제사유는 3. ③비영업용 소형승용차 구입 · 유지 및 임차를 선택한다.

04 오류수정

1 [전표입력]–[일반전표입력]에서 8월 2일을 입력한 후 외상매입금을 미지급금으로 수정한다.

구분		계정과목	거래처	적요	차변	대변
차변	0253	미지급금	온누리		800,000	
대변	0103	보통예금	국민은행			800,000

2 전표입력]–[일반전표입력]에서 11월 19일을 입력한 후 상단 툴바의 ⊗ 삭제 를 눌러 입력된 내용을 삭제하고 [전표입력]–[매입매출전표입력]을 클릭하고 11월 19일을 입력한 후 다음과 같이 입력한다.

유형	품목	수량	단가	공급가액	부가세	공급처명	사업/주민번호	전자	분개
51.과세	운송비			300,000	30,000	차차운송		여	현금
구분	계정과목			적요		거래처	차변(출금)		대변(입금)
출금	0135	부가세대급금		운송비		차차운송	30,000		(현금)
출금	0153	원재료		운송비		차차운송	300,000		(현금)

※ 원재료 매입 시 운송비는 원재료의 취득원가에 가산한다.

05 결산정리

❶ [전표입력]-[일반전표입력]에서 12월 31일(결산일)자로 다음과 같이 입력한다.

구분		계정과목	거래처		적요	차변	대변
차변	0959	재고자산감모손실				2,000,000	
대변	0150	제품		8	타계정으로 대체액 손익계산서 반영분		2,000,000

※ 구입 시 비용(광고선전비)으로 처리했으므로 결산 시 미사용분에 대해서 자산(소모품)으로 처리한다.

구분		계정과목	거래처		적요	차변	대변
차변	0173	소모품				2,500,000	
대변	0833	광고선전비					2,500,000

❷ [결산/재무제표]-[결산자료입력]에서 기간란에 1월 ~ 12월을 입력한다.

    9. 법인세등

        1). 선납세금란에 조회된 결산전금액 6,500,000을 결산반영금액란에 6,500,000을 입력하고

        2). 추가계상액란의 결산반영금액란에 4,250,000을 입력한다(10,750,000원 − 6,500,000원).

❸ 상단 툴바의 **F3 전표추가**를 클릭하여 나타나는 메시지창에서 「예」를 클릭한다.

06 장부조회

1 [장부관리]-[거래처원장]의 잔액란 탭에서 기간(6월 1일 ~ 6월 30일), 계정과목(251.외상매입금), 거래처란에서 엔터를 두 번 (두개의 칸을 선택) 친 후(처음 거래처부터 마지막 거래처까지 조회됨) 잔액이 가장 큰 거래처와 금액을 확인한다.

    ▶ 정답 : 다솜상사, 63,000,000원

2 [부가가치]-[신고서/부속명세]-[부가가치세]-[부가가치세신고서]에서 조회기간(4월 1일 ~ 6월 30일)을 입력한 후 「27.차가 감하여 납부할세액(환급받을세액)」란의 세액을 확인한다.

    ▶ 정답 : 11,250,700원

3 [장부관리]-[총계정원장]에서 월별을 선택하고 기간(4월 1일 ~ 6월 30일), 계정과목(833.광고선전비 ~ 833.광고선전비)을 입력한 후 차변 금액이 가장 많은 월과 금액을 각각 확인한다.

    ▶ 정답 : 6월, 5,000,000원

이론시험

01	02	03	04	05	06	07	08	09	10	11	12	13	14	15
③	②	①	②	②	④	②	①	④	②	③	②	②	③	④

01 • 재고자산 단가(원가) 결정방법(재고자산 평가방법) : 개별법, 선입선출법, 가중평균법(이동평균법, 총평균법)
   • 연수합계법은 감가상각방법이다.

02 • 현금및현금성자산 = 현금 1,000,000 + 우편환증서 50,000 + 보통예금 500,000 + 당좌예금 400,000
                    = 1,950,000원
   ※ 현금및현금성자산
   • 현금 : 통화(지폐, 주화), 통화대용증권(자기앞수표, 타인발행당좌수표, 가계수표, 송금수표, 여행자수표, 배당금지급통지표, 사채이자지급표, 우편환증서, 일람출급어음 등)
   • (요구불)예금 : 당좌예금, 보통예금, 저축예금
   • 현금성자산 : 취득당시 만기(또는 상환일)가 3개월 이내에 도래하는 금융상품

03 건물의 엘리베이터 설치는 자본적 지출에 해당하며 나머지는 수익적 지출에 해당한다.

04 무형자산은 사업재산권(특허권, 실용신안권, 의장권, 상표권 등), 저작권, 개발비 등과 사업결합에서 발생한 영업권을 포함한다.
   ※ 무형자산 : 영업권, 산업재산권(특허권, 실용신안권, 의장권, 상표권 등), 개발비, 소프트웨어, 임차권리금, 저작권, 광업권, 라이선스, 프랜차이즈 등

05 매도가능증권평가손익은 자본의 기타포괄손익누계액으로 인식한다.

06 자본
   • 자본금 : 보통주자본금, 우선주자본금
   • 자본잉여금 : 주식발행초과금, 감자차익, 자기주식처분이익
   • 자본조정 : 주식할인발행차금, 감자차손, 자기주식처분손실, 자기주식, 미교부주식배당금
   • 기타포괄손익누계액 : 매도가능증권 평가손익, 해외사업환산손익 등
   • 이익잉여금 : 이익준비금, 임의적립금, 미처분이익잉여금(또는 미처리결손금)

07 • 상품매출원가 = 기초상품재고액 10,000,000 + 당기순매입액 4,300,000(당기상품매입액 5,000,000
                    − 매입에누리 및 매입환출 700,000) − 기말상품재고액 4,000,000 = 10,300,000원
   • 매출원가 회계처리 : (차) 상품매출원가 10,300,000   (대) 상품 10,300,000

08 ①은 (차) 비용의 발생(수수료비용) ×××   (대) 부채의 증가(미지급금) ×××이다.

09 기말제품재고액은 제조원가명세서에서 확인할 수 없고 재무상태표와 손익계산서에서 확인할 수 있다.

10 • 통제가능성에 따른 분류 : 통제가능원가와 통제불능원가
   • 시점에 따른 분류 : 역사적원가와 예정원가

11 • 기초원가(기본원가, 직접비) = 직접재료비 100,000 + 직접노무비 200,000 + 직접제조경비 0 = 300,000원

• 가공원가(전환원가) = 직접노무비 200,000 + 제조간접비 200,000(간접재료비 50,000 + 간접노무비 100,000
+ 간접제조경비 50,000) = 400,000원

12 • 과대배부인 경우 제조간접비 실제발생액은 제조간접비 예정배부액 4,000,000 − 과대배부차이 130,000 = 3,870,000원이다.

• 제조간접비 예정배부액 = 제품별배부기준실제발생액(실제기계작업시간) 50,000 × 예정배부율 80 = 4,000,000원

13 사업장별로 사업에 관한 모든 권리와 의무를 포괄적으로 승계하는 경우 재화의 공급으로 보지 않는다.

14 재화의 수입에 대한 부가가치세의 과세표준은 그 재화에 대한 관세의 과세가격과 관세, 개별소비세, 주세, 교육세, 농어촌특별세 및 교통 · 에너지 · 환경세를 합한 금액으로 한다.

※ 공급가액에 포함하지 않는 것(과세표준에 포함하지 않는 것)

• 재화나 용역을 공급할 때 그 품질이나 수량, 인도조건 또는 공급대가의 결제방법이나 그 밖의 공급조건에 따라 통상이 대가에서 일정액을 직접 깎아주는 금액

• 환입된 재화의 가액

• 공급받는 자에게 도달하기 전에 파손되거나 훼손되거나 멸실한 재화의 가액

• 재화 또는 용역의 공급과 직접 관련되지 아니하는 국고보조금과 공공보조금

• 공급에 대한 대가의 지급이 지체되었음을 이유로 받는 연체이자

• 공급에 대한 대가를 약정기일 전에 받았다는 이유로 사업자가 당초의 공급가액에서 할인해 준 금액

15 부동산 임대용역을 공급하는 경우, 전세금 또는 임대보증금에 대한 간주임대료 공급시기 : 예정신고기간 또는 과세기간의 종료일

01 기초정보관리

1 [기초정보관리]-[거래처등록]을 클릭하면 「일반거래처」탭 화면이 나온다. 좌측 화면 하단 빈칸에 코드:01001, 거래처명:(주)보석상사, 유형:3.동시를 선택하고 우측에 사업자등록번호, 대표자성명, 업태, 종목, 주소를 입력한다.

2 [기초정보관리]-[계정과목및적요등록]에서 좌측 계정체계에서 판매관리비를 클릭하고 가운데 코드/계정과목에서 811.복리후생비를 선택한 후 우측 대체적요란 적요NO에 3. "임직원피복비 미지급"을 입력한다.

3 [전기분원가명세서]에서 하단 빈칸에 외주가공비 5,500,000을 입력하면 당기제품제조원가가 80,150,000으로 변경된다. [전기분재무제표]-[전기분손익계산서]의 제품매출원가란의 당기제품제조원가를 74,650,000에서 80,150,000으로 수정한 후 당기순이익이 18,530,000으로 변경된 것을 확인한다. [전기분재무제표]-[전기분잉여금처분계산서]에서 상단 툴바의 F6 불러오기를 클릭하여 나오는 창에서 "예"를 누르면 당기순이익이 18,530,000으로 수정되고 미처분이익잉여금이 36,760,000으로 변경된다. [전기분재무제표]-[전기분재무상태표]에서 이월이익잉여금을 36,760,000으로 수정한다.

02 일반전표입력

[전표입력]-[일반전표입력]을 클릭한 후 다음과 같이 입력한다.

1 7월 10일

구분		계정과목	거래처	적요	차변	대변
차변	0110	받을어음	(주)신흥기전		10,000,000	
대변	0108	외상매출금	(주)서창상사			10,000,000

2 8월 8일

구분		계정과목	거래처	적요	차변	대변
차변	0254	예수금			220,000	
대변	0103	보통예금				200,000
대변	0101	현금				20,000

3 9월 30일

구분		계정과목	거래처	적요	차변	대변
차변	0961	재해손실			7,200,000	
대변	0150	제품		8 타계정으로 대체액 손익계산서 반영분		7,200,000

※ 재고자산을 다른 목적으로 사용할 경우 적요란에 8.타계정으로 대체액을 입력하고 금액은 원가로 처리한다.

4 10월 20일

구분		계정과목	거래처	적요	차변	대변
출금	0824	운반비			250,000	(현금)

5 11월 8일

구분		계정과목	거래처	적요	차변	대변
차변	0101	현금			390,000	
차변	0390	자기주식처분손실			60,000	
대변	0383	자기주식				450,000

※ 자기주식처분손실 발생 시 "자기주식처분이익"이 있을 경우 먼저 상계한 후 남은 차액을 "자기주식처분손실"로 처리한다. 해당문제는 자기주식처분이익 잔액이 없으므로 전부 자기주식처분손실로 처리한다.

6 12월 26일

구분		계정과목	거래처	적요	차변	대변
출금	0953	기부금			3,000,000	(현금)

03 매입매출전표입력

[전표입력]-[매입매출전표입력]을 클릭한 후 다음과 같이 입력한다.

1 8월 25일

유형	품목	수량	단가	공급가액	부가세	공급처명	사업/주민번호	전자	분개
53.면세	화환			200,000		남동꽃도매시장		여	현금

구분		계정과목	적요	거래처	차변(출금)	대변(입금)
출금	0813	기업업무추진비	화환	남동꽃도매시장	200,000	(현금)

2 9월 5일

유형	품목	수량	단가	공급가액	부가세	공급처명	사업/주민번호	전자	분개
54.불공	중개수수료			5,000,000	500,000	(주)한화공인중개법인		여	혼합

구분		계정과목	적요	거래처	차변(출금)	대변(입금)
차변	0201	토지	중개수수료	(주)한화공인중개법인	5,500,000	
대변	0103	보통예금	중개수수료	(주)한화공인중개법인		5,500,000

※ 중간의 불공제사유는 6. ⑥토지의 자본적 지출관련을 선택한다.

3 11월 15일

유형	품목	수량	단가	공급가액	부가세	공급처명	사업/주민번호	전자	분개
22.현과	제품			880,000	88,000	이영수			현금

구분		계정과목	적요	거래처	차변(출금)	대변(입금)
입금	0255	부가세예수금	제품	이영수	(현금)	88,000
입금	0404	제품매출	제품	이영수	(현금)	880,000

※ 공급가액란에 부가가치세를 포함한 금액 968,000을 입력한다.

4 11월 19일

유형	품목	수량	단가	공급가액	부가세	공급처명	사업/주민번호	전자	분개
11.과세	차량운반구			12,500,000	1,250,000	(주)연기실업		여	혼합

구분		계정과목	적요	거래처	차변(출금)	대변(입금)
대변	0255	부가세예수금	차량운반구	(주)연기실업		1,250,000
대변	0208	차량운반구	차량운반구	(주)연기실업		50,000,000
차변	0209	감가상각누계액	차량운반구	(주)연기실업	35,000,000	
차변	0103	보통예금	차량운반구	(주)연기실업	13,750,000	
차변	0970	유형자산처분손실	차량운반구	(주)연기실업	2,500,000	

5 12월 6일

유형	품목	수량	단가	공급가액	부가세	공급처명	사업/주민번호	전자	분개
51.과세	11월 임대료			2,500,000	250,000	하우스랜드		여	혼합

구분		계정과목	적요	거래처	차변(출금)	대변(입금)
차변	0135	부가세대급금	11월 임대료	하우스랜드	250,000	
차변	0519	임차료	11월 임대료	하우스랜드	2,500,000	
대변	0253	미지급금	11월 임대료	하우스랜드		2,750,000

6 12월 11일

유형	품목	수량	단가	공급가액	부가세	공급처명	사업/주민번호	전자	분개
12.영세	제품			11,000,000		(주)아카디상사		여	혼합

구분		계정과목	적요	거래처	차변(출금)	대변(입금)
대변	0404	제품매출	제품	(주)아카디상사		11,000,000
차변	0108	외상매출금	제품	(주)아카디상사	7,000,000	
차변	0110	받을어음	제품	(주)아카디상사	4,000,000	

※ 중간의 영세율구분은 3. 내국신용장 · 구매확인서에 의하여 공급하는 재화를 선택한다.

04 오류수정

1 [전표입력]-[일반전표입력]에서 8월 31일을 입력한 후 이자비용 362,500을 500,000으로 수정하고 두 번째 줄에서 상단 툴바의 전표삽입을 눌러 대변에 예수금 137,500을 추가로 입력한다(또는 하단 빈칸에 예수금을 입력해도 됨).

구분		계정과목	거래처	적요	차변	대변
차변	0951	이자비용			500,000	
대변	0254	예수금				137,500
대변	0103	보통예금				362,500

2 [전표입력]-[매입매출전표입력]에서 10월 2일을 입력한 후 공급가액을 3,600,000에서 3,750,000으로 수정한다.

유형	품목	수량	단가	공급가액	부가세	공급처명	사업/주민번호	전자	분개
16.수출	제품			3,750,000		TOMS사			혼합

구분		계정과목	적요	거래처	차변(출금)	대변(입금)
대변	0404	제품매출	제품	TOMS사		3,750,000
차변	0108	외상매출금	제품	TOMS사	3,750,000	

※ $3,000 × 1,250원 = 3,750,000원

05 결산정리

❶ [전표입력]–[일반전표입력]에서 12월 31일(결산일)자로 다음과 같이 입력한다.

구분		계정과목	거래처	적요	차변	대변
차변	0830	소모품비			1,500,000	
대변	0173	소모품				1,500,000

※ [결산/재무제표]–[합계잔액시산표]에서 기간란에 12월 31을 입력하여 소모품 잔액 2,500,000을 확인한다. 구입 시 소모품(자산)으로 처리했으므로 결산 시 사용분에 대해서 비용 처리한다.

구분		계정과목	거래처	적요	차변	대변
차변	0141	현금과부족			570,000	
대변	0259	선수금	(주)건영상사			340,000
대변	0930	잡이익				230,000

※ 현금과부족은 원인이 파악되면 해당 계정으로 대체하고 결산 시까지 그 원인을 알 수 없는 경우, 부족액은 잡손실로, 초과액은 잡이익으로 대체한다.

❷ [결산/재무제표]–[결산자료입력]에서 기간란에 1월 ~ 12월을 입력한다.

　2. 매출원가

　　제품매출원가

　　3) 노무비

　　　2). 퇴직급여(전입액)　　15,000,000(제조생산부)

　　4. 판매비와일반관리비

　　　2). 퇴직급여(전입액)　　13,000,000(판매관리부)을 각각 결산반영금액란에 입력한다.

- 퇴직급여(제) : 35,000,000 − 20,000,000(기초금액 30,000,000 − 기중 사용금액 10,000,000) = 15,000,000원
- 퇴직급여(판) : 30,000,000 − 17,000,000(기초금액 25,000,000 − 기중 사용금액 8,000,000) = 13,000,000원

❸ 상단 툴바의 **F3 전표추가**를 클릭하여 나타나는 메시지창에서 「예」를 클릭한다.

06 장부조회

1 [장부관리]–[거래처원장]의 잔액란 탭에서 기간(4월 1일 ~ 4월 30일), 계정과목(253.미지급금), 거래처란에서 롯데카드를 두 번 입력한 후 대변(사용금액)의 금액을 확인한다.

　▶ 정답 : 200,000원

2 [장부관리]–[일계표(월계표)]에서 「월계표」탭을 클릭하고 조회기간(5월 ~ 5월)을 입력한 후 판매비및일반관리비 좌측 계란의 금액을 확인한다.

　▶ 정답 : 7,957,200원

3 [부가가치]–[신고서/부속명세]–[부가가치세]–[세금계산서합계표]의 「매출」탭란에서 조회기간(4월 ~ 6월)을 입력한 후 상단의 2.매출세금계산서 총합계에서 주민등록번호 발급분의 공급가액을 확인한다.

　▶ 정답 : 5,000,000원

이론시험

01	02	03	04	05	06	07	08	09	10	11	12	13	14	15
①	①	③	②	④	④	②	④	③	②	①	④	③	④	④

01 재무제표 : 재무상태표, 손익계산서, 현금흐름표, 자본변동표, 주석

02
- 자산 − 부채 = 자본
  - 자산 = 보통예금 300,000 + 외상매출금 700,000 = 1,000,000원
  - 자본 = 자본금 300,000 + 이익잉여금 100,000 = 400,000원
- 부채 = 자산 1,000,000 − 자본 400,000 = 600,000원
- 외상매입금 + 미지급금 150,000 = 부채 600,000 ∴ 외상매입금 = 450,000원

03 감가상각비는 비용(판매비와관리비)의 발생이고 감가상각누계액(유형자산)은 자산의 감소이므로 누락 시 손익계산서상에 영업이익이 과대표시되고, 재무상태표상 비유동자산이 과대 표시된다.

04 차기로 이월하는 방법으로 장부를 마감하는 계정 : 자산, 부채, 자본

05 비교가능성은 목적적합성과 신뢰성만큼 중요한 질적특성은 아니나 목적적합성과 신뢰성을 갖춘 정보가 기업 실체 간에 비교가 능하거나 또는 기간별 비교가 가능할 경우 재무정보의 유용성이 제고될 수 있다.

06 (차) 현금(자산의 증가)   51,000   (대) 단기대여금(자산의 감소)   50,000
　　　　　　　　　　　　　　　　　　　　이자수익(수익의 발생)   1,000

07 잉여금은 자본거래에 따라 자본잉여금, 손익거래에 따라 이익잉여금으로 구분한다.

08 주문개발하는 소프트웨어의 대가로 수취하는 수수료는 진행률에 따라 수익을 인식한다. 이때 진행률은 소프트웨어의 개발과 소프트웨어 인도 후 제공하는 지원용역을 모두 포함하여 결정한다.

09 생산부 건물 경비원의 인건비는 제조원가의 노무비에 해당한다.
- 원재료 운반용 차량의 처분손실, 영업용 차량의 처분손실 : 영업외비용(유형자산자산처분손실)
- 영업부 사무실의 소모품비 : 판매비와관리비

10 보조부문원가 배분방법 : 직접배분법, 단계배분법, 상호배분법

11 매출원가 = 기초제품재고액 + 당기제품제조원가 − 기말제품재고액
∴ 당기제품제조원가 = 매출원가 1,300,000 − 기초제품재고액 90,000 + 기말제품재고액 70,000
　　　　　　　　　 = 1,280,000원

12 정상공손품의 원가는 재공품 및 제품의 원가에 포함시키며 비정상공손품의 원가는 영업외비용으로 처리한다.

13 공급가액은 금전 외의 대가를 받는 경우 자기가 공급한 재화 또는 용역의 시가로 한다.

14 폐업 시 잔존재화의 경우 공급시기는 폐업하는 때이다.

15 무인자동판매기를 통하여 재화를 공급하는 사업의 납세지는 사업에 관한 업무를 총괄하는 장소로 한다.

01 기초정보관리

1 [기초정보관리]-[회사등록]을 클릭하여 2.사업자등록번호란에서 "134-68-81692"를 "134-86-81692"로, 6.사업장주소란에서 "경기도 화성시 송산면 봉가리 473-1"를 "경기도 화성시 송산면 마도북로 40"로, 8.업태란에서 "도소매"를 "제조업"으로, 9.종목란에서 "자동차"를 "자동차특장"으로 수정한 후 17.개업연월일을 "2018-05-04"에서 "2018-05-06"으로 수정한다.

2 [기초정보관리]-[계정과목및적요등록]에서 가운데 코드/계정과목란의 코드에 831을 입력하면 "0831 수수료비용"으로 이동한다. 우측 화면의 하단 현금적요란에 적요 NO에 8. "오픈마켓 결제대행 수수료"를 입력한다.

3 [전기분원가명세서]에서 가스수도료 7,900,000을 8,450,000으로 수정하면 당기제품제조원가가 554,485,000으로 변경된다. [전기분재무제표]-[전기분손익계산서]의 제품매출원가가 당기제품제조원가를 553,935,000에서 554,485,000으로 수정하고 수도광열비 3,300,000을 2,750,000으로 수정한 후 당기순이익이 83,765,000으로 변경된 것을 확인한다. [전기분재무제표]-[전기분잉여금처분계산서]의 당기순이익과 [전기분재무제표]-[전기분재무상태표]의 이월이익잉여금은 맞으므로 그대로 둔다.

02 일반전표입력

[전표입력]-[일반전표입력]을 클릭한 후 다음과 같이 입력한다.

1 7월 30일

구분	계정과목		거래처	적요	차변	대변
차변	0103	보통예금			4,970,000	
차변	0956	매출채권처분손실			30,000	
대변	0110	받을어음	(주)초코			5,000,000

2 8월 10일

구분	계정과목		거래처	적요	차변	대변
차변	0254	예수금			270,000	
차변	0517	세금과공과			180,000	
차변	0817	세금과공과			90,000	
대변	0101	현금				540,000

※ 회사부담분 국민연금은 세금과공과로 처리한다.

3 9월 26일

구분	계정과목		거래처	적요	차변	대변
차변	0136	선납세금			77,000	
차변	0103	보통예금			50,423,000	
대변	0105	정기예금				50,000,000
대변	0901	이자수익				500,000

4 10월 26일

구분		계정과목	거래처	적요	차변	대변
차변	0103	보통예금			60,000,000	
대변	0331	자본금				50,000,000
대변	0381	주식할인발행차금				1,000,000
대변	0341	주식발행초과금				9,000,000

※ 주식 발행 시 주식발행초과금이 발생한 경우 "주식할인발행차금"이 있을 경우 먼저 상계한 후 남은 차액을 주식발행초과금으로 처리한다.

5 10월 29일

구분		계정과목	거래처	적요	차변	대변
출금	0153	원재료			50,000	(현금)

6 11월 8일

구분		계정과목	거래처	적요	차변	대변
차변	0202	건물			15,000,000	
대변	0103	보통예금				15,000,000

※ 자본적지출은 자산(건물)으로 처리한다.

03 매입매출전표입력

[전표입력]-[매입매출전표입력]을 클릭한 후 나음과 같이 입력한다.

1 9월 30일

유형	품목	수량	단가	공급가액	부가세	공급처명	사업/주민번호	전자	분개
57.카과	수선비			300,000	30,000	(주)다고쳐			카드

구분		계정과목	적요	거래처	차변(출금)	대변(입금)
대변	0253	미지급금	수선비	하나카드		330,000
차변	0135	부가세대급금	수선비	(주)다고쳐	30,000	
차변	0520	수선비	수선비	(주)다고쳐	300,000	

※ 중간의 신용카드사는 "하나카드"를 선택한다. 공급가액란에 부가가치세를 포함하여 330,000을 입력한다. 분개유형을 "3:혼합"으로 해도 된다.

2 10월 11일

유형	품목	수량	단가	공급가액	부가세	공급처명	사업/주민번호	전자	분개
51.과세	화물자동차			6,000,000	600,000	아재자동차		여	혼합

구분		계정과목	적요	거래처	차변(출금)	대변(입금)
차변	0135	부가세대급금	화물자동차	아재자동차	600,000	
차변	0208	차량운반구	화물자동차	아재자동차	6,000,000	
대변	0110	받을어음	화물자동차	(주)삼진		3,300,000
대변	0253	미지급금	화물자동차	아재자동차		3,300,000

3 10월 15일

유형	품목	수량	단가	공급가액	부가세	공급처명	사업/주민번호	전자	분개
55.수입	원재료			5,000,000	500,000	인천세관		여	혼합

구분	계정과목		적요	거래처	차변(출금)	대변(입금)
차변	0135	부가세대급금	원재료	인천세관	500,000	
대변	0103	보통예금	원재료	인천세관		500,000

※ 수입 시 공급처명에는 세금계산서를 발급한 세관을 입력해야 한다.

4 11월 4일

유형	품목	수량	단가	공급가액	부가세	공급처명	사업/주민번호	전자	분개
51.과세	안전용품			1,600,000	160,000	(주)삼양안전		여	혼합

구분	계정과목		적요	거래처	차변(출금)	대변(입금)
차변	0135	부가세대급금	안전용품	(주)삼양안전	160,000	
차변	0173	소모품	안전용품	(주)삼양안전	1,600,000	
대변	0101	현금	안전용품	(주)삼양안전		300,000
대변	0253	미지급금	안전용품	(주)삼양안전		1,460,000

5 11월 14일

유형	품목	수량	단가	공급가액	부가세	공급처명	사업/주민번호	전자	분개
11.과세	기계장치			5,000,000	500,000	인천상사		여	혼합

구분	계정과목		적요	거래처	차변(출금)	대변(입금)
대변	0255	부가세예수금	기계장치	인천상사		500,000
대변	0206	기계장치	기계장치	인천상사		50,000,000
차변	0207	감가상각누계액	기계장치	인천상사	43,000,000	
차변	0101	현금	기계장치	인천상사	500,000	
차변	0120	미수금	기계장치	인천상사	5,000,000	
차변	0970	유형자산처분손실	기계장치	인천상사	2,000,000	

※ 상거래외 거래(재고자산외 거래) 시 약속어음 수령은 미수금으로 처리한다.

6 11월 22일

유형	품목	수량	단가	공급가액	부가세	공급처명	사업/주민번호	전자	분개
54.불공	음료수			500,000	50,000	미래마트		여	혼합

구분	계정과목		적요	거래처	차변(출금)	대변(입금)
차변	0813	기업업무추진비	음료수	미래마트	550,000	
대변	0103	보통예금	음료수	미래마트		550,000

※ 중간의 불공제사유는 4. ④기업업무추진비 및 이와 유사한 비용 관련을 선택한다.

04 오류수정

1 [전표입력]-[일반전표입력]에서 7월 3일을 입력한 후 기타의대손상각비 10,000,000을 9,000,000으로 수정하고 두 번째 줄에서 상단 툴바의 전표삽입을 눌러 차변에 121.대손충당금 1,000,000을 추가로 입력한다. 그리고 미수금의 거래처를 (주)한성전자에서 (주)성한전기로 변경한다(하단 빈칸에 대손충당금을 입력해도 됨).

구분		계정과목	거래처	적요	차변	대변
차변	0954	기타의대손상각비			9,000,000	
차변	0121	대손충당금			1,000,000	
대변	0120	미수금	(주)성한전기			10,000,000

2 [전표입력]-[일반전표입력]에서 11월 29일을 입력한 후 단기매매증권 1,010,000을 1,000,000으로 수정하고 두 번째 줄에서 상단 툴바의 전표삽입을 눌러 차변에 984.수수료비용 10,000을 추가로 입력한다(하단 빈칸에 수수료비용을 입력해도 됨).

구분		계정과목	거래처	적요	차변	대변
차변	0107	단기매매증권			1,000,000	
차변	0984	수수료비용			10,000	
대변	0101	현금				1,010,000

※ 단기매매증권 취득 시 부대비용은 취득원가에 포함되지 않고 영업외비용으로 처리한다.

05 결산정리

❶ [전표입력]-[일반전표입력]에서 12월 31일(결산일)자로 다음과 같이 입력한다.

구분		계정과목	거래처	적요	차변	대변
차변	0116	미수수익			300,000	
대변	0901	이자수익				300,000

※ 기말까지 발생된 기간 경과분 발생이자는 수익으로 처리하고 상대계정에 미수수익을 입력한다.

이자수익 = 60,000,000 × 2% × 3개월/12개월 = 300,000원

구분		계정과목	거래처	적요	차변	대변
차변	0830	소모품비			350,000	
대변	0173	소모품				350,000

※ 구입 시 소모품(자산)으로 처리했으므로 결산 시 사용분에 대해서 비용 처리한다.

❷ [결산/재무제표]-[결산자료입력]에서 기간란에 1월 ~ 12월을 입력한다.

4. 판매비와일반관리비

상단툴바의 「**F8** 대손상각」을 눌러 대손율(%) 1.00을 확인하고 외상매출금이 아닌 나머지 채권의 금액은 스페이스바로 지우고(또는 0을 입력) 결산반영버튼을 클릭하면

5). 대손상각

외상매출금 1,251,560이 결산반영금액란에 자동으로 입력된다.

• 외상매출금 : 137,506,000원 × 1% - 123,500원 = 1,251,560원

❸ 상단 툴바의 **F3 전표추가**를 클릭하여 나타나는 메시지창에서 「예」를 클릭한다.

06 장부조회

1 [부가가치]-[신고서/부속명세]-[부가가치세]-[부가가치세신고서]에서 조회기간(4월 1일 ～ 6월 30일)을 입력한 후 「16.공제받지못할매입세액」란의 공급가액을 확인한다.

▶ 정답 : 300,000원

2 [부가가치]-[신고서/부속명세]-[부가가치세]-[세금계산서합계표]의 「매출」탭란에서 조회기간란에 1월 ～ 3월, 4월 ～ 6월을 각각 입력한 후 하단의 전체데이터 탭란에서 각각의 매수합계를 확인한 후 차감한다.

▶ 정답 : 3매(36매(4월 ～ 6월) - 33매(1월 ～3월))

3 [장부관리]-[계정별원장]에서 월별을 선택하고 기간(4월 1일 ～ 4월 30일), 계정과목(108.외상매출금 ～ 108.외상매출금)을 입력한 후 대변(회수액)의 금액을 확인한다.

▶ 정답 : 40,000,000원

이론시험

01	02	03	04	05	06	07	08	09	10	11	12	13	14	15
③	③	③	④	③	④	④	①	②	④	③	①	③	④	③

01 직원의 주택구입자금 1억 원을 보통예금에서 이체하여 대여하다.

(차) 대여금(자산의 증가) ×××   (대) 보통예금(자산의 감소) ×××

02 선입선출법 : 먼저 매입한 재고자산이 먼저 판매되는 것으로 가정하여 매출원가와 기말재고원가를 파악하는 방법

기말재고자산 금액 = (5월 6일 50개 × 200원) + (12월 21일 100개 × 300원) = 40,000원

03 • 무형자산손상차손 : 영업외비용

• 개발비 : 무형자산

• 경상연구개발비 · 소모품비 : 판매비와관리비(또는 제조원가)

04 무형자산은 물리적 실체가 없다.

05 2월 1일 단기매매증권 취득금액(장부금액) 100주 × 4,200원 = 420,000원

7월 1일 단기매매증권처분이익 = 100주 × 100원(4,300 − 4,200) = 10,000원

• 단기매매증권을 취득 시 수수료는 비용으로 처리한다.

• 당기순이익은 단기매매증권처분이익 10,000원이고 수수료비용 20,000원이므로 10,000원 감소한다.

06 우발부채는 부채로 인식하지 아니하며 의무를 이행하기 위하여 자원이 유출될 가능성이 아주 낮지 않은 한 우발부채를 주석에 기재한다.

07 재무상태표상의 자본의 총액은 주식의 시가총액과는 일치하지 않는 것이 일반적이다.

(∵ 자본금은 발행주식 총수에 주당액면금액을 곱한 것을 말하므로)

08 • 매출총이익 − 판매비와관리비 = 영업이익

• (가)는 판매비와관리비이므로 영업부 종업원의 급여 50,000 + 상거래채권의 대손상각비 20,000 = 70,000원이다.

09 • 직접재료비 = 기초원재료재고액 + 당기원재료순매입액 − 기말원재료재고액

• 당기총제조원가 = 직접재료비 + 직접노무비 + 제조간접비

• 당기제품제조원가 = 기초재공품재고액 + 당기총제조원가 − 기말재공품재고액

• 매출원가 = 기초제품재고액 + 당기제품제조원가 − 기말제품재고액

10 • 개별원가계산이 사용되는 산업 : 건설업, 조선업, 항공기 제조업, 주문에 의한 가구, 기계제조업 등

• 종합원가계산이 사용되는 산업 : 정유업, 화학업, 제지업, 제방업, 제염업, 제당업 등

11 • 평균법 완성품 환산량 = 당기완성품수량 + 기말재공품환산량

• 재료비 완성품 환산량 = 300 + (200 × 100%) = 500개

• 가공비 완성품 환산량 = 300 + (200 × 50%) = 400개

※ 재료는 공정 초기에 투입되므로 100%이다.

12 • 사전에 배부금액을 결정하는 것은 예정배부법이다.

　　• 상호배분법은 보조부문 상호 간의 용역제공 관계를 완전히 고려하는 방법이므로 가장 정확한 방법이다.

13 판매목적 타사업장 반출로서 공급의제되는 재화는 세금계산서를 발급해야 한다.

14 세금계산서의 필요적 기재사항 : 공급하는 사업자의 등록번호와 성명 또는 명칭, 공급받는 자의 등록번호, 공급가액과 부가가치세액, 작성연월일

15 고속철도에 의한 여객운송용역 : 과세

01 기초정보관리

1 [기초정보관리]–[거래처등록]을 클릭하면 「일반거래처」탭 화면이 나온다. 좌측 화면 하단 빈칸에 코드:07171, 거래처명:(주)천천상사, 유형:1.매출을 선택하고 우측에 사업자등록번호, 대표자성명, 업태, 종목, 주소를 입력한다.

2 [전기분재무제표]–[거래처별초기이월]에서 좌측화면의 계정과목에서 "외상매출금"을 클릭하고 우측화면의 거래처란 아래 거래처코드란에서 F2를 눌러 (주)목포전자를 선택하고 2,000,000을 추가입력한다. 같은 방법으로 좌측화면의 계정과목에서 "외상매입금"을 클릭하고 우측화면의 거래처란에서 저팔계산업을 선택하고 상단의 삭제를 눌러 삭제한다. 또 같은 방법으로 좌측화면의 계정과목에서 "받을어음"을 클릭하고 우측화면의 (주)대구전자의 금액을 600,000에서 300,000으로 수정한다.

3 [전기분원가명세서]에서 소모품비 3,000,000을 5,000,000으로 수정하면 당기제품제조원가가 307,180,000으로 변경된다. [전기분재무제표]–[전기분손익계산서]의 제품매출원가란의 당기제품제조원가를 307,180,000으로 수정하고 소모품비 10,000,000을 8,000,000으로 수정한다. 당기순이익에 변동이 없으므로 [전기분재무제표]–[전기분잉여금처분계산서]와 [전기분재무제표]–[전기분재무상태표]는 그대로 둔다.

02 일반전표입력

[전표입력]–[일반전표입력]을 클릭한 후 다음과 같이 입력한다.

1 7월 20일

구분		계정과목	거래처	적요	차변	대변
차변	0103	보통예금			29,000,000	
차변	0394	매도가능증권평가이익			4,000,000	
대변	0178	매도가능증권				28,000,000
대변	0915	매도가능증권처분이익				5,000,000

※ 전기 말에 취득원가와 공정가치의 차액을 매도가능증권평가이익으로 처리하였는데, 매도가능증권을 처분한 경우 매도가능증권처분손익에 반영하여 당기손익(매도가능증권처분이익(손실))으로 처리해야 한다. 처분 시 매도가능증권평가이익을 당기손익에 반영하면 매도가능증권처분이익은 5,000,000(처분금액 29,000,000 – 취득원가 24,000,000)이 된다.

2 9월 26일

구분		계정과목	거래처	적요	차변	대변
차변	0520	수선비			550,000	
대변	0153	원재료		8 타계정으로 대체액 원가명세서 반영분		550,000

※ 재고자산을 다른 목적으로 사용할 경우 적요란에 8.타계정으로 대체액을 입력하고 금액은 원가로 처리한다.

3 11월 4일

구분		계정과목	거래처	적요	차변	대변
출금	0511	복리후생비			20,000	(현금)

4 11월 5일

구분	계정과목		거래처	적요	차변	대변
차변	0103	보통예금			500,000	
대변	0109	대손충당금				500,000

※ 당기 이전에 대손처리한 대손금이 당기에 회수될 경우 해당 채권의 대손충당금에 전입한다.

5 11월 8일

구분	계정과목		거래처	적요	차변	대변
차변	0103	보통예금			10,300,000	
대변	0120	미수금				10,300,000

6 11월 30일

구분	계정과목		거래처	적요	차변	대변
차변	0103	보통예금			2,300,000	
대변	0108	외상매출금	ACE			2,200,000
대변	0907	외환차익				100,000

※ 외상매출금 장부금액 : $20,000 × 1,100/$ = 2,200,000원

　보통예금 : $20,000 × 1,150/$ = 2,300,000원

03 매입매출전표입력

[전표입력]-[매입매출전표입력]을 클릭한 후 다음과 같이 입력한다.

1 10월 16일

유형	품목	수량	단가	공급가액	부가세	공급처명	사업/주민번호	전자	분개
54.불공	노트북			2,500,000	250,000	(주)한국마트		여	혼합

구분	계정과목		적요	거래처	차변(출금)	대변(입금)
차변	0134	가지급금	노트북	대표이사 신윤철	2,750,000	
대변	0253	미지급금	노트북	(주)한국마트		2,750,000

※ 중간의 불공제사유는 2. ②사업과 직접 관련 없는 지출을 선택한다.

　문제의 지시에 따라 하단 가지급의 거래처를 대표이사 신윤철로 변경한다.

2 10월 21일

유형	품목	수량	단가	공급가액	부가세	공급처명	사업/주민번호	전자	분개
11.과세	전자제품			40,000,000	4,000,000	(주)송송유통		여	혼합

구분	계정과목		적요	거래처	차변(출금)	대변(입금)
대변	0255	부가세예수금	전자제품	(주)송송유통		4,000,000
대변	0404	제품매출	전자제품	(주)송송유통		40,000,000
차변	0110	받을어음	전자제품	지주상사	10,000,000	
차변	0108	외상매출금	전자제품	(주)송송유통	34,000,000	

※ 하단 받을어음의 거래처를 지주상사로 변경한다.

3 11월 2일

유형	품목	수량	단가	공급가액	부가세	공급처명	사업/주민번호	전자	분개
51.과세	CCTV			3,000,000	300,000	(주)이에스텍		여	혼합

구분		계정과목	적요	거래처	차변(출금)	대변(입금)
차변	0135	부가세대급금	CCTV	(주)이에스텍	300,000	
차변	0471	시설장치	CCTV	(주)이에스텍	3,000,000	
대변	0101	현금	CCTV	(주)이에스텍		300,000
대변	0253	미지급금	CCTV	(주)이에스텍		3,000,000

4 11월 27일

유형	품목	수량	단가	공급가액	부가세	공급처명	사업/주민번호	전자	분개
54.불공	철거비용			30,000,000	3,000,000	(주)철거		여	혼합

구분		계정과목	적요	거래처	차변(출금)	대변(입금)
차변	0201	토지	철거비용	(주)철거	33,000,000	
대변	0103	보통예금	철거비용	(주)철거		15,000,000
대변	0253	미지급금	철거비용	(주)철거		18,000,000

※ 중간의 불공제사유는 6. ⑥토지의 자본적 지출관련을 선택한다.
　신축할 목적으로 기존 건물이 있는 토지를 취득한 경우 철거비용은 토지로 처리한다.

5 12월 1일

유형	품목	수량	단가	공급가액	부가세	공급처명	사업/주민번호	전자	분개
17.카과	제품			2,400,000	240,000	권지우			외상

구분		계정과목	적요	거래처	차변(출금)	대변(입금)
차변	0108	외상매출금	제품	국민카드	2,640,000	
대변	0255	부가세예수금	제품	권지우		240,000
대변	0404	제품매출	제품	권지우		2,400,000

※ 중간의 신용카드사는 "국민카드"를 선택한다. 공급가액란에 부가가치세를 포함하여 2,640,000을 입력한다. 분개유형을
　"3:혼합"으로 해도 된다.

6 12월 20일

유형	품목	수량	단가	공급가액	부가세	공급처명	사업/주민번호	전자	분개
16.수출	제품			5,925,000		dongho		여	외상

구분		계정과목	적요	거래처	차변(출금)	대변(입금)
차변	0108	외상매출금	제품	dongho	5,925,000	
대변	0404	제품매출	제품	dongho		5,925,000

※ 중간의 영세율구분은 1. 직접수출(대행수출 포함)을 선택한다.
　직수출 시 공급시기 이후에 대금을 받을 경우 공급시기(선적일)의 기준 환율로 계산한 금액을 공급가액으로 한다.

04 오류수정

1 [전표입력]-[일반전표입력]에서 8월 25일을 입력한 후 세금과공과 22,759,840을 162,750으로 수정하고 두 번째 줄에서 상단 툴바의 전표삽입을 눌러 차변에 미지급세금 22,597,090을 추가로 입력한다(하단 빈칸에 미지급세금을 입력해도 됨).

구분		계정과목	거래처	적요	차변	대변
차변	0817	세금과공과			162,750	
차변	0261	미지급세금			22,597,090	
대변	0103	보통예금				22,759,840

2 [전표입력]-[일반전표입력]에서 10월 17일을 입력한 후 상단툴바의 ⊗삭제를 눌러 입력된 내용을 삭제하고 [전표입력]-[매입매출전표입력]을 클릭하고 10월 17일을 입력한 후 다음과 같이 입력한다.

유형	품목	수량	단가	공급가액	부가세	공급처명	사업/주민번호	전자	분개
61.현과	스피커			2,000,000	200,000	(주)이플러스			혼합

구분		계정과목	적요	거래처	차변(출금)	대변(입금)
차변	0135	부가세대급금	스피커	(주)이플러스	200,000	
차변	0212	비품	스피커	(주)이플러스	2,000,000	
대변	0103	보통예금	스피커	(주)이플러스		2,200,000

※ 공급가액란에 부가가치세를 포함하여 2,200,000을 입력한다.

05 결산정리

[전표입력]-[일반전표입력]에서 12월 31일(결산일)자로 다음과 같이 입력한다.

구분		계정과목	거래처	적요	차변	대변
차변	0955	외화환산손실			40,000	
대변	0251	외상매입금	상하이			40,000

※ 외상매입 시 환율은 1,100원/$(2,200,000 ÷ $2,000)인데 회계기간 종료일(결산일) 현재 환율은 1,120원/$으로 20원/$ 상승했으므로 20 × $2,000 = 40,000원의 외화환산손실이 발생한다.

구분		계정과목	거래처	적요	차변	대변
차변	0133	선급비용			1,950,000	
대변	0521	보험료				1,200,000
대변	0821	보험료				750,000

※ 보험료 미경과분 : 제조부문 2,400,000 × 6개월/12개월 = 1,200,000원
　　　　　　　　　영업부문 1,500,000 × 6개월/12개월 = 750,000원

7월 1일 보험료를 전액 비용(보험료)으로 처리했으므로 결산 시 기간 미경과분은 자산(선급비용)으로 처리한다.

구분		계정과목	거래처	적요	차변	대변
차변	0257	가수금			2,550,000	
대변	0108	외상매출금	(주)인천			2,530,000
대변	0930	잡이익				20,000

06 장부조회

1 [장부관리]-[총계정원장]에서 월별을 선택하고 기간(1월 1일 ~ 3월 31일), 계정과목(404.제품매출 ~ 404.제품매출)을 입력한 후 대변 금액이 가장 많은 달과 적은 달의 금액을 각각 확인한 후 차감한다.

▶ 정답 : 61,858,180원(3월 120,480,000 - 2월 58,621,820)

2 [부가가치]-[신고서/부속명세]-[부가가치세]-[부가가치세신고서]에서 조회기간(1월 1일 ~ 3월 31일)을 입력한 후 「14.그밖의 공제매입세액」란의 우측 42.신용카드매출수령금액합계표 고정매입의 공급가액을 확인한다.

▶ 정답 : 3,500,000원

3 [장부관리]-[거래처원장]의 잔액란 탭에서 기간(6월 1일 ~ 6월 30일), 계정과목(108.외상매출금), 거래처란에서 한일상회를 두 번 입력한 후 대변(회수액)의 금액을 확인한다.

▶ 정답 : 10,000,000원

이론시험

01	02	03	04	05	06	07	08	09	10	11	12	13	14	15
④	④	②	①	④	③	④	④	④	④	③	④	③	③	③

01 유형자산처분손실은 영업외비용으로 영업이익에서 차감하므로 법인세비용차감전순손익이 변동된다.
　　※ 손익계산서 계산 구조
　　　• 매출액 − 매출원가 = 매출총이익
　　　• 매출총이익 − 판매비와관리비 = 영업이익
　　　• 영업이익 + 영업외수익 − 영업외비용 = 법인세비용차감전순이익
　　　• 법인세비용차감전순이익 − 법인세비용 = 당기순이익

02 현금및현금성자산은 취득 당시 만기가 3개월 이내인 금융상품을 말한다.
　　※ 현금및현금성자산
　　　• 현금 : 통화(지폐, 주화), 통화대용증권(자기앞수표, 타인발행당좌수표, 가계수표, 송금수표, 여행자수표, 배당금지급통지표, 사채이자지급표, 우편환증서, 일람출급어음 등)
　　　• (요구불)예금 : 당좌예금, 보통예금, 저축예금
　　　• 현금성자산 : 취득당시 만기(또는 상환일)가 3개월 이내에 도래하는 금융상품

03 (차) 차량운반구　20,000,000　　　(대) 선급금　　　2,000,000
　　　　　　　　　　　　　　　　　　　　　미지급금　18,000,000
　　재고자산 이외의 자산을 취득하면서 약속어음을 발행하여 지급한 경우 미지급금으로 처리한다.

04 정액법 연감가상각비 = (취득원가 − 잔존가치) / 내용연수
　　감가상각비(제조원가)는 "생산부 포터2 더블캡"이므로 (제조원가)감가상각비는 (30,000,000 − 5,000,000)/5 = 5,000,000원
　　이다.
　　(참고) "BMW520d" 감가상각비(판매비와관리비)
　　　　감가상각비 = (65,000,000 − 15,000,000) × 10개월/12개월 = 8,333,333원

05 무형자산을 최초로 인식할 때에는 원가로 측정한다.

06 단기매매증권처분금액 = 단기매매증권 취득원가 500,000 + 단기매매증권처분이익 100,000 = 600,000원
　　• 8월 1일 : (차) 단기매매증권　500,000　　　(대) 현금　　　　　　　　500,000
　　• 9월 1일 : (차) 현금　　　　　600,000　　　(대) 단기매매증권　　　　500,000
　　　　　　　　　　　　　　　　　　　　　　　　단기매매증권처분이익　100,000

07 전기순서
　　① 날짜를 기입하고 분개의 왼쪽 금액은 해당계정의 차변으로 오른쪽 금액은 해당계정의 대변으로 옮겨 기입한다.
　　② 해당 계정계좌의 상대편 계정과목을 기입하여 추정을 가능하게 한다(상대편 계정과목이 2이상이면 제좌라고 기입).

예수금		미지급금	
12/1 급여	50,000	12/1 급여	1,950,000

08 자기주식처분이익은 자본잉여금이고 나머지는 영업외수익이다.

  ※ 자본
   • 자본금 : 보통주자본금, 우선주자본금
   • 자본잉여금 : 주식발행초과금, 감자차익, 자기주식처분이익
   • 자본조정 : 주식할인발행차금, 감자차손, 자기주식처분손실, 자기주식, 미교부주식배당금
   • 기타포괄손익누계액 : 매도가능증권 평가손익, 해외사업환산손익 등
   • 이익잉여금 : 이익준비금, 임의적립금, 미처분이익잉여금(또는 미처리결손금)

09 제품매출원가는 손익계산서에 표시된다.

10 상대적으로 정확한 제품원가계산이 가능한 방법은 개별원가계산 방법이다.

11 • 평균법 완성품 환산량 = 당기완성품수량 + 기말재공품환산량
   • 가공비 완성품 환산량 = 800 + 50 × 40% = 820개

12 기회원가는 여러 대안에 대한 의사결정을 하였을 때, 선택하지 않은 대안 중 차선의 대안에 대한 기대치이다.

13 세금계산서는 재화 또는 용역의 공급시기에 재화 또는 용역을 공급받는 자에게 발급하여야 한다.

14 도서대여 용역은 면세이고 나머지는 과세이다.

15 과세표준 = 총매출액 1,000,000 − 매출에누리 16,000 − 매출할인 30,000 = 954,000원
   ※ 과세표준(공급가액)에 포함하지 않는 것 : 매출할인, 매출에누리, 대가 지급의 지연으로 받는 연체이자 등
   ※ 과세표준에서 공제하지 않는 금액 : 대손금, (판매)장려금(금전), 하자보증금

01 기초정보관리

1 [기초정보관리]-[거래처등록]에서 [신용카드]탭을 누르고 코드란에 99605, 거래처명:소망카드, 유형란에 1:매출을 선택한 후 우측 2.가맹점번호란에 "654800341"을 입력한다.

2 [기초정보관리]-[계정과목및적요등록]에서 가운데 코드/계정과목란의 코드에 855을 입력한 후 "0855 사용자설정계정과목" 으로 이동하면 우측화면의 상단의 계정코드(명)에 "인적용역비"로 수정하고, 성격란에 3.경비를 선택한 후 하단 대체적요란 에 적요 NO에 1. "사업소득자 용역비 지급"을 입력한다.

3 [전기분재무제표]-[거래처별초기이월]에서 좌측화면의 계정과목에서 "외상매출금"을 클릭하고 우측화면의 거래처란에서 (주)부산무역의 금액을 49,000,000으로, (주)영월상사의 금액을 33,000,000으로 수정한다. 같은 방법으로 좌측화면의 계정 과목에서 "외상매입금"을 클릭하고 우측화면의 거래처란에서 (주)여수기업의 금액을 51,000,000으로 수정한 후 아래 기래 처코드란에 F2를 눌러 (주)부여산업을 선택하고 24,800,000을 추가 입력한다.

02 일반전표입력

[전표입력]-[일반전표입력]을 클릭한 후 다음과 같이 입력한다.

1 9월 18일

구분		계정과목	거래처	적요	차변	대변
차변	0251	외상매입금	(주)강남		2,500,000	
대변	0252	지급어음	(주)강남			1,300,000
대변	0918	채무면제이익				1,200,000

2 10월 13일

구분		계정과목	거래처	적요	차변	대변
입금	0295	선수금	일만상사		(현금)	600,000

※ 타인발행 당좌수표를 수취한 경우 현금으로 처리한다.

3 10월 15일

구분		계정과목	거래처	적요	차변	대변
차변	0803	상여금			500,000	
차변	0505	상여금			900,000	
대변	0254	예수금				154,000
대변	0103	보통예금				1,246,000

※ 수당 지급 시 제수당 중 상여금은 상여금으로 처리하며 나머지 수당은 급여(임금)로 처리한다.

4 11월 11일

구분		계정과목	거래처	적요	차변	대변
차변	0265	미지급배당금			2,000,000	
대변	0103	보통예금				2,000,000

※ 주주총회에서 결의된 미지급 금전배당금은 미지급배당금으로 처리한다.

5 12월 28일

구분		계정과목	거래처	적요	차변	대변
차변	0212	비품			3,000,000	
대변	0253	미지급금	씨티카드			3,000,000

6 12월 30일

구분		계정과목	거래처	적요	차변	대변
차변	0186	퇴직연금운용자산			5,390,000	
차변	0831	수수료비용			110,000	
대변	0103	보통예금				5,500,000

※ 확정급여형(DB)퇴직연금 : 퇴직연금운용자산, 확정기여형(DC)퇴직연금 : 퇴직급여

03 매입매출전표입력

[전표입력]-[매입매출전표입력]을 클릭한 후 다음과 같이 입력한다.

1 7월 25일

유형	품목	수량	단가	공급가액	부가세	공급처명	사업/주민번호	전자	분개
12.영세	제품			10,000,000		(주)정남		여	혼합

구분		계정과목	적요	거래처	차변(출금)	대변(입금)
대변	0404	제품매출	제품	(주)정남		10,000,000
차변	0259	선수금	제품	(주)정남	2,000,000	
차변	0108	외상매출금	제품	(주)정남	8,000,000	

※ 중간의 영세율구분은 3. 내국신용장·구매확인서에 의하여 공급하는 재화를 선택한다.

2 9월 20일

유형	품목	수량	단가	공급가액	부가세	공급처명	사업/주민번호	전자	분개
51.과세	원단	100	13,000	1,300,000	130,000	주경상사		여	혼합

구분		계정과목	적요	거래처	차변(출금)	대변(입금)
차변	0135	부가세대급금	원단 100×13000	주경상사	130,000	
차변	0153	원재료	원단 100×13000	주경상사	1,300,000	
대변	0101	현금	원단 100×13000	주경상사		1,000,000
대변	0252	지급어음	원단 100×13000	주경상사		430,000

3 10월 26일

유형	품목	수량	단가	공급가액	부가세	공급처명	사업/주민번호	전자	분개
53.면세	성희롱 예방교육			1,650,000		(주)예인		여	혼합

구분		계정과목	적요	거래처	차변(출금)	대변(입금)
차변	0825	교육훈련비	성희롱 예방교육	(주)예인	1,650,000	
대변	0103	보통예금	성희롱 예방교육	(주)예인		1,650,000

4 11월 11일

유형	품목	수량	단가	공급가액	부가세	공급처명	사업/주민번호	전자	분개
54.불공	승용차			88,000,000	8,800,000	인천세관		여	혼합

구분		계정과목	적요	거래처	차변(출금)	대변(입금)
차변	0208	차량운반구	승용차	왓츠자동차	8,800,000	
대변	0102	당좌예금	승용차	왓츠자동차		8,800,000

※ 중간의 불공제사유는 3. ③비영업용 소형승용차 구입·유지 및 임차를 선택한다.
수입세금계산서라 할지라도 공제받지 못할 경우 54.불공으로 처리해야 한다.

5 12월 7일

유형	품목	수량	단가	공급가액	부가세	공급처명	사업/주민번호	전자	분개
57.카과	회식			400,000	40,000	명량			혼합

구분		계정과목	적요	거래처	차변(출금)	대변(입금)
차변	0135	부가세대급금	회식	명량	40,000	
차변	0811	복리후생비	회식	명량	400,000	
대변	0103	보통예금	회식	명량		440,000

※ 중간의 신용카드사는 "하나카드"를 선택한다. 공급가액란에 부가가치세를 포함하여 440,000을 입력한다.

6 12월 30일

유형	품목	수량	단가	공급가액	부가세	공급처명	사업/주민번호	전자	분개
22.현과	제품			6,000,000	600,000	미래회계학원			현금

구분		계정과목	적요	거래처	차변(출금)	대변(입금)
입금	0255	부가세예수금	제품	미래회계학원	(현금)	600,000
입금	0404	제품매출	제품	미래회계학원	(현금)	6,000,000

※ 공급가액란에 부가가치세를 포함한 금액 6,600,000을 입력한다.

04 오류수정

1 [전표입력]-[매입매출전표입력]을 클릭하고 12월 10일을 입력한 후 하단 분개란에서 건물을 520.수선비로 수정한다.

유형	품목	수량	단가	공급가액	부가세	공급처명	사업/주민번호	전자	분개
51.과세	유리창 교체			800,000	80,000	(주)글라스		여	혼합

구분		계정과목	적요	거래처	차변(출금)	대변(입금)
차변	0135	부가세대급금	유리창 교체	(주)글라스	80,000	
차변	0520	수선비	유리창 교체	(주)글라스	800,000	
대변	0101	현금	유리창 교체	(주)글라스		880,000

※ 수익적 지출은 비용으로 처리하며 자본적 지출은 자산으로 처리한다.

2 [전표입력]-[일반전표입력]에서 12월 18일을 입력한 후 수도광열비를 전력비(제)로 수정한다.

구분		계정과목	거래처	적요	차변	대변
출금	0516	전력비			74,500	(현금)

05 결산정리

❶ [전표입력]-[일반전표입력]에서 12월 31일(결산일)자로 다음과 같이 입력한다.

구분		계정과목	거래처	적요	차변	대변
차변	0812	여비교통비			230,000	
대변	0141	현금과부족				230,000

구분		계정과목	거래처	적요	차변	대변
차변	0305	외화장기차입금	미국 K사		1,500,000	
대변	0910	외화환산이익				1,500,000

※ 차입 시 환율은 1,200원/$(36,000,000원 ÷ $30,000)인데 회계기간 종료일(결산일) 현재 환율은 1,150원/$으로 50원/$ 하락했으므로 50 × $30,000 = 1,500,000원의 외화환산이익이 발생한다.

※ 외화장기차입금으로 처리했다고 했으므로 장기차입금으로 입력하면 안된다.

❷ [결산/재무제표]-[결산자료입력]에서 기간란에 1월 ~ 12월을 입력한다.

　　2. 매출원가

　　　제품매출원가

　　　　1) 원재료비

　　　　　　기말원재료재고액　4,400,000

　　　　8) 당기총제조비용

　　　　　　기말재공품재고액　5,000,000

　　　　9) 당기완성품제조원가

　　　　　　기말제품재고액　　5,600,000을 각각 결산빈영금액란에 입력한다.

❸ 상단 툴바의 **F3 전표추가**를 클릭하여 나타나는 메시지창에서 「예」를 클릭한다.

06 장부조회

1 [장부관리]-[매입매출장]에서 기간(3월 1일 ~ 3월 31일)을 입력한 후 구분 2.매출, 유형 22.현과를 선택한 후 공급가액을 확인한다.

　　▶ 정답 : 700,000원

2 [장부관리]-[거래처원장]의 잔액란 탭에서 기간(1월 1일 ~ 6월 30일), 계정과목(108.외상매출금), 거래처란에서 엔터를 두 번 (두개의 칸을 선택)친 후(처음 거래처부터 마지막 거래처까지 조회됨) 가장 큰 대변의 거래처와 금액을 확인한다.

　　▶ 정답 : 삼선상회, 20,800,000원

3 [장부관리]-[일계표(월계표)]에서 「월계표」탭을 클릭하고 조회기간(4월 ~ 4월)을 입력하고 판매비및일반관리비의 도서인쇄 비 차변 현금란의 금액을 확인한다.

　　▶ 정답 : 25,000원

이론시험

01	02	03	04	05	06	07	08	09	10	11	12	13	14	15
①	②	④	④	④	④	②	③	③	④	③	④	①	①	①

01 재무제표는 추정에 의한 측정치를 포함한다.

※ 재무회계개념체계 : 어떤 항목이 신뢰성 있게 측정되기 위해서 그 측정수선이 금액이 반드시 확정되어 있다는 것을 의미하지는 않으며 추정에 의한 측정치도 합리적인 근거가 있을 경우 당해 항목의 인식에 이용될 수 있다.

02 • 비품(자산)을 소모품비(비용)으로 처리하면 자산의 과소, 비용의 과대로 계상된다.

• 비용의 과대계상은 순이익의 과소 계상이 되며 순이익의 과소 계상은 자본의 과소 계상이 된다.

03 • 선입선출법 : 먼저 매입한 재고자산이 먼저 판매되는 것으로 가정하여 매출원가와 기말재고원가를 파악하는 방법

• 기말재고자산 금액 = (1월 23일 500개 × 300원) + (8월 15일 2,000개 × 400원) = 950,000원

04 무형자산은 물리적 형체가 없지만 식별가능하고, 기업이 통제하고 있으며, 미래 경제적 효익이 있는 비화폐성자산을 말한다.

05

(차) 단기매매증권	400,000원	(대) 단기매매증권평가이익	400,000원
매도가능증권평가손실	100,000원	매도가능증권	100,000원

단기매매증권과 매도가능증권은 공정가치로 평가한다.

06 • 연수합계법 연감가상각비 = (취득원가－잔존가치) × 연수의 역순(잔여내용연수) / 내용연수의 합계

• 감가상각비 = (60,000,000－6,000,000) × 3 / (1+2+3) = 27,000,000원

07 판매를 목적으로 취득하는 자산은 재고자산이다.

08 매출원가 = 기초상품 5,000,000 + 순매입액 2,100,000(당기매입 2,000,000＋매입운임 200,000－매입할인 100,000)
－기말상품 2,000,000원 = 5,100,000원

09 보조부문원가의 배분방법 중 어떤 방법을 선택해도 순이익은 동일하다.

10 노무비 발생액 = 전월 선급액 500,000 + 당월 지급액 200,000 = 700,000원

※ 노무비 발생액 = 당월지급액 + 당월미지급액 + 전월선급액 － 전월미지급액 － 당월선급액

11 개별원가계산은 다품종 소량생산하는 기업에 적합하며, 특정제조지시서를 사용하고, 종합원가에 비해 각 제품별 정확한 원가 계산이 가능하다. 종합원가계산은 동일한 종류의 제품을 연속적으로 대량생산하는 기업에 적합하며, 계속제조지시서를 사용한다.

12 제조간접비 예정배부액 = 배부기준의 실제조업도 × 예정배부율

13 영세율은 완전면세제도이다.

14 고용관계에 따라 근로를 제공하는 것은 용역의 공급으로 보지 아니한다. 또한 사업자가 대가를 받지 아니하고 타인에게 용역을 공급하는 것은 용역의 공급으로 보지 아니한다. 다만, 사업자가 특수관계인에게 사업용 부동산의 임대용역 등을 공급하는 것은 용역의 공급으로 본다.

15 법인사업자, 직전연도의 사업장별 재화 및 용역의 과 · 면세 공급가액의 합계액이 1억 원(24.7.1 이후 8천만 원) 이상인 개인사업자는 전자세금계산서를 발급하여야 하며 그 다음날까지 전자세금계산서 발급명세를 국세청장에게 전송하여야 한다.

01 기초정보관리

1 [기초정보관리]-[계정과목및적요등록]에서 가운데 코드/계정과목란의 코드에 274를 입력한 후 "0274 사용자설정계정과목"
으로 이동하면 우측화면의 상단의 계정코드(명)에 "선수임대료"로 수정하고 성격란에 2.일반을 선택한 후 하단 대체적요란
에 적요 NO에 1, "기간미경과 임대료 계상"을 입력한다.

2 [기초정보관리]-[거래처등록]에서 [금융기관]탭을 누르고 코드란에 98004, 거래처명:신한은행, 유형란에 3:정기적금을 선택
한 후, 우측에 1.계좌번호란에 "413-920-769077"을 입력하고, 2.계좌개설은행/지점에서 신한은행을 선택하고 마곡점을 입
력한 후 3.계좌개설일에 "2024-11-10"을 입력한다.

3 [전기분재무제표]-[거래처별초기이월]에서 좌측화면의 계정과목에서 "받을어음"을 클릭하고 우측화면의 거래처란에서 (주)
하늘정밀의 금액을 13,300,000으로, (주)일렉코리아의 금액을 11,700,000으로 수정한다. 같은 방법으로 좌측화면의 계정과
목에서 "지급어음"을 클릭하고 우측화면의 거래처란에서 (주)프로테크의 금액을 14,500,000으로 수정하고 아래 거래처코드
란에서 [F2]를 눌러 (주)부흥기업을 선택하고 13,500,000을 추가 입력한다.

02 일반전표입력

[전표입력]-[일반전표입력]을 클릭한 후 다음과 같이 입력한다.

1 7월 4일

구분		계정과목	거래처	적요	차변	대변
차변	0525	교육훈련비			500,000	
대변	0254	예수금				16,500
대변	0103	보통예금				483,500

2 7월 11일

구분		계정과목	거래처	적요	차변	대변
차변	0521	보험료			3,000,000	
대변	0103	보통예금				3,000,000

3 7월 25일

구분		계정과목	거래처	적요	차변	대변
차변	0103	보통예금			1,500,000	
대변	0903	배당금수익				1,500,000

4 8월 16일

구분		계정과목	거래처	적요	차변	대변
차변	0813	기업업무추진비			330,000	
대변	0253	미지급금	신한카드			330,000

5 8월 25일

구분		계정과목	거래처	적요	차변	대변
차변	0504	임금			1,900,000	
대변	0254	예수금				174,250
대변	0103	보통예금				1,725,750

6 9월 17일

구분		계정과목	거래처	적요	차변	대변
차변	0953	기부금			2,500,000	
대변	0103	보통예금				2,500,000

03 매입매출전표입력

[전표입력]-[매입매출전표입력]을 클릭한 후 다음과 같이 입력한다.

1 9월 3일

유형	품목	수량	단가	공급가액	부가세	공급처명	사업/주민번호	전자	분개
11.과세	전자부품	100	60,000	6,000,000	600,000	해피상사		여	혼합

구분		계정과목	적요	거래처	차변(출금)	대변(입금)
대변	0255	부가세예수금	전자부품 100×60000	해피상사		600,000
대변	0404	제품매출	전자부품 100×60000	해피상사		6,000,000
차변	0101	현금	전자부품 100×60000	해피상사	3,300,000	
차변	0108	외상매출금	전자부품 100×60000	해피상사	3,300,000	

2 9월 25일

유형	품목	수량	단가	공급가액	부가세	공급처명	사업/주민번호	전자	분개
17.카과	제품			5,000,000	500,000	조이무역			외상

구분		계정과목	적요	거래처	차변(출금)	대변(입금)
차변	0108	외상매출금	제품	비씨카드	5,500,000	
대변	0255	부가세예수금	제품	조이무역		500,000
대변	0404	제품매출	제품	조이무역		5,000,000

※ 중간의 신용카드사는 "비씨카드"를 선택한다. 공급가액란에 부가가치세를 포함하여 5,500,000을 입력한다. 분개유형을 "3:혼합"으로 해도 된다.

3 10월 15일

유형	품목	수량	단가	공급가액	부가세	공급처명	사업/주민번호	전자	분개
51.과세	CCTV			5,000,000	500,000	(주)에스콤		여	혼합

구분		계정과목	적요	거래처	차변(출금)	대변(입금)
차변	0135	부가세대급금	CCTV	(주)에스콤	500,000	
차변	0195	설비장치	CCTV	(주)에스콤	5,000,000	
대변	0101	현금	CCTV	(주)에스콤		500,000
대변	0253	미지급금	CCTV	(주)에스콤		5,000,000

4 10월 20일

유형	품목	수량	단가	공급가액	부가세	공급처명	사업/주민번호	전자	분개
55.수입	원재료			10,000,000	1,000,000	인천세관		여	현금

구분		계정과목	적요	거래처	차변(출금)	대변(입금)
출금	0135	부가세대급금	원재료	인천세관	1,000,000	(현금)

※ 수입 시 공급처명에는 세금계산서를 발급한 세관을 입력해야 한다.

5 11월 30일

유형	품목	수량	단가	공급가액	부가세	공급처명	사업/주민번호	전자	분개
53.면세	리스료			800,000		(주)리스		여	혼합

구분		계정과목	적요		거래처	차변(출금)		대변(입금)
차변	0819	임차료	리스료		(주)리스	800,000		
대변	0253	미지급금	리스료		(주)리스			800,000

※ 단기, 소액의 운용리스는 비용처리하고 그 외에는 자산으로 처리한다.

6 12월 12일

유형	품목	수량	단가	공급가액	부가세	공급처명	사업/주민번호	전자	분개
16.수출	제품	1,000	260,000	260,000,000		베스트인터내셔날			외상

구분		계정과목	적요		거래처	차변(출금)		대변(입금)
차변	0108	외상매출금	제품 1000×260000		베스트인터내셔날	260,000,000		
대변	0404	제품매출	제품 1000×260000		베스트인터내셔날			260,000,000

※ 중간의 영세율구분은 1. 직접수출(대행수출 포함)을 선택한다.
　직수출 시 공급시기 이후에 대금을 받을 경우 공급시기(선적일)의 기준 환율로 계산한 금액을 공급가액으로 한다.

04 오류수정

1 [전표입력]-[매입매출전표입력]에서 8월 19일을 입력한 후 하단 분개란에서 530.소모품비(제)를 830.소모품비(판)으로 수정한다.

유형	품목	수량	단가	공급가액	부가세	공급처명	사업/주민번호	전자	분개
57.카과	소모품			500,000	50,000	(주)마트			카드

구분		계정과목	적요		거래처	차변(출금)		대변(입금)
대변	0253	미지급금	소모품		삼성카드			550,000
차변	0135	부가세대급금	소모품		(주)마트	50,000		
대변	0830	소모품비	소모품		(주)마트	500,000		

2 [전표입력]-[일반전표입력]에서 11월 19일을 입금을 차변으로 수정하고 외상매출금은 그대로 두고 차변에 받을어음 15,000,000, 거래처 한성공업과 차변에 현금 10,000,000을 추가로 입력한다.

구분		계정과목	거래처	적요	차변	대변
대변	0108	외상매출금	한성공업			25,000,000
차변	0110	받을어음	한성공업		15,000,000	
차변	0101	현금			10,000,000	

05 결산정리

[전표입력]-[일반전표입력]에서 12월 31일(결산일)자로 다음과 같이 입력한다.

구분		계정과목	거래처	적요	차변	대변
차변	0133	선급비용			3,000,000	
대변	0821	보험료				3,000,000

※ 보험료 미경과분 : 6,000,000 × 6개월/12개월 = 3,000,000원
　7월 1일 화재보험료를 전액 비용(보험료)으로 처리했으므로 결산 시 기간 미경과분은 자산(선급비용)으로 처리한다.

구분		계정과목	거래처	적요	차변	대변
차변	0141	현금과부족			30,000	
대변	0930	잡이익				30,000

※ 현금과부족은 결산 시까지 그 원인을 알 수 없는 경우 초과액은 잡이익으로 대체한다.

구분		계정과목	거래처	적요	차변	대변
차변	0955	외화환산손실			300,000	
대변	0251	외상매입금	Rose			300,000

※ 외상매입 시 환율은 1,100원/$(3,300,000 ÷ $3,000)인데 회계기간 종료일(결산일) 현재 환율은 1,200원/$으로 100원/$ 상승했으므로 100 × $3,000 = 000,000인의 외화환산손실이 발생한다.

06 장부조회

1 [장부관리]-[현금출납장]에서 기간(1월 1일 ~ 6월 30일)을 입력한 후 출금 누계액을 확인한다.

　▶ 정답 : 65,500,000원

2 [부가가치]-[신고서/부속명세]-[부가가치세]-[세금계산서합계표]의 「매입」 탭란에서 조회기간(4월 ~ 6월)을 입력한 후 하단의 과세기간 종료일 다음달 11일까지(전자분) 탭란에서 매수가 가장 많은 거래처명을 확인한다.

　▶ 정답 : 기린전자

3 [장부관리]-[매입매출장]에서 기간(1월 1일 ~ 3월 31일)을 입력한 후 구분 3.매입, 유형 57.카과를 선택한 후 분기계 부가세 금액을 확인한다.

　▶ 정답 : 360,000원

이론시험

01	02	03	04	05	06	07	08	09	10	11	12	13	14	15
②	④	②	①	③	②	②	③	②	④	②	②	③	②	③

01 중립성은 회계정보의 질적 특성 중 신뢰성과 관련이 있다.
  ※ 회계정보의 질적특성
   • 목적적합성 : 예측가치, 피드백가치, 적시성
   • 신뢰성 : 표현의 충실성, 검증가능성, 중립성

02 • 현금및현금성자산 = 타인발행 당좌수표 400,000 + 당좌예금 500,000 + 취득 당시 만기가 2개월인 양도성예금증서 600,000 = 1,500,000원
  • 선일자수표는 미래의 날짜로 발행된 수표이므로 받을어음이고, 차용증서는 대여금(차입금)이다.
  ※ 현금및현금성자산
   • 현금 : 통화(지폐, 주화), 통화대용증권(자기앞수표, 타인발행당좌수표, 가계수표, 배당금지급통지표, 사채이자지급표, 우편환증서)
   • (요구불)예금 : 당좌예금, 보통예금, 저축예금
   • 현금성자산 : 취득당시 만기(또는 상환일)가 3개월 이내에 도래하는 금융상품

03 • 매출총이익 = 매출액 × 20% = 120,000원
  • 매출원가 = 매출액 − 매출총이익 = 600,000 − 120,000 = 480,000원
  • 매출원가 = 월초상품재고액 + 당월상품매입액 − 월말상품재고액
      = 500,000 + 350,000 − 월말상품재고액 = 480,000
  ∴ 월말상품재고액 : 370,000원

04 (차) 감가상각비 4,000,000   (대) 감가상각누계액 4,000,000
     (비용의 발생)   (자산의 감소)
  비용의 발생 → 이익의 감소, 이익의 감소 → 자본의 감소

05 무형자산을 창출하기 위한 내부 프로젝트를 연구단계와 개발단계로 구분할 수 없는 경우에는 그 프로젝트에서 발생한 지출은 모두 연구단계에서 발생한 것으로 본다.

06 만기가 확정된 채무증권으로서 상환금액이 확정되었거나 확정이 가능한 채무증권을 만기까지 보유할 적극적인 의도와 능력이 있는 경우에는 만기보유증권으로 분류한다.

07 우발부채는 일반기업회계기준상 부채의 인식기준을 충족하지 못하여 재무제표에 부채로 인식하지 아니하고 주석에 기재한다.

08 위탁판매는 수탁자가 제3자에게 판매한 시점에 수익을 인식한다.
  ① 상품권 판매 : 상품 등을 제공 또는 판매하여 상품권을 회수한 시점
  ② 할부판매 : 재화를 고객에게 판매하는 시점
  ④ 시용판매 : 소비자가 매입의사를 표시하는 시점

09 • 단일종류의 제품을 연속적으로 대량 생산하는 경우에 종합원가계산을 적용한다.
  • ①, ③, ④는 개별원가계산에 관한 설명이다.

10 • 재료비 = 당기완성품수량 300 + 기말재공품환산량 200(200×100%) = 500개
   • 가공비 = 당기완성품수량 300 + 기말재공품환산량 100(200×50%) = 400개
   • 원재료는 초기에 전량 투입되었으므로 완성도는 100%이다.
   • 당기에 영업을 시작했으므로 기초재공품은 없다. 따라서 선입선출법, 평균법의 완성품환산량은 동일하다.

11 • 가, 다 : 변동비
   • 나, 라 : 고정비

12 상호배분법은 보조부문 간의 용역수수관계를 고려하는 배분방법이다. 단계배분법은 보조부문의 배분 순서에 따라 원가를 계산하고 직접배분법은 부정확하지만 계산이 간편하고, 각 보조부문에서 발생한 원가를 제조부문에 직접배분하는 방법이다.

13 부가가치세는 일반소비세이다.

14 • 면세의 포기를 신고한 사업자는 신고한 날부터 3년간 부가가치세를 면제받지 못한다.
   • 면세포기는 승인을 요하지 않으며 영세율 적용의 대상이 되는 재화, 용역 등에 가능하고, 면세를 포기하면 매입세액을 공제받을 수 있다.

15 • 과세표준(공급가액) = 외상판매액 2,000,000 + 대표이사 개인목적으로 사용한 제품(간주공급:개인적공급) 120,000 + 비영업용 소형승용차 매각 대금 100,000 = 2,220,000원
   • 제품을 재해로 인하여 소실한 경우에는 재화의 공급으로 보지 아니하며, 재화공급의 특례(간주공급)에 해당하는 경우에는 시가(단, 판매목적 타사업장 반출 제외)를 과세표준으로 한다.
   ※ 재화의 간주공급 : 자가공급, 개인적 공급, 사업상증여, 폐업할 때 남아 있는 재화

01 기초정보관리

1 [기초정보관리]–[거래처등록]을 클릭하면 「일반거래처」탭 화면이 나온다. 좌측 화면 하단 빈 칸에 코드:01212, 거래처명:(주)세무전자, 유형:동시를 선택하고 우측에 사업자등록번호, 대표자성명, 업태, 종목, 주소를 입력한다.

2 [전기분재무제표]–[거래처별초기이월]에서 좌측화면의 계정과목에서 "단기대여금"을 클릭하고 우측화면의 거래처란에서 (주)가나상사의 금액을 3,200,000으로 수정한다. 같은 방법으로 좌측화면의 계정과목에서 "단기차입금"을 클릭하고 우측화면의 거래처란에서 자차상사의 금액을 10,500,000으로 수정한다.

3 [전기분재무제표]–[전기분손익계산서]에서 상여금을 3,400,000으로 수정하고 당기순이익이 88,700,000으로 변경된 것을 확인한다. [전기분재무제표]–[전기분잉여금처분계산서]에서 상단 툴바의 F6불러오기'를 클릭하여 나오는 창에서 "예"를 누르면 당기순이익이 88,700,000으로 수정되고 미처분이익잉여금이 126,600,000으로 변경된다. [전기분재무제표]–[전기분재무상태표]에서 이월이익잉여금을 126,600,000으로 수정한다.

02 일반전표입력

[전표입력]–[일반전표입력]을 클릭한 후 다음과 같이 입력한다.

1 7월 12일

구분		계정과목	거래처	적요	차변	대변
차변	0826	도서인쇄비			70,000	
대변	0103	보통예금				70,000

2 7월 28일

구분		계정과목	거래처	적요	차변	대변
차변	0251	외상매입금	(주)해운		5,800,000	
대변	0108	외상매출금	(주)해운			4,700,000
대변	0102	당좌예금				1,100,000

3 7월 31일

구분		계정과목	거래처	적요	차변	대변
차변	0103	보통예금			24,000,000	
대변	0107	단기매매증권				20,000,000
대변	0906	단기매매증권처분이익				4,000,000

4 8월 1일

구분		계정과목	거래처	적요	차변	대변
출금	0214	건설중인자산			7,000,000	(현금)

※ 자본화 대상인 차입원가(차입금 이자)는 취득원가(건설중인자산)에 가산한다.

5 9월 30일

구분		계정과목	거래처	적요	차변	대변
차변	0255	부가세예수금			11,300,000	
대변	0135	부가세대급금				8,000,000
대변	0261	미지급세금				3,300,000

6 12월 19일

구분		계정과목	거래처	적요	차변	대변
차변	0131	선급금	(주)우리공장		2,000,000	
대변	0103	보통예금				2,000,000

03 매입매출전표입력

[전표입력]-[매입매출전표입력]을 클릭한 후 다음과 같이 입력한다.

1 7월 21일

유형	품목	수량	단가	공급가액	부가세	공급처명	사업/주민번호	전자	분개
14.건별	제품			90,000	9,000	이순옥			현금

구분		계정과목	적요	거래처	차변(출금)	내변(입금)
입금	0255	부가세예수금	제품	이순옥	(현금)	9,000
입금	0404	제품매출	제품	이순옥	(현금)	90,000

※ 공급가액란에 부가가치세를 포함한 금액 99,000을 입력한다. 무증빙, 간이영수증, 거래명세서, 일반영수증 등은 14.건별로 입력한다.

2 9월 4일

유형	품목	수량	단가	공급가액	부가세	공급처명	사업/주민번호	전자	분개
62.현면	축하화환			200,000		프리티화원			혼합

구분		계정과목	적요	거래처	차변(출금)	대변(입금)
차변	0513	기업업무추진비	축하화환	프리티화원	200,000	
대변	0103	보통예금	축하화환	프리티화원		200,000

3 9월 15일

유형	품목	수량	단가	공급가액	부가세	공급처명	사업/주민번호	전자	분개
51.과세	기계장치			50,000,000	5,000,000	(주)한국		여	혼합

구분		계정과목	적요	거래처	차변(출금)	대변(입금)
차변	0135	부가세대급금	기계장치	(주)한국	5,000,000	
차변	0206	기계장치	기계장치	(주)한국	50,000,000	
대변	0253	미지급금	기계장치	(주)한국		55,000,000

4 10월 10일

유형	품목	수량	단가	공급가액	부가세	공급처명	사업/주민번호	전자	분개
11.과세	제품			15,000,000	1,500,000	(주)광고		여	혼합

구분		계정과목	적요	거래처	차변(출금)	대변(입금)
대변	0255	부가세예수금	제품	(주)광고		1,500,000
대변	0404	제품매출	제품	(주)광고		15,000,000
차변	0103	보통예금	제품	(주)광고	16,500,000	

5 10월 18일

유형	품목	수량	단가	공급가액	부가세	공급처명	사업/주민번호	전자	분개
11.과세	냉장고			1,000,000	100,000	(주)미래		여	혼합

구분		계정과목	적요	거래처	차변(출금)	대변(입금)
대변	0255	부가세예수금	냉장고	(주)미래		100,000
대변	0212	비품	냉장고	(주)미래		2,800,000
차변	0213	감가상각누계액	냉장고	(주)미래	1,600,000	
차변	0101	현금	냉장고	(주)미래	1,100,000	
차변	0970	유형자산처분손실	냉장고	(주)미래	200,000	

6 11월 28일

유형	품목	수량	단가	공급가액	부가세	공급처명	사업/주민번호	전자	분개
54.불공	법률자문 등			3,000,000	300,000	(주)국민개발		여	현금

구분		계정과목	적요	거래처	차변(출금)	대변(입금)
출금	0201	토지	법률자문 등	(주)국민개발	3,300,000	(현금)

※ 중간의 불공제사유는 6. ⑥토지의 자본적 지출관련을 선택한다.

04 오류수정

1 [전표입력]-[일반전표입력]에서 7월 10일을 입력한 후 세금과공과를 예수금으로 수정한다.

구분		계정과목	거래처	적요	차변	대변
차변	0254	예수금			100,000	
대변	0101	현금				100,000

2 [전표입력]-[매입매출전표입력]에서 9월 27일을 입력한 후 유형에서 51.과세를 54.불공으로 변경하고 아래와 같이 수정한다.

유형	품목	수량	단가	공급가액	부가세	공급처명	사업/주민번호	전자	분개
54.불공	자동차수리			500,000	50,000	(주)가제트수리		여	현금

구분		계정과목	적요	거래처	차변(출금)	대변(입금)
출금	0822	차량유지비	자동차수리	(주)가제트수리	550,000	(현금)

※ 중간의 불공제 사유는 3.③비영업용 소형승용차의 구입·유지 및 임차를 선택한다.

05 결산정리

❶ [전표입력]-[일반전표입력]에서 12월 31일(결산일)자로 다음과 같이 입력한다.

구분		계정과목	거래처	적요	차변	대변
차변	0530	소모품비			700,000	
대변	0173	소모품				700,000

※ 구입 시 소모품(자산)으로 처리했으므로 결산 시 사용분에 대해서 비용(14개×50,000원)처리를 한다.

❷ [결산/재무제표]-[결산자료입력]에서 기간란에 1월 ~ 12월을 입력한다.

2. 매출원가

제품매출원가

7) 경비

2).일반감가상각비

기계장치   9,471,000

> [회계관리]-[재무회계]-[고정자산및감가상각]-[고정자산등록]을 선택한 후 자산계정과목에서 기계장치를 선택한 후 본란 좌측의 자산코드/명란에 코드번호 "101", "기계장치"를 입력하고 취득년월일에 "2022-07-27", 상각방법에 "정률법"을 입력한다. 우측 메뉴에 취득원가는 취득일이 당기이전이므로 1.기초가액란 30,000,000원을 입력한다. 2.전기말상각누계액란에 9,000,000원을 입력하고 11.내용연수/상각률(월수)에 5를 입력하고 14.경비구분에 1.500 번대/제조를 선택한 후 12.상각범위액 9,471,000이 13.회사계상액으로 반영되므로, 이 금액을 결산자료입력란에 입력한다(또는 상단의 "F7감가상각" 버튼을 눌러 해당 자산을 확인한 후 결산반영을 클릭해도 됨).

9. 법인세등

1). 선납세금란에 조회된 결산전금액 1,000,000을 결산반영금액란에 1,000,000을 입력하고

2). 추가계상액란의 결산반영금액란에 6,000,000을 입력한다(7,000,000원 － 1,000,000원).

❸ 상단 툴바의 **F3 전표추가**를 클릭하여 나타나는 메시지 창에서 「예」를 클릭한다.

06 장부조회

1 [장부관리]-[매입매출장]에서 기간(4월 1일 ~ 6월 30일)을 입력한 후 구분 2.매출, 유형 17.카과를 선택한 후 분기누계 합계 금액을 확인한다.

▶ 정답 : 2,200,000원

2 [장부관리]-[총계정원장]에서 월별을 선택하고 기간(1월 1일 ~ 6월 30일), 계정과목(813.기업업무추진비 ~ 813.기업업무추진비)을 입력한 후 차변 금액이 가장 큰 월과 금액을 확인한다.

▶ 정답 : 2월, 22,100,000원

3 [장부관리]-[거래처원장]의 잔액란 탭에서 기간(5월 31일 ~ 5월 31일), 계정과목(251.외상매입금), 거래처란에서 Enter 를 두 번(두개의 칸을 선택) 친 후(처음 거래처부터 마지막 거래처까지 조회됨) 외상매입금 잔액이 가장 큰 거래처명과 잔액을 확인한다.

▶ 정답 : 사랑상사, 63,000,000원

이론시험

01	02	03	04	05	06	07	08	09	10	11	12	13	14	15
②	①	①	①	③	③	③	④	④	③	④	③	④	③	②

01 자산의 감소 : 대변

02 • 예수금 : 유동부채
  • 비유동부채 : 사채, 장기차입금, 임대보증금, 퇴직급여충당부채

03 현금및현금성자산 = 통화 303,000 + 단기금융상품 150,000 + 우편환 6,000 = 459,000원
  ※ 현금및현금성자산
  • 현금 : 통화(지폐, 주화), 통화대용증권(자기앞수표, 타인발행당좌수표, 가계수표, 배당금지급통지표, 사채이자지급표, 우편환증서)
  • (요구불)예금 : 당좌예금, 보통예금, 저축예금
  • 현금성자산 : 취득당시 만기(또는 상환일)가 3개월 이내에 도래하는 금융상품

04 정률법 연감가상각비 = 미상각잔액 ×정률(상각률) = 3,750,000 × 0.451 = 1,691,250원

05 무형자산 : 영입권, 산업새산권(특허권, 실용신안권, 의장권, 상표권 등), 개발비, 소프트웨어, 임차권리금, 저작권, 광업권, 라이선스, 프랜차이즈 등
  내부적으로 창출된 영업권은 무형자산이 아니며 전세권은 기타비유동자산이다.

06 충당부채는 요건을 만족하는 경우 부채로 인식하지만 우발부채는 부채로 인식하지 않는다.

07 증자할 때(주식발행) 발행금액이 액면금액을 초과하여 발행한 그 차액은 주식발행초과금(자본잉여금)으로 처리한다.

08 • 기초자본 + 총수익 − 총비용 = 기말자본
  • 기말자본 = 기말자산 − 기말부채
  • 기초자본 160,000 + 총수익 300,000 − 총비용 240,000 = 기말자본 220,000
  ∴ 기말자산 = 기말자본 + 기말부채 = 220,000 + 450,000 = 670,000원

09 • 추적가능성에 따른 분류 : 직접비, 간접비
  • 제조경비는 원가의 3요소로 재료비와 노무비를 제외한 것을 말하므로 직접비와 간접비 모두를 포함한다.

10 • 기초원가(기본원가, 직접비) = 직접재료비 + 직접노무비 = 400,000 + 250,000 = 650,000원
  • 가공원가 = 직접노무비 + 제조간접비
    = 직접노무비 + 제조간접비(간접재료비, 간접제조경비(공장전력비+공장건물임차료))
    = 250,000 + 50,000 + 150,000 + 50,000 = 500,000원
  • (당기총)제조원가 = 직접재료비 + 직접노무비 + 제조간접비
    = 400,000 + 250,000 + 250,000 = 900,000원

11 완성품환산량의 계산이 원가계산의 핵심과제인 것은 종합원가계산이다.

12 평균법 가공비 완성품 환산량 = 당기완성품수량 + 기말재공품환산량
= 130,000 + 50,000 × 10% = 135,000개

13 부가가치세의 과세대상은 재화 또는 용역의 공급거래와 재화의 수입 거래로 한정한다.

14 c와 d는 재화의 공급(c는 재화의 실질공급, d는 재화의 간주공급)에 해당된다.

15 부도발생일로부터 6개월 이상 지난 수표 · 어음 · 중소기업의 외상매출금은 대손세액공제 대상이다.

01 기초정보관리

1 [기초정보관리]-[거래처등록]을 클릭하면 「일반거래처」탭 화면이 나온다. 좌측 화면 하단 빈칸에 코드:01056, 거래처명:(주)가나전자, 유형:매입을 선택하고 우측에 사업자등록번호, 대표자성명, 업태, 종목, 주소를 입력한다.

2 [전기분재무제표]-[거래처별초기이월]에서 좌측화면의 계정과목에서 "받을어음"을 클릭하고 우측화면의 거래처란에서 (주)송강산업의 금액을 3,000,000, (주)강림상사의 금액을 12,800,000으로 수정한다. 같은 방법으로 좌측화면의 계정과목에서 "미지급금"을 클릭하고 우측화면의 거래처란에서 (주)더라벨의 금액을 3,600,000으로 수정하고 아래 빈칸 거래처코드란에서 [F2]를 눌러 (주)통진흥업을 선택하고 2,500,000을 추가 입력한다.

3 [전기분원가명세서]에서 복리후생비 5,900,000에 2,400,000을 더한 8,300,000으로 수정하면 당기제품제조원가가 439,400,000으로 변경된다. [전기분재무제표]-[전기분손익계산서]의 제품매출원가란의 당기제품제조원가를 437,000,000에서 439,400,000으로 수정하고 복리후생비 9,800,000에 2,400,000을 차감한 7,400,000으로 수정한다. 당기순이익에 변동이 없으므로 [전기분재무제표]-[전기분잉여금처분계산서]와 [전기분재무제표]-[전기분재무상태표]는 그대로 둔다.

02 일반전표입력

[전표입력]-[일반전표입력]을 클릭한 후 다음과 같이 입력한다.

1 7월 7일

구분		계정과목	거래처	적요	차변	대변
차변	0109	대손충당금			5,000,000	
차변	0835	대손상각비			7,000,000	
대변	0108	외상매출금	(주)달라인러			12,000,000

2 7월 15일

구분		계정과목	거래처	적요	차변	대변
차변	0110	받을어음	(주)희망기계		5,000,000	
차변	0103	보통예금			1,500,000	
대변	0108	외상매출금	(주)희망기계			6,500,000

3 7월 20일

구분		계정과목	거래처	적요	차변	대변
차변	0103	보통예금			11,500,000	
차변	0343	자기주식처분이익			300,000	
차변	0390	자기주식처분손실			200,000	
대변	0383	자기주식				12,000,000

※ 자기주식처분손실 발생시 "자기주식처분이익"이 있을 경우 먼저 상계한 후 남은 차액을 "자기주식처분손실"로 처리한다 (자본잉여금 계정은 관련 자본조정계정과 먼저 상계하는 회계처리를 하여야 함).

4 8월 5일

구분		계정과목	거래처	적요	차변	대변
차변	0202	건물			160,000,000	
대변	0331	자본금				100,000,000
대변	0341	주식발행초과금				60,000,000

※ 현물출자 시 현물의 공정가치를 주식의 발행금액으로 한다.

5 11월 19일

구분		계정과목	거래처	적요	차변	대변
출금	0805	잡급			120,000	(현금)

6 12월 5일

구분		계정과목	거래처	적요	차변	대변
차변	0806	퇴직급여			5,300,000	
대변	0103	보통예금				5,300,000

※ 확정기여형(DC)퇴직연금 : 퇴직급여, 확정급여형(DB)퇴직연금 : 퇴직연금운용자산

03 매입매출전표입력

[전표입력]-[매입매출전표입력]을 클릭한 후 다음과 같이 입력한다.

1 8월 3일

유형	품목	수량	단가	공급가액	부가세	공급처명	사업/주민번호	전자	분개
53.면세	7월분 관리비			30,000		(주)에이스오피스텔		여	혼합

구분		계정과목	적요	거래처	차변(출금)	대변(입금)
차변	0837	건물관리비	7월분 관리비	(주)에이스오피스텔	30,000	
대변	0103	보통예금	7월분 관리비	(주)에이스오피스텔		30,000

2 8월 21일

유형	품목	수량	단가	공급가액	부가세	공급처명	사업/주민번호	전자	분개
11.과세	기계장치			2,000,000	200,000	(주)한국자원		여	혼합

구분		계정과목	적요	거래처	차변(출금)	대변(입금)
대변	0255	부가세예수금	기계장치	(주)한국자원		200,000
대변	0206	기계장치	기계장치	(주)한국자원		80,000,000
차변	0207	감가상각누계액	기계장치	(주)한국자원	77,000,000	
차변	0120	미수금	기계장치	(주)한국자원	2,200,000	
차변	0970	유형자산처분손실	기계장치	(주)한국자원	1,000,000	

3 10월 15일

유형	품목	수량	단가	공급가액	부가세	공급처명	사업/주민번호	전자	분개
51.과세	A원재료	100	33,000	3,300,000	330,000	(주)무릉		여	혼합

구분		계정과목	적요	거래처	차변(출금)	대변(입금)
차변	0135	부가세대급금	A원재료 100×33000	(주)무릉	330,000	
차변	0153	원재료	A원재료 100×33000	(주)무릉	3,300,000	
대변	0102	당좌예금	A원재료 100×33000	(주)무릉		1,000,000
대변	0251	외상매입금	A원재료 100×33000	(주)무릉		2,630,000

4 11월 30일

유형	품목	수량	단가	공급가액	부가세	공급처명	사업/주민번호	전자	분개
54.불공	11월분 임차료			600,000	60,000	(주)렌트		여	혼합

구분		계정과목	적요	거래처	차변(출금)	대변(입금)
차변	0819	임차료	11월분 임차료	(주)렌트	660,000	
대변	0253	미지급금	11월분 임차료	(주)렌트		660,000

※ 중간의 불공제사유는 3. ③비영업용 소형승용차 구입 · 유지 및 임차를 선택한다.

5 12월 12일

유형	품목	수량	단가	공급가액	부가세	공급처명	사업/주민번호	전자	분개
12.영세	C제품	100	150,000	15,000,000		유성산업(주)		여	외상

구분		계정과목	적요	거래처	차변(출금)	대변(입금)
차변	0108	외상매출금	C제품 100×150000	유성산업(주)	15,000,000	
대변	0404	제품매출	C제품 100×150000	유성산업(주)		15,000,000

※ 중간의 영세율구분은 3. 내국신용장 · 구매확인서에 의하여 공급하는 재화를 선택한다.

6 12월 30일

유형	품목	수량	단가	공급가액	부가세	공급처명	사업/주민번호	전자	분개
55.수입	원재료			40,000,000	4,000,000	인천세관		여	혼합

구분		계정과목	적요	거래처	차변(출금)	대변(입금)
차변	0135	부가세대급금	원재료	인천세관	4,000,000	
대변	0102	당좌예금	원재료	인천세관		4,000,000

※ 수입 시 공급처명에는 세금계산서를 발급한 세관을 입력해야 한다.

04 오류수정

1 [전표입력]-[일반전표입력]에서 8월 10일을 입력한 후 이자수익 253,800을 300,000으로 수정하고 두 번째 줄에서 상단 상단 툴바의 전표삽입을 눌러 차변에 선납세금 46,200을 추가로 입력한다.

구분		계정과목	거래처	적요	차변	대변
차변	0103	보통예금			253,800	
차변	0136	선납세금			46,200	
대변	0901	이자수익				300,000

2 [전표입력]-[일반전표입력]에서 12월 10일을 입력한 후 상단 툴바의 ⊗ 삭제를 눌러 입력된 내용을 삭제하고 [전표입력]-[매입매출전표입력]을 클릭하고 12월 10일을 입력한 후 다음과 같이 입력한다.

유형	품목	수량	단가	공급가액	부가세	공급처명	사업/주민번호	전자	분개
51.과세	운송비			100,000	10,000	일양택배		여	현금

구분		계정과목	적요	거래처	차변(출금)	대변(입금)
출금	0135	부가세대급금	운송비	일양택배	10,000	(현금)
출금	0153	원재료	운송비	일양택배	100,000	(현금)

※ 원재료 매입 시 운송비는 원재료의 취득원가에 가산한다.

05 결산정리

[전표입력]-[일반전표입력]에서 12월 31일(결산일)자로 다음과 같이 입력한다.

구분		계정과목	거래처	적요	차변	대변
차변	0830	소모품비			60,000	
대변	0173	소모품				60,000

※ 구입 시 소모품(자산)으로 처리했으므로 결산 시 사용분에 대해서 비용(6박스×10,000원)처리를 한다.

구분		계정과목	거래처	적요	차변	대변
차변	0133	선급비용			1,200,000	
대변	0521	보험료				1,200,000

※ 보험료 미경과분 : 3,600,000 × 4개월/12개월 = 1,200,000원

5월 1일 공장화재보험료를 전액 비용(보험료)으로 처리했으므로 결산 시 기간 미경과분은 자산(선급비용)으로 처리한다.

구분		계정과목	거래처	적요	차변	대변
차변	0980	잡손실			20,000	
대변	0141	현금과부족				20,000

※ 현금과부족의 차변은 실제 현금이 부족한 경우이므로 결산 시 원인을 알 수 없는 경우 잡손실로 대체한다.

06 장부조회

1 [부가가치]-[신고서/부속명세]-[부가가치세]-[부가가치세신고서]에서 조회기간(4월 1일 ~ 6월 30일)을 입력한 후 「27.차가 감하여 납부할세액(환급받을세액)」란의 세액을 확인한 후 「21.예정신고미환급세액」란에 세액이 없으므로 직접차감한다.

▶ 정답 : 2,377,100원(4,377,100 − 2,000,000)

2 [장부관리]-[총계정원장]에서 월별을 선택하고 기간(1월 1일 ~ 6월 30일), 계정과목(813.기업업무추진비 ~ 813.기업업무추 진비)을 입력한 후 차변 금액이 가장 큰 월과 금액을 확인한다.

▶ 정답 : 5월, 3,425,000원

3 [결산/재무제표]-[재무상태표]에서 기간란에 6월을 입력하여 6월말 유동부채 금액을 확인한 후 다시 기간란에 5월을 입력 하여 5월말 유동부채 금액을 차감한다.

▶ 정답 : 79,444,000원(6월말 유동부채 413,682,300 − 5월말 유동부채 334,238,300)

이론시험

01	02	03	04	05	06	07	08	09	10	11	12	13	14	15
②	③	②	④	①	②	②	②	④	④	④	①	④	③	②

01 「재무정보가 정보이용자의 의사결정에 유용하기 위해서는 신뢰할 수 있는 정보이어야 한다.」는 회계정보의 질적특성중 신뢰성에 대한 내용이다.
   ※ 회계정보의 질적특성
   - 주요 질적특성
     - 목적적합성 : 예측가치, 피드백가치, 적시성
     - 신뢰성 : 표현의 충실성, 검증가능성, 중립성
   - 기타의 질적특성 : 비교가능성

02 • 당기손익에 영향을 미치는 항목은 수익과 비용이다. 단기매매증권평가이익 미계상은 수익항목이다.
     - 전기의 주식할인발행차금 미상각 : 자본조정
     - 매도가능증권평가손실 미계상 : 기타포괄손익누계액
   • 당기의 기타대손상각비(영업외비용)를 판매비와관리비(영업비용)로 계상 → 당기순이익에는 영향없음

03 재고자산의 시가가 장부금액 이하로 하락하여 발생한 평가손실은 매출원가에 가산하고 재고자산이 차감계정으로 표시한다.
   (차) 재고자산평가손실 ××× (대) 재고자산평가충당금 ×××
       (매출원가에 가산)   (재고자산에서 차감)

04 종합부동산세와 재산세는 유형자산의 보유 단계에서 발생하므로 비용(세금과공과)으로 처리한다.

05 새로운 지식을 얻고자 하는 활동은 연구단계에 속하는 활동이다.

06 • 4/1   (차) 단기매매증권   2,000,000   (대) 계정과목   2,000,000
   • 8/31 (차) 계정과목   200,000   (대) 배당금수익   200,000
   • 12/31 (차) 단기매매증권   400,000   (대) 단기매매증권평가이익   400,000
   ∴ 당기말 단기매매증권 : 4/1 2,000,000원 + 12/31 400,000원 = 2,400,000원
     영업외수익 : 8/31 200,000원 + 12/31 400,000원 = 600,000원

07 자본조정은 자본금이이나 자본잉여금으로 분류할 수 없는 항목을 말하며 주식할인발행차금, 감자차손, 자기주식처분손실, 자기주식, 미교부주식배당금, 주식매입선택권이 이에 해당한다.
   ※ 자본
   - 자본항목(자본거래) : 자본금, 자본잉여금, 자본조정
   - 손익항목(손익거래) : 기타포괄손익누계액, 이익잉여금

08 재화의 판매로 인한 수익 인식 시 판매자는 판매한 재화에 대하여, 소유권이 있을 때 통상적으로 행사하는 정도의 관리나 효과적인 통제를 할 수 없다.

09 원가관리회계는 외부이해관계자들에게 기업분석을 위한 원가정보를 제공하지 않는다.

10 • 매출원가 = 기초제품재고액 + 당기제품제조원가 − 기말제품재고액

　　• 당기제품제조원가 = 기초재공품재고액 + 당기총제조원가 − 기말재공품재고액

　　　　　　　　 = 100,000 + 350,000 − 130,000 = 320,000원

　　∴ 매출원가 = 기초제품재고액 300,000 + 당기제품제조원가 320,000 − 기말제품재고액 280,000

　　　　　　 = 340,000원

11 보조부문원가를 변동원가와 고정원가로 구분하여 각각 다른 배부기준을 적용하여 배부하는 방법은 이중배부율법이다.

12 • 다양한 종류의 제품을 소량 생산하는 경우에 적합한 원가 계산은 개별원가계산이다(다품종소량생산).

　　• 종합원가계산은 단일(적은) 종류의 제품을 연속적으로 대량 생산하는 경우에 적합한 방법이다(소품종대량생산).

13 장기할부판매, 완성도기준지급 또는 중간지급조건부로 재화를 공급하는 경우의 공급시기는 대가의 각 부분을 받기로 한 때 이다.

14 • 신문광고 : 과세

　　• 신문 : 면세

15 세금계산서의 필요적 기재사항이 일부라도 기재되지 않은 경우 그 효력이 인정되지 않는다.

01 기초정보관리

1 [기초정보관리]-[거래처등록]에서 [신용카드]탭을 누르고 코드란에 99605, 거래처명:시티카드, 유형란에 2:매입을 선택한 후 우측 3.카드번호(매입)란에 "9410-0900-5580-8352", 4.카드종류(매입)란에 3.사업용카드, 16.사용여부에 1:여를 입력한다.

2 [기초정보관리]-[계정과목및적요등록]에서 가운데 코드/계정과목란의 코드에 819을 입력하면 "0819 임차료"로 이동한다. 우측 화면의 하단 현금적요란에 적요 NO에 7, "공기청정기임차료 지급"을, 대체적요란에 적요 NO에 7, "공기청정기임차료 미지급"을 각각 입력한다.

3 [전기분원가명세서]에서 운반비 660,000을 6,600,000으로 수정하면 당기제품제조원가가 306,600,000으로 변경된다. [전기분재무제표]-[전기분손익계산서]의 제품매출원가란의 당기제품제조원가306,600,000으로 수정하고 당기순이익이 93,400,000으로 변경된 것을 확인한다. [전기분재무제표]-[전기분잉여금처분계산서]에서 상단 툴바의 F6불러오기를 클릭하여 나오는 창에서 "예"를 누르면 당기순이익이 93,400,000으로 수정되고 미처분이익잉여금이 116,400,000으로 변경된다. [전기분재무제표]-[전기분재무상태표]에서 이월이익잉여금을 116,400,000으로 수정한다.

02 일반전표입력

[전표입력]-[일반전표입력]을 클릭한 후 다음과 같이 입력한다.

1 7월 20일

구분		계정과목	거래처	적요	차변	대변
차변	0253	미지급금	(주)섬메이		5,000,000	
대변	0260	단기차입금	국민은행			5,000,000

2 8월 21일

구분		계정과목	거래처	적요	차변	대변
차변	0202	건물			7,500,000	
대변	0103	보통예금				7,500,000

3 8월 30일

구분		계정과목	거래처	적요	차변	대변
차변	0260	단기차입금	국민은행		5,000,000	
대변	0103	보통예금				5,000,000

4 9월 10일

구분		계정과목	거래처	적요	차변	대변
차변	0254	예수금			160,000	
대변	0253	미지급금	비씨카드			160,000

5 10월 22일

구분		계정과목	거래처	적요	차변	대변
차변	0824	운반비			150,000	
대변	0103	보통예금				1500,000

6 11월 1일

구분		계정과목	거래처	적요	차변	대변
차변	0103	보통예금			22,000,000	
대변	0291	사채				20,000,000
대변	0313	사채할증발행차금				2,000,000

03 매입매출전표입력

[전표입력]-[매입매출전표입력]을 클릭한 후 다음과 같이 입력한다.

1 8월 3일

유형	품목	수량	단가	공급가액	부가세	공급처명	사업/주민번호	전자	분개
51.과세	홍보물			1,000,000	100,000	(주)블루		여	혼합

구분		계정과목	적요	거래처	차변(출금)	대변(입금)
차변	0135	부가세대급금	홍보물	(주)블루	100,000	
차변	0833	광고선전비	홍보물	(주)블루	1,000,000	
대변	0253	미지급금	홍보물	(주)블루		1,100,000

2 8월 10일

유형	품목	수량	단가	공급가액	부가세	공급처명	사업/주민번호	전자	분개
11.과세	전자부품	10	5,000,000	50,000,000	5,000,000	(주)삼성상회		여	혼합

구분		계정과목	적요	거래처	차변(출금)	대변(입금)
대변	0255	부가세예수금	전자부품 10×5000000	(주)삼성상회		5,000,000
대변	0404	제품매출	전자부품 10×5000000	(주)삼성상회		50,000,000
차변	0259	선수금	전자부품 10×5000000	(주)삼성상회	11,000,000	
차변	0110	받을어음	전자부품 10×5000000	(주)삼성상회	44,000,000	

3 11월 10일

유형	품목	수량	단가	공급가액	부가세	공급처명	사업/주민번호	전자	분개
16.수출	제품			12,500,000		ebay			외상

구분		계정과목	적요	거래처	차변(출금)	대변(입금)
차변	0108	외상매출금	제품	ebay	12,500,000	
대변	0404	제품매출	제품	ebay		12,500,000

※ 중간의 영세율구분은 1. 직접수출(대행수출 포함)을 선택한다.

직수출 시 공급시기 이후에 대금을 받을 경우 공급시기(선적시)의 기준환율로 계산한 금액을 공급가액으로 한다.

4 11월 20일

유형	품목	수량	단가	공급가액	부가세	공급처명	사업/주민번호	전자	분개
62.현면	도서			100,000		(주)설영문고			현금

구분	계정과목		적요	거래처	차변(출금)	대변(입금)
출금	0826	도서인쇄비	도서	(주)설영문고	100,000	(현금)

5 11월 30일

유형	품목	수량	단가	공급가액	부가세	공급처명	사업/주민번호	전자	분개
52.영세	원자재			10,000,000		(주)현우		여	혼합

구분	계정과목		적요	거래처	차변(출금)	대변(입금)
차변	0153	원재료	원자재	(주)현우	10,000,000	
대변	0252	지급어음	원자재	(주)현우		10,000,000

6 12월 7일

유형	품목	수량	단가	공급가액	부가세	공급처명	사업/주민번호	전자	분개
14.건별	제품			500,000	50,000				혼합

구분	계정과목		적요	거래처	차변(출금)	대변(입금)
대변	0255	부가세예수금		제품	제품		50,000
대변	0150	제품	08	타계정으로 대체액	제품		350,000
차변	0813	기업업무추진비		제품	제품	400,000	

※ 간주공급 중 사업상 증여에 해당하므로 공급가액란에 "시가"를 부가가치세를 포함하여 550,000을 입력한다.
　또한 하단 제품란은 타계정으로 대체에 해당하므로 "원가"로 입력한다(제품매출은 아니므로 제품으로 처리해야 함).
　간이영수증, 거래명세서, 일반영수증, 무증빙, 간주공급 등은 14.건별로 입력한다.

※ 재화의 간주공급 : 자가공급, 개인적 공급, 사업상증여, 폐업할 때 남아 있는 재화

04 오류수정

1 [전표입력]-[일반전표입력]에서 8월 3일을 입력한 후 대손상각비 1,100,000을 300,000으로 수정하고 두 번째 줄에서 상단 상단 툴바의 전표삽입을 눌러 차변에 109.대손충당금 800,000을 추가로 입력한다.

구분	계정과목		거래처	적요	차변	대변
차변	0835	대손상각비			300,000	
차변	0109	대손충당금			800,000	
대변	0108	외상매출금	(주)네오전자			1,100,000

※ 대손발생 시 대손충당금 잔액으로 처리한 후 부족분은 비용으로 처리한다.

2 [전표입력]-[매입매출전표입력]에서 12월 20일을 입력한 후 유형에서 54.불공을 51.과세로 변경하고 아래와 같이 수정한다.

유형	품목	수량	단가	공급가액	부가세	공급처명	사업/주민번호	전자	분개
51.과세	모닝(스탠다드)			11,950,000	1,195,000	기아차 남양주점		여	현금

구분	계정과목		적요	거래처	차변(출금)	대변(입금)
출금	0135	부가세대급금	모닝(스탠다드)	기아차 남양주점	1,195,000	(현금)
출금	0208	차량운반구	모닝(스탠다드)	기아차 남양주점	11,950,000	(현금)

05 결산정리

❶ [전표입력]-[일반전표입력]에서 12월 31일(결산일)자로 다음과 같이 입력한다.

구분		계정과목	거래처	적요	차변	대변
차변	0251	외상매입금	ABC Ltd.		125,000	
대변	0910	외화환산이익				125,000

※ 외상매입 시 환율은 1,200원/$(3,000,000원/$2,500)인데 회계기간 종료일(결산일) 현재 환율은 1,150원/$으로 50원/$ 하락했으므로 50 × $2,500 = 125,000원의 외화환산이익이 발생한다.

구분		계정과목	거래처	적요	차변	대변
차변	0904	임대료			21,000,000	
대변	0263	선수수익				21,000,000

※ 임대료 미경과분 : 50,400,000 × 5개월/12개월 = 21,000,000원

6월 1일 수취 시 모두 수익(임대료)으로 처리했으므로 결산 시 기간 미경과분(5개월)을 선수수익(부채)으로 처리한다.

❷ [결산/재무제표]-[결산자료입력]에서 기간란에 1월 ~ 12월을 입력한다.

9. 법인세등

1). 선납세금란에 조회된 결산전금액 6,000,000을 결산반영금액란에 6,000,000을 입력하고

2). 추가계상액란의 결산반영금액란에 4,000,000을 입력한다(10,000,000원 − 6,000,000원).

❸ 상단 툴바의 **F3 전표추가**를 클릭하여 나타나는 메시지 창에서 「예」를 클릭한다.

06 장부조회

1 [장부관리]-[총계정원장]에서 월별을 선택하고 기간(1월 1일 ~ 6월 30일), 계정과목(404.제품매출 ~ 404.제품매출)을 입력한 후 대변 금액이 가장 많은 달과 금액을 확인한다.

▶ 정답 : 5월, 223,800,000원

2 [장부관리]-[거래처원장]의 잔액란 탭에서 기간(4월 30일 ~ 4월 30일), 계정과목(253.미지급금), 거래처란에서 Enter 를 두 번(두개의 칸을 선택)친 후(처음 거래처부터 마지막 거래처까지 조회됨) 미지급잔액이 가장 큰 거래처명과 금액을 확인한다.

▶ 정답 : 남해백화점, 2,200,000원

3 [부가가치]-[신고서/부속명세]-[부가가치세]의 「세금계산서합계표」의 「매입」탭란에서 조회기간(1월 ~ 3월)을 입력한 후 하단의 전체데이타란에서 삐에로패션의 매수와 공급가액을 확인한다.

▶ 정답 : 13매, 21,750,000원

이론시험

01	02	03	04	05	06	07	08	09	10	11	12	13	14	15
②	③	④	④	①	③	①	③	③	②	③	④	③	④	③

01 수정전시산표작성 → 기말수정분개 → 수익·비용계정의 마감 → 재무제표의 작성

02 현금및현금성자산 = 국세환급통지서 200,000 + 우편환증서 10,000 + 자기앞수표 30,000 + 취득당시에 만기가 3개월 이내에 도래하는 정기적금 500,000 = 740,000원

03 대손처리된 외상매출금이 5,000원이면 대손충당금 차변 합계가 75,000원이 되므로 대변합계도 75,000원이 되어야 하기 때문에 빈칸에 들어갈 금액은 25,000원이다.

04 이자수익, 배당금수익, 로열티수익은 자산을 타인에게 사용하게 함으로써 발생하는 수익의 유형이지만 상품판매수익은 재화를 구매자에게 이전함에 따라 발생하는 수익이다.

05 감가상각비계산의 3요소 : 취득원가, 내용연수, 잔존가치

06 내부적으로 창출한 브랜드, 고객목록과 이와 실질이 유사한 항목은 무형자산으로 인식할 수 없다.

07 • 자본조정 : 주식할인발행차금, 감자차손, 자기주식처분손실, 자기주식, 미교부주식배당금, 주식매입선택권
   • 자본조정 = 감자차손 200,000 + 자기주식 400,000 = 600,000원

08 영업이익은 매출액 − 매출원가 − 판매비와관리비이므로 광고선전비(판매비와관리비)는 영업이익에 영향을 미치지만, 유형자산처분손실, 이자비용, 외화환산손실은 영업외비용에 해당하므로 영업이익에는 영향을 미치지 않는다.

09 제품 생산량이 증가하면 제품 단위당 고정원가는 감소한다.

10 • 예정배부액 = 700시간 × 95원 = 66,500원
   • 배부차이 = 예정배부액(66,500원) − 실제발생액(70,000원) = 3,500원(과소배부)

11 정확성 : 상호배부법 〉단계배부법 〉직접배부법

12 평균법 가공비 완성품 환산량 = 당기완성품수량 + 기말재공품환산량
   = 1,000 + 100 × 50% = 1,050개

13 부가가치세는 창출하여 공급한 부가가치를 공급받는 자로부터 세액을 징수하여 납부하는 것이므로 사업의 영리목적 유무와는 무관하다.

14 사업자가 자기생산·취득재화를 자기의 고객이나 불특정 다수에게 증여하는 경우 재화의 공급으로 간주되어 과세된다.
   ※ 재화의 간주공급 : 자가공급, 개인적 공급, 사업상증여, 폐업할 때 남아 있는 재화

15 • 공급품목은 임의적 기재사항이다.
   • 세금계산서의 필요적 기재사항 : 공급하는 사업자의 등록번호와 성명 또는 명칭, 공급받는 자의 등록번호, 공급 가액과 부가가치세액, 작성연월일

01 기초정보관리

1 [기초정보관리]–[회사등록]을 클릭하여 3.법인등록번호에서 "110181–0096550"를 "110181–0095668"로, 9.종목란에서 "철근"을 "운동기구"로 수정한 후 21.사업장관할세무서에서 "경산"을 "경주"로 수정한다.

2 [기초정보관리]–[계정과목및적요등록]에서 가운데 코드/계정과목란의 코드에 853을 입력한 후 "0853 사용자설정계정과목"을 "행사비"로 수정한다. 우측 화면의 하단 대체적요란에 적요 NO에 1, "학회 행사비용 지급"을 입력한다.

3 [전기분재무제표]–[거래처별초기이월]에서 좌측화면의 계정과목에서 "외상매출금"을 클릭하고 우측화면의 거래처란에서 (주)대원의 금액을 2,000,000으로 수정하고 아래 빈칸 거래처코드란에서 F2를 눌러 (주)동백을 선택하고 4,500,000을 추가 입력한다. 같은 방법으로 좌측화면의 계정과목에서 "외상매입금"을 클릭하고 우측화면의 거래처란에서 비바산업을 선택하고 상단의 삭제를 눌러 삭제한 후(또는 0을 입력) 요요유통의 금액은 43,000,000으로 수정한다.

02 일반전표입력

[전표입력]–[일반전표입력]을 클릭한 후 다음과 같이 입력한다.

1 7월 3일

구분		계정과목	거래처	적요	차변	대변
차변	0206	기계장치			15,000,000	
대변	0103	보통예금				15,000,000

2 7월 5일

구분		계정과목	거래처	적요	차변	대변
차변	0232	임차보증금	태종빌딩		50,000,000	
대변	0131	선급금	태종빌딩			5,000,000
대변	0103	보통예금				45,000,000

3 7월 7일

구분		계정과목	거래처	적요	차변	대변
차변	0212	비품			2,250,000	
대변	0253	미지급금	(주)수연전자			2,000,000
대변	0103	보통예금				250,000

4 8월 6일

구분		계정과목	거래처	적요	차변	대변
차변	0103	보통예금			6,000,000	
차변	0101	현금			4,000,000	
대변	0108	외상매출금	(주)달리자			10,000,000

5 8월 19일

구분		계정과목	거래처	적요	차변	대변
차변	0207	감가상각누계액			31,500,000	
차변	0970	유형자산처분손실			3,500,000	
대변	0206	기계장치				35,000,000

6 11월 20일

구분		계정과목	거래처	적요	차변	대변
차변	0831	수수료비용			3,000,000	
대변	0254	예수금				99,000
대변	0103	보통예금				2,901,000

03 매입매출전표입력

[전표입력]-[매입매출전표입력]을 클릭한 후 다음과 같이 입력한다.

1 8월 7일

유형	품목	수량	단가	공급가액	부가세	공급처명	사업/주민번호	전자	분개
57.카과	회식			300,000	30,000	동보성			혼합

구분		계정과목	적요	거래처	차변(출금)	대변(입금)
차변	0135	부가세대급금	회식	동보성	30,000	
차변	0511	복리후생비	회식	동보성	300,000	
대변	0103	보통예금	회식	동보성		330,000

※ 중간의 신용카드사는 "비씨카드"를 선택한다. 공급가액란에 부가가치세를 포함하여 330,000을 입력한다.
체크카드는 결제 시 연결된 예금통장으로 처리한다.

2 10월 1일

유형	품목	수량	단가	공급가액	부가세	공급처명	사업/주민번호	전자	분개
22.현과	기계장치			4,000,000	400,000	(주)재생			혼합

구분		계정과목	적요	거래처	차변(출금)	대변(입금)
대변	0255	부가세예수금	기계장치	(주)재생		400,000
대변	0206	기계장치	기계장치	(주)재생		50,000,000
차변	0207	감가상각누계액	기계장치	(주)재생	40,000,000	
차변	0101	현금	기계장치	(주)재생	4,400,000	
차변	0970	유형자산처분손실	기계장치	(주)재생	6,000,000	

※ 공급가액란에 부가가치세를 포함하여 4,400,000을 입력한다.

3 10월 11일

유형	품목	수량	단가	공급가액	부가세	공급처명	사업/주민번호	전자	분개
11.과세	A제품	10	50,000	5,000,000	500,000	희망상사		여	혼합

구분		계정과목	적요	거래처	차변(출금)	대변(입금)
대변	0255	부가세예수금	A제품 10×50000	희망상사		500,000
대변	0404	제품매출	A제품 10×50000	희망상사		5,000,000
차변	0101	현금	A제품 10×50000	희망상사	3,500,000	
차변	0108	외상매출금	A제품 10×50000	희망상사	2,000,000	

4 10월 30일

유형	품목	수량	단가	공급가액	부가세	공급처명	사업/주민번호	전자	분개
51.과세	철강원자재	−100	30,000	−3,000,000	−300,000	(주)한강		여	외상

구분		계정과목	적요	거래처	차변(출금)	대변(입금)
대변	0251	외상매입금	철강원자재 −100×30000	(주)한강		−3,300,000
차변	0135	부가세대급금	철강원자재 −100×30000	(주)한강	−300,000	
차변	0153	원재료	철강원자재 −100×30000	(주)한강	−3,000,000	

5 11월 10일

유형	품목	수량	단가	공급가액	부가세	공급처명	사업/주민번호	전자	분개
51.과세	원재료			12,000,000	1,200,000	(주)남서울		여	혼합

구분		계정과목	적요	거래처	차변(출금)	대변(입금)
차변	0135	부가세대급금	원재료	(주)남서울	1,200,000	
차변	0153	원재료	원재료	(주)남서울	12,000,000	
대변	0131	선급금	원재료	(주)남서울		1,000,000
대변	0103	보통예금	원재료	(주)남서울		12,200,000

6 11월 19일

유형	품목	수량	단가	공급가액	부가세	공급처명	사업/주민번호	전자	분개
16.수출	제품			22,000,000		미즈노사			혼합

구분		계정과목	적요	거래처	차변(출금)	대변(입금)
대변	0404	제품매출	제품	미즈노사		22,000,000
차변	0259	선수금	제품	미즈노사	1,055,000	
차변	0108	외상매출금	제품	미즈노사	20,945,000	

※ 중간의 영세율구분은 1.직접수출(대행수출 포함)을 선택한다.

공급가액 = ￥2,000,000 × 11/￥ = 22,000,000(부가가치세법)

계약금은 거래 시 환율로 회계처리하므로 ￥100,000 × 10.55/￥ = 1,055,000(회계기준)

직수출 시 공급시기 도래 전에 원화로 환가한 경우 그 환가한 금액을 공급가액으로 하고(환가하지 않을 경우 공급시기의 기준환율), 공급시기 이후에 외국통화 상태로 보유하거나 지급받은 경우 공급시기(선적 시)의 기준환율로 계산한 금액을 공급가액으로 한다.

04 오류수정

1 [전표입력]−[일반전표입력]에서 8월 10일을 입력한 후 상단툴바의 ⊗삭제를 눌러 입력된 내용을 삭제하고 [전표입력]−[매입매출전표입력]을 클릭하고 8월 10일을 입력한 후 다음과 같이 입력한다.

유형	품목	수량	단가	공급가액	부가세	공급처명	사업/주민번호	전자	분개
61.현과	정비			530,000	53,000	(주)만능공업사			현금

구분		계정과목	적요	거래처	차변(출금)	대변(입금)
출금	0135	부가세대급금	정비	(주)만능공업사	53,000	(현금)
출금	0822	차량유지비	정비	(주)만능공업사	530,000	(현금)

※ 공급가액란에 부가가치세를 포함하여 583,000을 입력한다.

❷ [전표입력]–[일반전표입력]에서 12월 20일을 입력한 후 세금과공과를 기부금으로 수정한다.

구분		계정과목	거래처	적요	차변	대변
차변	0953	기부금			30,000	
대변	0101	현금				30,000

05 결산정리

❶ [전표입력]–[일반전표입력]에서 12월 31일(결산일)자로 다음과 같이 입력한다.

구분		계정과목	거래처	적요	차변	대변
차변	0394	매도가능증권평가이익			2,000,000	
차변	0395	매도가능증권평가손실			2,000,000	
대변	0178	매도가능증권				4,000,000

※ 전년도 말에 취득원가와 공정가치의 차액을 매도가능증권평가이익으로 계상한 경우, 먼저 상계하고 나머지를 매도가능증권평가손실로 처리한다.

구분		계정과목	거래처	적요	차변	대변
차변	0293	장기차입금	한일물산		25,000,000	
대변	0264	유동성장기부채	한일물산			25,000,000

※ 장기차입금의 상환일이 결산일 현재 1년 이내이면 유동성장기부채로 대체한다.

❷ [결산/재무제표]–[결산자료입력]에서 기간란에 1월 ~ 12월을 입력한다.

4. 판매비와일반관리비

상단툴바의 「F8 대손상각」을 눌러 대손율(%) 1.00을 확인하고 외상매출금과 받을어음이 아닌 나머지 채권이 금액은 Space Bar 로 시우고 결산반영버튼을 클릭하면

5). 대손상각

외상매출금 2,178,930

받을어음 671,5000이 결산반영금액란에 자동으로 입력된다.

• 외상매출금 : 226,393,000원 × 1% − 85,000원 = 2,178,930원

• 받을어음 : 82,900,000원 × 1% − 157,500원 = 671,500원

❸ 상단 툴바의 F3 전표추가를 클릭하여 나타나는 메시지창에서 「예」를 클릭한다.

06 장부조회

❶ [부가가치]–[신고서/부속명세]–[부가가치세]–[부가가치세신고서]에서 조회기간(4월 1일 ~ 6월 30일)을 입력한 후 「10.세금계산서수취분 일반매입」란의 세액을 확인한다.

▶ 정답 : 700,000원

❷ [장부관리]–[일계표(월계표)]에서 「월계표」탭을 클릭하고 조회기간(2월 ~ 2월)을 입력하고 원재료 좌측 계란의 금액을 확인한다(또는 계정별원장, 총계정원장에서 조회해도 됨).

▶ 정답 : 86,300,000원

❸ [장부관리]–[매입매출장]에서 기간(6월 1일 ~ 6월 30일)을 입력한 후 구분 2.매출, 유형 17.카과를 선택한 후 합계금액을 확인한다.

▶ 정답 : 484,000원